La lutte contre le financement du terrorisme
et les dynamiques nouvelles du droit international

Volume 1

Collection « Droit international »

Collection fondée et dirigée par Gérard Teboul, professeur à l'université Paris-Est

Au regard du champ disciplinaire qu'elle couvre, la collection « Droit international » présente un caractère transversal : si elle accueille des ouvrages de droit international public ou de droit international privé, elle est ouverte également à des études portant sur des thématiques – nouvelles et de plus en plus nombreuses – se situant au confluent de ces deux disciplines. Par ailleurs, la collection « Droit international » n'entend aucunement privilégier des travaux de nature théorique ou de nature pratique : toute théorie maîtrisée doit reposer sur une connaissance sérieuse de la pratique tandis que toute analyse pratique ne saurait valablement éclairer une problématique juridique sans une compréhension de ses fondements théoriques. Ainsi, la présente collection se propose de contribuer à la connaissance de tous les aspects du droit international, branche du droit qui, au fil des ans, tient une place croissante au sein des disciplines juridiques.

Déjà parus

Suzanne Azizé, *L'organisation de la coopération islamique (OCI)*, 2021.
Nadia Belrhomari, *Génome humain, espèce humaine et droit*, 2013.

Nicolas ESKENAZI

La lutte contre le financement du terrorisme et les dynamiques nouvelles du droit international

Volume 1

Préface de Arnaud de Nanteuil

L'Harmattan

5-7, rue de l'École-Polytechnique, 75005 Paris

www.editions-harmattan.fr

ISBN : 978-2-343-23536-3
EAN : 9782343235363

Remerciements

Que tous ceux qui, à un titre ou à un autre, savent déjà tout ce que ce travail leur doit, trouvent ici encore l'expression de mes sincères remerciements.

« *Ils ont en abondance de l'or et de l'argent ; c'est le nerf de la guerre, comme de toute entreprise* »

Thucydide, Guerre du Péloponnèse,
Livre VI, 34, 2

Sommaire

Sigles et abréviations

ABE	Autorité bancaire européenne
ACPR	Autorité de contrôle prudentiel et de résolution
AEAPP	Autorité européenne des assurances et des pensions professionnelles
AEMF	Autorité européenne des marchés financiers
AGNU	Assemblée générale des Nations unies
AMF	Autorité des marchés financiers
APCE	Agence pour la création d'entreprises
AQMI	Al-Qaïda au Maghreb islamique
AQPA	Al-Qaïda dans la péninsule arabique
BE	Bénéficiaire effectif
BCE	Banque centrale européenne
BRB	Brigade de répression du banditisme
BRI	Banque des règlements internationaux
CCT	Comité contre le terrorisme
CDI	Commission du droit international
CDPC	Comité européen pour les problèmes criminels
CECT	Centre de contre-terrorisme
CEI	Communauté des États indépendants
CESR	Committee of European Securities Regulators
CIF	Conseillers en investissements financiers
CIP	Conseillers en investissements participatifs
C. mon. fin	Code monétaire et financier
CNAC	Comité national anticontrefaçon
CNS	Commission nationale des sanctions
COB	Commission des opérations de bourse
COREPER	Comité des représentants permanents
COSI	Communication systématique d'informations
CPI	Cour pénale internationale
CRF	Cellule de renseignement financier
CTITF	Équipe spéciale de lutte contre le terrorisme
DECT	Direction exécutive du Comité contre le terrorisme
DGDDI	Direction générale des douanes et droits indirects
DNRED	Direction nationale du renseignement et des enquêtes douanières
DST	Direction de la surveillance du territoire
ECN	European Crowdfunding Network
EIIL	État islamique en Irak et au Levant
ELSJ	Espace de liberté, de sécurité et de justice
EUIPO	Office de l'Union européenne pour la propriété

	intellectuelle
FARC	Forces armées révolutionnaires de Colombie
FINMA	Autorité fédérale de surveillance des marchés financiers suisse
FPLP	Front populaire de libération de la Palestine
FSB	Financial stability board
GABAOA	Groupe antiblanchiment de l'Afrique orientale et australe
GAFI	Groupe d'action financière
GAFIC	Groupe d'action financière des Caraïbes
GAFISUD	Groupe d'action financière de l'Amérique du Sud
GAP	Groupe Asie/Pacifique sur le blanchiment de capitaux
IEA	International Energy Agency
IFP	Intermédiaire en financement participatif
IMU	Mouvement islamique d'Ouzbékistan
JAI	Justice et affaires intérieures
JORF	Journal official de la République française
KYC	Know your customer
LCB/FT	Lutte contre le blanchiment de capitaux et le financement du terrorisme
MUJAO	Mouvement pour l'unicité et le jihad en Afrique de l'Ouest
OBNL	Organismes à but non lucratif
OGBS	Groupe des autorités de contrôle bancaire des centres extraterritoriaux
OICV	Organisation internationale des commissions de valeurs
OLP	Organisation de libération de la Palestine
OMPI	Organisation des moudjahidines du peuple iranien
ONG	Organisation non gouvernementale
ONU	Organisation des Nations unies
ONUDC	Office des Nations unies contre la drogue et le crime
OPC	Organismes de placement collectif
OPEP	Organisation des pays exportateurs de pétrole
OPJ	Officiers de police judiciaire
OSDH	Observatoire syrien des droits de l'Homme
PKK	Parti des travailleurs du Kurdistan
PNF	Parquet national financier
PPE	Personne politiquement exposée
PSI	Prestataires de services d'investissement
SEC	Securities and Exchange Commission
SCB	Standard Chartered Bank
SCRS	Service canadien du renseignement de sécurité
SDN	Société des Nations
SGP	Sociétés de gestion de portefeuille

SWIFT	Society for Worldwide Interbank Financial Telecommunication
TFTP	Programme de surveillance du financement du terrorisme
TSFN	TREVI Secure Fax Network
TWP	Groupe de travail sur le terrorisme
UE	Union européenne
UNCCT	Centre des Nations unies pour la lutte contre le terrorisme
UNITA	Union nationale pour l'indépendance totale de l'Angola

Préface

L'émergence du terrorisme international à grande échelle dans la seconde moitié du 20e siècle aura largement contribué à bouleverser les structures classiques d'un droit international pensé pour réglementer avant tout des relations entre États et dans lequel la violence d'origine privée n'avait somme toute que très peu de place. Ce constat est devenu un lieu commun, mais cela ne doit pas conduire à en minimiser l'importance.

On sait en effet que, en particulier, le choc du 11 septembre 2001 avait placé le Conseil de sécurité de l'Organisation des Nations unies face à une alternative radicale : soit faire évoluer la Charte en acceptant de qualifier l'attentat de rupture de la paix et de la sécurité internationale, permettant la mise en œuvre du dispositif de sécurité collective ; soit s'en tenir à une interprétation stricte du texte en refusant de qualifier comme telle une attaque qui n'était pas imputable à un État ou à un groupe se revendiquant d'une nation. Le risque étant, s'il avait suivi cette seconde branche de l'alternative, que les États (à commencer par les États-Unis et leur puissance militaire considérable) s'affranchissent du cadre de l'ONU pour conduire une réaction qu'ils estimeraient appropriée. La perspective à la clef eût été la marginalisation progressive de l'ONU et un risque de quasi-caducité, à l'instar de ce qui s'était passé pour la Société des Nations dans les années 1930.

Mais l'on sait que la voie choisie par le Conseil de sécurité fut la première, à partir de la célèbre Résolution 1368 du 12 septembre 2001. En se décidant ainsi, le Conseil faisait le pari de l'adaptation en intégrant dans le cadre des Nations unies certains types de violence sortant du cadre classique de la guerre telle que le droit international l'appréhendait jusque-là. Mais le terrorisme lui-même ne cesse d'évoluer et l'arsenal juridique destiné à y faire face doit constamment s'adapter. À cet égard, la question de la lutte contre son financement constitue une illustration magistrale de ces évolutions.

L'ouvrage de Nicolas Eskenazi, issu de sa thèse de doctorat soutenue en 2019 à l'Université Paris Est Créteil, s'inscrit précisément dans cette dynamique. La lutte contre le terrorisme passe en effet par toutes sortes d'actions préventives ou répressives et l'une des plus efficaces est sans aucun doute l'assèchement des ressources financières des groupes terroristes, car sans elles rien n'est possible. Le droit international et les institutions qui le servent semblent en avoir pris la mesure et ont connu ces dernières années des évolutions considérables, dans le prolongement du phénomène qui vient d'être évoqué. La lutte contre le financement du terrorisme implique ainsi de nombreux acteurs non étatiques et semble accompagner, autant qu'elle l'alimente, l'évolution d'un droit international qui se défait peu à peu, sans s'en affranchir totalement, d'une logique purement interétatique. De ce point de vue, cet ouvrage ne propose pas seulement l'analyse d'un sujet de première importance pour les sociétés contemporaines, il constitue aussi une pierre supplémentaire dans l'imposant édifice que constitue l'étude des évolutions récentes des relations internationales. Lutter contre le financement du terrorisme suppose en effet de s'attaquer aux circuits traditionnels (le gel d'avoirs, notamment) mais aussi de contrôler certains produits ou montages financiers, qui ne peuvent s'opérer qu'en association avec les acteurs (privés) du secteur.

Mais un autre phénomène marquant irrigue l'ensemble de l'ouvrage et rend le sujet encore plus passionnant, et peut-être plus important encore : celui de l'émergence d'un terrorisme « *low cost* », à l'origine duquel se trouvent parfois des individus isolés ou des réseaux très peu structurés et conduisant à des opérations dont les victimes physiques sont moins nombreuses mais dont l'impact psychologique peut être en certains cas comparable à des attaques de plus grande envergure. C'est là, sans doute, que se trouve le principal angle mort de la réglementation internationale applicable et c'est là le plus grand défi des gouvernements (et des régulateurs de manière plus générale) dans les années à venir en matière de lutte contre le financement du terrorisme. À cet égard, l'ouvrage de N. Eskenazi met clairement en lumière l'émergence d'initiatives non plus transnationales – en ce qu'elles impliqueraient des États et d'autres acteurs – mais des initiatives franchement a-nationales impliquant une régulation venue des acteurs eux-mêmes, à commencer par les établissements financiers. L'émergence de ce droit spontané, issu de la pratique des sujets de ce droit, n'est pas davantage un phénomène inédit. Il se rencontre de longue date dans le domaine économique. Mais dès lors qu'il est question de lutte contre le terrorisme, on touche à la matière pénale et aux questions extrêmement sensibles de sécurité nationale. Mais cela n'empêche pas le droit spontané de se développer en partie, ce qui ne manque pas d'interroger sur le rôle de l'État en général même pour des questions qui paraissent irréductiblement liées à la souveraineté.

Le livre que l'on s'apprête à lire parvient donc à combiner un aspect général et théorique sur l'évolution profonde des relations internationales à une dimension pratique évidente par le degré de précision avec lequel sont décrits les différents dispositifs existants. C'est un ouvrage important, sur un sujet qui ne l'est pas moins, et dont on peut souhaiter qu'il contribuera à soutenir et améliorer la lutte contre le financement de ce fléau contemporain qu'est le terrorisme international.

Arnaud de Nanteuil
Agrégé des facultés de droit
Professeur à l'Université Paris Est Créteil

Introduction générale

I. L'émergence de la lutte contre le financement du terrorisme

Deux bouleversements accompagnent la fin de la guerre froide. Deux soubresauts qui formeront le terreau du financement du terrorisme contemporain et déclencheront une actualisation du droit international pensé à partir des traités de paix signés à Westphalie en 1648.

De manière évidente, la chute de l'URSS signe le triomphe du libéralisme économique en tant que doctrine économique dominante sur la scène internationale. Cette victoire conforte les politiques économiques de dérégulation des marchés financiers engagées à compter des années 1980[1].

De manière plus silencieuse, la fin de la guerre froide marque l'émancipation des groupes armés, financés par les services de renseignement des deux superpuissances en confrontation entre 1947 et 1991. Ces derniers s'émancipent de leur tutelle étatique pour agir suivant leurs propres intérêts, souvent affranchis de toute considération frontalière. Ces groupes armés, *résistants* durant la guerre froide, glissent vers la classification de *terroristes* dans le nouvel ordre mondial qui se dessine à partir de 1991.

Subséquemment, avec la fin de la guerre froide, la menace *terroriste* et sa contingence de flux financiers échappent au contrôle des États, ce qui ne sera pas sans conséquence sur l'ordre public et juridique international.

En effet, le 7 août 1998, une importante déflagration secoue le centre de Nairobi, au Kenya, près de la mission diplomatique américaine. Quelques minutes plus tard, un camion-citerne stationné le long du mur de l'ambassade américaine explose à Dar es Salam, en Tanzanie. 224 personnes sont tuées et plus de 5 000 autres blessées. Les opérations sont revendiquées par un individu privé, Oussama BEN LADEN, chef d'une organisation alors méconnue du grand public : Al-Qaïda.

---

[1] Ce processus culminera avec l'abrogation du *Glass-Steagall Act* suite à l'adoption, par le Congrès, en octobre 1999, du *Gramm-Leach-Bliley Financial Services Modernization Act* et sa signature par le Président CLINTON. Nous y reviendrons dans la deuxième partie de cette contribution.

L'organisation et l'exécution de ces opérations auront coûté 50 000 dollars[2]. Le coût est une question subsidiaire au regard de deux questions bien plus importantes soulevées par ces attaques : d'où viennent ces capitaux ? Comment les identifier et les combattre ?

Les réponses à ces questions sont liées et nécessitent de repenser le rôle de l'État dans le droit international, tant dans la production normative que dans l'application de ce dernier.

Durant la guerre froide, le terrorisme et ses sources de financement étaient aisément identifiables dans la mesure où ces dernières dépendaient essentiellement de Moscou et de Washington. Ce paradigme a commencé à disparaître en 1979 sans que l'Occident ne prenne la pleine mesure des trois événements majeurs qui jaillirent cette année-là : l'invasion de l'Afghanistan par l'Armée rouge, la révolution iranienne et l'assaut contre la Mecque[3]. Ces trois faits historiques ont entraîné la naissance du terrorisme islamique et la privatisation de ses sources de financement. Al-Qaïda en sera l'incarnation parfaite.

Ce nouveau parangon du terrorisme contemporain prend forme à compter de 1998. Le 23 février, BEN LADEN donne une conférence de presse annonçant la création d'un front islamique mondial contre les juifs et les croisés. C'est la première fois dans l'histoire contemporaine qu'une organisation privée, non soutenue par un État, avec à sa tête un riche individu apatride, est en mesure de représenter une *menace à la paix et à la sécurité internationales*. Alors que les armées traditionnelles, telles que l'IRA ou le Parti des travailleurs du Kurdistan (« PKK ») poursuivaient des objectifs irrédentistes et limitaient leurs actions à une seule région où à un seul pays, la terreur devient, avec Al-Qaïda, transnationale et se déplace librement d'un État à un autre[4].

Le financement du terrorisme se privatise alors également. Devant ces nouvelles modalités de financement, en mai de la même année, les ministres des Affaires étrangères des pays du G8 ont désigné la prévention de la collecte de fonds à des fins terroristes comme « *un des [domaines]*

---

[2] ONU, « Lettre datée du 23 août 2004, adressée au Président du Conseil de sécurité par le Président du Comité du Conseil de sécurité créé par la résolution 1267 (1999) concernant Al-Qaïda, les talibans et les personnes et entités qui leur sont associées », S/2004/679, Heraldo MUÑOZ, §45.

[3] Alain BAUER, « Les mutations du terrorisme », *Pouvoirs*, Le Seuil, vol. 158, n° 3, 2016, pp. 97-113.

[4] Loretta NAPOLÉONI, *Qui finance le terrorisme international*, Autrement, 2005, p. 206.

prioritaires pour une action complémentaire »[5]. À l'automne 1998, la France lance les négociations préalables à la Convention et propose un texte aux Nations unies[6]. En décembre 1998, l'Assemblée générale décide que la Convention serait élaborée par le comité spécial institué par la résolution 51/210[7].

Concomitamment, le Conseil de sécurité, à travers l'adoption de la résolution 1267 du 15 octobre 1999, aux termes de laquelle un embargo aérien limité et un gel des avoirs ont été imposés aux Talibans, décida de créer un Comité[8] de suivi des sanctions imposées à ces derniers. Avec le temps, ce régime de sanctions évolua vers un gel ciblé des avoirs, une interdiction de voyager et un embargo sur les armes imposé aux personnes et entités désignées par le Comité. Des dérogations au gel des avoirs et à l'interdiction de voyager ont également été prévues et l'équité et la transparence des procédures d'inscription sur la Liste et de radiation de la liste améliorées, en particulier grâce à la mise en place du Bureau du Médiateur. Nous reviendrons en détail sur ce régime de sanctions durant la première partie de ce document.

Ainsi, jusqu'aux attentats contre les ambassades américaines de Nairobi et de Dar es Salaam, la lutte contre le financement du terrorisme prenait la forme de la lutte contre les formes classiques du soutien au terrorisme. Ces deux attaques ont néanmoins créé la nécessité d'adopter et de mettre en place des outils spécifiques à la lutte contre le financement du terrorisme et ont précipité l'adoption de la convention. C'est dans ce contexte que la convention internationale pour la répression du financement du terrorisme est adoptée par l'Assemblée générale des Nations unies le 9 décembre 1999[9].

Toutefois, le 11 septembre 2001, 19 membres d'Al-Qaïda embarquent dans des avions de ligne. À 8h46 le premier avion s'encastre dans une tour du World Trade Center, suivi à 9h03, du deuxième avion. À 9h37 un avion

---

[5] G8, « Conclusions des ministres des Affaires étrangères du G-8, mai 1998 », paragraphe 28, en ligne : http://www.dfait-maeci.gc.ca/g8fmm-g8rmae/bir_g8concl-fr.asp.

[6] FMI, « La répression du financement du terrorisme », *Manuel d'aide à la rédaction des instruments législatifs*, Département juridique, 4 août 2003.

[7] ONU, « Mesures visant à éliminer le terrorisme international », A/RES/51/210, 88e séance plénière, 17 déc. 1996.

[8] Aujourd'hui dénommé Comité du Conseil de sécurité faisant suite aux résolutions 1267 (1999), 1989 (2011) et 2253 (2015) concernant l'EIIL (Daech), Al-Qaïda et les personnes, groupes, entreprises et entités qui leur sont associés. Nous y reviendrons.

[9] ONU, « Convention internationale pour la répression du financement du terrorisme », A/RES/54/109, 51e séance plénière, 9 déc. 1999.

s'écrase sur une partie du Pentagone, à Washington. N'en déplaise à Francis FUKUYAMA, ces attentats ont remis à un autre jour la fin de l'Histoire[10].

La planification et l'exécution de ces attaques ont coûté entre 400 000 et 500 000 dollars[11]. Des sommes importantes si l'on se réfère aux besoins financiers des attaques commises par Daech, mais faibles dans l'absolu en considération des dommages humains, matériels et financiers engendrés par ces attentats.

II. L'échec de la Convention de 1999 pour la répression du financement du terrorisme international et ses conséquences

La Convention internationale de 1999, premier instrument de lutte contre le financement du terrorisme, n'était alors toujours pas entrée en vigueur au moment des attentats du 11 septembre 2001, faute de signataires suffisants. Ce n'est que le 10 avril 2002, soit près de trois ans après sa signature, que celle-ci entra en vigueur. Alors considérée comme le parent pauvre de la lutte globale contre le terrorisme[12], la lutte contre le financement du terrorisme n'était pas prise en considération par les États qui abordaient la lutte contre le terrorisme essentiellement sous l'angle militaire et judiciaire.

Ce désintérêt pour le volet financier de la lutte contre le terrorisme s'explique de la manière suivante : jusqu'aux attentats du 11 septembre 2001, l'Occident ne pouvait concevoir que des groupes privés étaient en mesure d'engendrer des préjudices similaires aux dommages que peut infliger une armée étatique. Or les modes de financement d'Al-Qaïda ont démontré le degré d'autonomie que l'organisation disposait par rapport aux États. Originellement parrainés par les États-Unis, les moudjahidines afghans se sont émancipés de leur sponsor pour agir suivant leurs propres intérêts, farouchement hostiles à leur parrain. La menace terroriste qui a émergé sous Al-Qaïda n'est plus internationale mais *transnationale*. Le terrorisme islamiste se joue des frontières étatiques et cherche souvent à les défier. Dès lors, les modalités de financement de ce terrorisme d'un nouveau genre obéissent nécessairement aux mêmes logiques transnationales, ce qui rend obsolète la lutte contre la criminalité financière traditionnelle, fondée

---

[10] Francis FUKUYAMA, *The End of History and The Last Man*, Penguin Books, Londres, 1992.

[11] ONU, « Lettre datée du 23 août 2004, adressée au Président du Conseil de sécurité par le Président du Comité du Conseil de sécurité créé par la résolution 1267 (1999) concernant Al-Qaïda, les talibans et les personnes et entités qui leur sont associées », *op. cit.*

[12] Jean-François DAGUZAN, « La lutte contre le financement du terrorisme : Beaucoup de bruit pour rien ? », *Défense*, n° 132, hiver 2007-2008.

sur une simple coopération intergouvernementale. En témoigne l'échec de la Convention de 1999.

Ainsi marginal dans le cadre de la lutte globale contre le terrorisme, le volet financier de celle-ci est soudainement devenu une priorité au lendemain du 11 septembre 2001. Lors d'une conférence de presse dispensée dans les jardins de la Maison-Blanche, le Président George W. BUSH déclara, le 24 septembre 2001 : « *Ce matin, un mouvement majeur de notre guerre contre le terrorisme a résulté d'un simple coup de stylo. Nous avons lancé, aujourd'hui, une attaque contre les fondations financières du réseau terroriste mondial.* »[13] Suite à cette déclaration, un décret présidentiel prenait effet le jour même, plaçant sur liste noire vingt-sept « *organisations et dirigeants terroristes, [dont] une entreprise servant de couverture au terrorisme et plusieurs organisations à but non lucratif* ». La déclaration présidentielle précisait qu'il ne s'agissait là que d'un début : dans le cadre de la guerre ouverte contre le terrorisme, il fallait s'attendre à de nombreuses autres frappes financières[14].

Quelques jours plus tard, le 28 septembre, le Conseil de sécurité des Nations unies adoptait la résolution 1373 (2001) [15] imposant à tous les pays de protéger leur système financier contre les fonds terroristes[16]. Fondée sur le Chapitre VII de la Charte des Nations unies, « *Action en cas de menace contre la paix, de rupture de la paix et d'acte d'agression* »[17], la résolution 1373 (2001) « *a mis sur pied un programme ambitieux et exhaustif, qui porte sur des mesures de caractère législatif, pénal, policier, douanier, et qui place l'ensemble des États sous surveillance* »[18]. Cette résolution dépasse les intentions initiales de la Charte, mais n'y contrevient pas pour autant. Nous y reviendrons. À noter qu'avant 2001, le Conseil n'avait fondé ces résolutions qu'une seule fois sur le Chapitre VII : lors de la résolution 748 du 31 mars

---

13 President BUSH, Secretary of the Treasury O'NEILL, and Secretary of State POWELL, « President Freezes Terrorists' Assets », en ligne : https://2001-2009.state.gov/s/ct/rls/rm/2001/5041.

14 Judith MILLER « The Money Track: The 27 Whose Assets Will Be Frozen Are Just the First of Many, a U.S. Official Says », *New York Times,* 25 sept. 2001.

15 Résolution 1373 de l'ONU adoptée par le Conseil de sécurité le 28 septembre 2001, S/RES/1373 (2001), disponible en : http://www.un.org/french/docs/sc/2001/res1373f.pdf.

16 Selon Walter GHER « *Avec les douze conventions et protocoles internationaux contre le terrorisme, cette résolution forme l'un des piliers de l'ordre juridique international pour la prévention et la répression du terrorisme* » (Walter GEHR, « Le comité contre le terrorisme et la résolution 1373 (2001) du Conseil de sécurité », *Actualité et droit internationale*, 2003, en ligne : http://www.ridi.org/adi/articles/2003/200301geh.pd.

17 *Ibid.*

18 Serge SUR, « Le Conseil de sécurité : blocage, renouveau et avenir », *Pouvoirs,* vol. 109, n° 2, 2014, pp. 61-74.

1992 condamnant la Lybie suite aux attentats de Lockerbie et contre le DC 10 de la Compagnie UTA. Ainsi, depuis 2001, toutes les résolutions de portée générale concernant le terrorisme ont été prises par référence au Chapitre VII de la Charte, ce qui n'est évidemment pas sans conséquence sur l'ordre juridique international, comme nous allons le constater.

Par ailleurs, les modalités de financement des attentats du 11 septembre 2001 ont mis en lumière les failles du système normatif entourant le monde bancaire et financier. En effet, les terroristes n'ont pas usé de techniques particulièrement complexes et ingénieuses pour se financer. Ces derniers ont su profiter des facilités offertes par la dérégulation et l'absence de contrôle du système financier international comme souhaité par les dirigeants occidentaux au lendemain de la guerre froide.

Ainsi, quelques jours après la résolution 1373 (2001), le 6 octobre 2001, le G7 adopte un plan pour geler les actifs des terroristes et reconnaît au GAFI[19] un rôle « *crucial* »[20]. Celui-ci décide donc d'étendre lui-même son action au financement du terrorisme lors d'une réunion plénière tenue à Washington les 29 et 30 octobre 2001, « *compte tenu de son expertise considérable, de l'autorité et de la crédibilité acquises en traitant les questions du blanchiment de capitaux (...)* » et du fait qu'il « *se trouve bien placé pour jouer un rôle important dans l'effort visant à prévenir l'utilisation du système financier par les terroristes* »[21]. Il définit ainsi de nouveaux standards internationaux qu'il demande aux États d'adopter :

Numéro	Contenu
I	Ratification et mise en œuvre des instruments des Nations unies
II	Incrimination du financement du terrorisme et du blanchiment de capitaux commis dans le cadre des activités terroristes
III	Gel et confiscation des biens terroristes
IV	Déclaration des transactions suspectes liées au terrorisme
V	Coopération internationale
VI	Remise de fonds alternative
VII	Virements électroniques

[19] Le GAFI est un organisme intergouvernemental créé en 1989 par les ministres de ses états membres ayant pour objectifs l'élaboration de normes et la promotion de mesures législatives, réglementaires et opérationnelles en matière de lutte contre le blanchiment de capitaux, le financement du terrorisme et les autres menaces liées pour l'intégrité du système financier international, en ligne : http://www.fatf-gafi.org/fr/aproposdugafi/.

[20] Documents d'actualité internationale, 2001, n° 22, 330.

[21] Sur le site officiel du GAFI [www.fatf-gafi.org]. V. également *Le Monde*, 30 octobre et 2 novembre 2001.

VIII	Organismes à but non lucratif
IX	Les passeurs de fonds, « Cash couriers » (ajoutée en 2004)

Dans la même dynamique, la société SWIFT qui relie 7 800 banques à travers le monde et qui procède à près de 11 millions d'ordres et de confirmations de virement par jour[22] acceptait de transmettre des informations aux autorités américaines dans le cadre de leur programme « *Terrorist Finance Tracking Program* » et géré par la CIA sous l'autorité du Trésor américain[23]. Selon *The Economist*, « *frapper l'argent qui finance le terrorisme est apparu, après le 11 septembre, comme un moyen propre et pacifique de prévenir de futurs attentats* »[24].

Le 11 septembre 2001 marque donc véritablement les débuts de la lutte contre le financement du terrorisme. La résolution 1373 (2001) du Conseil de sécurité des Nations unies et l'adoption de recommandations spéciales en matière de lutte contre le financement du terrorisme par le GAFI sont les deux chemins empruntés par le droit international pour contourner l'échec de la Convention de 1999 pour la répression du financement du terrorisme international, instrument classique du droit international.

Or ces deux chemins traduisent des dynamiques radicalement nouvelles du droit international. Le premier l'émergence, comme nous le verrons dans la première partie de ce document, d'un droit *supranational*, tandis que le second, et c'est ce que nous verrons dans la deuxième partie de cette contribution, ouvre la voie à un droit *transnational* spécifique de la lutte contre le financement du terrorisme. Dans ces deux hypothèses, c'est le rôle de l'État qui se trouve bousculé. En cela, la lutte contre le financement du terrorisme est symptomatique du constat effectué par Emmanuelle JOUANNET qui souligne que « *[le] droit international est (...) soumis à de multiples évolutions qui lui font traverser une véritable crise d'identité et qui amènent à repenser sa notion.* »[25]

[22] Warde IBRAHIM A., « Le brouillard de la guerre financière », *Propagande impériale & guerre financière contre le terrorisme,* Agone, 2007, pp. 10-31.
[23] Éric LICHTBLAU and James RISEN, « Bank Data Is Sifted by U.S. in Secret to Block Terror », *New York Times*, 23 juin 2006.
[24] « Follow the Money », *The Economist*, 30 mai 2002.
[25] Emmanuelle TOURME-JOUANNET, *Le droit international*, PUF, 2013, p. 68.

III. L'État au cœur du système juridique international : la naissance du modèle westphalien

Traditionnellement, l'application du droit est le fait des personnes juridiques internationales qui ont la compétence internationale, c'est-à-dire la capacité à exercer des droits et des obligations dans l'ordre international. À peu de choses près, aujourd'hui, tout le monde s'accorde à définir le droit international comme « *l'ensemble des règles et institutions régissant la conduite des sujets internationaux soit (...) principalement les États et les organisations internationales* »[26]. C'est dès le XVIe siècle que le droit international classique affirme que les États sont les seuls à exercer une pleine personnalité juridique internationale. La paix de Westphalie en 1648 est l'acte officiel de naissance à la fois du droit international public classique et de ce *jus publicum europaeum* ou *jus gentium europaeum*[27].

C'est la paix de Westphalie qui mit fin à la guerre de Trente Ans qui ravagea l'empire germanique en raison du refus catholique de la Réforme protestante et de la rivalité politique entre la France, la Maison d'Autriche et l'Espagne. Deux traités bilatéraux furent en réalité conclus les 14 et 24 octobre 1648. Le traité d'Osnabrück entre la Suède et l'empereur germanique et les princes d'Allemagne ainsi que le traité de Münster entre la France et l'empereur et les princes d'Allemagne. Ces textes consacrent l'affaiblissement du Pape et de l'Empire, et revêtent une véritable portée constitutionnelle. Ils ont souvent été qualifiés de Chartes constitutionnelles de l'Europe, affirmant, outre l'égalité religieuse, la souveraineté des États européens et leur prééminence sur la papauté. La paix de Westphalie sera suivie en Europe de nombreux traités qui formeront l'ossature du droit des gens européens. Au principe politique d'équilibre des puissances désormais débarrassées de la tutelle impériale et de celle du Pape s'ajoutent notamment la souveraineté et l'égalité des États comme principes juridiques fondamentaux des relations internationales entre États chrétiens et l'Europe. L'État est désormais le seul à avoir une compétence internationale, c'est-à-dire compétence de conclure des actes en tant que membre de la communauté internationale mais aussi compétence de juridiction, son pouvoir d'édicter des règles de droit et d'en assurer l'exécution. Selon le Dictionnaire des relations internationales, trois principes découlent de ce constat : celui de la souveraineté externe, c'est-à-dire qu'aucun État ne

---

[26] Denis ALLAND, *Manuel de droit international public*, PUF, 2018, p. 15.

[27] C'est le penseur SUAREZ, jésuite né à Grenade en 1548, qui a développé une thèse de la limitation externe de la souveraineté des princes par le *jus gentium*. Il exposait, en substance, qu'il y a des limites à la souveraineté : l'existence d'autres États avec leurs lois propres, d'une part, et la société internationale que forment ces États d'autre part.

reconnaît d'autorité au-dessus de lui et tout État reconnaît tout autre État comme son égal ; celui de la souveraineté interne autrement dit, tout État dispose de l'autorité exclusive sur son territoire et la population qui s'y trouve et aucun État ne s'immisce dans les affaires internes d'un autre État ; enfin celui de l'équilibre des puissances signifiant qu'aucun État ne doit disposer des forces lui permettant de s'imposer à l'ensemble des autres États et tout État s'efforce à ce qu'aucun autre État ne parvienne à l'hégémonie[28].

C'est ce dogme de la souveraineté territoriale qui a assuré la suprématie interne de l'État, et qui constituera également la pierre angulaire de l'ordre juridique international en cours de formation à compter du XVe siècle. Comprise comme « *puissance absolue et perpétuelle d'une République* » par Jean BODIN dans les *Six livres de la République* (1576), la souveraineté assure à l'État l'indépendance dans l'ordre externe, et la suprématie dans l'ordre interne. Un modèle de société internationale préparé par des penseurs comme VITORIA, SUAREZ, GROTIUS, s'élabore sur la base de la notion de souveraineté et trouve dans la paix de Westphalie de 1648, une première concrétisation.

D'une manière générale, l'État-nation tel qu'il apparaît se définit, selon la formule d'Anthony GIDDENS, « *comme un ensemble de formes institutionnelles de gouvernement qui maintient un monopole administratif sur un territoire aux limites bien définies (les frontières), sa domination étant consacrée par la loi et par le contrôle direct des instruments de violence intérieure et extérieure* »[29]. Un tel État opère alors avec succès la médiation entre les forces économiques du marché et les symboles historiques de la Nation[30]. Trois éléments constitutifs concouraient à sa définition : une Nation, un territoire, un pouvoir de contrainte[31].

Dans cette conception de l'État, la puissance de ce dernier est irrésistible, autonome, une et indivisible, inaliénable et imprescriptible[32] : en bref, il n'existe, en théorie, au-dessus de l'État souverain, aucune puissance capable de le limiter juridiquement (même l'ordre juridique international n'apparaît dans ce modèle que comme le produit de l'accord des volontés étatiques égales et souveraines)[33]. Porteur, selon la construction hégélienne, d'une

---

[28] V. Dario BATTISTELLA, Franck PETITEVILLE, Marie-Claude SMOUTS, Pascal VENNESSON, *Dictionnaire des relations internationales*, Dalloz, 3e éd., août 2012.
[29] Anthony GIDDENS, *The Nation-State and violence*, Cambridge, Polity Press, 1985, p. 121.
[30] Éric WEIL, *Philosophie politique*, Vrin, 3e éd., 1971, p. 131.
[31] Jacques CHEVALIER, L'État, Dalloz, 1999, pp. 2-3.
[32] François OST, Michel VAN DE KERCHOVE, *De la pyramide au réseau ? Pour une théorie dialectique du droit*, Facultés Universitaires Saint-Louis Bruxelles, 2010, p. 126.
[33] Jacques CHEVALIER, L'État, *op. cit.*, pp. 85-86.

rationalité virtuellement universelle, l'État rassemble et transcende les intérêts particuliers et virtuellement conflictuels qui caractérisent la société civile[34].

Comme le résument François OST et Michel VAN DE KERCHOVE :

> « *Le modèle de société internationale qui se met alors en place est un ordre simple de coexistence ou juxtaposition de puissances souveraines formant ce qu'on appellerait plus tard la "famille" des nations. Sur la base de relations pour la plupart bilatérales, les États poursuivaient des objectifs essentiellement privés, dont le seul point commun était la sauvegarde de l'indépendance de chacun. Dans cet ordre juridique décentralisé, dépourvu d'autorité suprême, l'État s'érige comme unique personne juridique à part entière : personnifiant la nation, il parle au nom des personnes qui le composent.* »[35]

C'est également l'État qui impose sa volonté aux futures organisations internationales qui ne sont que des entités interétatiques. L'État se soumet à des normes juridiques internationales dans la mesure où ces dernières sont le résultat de sa propre volonté. Il s'agit alors pour l'État de respecter un accord volontairement conclu[36], ou de se conformer à une coutume dont il a soi-même contribué à l'émergence. Le droit international effectif trouve donc sa genèse dans les traités et accords conclus entre états souverains[37]. En effet, suivant l'approche hégélienne, le droit international se présente comme :

> « *une technique de formalisation des volontés souveraines, permettant d'établir une large mesure de stabilité et de prévisibilité aux relations établies entre les États, directement ou dans le cadre des organisations internationales.* »[38]

L'évolution du système westphalien est donc allée dans la direction d'un droit international essentiellement basé sur des traités interétatiques,

---

[34] *Ibid*, p. 16 et s.

[35] François OST, Michel VAN DE KERCHOVE, *De la pyramide au réseau ? Pour une théorie dialectique du droit*, *op. cit.*, p. 162.

[36] SPINOZA dira, à propos des traités internationaux que « *nul pacte ne peut avoir de force sinon pour la raison qu'il est utile, et que levée l'utilité, le pacte est levé du même coup et demeure sans force* » (Laurent BOVE, *La stratégie du conatus : affirmation et résistance chez Spinoza*, Vrin, 1997, p. 220).

[37] Plusieurs auteurs, dont Hugo GROTIUS, ont toutefois évoqué l'idée d'un droit naturel basé sur une morale universelle.

[38] Pierre-Marie DUPUY, Yann KERBRAT, *Droit international public*, Dalloz, 2012, p.11.

librement consentis par les signataires[39]. Le droit international, tel qu'il se construit à travers le modèle westphalien, doit être perçu comme une série de contrats entre États, dont l'application dépend de la volonté des signataires. Aucun système judiciaire supranational n'existe alors pour forcer l'application des traités[40].

Ainsi, la conception traditionnelle du droit est marquée par un dualisme selon lequel existeraient uniquement deux séries d'ordres juridiques : les droits nationaux, ou étatiques, d'une part, et le droit international, ou interétatique, d'autre part. Nationaux ou internationaux, tous les ordres juridiques seraient des créations des États et le droit international aurait vocation à gouverner exclusivement les relations entre États[41]. En conséquence, classiquement, les enceintes de production du droit international sont les conférences internationales, ainsi que les organisations internationales[42].

IV. Les évolutions du modèle westphalien : l'émergence du multilatéralisme contemporain

Or dès l'origine, ce modèle dit « *westphalien* », en tenant l'État pour seul acteur de la scène internationale apparaît quelque peu réducteur. Ce faisant, ce modèle occulte le rôle souvent décisif de pouvoirs moraux comme celui de la papauté, ou économiques comme celui des grandes compagnies de commerce maritime[43].

À partir de 1815, le système interétatique, tout en conservant sa base souverainiste, évolue dans la direction d'une certaine concertation entre gouvernements nationaux[44]. En 1815, le congrès de Vienne, mené sous l'impulsion de METTERNICH, suite à la défaite de Napoléon Ier, met en lumière les velléités des États à surmonter la violence inscrite dans l'ordre international westphalien par la recherche de finalités communes à ces derniers et par la poursuite d'une coopération qui irait au-delà des simples

---

39 Kimon VALASKAKIS, « La souveraineté supranationale : un impératif contemporain ? », *Prospective et stratégie*, vol. 1, n° 1, 2010, pp. 157-171.
40 *Ibid.*
41 Michel VIRALLY, « Un tiers droit ? Réflexions théoriques », *in Le droit des relations économiques internationales, Études offertes à Berthold Goldman*, Litec, 1982, pp. 373-385.
42 Albane GESLIN, « Le droit international », *in* Thierry BALZACQ, *Traité de relations internationales,* Presses de Sciences Po, 2013, pp. 607-630.
43 François OST, Michel VAN DE KERCHOVE, *De la pyramide au réseau ? Pour une théorie dialectique du droit*, *op. cit.*, p. 163.
44 Kimon VALASKAKIS, « La souveraineté supranationale : un impératif contemporain ? », *op. cit.*

équilibres de juxtaposition ou de sujétion[45]. Les puissances victorieuses créent donc un système de conférences interétatiques, précurseur des sommets contemporains, dont l'objectif est de résoudre les problèmes communs sans avoir recours à la guerre.

La mise en place de la Société des Nations, inspirée de l'idéalisme wilsonien, à la fin de la Première Guerre mondiale, marque le développement d'une intense activité politico-juridique visant à mettre la guerre hors-la-loi[46]. L'objectif du multilatéralisme est alors d'évincer la politique de force des États les plus puissants en s'efforçant de dégager, lors de sommets internationaux, un point de vue commun sur une multitude de sujets d'intérêt général[47].

De cette volonté naîtra une multitude d'organisations internationales porteuses d'un embryon de droit de coopération en lieu et place de la rivalité concurrentielle des États[48]. Cette logique se poursuit, malgré l'échec de la Société des Nations, après la Seconde Guerre mondiale, avec la création de l'Organisation des Nations unies.

Avec la fin de la guerre froide, certains auteurs évoquent l'échec du multilatéralisme et le nouveau désordre international[49]. Évidemment, des exemples vont clairement donner raison à cette vision des relations internationales : en témoigne l'échec du règlement de la crise yougoslave dans les années 1990[50]. Nous pouvons également voir dans la fin de la guerre froide la mise en place d'un multilatéralisme d'un genre nouveau caractérisé par l'émergence de modes de coopération alternatifs incluant des acteurs transnationaux, des organisations internationales à vocation universelle aux

---

45 Bertrand BADIE, « De la souveraineté à la capacité de l'État », *in* Marie-Claude SMOUTS, *Les nouvelles relations internationales. Pratiques et théories,* Presses de Sciences Po, 1998, p. 42.

46 Évoquons le Pacte Briang-Kellog de 1928 : le 27 août, à Paris, les représentants de quinze nations signent un pacte par lequel ils renoncent solennellement à la guerre.

47 François OST, Michel VAN DE KERCHOVE, *De la pyramide au réseau ? Pour une théorie dialectique du droit*, *op. cit.*, p. 164.

48 Marie-Claude SMOUTS, « La coopération internationale : de la coexistence à la gouvernance mondiale », *in* Marie-Claude SMOUTS, *Les nouvelles relations internationales. Pratiques et théories,* Presses de Sciences Po, 1998, p. 140.

49 François OST, Michel VAN DE KERCHOVE, *De la pyramide au réseau ? Pour une théorie dialectique du droit*, *op. cit.*, p. 164.

50 Le règlement de la crise, notamment au Kosovo, est intervenu à l'initiative d'un club d'États s'auto-investissant d'une fonction de police internationale et s'arrogeant le droit d'usage de la force armée sans l'autorisation du Conseil de sécurité (J. VERHOEVEN, « Souveraineté et mondialisation : libres propos », *in* Éric LOQUIN, Catherine KESSIDJIAN, *La mondialisation du droit*, Litec, 2000, p. 53 et p. 55).

pouvoirs redéfinis, entraînant des modalités nouvelles de création du droit international.

François OST et Michel VAN DE KERCHOVE avancent deux explications à l'appui de cette mutation : soit nous sommes sortis d'un ordre international interétatique et que la partie se joue désormais sur une autre scène, celle de la mondialisation au sein de laquelle les États ne remplissent plus un rôle déterminant, soit qu'un État occupe aujourd'hui une position à ce point dominante qu'il puisse infléchir à son profit le jeu des relations transfrontalières[51]. Ces deux hypothèses ne sont pas contradictoires et traduisent toutes les deux le déclin du modèle westphalien classique.

Suivant la première hypothèse, le jeu du pouvoir et l'exercice de l'autorité ne se définissent plus à l'intérieur de frontières nationales : cela signifie que la division traditionnelle entre États et acteurs non étatiques n'a alors plus de pertinence[52]. C'est dans cette perspective que James ROSENEAU distingue un monde « *stato-centré* », de moins en moins capable d'aborder les enjeux collectifs actuels, et un monde émergent « *multicentré* » formé d'une multitude d'acteurs non étatiques, individuels ou collectifs dont les échanges génèrent des réseaux de « *flux transnationaux* » déjouant les contrôles des États[53]. Ce nouvel ordre juridique international implique le recours à des formes inédites de régulation.

Dans un chapitre intitulé « *L'État impuissant* ? », Manuel CASTELLS évoque « *l'incapacité de l'État-nation à naviguer par gros temps entre la puissance des réseaux mondiaux et l'assaut des identités singulières* »[54]. Comme nous allons le mettre en évidence dans les développements qui suivront, l'État tente de recouvrer à un niveau supranational une partie de la maîtrise ainsi perdue, notamment en participant à la création d'organisations internationales à vocation universelle. L'État tente également de limiter son déclin en confiant aux acteurs publics et privés transnationaux le soin d'édicter les règles encadrant les flux transnationaux qui échappent à sa compétence et à son contrôle.

En ce qui concerne la capacité de l'État à garantir la sécurité sur son propre territoire, il apparaît que les risques majeurs de type écologiques,

---

[51] François OST, Michel VAN DE KERCHOVE, *De la pyramide au réseau ? Pour une théorie dialectique du droit*, *op. cit.*, p. 165.
[52] Marie-Claude SMOUTS, « La coopération internationale : de la coexistence à la gouvernance mondiale », *op. cit.*, p. 140.
[53] James ROSENEAU, *Turbulence in world politics*, Harvester, 1990, p. 20.
[54] Manuel CASTELLS, *Le pouvoir de l'identité*, Fayard, 1999, p. 296.

sécuritaires, sanitaires dépassent largement la capacité de régulation des États isolés. Afin de répondre aux défis représentés par ces menaces, l'État doit partager sa souveraineté avec d'autres acteurs, opérant à une échelle supra ou transnationale.

V. Le modèle westphalien à l'épreuve de la mondialisation : la remise en question du stato-centrisme

Ces risques découlent pour l'essentiel du mouvement de *globalisation*, ou *mondialisation*, qui est à l'œuvre depuis plusieurs dizaines d'années[55]. Or comme l'affirmait Anthony GIDDENS en 1996, il y a « *peu de termes comme "lobalisation" qui sont utilisés si fréquemment alors qu'ils sont en réalité très pauvrement conceptualisés* »[56]. La doctrine juridique a eu des difficultés à penser la globalisation du droit avec les catégories fondatrices de la pensée juridique moderne comme État, territorialité de la loi, ordre juridique, etc[57]. En effet, nous l'aurons compris, l'ordre juridique international tel qu'il s'est construit depuis le début du XXe siècle est un « *ordre juridico-politique construit autour et à partir des États-nations qui établissent entre eux, puissances souveraines, des rapports volontaires (...)* »[58]. Or la diplomatie multilatérale ne semble plus être en mesure d'assumer les conséquences négatives de la mondialisation[59].

En effet, les différents mouvements de mondialisation ont ébranlé cette construction, sous la forme d'une interpénétration accrue des intérêts et des forces, à l'initiative d'acteurs qui n'étaient plus nécessairement étatiques : « *on entrait dans un ordre multinational, voire de façon plus originale, transnational* »[60]. La mondialisation a entraîné une :

> « *Considérable intensification des interdépendances planétaires dans les principaux domaines de la vie sociale : flux migratoires, échanges culturels, circulation des informations, transactions économiques. Un saut qualitatif s'observe par rapport aux pratiques classiques*

[55] Globalisation est un américanisme, et son équivalent en français, mondialisation.

[56] « *There are few terms thqt we use so frequently but which are in fact as poorly conceptualized as globalization* », Anthony GIDDENS, on Globalization Excerpts from a Keynote Address at the UNRISD Conference on Globalization and Citizenship, 1er déc. 1996.

[57] Gilles LHUILLIER, *Le droit transnational*, Dalloz, 2016, p. 17.

[58] François OST, Michel VAN DE KERCHOVE, *De la pyramide au réseau ? Pour une théorie dialectique du droit*, *op. cit.*, p. 158.

[59] V. Claude ROOSENS, Valérie-Barbara ROSOUX, Tanguy DE WILDE D'ESTMAEL, *La politique étrangère : le modèle classique à l'épreuve*, PIE-P. Lang, 2004.

[60] François OST, Michel VAN DE KERCHOVE, *De la pyramide au réseau ? Pour une théorie dialectique du droit*, *op. cit.*, p. 158.

d'échanges internationaux : l'espace se contracte à la dimension d'un village global sous la poussée d'une mobilité sans frein qui fait éclater les frontières et annule les distances, le temps s'accélère au point de faire de l'instantané, et non plus de la durée, la mesure de l'action pertinente, les interdépendances s'intensifient au point d'engendrer une homogénéisation des attentes, des pratiques et des codes de toutes sortes. Dans ce contexte, les flux se substituent aux territoires et les réseaux aux frontières. La distinction intérieur-extérieur perd ainsi beaucoup de son importance, contraignant les États à une mise en question radicale de leurs modes d'intervention. »[61]

Notons que la dynamique du phénomène de mondialisation est avant tout économique. Charles-Albert MICHALET explique que la mondialisation est un phénomène complexe qui se laisse décomposer en trois phases[62]. Une première s'étend du XVIe siècle à 1960 environ et correspond à la phase de « *l'économie internationale* ». Durant cette phase, on voit se multiplier les échanges de biens et de services, mais à l'initiative des États-nations qui restent maîtres du jeu. Les États conservent le contrôle des flux de marchandises échangées, ces mêmes échanges se moulant dans la logique diplomatique des alliances, des blocs, des guerres et des empires coloniaux. La deuxième phase qui émerge au début des années 1960 est celle de « *l'économie multinationale* ». À partir de ce moment, c'est la dimension des « *investissements directs à l'étranger* » qui est privilégiée : l'exportation ne concerne plus uniquement les biens et les services, mais les facteurs productifs eux-mêmes[63]. Enfin, à partir des années 1980, viendrait la phase décisive de la mondialisation qui privilégiait la dimension financière : les entreprises poursuivent désormais une politique de profit immédiat. Cette recherche de plus grande rentabilité financière se traduit par la mobilité des activités, la vitesse de réaction et, d'une manière plus générale, par l'abolition de toutes les contraintes qui pourraient ralentir ou entraver la libre circulation des capitaux. Ainsi, la mondialisation économique qui résulte de ce processus historique se traduit par un marché en voie d'unification, par la

[61] *Ibid,* p. 159.

[62] Charles-Albert MICHALET, « Les métamorphoses de la mondialisation, une approche économique », *in* Éric LOQUIN, Catherine KESSEDJAN (dir.), *La mondialisation du droit,* Litec, 2000, p. 11 et s.

[63] François OST, Michel VAN DE KERCHOVE, *De la pyramide au réseau ? Pour une théorie dialectique du droit*, *op. cit.*, p. 159.

création d'une seule zone planétaire de production des échanges[64]. Ce phénomène n'est pas sans conséquences sur le droit international.

En effet, le phénomène de mondialisation a fait émerger « *de nouveaux acteurs sur la scène internationale, de nouvelles préoccupations, de nouvelles formes de régulation, dans certains cas endo-causales, transnationales et ne reposant pas nécessairement sur le hard law* »[65]. La sphère politique contemporaine est aujourd'hui marquée par la multiplication des paliers de régulation. Une nouvelle structure de gestion des affaires publiques a émergé, caractérisée par la superposition, ou plutôt l'enchevêtrement, des institutions nationales, des entités infraétatiques et des organisations supranationales (à caractère régional et international). L'État, tout en conservant un rôle privilégié, ne détient plus le monopole de la production normative et la sphère nationale n'est certainement plus le seul locus de la vie politique.

Ce positivisme juridique faisant de l'État l'unique source de droit dans l'ordre interne[66], et qui s'est également répandu dans l'ordre international, a commencé à être contesté à partir des années 1950[67]. Cette remise en cause du positivisme juridique a été imposée par l'apparition de pouvoirs concurrents qui ont battu en brèche le monopole étatique antérieur[68]. Il est en effet difficile aujourd'hui de soutenir que le droit international a pour origine la seule volonté des États. Comme l'écrit Dominique CARREAU : « *Le droit n'est pas consubstantiel à l'État : il a existé et il existe encore sans lui. Il n'est intrinsèquement lié qu'à l'existence de collectivités humaines.* »[69].

Certains auteurs affirment en ce sens qu'il est aujourd'hui nécessaire de prendre acte de l'émergence d'un « *droit sans État* », d'une régulation privée située « *en dehors de la hiérarchie des normes juridiques, au-delà des ordres juridiques nationaux et du droit des gens traditionnels* »[70]. C'est précisément cette mondialisation des échanges qui aurait ainsi eu raison de la hiérarchie normative.

---

[64] *Ibid*, p. 160.

[65] Albane GESLIN, « Le droit international », *op. cit.*

[66] Illustrée par les écrits d'Hans KELSEN ou Carré DE MALBERG.

[67] Notamment avec Philip JESSUP et son *Transnational law*.

[68] Dominique CARREAU, « La régulation de la globalisation par les acteurs privés », *Forces du Droit*, 2011, en ligne : https://forcesdudroit.wordpress.com/2011/01/31/la-regulation-de-la-globalisation-par-les-acteurs-prives/

[69] *Idem.*

[70] Gunther TEUBNER, « Les multiples corps du roi : l'auto-destruction de la hiérarchie du droit », *in* Marie-Jeanne CAMPANA et *al.*, *Philosophie du droit et droit économique, quel dialogue ?,* Frison-Roche, 1999, p. 313.

En ce sens, c'est la mondialisation qui a conduit à l'émergence de « *lieux de production alternative du droit* »[71]. Sans prétendre à l'exhaustivité, on citera ici le rôle déterminant des firmes multinationales dans l'élaboration du droit *transnational* (*lex mercatoria, lex constructionis*), mais également celui du mouvement sportif transnational (fédérations sportives internationales, Comité international olympique, Tribunal arbitral du sport, Agence mondiale antidopage) dans l'émergence de la *lex sportiva*[72]. Dans le domaine financier, on peut évoquer la création en 2009 par le G20 du Conseil de stabilité financière. Cette instance internationale est composée de 70 institutions représentant 24 États, 6 institutions financières régionales et internationales et 6 normalisateurs techniques. Non dotée de la personnalité juridique, et établie sur une base non conventionnelle, elle participe cependant de la régulation du système financier international et « *coordinate at the international level the work of national financial authorities and international standard setting bodies and (...) develop and promote the implementation of effective regulatory, supervisory and other financial sector policies.* »[73].

Dématérialisée, déterritorialisée, complexe, la finance internationale telle qu'elle se transforme à compter des années 1980 échappe de plus en plus aux législateurs nationaux. De son côté, comme nous l'avons évoqué, le terrorisme, tel qu'il se développe à compter des années 1980-1990 devient *transnational*. Par conséquent, le terrorisme contemporain et sa contingence de flux financiers échappent aujourd'hui, en grande partie, au contrôle des États.

VI. Une introduction au droit applicable à la lutte contre le financement du terrorisme

Or, au-delà des impératifs d'ordre public, le financement du terrorisme fait peser sur les organismes financiers une menace élevée pouvant porter atteinte à leur intégrité, leur bon fonctionnement, leur réputation et leur stabilité. Min ZHU, directeur général adjoint du Fonds monétaire international a déclaré, dans une communication en date du 22 septembre 2014 que :

> « *Le blanchiment des capitaux et le financement du terrorisme sont des délits financiers qui ont des effets économiques. Ils peuvent*

[71] André-Jean ARNAUD, *Critique de la raison juridique, tome 2 : Gouvernants sans frontières, entre mondialisation et post-mondialisation*, LGDJ / Montchrestien, 2003, p. 243.
[72] V. Franck LATTY, *La Lex Sportiva : Recherche Sur Le Droit Transnational*, Brill, 2007.
[73] En ligne : www.financialstabilityboard.org/

menacer la stabilité du secteur financier d'un pays, ou, de manière plus générale, sa stabilité extérieure. Des dispositifs efficaces de lutte contre le blanchiment des capitaux et le financement du terrorisme sont essentiels pour protéger l'intégrité des marchés et de la structure financière mondiale, car ils contribuent à atténuer les facteurs qui facilitent les abus financiers. Les mesures de lutte contre le blanchiment des capitaux et le financement terroriste constituent donc non seulement un impératif moral, mais une nécessité économique. »[74]

Un établissement financier peut effectivement assister au délitement quasi immédiat de sa réputation en cas de financement du terrorisme, même dans l'hypothèse d'une négligence non coupable de ce dernier, qui ne bénéficiera d'aucune complaisance médiatique, et verra son nom et ceux de ses dirigeants voués aux gémonies et à la vindicte populaire. La réputation est donc « *l'un des actifs les plus précieux d'une institution financière* »[75]. En effet, pour tout organisme financier, la réputation d'honnêteté est un capital stratégique pour le développement des affaires dans la mesure où l'industrie financière dépend essentiellement de la confiance de ses clients[76]. Le coût d'une mauvaise réputation peut donc dépasser les gains éventuels issus de pratiques malhonnêtes et illégales. En somme, la perte du capital réputationnel peut signifier la mort économique. De même, en utilisant le système financier pour financer des opérations illégales ou bénéficier des profits d'opérations illicites, le blanchiment d'argent et le financement du terrorisme constituent des menaces directes pour l'État de droit. Le système financier et l'État ont donc un intérêt commun dans la lutte contre le financement du terrorisme et de la criminalité financière de manière plus générale.

Afin de limiter les atteintes à ce capital réputationnel, l'inflation législative de ces deux dernières décennies a conduit les organismes financiers à mettre en place un département spécifiquement chargé de veiller à la conformité des opérations réalisées à la lumière du paysage réglementaire[77]. Dénommée fonction *conformité*, ou *compliance* en vertu

---

[74] FMI, « Fiche Technique, Le FMI et la lutte contre le blanchiment des capitaux et le financement du terrorisme », 22 sept. 2014, en ligne : https://www.imf.org/external/np/exr/facts/fre/amlf.htm.

[75] Patrick MOULETTE, « Blanchiment et circuits financiers du terrorisme », *Revue d'économie financière*, 2003, pp. 75-88.

[76] Jean-François GAYRAUD, *Le Nouveau Capitalisme criminel : Crises financières, narcobanques, trading de haute fréquence*, Odile Jacob, 2014, p. 296.

[77] Néanmoins, cette inflation réglementaire s'accompagne de limites. En effet, il est aisé de constater un certain malaise chez la clientèle qui voit désormais sa banque s'immiscer dans sa vie privée au nom des impératifs imposés par la procédure *Kow Your Customer* ou « KYC »

d'un anglicisme accepté dans le langage courant, c'est elle qui est chargée de lutter contre le blanchiment de capitaux et le financement du terrorisme. À titre d'exemple, en France, cette fonction a vu son périmètre s'élargir de manière significative depuis le début des années 1990 :

> « *De correspondant et déclarant TRACFIN*[78] *– fonction créer au début des années 1990, lorsque la loi*[79] *a contraint les établissements financiers à déclarer à TRACFIN les soupçons de blanchiment de capitaux – à responsable de la LCB-FT, le positionnement de cette fonction a particulièrement évolué dans les établissements bancaires et financiers depuis plus de 20 ans.* »[80]

L'évolution majeure a été réalisée au début des années 2000 lorsque la Commission bancaire a mis en place un questionnaire de lutte antiblanchiment qui obligeait les établissements bancaires à répondre à des questions précises concernant le dispositif existant en interne. À la même période, plusieurs établissements ont été mis en cause dans le cadre d'affaires de blanchiment à travers l'utilisation de chèques à multiples endos. Ces faits d'actualité ont conduit les acteurs du secteur financier à sérieusement considérer la mise en place de moyens de contrôle et de surveillance davantage coercitifs afin de couvrir ce risque et de se conformer à la réglementation en vigueur.

En France, le Code monétaire et financier consacre un chapitre aux « *Obligations relatives à la lutte contre le blanchiment des capitaux et le financement du terrorisme* » (« LCB/FT » ou « LAB/FT ») qui s'adressent

---

(connaissance du client). Ce malaise se traduit chez le banquier par l'inquiétude d'importuner les clients, au risque de les faire fuir. Christian PERCIE DU SERT va plus loin en se demandant si « *un excès de réglementation n'est pas antinomique avec le métier de la banque, qui est de donner au client les moyens de prendre des risques* » (Christian PERCIE DU SERT, « Banque et Conformité », *La semaine juridique des entreprises et affaires*, 2012). Par ailleurs, en l'absence d'une réglementation harmonisée à l'échelle internationale, la lourdeur des procédures découlant des législations françaises et européennes peut représenter un handicap face à la concurrence des pays anglo-saxons dont les obligations en matière de vigilance sont moins contraignantes. La multiplication des acteurs financiers, la mondialisation des échanges financiers, l'émergence rapide des nouvelles technologies dans le secteur financier impose une nécessaire harmonisation des législations à l'échelle internationale sans laquelle, l'effectivité des règles en place serait mise à mal par leur possibilité de contournement.

[78] La cellule de renseignement financier française, nous y reviendrons.

[79] L. n° 90-614, 12 juill. 1990, relative à la participation des organismes financiers à la lutte contre le blanchiment des capitaux provenant du trafic de stupéfiants.

[80] Marie-Agnès NICOLET, *Gouvernance et fonctions clés – De risque de conformité et contrôle dans les établissements financiers*, RB Éditions, 2017, p. 43.

aux « *personnes assujetties* », définies à l'article L. 561-2[81]. Le dispositif LCB/FT repose sur deux volets complémentaires : des obligations de vigilance à l'égard de la clientèle et de la relation d'affaires, ainsi que des obligations de déclaration et d'information à TRACFIN auxquelles sont assujettis les organismes financiers définis à l'article L. 561-2 précité. Le Code monétaire et financier prévoit, en outre, deux catégories d'obligations à l'égard de TRACFIN : la déclaration de soupçons (article L. 561-15), et la communication systématique d'informations à TRACFIN (« COSI ») dans des cas limitativement énumérés par le Code monétaire et financier (article L. 561-15-1).

L'ordonnance n° 2009-104 du 30 janvier 2009 relative à la prévention de l'utilisation du système financier aux fins de blanchiment de capitaux et de financement du terrorisme, portant transposition de la troisième directive européenne antiblanchiment a étendu le champ d'application de la LCB/FT. Depuis lors, l'obligation de déclaration de soupçon a été étendue aux fraudes fiscales et aux infractions passibles d'une peine de prison supérieure à un an (C. mon. fin., art. L. 561-15). La fonction conformité assume donc la « *responsabilité de la justification de la licéité et la cohérence des flux transitant sur les comptes de clientèle* »[82]. La *connaissance client*, ou plus communément *Know Your Customer* (« KYC »), est effectivement indispensable pour apprécier si les transactions sont cohérentes avec l'activité et les avoirs du client, et ainsi détecter les opérations qui ne seraient pas cohérentes[83]. Le dispositif LCB/FT fera l'objet de développements plus approfondis[84] dans la deuxième partie de ce document.

---

[81] C'est-à-dire les établissements de crédit ; les établissements de paiement ; les établissements de monnaie électronique ; les sociétés de financement.

[82] Christian PERCIE DU SERT, « Banque et Conformité », *La semaine juridique des entreprises et affaires,* 2012.

[83] Au cours de ces dernières années, les exigences en matière de LAB/FT ont été précisées. Ces exigences concernent principalement : l'identification et la connaissance de la clientèle ; l'obligation de déclaration des opérations suspectes à TRACFIN ; l'obligation de se doter de procédures internes et d'une organisation en la matière ; l'examen des opérations inhabituelles ; la constitution de dossiers de renseignement ; la désignation d'un ou plusieurs correspondants TRACFIN ; la conservation des documents et justificatifs pendant au moins cinq ans. Nous reviendrons sur ces obligations dans la deuxième partie de cette contribution.

[84] D'une manière générale, il faut noter que, selon le rapport d'activité de la Commission nationale des sanctions (« CNS ») : *« C'est l'intervention de chaque professionnel disposant d'informations particulières et d'une analyse propre liée à son activité qui assure l'efficacité du dispositif de lutte contre le blanchiment des capitaux et le financement du terrorisme. Chaque professionnel est donc directement responsable sans pouvoir se reposer sur les autres professionnels, même si l'intensité des obligations peut varier selon les situations »* (Commission nationale des sanctions, Rapport d'activité 2015, en ligne :

Divers exemples jurisprudentiels mettent en évidence le rôle central des organismes financiers dans la lutte contre le financement du terrorisme. Ainsi, récemment, la Saxo Banque France, a fait l'objet d'un contrôle sur place qui a donné lieu à l'élaboration d'un rapport à la suite duquel le Collège de l'ACPR[85] a décidé d'ouvrir une procédure disciplinaire. La Commission des sanctions a alors constaté qu'à la date de la mission de contrôle, le dispositif de suivi et d'analyse des risques de LCB/FT de Saxo Banque France présentait des insuffisances qui affectaient en particulier son dispositif d'alertes automatisées. De plus, la société ne respectait pas totalement ses obligations en matière de vigilance complémentaire en cas d'ouverture de comptes à distance. En outre, le recueil des informations permettant de connaître les clients était, dans certains dossiers, insuffisant. Ces manquements justifient alors, pour la Commission des sanctions, le prononcé d'un blâme ainsi qu'une sanction pécuniaire de 900 000 euros[86]. Plus récemment, la fintech *Lemon Way* s'est vue infliger un blâme ainsi qu'une sanction pécuniaire de 80 000 euros, dans une décision rendue par l'ACPR le 30 mars 2017 pour ne pas avoir respecté les normes de LCB/FT en 2015[87].

C'est donc la fonction conformité qui joue un rôle central dans la mise en œuvre du dispositif de LCB/FT. L'ensemble de ces dispositions législatives et réglementaires prouve que les autorités posent la prévention du blanchiment de capitaux et du financement du terrorisme au cœur du métier de banquier, « *comme une activité naturelle indissolublement liée à sa relation avec ses clients* »[88].

Par ailleurs, notons que ce dispositif (et par voie de fait, la fonction conformité) s'adapte sans cesse aux tourments de l'actualité nationale et internationale. Suite aux attentats survenus à Paris les 7, 8 et 9 janvier 2015 et à ceux de Copenhague le 14 février de la même année, devant les représentants du GAFI, Michel SAPIN a soulevé une série de priorités dans la

---

https://www.economie.gouv.fr/files/files/ESPACE-EVENEMENTIEL/commission-nationale-sanctions/CNS-rapport_d'activite_160108.pdf.)

[85] Autorité de contrôle prudentiel et de résolution, le régulateur du système bancaire en France.

[86] Jérôme LASSERRE CAPDEVILLE, Jean-Philippe KOVAR, « Nouvelle condamnation d'un établissement de crédit pour manquement en matière de lutte contre le blanchiment de capitaux », *Revue Banque*, 2017.

[87] Sharon WAJSBROT, « Fintech : Lemon Way sanctionnée pour des failles dans sa lutte contre le financement du terrorisme », *Les Echos*, 18 avr. 2017.

[88] Patrick WERNER, « La conformité comme outil de prévention du blanchiment », *RD bancaire et fin.*, mai 2009.

lutte contre le terrorisme et son financement[89]. En outre, aux termes d'une année 2015 particulièrement douloureuse, les autorités françaises ont publié une note[90] préconisant l'adoption de nouveaux textes législatifs visant à mettre en place une série d'actions pour améliorer le dispositif de LCB/FT[91].

Or il est évident que l'efficacité de telles mesures, non coordonnées à l'échelle internationale, serait fortement compromise. La mise en place d'une coopération à l'échelle internationale est indispensable pour assurer l'efficacité de n'importe quel dispositif de LCB/FT national, tant le progrès ne connaît pas de frontière. La question qui se pose est donc la suivante : comment assurer l'harmonisation des normes nationales de lutte contre le financement du terrorisme à l'échelle internationale ? L'échec de l'approche intergouvernementale illustrée à travers les défaillances de la Convention de 1999 a nécessité de repenser les fondements théoriques du droit international.

VII. Problématique

Dans ce contexte, aux vues des développements qui précèdent, la problématique qui se pose est la suivante : dans quelles mesures la lutte contre le financement du terrorisme contemporain est-elle symptomatique des dynamiques nouvelles du droit international ?

---

[89] Pouvoir poursuivre pénalement et sanctionner les terroristes mais aussi tous ceux qui les financent de façon directe ou indirecte ; permettre et faciliter les gels des avoirs à la demande des États tiers pour aller au-delà des frontières nationales ; encadrer les instruments de paiement qui peuvent être anonymes et présentent des risques au regard du financement du terrorisme, et appliquer des vigilances renforcées sur les flux vers les zones à risques telles qu'identifiées par le GAFI ; faciliter l'échange d'informations entre États en renforçant la coopération entre les autorités compétentes, et particulièrement les cellules de renseignement financier (V. « Lutte contre le financement du terrorisme : Michel Sapin devant le GAFI », 25 févr. 2015, en ligne : http://www.economie.gouv.fr/gafi-michel-sapin-lutte-terrorisme).

[90] Note des autorités françaises, « Vers de nouveaux travaux au niveau européen sur la lutte contre le financement du terrorisme », 27 nov. 2015.

[91] Le renforcement des prérogatives des Cellules de renseignement financier ; l'amélioration de l'efficacité du dispositif européen de gel des avoirs terroristes à l'échelle européenne ; le renforcement des contrôles et de la réglementation des moyens de paiement hors circuit bancarisés ; la lutte contre le commerce illicite de biens culturels (à l'heure actuelle, deux règlements européens imposent des restrictions commerciales sur les biens culturels sortis d'Iraq et de Syrie de manière illicite et constituent une base juridique pour les contrôles à l'importation (règl. (UE) n° 36/2012, 18 janv. 2012 et règl. (CE) n° 1210/2003, 7 juill. 2003) ; la mise en place de registres des comptes bancaires dans les États membres ; Le lancement des travaux sur la mise en place d'un « *Terrorism Finance Tracking Program* » (« TFTP ») européen afin de pouvoir exploiter les données des transferts de fonds nationaux et internationaux (système SWIFT).

La réponse à cette problématique est corrélée à la réponse aux questions suivantes : pourquoi les instruments classiques du droit international sont-ils inopérants dans la lutte contre le financement du terrorisme ? Cette lutte traduit-elle définitivement un retrait de l'État sur la scène internationale ? Comment le Chapitre VII de la Charte des Nations unies est-il parvenu à s'adapter à cette mutation de la menace terroriste ? Quelle place occupent ces « *lieux de production alternative* » du droit dans la lutte contre le financement du terrorisme ? La théorie classique des sources est-elle capable de s'adapter aux nouvelles formes de juridicité qui émergent dans le cadre de la lutte contre le financement du terrorisme ?

À menace *transnationale*, réponse *transnationale*. Le droit international doit donc revoir ses fondements théoriques pour appréhender cette menace d'un nouveau genre, non prévue par les fondateurs de la Charte des Nations unies, qui pourtant est susceptible de porter atteinte à la paix et à la sécurité internationale, monopole longtemps réservé aux États, et qui porte également atteinte au système bancaire et financier.

Le système de sécurité collective mis en place au lendemain de la Seconde Guerre mondiale et le système bancaire et financier contemporain ont donc été dans l'obligation de s'adapter à cette nouvelle menace afin de survivre. Repenser le droit international est apparu pour ces deux systèmes, au lendemain des attentats du 11 septembre 2001, comme un impératif catégorique.

VIII. Présentation de la première partie

Bien qu'il existe des variantes entre les différentes organisations intergouvernementales, le principe de l'égalité souveraine est présent presque partout : cela signifie que la plupart des organisations internationales restent westphaliennes. Nous pouvons toutefois évoquer deux exceptions : il s'agit du Conseil de sécurité des Nations unies et de l'Union européenne. Le Conseil de sécurité, suite aux attentats du 11 septembre 2001, s'est arrogé des pouvoirs supranationaux de nature inédite. Notons qu'originellement, ce dernier peut imposer des sanctions économiques et intervenir militairement dans certaines circonstances, surtout dans le cas d'une agression d'un pays membre contre un autre[92]. L'Union européenne, quant à elle, a choisi, par une succession de traités, d'opter pour un mouvement progressif vers la

---

[92] Kimon VALASKAKIS, « La souveraineté supranationale : un impératif contemporain ? », *op. cit.*

supranationalité[93]. La supranationalité fait partie de l'ADN institutionnel de l'UE.

Selon Pierre PESCATORE, l'essentiel de la supranationalité peut se résumer en trois éléments. Celle-ci se caractérise par le fait que les États membres de l'organisation ont reconnu l'existence de valeurs communes et ces derniers devront veiller à subordonner leurs intérêts nationaux à l'ensemble de celles-ci[94]. Ensuite, il est nécessaire que des pouvoirs effectifs soient placés au service de cet ensemble d'intérêts et de valeurs : il faut pour cela établir des règles qui engagent les États. Enfin, ces pouvoirs effectifs doivent être exercés de manière autonome : ces derniers doivent être distincts du pouvoir des États participants « *de manière à être placés exclusivement au service de la finalité reconnue comme commune* »[95].

Les organisations de ce type se voient donc attribuer des pouvoirs de type étatique qu'elles exercent en lieu et place des organes étatiques sur le territoire des États et sur les personnes qui s'y trouvent. Ainsi, « *l'exclusivisme territorial, noyau dur de la souveraineté vole littéralement en éclat sous l'action des organisations supranationales* »[96].

Avec la résolution 1373 adoptée par le Conseil de sécurité le 28 septembre 2001, reprenant de nombreuses dispositions de la Convention de 1999 pour la répression du financement du terrorisme international, le Conseil s'est posé, pour la première fois de son histoire, en créateur de normes générales, exerçant sur la scène internationale un pouvoir en tous points semblable à celui du législateur dans l'ordre juridique interne des États. Ce dernier a en effet adopté des énoncés obligatoires, généraux, permanents et abstraits, ce qui est inédit dans l'histoire du Conseil.

De son côté, comme nous l'avons évoqué, la supranationalité fait partie de l'identité originelle de l'Union européenne. Les normes issues de celle-ci transpercent l'écran étatique et donnent une dimension nouvelle au droit international. La structure institutionnelle de l'Union offre ainsi un cadre privilégié pour lutter contre le financement du terrorisme.

Nous verrons donc dans la première partie de cette contribution, à travers les mesures de lutte contre le financement du terrorisme adoptées par ce dernier, comment le Conseil de sécurité s'est adapté aux mutations de la

---

93 *Idem.*
94 Pierre PESCATORE, *Le droit de l'intégration*, Bruylant, Bruxelles, 2005, p. 100.
95 *Idem.*
96 *Idem.*

conflictualité internationale et s'est soudainement métamorphosé en « *législateur mondial* » au lendemain des attentats du 11 septembre 2001.

Nous étudierons également le droit de l'Union européenne de la lutte contre le terrorisme et constaterons la pertinence des normes adoptées par cette dernière en matière de lutte contre le financement du terrorisme.

IX. Présentation de la deuxième partie

La lutte contre le financement du terrorisme est assurément l'une des manifestations de la globalisation du droit et de la multiplication des foyers normatifs qui l'accompagne. Les États ont évidemment cherché à ne pas laisser hors de portée cette lutte qui intéresse directement la sécurité de leurs concitoyens et l'intégrité de leur système financier, mais leur action est restée « *à la périphérie* »[97] de ce combat. Les normes de lutte contre le financement du terrorisme s'appliquant au secteur financier se caractérisent par l'importance de l'autorégulation privée, mais également par le développement de nouvelles formes de normativité alliant pouvoirs publics et privés, au point que l'on peut s'interroger si l'examen des sources des normes de lutte contre le financement du terrorisme ne doit pas conduire à reconsidérer la théorie des sources formelles du droit, d'inspiration positiviste.

Selon Michel VIRALLY, les sources dites « *formelles* » du droit « *désignent les modes de formation des normes juridiques, c'est-à-dire les procédés et les actes par lesquels ces normes accèdent à l'existence historique, s'insèrent dans le droit positif et acquièrent validité* »[98]. Dans le dogme positiviste, ces sources permettent d'identifier la norme juridique : est règle de droit ce qui provient d'une source identifiée, excluant de la sorte par avance tout autre phénomène normatif[99] ; « *n'est du droit que le seul phénomène normatif qui peut être appréhendé sur la base d'un pedigree formel dont la définition est offerte par la théorie des sources* »[100]. Or à bien étudier les sources des normes en matière de lutte contre le financement du terrorisme, cette conception semble aujourd'hui désuète.

---

[97] Mireille DELMAS-MARTY, *Le relatif et l'universel : les forces imaginantes du droit*, Seuil, 2004, p. 104.

[98] Michel VIRALLY, *La pensée juridique*, LGDJ, 1960, p. 148.

[99] Franck LATTY, « La diversité des sources du droit de l'internet », in *Colloque sur internet et le droit international, Société française pour le droit international*, 2014.

[100] Jean D'ASPREMONT, « La déformalisation en droit international et l'abandon de la théorie des sources dans la doctrine contemporaine », *L'Observateur des Nations unies*, 2011, p. 41.

La multiplication d'autorités formelles et informelles que nous allons constater dans le cadre de la lutte contre le financement du terrorisme et de la criminalité financière plus générale, remet en cause l'ordre juridique étatique lui-même puisque les normes qui le traversent puisent leur validité dans une pluralité d'ordres qui échappent de plus en plus à son contrôle. La mondialisation entraîne par conséquent une dislocation entre l'État et les phénomènes juridiques[101], une multiplication des lieux et des acteurs normatifs et ainsi une déterritorialisation des processus normatifs[102].

À titre d'exemple, depuis la fin des années 1990, nous constatons une mobilisation croissante au niveau international contre cet « *argent sale* », conduisant à la mise en place de ce que beaucoup qualifient de régime global, c'est-à-dire un « *ensemble de principes, de normes, de règles et de procédures de décision, implicites ou explicites, autour duquel les attentes des acteurs convergent dans un domaine spécifique* »[103]. En ce sens, les participants du 18e Congrès international de droit pénal de l'Association Internationale de Droit pénal, qui s'est tenu à Istanbul du 20 au 27 septembre 2009, ont reconnu que :

> « *le terrorisme et le financement du terrorisme peuvent constituer des crimes potentiellement transnationaux et/ou extraterritoriaux, susceptibles d'être commis contre l'humanité, menaçant la paix et la sécurité internationales ainsi que la stabilité des nations.* »[104]

En bref, d'autres acteurs, de niveau infraétatique, se substituent aux souverainetés défaillantes, et l'État se trouve alors dessaisi de certains de ses rôles monopolistiques. Ce dernier ayant perdu son monopole normatif d'antan, le positivisme juridique ne constitue plus la clef permettant d'expliquer la création des normes juridiques internationales[105], et, comme nous le verrons, les normes adoptées en matière de lutte contre le financement du terrorisme illustrent cette affirmation.

---

[101] À rebours du volontarisme juridique qui néglige le poids des nouveaux acteurs face à l'État, souverain suprême, la doctrine progressiste repose sur une évolution substantielle du droit et un rééquilibrage des pouvoirs au détriment de l'état westphalien et à la faveur d'un individu hypertrophié.

[102] Geneviève DUFOUR, Olivier BARSALOU, Pierre MACKAY, « La mondialisation de l'État de droit entre dislocation et recomposition : le cas du Codex Alimentarius et du droit transnational », *Les Cahiers de droit*, 2006, pp. 475-514.

[103] Selon la définition qu'en donne Stephen D. KRASNER, *international Regimes*, Cornell, University Press, 1983, p. 2.

[104] « Le financement du terrorisme. résolution », *RIDP*, 2009, pp. 519-524.

[105] Dominique CARREAU, « La régulation de la globalisation par les acteurs privés », *op. cit.*

Or, depuis quelques années et la brusque émergence du groupe État islamique en Irak et au Levant (« EIIL » ou « Daech »), le monde entier assiste à une violente mutation du phénomène terroriste. Sur l'ensemble de la scène internationale, on assiste à une évolution des modes opératoires empruntés par les terroristes se revendiquant de cette organisation. Peu gourmands en financements, mais de forte intensité, les attentats perpétrés ces dernières années ne ressemblent en rien aux attentats de grande ampleur signés Al-Qaïda. Cette évolution s'accompagne mécaniquement de méthodes de financement nouvelles auxquelles tout un arsenal législatif doit s'accommoder. La traque financière des avoirs terroristes se complique. Les derniers attentats terroristes ont effectivement mis en lumière la capacité de certains réseaux terroristes à se financer de façon souterraine, souvent grâce à de faibles montants. L'architecture réglementaire mise en place pour répondre aux attentats du 11 septembre 2001 est aujourd'hui, en partie, désuète face à ces méthodes de financement inédites. Le terrorisme de *l'ère Daech* se caractérise par une dichotomie entre l'impact de leurs attentats sur l'ordre public et la modestie des moyens nécessaires à leur réalisation.

Aujourd'hui, pour l'État islamique, le contrôle complet d'un large territoire et des ressources qui en découlent, notamment pétrolières, ont permis un financement jamais connu précédemment[106]. Les moyens pour lutter contre le financement de cette organisation sont encore à définir. Les organismes financiers sont les premiers impactés par les mesures visant à assécher les réserves financières des organisations terroristes et verront naturellement leurs obligations s'étendre de manière significative en matière de LCB/FT dans les années à venir.

Les banques sont aujourd'hui confrontées à de grands défis réglementaires. À titre d'illustration, une banque française doit, non seulement se conformer à plusieurs autorités de régulation (AMF, ACPR, CRBF…), mais également à des agences européennes (Commission européenne, Autorité européenne des marchés financiers (« AEMF »)), ainsi qu'à des règles internationales que nous allons étudier.

Depuis quelques années, ces autorités n'hésitent pas à imposer de lourdes sanctions qui peuvent entraîner des pertes financières importantes pour les banques, sans compter les dommages réputationnels que subirait la banque sur les marchés financiers.

---

[106] Alain BAUER, Jean-Louis BRUGUIERE, *Les 100 mots du terrorisme*, PUF, 2016, p. 53.

L'objectif de ce document sera donc d'étudier la possibilité pour les organismes financiers de se doter de moyens permettant d'être en adéquation, voire d'anticiper le cadre réglementaire financier international. De cette manière, ces derniers seront en mesure de lutter de manière permanente et efficace contre les risques de financement du terrorisme pesant sur eux.

Aux termes de cette introduction, l'aspect pluridisciplinaire de l'étude de la *lutte contre le financement du terrorisme et des dynamiques nouvelles du droit international* apparaît comme une évidence. Une telle étude renvoie aux confins du droit international, européen et des législations nationales et nécessite également de comprendre les dynamiques économiques, sociologiques et politiques à l'œuvre depuis plus d'un demi-siècle à travers le monde. C'est, à notre sens, précisément ce qui fonde l'intérêt d'un tel sujet.

PREMIÈRE PARTIE

Un bouleversement paradigmatique par le *haut* : la nécessité d'une réponse supranationale devant une menace mondialisée et protéiforme

« *Que peut-on contrôler effectivement dans un monde sans limites ni barrières, dans lequel les verticalités étatiques lentes sont systématiquement prises en défaut par les horizontalités rapides des flux transnationaux ?* »

Jean-François GAYRAUD, *Le nouveau capitalisme criminel*, Odile Jacob, 2014

De nature transnationale, le terrorisme contemporain et sa contingence de flux financiers échappent au contrôle des États. Parce qu'une lutte efficace ne peut passer que par des dispositions harmonisées à l'échelle internationale, c'est l'ONU, et son Conseil de sécurité, ainsi que toute autre organisation régionale intégrée qui sont dans une position privilégiée pour apporter les réponses appropriées à cette *menace à la paix et à la sécurité* que représente aujourd'hui le financement du terrorisme.

Or les outils traditionnels du droit international, en particulier la Charte des Nations unies, ont été, pour l'essentiel, pensés au lendemain de la Seconde Guerre mondiale, à une époque où seuls les États pouvaient raisonnablement porter atteinte à la paix et à la sécurité internationale. Ces outils se caractérisent par la prééminence de l'approche intergouvernementale dans les relations internationales. Cette approche a relativement bien fonctionné durant la guerre froide où aucune guerre interétatique d'ampleur n'a marqué l'histoire. Les progrès techniques en matière d'armement ont évidemment contribué à éloigner les perspectives de voir émerger une guerre mondiale sur la scène internationale, mais il convient également de rendre hommage aux outils de la diplomatie multilatérale mis en place au lendemain de la Seconde Guerre mondiale.

Toutefois, avec la fin des années 1980, les golems créés par les deux puissances en opposition durant la guerre froide se sont peu à peu émancipés de leur tutelle étatique pour agir suivant leurs propres intérêts. D'une menace terroriste *sous contrôle* durant la guerre froide, on est passé à un terrorisme de nature *transnationale* à compter du début des années 1990. La fin du conflit Est-Ouest marque également le triomphe de l'idéologie capitaliste sur le communisme à l'échelle internationale. Cette victoire conforte les dirigeants occidentaux dans la nécessité de déréguler davantage le système bancaire et financier. Comme nous le verrons, les financiers du terrorisme ont su profiter de cette nouvelle dynamique économique pour se financer et financer leurs actions.

Ainsi, lutter contre la mondialisation des flux financiers et la menace terroriste nécessite de repenser les outils traditionnels du droit international. Le Conseil de sécurité des Nations unies, en état de blocage institutionnel durant la guerre froide, a été en mesure de retrouver ses pleines attributions à compter de 1991. Celui-ci, devant les mutations de la conflictualité internationale, en particulier devant les mutations de la menace terroriste, a su adapter ses prérogatives afin d'être en mesure de répondre à l'intensité d'une telle menace. C'est dans ce contexte qu'une nouvelle lecture du Chapitre VII de la Charte des Nations unies, « *Action en cas de menace contre la paix, de rupture de la paix et d'acte d'agression* », a été proposée par le Conseil de sécurité.

En bref, les outils traditionnels du droit international, à travers la mondialisation de la menace terroriste et de ses flux financiers, ont dû passer d'une logique *interétatique* à une approche *supranationale*. La lutte contre le financement du terrorisme contemporain, pour être efficace, se doit d'être éminemment harmonisée à l'échelle internationale, sans quoi les financiers du terrorisme pourront profiter des lacunes de certaines législations permissives pour se financer. Dès lors, seule une approche supranationale est en mesure d'édicter des normes disposant de l'autorité nécessaire et suffisante pour s'imposer à l'ensemble des États de la communauté internationale.

Le Conseil de sécurité a donc été en mesure de proposer des régimes de sanctions particulièrement intéressants en matière de lutte contre le financement du terrorisme. La coercivité de ces régimes a d'ailleurs fait l'objet de débats et critiques et ces derniers ont été encadrés au fil des années. De son côté, l'Union européenne représente un cadre privilégié pour lutter contre le financement du terrorisme. Comme nous le verrons, le rapport de l'Union européenne au droit international a parfois était conflictuel, notamment concernant l'intégration des régimes de sanctions onusiens au sein de l'ordre juridique européen. Dans l'ensemble, les normes adoptées par l'Union en matière de lutte contre le financement du terrorisme sont particulièrement efficaces dans ce domaine et nécessitent une étude approfondie.

Parce que la mise en place de mesures de lutte efficaces contre le financement du terrorisme et le blanchiment de capitaux ne peut faire l'impasse d'une connaissance approfondie de la notion de terrorisme et des pratiques passées et présentes de son financement, nous étudierons dans un premier temps les enjeux de la lutte contre le financement du terrorisme (Titre 1) avant d'étudier l'adaptation du droit international aux mutations de la menace terroriste et de ses modalités de financement (Titre 2).

Titre 1 – Définir les enjeux de la lutte contre le financement du terrorisme

« *Le terrorisme nous tend un piège. Il veut nous pousser à la faute, et la faute, c'est la guerre.* »

Dominique DE VILLEPIN, cité par Vincent TREMOLET DE VILLERS, « Dominique de Villepin : “Je suis Charlie”, ça ne peut pas être le seul message de la France », *Le Figaro*, 20 janvier 2015

Un rapport général du financement du terrorisme[107] a souligné que la « *mise en œuvre effective et l'application des législations sur le terrorisme et sur le financement du terrorisme souffrent de l'absence de définition homogène pour ces deux concepts* ». Or lutter contre le financement du terrorisme sans définir préalablement la notion de terrorisme ne serait pas à la hauteur d'une démonstration juridique.

Notons d'ores et déjà qu'en droit international, la notion de terrorisme n'est pas définie. Diverses tentatives au cours du XXe et XXIe siècle ont été expérimentées, sans que celles-ci ne débouchent sur une définition claire et unanimement acceptée par l'ensemble de la communauté internationale. Pour Gérard CHALIAND, définir le terrorisme nécessite de déconnecter l'acte de son projet politique, ce qui permet d'évacuer tout jugement moral,

107 Nikos PASSAS, « Le financement du terrorisme rapport général », *RIDP*, vol. 79, n° 3, 2008, pp. 303-323.

forcément contestable[108]. Notre objectif sera donc de dépolitiser la notion de terrorisme afin de parvenir à une définition acceptable qui servira de support aux développements qui suivront (Chapitre 1). Pour atteindre un tel objectif, nous partirons des tentatives effectuées en droit international avant d'étudier la transposition de ces travaux dans le droit de l'Union européenne. L'Union est en effet parvenue à bâtir une définition, certes très générale, mais qui a servi de fondement aux États membres pour élaborer une définition plus précise de la notion. De son côté, la France, État membre de l'Union européenne et ayant été victime, à compter de la seconde moitié du XXe siècle, du terrorisme sous toutes ses mutations, est parvenue à bâtir une définition qui reflète avec pertinence l'état et l'intensité de la menace terroriste contemporaine. Nous nous servirons donc de la définition proposée par le Code pénal français pour retenir une définition du terrorisme qui servira de support aux développements qui suivront.

Par la suite, étudier la lutte contre le financement du terrorisme nécessite également de comprendre ses modalités de financement au fil des époques (Chapitre 2). Volontairement didactique, ce chapitre abordera en détail les besoins financiers du terrorisme, les modalités de collecte et de transfert de fonds. Comprendre les enjeux du financement du terrorisme est essentiel pour aborder les problématiques liées à la lutte contre son financement.

---

108 Gérard CHALIAND, Arnaud BLIN (dir), *Histoire du terrorisme, de l'Antiquité à Al-Qaïda,* Fayard, 2006, p. 85.

Chapitre 1 – Dépolitiser la notion de terrorisme : tentatives de définition juridique

« *Je ne connais rien de plus servile, de plus méprisable, de plus lâche, de plus borné qu'un terroriste* »

CHATEAUBRIAND, *Mémoires d'Outre-Tombe*, La Pléiade, Tome I, 1849, p. 145

Notion protéiforme et éminemment évolutive, le terrorisme est difficile à définir suivant des critères objectifs et intemporels.

Longtemps, le terrorisme a été aisément identifiable : tout était relié à Moscou ou à Washington[109]. La course effrénée à l'armement entraînée par la guerre froide entre les deux superpuissances vainqueurs de la Seconde Guerre mondiale a repoussé les perspectives de voir émerger une guerre conventionnelle sur la scène internationale. Les velléités belliqueuses des États ne se sont pas pour autant dissipées : durant la guerre froide, le *terrorisme* est apparu, pour ces derniers, comme une arme permettant de frapper l'ennemi sans s'exposer à des représailles directes[110].

À compter des années 1990 et la dissolution partielle de l'Union soviétique, le terrorisme singulier est devenu pluriel[111]. Les *groupes armés*

[109] Alain BAUER, « Les mutations du terrorisme », *Pouvoirs*, vol. 158, n° 3, 2016, pp. 97-113.
[110] Patrice GUENIFFEY, « Généalogie du terrorisme contemporain », *Le Débat*, vol. 126, n° 4, 2003, pp. 157-173.
[111] Alain BAUER, « Les mutations du terrorisme », *op. cit.*

créés ou épaulés par des États se sont émancipés pour agir en fonction de leurs propres intérêts, des organisations hybrides bercées dans la criminalité de droit commun cherchèrent leur rédemption par la terreur, des loups solitaires animés d'obscures idéologies à la Ted KACZYNSKI, Timothy MCVEIGH ou à la Anders BREIVIK décidèrent de passer à l'acte.

En 1996 apparut officiellement une nébuleuse sans lien avec un quelconque État que les Occidentaux appelèrent *Al-Qaïda*. Structure décentralisée, l'organisation n'avait rien de commun avec des mouvements comme l'ETA, l'IRA, la RAF allemande ou les FARC. L'organisation créée par BEN LADEN est la première à avoir effectué la sortie de l'État-nation[112]. Comme l'affirme Olivier ROY : les djihadistes actuels sont des représentants de l'« *islam mondialisé et ont rompu avec toute identité nationale* »[113].

Dernière mutation en date : l'EIIL (État islamique en Irak et au Levant) ou ISIS, ou Daech. Organisation terroriste surmédiatisée de la nébuleuse djihadiste mondiale, Daech a forgé sa puissance politique et militaire sur le développement d'une économie de guerre, à cheval entre l'Irak et la Syrie. Première organisation terroriste à asseoir son autorité sur un territoire délimité, Daech s'est doté de ressources qui, en 2015, en faisaient le groupe armé le plus fortuné au monde, avec près de deux milliards de dollars à son actif[114].

Le terrorisme a ainsi changé de nature, les modèles ont évolué et la définition de l'ennemi ne va plus de soi. Rappelons toutefois que, sur le plan purement étymologique, le terme de *terroriste* dérive du latin *terrere* (effrayer). D'emblée la notion renvoie à son impact psychologique, il se construit sur une référence au registre du ressenti et de l'émotionnel[115]. Pour autant, les mutations du phénomène succinctement abordées ci-dessus font du terrorisme un objet juridique non identifié (I).

Or toute démonstration juridique nécessite de définir les termes du sujet. Disserter sur la lutte contre le financement du terrorisme sans préalablement définir la notion de *terrorisme* priverait de ses fondations les développements qui vont suivre.

---

[112] Hélène L'HEUILLET, « Le terrorisme islamique, un messianisme anarchiste », *Cités*, vol. 36, n° 4, 2008, pp. 83-92.
[113] V. Olivier ROY, *L'islam mondialisé*, Paris, Le Seuil, 2002.
[114] Myriam BENRAAD, « Défaire Daech : une guerre tant financière que militaire », *Politique étrangère*, vol. Été, n° 2, 2015 , pp. 125-135.
[115] Anastasia VECRIN, Noémie ROUSSEAU, « "Terrorisme", mot à mues », *Libération*, 22 juin 2016.

Parler de définition en droit, d'après Gérard CORNU, « *c'est normalement privilégier le sens d'un mot parmi d'autres, accréditer un seul sens, clair, de bonne intelligence afin de dissiper l'équivoque ou les obscurités à travers les différents sens et diverses significations d'un terme* »[116]. Or en amorçant l'étude de la notion, « *accréditer un seul sens* » en évoquant le terrorisme semble être un objectif ambitieux. Sa teinture éminemment politique semble, à première vue, la priver de toute forme d'objectivité (Section 1). Le but poursuivi dans ce chapitre sera ainsi d'assécher le terrorisme de toute connotation politique afin de décanter ses fondements objectifs.

Pour ce faire, il convient d'ores et déjà de noter que, s'il est structurellement difficile de s'entendre sur une définition partagée par plus de 190 États (Section 2), l'exercice devient plus aisé lorsque cette assemblée d'États se réduit. L'Union européenne et le Conseil de l'Europe (Section 3), en sont des illustrations probantes. Par la suite nous étudierons la transposition de cette définition en droit français pour retenir une définition qui servira de fondement aux développements qui suivront (Section 4).

Section 1. Le terrorisme : objet juridique non identifié

Dans cette section, il est intéressant de revenir brièvement sur les origines intellectuelles de la notion (I), avant d'étudier les obstacles obstruant sa définition juridique (II). Nous approfondirons ensuite les approches doctrinales proposées par les sciences humaines (III) afin de bien comprendre les enjeux de la notion avant de l'aborder sous son angle juridique.

En effet, les développements qui suivent empruntent volontairement des considérations davantage historiques et sociologiques que juridiques. Celles-ci sont essentielles pour comprendre et introduire les difficultés juridiques entourant la définition de *terrorisme*.

I- Aux origines intellectuelles de la notion

En matière de terrorisme, il convient de noter que « *le fait a préexisté au mot* » [117]. Nous ne remontrons pas ici aux origines du *fait* terroriste qui

---

116 Gérard CORNU, « Les définitions dans la loi », in *Mélanges dédiés à J. Vincent*, Dalloz, 1981.

117 Pour reprendre l'expression de Jean-Marc SOREL *in* Jean-Marc SOREL, « Existe-t-il une définition universelle du terrorisme ? », *in* Karine BANNELIER, Théodore CHRISTAKIS, Olivier CORTEN, Barbara DELCOURT (dir.), *Le droit international face au terrorisme*, *Cahiers internationaux* n° 17, Pedone, 2002, p. 36.

trouve ses premières manifestations aussi loin que l'humanité est en capacité d'écrire sa propre histoire. L'usage de la terreur à des fins politiques existe en effet depuis des milliers d'années : au Moyen-Orient, au Ier siècle de notre ère, la secte *Zélote*, appelée aussi *Sicaires*, constitue l'un des premiers groupes ayant pratiqué la technique de la *terreur* de manière systématique et dont on possède aujourd'hui une trace écrite[118]. Nous nous intéresserons ici principalement aux origines théoriques de la notion.

Selon Michèle LENOBLE-PINSON, « *La société dans laquelle naissent les mots leur donne un sens. Au fil des ans celui-ci peut s'élargir ou se réduire. Comprendre le sens des mots implique souvent la connaissance de l'histoire.* »[119] Ainsi, historiquement, après la Révolution française, les révolutionnaires s'accordent soudainement le droit de tuer « *au nom du progrès de l'humanité et de la pureté des intentions* »[120]. La première apparition attestée du mot *terrorisme* remonte au 30 août 1793, date à laquelle la Convention nationale proclame « *la terreur* » et adopte à ce titre un ensemble de mesures d'exception. Ce régime s'achèvera à la chute de Robespierre et des Thermidoriens en juillet 1794[121].

Par conséquent, les premières personnes à se voir qualifier de *terroristes* sont les conventionnels envoyés en mission en province pour assurer la répression du royalisme et du fédéralisme. En assassinant le terroriste/jacobin MARAT, Charlotte CORDAY devient probablement la première héroïne, oubliée, du terrorisme moderne. Pendant plusieurs années, le terme de *terroriste* sera alors synonyme de *républicain*. Selon une formule qui peut aujourd'hui sembler subversive, en France, au XVIIIe siècle, la République, c'est la Terreur. Le terrorisme naît donc en *haut*, au cœur de

---

118 Abir GHANEM-LARSON, « Essai sur la notion d'acte terroriste en droit international pénal », Thèse universitaire de droit d'économie et des sciences faculté d'Aix Marseille III, 31 janv. 2011, directeur de thèse : Monsieur Xavier PHILIPPE.

119 Michèle LENOBLE-PINSON, « Liberticide : néologisme révolutionnaire », *in* Hugues DUMONT, Patrick MANDOUX, Alain STROWEL et Françoise TULKENS (dir.), *Pas de liberté pour les ennemis de la liberté ? Groupements liberticides et droit*, Bruxelles, Bruylant, 2000, pp. 19-25.

120 Jean-François GAYRAUD, David SÉNAT, *Le terrorisme*, Presses Universitaires de France, 2006, p. 9.

121 Au sujet de la terreur, ROBESPIERRE écrivait : « *le ressort du gouvernement populaire dans la révolution est à la fois vertu et terreur : la vertu, sans laquelle la terreur est funeste ; la terreur, sans laquelle la vertu est impuissante. La terreur n'est autre chose que la justice prompte, sévère, inflexible, elle est donc une émanation de la vertu* » (Œuvres de Maximilien ROBESPIERRE : avec une notice historique, des notes et des commentaires par LAPONNERAYE ; précédées de considérations générales par Armand CARREL, Chez l'éditeur, 1840).

l'État : *terrorisme* et *terrorisme d'État* sont synonymes pour quelques années encore[122].

En 1798, le mot *terreur* apparaît pour la première fois avec le suffixe « *isme* » pour donner le terme *terrorisme* : le philosophe Emmanuel KANT utilise ce terme dans une œuvre intitulée *Projet de paix perpétuelle*[123] à travers laquelle il conçoit l'idée de terrorisme pour désigner la vraie terreur, qui est, selon lui « *celle qu'exerce l'obstination du pouvoir existant à maintenir sa contrainte, son refus de droit, son acharnement à réduire l'homme aux seules dispositions égoïstes, sa volonté de lui interdire tout progrès* »[124]. D'après le philosophe André TOSEL, « *Kant analyse et définit le terme "terrorisme" en privant le concept de son contexte historique, pour le faire sortir de son seul joug de "Terreur français", et le régime de la terreur, et le rendre conceptuel dans d'autres pays.* »[125]

La même année, le terme a été exposé dans le supplément de 1798 du Dictionnaire de l'Académie française[126] et désigne précisément le mode de gouvernement tel qu'il a prévalu sous la révolution de septembre 1793[127].

Le mot *terrorisme* est donc un mot français que les autres langues ont emprunté.

Le mot n'a pas de racine latine commune, car *terrorisme* n'existe pas en latin. Comme évoqué, *Terror* n'entrant pas dans le registre du vocabulaire politique mais à celui des émotions et qui désigne une grande frayeur, l'épouvante. Le *terrorism* anglais ou le *terrorismo* italien proviennent donc directement du français, car le mot étranger s'est imposé naturellement : il renvoyait de manière évidente et indiscutable à un événement précis. D'où ce paradoxe que le mot *terrorisme* prend sa résonance historique avec l'avènement des droits de l'homme[128].

Depuis lors, le terrorisme s'est grandement propagé, amplifié et métamorphosé. C'est à partir du XIXe siècle que le sens du mot *terrorisme*

---

122 Jean-François GAYRAUD et David SÉNAT, *Le terrorisme, op. cit.*, p. 9.

123 V. Emmanuel KANT, *Projet de paix perpétuelle : esquisse philosophique*, Librairie Philosophique Vrin, 1795.

124 André TOSEL, *Kant révolutionnaire*, PUF, 1988, p. 21.

125 *Idem.*

126 *Supplément, contenant les mots nouveaux en usage depuis la révolution* : « Terrorisme : système, régime de la terreur » ; « Terroriste : agent ou partisan du régime de la terreur qui avait lieu par l'abus des mesures révolutionnaires ».

127 Isabelle SOMMIER, *Le Terrorisme*, Flammarion, 2000, p. 10.

128 Jean-François GAYRAUD, David SÉNAT, *Le terrorisme, op. cit.*, p. 10.

évolue en s'inversant pour désigner une stratégie de contestation violente de l'État. Ainsi, le terrorisme qui est à l'origine une méthode de conservation et de protection de l'État devient par la suite l'instrument de sa contestation. Toutefois, le terrorisme dirigé contre l'État trouve également ses origines idéologiques dans le socialisme et le nationalisme tels qu'ils sont issus de la Révolution. Ces deux formes de terrorisme, *a priori* opposées, ont donc des points communs : ils sont tous les deux nés au cœur de l'État révolutionnaire, et ils incarnent l'oppression d'idéologues minoritaires, au pouvoir ou dans l'opposition[129].

Bien plus tard, en 1981, le terme de « *terrorisme international* » fut popularisé par le secrétaire d'État américain Alexander HAIG, qui accusa l'URSS « *d'entraîner, de financer et d'équiper des terroristes internationaux* »[130].

Aujourd'hui, le terrorisme d'État tel que l'Académie française le décrivait au XVIIIe siècle a quasiment disparu pour laisser place à des actions terroristes menées contre l'État. La notion s'est complexifiée au fil des années et se subdivise aujourd'hui en sous-catégories : le terrorisme politique, idéologique, séparatiste, de guérilla, religieux, sociétal, criminel, ce qui la rend difficilement saisissable.

II- Les obstacles définitionnels

Le terrorisme n'a pas toujours eu une connotation péjorative et subversive. Il fut un temps où le terme était employé avec moins de pudeur. Boris SAVINKO a ainsi intitulé ses mémoires de révolutionnaire russe *Souvenirs d'un terroriste*[131]. Ramzi YOUSSEF, arrêté et condamné pour l'attentat contre le World Trade Center en 1993 qui a fait six morts a, de son côté, au cours de son procès à New York en 1997, déclaré : « *Oui, je suis un terroriste et j'en suis fier. Je soutiens le terrorisme aussi longtemps qu'il est dirigé contre les États-Unis.* »[132]

Toutefois, depuis que les États-Unis ont décidé de publier chaque année une liste des États (1979) et des organisations terroristes (1996), l'usage

---

[129] Comme l'affirme Jean-François GAYRAUD, « *il n'y a pas une terreur (d'État) s'opposant au terrorisme (contre l'État), mais un même phénomène aux origines intellectuelles communes* » (Jean-François GAYRAUD et David SÉNAT, *Le terrorisme, op. cit.*, p. 11).

[130] Robert SOLE, « Le général Haig accuse l'URSS d'aider le terrorisme international », *Le monde*, 30 janv. 1981.

[131] V. Boris SAVINKO, *Souvenirs d'un terroriste*, Ivrea, 1982.

[132] Annette LÉVY-WILLARD, « World Trade Center. 6 morts en 1993 », *Libération*, 12 sept. 2001.

politique du concept de terrorisme connaît une illustration saisissante. Soudainement, des acteurs politiques ont été désignés à la vindicte étatique internationale comme les mauvais élèves de la communauté internationale[133]. Toutefois, notons avec ironie que les États-Unis pourraient se retrouver piégés à leur propre jeu et se voir attribuer la qualité *d'État terroriste* par d'autres États pour certaines actions intentées en Amérique du Sud et en Asie dans les années 1960 et 1980.

Nous l'aurons d'ores et déjà compris, le terrorisme est une notion politique (A), qui se confond parfois avec celle de *résistance* (B), et qui est éminemment évolutive et protéiforme (C).

A- Une notion politique

Définir *l'acte terroriste* est un exercice si subjectif qu'il s'apparente davantage à « *un exercice relevant de l'art que de la science* »[134]. Malgré cette difficulté, Alain BAUER et François-Bernard HUYGHE ont recensé près de deux cent trois définitions existantes[135]. La complexité de la notion remplit à elle seule la rédaction de plusieurs ouvrages. « Essayer *de définir le terrorisme, c'est le meilleur moyen de se fâcher avec tout le monde* », affirme le criminologue Alain BAUER[136]. Pour l'historienne Jenny RAFLIK : « *Il faut se prémunir de la tentation de tout qualifier de terrorisme. L'utilisation du mot est très complexe, on est toujours dans l'instrumentalisation de ceux qui pratiquent le terrorisme et de ceux qui le combattent.* »[137]

C'est la raison pour laquelle, d'après Gilbert GUILLAUME, ancien président de la Cour internationale de Justice :

> « *Les auteurs des premières conventions destinées à prévenir et à réprimer les actes de terrorisme avaient préféré organiser cette prévention et cette répression en visant des actions déterminées telles que les détournements d'avion, les actes de violence dirigés contre les aéronefs, les aéroports, les navires et les plateformes pétrolières, les attentats contre les diplomates ou les prises d'otages. Les rédacteurs de ces diverses conventions conclues dans les années 1970 et 1980*

---

[133] Jean-François GAYRAUD, David SÉNAT, *Le terrorisme, op. cit.*, 2006, p. 37.

[134] Mark BURGESS, « Terrorisme : problèmes de définition », 2003, en ligne : http://www.cdi.org/program/document.cfm?documentid=1729&programID=39.

[135] Alain BAUER, François-Bernard HUYGHE, *Les Terroristes disent toujours ce qu'ils vont faire,* PUF, Paris, 2010, p. 24.

[136] Anastasia VECRIN et Noémie ROUSSEAU, « "Terrorisme", mot à mues », *op. cit.*

[137] *Idem.*

avaient sciemment évité d'user du mot « terrorisme » afin de n'avoir pas à le définir[138]. »

Pour Gérard CHALIAND et Arnaud BLIN, le terme a d'emblée une connotation diabolisante. Il faut ici rappeler que, prosaïquement, l'usage de la terreur sert à terroriser ; c'était le rôle de la force organisée : État ou armée, du moins lorsqu'il s'agissait de régimes totalitaires. C'est toujours le cas dans les pays non démocratiques. Dans les autres pays, la terreur peut se trouver légitimée en temps de guerre, même contre les civils. Les exemples historiques sont nombreux : les bombardements de Dresde, Coventry, Tokyo et l'usage de la bombe atomique sur Hiroshima et Nagasaki[139].

En d'autres termes, au regard du parcours historique emprunté pour parvenir à une définition juridique acceptable sur le plan universel, force est de constater que, celle-ci s'est systématiquement heurtée à la difficulté de la légitimité de certains types de violence. De nombreux groupes ayant pratiqué l'action violente se sont vus qualifier *d'ennemis combattants*, *d'adversaires*, et parfois de futurs alliés avant de se voir qualifier de *terroristes*, et inversement. L'exemple de Nelson MANDELA illustre cette ambiguïté. Margaret THATCHER, farouchement opposée à la moindre sanction contre le régime d'apartheid, a déclaré, en 1987, que : « *Quiconque croit que l'ANC gouverne un jour l'Afrique du Sud est dérangé.* » Certains membres du parti conservateur britannique poussaient la rhétorique plus loin : le parlementaire Teddy TAYLOR ira jusqu'à affirmer que « *Nelson Mandela doit être abattu* ». Terry DICKS, quant à lui, traitait le héros de la lutte anti-apartheid de « *terroriste noir* »[140]. Il va sans dire que le parcours de Nelson MANDELA est aujourd'hui universellement salué comme étant l'un des plus engagés en faveur de la paix et de l'égalité entre les hommes. Par ailleurs, les Allemands, durant la Seconde Guerre mondiale, qualifiaient, de leur point de vue, les résistants de *terroristes*.

Le terme a souvent été instrumentalisé à des fins polémiques, ceci dans le but de décrédibiliser un quelconque adversaire politique et/ou idéologique. C'est en poursuivant cet objectif que Silvio BERLUSCONI n'a pas hésité à qualifier de *terroristes* des altermondialistes protestant contre une réunion du G8. Souvent, les États incluent dans ce mot des idées et mouvements qu'ils réprouvent.

---

[138] Gilbert GUILLAUME, *Le Droit international face au terrorisme*, CEDIN, 2002, p. 3.
[139] Gérard CHALIAND, Arnaud BLIN, *Histoire du terrorisme*, Fayard, 2015, p. 15.
[140] Frédéric COUDERC, « Mandela met Thatcher KO », *Libération*, 11 avr. 2013.

B- Terrorisme et résistance : une frontière poreuse

Généralement, l'action violente est toujours apparue soit comme du terrorisme, soit comme un acte de résistance, parfois désespéré[141]. La principale difficulté provient notamment des États du Tiers Monde qui voient dans le terrorisme un combat légitime, voire une « *guerre du pauvre* », alors que les pays qui en sont victimes l'envisagent sous l'angle de ses effets destructeurs. Pour ces États, le concept de terrorisme fait partie de l'arsenal idéologique visant à discréditer les luttes des pays pauvres et opprimés. Pour Franz FANON, théoricien du terrorisme, dans son ouvrage de référence, *Les damnées de la terre*, la violence est un moyen pour le colonisé de retrouver sa dignité :

> « *Après des années d'irréalisme, après s'être vautré dans les phantasmes les plus étonnants, le colonisé, sa mitraillette au poing, affronte enfin les seules forces qui lui contestaient son être : celles du colonialisme. (...) L'indépendance a (...) apporté aux hommes colonisés la réparation morale et consacré leur dignité.* »[142]

Dans la préface de l'ouvrage, Jena-Paul SARTRE va jusqu'à encourager la violence contre les civils :

> « *en le premier temps de la révolte, il faut tuer : abattre un Européen c'est faire d'une pierre deux coups, supprimer en même temps un oppresseur et un opprimé : restent un homme mort et un homme libre ; le survivant, pour la première fois, sent un sol national sous la plante de ses pieds.* »[143].

Le livre de FANON sera considéré par tous les mouvements révolutionnaires du monde entier comme un livre de référence. Peu à peu, la lutte armée devient un objectif en soi.

Suite aux attentats commis par un commando palestinien contre des athlètes israéliens des Jeux olympiques de Munich de septembre 1972, SARTRE prendra de nouveau position en faveur du terrorisme en déclarant : « *C'est une arme terrible, mais les opprimés pauvres n'en ont pas d'autres* »[144]. Généralement, le critère de légitimité d'une violence repose

---

141 Alain BAUER, Christophe SOULLEZ, *Terrorismes*, Dalloz, 2015, p. 1.
142 Franz FANON, *Les damnés de la terre*, Éditions La Découverte / Poche, 2002, p. 19.
143 Alain BAUER, Christophe SOULLEZ, *Terrorismes*, *op. cit.*, p. 1.
144 V. Yves KLEIN, *Sartre et la violence des opprimés,* Indigène, 25 févr. 2010.

sur le contexte politique dans lequel évolue le combattant. Le Professeur DUVERGER s'est fait l'apôtre de cette conception :

> « *La différence fondamentale entre la résistance et le terrorisme est basée sur la nature du régime où ils se manifestent. Il y a résistance quand la violence est exercée contre un régime fondé sur elle : tyrannie politique ou occupation militaire. Il y a terrorisme quand la violence est dirigée contre un régime démocratique où les citoyens ont les moyens de résister paisiblement. La distinction s'applique également aux peuples colonisés ou qui se disent tels.* »[145]

Yasser ARAFAT, de son côté, président de l'Organisation de libération de la Palestine (« OLP »), a émis, lors d'un discours devant l'Assemblée générale des Nations unies le 13 novembre 1974, sa conception de la différence entre un révolutionnaire et un terroriste :

> « *La différence entre le révolutionnaire et le terroriste réside dans les motifs pour lesquels chacun se bat. Car il est impossible d'appeler terroriste celui qui soutient une cause juste, qui se bat pour la liberté, pour la libération de sa terre des envahisseurs, des colons et des colonialistes.* »

La volonté de démarquer la résistance du terrorisme repose, en fin de compte, sur la notion controversée et subjective de *légitimité*. Il est évident que tout terroriste se définira comme résistant et toute victime se dira victime d'un acte de terrorisme. Michel WIEWORKA résume simplement la subversivité de la notion en affirmant que « *si on est terroriste, c'est presque toujours aux yeux de l'autre* »[146]. Comme l'écrivait MONTAIGNE, « *chacun appelle barbarie, ce qui n'est pas de son usage* »[147]. Le débat semble éternel.

C- Une notion évolutive et protéiforme

Au-delà de sa teinture politique, le terrorisme est une notion éminemment évolutive, ce qui fait obstacle à sa définition :

> « *Singulier, il est devenu pluriel. Ses cibles se sont diversifiées. Organisées et structurées, reposant sur le soutien d'une grande puissance, les organisations terroristes traditionnelles se sont*

---

[145] Maurice DUVERGER, « Violence et démocratie », *Le Monde*, 30 juillet 1981 ; Maurice DUVERGER, « Ce que prévoit la Constitution », *Le Monde*, 18 oct. 1984.
[146] Michel WIEWORKA, *Sociétés et terrorisme*, Fayard, 1990, p. 15.
[147] MONTAIGNE, *Essais*, I, chap. XXX – Des cannibales, La Pléiade, p. 211.

atomisées et ont essaimé après la chute du mur de Berlin en 1989. Le terrorisme d'État a quasiment disparu et a été remplacé par les actions nébuleuses qui ont marqué l'avènement de « l'hyperterrorisme » médiatique. »[148]

Derrière un mot se cachent des situations hétérogènes. Les différents terrorismes peuvent ainsi se distinguer selon leurs objectifs politiques ou encore selon leurs origines.

Il existe, par ailleurs, un lien étroit entre l'histoire du terrorisme et celle des moyens de communication : depuis la fin du XIXe siècle, l'histoire du terrorisme accompagne les progrès techniques qui ont permis, d'abord une diffusion plus large et plus rapide de la presse, plus tard l'intégration de dessins, puis de photos, qui amplifiaient l'écho des attentats[149]. Le terrorisme cherche à produire des effets politiques significatifs par des actes de violence limités. D'où la fameuse expression : « *Le terrorisme, c'est peu de victimes mais beaucoup de spectateurs* »[150]. En ce sens, selon Patrice GUENIFFEY :

> « *L'avènement d'une société de communication mondialisée joue un rôle important dans la radicalisation actuelle de la violence terroriste. Elle lui apporte les "« relais" » dont il a besoin pour atteindre ses cibles. Pis, elle aggrave les dommages qu'il provoque : le relais médiatique transforme des tragédies individuelles en tragédie collective et confère au terrorisme sa part d'efficacité.* »[151]

Dans ce contexte, les rédacteurs des premières conventions internationales destinées à lutter contre le terrorisme se gardèrent bien d'en prononcer le nom. Cependant, sous la pression des politiques, des médias et des organisations non gouvernementales, le terrorisme fit son apparition en droit conventionnel dans les années 1990. Néanmoins, le terme avait déjà été employé en 1937, suite à l'assassinat du roi Alexandre de Yougoslavie, dans une convention conclue dans le cadre de la Société des Nations qui n'est jamais entrée en vigueur. En 1977, le terme est réapparu dans une convention du Conseil de l'Europe. Toutefois, aucune définition ne sera proposée par l'organisation. Vingt ans plus tard, une nouvelle convention

---

148 Michel WIEWORKA, *Sociétés et terrorisme, op. cit.*, p. 15.
149 Patrice GUENIFFEY, « Généalogie du terrorisme contemporain », *Le Débat*, vol. 126, n° 4, 2003, pp. 157-173.
150 Daniel BENJAMIN, Sabine FRANCO et Marc HECKER, « Le terrorisme en perspective », *Politique étrangère*, vol. Hiver, n° 4, 2006, pp. 887-900.
151 *Ibid.*

était conclue dans le cadre des Nations unies pour la répression des attentats terroristes à l'explosif, le terme n'y étant pas davantage défini.

Enfin, le 9 décembre 1999 était signée à New York la résolution 54/109 de l'Assemblée générale des Nations unies par laquelle les États membres se mettaient d'accord sur l'adoption de la Convention internationale pour la répression du financement du terrorisme, le terme couvrant une série d'actes énumérés au texte. Paradoxalement, depuis plus de cinquante ans, la communauté internationale s'attaque au terrorisme sans définir le périmètre de la notion.

Nous l'aurons compris, le phénomène terroriste est particulièrement complexe et se situe à la frontière des différentes manifestations de la criminalité internationale. Celui-ci peut être étudié depuis différents points de vue, à la fois politique, sociologique, historique ou juridique[152]. Les juristes, particulièrement rigoureux dans la définition des termes, n'échappent pas à cette difficulté. En ce sens, certains auteurs n'hésitent pas à comparer la recherche d'une telle définition à la quête du *Saint Graal*[153], ou à considérer que, si le terrorisme est un problème sérieux, il n'est pas une notion juridiquement utile[154].

D- Les approches doctrinales et leurs limites

De nature fondamentalement politique, le terrorisme a vocation à rendre publique une cause en troublant l'ordre public par la violence, dans l'espoir de légitimer cette cause. Cette dimension politique « *s'exprime par la force symbolique de ses actes et leur sémantique : il sert à dire autant qu'à tuer et il tue pour dire* »[155]. La légitimité de la cause soulève, en revanche, des difficultés d'ordre conceptuel[156]. Face à un acte de terrorisme, la communauté internationale, tout en condamnant fermement l'acte en lui-même, craint que l'accusation publique d'une entité ou même d'un État puisse ébranler l'édifice diplomatique international. Pour le philosophe Michel TERESTCHENKO :

---

152 Ludovic HENNEBEL et Gregory LEWKOWICZ, « Le problème de la définition du terrorisme », *in* Ludovic HENNEBEL, Damien VANDERMEERSCH, *Juger le terrorisme dans l'État de droit*, Bruylant, 2009, p. 18.
153 Geoffrey LEVITT, « Is Terrorism Worth Defining? », *Ohio Northern University Law Review,* 1986, vol. 13, p. 97.
154 Louis HENKIN, « International Law: Politics, Values and Function: General Course of Public International Law », *in Collected Courses of the Hague Academy of International Law*, The Hague Academy of International Law, vol. 216, n° 4, 1989, p. 125.
155 Alain BAUER, Jean-Louis BRUGUIERE, *Les 100 mots du terrorisme*, *op. cit.*, p. 4.
156 V. Jean-Marc SOREL, « Existe-t-il une définition universelle du terrorisme ? », *op. cit.*

> « *Chaque critère distinctif sur lequel pourrait s'appuyer une définition, fait l'objet de vives controverses académiques. Par exemple, réduire le terrorisme aux combattants illégaux ou clandestins, c'est oublier le terrorisme d'État. Et est-ce que le terrorisme doit forcément faire des victimes civiles ? Il peut être dirigé contre la nature, l'industrie, l'économie, Internet.* »[157]

Pour Raymond ARON « *une action violente est dénommée terroriste lorsque ses effets psychologiques sont hors de proportion avec ses résultats purement physiques*[158] ». François GERE reprend l'esprit de la définition de ARON en affirmant que le terrorisme est une « *Action spectaculaire, violente, mais de dimension limitée* »[159], qui vise essentiellement à affaiblir la volonté de lutte de l'adversaire. Pour Marc TREVIDIC, « *Le terroriste cherche à atteindre un but, contrairement à un dingue qui agit par pure haine. C'est pourquoi il faut enquêter, réunir des preuves, car on est toujours à la frontière.* »[160] Pour Jakkie CILLIERS, le terrorisme :

> « *C'est le recours illégitime à la violence contre des individus ou des biens afin de contraindre et intimider des États et des sociétés pour des revendications politiques exprimées la plupart du temps en termes sociaux, économiques ou religieux. Il se distingue fondamentalement de la criminalité, organisée ou non, par le fait que son objectif premier n'est pas un gain financier. Sa forme varie sans cesse, notamment en fonction des cycles de la répression dont il fait l'objet.* »[161]

Jean-Marc BALENCIE propose une définition à peu près exhaustive du phénomène. Ce dernier décrit le terrorisme comme :

> « *une séquence d'actes de violence dûment planifiée et fortement médiatisée, prenant délibérément pour cible des objectifs non militaires, afin de créer un climat de peur et d'insécurité, d'impressionner une population et d'influencer les décideurs, dans le but de modifier des processus décisionnels (céder, négocier, payer,*

[157] V. Michel TERESTCHENKO, *L'Ère des ténèbres*, Le Bord de l'eau, 2015.
[158] Raymond ARON, *Paix et guerre entre les nations,* Calman-Levy, 1962, p. 176.
[159] François GERE, *Dictionnaire de la pensée stratégique*, Larousse, 2000, p. 269.
[160] Anastasia VECRIN et Noémie ROUSSEAU, « "Terrorisme", mot à mues », *op. cit.*
[161] Jakkie CILLIERS, « L'Afrique et le terrorisme », *Afrique contemporaine,* vol. 209, n° 1, 2004, p. 81.

libérer, réprimer) et satisfaire ainsi des objectifs (politiques, économiques, criminels) préalablement définis. »[162]

Pour le commissaire Georges MOREAS :

> « *Le terrorisme n'existe pas. C'est une tactique. Un ensemble de techniques pratiquées par des groupuscules ou par des pays pour créer un climat de peur et pousser les gouvernements à réagir au détriment des fondements de la démocratie. Il trouve sa force dans la surinformation qui est un fait saillant de notre époque. (...) Dans les chiffres, le terrorisme ne représente qu'une petite fraction de l'ensemble de la criminalité, et pourtant, il est omniprésent dans notre vie quotidienne. La force de destruction du terrorisme tient dans l'émotion qu'il suscite.* »[163]

Pour le Professeur Yves JEANCLOS « *le terrorisme peut être défini, de manière liminaire, comme le recours à des moyens essentiellement physiques et mécaniques destinés à imposer, par la terreur, une transformation de la vie sociale et politique des populations* »[164].

Chacune des définitions recensées ci-dessus peut faire l'objet de commentaires. Pour autant, il ressort des définitions précédentes que l'utilisation de la violence à des fins politiques peut être considérée comme le fondement de toute définition du terrorisme. Or comme l'explique Alain JOXE : « *Si l'on doit désigner sous le même vocable toutes les activités politiques ayant recours aux violences extrêmes, le terrorisme cesse d'être un concept utile à l'analyse stratégique, car il recouvre toutes les actions de force, lesquelles visent toujours à terroriser* ». [165]

Lutter contre le terrorisme sans définir clairement ce terme n'est pas sans conséquence sur le plan juridique : d'aucuns peuvent s'interroger sur les moyens de lutter contre le terrorisme international alors que le terrorisme n'est pas juridiquement défini. Cette lacune juridique[166] laisse en effet les

---

[162] Jean-Marc BALENCIE, « Les mille et un visages du terrorisme contemporain », dans « Les terrorismes », *Questions internationales* n° 8, La documentation française, juill.-août 2004.

[163] V. Georges MOREAS, *Dans les coulisses de la lutte antiterroriste*, First, 2016.

[164] Yves JEANCLOS, « Terrorisme et sécurité internationale *», Collection Études Stratégiques Internationales*, n° 2, 2004, pp. 13-45.

[165] Alain JOXE, *« Le terrorisme, un concept fourre-tout », Le Monde diplomatique*, avr. 1996.

[166] D'après Lucien SIORAT : « *L'idée la plus générale des lacunes est celle de l'absence d'une règle dans un ensemble de règles faisant ainsi songer à une sorte de vide qui se manifesterait au sein de l'ordonnancement juridique. Ce phénomène se rencontre dans l'ordre international, comme dans tout ordre juridique (...). Les lacunes sont relativement plus*

États face à leur liberté d'appréciation. Ces derniers définiront alors le terme dans le sens le plus protecteur de leurs intérêts nationaux. Or ces derniers se doivent d'inscrire leurs actions dans le cadre protecteur du droit international afin de demeurer légitimes dans la lutte antiterroriste.

Section 2. Les germes de la définition de terrorisme : l'état du droit international

Nous l'avons évoqué, dans le langage du droit international, le *terrorisme* n'a encore jamais trouvé une définition qui satisfasse toutes les parties, bien qu'il existe douze conventions onusiennes et cinq régionales contre le terrorisme[167]. La pierre d'achoppement reste la même depuis la période de la décolonisation. Les pays de l'Organisation de la Conférence islamique et du Mouvement des pays non alignés estiment que la définition du terrorisme contenue à la fois dans le rapport du Groupe d'experts dit de haut niveau et dans celui du Secrétaire général « *ignore totalement le droit des mouvements de libération nationaux à lutter contre la domination coloniale et l'occupation étrangère, ce qui va à l'encontre du droit à l'autodétermination énoncé dans la Charte des Nations unies* »[168]. Ces délégations continuent d'exiger une référence au terrorisme d'État, ne pouvant se satisfaire de la déclaration réitérée du Secrétaire général selon laquelle il n'est nul « *besoin de débattre du fait que les États peuvent être coupables de terrorisme, parce que l'usage délibéré qu'ils pourraient faire de la force contre des civils est déjà clairement interdit et condamné par le droit international.* »[169]

---

importantes dans l'ordre international que dans l'ordre interne (...), car, en plus de raisons qui dans tout ordre juridique posent le problème, celui-ci se trouve aggravé dans le domaine international par certains facteurs qui tiennent au caractère encore primitif de la technique juridique dans cette branche du Droit. Ces facteurs concernent au premier lieu les conditions dans lesquelles sont amenés à élaborer ou à modifier les règles de droit international ». Voir Lucien SIORAT, *Les problèmes des lacunes en Droit international, contribution à l'étude des sources du Droit et de la fonction judiciaire,* Librairie générale de Droit et de jurisprudence, Paris, 1958, p. 9-10. Cet auteur a défini les lacunes juridiques comme « *des silences de la réglementation* » qui mettent « *en doute l'aptitude de cette dernière à prévoir la solution de tous les cas d'espèce (...) : la règle juridique étant générale et le cas particulier, il peut se présenter des hypothèses dans lesquelles un cas d'espèce donné a complètement échappé aux prévisions des textes ou ne peut se prévaloir de l'autorité d'aucun précédent* ». (*Idem*).

[167] Agnès LEJBOWICZ, « Spectres du terrorisme : autour du concept de guerre civile mondialisée », *Cités*, vol. 24, nº 4, 2005, pp. 17-31.

[168] ONU, communiqué de presse, « Le comité spécial chargé d'élaborer une convention générale sur le terrorisme international fait le point sur les progrès accomplis dans le processus de négociation », *Comité spécial créé par la résolution 51/210 de l'Assemblée générale du 17 décembre 1996*, L/3084, 31 mars 2005.

[169] Intervention de Kofi ANNAN devant la Ligue des États arabes réunie à Alger, mars 2005.

Définir juridiquement une infraction nécessite la combinaison de trois éléments : le premier légal, le deuxième matériel et le dernier moral. L'élément légal est fondé sur le principe « *Nullum crimen nulla poena sine lege* » qui est exposé à l'article 11, alinéa 2 de la Déclaration universelle des droits de l'Homme de 1948 : « *Nul ne sera condamné pour des actions ou omissions qui, au moment où elles ont été commises, ne constituaient pas un acte délictueux d'après le droit national ou international. De même, il ne sera infligé aucune peine plus forte que celle qui était applicable au moment où l'acte délictueux a été commis.* »[170], ainsi qu'à l'article 15 du Pacte international relatif aux droits civils et politiques qui affirme que : « *Nul ne sera condamné pour des actions ou des omissions qui ne constitueraient pas un acte délictueux d'après le droit national ou international au moment où elles ont été commises* »[171].

L'aspect légal des infractions terroristes trouve son fondement juridique dans les diverses conventions internationales antiterroristes, alors que les peines associées à ces infractions se fondent systématiquement sur les lois nationales.

L'élément matériel peut inclure un acte interdit par la loi (infraction de commission), mais il peut aussi s'agir de l'omission de commettre un acte prescrit par la loi (infraction d'omission). En outre, la plupart des infractions terroristes sont des infractions de commission[172].

L'élément moral de l'infraction, comme il a été vu précédemment, représente le point de friction dans l'identification de l'infraction terroriste. Cet élément impose que l'acte provienne de la volonté de l'auteur, et ne soit pas le résultat d'un fait accidentel. Les infractions terroristes qui sont des infractions intentionnelles impliquent d'autres éléments psychologiques confus, imposant un défrichage et une définition précise et unique[173].

Dans son rapport d'activité du mois d'août 2001, la rapporteuse spéciale Kallioppi K. KOUFA de la Commission des droits de l'Homme des Nations

---

[170] La Déclaration universelle des droits de l'homme est une déclaration adoptée par l'Assemblée générale des Nations unies le 10 décembre 1948, à Paris, par la résolution 217 A (III). John PETERS HUMPHREY, Eleanor ROOSEVELT et René CASSIN en furent les principaux auteurs. Ce texte n'a pas de véritable portée juridique.

[171] Le Pacte international relatif aux droits civils et politiques a été adopté à New York le 16 décembre 1966 par l'Assemblée générale des Nations unies dans sa résolution 2200 A (XXI). Il est entré en vigueur après la ratification par 35 États le 23 mars 1976.

[172] V. Abir GHANEM-LARSON, « Essai sur la notion d'acte terroriste en droit international pénal », *op. cit.*

[173] *Ibid.*

unies constate que le terrorisme est « *l'une des questions les plus controversées du point de vue juridique et politique qui se posent à la communauté internationale à l'heure actuelle* »[174], en soulignant que le terme *terrorisme* est « *chargé de connotations émotionnelles et politiques très grandes* »[175].

Nous étudierons ici les origines juridiques de la notion de terrorisme en droit international (I), avant d'étudier l'impact de l'émergence d'Al-Qaïda sur la scène internationale sur le plan juridique (II). Nous conclurons enfin sur l'introuvable définition de terrorisme en droit international (III).

I- Les premières tentatives de définition juridique du terrorisme

Depuis 1937 la communauté internationale tente, en vain, d'élaborer une définition juridique de l'infraction terroriste. Comme évoqué dans la première section, l'obstacle majeur vient du fait que « *chacun tente de lui donner le visage de son principal opposant* »[176]. Pour autant, les tentatives de définition n'ont pas manqué au fil des années : les conventions de Genève de 1937 (A), le projet de Code de crime contre l'humanité (B). Par la suite les tentatives se sont intensifiées face à une actualité internationale tourmentée et l'émergence d'un terrorisme d'un genre nouveau (C).

A- Les conventions de Genève de 1937

C'est l'assassinat de l'Archiduc François FERDINAND à Sarajevo en 1914, souvent présenté comme l'élément déclencheur de la Première Guerre mondiale, qui a mis en exergue les effets potentiellement ravageurs du terrorisme. Mais ce n'est que face à la multiplication des attentats contre des responsables politiques dans les années 1930, que la Société des Nations (« SDN ») a commencé à s'interroger sur la nécessité de définir internationalement la notion de terrorisme.

En 1934, l'assassinat du Roi de Yougoslavie Alexandre Ier et du ministre des Affaires étrangères français, Louis BARTHOU, à Marseille, met

---

[174] ONU, Commission des droits de l'homme, sous-commission de la promotion et de la protection des droits de l'homme 53e session, point 6 de l'ordre du jour provisoire terrorisme et droits de l'homme, rapport intérimaire établi par Mme KALLIOPI k. KOUFA, rapporteuse spéciale, doc. ONU, E/CN.4/SUB.2/2001/31, 27 juin 2001, § 24.

[175] *Idem.*, § 25.

[176] V. Abir GHANEM-LARSON, « Essai sur la notion d'acte terroriste en droit international pénal », *op. cit.*

définitivement à l'ordre du jour des nations, en raison de l'échec de la coopération interétatique, la question de la lutte internationale contre le terrorisme. En effet, deux des complices de ce dernier attentat s'étaient réfugiés en Italie et la cour d'appel de Turin refusa de les extrader au motif que le régicide était un crime politique faisant obstacle à l'extradition conformément au traité qui liait la France et l'Italie depuis 1870[177]. La SDN crée donc un comité ayant pour mission de proposer une convention internationale destinée à assurer une meilleure répression du terrorisme.

Le 6 novembre 1937, deux traités sont adoptés mais n'entreront jamais en vigueur. Le premier porte sur la prévention du terrorisme, le second vise à créer une juridiction pénale internationale chargée de juger ces crimes[178]. Face aux difficultés rencontrées, c'est une définition générale du terrorisme qui est retenue et qui regroupe notamment une énumération limitative d'actes qualifiés de *terroriste*. La convention du 16 novembre 1937 définit, dans son article 2 le terrorisme comme des : « *Faits criminels dirigés contre un État et dont le but ou la nature est de provoquer la terreur chez des personnalités déterminées, des groupes de personnes ou dans le public* ». Jugée trop vague par certains, confondant le but (politique ou idéologique) et le moyen (la terreur) selon d'autres[179], cette définition n'obtiendra jamais de consensus.

B- Le projet de Code de crime contre la paix et la sécurité de l'humanité (1954)

Au début des années 1950, la Commission du Droit international des Nations unies aborde de nouveau l'épineuse question de la définition du phénomène terroriste en s'inspirant de la logique qui fut celle de la SDN : combiner définition générale et incrimination d'actes spécifiques. Toutefois, le projet de Code de crime contre la paix et la sécurité de l'humanité ne propose qu'une définition générale du terrorisme et limite ses réflexions à l'État. Ainsi l'article 2(6) du Projet de Code de 1954 propose la rédaction suivante :

> « *Le fait, pour les autorités d'un État, d'entreprendre ou d'encourager des activités terroristes dans un autre État, ou le fait, pour les*

[177] Jean-Christophe MARTIN, *Les règles internationales relatives à la lutte contre le terrorisme*, Bruylant, 2006, pp. 13-14.
[178] Alain BAUER, Christophe SOULLEZ, *Terrorismes*, *op.cit*, p. 8.
[179] Annuaire de la Commission du droit international, Volume II, Première partie. doc. A/CN.4/SER.A/1985/Add.1 (part. 1), 1985, § 138-148.

autorités d'un État, de tolérer des activités organisées calculées en vue de perpétrer des actes terroristes dans un autre État. »

Jugée insuffisamment précise au regard des exigences du droit pénal, cette définition ne sera pas adoptée.

C- La construction d'une législation en réaction à une actualité tourmentée

Le terrorisme est longtemps resté un phénomène marginal[180]. Les années qui suivent la Seconde Guerre mondiale sont marquées par l'émergence d'un terrorisme révolutionnaire d'une ampleur inédite sur la scène internationale. De petits groupes, guidés par une idéologie, cherchent à défier le pouvoir en place en s'en prenant à des civils. Ce nouveau mode opératoire permet, outre de faire pression sur les autorités établies, de médiatiser la cause pour laquelle se battent ces révolutionnaires. Ainsi présentée, la notion de *terrorisme* se définit par la prise pour cible de civils.

La question palestinienne aura un impact non négligeable dans les tentatives visant à parvenir à une définition de la notion de terrorisme (1). Nous étudierons ensuite les travaux menés par l'Assemblée générale des Nations unies sur le sujet (2).

1- La question palestinienne et ses implications juridiques

Après la Seconde Guerre mondiale, et l'arrivée massive des juifs d'Europe en Palestine, la souveraineté de ce territoire, alors sous administration britannique, se trouve disputée. Des organisations juives radicales telles que la *Haganah* ou *l'Irgoun* prennent pour cible des civils et les représentants de l'autorité britannique. Le 22 juillet 1946, l'Irgoun perpètre un attentat à la bombe à l'hôtel King David de Jérusalem qui héberge le commandement de l'armée britannique. L'attentat fera 91 morts. Cette violence politique précipite le départ des Britanniques et le 29 novembre 1947, l'ONU adopte un plan de partage de la Palestine. Peu après, le 14 mai 1948 David Ben GOURION proclame l'indépendance de l'État d'Israël, entraînant l'exode des Arabes et la naissance de mouvements de libération palestiniens. Des étudiants de l'Université al-Azhar du Caire se réunissent et cherchent à défendre la cause des Palestiniens. C'est dans ce contexte que, le 28 mai 1964, au Caire, est fondée l'Organisation de libération de la Palestine, qui se présente comme un mouvement de

---

[180] Patrice GUENIFFEY, « Généalogie du terrorisme contemporain », *op. cit.*

résistance armée représentant la cause du peuple palestinien. Jusqu'aux accords d'Oslo, au début des années 1990, l'OLP représentait pour les autorités israéliennes une organisation terroriste avant de considérer cette organisation comme un interlocuteur diplomatique[181].

Dans les années 1970, le Front populaire de libération de la Palestine (« FPLP ») a ouvert ses camps d'entraînement à tous les groupes armés de la planète. Les révolutionnaires du monde entier peuvent ainsi recevoir une formation militaire, puis retourner dans leur pays d'origine commettre des attentats au nom de la cause défendue, ou au nom de la cause palestinienne. Ainsi, les Japonais de l'Armée rouge pratiquent le premier attentat suicide à l'aéroport de Lod, en Israël, le 30 mai 1972, faisant 26 morts. Ces derniers ont agi au nom du FPLP.

Parallèlement à l'ouverture des camps d'entraînement, le FPLP noue plusieurs alliances avec des organisations étudiantes. Ce groupe fait ainsi parler de lui et attire les médias du monde entier : c'est le début du *terrorisme publicitaire*. Masao ADACHI, réalisateur japonais, après un séjour au Liban au cours duquel il rencontre des responsables du FPLP, consacrera un film documentaire intitulé « *Armée Rouge/FPLP : déclaration de guerre mondiale* »[182]. Depuis les attentats perpétrés par le groupe *Septembre noir* contre la délégation israélienne aux Jeux olympiques de Munich en 1972, le terrorisme utilise les médias comme réceptacle et devient à la fois un mode d'information et d'expression. Abou DAOUD explique clairement dans ses mémoires qu'il comptait profiter de l'extraordinaire déploiement des médias internationaux pour donner à la cause palestinienne un écho mondial[183].

C'est dans le contexte de l'attentat de Munich que le secrétaire général de l'ONU, Kurt WALDHEIM, décida d'inscrire la question du terrorisme international à l'ordre du jour et propose une réflexion sur » *les mesures visant à prévenir le terrorisme et autres formes de violences qui mettent en danger ou anéantissent d'innocentes vies humaines ou compromettent les libertés fondamentales.* »[184]

---

[181] Documentaire, *Une histoire du terrorisme*, écriture et réalisation : Michaël PRAZAN, coproduction : Doc en Stock/Ina.

[182] Documentaire : *Armée rouge : FPLP déclaration de guerre mondiale*, réalisé par Koji WAKAMATSU et Masao ADACHI, 1971.

[183] V. Abou DAOUD, *Palestine. De Jérusalem à Munich*, Anne Carrère, 1999.

[184] « Les travaux de la VIe commission de la 27e Assemblée générale des Nations unies », *AFDI*, année 1972, volume 18, n° 1, pp. 544-583.

2- L'espoir d'une définition unique du terrorisme : les travaux de l'Assemblée générale des Nations unies

Dans sa note A/59/565 du 2 décembre 2004, le Secrétaire général a souligné que « *L'absence d'accord sur une définition claire et bien connue nuit à la position normative et morale contre le terrorisme et a terni l'image de l'ONU* »[185] et a confirmé à propos de la définition du terrorisme, qu' :

> « *Il ne s'agit pas tant d'une question juridique que d'une question politique. D'un point de vue juridique, la quasi-totalité des formes de terrorisme est interdite par l'une des 12 conventions internationales contre le terrorisme, le droit coutumier international, les Conventions de Genève ou le Statut de Rome.* »[186]

L'initiative de Kurt WALHEIM a conduit à la création de plusieurs comités spéciaux chargés d'étudier la question du terrorisme international. Plusieurs résolutions furent adoptées : la résolution 3034 du 18 décembre 1972 (a), la résolution 31/102 du 15 décembre 1976 (b), la résolution 49/60 du 9 décembre 1994 (c), la résolution 51/210 du 17 décembre 1996 (d) et enfin, un aboutissement sera franchi avec l'adoption de la stratégie antiterroriste mondiale en 2006 (e).

a- La résolution 3034 du 18 décembre 1972[187]

La sixième commission de l'Assemblée générale des Nations unies (« AGNU ») du 23 septembre 1972 se voit attribuer la responsabilité de l'élaboration d'une étude approfondie sur le terrorisme et ses origines. L'AGNU du 18 décembre 1972 adopte ainsi la résolution 3034 qui crée un Comité spécial composé de 35 membres chargés d'élaborer un rapport sur le phénomène terroriste. Toutefois, des difficultés équivalentes prévalent dans les discussions. Pour certains membres, les victimes ne devraient être que les États, alors que pour d'autres, il est nécessaire de prendre en considération les victimes civiles. Des tensions animent également les participants au sujet

---

[185] Assemblée générale des Nations unies, « Note du Secrétaire général », 2 déc. 2004, 59e session, A/59/565, point 55 de l'ordre du jour, § 159, p. 51,

[186] *Idem.*

[187] ONU, « Mesures visant à prévenir le terrorisme international qui met en danger ou anéantit d'innocentes vies humaines, ou compromet les libertés fondamentales, et étude des causes sous-jacentes des formes de terrorisme et d'actes de violence qui ont leur origine dans la misère, les déceptions, les griefs et le désespoir et qui poussent certaines personnes à sacrifier des vies humaines, y compris la leur, pour tenter d'apporter des changements radicaux », A/RES/3034 (XXVII), 2114e séance plénière, 18 déc. 1972.

de la distinction entre mouvements de lutte de libération nationale ou groupes de résistants contre l'occupation étrangère.

b- La résolution 31/102 du 15 décembre 1976[188]

La résolution 31/102 du 15 décembre 1976 fait état de ce blocage (« *le Comité spécial du terrorisme international, créé conformément à la résolution 3034 de l'Assemblée générale, en date du 18 décembre 1972, a été obligé de suspendre ses travaux* ») et « *invite le Comité spécial du terrorisme international à poursuivre ses travaux conformément au mandat à lui confier* » en déclarant légitime « *la lutte des mouvements de libération nationale, conformément aux buts et principes de la Charte et aux résolutions pertinentes des organes de l'Organisation des Nations unies* ».

c- La résolution 49/60 du 9 décembre 1994[189]

La résolution 49/60, quant à elle, comprend, en annexe, la « *Déclaration sur les Mesures visant à éliminer le Terrorisme international* » qui comporte des éléments pertinents au sujet de la définition du terrorisme international. Cette déclaration évoque les actes terroristes dans lesquels des « *États sont directement ou indirectement impliqués* », ce qui signifie que, pour l'Assemblée générale, les États ne sont pas exclus du domaine terroriste. En conséquence, la qualité étatique ou non étatique de l'auteur de l'acte ne peut servir de fondement à la définition du terrorisme.

Étant considéré comme « *une violation grave des buts et principes des Nations unies* », l'acte terroriste relève du chapitre I de la Charte. Il peut également relever du chapitre VII, « *Action en cas de menace contre la paix, de rupture de la paix et d'acte d'agression* », car, suivant la résolution, certains actes terroristes constituent une « *menace pour la paix et la sécurité internationales* ».

Le paragraphe I(3) de la Déclaration donne des éléments substantiels de la définition du terrorisme international : la déclaration évoque des actes « *criminels qui, à des fins politiques, sont conçus ou calculés pour*

---

[188] ONU, « Mesures visant à prévenir le terrorisme international qui met en danger ou anéantit d'innocentes vies humaines, ou compromet les libertés fondamentales, et étude des causes sous-jacentes des formes de terrorisme et d'actes de violence qui ont leur origine dans la misère, les déceptions, les griefs et le désespoir et qui poussent certaines personnes à sacrifier des vies humaines, y compris la leur, pour tenter d'apporter des changements radicaux », A/RES/31/102, 99e séance plénière, 15 déc. 1976.

[189] ONU, « Mesures visant à éliminer le terrorisme international », A/RES/49/60, 49e session, 9 déc. 1994.

provoquer la terreur dans le public ». Deux éléments essentiels se dégagent de cette phrase pour qu'un acte puisse être qualifié de terroriste : ce dernier doit inspirer *la terreur* et être sous-tendu par des motivations politiques.

d- La résolution 51/210 du 17 décembre 1996[190]

La résolution 51/210 du 17 décembre 1996 réaffirme les principes évoqués dans la résolution 49/60 et, dans le même esprit que la résolution 31/102 du 15 décembre 1976 précitée :

> « *Décide de créer un comité spécial, ouvert à tous les États membres de l'Organisation des Nations unies ou membres d'institutions spécialisées ou de l'Agence internationale de l'énergie atomique, qui sera chargé d'élaborer une convention internationale pour la répression des attentats terroristes à l'explosif, puis une convention internationale pour la répression des actes de terrorisme nucléaire afin de compléter les instruments internationaux existants en la matière; le Comité spécial examinera ensuite ce qu'il convient de faire pour compléter le cadre juridique offert par les conventions relatives au terrorisme international de façon que tous les aspects de la question soient couverts.* »[191]

Néanmoins, la négociation de cette convention suscite toujours plusieurs difficultés[192]. En effet, cette définition pourrait devenir une notion juridique généralement admise, mais le contenu politique de cette dernière explique la difficulté de la communauté internationale à dégager une définition générale, opérationnelle et acceptée de tous.

Les travaux du Comité sur la définition du terrorisme international sont, à ce jour, toujours en cours[193]. Il est donc impossible de se prononcer sur la

---

[190] ONU, « Mesures visant à éliminer le terrorisme international », A/RES/51/210, 51e session, 17 déc. 1996.
[191] *Ibid*, §9.
[192] Mahmoud Hmoud, « Negotiating the Draft Comprehensive Convention on International Terrorism », *Journal of International Criminal Justice,* vol. 4, n° 2006, pp. 1031-1043.
[193] Le projet de convention prévoit, en l'état, en son article 2 une définition générale du terrorisme :
« Commet une infraction au sens de la présente Convention quiconque cause par quelque moyen que ce soit, illicitement et intentionnellement :
a) La mort d'autrui ou des dommages corporels graves à autrui ;
b) De sérieux dommages à un bien public ou privé, notamment un lieu public, une installation gouvernementale ou publique, un système de transport public, une infrastructure, ou à l'environnement ; ou

réussite ou l'échec de ce projet tout en gardant à l'esprit que le Comité a engagé ses travaux il y a près de vingt ans, ce qui souligne la complexité de la question.

e- La stratégie antiterroriste mondiale de l'Organisation des Nations unies adoptée par l'Assemblée générale le 8 septembre 2006[194]

Pour la première fois, tous les États membres de l'Assemblé générale se sont entendus sur un cadre stratégique commun pour combattre le terrorisme. La Stratégie antiterroriste mondiale des Nations unies est un instrument unique qui doit permettre à la communauté internationale de renforcer ses efforts dans la lutte contre le terrorisme. Une équipe spéciale de lutte contre le terrorisme (« CTITF ») a été créée par ce document et est placée sous la direction du Secrétaire général des Nations unies et a pour mission d'assurer la coordination et la cohésion d'ensemble de l'action antiterroriste du système des Nations unies.

Toutefois, ce document n'apporte pas d'éléments supplémentaires quant à la définition manquante.

---

c) Des dommages aux biens, lieux, installations ou systèmes mentionnés à l'alinéa b) du paragraphe 1 du présent article, qui entraînent ou risquent d'entraîner des pertes économiques considérables ; lorsque le comportement incriminé, par sa nature ou son contexte, a pour but d'intimider une population ou de contraindre un gouvernement ou une organisation internationale à faire ou à ne pas faire quelque chose.
2. Commet également une infraction quiconque menace sérieusement et de manière crédible de commettre une infraction visée au paragraphe 1 du présent article.
3. Commet également une infraction quiconque tente de commettre une infraction visée au paragraphe 1 du présent article.
4. Commet également une infraction, quiconque :
a) Se rend complice d'une infraction visée aux paragraphes 1, 2 ou 3 du présent article ; ou
b) Organise la commission d'une infraction visée aux paragraphes 1, 2 ou 3 du présent article ou donne l'ordre à d'autres personnes de la commettre ; ou
c) Contribue à la commission d'une ou plusieurs des infractions visées aux paragraphes 1, 2 ou 3 du présent article par un groupe de personnes agissant de concert. La contribution doit être délibérée et faite :
i) Soit pour faciliter l'activité criminelle ou le dessein criminel du groupe, lorsque l'activité ou le dessein implique la commission d'une infraction visée au paragraphe 1 du présent article ;
ii) Soit en pleine connaissance de l'intention du groupe de commettre une infraction visée au paragraphe 1 du présent article »
(en ligne : https://www.un.org/ga/search/view_doc.asp?symbol=A/C.6/65/L.10&referer=http://www.un.org/press/fr/2013/L3209.doc.htm&Lang=F)

[194] ONU, « La Stratégie antiterroriste mondiale de l'Organisation des Nations unies », A/RES/60/288, 60e session, 8 sept. 2006.

Le 22 septembre 2007, le secrétaire général Ban KI-MOON a proposé « *une convention globale de lutte contre le terrorisme* » qui comprendrait une décision claire et unanime du terrorisme. En débat, ce projet n'a toujours pas vu le jour. Le 8 septembre 2011, le secrétaire général a plaidé pour une relance du projet au point mort en raison de l'absence de consensus des États membres sur la définition du terrorisme[195].

3- L'approche sectorielle de l'ONU ou le statu quo définitionnel

Face à une actualité internationale de plus en plus agitée et devant l'impossibilité pour la communauté internationale de s'entendre sur la définition à donner à la notion de terrorisme, les Nations unies ont progressivement élaboré une série de douze instruments universels pour lutter contre le terrorisme, en essayant en même temps de clarifier la notion d'acte terroriste, et de la purger d'autres concepts juridiques légaux.

L'absence de définition universelle n'empêche pas la répression d'un acte de terrorisme, dès lors que ledit acte est juridiquement prévu et érigé en infraction internationale. À défaut d'une définition juridique universelle, la communauté internationale a donc fini par adopter des définitions opérationnelles[196]. Dans les faits, « *punir sans réellement définir* » semble être « *l'attitude concrète de la communauté internationale* »[197][198]. Parmi

[195] Mario BETTATI, *Le terrorisme : Les voies de la coopération internationale*, Odile Jacob, 2013, p. 114.

[196] Ludovic HENNEBEL, Gregory LEWKOWICZ, « Le problème de la définition du terrorisme » *op. cit.*, p. 26.

[197] Jean-Marc SOREL, « Existe-t-il une définition universelle du terrorisme ? », *op. cit.*

[198] Sont ainsi adoptées les conventions suivantes :

- La Convention relative aux infractions et à certains autres actes survenant à bord des aéronefs (Tokyo, 14 septembre 1963) ;
- La Convention pour la répression de la capture illicite d'aéronefs (La Haye, 16 décembre 1970) ;
- La Convention pour la répression d'actes illicites dirigés contre la sécurité de l'aviation civile (Montréal, 23 septembre 1971) ;
- La Convention sur la prévention et la répression des infractions contre les personnes jouissant d'une protection internationale, y compris les agents diplomatiques (New York, 14 décembre 1973) ;
- La Convention internationale contre la prise d'otages (New York, 17 décembre 1979) ;
- La Convention sur la protection des matières nucléaires (Vienne, 3 mars 1980) ;
- Le Protocole pour la répression des actes illicites de violence dans les aéroports servant à l'aviation internationale, et la Convention pour la répression d'actes illicites dirigés contre la sécurité de l'aviation civile (Montréal, 24 février 1988) ;
- La Convention pour la répression d'actes illicites dirigés contre la sécurité de la navigation maritime (Rome, 10 mars 1988) ;

toutes les conventions adoptées par les Nations unies, seules deux font explicitement référence au mot *terrorisme*. Parmi toutes les autres, seule la convention de 1979 contre la prise d'otages atteste la présence de l'élément moral dans son article 1§1 :

> « *Commet l'infraction de prise d'otages au sens de la présente Convention, quiconque s'empare d'une personne (ci-après dénommée "otage"), ou la détient et menace de la tuer, de la blesser ou de continuer à la détenir afin de contraindre une tierce partie, à savoir un État, une organisation internationale intergouvernementale, une personne physique ou morale ou un groupe de personnes, à accomplir un acte quelconque ou à s'en abstenir en tant que condition explicite ou implicite de la libération de l'otage.* »

Cet article s'apparente fortement aux tentatives de définition qui ont été élaborées pour qualifier un acte de terrorisme. Toutes les autres conventions font abstraction de l'élément moral.

En ce qui concerne la convention de New York pour la répression des attentats terroristes à l'explosif, l'article 2 dispose que :

> « *Commet une infraction au sens de la présente Convention toute personne qui illicitement livre, pose, ou fait exploser ou détonner un engin explosif ou autre engin meurtrier dans un ou contre un lieu public, une installation gouvernementale ou une autre installation publique, un système de transport public ou une infrastructure :*
>
> *a- dans l'intention de provoquer la mort ou des dommages corporels graves ;*
> *b- dans l'intention de causer des destructions massives de ce lieu, de cette installation, de ce système ou de cette infrastructure, lorsque ces destructions entraînent ou risquent d'entraîner des pertes économiques considérables.* »

- Le Protocole pour la répression d'actes illicites contre la sécurité des plateformes fixes situées sur le plateau continental (Rome, 10 mars 1988) ;
- La Convention sur le marquage des explosifs plastiques et en feuilles aux fins de détection (Montréal, 1er mars 1991) ;
- La Convention pour la répression des attentats terroristes à l'explosif (New York, 15 décembre 1997) ;
- La Convention pour la répression du financement du terrorisme (New York, 9 décembre 1999).

La convention exige donc, pour la première fois, dans l'exécution d'un attentat à l'explosif, un dol général qui est celui évoqué dans la phrase suivante : « *dans l'attention de provoquer la mort ou des dommages corporels graves ou causer des destructions...* ». Par ailleurs, la Convention a implicitement reconnu la finalité politique de l'acte terroriste en précisant que les cibles sont uniquement « *le public* » : « un *lieu public, une installation gouvernementale ou une autre installation publique, un système de transport public ou une infrastructure* »[199].

En ce sens, la Convention de 1999 a fait un progrès considérable dans l'élaboration d'une définition qui serait acceptable par l'ensemble de la communauté internationale : la convention considère comme infraction terroriste dans son article 2 :

> « *tout* (...) *acte destiné à causer la mort ou des dommages corporels graves à toute personne civile, ou à toute autre personne qui ne participe pas directement aux hostilités dans une situation de conflit armé, lorsque, par sa nature ou son contexte, cet acte est destiné à intimider une population ou à contraindre un gouvernement ou une organisation internationale à accomplir ou à s'abstenir d'accomplir un acte quelconque.* »[200]

D'après John BROWN, cette formule :

> « *constitue une première ébauche de définition du terrorisme, mais elle juxtapose deux conceptions différentes, voire contradictoires, de ce phénomène. La première, qui insiste sur les dommages causés à la population civile, se situe dans la ligne des principes du tribunal de Nuremberg. La seconde met l'accent sur la subversion de l'ordre politique.* »[201]

Les conventions internationales contre le terrorisme semblent couvrir l'ensemble des actes terroristes tels qu'ils se produisent aujourd'hui[202], ce qui permet de combler la définition « *introuvable* »[203] du terrorisme. En

---

[199] V. Abir GHANEM-LARSON, « Essai sur la notion d'acte terroriste en droit international pénal », *op. cit.*
[200] Article 2, 1 §b de la convention sur la répression du financement du terrorisme 1999.
[201] John BROWN, « Les périlleuses tentatives pour définir le terrorisme », *Le Monde diplomatique*, févr. 2002.
[202] Ghislaine DOUCET, « Terrorisme : définition, juridiction pénale internationale et victimes », *RIDP*, vol. 76, n° 3, 2005, p. 262.
[203] Selon l'expression de Mario BETTATI, *Le terrorisme, les voies de la coopération internationale*, *op. cit.*

réalité, il y a aujourd'hui près de vingt-sept instruments internationaux si l'on inclut les accords régionaux[204].

L'émergence d'Al-Qaïda va, par la suite, contribuer à accélérer les débats sur l'élaboration d'une définition sans pour autant obtenir de résultats probants.

II- L'émergence d'Al-Qaïda sur la scène internationale et l'intensification des débats doctrinaux, institutionnels et juridiques

Au XIe siècle, la secte des Haschischins sévit de l'Iran à la Syrie, et met en exergue un premier terrorisme islamique dont BEN LADEN est l'un de ses avatars[205].

Quelques siècles plus tard, le 24 décembre 1979, les troupes soviétiques entrent en Afghanistan. Il s'agit là d'un événement majeur qui aura pour conséquence de populariser le djihad dans le monde musulman[206]. Au même moment, Oussama BEN LADEN finit ses études à Djeddah. En 1980, ce dernier reçoit la visite d'un agent des services de renseignement saoudien, dirigés par Faycal AL TURQI, qui souhaite l'envoyer au Pakistan afin de participer au recrutement des moudjahidines, ces volontaires partis combattre l'Union soviétique en Afghanistan. BEN LADEN répond favorablement à la demande et est envoyé à Peshawar, à la frontière afghano-pakistanaise, au bureau de recrutement des volontaires étrangers. Il y rencontre le père du djihad mondial, qui deviendra son mentor : Abdellah AZZAM. BEN LADEN apporte à AZZAM son argent et son réseau, en contrepartie, ce dernier lui apprend à recruter et former les djihadistes venus du monde entier. C'est en 1984 qu'AZZAM emmène BEN LADEN en Afghanistan, au cœur du conflit, au sein du district de Jaji. Il constate alors que la résistance ne dispose pas de suffisamment de moyens et entend combler ce manque en puisant dans ses ressources personnelles. En devenant le grand argentier du djihad afghan, BEN LADEN forge ainsi sa légende.

Au même moment, un plan ambitieux est mis en place : les Américains et Saoudiens fournissent les moyens matériels à la résistance afghane, et les

---

204 V. Mario BETTATI, *Le terrorisme, les voies de la coopération internationale, op. cit.*
205 Jean-Marc SOREL, « Existe-t-il une définition universelle du terrorisme », *in* Karine BANNELIER, Théodore CHRISTAKIS, Olivier CORTEN, Barbara DECCOURT (dir.), *Le droit international face au terrorisme*, Pedone, 2002, pp. 10-25.
206 Claude MONIQUET, *Djihad : d'Al-Qaïda à l'État islamique, combattre et comprendre*, Jourdan PIXL, 2015, p. 46.

Pakistanais mettent en place des bases d'entraînement pour les moudjahidines. Washington, trop aveuglé par son opposition à l'URSS, voit dans le conflit qui se déroule en Afghanistan une opportunité stratégique : saigner à blanc l'armée soviétique. Ainsi, BEN LADEN bénéficie du soutien de Washington : argent et armes sont envoyés aux moudjahidines. Les Américains, et plus largement la communauté internationale, ne font, à cette époque, pas de différence entre moudjahidines et djihadistes.

À la même période, en 1982, en Égypte, Ayman AL-ZAWAHIRI est remarqué pour ses propos radicaux lors de son procès pour le meurtre d'Anouar EL-SADATE, au cours duquel il sera acquitté. Ce dernier se démarque par sa volonté de créer un État islamique sur l'Égypte. En 1988, il arrive au Pakistan et souhaite rencontrer BEN LADEN, ce dernier pouvant l'aider à concrétiser un tel projet. BEN LADEN consulte son mentor au sujet de ce projet ambitieux. Les trois hommes se réunissent, et s'accordent sur la création d'un État islamique. Avant cela, il s'agit de créer une organisation pouvant fédérer les djihadistes venus du monde entier. C'est la naissance de l'organisation mondialement connue sous le nom d'*Al-Qaïda*, en 1988. Toutefois, les trois djihadistes divergent sur l'ancrage territorial à donner à l'organisation. Chacun repart dans son pays mener des actions en vue de combattre leur gouvernement jugé impie. Al-Qaïda n'est alors qu'un point de contact.

En 1990, BEN LADEN est de retour en Arabie saoudite. Il est désormais un chef de guerre renommé et respecté. Il organise régulièrement des prêches, et évoque l'idée d'un djihad mondial. Le discours cesse d'être uniquement religieux et devient politique sous l'influence d'AL-ZAWAHIRI. Les États-Unis sont désignés comme étant le nouvel ennemi, ces derniers ayant manipulé et laissé tomber les moudjahidines après le retrait des troupes soviétiques en Afghanistan.

L'invasion du Koweït par l'Irak en août 1990 renforce la détermination de BEN LADEN qui voit dans cet événement une opportunité unique de réunir les troupes djihadistes éparpillées après la déroute de l'invasion soviétique en Afghanistan. Il propose à l'Arabie saoudite son assistance qui sera refusée par la famille royale. Les Américains organisent donc l'opération *Tempête du Désert* en février 1991, avec l'appui de 33 pays alliés. L'armée américaine s'installe à la frontière saoudienne, avec l'accord de la famille royale, afin de protéger le Koweït, ce qui sera considéré par BEN LADEN comme une violation de la terre sainte.

BEN LADEN rencontre le Mollah OMAR, chef des Talibans, en mai 1996 et lui prête allégeance. Il utilise la main mise qu'il a sur ses hommes pour se rendre indispensable aux yeux du régime taliban. AL-ZAWAHIRI se rend également en Afghanistan et avec BEN LADEN, ils réunissent l'ensemble des djihadistes étrangers dans ce pays, sous le regard complaisant des Talibans.

À partir de 1998, le leader d'Al-Qaïda, Oussama BEN LADEN, passe à la vitesse supérieure en menaçant pour la première fois directement les Américains : il organise, le 23 février de cette année, une conférence de presse annonçant la création d'un front islamique mondial contre les juifs et les croisés. La guerre contre l'Occident est officiellement déclarée. Les attaques contre les ambassades américaines de Nairobi et de Dar es Salam qui suivent quelques mois plus tard démontrent la capacité d'organisation du groupe[207]. La démonstration de force d'Al-Qaïda se poursuit avec, en octobre 2000, l'attentat perpétré contre l'USS Cole au large du Yémen[208].

En l'absence d'une concertation internationale, les Nations unies ne sont toujours pas parvenues à adopter une définition harmonisée du terrorisme. Toutefois, comme nous l'avons évoqué, le terme *terrorisme* apparaît officiellement pour la première fois en droit international dans deux textes récents : la convention internationale pour la répression des attentats terroristes à l'explosif, adoptée par l'Assemblée générale des Nations unies à New York le 15 décembre 1997[209] et la convention internationale pour la répression du financement du terrorisme adoptée par l'Assemblée générale des Nations unies à New York le 9 décembre 1999[210], sans pour autant que la notion ne soit explicitement définie. L'adoption de ces deux conventions est sans aucun doute l'une des conséquences de l'émergence d'Al-Qaïda sur la scène internationale[211].

C'est notamment après les attentats du 11 septembre 2001 que les États ont soudainement pris conscience qu'ils étaient confrontés à une menace

[207] Documentaire, « De BEN LADEN à Daech : aux origines du djihad », *Un jour une histoire*, réalisateur : Serge KHALFON, écriture : Yannick Adam DE VILLIERS, 2015.
[208] L'attentat tuera 17 marins américains.
[209] La Convention internationale pour la répression des attentats terroristes à l'explosif est disponible en ligne : http://untreaty.un.org/French/Terrorism.asp.
[210] La Convention internationale pour la répression du financement du terrorisme est disponible en ligne :
http://untreaty.un.org/French/Terrorism.asp.
[211] Suite aux attentats perpétrés contre les ambassades américaines en août 1998, le Conseil de sécurité a admis que « *la répression des actes terroristes (était) essentielle pour le maintien de la paix et de la sécurité internationale* » (résolution 1189 de l'ONU adoptée par le Conseil de sécurité le 13 août 1998, S/RES/1189, disponible en ligne: http://www.un.org/french/docs/sc/1998/res1189f.pdf.)

pouvant potentiellement ébranler le système international et que la nécessité de définir clairement le terrorisme est devenue pressante.

III- Les initiatives du secrétaire général de l'ONU suite aux attentats de Madrid et Londres

En octobre 2002, un attentat signé Al-Qaïda fait 202 victimes à Bali. Oussama BEN LADEN n'est toujours pas capturé, ce qui déplaît à l'opinion publique américaine et affaiblit l'image de puissance des États-Unis sur la scène internationale. Les politiques américains se trouvent alors un autre bouc émissaire : le dictateur irakien, Saddam HUSSEIN. Le 5 février 2003, Colin POWELL, secrétaire d'État de l'administration américaine, parvient, à l'aide de mensonges délibérés, à faire le lien entre Saddam HUSSEIN et Oussama BEN LADEN devant le Conseil de sécurité des Nations unies[212].

Le 14 février 2003, Dominique de VILLEPIN fait un discours remarqué devant le Conseil de sécurité des Nations unies. Malgré le veto français, le 20 mars 2003, les Américains, épaulés par l'Espagne et la Grande-Bretagne, engagent les hostilités en Irak. Neuf mois plus tard, Saddam HUSSEIN est capturé. Le pays passe sous administration américaine et s'enfonce rapidement dans le chaos. En donnant les clés du pouvoir aux chiites, longtemps écartés du pouvoir, les Américains ont ravivé les tensions dans ce pays fortement divisé sur le plan religieux. Les sunnites tombent dans les mains des djihadistes qui luttent contre l'occupation américaine. C'est le début d'Al-Qaïda en Irak, et c'est le djihadiste d'origine palestinienne, Abou Moussab AL-ZARQAOUI, qui en prend le contrôle. Contrairement à l'objectif recherché par cette intervention militaire, l'occupation de l'Irak donne un second souffle à l'organisation qui était en perte de vitesse depuis le 11 septembre 2001.

Néanmoins, Oussama BEN LADEN, devenu l'homme le plus recherché au monde, ne peut plus administrer Al-Qaïda comme avant. C'est Abou Moussa EL SOURI, qui reprend le flambeau de l'organisation et développe l'idée de *califat*. Ce dernier devient l'idéologue du djihad contemporain. Pour lui, il s'agit d'attaquer l'Europe afin de créer la haine des musulmans sur ce continent. De cette manière les musulmans résidant en Europe seront attirés à l'idée de rejoindre une « *terre d'islam* »[213]. C'est dans cette logique, et en

---

[212] Documentaire, « De Ben Laden à Daech : aux origines du djihad », *op. cit.*
[213] *Idem.*

réaction à l'intervention des Anglais et des Espagnols qu'Al-Qaïda organise des attentats à Madrid en 2004 et à Londres en 2005[214].

Le 8 juillet 2005, suite aux attentats de Londres, Kofi ANNAN, alors secrétaire général de l'ONU, a estimé que ces événements soulignaient « *une fois de plus, l'importance de parvenir, en septembre, à une définition commune du terrorisme, afin que tous les pays puissent être d'accord sur l'objet de leur combat* »[215] ; le 12 juillet 2005, Kofi ANNAN réitérait, lors d'un point presse son appel à l'adoption d'une convention contenant une définition du terrorisme reconnue par tous les États membres et affirmait « *qu'il doit être possible de convenir simplement que le meurtre de civils non armés, quelle que soit la cause défendue, est du terrorisme pur et simple* »[216]. Le 25 juillet 2005, le secrétaire général déclarait que « *ce qui s'est produit ces dernières semaines, de Londres à Charm-El-Cheikh*[217] *et ailleurs nous donne une raison supplémentaire de parvenir à une définition du terrorisme qui puisse satisfaire tout le monde (...). Une simple et claire déclaration pourrait apporter un peu de clarté morale* »[218].

Le Président de la 59e session de l'Assemblée générale des Nations unies proposait la définition suivante :

> « *Prendre pour cible et tuer délibérément des civils et des non-combattants ne saurait être justifié ou légitimé par quelque cause ou grief que ce soit. Toute action visant à causer la mort ou des blessures graves chez des civils ou des non-combattants, lorsqu'elle a pour objet, de par sa nature ou le contexte dans lequel elle s'inscrit, d'intimider une population ou de contraindre un gouvernement ou une organisation internationale à exécuter ou s'abstenir d'exécuter un acte*

---

[214] Le 11 mars 2004, à Madrid, des bombes placées dans des trains par des membres d'Al-Qaïda font plus de 190 morts et près de 2 000 blessés. Le 7 juillet 2005, quatre kamikazes se font exploser dans les transports en commun londoniens. Au total, 52 personnes sont tuées et plus de 700 personnes sont blessées lors de cette journée.

[215] ONU, « Kofi ANNAN salue les engagements pris par le G-8 en faveur de l'Afrique », *Centre d'actualités de l'ONU*, 8 juillet 2005.

[216] ONU, « Le Secrétaire général réitère son appel à l'adoption d'une convention générale contre le terrorisme », *Centre d'actualités de l'ONU*, 12 juill. 2005.

[217] Le 23 juillet, un attentat fait plus de 70 morts, dont de nombreux Occidentaux, dans une série d'attentats dans la station balnéaire de Charm el-Cheikh, sur la mer Rouge. Quatre groupes revendiquent cet attentat, dont le groupe islamiste « Al-Tawhid wal Jihad » se réclamant d'Oussama BEN LADEN (« Chronologie : dix ans d'attentats en Égypte », *Le Figaro*, 24 avr. 2006).

[218] ONU, « Kofi ANNAN appelle à l'adoption de la définition du terrorisme proposée par le Président de l'Assemblée générale », *Centre d'actualités de l'ONU*, 25 juill. 2005.

quelconque, ne saurait être justifiée par aucun motif et constitue un acte terroriste. »[219]

Lors de son sommet du 14 septembre 2005, l'ONU a fait condamner, pour la première fois, par tous les gouvernements, le terrorisme « *sous toutes ses formes et dans toutes ses manifestations, quels qu'en soient les auteurs, les lieux et les buts, car il constitue une des menaces les plus graves pour la paix et la sécurité internationales* »[220].

Lors du Sommet du Millénaire de New York des 14, 15 et 16 septembre 2005, plus de 150 chefs d'États et de gouvernements du monde entier se sont réunis pour faire le bilan des progrès effectués dans l'adoption des mesures adoptées le 15 septembre 2000 dans la Déclaration du Millénaire. Préalablement à la tenue de ce sommet, Kofi ANNAN a remis un rapport aux participants intitulé « *Dans une liberté plus grande : développement, sécurité et respect des droits de l'homme pour tous* ». Dans le chapitre consacré à « *la prévention du terrorisme catastrophique* », le secrétaire général affirme que tous « *les États devraient adopter une stratégie globale. Les États (...) et doivent s'entendre sur une convention globale sur le terrorisme, fondée sur une définition du terrorisme claire et acceptée par tous* ». Dans son rapport, le secrétaire général reprend la définition mentionnée dans le Rapport des Sages sur les menaces, les défis et le changement du Groupe de personnalités de haut niveau du 2 décembre 2004 et demande à tous les États de se rallier à cette définition. Devrait ainsi être qualifié de terrorisme :

> « *tout acte, outre les actes déjà visés dans les conventions en vigueur sur les différents aspects du terrorisme, les Conventions de Genève et la résolution 1566 (2004) du Conseil de sécurité, commis dans l'intention de causer la mort ou des blessures graves à des civils ou à des non-combattants, qui a pour objet, par sa nature ou son contexte, d'intimider une population ou de contraindre un gouvernement ou une organisation internationale à accomplir un acte ou à s'abstenir de le faire.* »[221]

Comme évoqué, le 19 septembre 2006, les 192 États membres sont parvenus à une « *Stratégie antiterroriste mondiale pour les Nations unies* ».

---

[219] ONU, « Projet de document proposé par le Président de l'Assemblée générale à la 59e session », A/59/HLPM/CRP.1/Rev.2, 10 août 2005, p. 21.

[220] Document final du Sommet mondial de 2005, considérant 81.

[221] ONU, « Rapport du Groupe de personnalités de haut niveau sur "*les menaces, les défis et le changement*" » et dont Kofi ANNAN avait invité les 16 membres à faire des propositions tendant à un renforcement du système de sécurité collective des Nations unies, voir A/59/565, §164 (d).

Cette dernière, bien que n'ayant pas la force d'une convention internationale, permet de recourir au Chapitre VII précité de la Charte, pour contraindre un État convaincu d'activités terroristes de s'acquitter de ses obligations.

En fin de compte, la définition qui semble, encore aujourd'hui, la plus universellement acceptée du phénomène terroriste reste celle de la résolution 54/110 de l'Assemblée générale de l'ONU en date du 9 décembre 1999 qui définit le phénomène comme « *des actes criminels conçus ou calculés pour provoquer, avec des objectifs politiques, un état de terreur dans l'opinion en général ou dans un groupe ou parmi des personnes en particulier* »[222]. Néanmoins, cette définition est tellement large qu'elle est en grande partie inopérante[223].

IV- Une définition *introuvable* ?

L'impossibilité de parvenir à une définition de *terrorisme* (A) a conduit le droit international à élaborer des solutions alternatives permettant de lutter contre le phénomène malgré l'absence de cette dernière (B).

A- L'impossibilité de parvenir à une définition en droit international

Dans l'une de ses poésies, Paul VALÉRY faisait la remarque suivante :

> « *Tel mot qui est parfaitement clair quand vous l'entendez ou l'employez dans le langage courant et qui ne donne lieu à aucune difficulté particulière quand il est engagé dans le train rapide d'une phrase ordinaire, devient magiquement embarrassant, introduit une résistance étrange, déjoue tous les efforts de définition quand vous le retirez de la circulation pour l'examiner à part, et que vous lui cherchez un sens après l'avoir soustrait à sa fonction momentanée.* »[224]

Cette remarque trouve ici un écho particulier. Pour certains experts, cette *quête* définitionnelle est un exercice vain, car même s'il existait « *une définition objective du terrorisme, qui ne ferait intervenir aucune valeur et engloberait tous ses aspects et caractéristiques majeurs, il y en aurait*

---

[222] ONU, « Mesures visant à éliminer le terrorisme international », A/RES/54/110, 54e session, 2 févr. 2000, point 160 de l'ordre du jour.
[223] V. Jenny RAFLIK, *Terrorisme et mondialisation : approches historiques*, Bibliothèque des Sciences Humaines, 2016.
[224] Paul VALÉRY, « Poésie et Pensée abstraite », in *Variété V*, Gallimard, 2002, p. 132.

encore qui la rejetterait pour des raisons idéologiques (...) »[225]. La chose est si compliquée que les membres du Comité contre le terrorisme, institué par la résolution 1373 (2001), ont rapidement déclaré, après la création du comité, qu'ils n'avaient « *pas l'intention de parvenir à une définition du terrorisme* »[226].

Pour François-Bernard HUYGUE, « *le terrorisme en soi n'existe pas : ce n'est pas un système d'idées comme le marxisme ou le capitalisme mais une méthode de combat. C'est une stratégie* »[227]. Arnaud BLIN, estime de son côté que « *le terrorisme est trop complexe pour être défini* »[228]. Walter LAQUEUR avait noté dès 1979 que, « *Cette définition n'existe pas et ne sera pas trouvée dans un avenir prévisible* »[229]. Didier BIGO est allé beaucoup plus loin en écrivant, à la suite du 11 septembre 2001 que « *le terrorisme n'existe pas* »[230]. Pour Denis DUEZ, cette affirmation provocatrice traduit « *le malaise profond des politologues lorsque se pose la définition du terrorisme* »[231].

Joseba ZULAIKA et William A. DOUGLASS n'ont pas hésité à ranger la quête de la définition au rang des « *illusions académiques* »[232]. Dans son étude sur le terrorisme en droit international, Rosalyn HIGGINS s'interroge : « *Does the theme of "terrorism" really constitute a distinct topic of international law ?* »[233]. Jean-Marc SOREL répond à cette question en affirmant qu'actuellement « *une partie de la doctrine refuse de s'engager dans ce champ trop délicat [de la définition] et rejette toute signification juridique au terme terrorisme, le considérant comme un simple "term of convenience" pour certaines activités criminelles* »[234]. Mais pour autant,

---

[225] Walter LAQUEUR, *The Age of Terrorism*, Little Brown and Company, 1987, pp. 149-150.
[226] Jenny RAFLIK, *Terrorisme et mondialisation : approches historiques, op. cit.*
[227] Constance JAMET, « Pourquoi il est si difficile de définir le terrorisme ? », *Le Figaro*, 19 juill. 2016.
[228] Arnaud BLIN, « Le terrorisme », *Économie et Société*, 2005, p. 23.
[229] Walter LAQUEUR, *Le terrorisme*, PUF, 1979. p. 54.
[230] Didier BIGO, « L'impossible cartographie du terrorisme », *Cultures et Conflits*, 2008.
[231] Denis DUEZ, « De la définition à la labellisation : le terrorisme comme construction sociale », *Colloque sur le droit international face au terrorisme*, janv. 2002, p. 41.
[232] Joseba ZULAIKA et William A. DOUGLASS, *Terror and Taboo: The Follies, Fables and Faces of Terrorism*, New York, Routledge, 1996. p. 92 (« *The quest for quintessential distillation by which "terror" could he encapsulated, diagnosed under Laboratory conditions, defined in precise terms, and finally be conquered and extinguished for the benefit of mankind, is an academic illusion* »).
[233] Rosalyn HIGGINS, Maurice FLORY, *Terrorism and international Law*, Routledge, 1997, p. 13.
[234] Jean-Marc SOREL, « Existe-t-il une définition universelle du terrorisme ? », *op. cit.*, pp. 35-68.

« *prétendre que le terrorisme ne peut être étudié tant que cette définition n'existe pas est manifestement absurde* »[235].

Pour Marc TREVIDIC, définir juridiquement le terrorisme n'est pas nécessaire « *s'il n'y a pas de tribunal pénal international du terrorisme* »[236]. Pour d'autres, obtenir une définition générale du terrorisme n'est pas souhaitable, car « *une définition juridique vague ouvrirait la porte à la possibilité d'incriminations peu respectueuses des droits de la personne* »[237].

B- Le statu quo définitionnel

En octobre 2001, le Secrétaire général a créé le Groupe de réflexion sur les implications du terrorisme pour les politiques de l'Organisation des Nations unies, avec pour mission d'identifier les incidences du terrorisme et ses implications pour les politiques de l'Organisation des Nations unies[238]. Dans le rapport qu'il a présenté au Secrétaire général en 2002[239], le Groupe de travail a déclaré ce qui suit :

> « *Sans chercher à définir globalement le terrorisme, il serait utile de cerner quelques grandes caractéristiques de ce phénomène. Dans la plupart des cas, le terrorisme est un acte essentiellement politique. Il vise à infliger des blessures spectaculaires et mortelles à des civils et à créer un climat de peur, généralement à des fins politiques ou idéologiques (idéologies laïques ou religieuses). Le terrorisme est une forme de criminalité, mais il est plus complexe que la criminalité ordinaire. Pour venir à bout du problème que pose le terrorisme, il est nécessaire d'appréhender sa nature politique ainsi que sa dimension criminelle et sa psychologie fondamentale. L'Organisation des Nations unies doit examiner les deux termes de cette équation.* »

---

235 Walter LAQUEUR, *Le terrorisme, op. cit.*, p. 54.

236 VECRIN Anastasia et ROUSSEAU Noémie, « "Terrorisme", mot à mues », *op. cit.*

237 Jean-Paul LABORDE, « Une nouvelle convention internationale contre le terrorisme : la convention internationale pour la répression des actes de terrorisme nucléaire texte intégral en français, anglais et espagnol. Introduction des éléments principaux de la convention », *RIDP*, vol. 76, 2005, pp. 447-452.

238 Office des Nations unies contre la drogue et le crime, *Forum sur le crime et la société*, vol. 4, n°s 1 et 2, déc. 2004.

239 ONU, Assemblée générale, Conseil de sécurité, « Lettres identiques datées du 1er août 2002, adressées au Président de l'Assemblée générale et au Président du Conseil de sécurité par le Secrétaire général », A/57/273-S/2002/875, 57e session, 6 août 2002, annexe.

Malgré l'absence de consensus international sur une définition universelle du terrorisme, on peut saisir un certain nombre d'éléments constitutifs essentiels, qui permettent de mieux le comprendre[240]. Alex Peter SCHMID et Albert J. JONGMAN ont ainsi identifié sur la base d'une approche statistique vingt-deux éléments définitionnels fondamentaux[241] qui ne font pas nécessairement consensus dans la mesure où Denis DUEZ déclarera à propos de ce travail que « *ce foisonnement de définitions recueillies par SCHMID et JONGMAN, loin d'apporter un éclaircissement de la signification de la notion de terrorisme et d'acte terroriste, a notablement contribué à son obscurcissement* ». George P. FLETCHER, quant à lui, propose d'isoler huit traits primitifs de la définition du terrorisme[242]. Parmi ces derniers, cinq sont pertinents dans l'analyse juridique de la notion[243].

Ainsi, l'acte terroriste est un acte violent qui porte atteinte à la vie, à l'intégrité physique et à la sécurité des êtres humains[244]. Ensuite, malgré son évidente subjectivité, FLETCHER met en évidence le fait que derrière une action terroriste, une intention précise est requise[245]. Le troisième trait primitif repose sur le profil des victimes : le terrorisme viserait prioritairement des personnes civiles ou innocentes. Néanmoins, cette notion de victime est plus large : par exemple, le droit américain inclut les membres des forces armées[246] dans cette notion. Le quatrième trait primitif identifié par FLETCHER concerne la question de l'auteur des actes terroristes. Le terroriste peut ainsi être un individu ou un groupe. Dans l'ensemble, la grande majorité des textes internationaux et nationaux font soit référence à l'individu et au groupe, soit à l'auteur de l'infraction (qui peut être entendu implicitement comme un individu ou un groupe). Enfin, le dernier trait primitif identifié dans l'analyse de FLETCHER, et le plus polémique, est celui de la justesse de la cause[247]. Ce trait renvoie à la formule « *terroriste pour l'un, combattant de la liberté pour l'autre* », et met en lumière les difficultés rencontrées par la communauté internationale pour définir le terrorisme.

---

240 Ludovic HENNEBEL, Gregory LEWKOWICZ, « Le problème de la définition du terrorisme », *op. cit.*, p. 44.

241 Alex Peter SCHMID et Albert J. JONGMAN, *Political Terrorism: A New Guide to Actors, Authors, Concepts, Data Bases, Theories and Literature*, North-Holland Publishing Company, 1988, p. 28.

242 George P. FLETCHER, «The Indefinahle Concept of Terrorism», *Journal of International Criminal Justice,* vol. 4, n° 5, nov. 2006. pp. 894-912.

243 HENNEBEL Ludovic, LEWKOWICZ Gregory, « Le problème de la définition du terrorisme », *op. cit.*, p. 45.

244 George P. FLETCHER, «The Indefinahle Concept of Terrorism», *op. cit.*

245 *Idem, p.* 5.

246 *Idem.*

247 *Idem., p.* 8.

Néanmoins, Jacques BAUD estime que l'analyse sémantique de la notion d'acte terroriste ne relève cependant pas cette contradiction :

> « *le terme "terroriste" contient explicitement la méthode de combat utilisée, alors que "combattant de la liberté" désigne une finalité de l'action. Cette finalité est l'objet d'une appréciation subjective, la méthode, elle, peut être examinée de manière objective. C'est dans cet esprit que nous utiliserons le mot "terroriste"* ».[248]

Néanmoins, les cinq traits primitifs de la définition du terrorisme précités permettent de comprendre et de baliser les débats sa définition[249].

Il a ainsi été mis en évidence que la définition juridique du terrorisme constitue un problème à l'échelle internationale et se manifeste par l'absence de consensus sur une définition universellement acceptée par la communauté internationale. Toutefois, pour Ghislaine DOUCET, l'arsenal du droit positif contemporain est suffisant pour circonscrire la notion et lutter efficacement contre le terrorisme dès lors que « *les actes de terrorisme sont prévus et sanctionnés par le droit international, que ceux-ci soient commis en période de guerre comme en temps de paix* »[250]. En effet, d'aucuns proposent de se contenter de considérer les actes de terrorisme comme « *l'équivalent en temps de paix des crimes de guerre* »[251].

Phénomène changeant, polymorphe, politique, comme évoqué, nombreux sont les obstacles qui obstruent l'élaboration d'une définition acceptable par l'ensemble de la communauté internationale. Pour autant la définition est en mesure de parvenir à un point de convergence évident : une organisation criminelle se caractérise par sa volonté de gains financiers, tandis qu'une organisation terroriste aura pour objectif « *d'intimider une population ou de contraindre un gouvernement à accomplir ou s'abstenir d'accomplir un acte quelconque* »[252]. L'objectif recherché par l'organisation ou l'individu d'un acte criminel pourrait donc servir d'élément de définition.

---

[248] Jacques BAUD « *Encyclopédie des terrorismes et violences politiques* », Lavauzelle, 2004. pp. 613-635.

[249] Ludovic HENNEBEL, Gregory LEWKOWICZ, « Le problème de la définition du terrorisme », *op. cit.*, p. 57.

[250] Ghislaine, « Terrorisme : définition, juridiction pénale internationale et victimes », *op. cit.*

[251] Frederico ANDREU-GUZMAN, « Terrorisme et droits de l'homme », *International Commission of Jurists*, 2002-2003, pp. 21-22.

[252] Article 2, Convention internationale pour la répression du financement du terrorisme international, 9 déc. 1999.

Cette absence n'en reste pas moins préjudiciable : ce vide juridique a conduit les États membres de la Cour pénale internationale (« CPI ») à exclure le terrorisme de la compétence de la CPI. Les disparités nationales qui en résultent sont préjudiciables tant aux victimes qu'aux auteurs et complices de crimes de terrorisme[253].

En revanche, les organisations régionales tendent à adopter des textes visant à prévenir ou à réprimer le terrorisme tout en offrant une définition générale de l'infraction terroriste[254].

Section 3. Les contours de la définition de terrorisme : l'état du droit européen

Il convient de distinguer ici le terrorisme dans le droit de l'Union européenne (I) du terrorisme dans le droit du Conseil de l'Europe (II) qui sont deux organisations qui, tout en s'appuyant sur les travaux offerts par le droit international, proposent des définitions bien plus abouties de la notion de terrorisme que ce dernier.

I- Le terrorisme dans le droit de l'Union européenne

De nombreux États européens ont également connu des régimes ayant pratiqué une politique de terreur et ont connu, en leur sein, des organisations qui seront qualifiées de terroristes à partir du XIXe siècle. Plus récemment, on fait remonter l'apparition de la préoccupation de l'Union européenne pour le terrorisme aux réunions des groupes TREVI[255], en réaction aux attentats perpétrés sur le sol de l'Union européenne[256].

Sur base de l'article 29 du TUE (aujourd'hui article 67 FFUE), l'Union européenne a développé toute une série de mécanismes destinés à lutter contre le terrorisme[257]. Selon ce dernier :

---

[253] Ghislaine DOUCET, « Terrorisme : définition, juridiction pénale internationale et victimes », *op. cit.*

[254] Ludovic HENNEBEL, Gregory LEWKOWICZ, « Le problème de la définition du terrorisme », *op. cit.*, p. 27.

[255] Les ministres en charge de la sécurité intérieure ont convenu de se réunir à partir de 1975 de manière informelle et ont dénommé leur groupe Terrorisme, Radicalisme, Extrémisme, Violence Internationale, qui a connu plusieurs étapes et formations.

[256] Emmanuelle SAULNIER-CASSIA (dir.), *La lutte contre le terrorisme dans le droit et la jurisprudence de l'Union européenne*, LGDJ, 2014, p. 8.

[257] Pierre BERTHELET, « L'impact des événements du 11 septembre sur la création de l'espace de liberté, de sécurité, et de justice. Partie 1 », *Cultures & Conflits*, vol. 46, 2002.

« l'objectif de l'Union est d'offrir aux citoyens un niveau élevé de protection dans un espace de liberté, de sécurité et de justice, en élaborant une action en commun entre les États membres dans le domaine de la coopération policière et judiciaire, en prévenant (...) le terrorisme et en luttant contre ce phénomène. »

L'espace de liberté, de sécurité et de justice précité est apparu officiellement dans le traité d'Amsterdam signé le 2 octobre 1997 à l'article 2 du traité UE (ex-art. B) qui stipule que « *l'Union se donne pour objectif d'établir un espace de liberté, de sécurité et de justice dans lequel est assurée la libre circulation des personnes* ».

En octobre 1999, le Conseil européen de Tampere a examiné les modalités optimales de mise en œuvre des objectifs du Traité d'Amsterdam relatifs à la création d'un espace de liberté, de sécurité et de justice. À cette occasion, le Conseil européen a adopté un ensemble d'orientations politiques et d'objectifs pour la coopération de l'Union en matière de justice et d'affaires intérieures[258].

Le Conseil a adopté le 23 novembre 1995 la déclaration dite de la *Gomera* qui condamne le terrorisme comme un crime de gravité exceptionnelle et une menace contre la démocratie et le libre exercice des droits de l'homme[259]. L'année suivante, le Conseil a adopté, le 15 octobre 1996, une action commune portant sur la création et la tenue d'un répertoire des compétences, des connaissances et des expertises spécialisées en matière de lutte antiterroriste, destinée à faciliter la coopération entre États membres[260].

Par la suite, le 11 septembre 2001 marqua également un tournant dans l'approche de l'Union en matière de terrorisme (A). En effet, l'architecture réglementaire visant à définir et à lutter contre le terrorisme s'est essentiellement bâtie en réaction à ces attaques (B).

---

[258] Thierry COOSEMANS, « Le renforcement de la sécurité intérieure de l'Union européenne », *Courrier hebdomadaire du CRISP,* (1773), 2002, pp. 5-52.

[259] « *Le conseil de l'Union européenne constate que le phénomène du terrorisme constitue une menace pour la démocratie, le libre exercice des droits de l'homme et le développement économique et social, dont aucun État membre de l'Union européenne ne peut se considérer comme préservé.* »

[260] « Action commune, du 15 octobre 1996, adoptée par le Conseil sur la base de l'article K.3 du traité sur l'Union européenne, relative à la création et à la tenue d'un répertoire des compétences, des connaissances et des expertises spécialisées en matière de lutte antiterroriste, destiné à faciliter la coopération antiterroriste entre les États membres de l'Union européenne », JOCE L 273, 39e année, 25 oct. 1996.

A- L'élaboration d'une architecture réglementaire en réaction au 11 septembre[261]

Suite au 11 septembre 2001, l'Union européenne s'est interrogée de manière indépendante sur la réponse à apporter à la lutte contre le terrorisme. La Commission européenne a considéré que les événements du 11 septembre 2001 pouvaient être considérés « *d'événements extraordinaires* » au sens des dispositions de l'article 87-2b du traité (aujourd'hui article 107.2.b du TFUE) autorisant les aides destinées à remédier aux dommages causés par des événements extraordinaires.

Ce sont les attentats de New York qui ont mis en lumière la nécessité de mettre en place une définition harmonisée, à l'échelle de l'Union, de la notion de terrorisme. Les diverses réunions qui ont suivi le 11 septembre 2001 n'ont cessé de rappeler cet impératif et les raisons qui sous-tendaient celui-ci. Nous étudierons ici les principales réunions qui se sont tenues :

- Le Conseil Justice et affaires intérieures du 20 septembre 2001 (1) ;
- Le Conseil européen extraordinaire du 21 septembre 2001 (2) ;
- Le sommet informel des chefs d'États et de gouvernements de Gand du 19 octobre 2001 (3) ;
- Le Conseil européen de Laeken des 14-15 décembre 2001 (4).

1- Le Conseil Justice et affaires intérieures (« JAI ») du 20 septembre 2001

Durant cette réunion, suivant les attentats perpétrés aux États-Unis quelques jours auparavant, le Conseil a souligné l'importance de s'accorder, politiquement et juridiquement sur la définition à apporter à la notion de terrorisme, ceci dans la perspective de faciliter la coopération transfrontalière, et de surmonter le problème posé par l'exigence de la double incrimination dans les affaires de terrorisme.

2- Le Conseil européen extraordinaire du 21 septembre 2001

Un Conseil européen extraordinaire a été convoqué le 21 septembre 2001 afin de mettre en place un plan d'action visant notamment à identifier des terroristes présumés en Europe en établissant une liste commune des organisations terroristes ; en créant, au sein d'Europol, une équipe de

---

[261] Le canevas de cette subdivision est emprunté à Thierry COOSEMANS, « Le renforcement de la sécurité intérieure de l'Union européenne », *op. cit.*

spécialistes antiterroristes devant collaborer étroitement avec leurs homologues américains ; en mettant en œuvre toutes les conventions internationales existantes en matière de lutte antiterroriste ; en adoptant, dans le cadre de la lutte contre le financement du terrorisme, une extension de la directive sur le blanchiment de capitaux et la décision-cadre sur le gel des avoirs[262]. La directive précitée ne portait que sur le blanchiment de capitaux, la directive 2001/97/CE qui est venue compléter cette directive suite aux attentats du 11 septembre 2001 ajoute dans son champ d'application la lutte contre le financement du terrorisme.

Parmi les priorités qui ont été définies dans les diverses réunions qui ont jalonné les semaines suivant les attentats, figure également celle de définir clairement, à l'échelle de l'Union, la notion *d'acte terroriste* assortie de sanctions reflétant la gravité de ces actes[263].

3- Le sommet informel des chefs d'États et de gouvernements de Gand du 19 octobre 2001

La Déclaration des chefs d'État ou de gouvernements et du président de la Commission adoptée lors du Sommet informel de Gand du 19 octobre 2001, demande au Conseil de se concentrer en particulier sur quatre points qui doivent devenir rapidement opérationnels. Parmi ces derniers, figure celui qui demande de parvenir à une définition commune des incriminations terroristes et du gel des avoirs et figure également celui demandant de lutter efficacement contre le financement du terrorisme par l'approbation de la directive contre le blanchiment de capitaux[264] et la ratification accélérée par tous les États membres de la Convention de 1999.

4- Le Conseil européen de Laeken des 14 et 15 décembre 2001

Dans ses conclusions, la présidence du Conseil déclare que :

« *La définition commune des incriminations terroristes, l'établissement de listes d'organisations, personnes, groupes et entités*

[262] Dir. 91/308/CEE, 10 juin 1991 relative à la prévention de l'utilisation du système financier aux fins du blanchiment de capitaux.
[263] Rapport d'information déposé par la délégation de l'Assemblée nationale pour l'Union européenne sur les mesures prises par l'Union européenne à la suite des attentats terroristes aux États-Unis et présenté par M. Alain BARRAU, 15 oct. 2001.
[264] Directive 2001/97/CE du Parlement européen et du Conseil du 4 décembre 2001 modifiant la directive 91/308/CEE du Conseil relative à la prévention de l'utilisation du système financier aux fins du blanchiment de capitaux.

terroristes, la coopération entre services spécialisés ainsi que la réglementation adoptée en matière de gel des avoirs comme suite à la résolution 1373 du Conseil de sécurité des Nations unies constituent autant de réponses concrètes dans la lutte contre le terrorisme. »[265]

Par ces propos, le Conseil européen met définitivement la définition de la notion de terrorisme comme mesure prioritaire sa lutte.

B- Définir le terrorisme au sein de l'Union européenne

Obtenir un consensus sur la définition à donner à une notion aussi subversive n'est pas chose aisée lorsque l'assemblée des décideurs compte 194 États. En revanche devant une assemblée bien plus réduite, obtenir un consensus devient possible.

Le Parlement européen n'a pas attendu les attentats du 11 septembre 2001 pour réfléchir à la définition à donner à la notion de terrorisme. Ainsi, le Parlement est parvenu à se mettre d'accord sur une définition du terrorisme dans une résolution de janvier 1997 :

> « *considérant que le terrorisme au sein de l' Union européenne doit être considéré comme un acte criminel qui vise à modifier, dans des États de droit, des structures politiques, économiques et sociales en menaçant d'utiliser la violence ou en recourant à cette dernière, se distinguant par-là d' actes de résistance dans des pays tiers contre des structures étatiques qui revêtent elles-mêmes une dimension terroriste.* »[266]

Suivant cette définition, peut être qualifié de terroriste :

> « *tout acte commis par des individus ou des groupes recourant à la violence ou menaçant d' utiliser la violence contre un pays, ses institutions, sa population en général ou des individus concrets, qui, motivé par des aspirations séparatistes, par des conceptions idéologiques extrémistes ou par le fanatisme religieux, ou inspiré par des mobiles irrationnels et subjectifs vise à soumettre les pouvoirs*

---

265 Conclusions de la présidence, Conseil européen de Laeken, 14 et 15 déc. 2001, point 17.

266 Union européenne, *résolution sur la lutte contre le terrorisme au sein de l'Union européenne du 30 janvier 1997*, JO C 055, 24 févr. 1997, p. 27, paragraphe A.

publics, certains individus ou groupes de la société, ou, d' une façon générale, la population, à un climat de terreur. »[267]

Par la suite, l'Union européenne a adopté des textes visant à préciser la notion d'infraction terroriste à travers une approche sectorielle, comme en témoigne la position commune 2001/931/PESC du Conseil du 27 décembre 2001 (a), la décision-cadre 2002/475/JAI du 13 juin 2002 (b) et la directive (UE) 2017/541 du 15 mars 2017 (c).

1- La position commune 2001/931/PESC du Conseil du 27 décembre 2001

La position commune 2001/931/PESC du Conseil du 27 décembre 2001 relative à l'application de mesures spécifiques en vue de lutter contre le terrorisme prévoit de nombreuses dispositions, comme la *criminalisation* de la collecte de fonds destinés à perpétrer des actes de terrorisme ; le gel des fonds, avoirs financiers ou ressources économiques des terroristes ; l'adoption de mesures réprimant le recrutement et l'approvisionnement en armes des terroristes ; l'établissement d'une alerte rapide par l'échange de renseignements entre États membres, ou entre États membres et États tiers ; le refus de l'asile aux terroristes ; une assistance lors des enquêtes criminelles sur le financement du terrorisme ; empêcher la libre circulation des terroristes par des contrôles efficaces aux frontières et la délivrance des documents d'identité et de voyage ; l'intensification et l'accélération de l'échange d'informations opérationnelles sur les actions ou mouvements de terroristes, les documents de voyage, les trafics d'armes, d'explosifs et de matières sensibles, l'utilisation des technologies de communication, la menace des armes de destruction massive.

Cette position commune entend ainsi criminaliser certains actes comme des actes de terrorisme. C'est la décision-cadre du Conseil du 13 juin 2002 qui achèvera de définir, à l'échelle de l'Union, la notion de terrorisme.

2- La décision-cadre 2002/475/JAI du 13 juin 2002

La décision-cadre du 13 juin 2002 relative à la lutte contre le terrorisme jette les bases légales d'un socle commun quant aux éléments constitutifs d'un acte terroriste et de leur sanction. Cette décision a pour objectif essentiel d'harmoniser la législation européenne en donnant une définition commune de ce que sont les infractions terroristes. Ainsi, la décision-cadre du Conseil du 13 juin 2002, est le premier instrument international à définir l'acte

[267] *Idem*, paragraphe C.

terroriste par référence au but poursuivi. Ce dernier reprend la définition formulée à l'article 1 paragraphe 3 de la Position Commune du Conseil du 27 décembre 2001 (2001/931/PESC). La décision-cadre définit ainsi, dans son article premier, les « *infractions terroristes* » comme des :

> « *actes intentionnels visés aux points a) à i), (...), qui, par leur nature ou leur contexte, peuvent porter gravement atteinte à un pays ou à une organisation internationale lorsque l'auteur les commet dans le but de :*
>
> - *gravement intimider une population ou*
> - *contraindre indûment des pouvoirs publics ou une organisation internationale à accomplir ou à s'abstenir d'accomplir un acte quelconque ou*
> - *gravement déstabiliser ou détruire les structures fondamentales politiques, constitutionnelles, économiques ou sociales d'un pays ou une organisation internationale;*
>
> *a) les atteintes contre la vie d'une personne pouvant entraîner la mort ;*
> *b) les atteintes graves à l'intégrité physique d'une personne ;*
> *c) l'enlèvement ou la prise d'otage ;*
> *d) le fait de causer des destructions massives à une installation gouvernementale ou publique, à un système de transport, à une infrastructure, y compris un système informatique, à une plateforme fixe située sur le plateau continental, à un lieu public ou une propriété privée susceptible de mettre en danger des vies humaines ou de produire des pertes économiques considérables ;*
> *e) la capture d'aéronefs et de navires ou d'autres moyens de transport collectifs ou de marchandises ;*
> *f) la fabrication, la possession, l'acquisition, le transport ou la fourniture ou l'utilisation d'armes à feu, d'explosifs, d'armes nucléaires, biologiques et chimiques ainsi que, pour les armes biologiques et chimiques, la recherche et le développement ;*
> *g) la libération de substances dangereuses, ou la provocation d'incendies, d'inondations ou d'explosions, ayant pour effet de mettre en danger des vies humaines ;*
> *h) la perturbation ou l'interruption de l'approvisionnement en eau, en électricité ou toute autre ressource naturelle fondamentale ayant pour effet de mettre en danger des vies humaines ;*
> *i) la menace de réaliser l'un des comportements énumérés aux points a) à h).*

2. La présente décision-cadre ne saurait avoir pour effet de modifier l'obligation de respecter les droits fondamentaux et les principes juridiques fondamentaux tels qu'ils sont consacrés par l'article 6 du traité sur l'Union européenne. »

L'article 3 de la Décision précise que

« *Chaque État membre prend les mesures nécessaires pour que soient également considérés comme des infractions liées aux activités terroristes les actes intentionnels suivants :*

a) la provocation publique à commettre une infraction terroriste ;
b) le recrutement pour le terrorisme ;
c) l'entraînement pour le terrorisme ;
d) le vol aggravé en vue de commettre l'une des infractions énumérées à l'article 1er, paragraphe 1 ;
e) le chantage en vue de commettre l'une des infractions énumérées à l'article 1er, paragraphe 1 ;
f) l'établissement de faux documents administratifs en vue de commettre l'une des infractions énumérées à l'article 1er, paragraphe 1, points a) à
h), ainsi qu'à l'article 2, paragraphe 2, point b). »

La décision-cadre vient ici ajouter une troisième finalité aux finalités habituelles : désormais, un acte peut être qualifié de terroriste s'il est commis avec l'objectif de « *gravement déstabiliser ou détruire les structures fondamentales politiques, constitutionnelles, économiques ou sociales d'un pays ou une organisation internationale* ». Par conséquent, l'élément moral est étendu et composé de trois dols spéciaux.

Suivant la définition de la décision-cadre, la finalité du terroriste n'est pas simplement de terroriser le public mais de porter un projet politique. La question de sa légitimité importe peu. Toutefois, à noter que l'article 34 du Traité sur l'Union européenne tel que signé en 1992 à Maastricht dispose que « *Les décisions-cadres lient les États membres quant au résultat à atteindre, tout en laissant aux instances nationales la compétence quant à la forme et aux moyens. Elles ne peuvent entraîner d'effet direct* ». Les États membres demeurent par conséquent libres de mener la politique pénale de leur choix.

3- La directive (UE) 2017/541 du 15 mars 2017

Suite à l'adoption du traité sur le fonctionnement de l'Union européenne en 2009, « *Les dispositions du titre VI de l'actuel traité UE, relatives à la coopération policière et judiciaire en matière pénale, sont remplacées par les dispositions des chapitres 1, 4 et 5 du titre IV (renuméroté V) de la troisième partie du TFUE* », ce qui signifie que les décisions-cadres qui échappaient à la procédure législative ordinaire ont disparu. Désormais les dispositions relatives à la coopération policière et judiciaire en matière pénale sont adoptées conformément à la procédure législative ordinaire. En revanche, la valeur juridique du texte adopté reste inchangée. Les États membres sont libres dans les décisions qu'ils décident d'adopter.

D'une manière générale, les législations antiterroristes doivent s'adapter à l'évolution des modes opératoires empruntés par les terroristes. Devant les méthodes inédites utilisées par l'État islamique, l'Union européenne a décidé d'élargir le champ d'application de la notion d'infraction terroriste. La première concernait la nécessité d'une définition européenne des infractions terroristes prenant notamment en compte l'existence de ces *combattants étrangers* qui, selon la résolution 2178 du 24 septembre 2014 du Conseil de sécurité des Nations unies, « *partent combattre à l'étranger dans le dessein de commettre, d'organiser ou de préparer des actes de terrorisme ou afin d'y participer ou de dispenser ou recevoir un entraînement au terrorisme, notamment à l'occasion d'un conflit armé* ».

La Directive (UE) 2017/541 du Parlement européen et du Conseil du 15 mars 2017 relative à la lutte contre le terrorisme et remplaçant la décision-cadre 2002/475/JAI du Conseil précitée est venue ajoutée un paragraphe à l'article premier de la Décision :

> « *l'atteinte illégale à l'intégrité d'un système, telle qu'elle est visée à l'article 4 de la directive 2013/40/UE du Parlement européen et du Conseil, dans les cas où l'article 9, paragraphe 3, ou l'article 9, paragraphe 4, point (b) ou (c), de ladite directive s'applique, et l'atteinte illégale à l'intégrité des données, telle qu'elle est visée à l'article 5 de ladite directive, dans les cas où l'article 9, paragraphe 4, point (c), de ladite directive s'applique.* »

La Directive est également venue compléter la liste des infractions de l'article 3 de la Décision. Ainsi, est désormais considéré comme une infraction le fait de :

- Recevoir un entraînement au terrorisme ;
- Voyager à des fins de terrorisme ;
- Organiser ou faciliter de quelque autre manière des voyages à des fins de terrorisme ;
- Financer du terrorisme.

Cette définition omet la première manifestation historique du terrorisme qui est celle de l'infraction terroriste du fait d'un État. Néanmoins, sur la base de cette définition, si une décision a été prise par une autorité judiciaire ou une autorité compétente équivalente, de lancer une enquête ou de poursuivre une personne ou un groupe au sujet d'un acte terroriste, ou si une personne ou un groupe effectue une tentative visant à commettre ou faciliter un tel acte ; ou si une personne ou un groupe a été condamné pour de tels faits, alors cette personne ou ce groupe sera considéré par l'Union comme *terroriste*.

À noter que le phénomène terroriste évolue au fil des années. Cette définition, bien que récente, nécessite déjà quelques ajustements : en effet, il serait pertinent pour l'Union européenne, compte tenu de l'ampleur des combattants terroristes étrangers partant rejoindre les rangs de Daech en Syrie et en Irak, de prendre en compte dans la définition du terrorisme le phénomène des nationaux qui partent combattre à l'étranger[268]. La définition proposée par la directive (UE) 2017/541 aurait pu s'appuyer sur la résolution 2178 du 24 septembre 2014 du Conseil de sécurité des Nations unies qui aborde spécifiquement le phénomène des *combattants étrangers* et qui les définit comme ayant le dessein de « *commettre, d'organiser ou de préparer des actes de terrorisme, ou afin d'y participer ou de dispenser ou recevoir un entraînement au terrorisme, notamment à l'occasion d'un conflit armé (...)* ».

II- Le terrorisme dans le droit du Conseil de l'Europe

Le Statut du Conseil de l'Europe a été signé le 5 mai 1949 par dix États : la Belgique, le Danemark, la France, l'Irlande, l'Italie, le Luxembourg, les Pays-Bas, la Norvège, la Suède et le Royaume-Uni[269]. Le but de l'organisation, tel qu'il est défini par son Statut, est « *de réaliser une union plus étroite entre ses Membres afin de sauvegarder et de promouvoir les idéaux et les principes qui sont leur patrimoine commun et de favoriser leur*

---

[268] Philippe DELIVET, « L'Union européenne et la lutte contre le terrorisme », *Question d'Europe,* (372), Fondation Robert Schuman, 23 nov. 2015.
[269] Alexandre-Charles KISS, Daniel-Henri VIGNES, « Le Conseil de l'Europe », *Annuaire français de droit international*, volume 1, 1955. pp. 425-454.

progrès économique et social » (Article 1er (a)). Le Conseil de l'Europe est donc une organisation qui a été créée en vue de défendre les droits de l'Homme, l'État de droit et la démocratie. L'organisation est donc vouée à combattre le terrorisme qui, par définition, porte atteinte à ces trois valeurs fondamentales[270].

Le Comité des ministres du Conseil de l'Europe a déclaré, en 1978 que « *La prévention et la répression des actes de terrorisme sont indispensables pour assurer le maintien de la structure démocratique des États membres* »[271]. Ainsi, loin d'être inactif sur cette thématique, le Conseil de l'Europe a adopté une convention relative à la répression du terrorisme (A), la recommandation 1426 de l'Assemblée parlementaire qui apporte une définition claire de la notion de terrorisme (B), une convention relative à la prévention des actes de terrorisme (C), ainsi qu'un protocole additionnel à cette dernière (D).

A- La Convention du Conseil de l'Europe pour la répression du terrorisme

La Convention pour la répression du terrorisme représente la principale contribution du Conseil de l'Europe à la coopération internationale en matière de lutte contre le terrorisme.

Plusieurs événements ont précédé l'adoption de la Convention. La recommandation 703 (1973) sur le terrorisme international a été adoptée lors de la session de l'Assemblée consultative du Conseil de l'Europe de mai 1973 et suggère de « *mettre au point une définition commune de l'infraction politique aux fins de rejeter cette justification politique chaque fois que l'acte de terrorisme met en danger la vie de personnes innocentes* »[272]. Le projet de Convention se comprend si on remonte au 22 mai 1975 : ce jour-là, devant les ministres de la Justice des pays du Conseil de l'Europe réunis à Obernai, Monsieur Jean LECANUET, alors garde des Sceaux de la République française, avait lancé l'idée d'une convention antiterroriste[273].

---

270 *Idem.*

271 Conseil de l'Europe, Comité des ministres, déclaration sur le terrorisme adoptée par le comité des ministres le 23 novembre 1978, lors de sa 63e session.

272 Recommandation 703 (1973) sur le terrorisme international, paragraphe 6(c).

273 Bertrand LE GENDRE, « À la veille de la réunion des ministres de la communauté les Néerlandais s'opposent à la signature du projet français d'espace judiciaire européen », *Le Monde*, 18 juin 1980.

Un comité des experts gouvernementaux, établi au cours de la 246e réunion du Comité des ministres en juin 1975, a préparé la Convention européenne pour la répression du terrorisme.

Le 10 novembre 1976, les délégués des ministres des Affaires étrangères du Conseil de l'Europe ont adopté à l'unanimité la Convention européenne pour la répression du terrorisme. Cette Convention prétend couvrir dans son champ d'application la plupart des actes de terrorisme généralement perpétrés par des individus ou des groupes d'individus. Cette dernière adopte donc, à l'instar des Nations unies en la matière, une approche sectorielle afin de définir la notion de terrorisme. Aucune définition explicite n'est ici apportée par la Convention[274]. D'après la Recommandation 1426 (1999), la Convention pour la répression du terrorisme :

> « *en ne couvrant pas toutes les infractions pénales susceptibles d'être considérées comme des actions terroristes ou de collaboration avec ces actions, ne permet pas de lutter contre le terrorisme aussi efficacement qu'il serait souhaitable.* »[275]

En bref, sans définition harmonisée, la lutte contre le terrorisme ne peut être qu'imparfaite.

B- La définition de la Recommandation 1426 (1999)

L'Assemblée parlementaire du Conseil de l'Europe a rappelé, dans un Rapport du 8 septembre 1999, « *Démocraties européennes face au terrorisme* », qu'il « *n'existe pas, au niveau mondial, de définition unique universellement admise de ce qu'est le terrorisme* »[276]. Le terme de terrorisme est ainsi souvent utilisé pour qualifier des phénomènes, des situations et des notions diverses. Le Rapport rappelle également que la plupart des conventions internationales « *se sont limitées à la description*

---

[274] Monsieur Herbert GOLSONG, alors directeur des affaires juridiques du Conseil de l'Europe, a déclaré, à propos cette Convention : « *J'estime que l'élaboration d'une telle Convention est un fait heureux dans la mesure où elle fournit à un certain nombre d'États — les membres du Conseil de l'Europe — qui possèdent un système judiciaire fondé sur la reconnaissance des droits fondamentaux, un moyen juridique supplémentaire pour faire face à certains aspects d'un fléau qui menace de plus en plus nos populations, à savoir les actes de terrorisme ou de violence concertés* » (« Une lettre du directeur des services juridiques du Conseil de l'Europe sur la convention contre le terrorisme », *Le Monde*, 2 déc. 1976).

[275] Recommandation 1426 (1999) sur les démocraties européennes face au terrorisme, paragraphe 14.

[276] Conseil de l'Europe, Démocraties européennes face au terrorisme, Rapport, Commission des questions juridiques et des droits de l'homme, Doc. 8507, 8 sept. 1999, III-A-8.

plutôt sectorielle, du phénomène terroriste, voire à l'énumération des actes susceptibles d'être caractérisés, assimilés et surtout punis en tant que terroristes »[277]. Une institution comme les Nations unies a donc été contrainte de limiter son action antiterroriste à quelques catégories précises de délits que tout le monde s'accorde à qualifier d'acte de terrorisme.

Or comme vu précédemment, préalablement à l'organisation de la lutte contre le terrorisme, il est préférable de parvenir à une définition harmonisée du terrorisme. Le Conseil de l'Europe, comme toutes les organisations multilatérales, n'a pas échappé à la difficulté de parvenir à une définition harmonisée de la notion. La Commission des questions juridiques et des droits de l'homme a souligné dans son Rapport du 8 septembre 1999 précité qu'en l'absence d'une définition du terrorisme, il reste arbitraire de parler de crime de terrorisme dans la mesure où celui-ci ne pouvait se distinguer des crimes et délits de droit commun[278][279].

En s'inspirant de la résolution précitée sur la lutte contre le terrorisme au sein de l'Union européenne, adoptée par le Parlement européen le 30 janvier 1997, dans sa recommandation 1426 (1999), l'Assemblée parlementaire du Conseil de l'Europe considère qu'est constitutif d'acte de terrorisme :

> « *tout délit commis par des individus ou des groupes recourant à la violence ou menaçant de l'utiliser contre un pays, ses institutions, sa population en général ou des individus concrets, qui, motivé par des aspirations séparatistes, par des conceptions idéologiques extrémistes ou par le fanatisme, ou inspiré par des mobiles irrationnels et subjectifs, vise à soumettre les pouvoirs publics, certains individus ou*

---

[277] *Idem.*

[278] « *Dans les États de droit, la définition du terrorisme est très importante, mais sa complexité en fait un véritable défi pour les juristes. Or, sans définition, il est arbitraire voire impossible, de parler de crime terroriste, de qualifier de tels ceux qui les accomplissent, d'autant que la diversité des actes empêche de trouver une sanction uniforme. La plupart des actes de ce type sont déjà considérés comme des crimes par les législations nationales, ce qui rend difficile la distinction entre actes terroristes et crimes et délits de droit commun* » (*Idem.*, III.C.i.30).

[279] Le Rapport précise toutefois que l' : « *un des moyens de définir le terrorisme, c'est de définir son but. Le terrorisme vise à prendre le pouvoir, à contrôler des groupes-cibles, à radicaliser la population, à provoquer délibérément une répression, à perturber l'activité gouvernementale, à paralyser le dispositif de sécurité, à gangrener les institutions démocratiques, à imposer sa domination, etc. De nombreuses législations le conçoivent comme un ensemble de violences contre l'État et certaines le réduisent à son objectif premier : terroriser la population* ».

groupes de la société, ou, d'une façon générale, l'opinion publique à un climat de terreur. »[280]

Toutefois, le Comité européen pour les problèmes criminels (« CDPC ») a marqué une réserve en ce qui concerne cette définition, en déclarant que cette définition « *prend en considération le mobile, alors que le principe de dépolitisation des infractions terroristes tend au contraire à s'imposer de façon générale, afin de faciliter l'entraide judiciaire et l'extradition* »[281]. Le CDPC rappelle en ce sens que « *Ce principe est affirmé notamment par les récentes conventions des Nations unies du 15 décembre 1997 pour la répression des attentats terroristes à l'explosif, et du 9 décembre 1999 sur le financement du terrorisme* »[282].

C- La Convention du Conseil de l'Europe pour la prévention du terrorisme

La Convention du Conseil de l'Europe pour la prévention du terrorisme a été signée à Varsovie le 16 mai 2005. Son article premier utilise la définition issue de la Convention de 1999[283]. Ce choix est certainement justifié par la volonté de ne pas alourdir la somme des définitions déjà existantes :

> « *La Convention ne définit pas de nouvelles infractions terroristes qui s'ajouteraient à celles figurant dans les conventions internationales contre le terrorisme. À cet égard, elle fait référence aux traités mentionnés dans son annexe.* »[284]

La Convention prévoit néanmoins trois nouvelles infractions, qui pourraient être liées à des infractions terroristes telles que définies dans lesdits traités : la provocation publique à commettre une infraction terroriste (article 5), le recrutement pour le terrorisme (article 6) et l'entraînement pour le terrorisme (article 7). S'ajoute une disposition sur les infractions accessoires (article 9) qui prévoit d'ériger en infraction pénale la complicité en vue de la perpétration des trois infractions susmentionnées et, en outre, la

---

[280] Recommandation 1426 (1999), *op.cit*, paragraphe 5.

[281] Comité européen pour les problèmes criminels (« CDPC »), 49e session plénière (24e réunion en tant que Comité directeur), Strasbourg, 26-30 juin 2000, p. 26.

[282] *Idem.*

[283] Article 1 de la Convention internationale pour la répression du financement du terrorisme de 1999 : « *Aux fins de la présente Convention, on entend par "infraction terroriste" l'une quelconque des infractions entrant dans le champ d'application et telles que définies dans l'un des traités énumérés en annexe* ».

[284] Article 32 du rapport explicatif de la Convention européenne de prévention du terrorisme, 16 mai 2005, Conseil de l'Europe.

tentative de commission des infractions visées aux articles 6 et 7 (recrutement et entraînement).

Les nouveaux crimes prévus par la Convention se caractérisent notamment par le fait qu'ils n'exigent pas qu'une infraction terroriste au sens de l'article 1er soit effectivement commise, c'est-à-dire l'une quelconque des infractions entrant dans le champ d'application et telles que définies dans l'un des traités internationaux contre le terrorisme énumérés dans l'annexe[285].

D- L'adoption du protocole additionnel à la Convention pour la prévention du terrorisme par le Conseil de l'Europe le 22 octobre 2015

Le protocole additionnel à la Convention pour la prévention du terrorisme par le Conseil de l'Europe du 22 octobre 2015 vient compléter la Convention par une série de dispositions visant à mettre en œuvre des aspects de droit pénal de la résolution 2178 (2014) du Conseil de sécurité des Nations unies en date du 24 septembre 2014[286], visant notamment le phénomène des combattants terroristes étrangers rejoignant les rangs de Daech.

La résolution 2178 (2014) concerne les « *menaces contre la paix et la sécurité internationales résultant d'actes de terrorisme* » et demande aux États d'adopter les mesures nécessaires afin de prévenir et d'endiguer le flux de combattants terroristes étrangers vers les zones de conflit. Le protocole additionnel prévoit donc d'incriminer certains actes liés à des infractions terroristes, comme le fait de « *se rendre à l'étranger à des fins de terrorisme* » (article 4), « *recevoir un entraînement pour le terrorisme* » (article 3), « *financer des voyages à l'étranger à des fins de terrorisme* » (article 5), « *organiser ou faciliter par quelque autre manière des voyages à l'étranger à des fins de terrorisme* » (article 6). Ce protocole contribue ainsi à renforcer les outils juridiques de lutte contre le terrorisme.

La notion de combattants terroristes étrangers fait référence, selon la résolution 2178 (2014) du Conseil de sécurité des Nations unies, aux combattants qui « *partent combattre à l'étranger dans le dessein de commettre, d'organiser ou de préparer des actes de terrorisme ou afin d'y*

---

[285] Article 34 du rapport explicatif de la Convention européenne de prévention du terrorisme, 16 mai 2005, Conseil de l'Europe.

[286] Résolution 2178 de l'ONU adoptée par le Conseil de sécurité le 24 septembre 2014, S/RES/2178 (2014), disponible en ligne sur le site de l'ONU : http://www.un.org/french/docs/sc/2014/res1478f.pdf.

participer ou de dispenser ou recevoir un entraînement au terrorisme, notamment à l'occasion d'un conflit armé ».

Section 4. Le contenu de la définition de terrorisme : l'état du droit français

Trouver une définition du terrorisme au niveau national est plus aisé dans la mesure où les ordres juridiques possèdent tous, sous une forme ou une autre, une définition légale du terrorisme. Chaque État aborde la question du terrorisme sous l'angle protecteur de ses intérêts nationaux.

La France est parvenue à bâtir, au fil des années, une définition précise et robuste du terrorisme. Victime de toutes les formes de terrorisme évoquées dans la première section de ce chapitre, la France a su s'adapter avec efficacité aux mutations du phénomène terroriste. C'est précisément la raison pour laquelle nous retiendrons la définition posée par le Code pénal français comme définition que nous jugeons acceptable pour la suite des développements. Par ailleurs, n'oublions pas que la France est l'un des pays membres fondateurs de l'Union européenne et du Conseil de l'Europe, est membre permanent du Conseil de sécurité, et est le rédacteur de la Déclaration universelle des droits de l'homme de 1948. La France est donc un pays disposant d'une aura particulière en matière de droit international. Les positions adoptées par la France sont ainsi susceptibles d'inspirer les autres États de la communauté internationale.

Aussi, afin de comprendre l'origine de cette définition, il est intéressant de comprendre comment ce pays est parvenu à définir le terrorisme en étudiant la manière dont la notion est abordée dans les fondations de son système juridique (I) ainsi que dans sa législation courante (II), afin de dégager les spécificités de la notion de terrorisme en droit français (III).

I- Le terrorisme dans la Constitution du 4 octobre 1958

La Constitution française du 4 octobre 1958 ne contient aucune disposition formelle concernant la lutte contre le terrorisme. Ceci s'explique par les circonstances dans lesquelles celle-ci a été adoptée. Au moment de la guerre d'Algérie, les dispositifs juridiques adoptés pour combattre le terrorisme se fondaient sur les *pouvoirs exceptionnels* attribués de manière temporaire au chef de l'État en vertu de l'article 16 de la Constitution[287].

[287] Const., 4 oct. 1958, art. 16 : « *Lorsque les institutions de la République, l'indépendance de la nation, l'intégrité de son territoire ou l'exécution de ses engagements internationaux sont*

Néanmoins, tous les actes de terrorisme ne répondent pas nécessairement aux conditions imposées par ce dispositif d'exception. De même, l'article 36, concernant l'état de siège, permet de dessaisir les autorités civiles du pouvoir de police générale au profit des autorités militaires mais uniquement en cas de péril imminent résultant d'une guerre étrangère ou d'une insurrection à main armée[288]. Ces articles ne déterminent pas de dispositions propres à la lutte antiterroriste. En outre, selon Bruce ACKERMAN, il existe une « *distinction radicale entre les crises existentielles du XXe siècle et les menaces terroristes dont le XXIe siècle sera sans doute ponctué* »[289]. Même si le terrorisme actuel représente une menace pour la souveraineté de l'État, cette menace ne vise pas obligatoirement à installer un pouvoir étranger sa tête. Par conséquent, une attaque terroriste ne justifie pas nécessairement l'usage de l'article 16 ou de l'article 36[290]. Or, « *s'il est bien un régime juridique dont les principes et les règles doivent avant tout être fixés par le droit constitutionnel* »[291], avec une intervention qui devrait être incontournable de la justice constitutionnelle, « *c'est bien celui de la lutte contre le terrorisme* »[292]. La constitution comporte néanmoins, indirectement, les bases d'un tel dispositif.

En effet, l'article 12 de la Déclaration des droits de l'homme et du citoyen du 26 août 1789 mentionne l'existence d'une « *force publique* » qui est définie comme une « *garantie nécessaire des droits de l'homme et du citoyen (...), instituée pour l'avantage de tous et non pour l'utilité particulière de ceux auxquels elle est confiée* ». C'est dans cet esprit que l'article premier de la loi antiterroriste du 15 novembre 2001 relative à la sécurité quotidienne, en complétant la loi d'orientation et de programmation relative à la sécurité du 21 janvier 1995, précise que « *la sécurité est un droit fondamental. Elle est une condition de l'exercice des libertés et de la réduction des inégalités* ». La sécurité figure désormais de manière explicite au rang des droits fondamentaux. Le Conseil constitutionnel a d'ailleurs qualifié

---

menacées d'une manière grave et immédiate et que le fonctionnement régulier des pouvoirs publics constitutionnels est interrompu, le président de la République prend les mesures exigées par ces circonstances, après consultation officielle du Premier ministre, des présidents des assemblées ainsi que du Conseil constitutionnel ».

288 Suivant l'article 36 de la Constitution du 4 octobre 1958, l'état de siège est décrété en Conseil des ministres. Sa prorogation au-delà de douze jours ne peut être autorisée que par le Parlement.

289 Bruce ACKERMAN, « Les pouvoirs d'exception à l'âge du terrorisme », *Esprit*, août/septembre 2006, p. 155.

290 Thierry S. RENOUX, « Lutte contre le terrorisme et protection des droits fondamentaux », Table ronde, *Annuaire international de justice constitutionnelle*, XVIII-2002, pp. 195-244.

291 *Idem*.

292 *Idem*.

« *d'objectif de valeur constitutionnelle* », « *la sauvegarde de l'ordre public, la sécurité des personnes et des biens ainsi que la recherche des auteurs d'infractions* »[293].

Par ailleurs, comme évoqué, pour être efficace, la lutte contre le terrorisme ne peut que s'inscrire dans la norme internationale. En droit français, la mise en œuvre des conventions internationales relatives à la lutte contre le terrorisme s'effectue, en vertu de l'article 55 de la Constitution, sous le contrôle du juge. Aux termes de cet article, « *les traités ou accords régulièrement ratifiés ou approuvés ont dès leur publication, une autorité supérieure à celle des lois* ». D'autre part, les articles 14 et 15 du préambule de la Constitution du 27 octobre 1946, qui font partie du bloc de constitutionnalité, disposent respectivement que « *la République française, fidèle à ses traditions, se conforme aux règles du droit public international* » et que « *sous réserve de réciprocité, la France consent aux limitations de souveraineté nécessaires à l'organisation et à la défense de la paix* ». Ces textes servent donc de support à toute participation à une institution ou une organisation internationale de lutte contre le terrorisme[294]. Ces dispositions ont été invoquées pour justifier l'application de la coutume internationale, notamment.

II- L'historique de la législation antiterroriste française

Entre 1980 et 1990, la France a été touchée par un terrorisme multiforme : anarcho-révolutionnaires, séparatistes, extrémistes palestiniens, etc. À ce terrorisme idéologique s'ajoute le terrorisme d'État inspiré par la Libye, la Syrie et par l'Iran[295]. Or jusqu'en 1986, la législation pénale ne contenait aucune référence au concept de terrorisme (A) et ce, malgré la convention du Conseil de l'Europe de 1977 précitée.

La doctrine fait remonter l'introduction de la notion de terrorisme en droit français à la loi du 9 septembre 1986 (B), les actes terroristes devenant, par la suite, des infractions autonomes par leur intégration au nouveau Code pénal de 1994. Subséquemment, la législation antiterroriste française s'est étoffée au grès des actes terroristes affectant le pays (C).

---

[293] Cons. const., 18 janv. 1995, n° 94-352 DC, *Rec.* p. 170, considérants 2, 8 et 16.
[294] Thierry S. RENOUX, « Juger le terrorisme ? », *op. cit.*
[295] Georges MOREAS, *Dans les coulisses de la lutte antiterroriste, op.cit*, p. 183.

A- Genèse de la première législation antiterroriste

Le 23 février 1985, un attentat au sein du magasin Marks & Spencer fait 1 mort et 14 blessés, celui du 9 mars au cinéma Rivoli Beaubourg fait 18 blessés ; le double attentat des magasins Galeries Lafayette et Printemps Haussmann, le 7 décembre fera 43 blessés. Le 3 février 1986, un attentat à la galerie marchande de l'Hôtel Claridge situé sur les Champs-Élysées fait 8 blessés et est revendiqué par le « *Comité de solidarité avec les prisonniers politiques arabes et du Proche-Orient* », ou « *CSPPA* ». Le même jour, une tentative d'attentat par explosif était découverte dans les toilettes du troisième étage de la tour Eiffel. Le lendemain, 4 février, une explosion ravageait la librairie Gibert Jeune faisant 5 blessés et le 5 février une autre frappait le magasin FNAC Sport du Forum des Halles faisant 22 blessés. Les deux attentats étaient aussi revendiqués par le CSPPA. Le 17 mars, date de la nomination de Jacques CHIRAC comme Premier ministre, un attentat vise le TGV, alors qu'il circulait à hauteur de Brunoy, et fait 9 blessés. Le 20 mars, une bombe explose dans la galerie Point Show des Champs-Élysées faisant 2 morts et 29 blessés. Le même jour, une tentative d'attentat est déjouée de justesse à la station Châtelet du RER, un des voyageurs étant intrigué par un paquet suspect. Le 9 juillet un attentat dans les locaux de la BRB (« Brigade de répression du banditisme ») à Paris fait 1 mort et 20 blessés. Le 4 septembre, un attentat sera raté dans le RER à la station Gare de Lyon. Quatre jours plus tard, le 8 septembre, un attentat vise le bureau de poste de l'Hôtel de Ville de Paris faisant 1 mort et 21 blessés. Quatre jours plus tard, le 12 septembre, un attentat frappe les locaux de la Cafétéria Casino au Centre commercial de la Défense et fait 54 blessés. La série s'intensifie encore avec des dates plus rapprochées. Le 14 septembre, un attentat est déjoué au Pub Renault sur les Champs-Élysées mais deux policiers et un serveur sont tués et un autre serveur blessé par l'explosion de l'engin déplacé. Le 15 septembre, un attentat vise les locaux du Service des permis de conduire de la préfecture de police à Paris faisant 1 mort et 56 blessés. Enfin le 17 septembre, l'attentat commis devant le magasin Tati, rue de Rennes clos la série, et se révèle le plus meurtrier de tous : 7 morts et 55 blessés. Tous ces attentats sont revendiqués par le CSPPA et par un groupe qui s'intitule « *Partisans du droit et de la liberté* »[296].

C'est dans ce contexte que se déroulent les élections législatives de mars 1986 durant lesquelles la lutte contre le terrorisme a naturellement été au cœur de la campagne électorale. Dans son discours de politique générale du

---

296 Didier BIGO, « Les attentats de 1986 en France : un cas de violence transnationale et ses implications (Partie 1) », *Cultures & Conflits*, vol. 4, hiver 1991.

9 avril 1986, le nouveau Premier ministre, Jacques CHIRAC, annonce « *la création dans le Code pénal d'un crime de terrorisme* »[297]. Ce dernier précisera au sujet du terrorisme que « *ses plus récentes manifestations jettent un trouble de nature quasiment existentielle dans toutes les démocraties occidentales* »[298].

Par ailleurs, le Sénat, dans un rapport lors du débat sur la loi relative à la lutte contre le terrorisme et aux atteintes à la sûreté de l'État déclare que :

> « *le terrorisme représente de façon croissante une grave menace pour la sécurité de la population et pour notre démocratie. L'attentat commis à Paris, le 9 juillet dans les conditions les plus sauvages, au cœur des services de la police judiciaire, en constitue la preuve récente.* »[299]

D'emblée, en amorçant les travaux d'élaboration de la loi, le rapporteur parlementaire parle de « *l'introuvable définition* » du terrorisme mais précise toutefois deux critères forts pour caractériser l'infraction : la volonté de créer un trouble grave à l'ordre public et la recherche d'un fort écho médiatique[300]. Pour Georges MOREAS :

> « *incapable de définir l'acte terroriste, et donc créer une infraction spécifique, le législateur a contourné la difficulté : c'est l'intention qui compte. Il a donc repris des crimes et déjà puni par le Code pénal ou par des lois spéciales et en a fait des infractions terroristes lorsque ceux-ci "sont en relation avec une entreprise individuelle ou collective ayant pour but de troubler gravement l'ordre public par l'intimidation ou la terreur."* »[301]

Selon le même auteur, le projet de loi s'inspire des observations faites par le juge Alain MARSAUD qui a été le premier magistrat à centraliser les dossiers terroristes[302]. C'est dans ce contexte que le législateur adopta la loi n° 86-1020 du 9 septembre 1986 relative à la lutte contre le terrorisme. Ainsi, l'article 1 de la loi crée un titre dans le Code de procédure pénale

---

[297] Discours de Jacques CHIRAC à l'Assemblée nationale, 9 avril 1986.

[298] *Idem.*

[299] Rapport fait au nom de la Commission des lois constitutionnelles, de législation, du suffrage universel, du règlement et d'administration générale, sur le projet de loi adopté par l'Assemblée nationale après déclaration d'urgence relatif à la lutte contre le terrorisme et aux atteintes à la sûreté de l'État, par Paul MASSON, Sénateur.

[300] *Idem.*

[301] Georges MOREAS, *Dans les coulisses de la lutte antiterroriste, op.cit*, p. 156.

[302] *Ibid*, p. 158.

intitulé « *Des infractions en relation avec une entreprise individuelle ou collective ayant pour but de troubler gravement l'ordre public par l'intimidation ou la terreur* ». L'article 706-16 du Code de procédure pénal dispose alors que :

> « *Lorsqu'elles sont en relation avec une entreprise individuelle ou collective ayant pour but de troubler gravement l'ordre public par l'intimidation ou la terreur, sont poursuivies, instruites et jugées selon les règles du présent code, sous réserve des dispositions du présent titre.* »

La loi ne définit donc pas directement le terrorisme, mais elle identifie un cadre procédural particulier ainsi qu'une procédure d'indemnisation des victimes[303]. Pour le Professeur Yves MAYAUD, cette loi n'a jamais eu pour but, ni pour résultat, d'aboutir à la création d'une incrimination spécifique de terrorisme[304] mais avait simplement pour objectif de créer une nouvelle catégorie d'infractions. De plus, elle crée un corps spécialisé de juges d'instruction et de procureurs, le service central de lutte antiterroriste, communément appelé « *14e section du parquet* », pour traiter tous les dossiers de terrorisme.

La notion « *d'entreprise terroriste* » n'a pas été déclarée non conforme à la Constitution par le Conseil constitutionnel dans sa décision n° 86-213 DC du 3 septembre 1986, malgré les critiques des sénateurs requérants qui estimaient que la référence « *à l'élément purement subjectif que constitue le but poursuivi* » serait contraire au principe constitutionnel de la légalité des délits et des peines, formulé par l'article 8 de la Déclaration des droits de l'homme de 1789[305]. Le Conseil juge en effet (considérant n° 5) que « *la première condition fixée par la loi* » contestée « *qui renvoie à des infractions qui sont elles-mêmes définies par le Code pénal ou par des lois spéciales en termes suffisamment clairs et précis, satisfait aux exigences du principe de la légalité des délits et des peines ; que, de même, la seconde condition est énoncée en des termes d'une précision suffisante pour qu'il n'y ait pas méconnaissance de ce principe* »[306].

---

303 V. Jean-François GAYRAUD, David SÉNAT, *Le terrorisme, op. cit.*

304 Yves MAYAUD, «Terrorisme», *Répertoire de droit pénal et de procédure pénale*, avr. 1997 (mise à jour mars 2013).

305 Thierry S. RENOUX, « Juger le terrorisme ? », *op. cit.*, p. 3.

306 *Rec. Cons. const., p.* 122, *RD publ.* 1989, n° 2, p. 399, comm. L. FAVOREU; *Rev. sc. crim.*, 1987, p. 565.

Ainsi, pour qualifier pénalement un acte de terroriste, il est nécessaire d'établir d'une part, l'existence d'un *lien* entre l'acte commis et une entreprise plus vaste à stratégie terroriste[307], d'autre part, une *finalité propre* à cet acte, ayant pour but de troubler gravement l'ordre public par l'intimidation ou la terreur.

B- La consécration de l'infraction terroriste autonome

La loi n° 92-686 du 22 juillet 1992 « *portant réforme des dispositions du Code pénal relatives à la répression des crimes et délits contre la nation, l'État et la paix publique* » a érigé les actes de terrorisme en infraction autonome, c'est-à-dire en véritable catégorie d'infraction. Le Code pénal entré en vigueur le 1er mars 1994 a ainsi fait des actes de terrorisme des infractions autonomes, prévus et réprimés par les articles 421-1 et suivants. Cet article dispose alors que :

> « *Constituent des actes de terrorisme, lorsqu'elles sont en relation avec une entreprise individuelle ou collective ayant pour but de troubler gravement l'ordre public par l'intimidation ou la terreur, les infractions suivantes :*
>
> *1° les atteintes volontaires à la vie, les atteintes volontaires à l'intégrité de la personne, l'enlèvement et la séquestration ainsi que le détournement d'aéronef, de navire ou de tout autre moyen de transport, définis par le livre II du présent code ;*
>
> *2° les vols, les extorsions, les destructions, dégradations et détériorations, ainsi que les infractions en matière informatique définis par le livre III du présent code ;*
>
> *3° La fabrication ou la détention de machines, engins meurtriers ou explosifs, définies à l'article 3 de la loi du 19 juin 1871 qui abroge le décret du 4 septembre 1870 sur la fabrication des armes de guerre ;*
>
> *- la production, la vente, l'importation ou l'exportation de substances explosives, définies à l'article 6 de la loi n° 70-575 du 3 juillet 1970 portant réforme du régime des poudres et substances explosives ;*
>
> *- l'acquisition, la détention, le transport ou le port illégitime de substances explosives ou d'engins fabriqués à l'aide desdites*

[307] Cass. crim., 7 mai 1987, n° 87-80822, *Bull. crim.*, n° 186.

substances, définis à l'article 38 du décret-loi du 18 avril 1939 fixant le régime des matériels de guerre, armes et munitions ;

- la détention, le port et le transport d'armes et de munitions des première et quatrième catégories, définis aux articles 31 et 32 du décret-loi précité ;

- les infractions définies aux articles 1er et 4 de la loi n° 72-467 du 9 juin 1972 interdisant la mise au point, la fabrication, la détention, le stockage, l'acquisition et la cession d'armes biologiques ou à base de toxines ».

Le Professeur Yves MAYAUD[308] qualifie ce terrorisme de « *terrorisme dérivé* » dans la mesure où l'article 421-1 précité emprunte à des infractions existantes leurs éléments constitutifs, et en retire une qualification terroriste en raison des circonstances particulières qui les entourent. Ainsi, les atteintes à la vie ou à l'intégrité de la personne, les atteintes aux biens, les infractions en matière d'armes ou de produits explosifs, le blanchiment, le délit d'initié ou encore le recel ne sont considérés comme un acte de terrorisme que si elles sont commises « *intentionnellement en relation avec une entreprise individuelle ou collective ayant pour but de troubler gravement l'ordre public par l'intimidation ou la terreur* ». Ainsi, le terrorisme dérivé d'infractions de droit commun consiste à adosser le qualificatif *terroriste* à des infractions existantes, prélevées essentiellement dans les livres II et III du droit pénal spécial, en leur appliquant un régime juridique dérogatoire[309].

C- Par la suite, un fait, une loi

Comme évoqué lors de l'introduction, la législation antiterroriste française a essentiellement été forgée en réaction aux attentats frappant le territoire hexagonal, mais également par les attentats d'ampleur visant de grandes nations occidentales. Ainsi, la série d'attentats perpétrés par le GIA sur le sol national a généré d'intenses travaux législatifs (1), de même que les attentats du 11 septembre 2001 (2) et les attentats de Madrid et de Londres en 2004 et 2005 (3) ont participé à dessiner les contours de la législation française en matière de terrorisme. Épargnée par le terrorisme durant les années 2000, l'affaire MERAH (4) marque l'avènement d'un

[308] Yves MAYAUD, « La politique d'incrimination du terrorisme à la lumière de la législation récente », *AJ pénal*, n° 9, p. 442 et s., sept. 2013.
[309] Lucie DEBEAUSSE, *La lutte contre le terrorisme : les réponses du droit,* sous la direction du Professeur Yves MAYAUD, Master II de Droit pénal et Sciences pénales, Université Paris II Panthéon-Assas, 2013-2014.

terrorisme d'un genre nouveau et contribue ainsi à la création du délit d'entreprise terroriste individuelle (5). L'année 2015, particulièrement tragique pour la France, a laissé dans son sillage d'importantes réformes en matière de lutte contre le terrorisme (6). Ainsi, les attentats perpétrés sur le sol national, et à l'étranger, ont contribué à définir le terrorisme en droit français.

1- Les attentats perpétrés par le GIA

« *Le terrorisme produit des terroristes comme la forêt engendre des arbres qui incarnent la forêt* »[310]. Cette phrase met en lumière le besoin d'adaptation permanent de la législation face aux évolutions du terrorisme dans cette « *ère du terrorisme mondial* »[311].

Le 24 décembre 1994, un commando du GIA algérien détourne un Airbus de la compagnie Air France. Trois passagers seront tués. Le 11 juillet 1995, l'imam SAHRAOUI est assassiné par le GIA à Paris. Le 25 juillet 1995, l'attentat du GIA dans le RER B à Saint-Michel fera 8 morts et 117 blessés. Le 17 août de la même année, une bombe explose près de la place Charles-de-Gaulle Étoile et fait 22 blessés. Le 3 septembre 1995, un attentat au marché Richard-Lenoir à Paris fait 4 blessés. Le 6 octobre 1995, une bombe au métro Maison-Blanche fait 18 blessés. Le 17 octobre 1995, une bombe dans le RER C à la station Musée d'Orsay fait 26 blessés. Le 3 décembre 1996, un attentat contre le RER B à Port-Royal fait 4 morts et 170 blessés.

C'est notamment les attentats commis dans le RER B à Saint-Michel et à Port-Royal qui seront à l'origine de la loi n° 96-647 du 22 juillet 1996 « *tendant à renforcer la répression du terrorisme et des atteintes aux personnes dépositaires de l'autorité publique ou chargées d'une mission de service public et comportant des dispositions relatives à la police judiciaire* ». Cette loi s'inscrit dans une perspective différente et plus audacieuse en prévoyant un chapitre consacré au terrorisme. L'article 421-2-1 du Code pénal précise désormais que constitue un acte de terrorisme « *le fait de participer à un groupement formé ou à une entente établie en vue de la préparation, caractérisée par un ou plusieurs faits matériels, d'un des actes de terrorisme mentionnés aux articles précédents* ». L'incrimination de

[310] Jacques MASCOTTO, « *Terrorisme (s) : sociétés assiégées et oublié de la société* » *in* Daniel DAGENAIS (dir.), *Hannah Arendt, le totalitarisme et le monde contemporain*, Les presses de l'Université Laval, 2003.

[311] Livre blanc du gouvernement contre le terrorisme de 2006 qui justifie le réexamen du dispositif français de lutte antiterroriste par la hausse potentielle du niveau de destruction recherché par les terroristes et l'apparition, à la fin du siècle dernier, d'une forme de terrorisme d'un genre nouveau : le terrorisme mondial.

l'association de malfaiteurs au titre des infractions terroristes est donc une innovation de la loi du 22 juillet 1996[312].

Par ailleurs, la grande innovation de la loi de 1996 réside en la définition autonome du « *terrorisme écologique* » à l'article 421-2 du Code pénal. Ce dernier dispose que l'infraction de terrorisme écologique est constituée « *lorsqu'il est intentionnellement en relation avec une entreprise individuelle ou collective ayant pour but de troubler gravement l'ordre public par l'intimidation ou la terreur* », le fait « *d'introduire dans l'atmosphère, sur le sol, dans le sous-sol ou dans les eaux, y compris celles de la mer territoriale, une substance de nature à mettre en péril la santé de l'homme ou des animaux ou le milieu naturel* ». L'absence de dispositions légales permettant de réprimer les actes de pollution volontaire, et la montée du péril biologique explique l'élaboration d'une définition autonome du « *terrorisme écologique* ». Les années 1990 correspondent à la prise de conscience du danger que peuvent représenter les armes biologiques et chimiques et ce suite à deux événements : la découverte en Irak après la guerre du Golfe de très grandes quantités d'armes biologiques et chimiques, et surtout, l'empoisonnement au gaz *sarin* perpétré par la secte *Aum* dans le métro de Tokyo en mars 1995[313]. L'infraction générale et autonome créée par l'article 421-2 du nouveau Code pénal n'est donc en aucun cas une infraction dérivée de crimes ou délits existants.

2- Les conséquences des attentats du 11 septembre 2001 sur la législation antiterroriste française

Deux mois après les attentats du 11 septembre 2001, la France adopte la loi n° 2001-1062 du 15 novembre 2001 « *relative à la sécurité quotidienne* » qui a considérablement étendu le champ des infractions terroristes : extension aux infractions de blanchiment et de délit d'initiés, création d'une nouvelle infraction terroriste autonome : le financement d'actes terroristes. L'article 421-2-2 du Code pénal, inséré par la loi sur la sécurité quotidienne, dispose que :

> « *le fait de financer une entreprise terroriste en fournissant, en réunissant ou en gérant des fonds, des valeurs ou des biens quelconques ou en donnant des conseils à cette fin, dans l'intention de voir ces fonds, valeurs ou biens utilisés ou en sachant qu'ils sont destinés à être utilisés, en tout ou partie, en vue de commettre l'un*

---

[312] V. Jean-François GAYRAUD, David SÉNAT, *Le terrorisme, op. cit.*

[313] Lucie DEBEAUSSE, *La lutte contre le terrorisme : les réponses du droit, op. cit., p.* 58.

quelconque des actes de terrorisme prévus au présent chapitre, indépendamment de la survenance éventuelle d'un tel acte. »

Il s'agit d'une infraction formelle, dont la tentative est également réprimée, qui intègre en droit interne les dispositions de la Convention de 1999[314]. Toutefois, cette définition dépasse la définition de l'article 2 de cette Convention, car le Code pénal incrimine également la gestion et les conseils prodigués en vue d'une bonne gestion ou de la réunion de fonds. L'infraction ne se limite donc pas aux bailleurs de fonds et l'incrimination est ainsi susceptible de saisir une très grande variété de comportements, qui seront parfois éloignés d'une participation concrète à un réseau terroriste[315]. L'article tel qu'il est rédigé peut réprimer « *le don fait par un musulman à une mosquée connue pour prêcher le recours à la guerre sainte et prôner un islamisme radical* »[316].

La notion de *terrorisme financier* est ainsi introduite dans le Code pénal. Les infractions de blanchiment et délit d'initié sont donc considérées comme des infractions terroristes si elles sont en relation avec une entreprise terroriste. Un lien important est ainsi établi entre le Code pénal, le Code de procédure pénale français et l'application tant de ces nouvelles dispositions que de celles issues de la Convention de 1999[317]. L'article premier de la loi indique par ailleurs que :

> « *la sécurité est un droit fondamental. Elle est une condition de l'exercice des libertés et de la réduction des inégalités. À ce titre, elle est un devoir pour l'État qui veille sur l'ensemble du territoire de la République, à la protection des personnes, de leurs biens et des prérogatives de leur citoyenneté, à la défense de leurs institutions et des intérêts nationaux, au respect des lois, au maintien de la paix et de l'ordre public.* »

De même, dans son chapitre consacré au terrorisme, la loi du 15 novembre 2001 a pris acte du fait que le cyberespace constituait une nouvelle arme du terrorisme, et que celui-ci pouvait ainsi « *s'appuyer sur l'utilisation des nouvelles technologies de l'information et de la communication* ».

---

[314] CPP, art. 689-10.
[315] Lucie DEBEAUSSE, *La lutte contre le terrorisme : les réponses du droit, op. cit., p.* 104.
[316] CA Paris, 10e ch. corr., 16 févr. 2006, *P.*, *JurisData* n° 2006-306160.
[317] Thierry S. RENOUX, « Juger le terrorisme ? », *op. cit.*, p. 7.

3- Les conséquences des attentats de Londres et de Madrid sur la législation antiterroriste française

La loi n° 2006-64 du 23 janvier 2006 « *relative à la lutte contre le terrorisme et portant dispositions diverses relatives à la sécurité et aux contrôles frontaliers* » a notamment étendu le périmètre en créant de nouvelles infractions terroristes, et a considérablement facilité les capacités d'action des services en matière de renseignement (accès aux fichiers des passagers des transports aériens, maritimes et ferroviaires, contrôle d'identité systématique à bord des trains internationaux[318], possibilité pour les officiers de police judiciaire d'être identifiés par leur numéro d'immatriculation administrative[319], contrôle des communications téléphoniques et électroniques par réquisitions, développement du recours à la vidéosurveillance, accès aux fichiers de police administrative par les services spécialisés en matière de terrorisme).

La loi du 23 janvier 2006 incrimine le fait de ne pas pouvoir *justifier de ressources* correspondant à son train de vie, tout en étant en relation avec une ou plusieurs personnes se livrant à l'un ou plusieurs des actes prévus aux articles 421-1 à 421-2-2 du Code pénal une infraction terroriste.

Depuis la loi du 23 janvier 2006, la prévention des activités terroristes peut donner lieu à des mesures conservatoires concernant les ressources des terroristes : le gel des fonds, instruments financiers et ressources économiques détenus par les organismes financiers qui appartiennent à des personnes physiques ou morales qui commettent ou tentent de commettre des actes de terrorisme[320]. Le gel est décidé par arrêté du ministre chargé de l'Économie pour une durée de six mois renouvelable[321].

4- Les conséquences de l'affaire MERAH sur la législation antiterroriste française

Les 11, 15 et 16 mars 2012, à Toulouse et Montauban, un professeur et trois enfants, ainsi que trois militaires sont tués par balle. L'homme soupçonné des faits, Mohammed MERAH, qui se revendiquait d'Al-Qaïda,

---

[318] CPP, art. 78-2.
[319] CPP, art. 706-24.
[320] V. Jean-François GAYRAUD, David SÉNAT, *Le terrorisme, op. cit.*
[321] C. mon. fin., art. L. 564-1 à 564-6.

décéda dans le siège de son appartement, lors d'un échange de tirs avec le RAID[322].

Manuel VALLS, devenu ministre de l'Intérieur en mai de la même année, s'est appuyé sur cette affaire pour faire adopter rapidement la loi n° 2012-1432 du 21 décembre 2012 relative à la sécurité et à la lutte contre le terrorisme. Cette loi crée une infraction nouvelle : il s'agit de l'infraction de recrutement en vue de participer à un groupement terroriste. À noter qu'aucune addition d'une infraction au titre II (« *Du terrorisme* ») du livre IV du Code pénal n'est anodine, car elle autorise l'application de l'entier régime procédural spécifique de lutte contre le terrorisme[323].

L'article 1(b) de la décision-cadre 2008/919/JAI du 28 novembre 2008 de l'Union européenne a permis d'intégrer dans l'acquis de l'Union les avancées résultant de la convention du Conseil de l'Europe relative à la prévention du terrorisme du 16 mai 2005. Cette convention comportait, en outre, dans son article 6, comme obligation, l'introduction de l'incrimination du *recrutement* dont le but serait de commettre des actes de terrorisme. En effet, la question du degré de participation pouvant donner lieu à une responsabilité en matière de terrorisme est essentielle[324]. La loi du 21 décembre 2012 a donc créé un nouvel article : l'article 421-2-4 du Code pénal qui vise à réprimer *l'instigateur* d'actes de terrorisme. C'est ainsi que :

> « *le fait d'adresser à une personne des offres ou des promesses, de lui proposer des dons, présents ou avantages quelconques, de la menacer ou d'exercer sur elle des pressions afin qu'elle participe à un groupement ou une entente prévu à l'article 421-2-1 ou qu'elle commette un des actes de terrorisme mentionnés aux articles 421-1 et 421-2 est puni, même lorsqu'il n'a pas été suivi d'effet* » d'une peine délictuelle.

En ce sens, c'est l'affaire MERAH qui a poussé le gouvernement à se conformer au droit européen. Ces incriminations permettent de réprimer l' « *auteur moral* », qui échappe autrement au droit pénal, faute d'avoir réalisé lui-même l'infraction ou d'y avoir apporté une aide quelconque constitutive d'un acte de complicité (la complicité n'est punissable que dès lors que

322 « Tuerie de Toulouse : retour sur les événements », *Le Monde.fr*, 23 mars 2012.
323 Marie-Hélène GOZZI, « Sécurité et lutte contre le terrorisme : l'arsenal juridique encore renforcé », *Recueil Dalloz*, 2013, p. 194.
324 *Idem.*

l'acte principal l'est aussi, donc que l'infraction principale envisagée a été consommée)[325].

De même, le Code monétaire et financier a été modifié par la loi du 21 décembre 2012 : les personnes qui incitent aux actes de terrorisme pourront faire l'objet du gel de leurs fonds par décision du ministre chargé de l'Économie, que la publication sous forme de simples extraits des décisions de gel des avoirs est autorisée et que la communication d'informations couvertes par le secret bancaire est élargie, entre les organismes financiers requis et certains services de l'État, d'une part, et entre TRACFIN et ces mêmes services de l'État, d'autre part[326].

Enfin, la loi du 21 décembre 2012 est venue modifier les articles 52 et 65-3 de la loi du 29 juillet 1881 sur la liberté de la presse : le placement en détention provisoire (exceptionnelle en la matière) est donc aujourd'hui permis pour les personnes poursuivies pour provocation au terrorisme ou apologie du terrorisme[327].

Pour certains auteurs, cette loi représente davantage un « *écran de fumée* »[328]. Pour de nombreux parlementaires, le dispositif antérieur étant efficace, la loi nouvelle n'avait pas pour ambition de « *proposer une réforme d'ampleur des dispositions relatives à la lutte contre le terrorisme, mais plutôt des dispositions ciblées et limitées pour compléter le dispositif et assurer sa pérennité* »[329].

5- Les suites de l'affaire MERAH et la création du délit d'entreprise terroriste individuelle

Depuis le 29 juin 2014, Daech s'est proclamé « *État islamique* ». La nature de la menace terroriste a donc évolué et a connu sa première concrétisation meurtrière le 24 mai 2014 à Bruxelles, dont l'auteur présumé, Mehdi NEMMOUCHE, est un djihadiste ayant combattu dans les rangs de Daech. « *La menace croît en proportion de la progression constante des départs de djihadistes vers la Syrie – et dorénavant l'Irak – et des potentiels*

[325] Lucie DEBEAUSSE, *La lutte contre le terrorisme : les réponses du droit, op. cit., p.* 101.
[326] L. n° 2012-1432, 21 déc. 2012, art. 6, 7 et8.
[327] L. n° 2012-1432 du 21 déc. 2012, art. 4.
[328] Emmanuelle ALLAIN, « L'écran de fumée », *AJ Pénal,* 2013, p. 183.
[329] Jacques MÉZARD, « Rapport sur le projet de loi relatif à la sécurité et la lutte contre le terrorisme », Sénat, 10 oct. 2012, p. 7.

retours offensifs et criminels de ces individus »[330]. Indépendamment de l'État islamique, certaines personnes ont relevé le fait que des responsables d'*Al-Qaïda* appelaient à atteindre des objectifs en Europe, prônant, *via* Internet, un « *djihad individuel* »[331].

Ainsi, seulement deux ans après l'adoption de la loi du 21 décembre 2012, « *la menace terroriste est particulièrement forte mais surtout d'une ampleur inédite exigeant du législateur qu'il renforce l'efficacité de l'arsenal juridique de lutte contre le terrorisme* »[332]. Ce dernier a donc adopté la loi n° 2014-1353 du 13 novembre 2014 qui prévoit la possibilité d'interdire la sortie du territoire aux personnes pour lesquelles il existe des raisons sérieuses de croire qu'elles projettent des déplacements à l'étranger ayant pour objet la participation à des activités terroristes ou sur un théâtre d'opérations de groupements terroristes, ou d'interdire l'entrée sur le territoire aux ressortissants d'un pays membre de l'Union européenne ou à un membre de sa famille lorsque sa présence en France constituerait une menace réelle, actuelle ou suffisamment grave pour un intérêt fondamental de la société[333].

Par ailleurs, Manuel VALLS, alors ministre de l'Intérieur, à la fin de l'année 2012, avait déclaré devant l'Assemblé nationale que la provocation au terrorisme et l'apologie du terrorisme sur Internet ne constituent « *plus seulement un usage abusif de la liberté d'expression* », mais « *un acte grave inscrit dans une stratégie de combat participant d'une activité terroriste à part entière* »[334]. L'article 5 de la loi déplace ainsi de la loi du 29 juillet 1881, sur la liberté de la presse, vers le Code pénal l'incrimination des délits de provocation à la commission d'actes terroristes et d'apologie du terrorisme, afin d'en faire des délits terroristes.

Actuellement, le fait que la provocation au terrorisme et l'apologie du terrorisme soient incriminées par la loi du 29 juillet 1881 sur la liberté de la presse, donc comme des infractions de presse et non des infractions de droit commun, réduit significativement l'efficacité de la répression de ces comportements, en raison des spécificités du régime des infractions de presse. À noter que la liberté d'expression et la liberté d'information sont

---

[330] Rapport fait au nom de la Commission des lois constitutionnelles, de la législation et de l'administration générale de la république sur le projet de loi (n° 2110), renforçant les dispositions relatives à la lutte contre le terrorisme, par Sébastien PIETRASANTA, p. 11.

[331] *Ibid*, p. 12.

[332] *Ibid*, p. 10.

[333] L. n° 2014-1353, 13 nov. 2014, art. 1.

[334] JO, 3e séance, 27 nov. 2012, pp. 5860-5861.

consacrées par l'article 11 de la Déclaration des droits de l'homme[335] et du citoyen et l'article 10 de la Convention européenne des droits de l'homme[336]. L'article 1er alinéa 1er de la loi du 30 septembre 1986 relative à la liberté de communication précise également que « *la communication au public par voie électronique est libre* ».

Néanmoins, ces textes prévoient la possibilité de limiter ces libertés, dès lors que cette limitation est prévue par la loi, justifiée par un but légitime tel que la sauvegarde de l'ordre public et la prévention d'infractions pénales, et proportionnées au but recherché[337]. Ainsi, l'article 5 précité de la loi a inséré un article 421-2-5 ainsi rédigé : « *Le fait de provoquer directement à des actes de terrorisme ou de faire publiquement l'apologie de ces actes est puni de cinq ans d'emprisonnement et de 75 000 € d'amende* ».

L'article 6 de la loi crée dans le Code pénal un délit d'entreprise terroriste individuelle, qui permettra d'incriminer les personnes qui préparent un acte terroriste de façon suffisamment caractérisée sans pour autant être en lien avec une association de malfaiteurs en relation avec une entreprise terroriste. L'article art. 421-2-6.-I. du Code pénal est ainsi rédigé :

> « *Constitue un acte de terrorisme le fait de préparer la commission d'une des infractions mentionnées au II, dès lors que la préparation de ladite infraction est intentionnellement en relation avec une entreprise individuelle ayant pour but de troubler gravement l'ordre public par l'intimidation ou la terreur.* »

En effet, « *l'évolution récente de la menace terroriste conduit à ce que des personnes isolées commettent ou préparent, de plus en plus fréquemment, des actes violents de nature terroriste* »[338]. En bref, la loi

---

[335] Article 11 de la Déclaration des droits de l'Homme et du Citoyen de 1789 : « *La libre communication des pensées et des opinions est un des droits les plus précieux de l'Homme : tout Citoyen peut donc parler, écrire, imprimer librement, sauf à répondre de l'abus de cette liberté dans les cas déterminés par la Loi* ».

[336] Article 10 de la Déclaration des droits de l'homme et du citoyen de 1789 : « *Toute personne a droit à la liberté d'expression. Ce droit comprend la liberté d'opinion et la liberté de recevoir ou de communiquer des informations ou des idées sans qu'il puisse y avoir ingérence d'autorités publiques et sans considération de frontière. Le présent article n'empêche pas les États de soumettre les entreprises de radiodiffusion, de cinéma ou de télévision à un régime d'autorisations* ».

[337] Loi du 13 novembre 2014 sur la lutte contre le terrorisme : sur le blocage des sites Internet, la liberté d'expression et le risque d'abus de la notion de terrorisme, Antoine CHERON, 2 févr. 2015.

[338] Rapport fait au nom de la Commission des lois constitutionnelles, de la législation et de l'administration générale de la république sur le projet de loi (n° 2110), *op. cit.*, p. 20.

n° 2014-1353 du 13 novembre 2014 a substantiellement étoffé la définition d'infraction terroriste en l'adaptant aux mutations du phénomène terroriste.

6- L'année 2015

Le 7 janvier, les frères Chérif et Saïd KOUACHI, tuent 11 personnes au siège de l'hebdomadaire satirique *Charlie Hebdo*. Une fois dehors, ils abattent un gardien de la paix, portant à douze le nombre de victimes. Le lendemain, Amedy COULIBALY tue une policière municipale et blesse grièvement un agent municipal à Montrouge. Le 9 janvier, ce dernier prend en otage les clients d'une épicerie casher porte de Vincennes et tue quatre personnes et en blesse grièvement sept autres avant d'être lui-même tué au terme d'un assaut des forces de l'ordre. Au mois de juin, Yassin SALHI, brandissant des drapeaux islamistes, décapite son patron Hervé CORNARA et fait deux blessés en tentant de provoquer l'explosion d'une usine à Saint-Quentin-Fallavier. Le soir du 13 novembre, 130 personnes sont tuées et plus de 350 autres blessées, dans les 10e et 11e arrondissements de Paris, ainsi qu'à proximité du Stade de France à Saint-Denis. Les auteurs sont huit djihadistes présumés dont l'action est revendiquée le 14 novembre par Daech. Les victimes ont été tuées durant un concert qui se déroulait au Bataclan (89 morts) et sur des terrasses de cafés et de restaurants. Immédiatement après, le président Francois HOLLANDE instaure l'état d'urgence et le rétablissement des contrôles aux frontières[339].

À la différence des formes de terrorismes qui prévalaient il y a encore peu de temps, le terrorisme actuel se nourrit de filières djihadistes issues de l'afflux de combattants étrangers sur les territoires syrien et irakien en décomposition[340]. Avec le terrorisme de Daech, le nombre de personnes radicalisées augmente de manière préoccupante, ce qui contribue à développer une vision galvaudée et nihiliste de l'islam en raison d'un « *individualisme forcené* »[341] s'articulant autour d'un imaginaire du héros, de la violence et de la mort[342]. Face à cette brusque mutation, un rapport fait au nom de la commission des lois constitutionnelles, de la législation et de

---

[339] « France : les principaux événements en 2015 », *Le Point.fr*, 30 déc. 2015.

[340] Rapport fait au nom de la Commission des lois constitutionnelles, de la législation et de l'administration générale de la république, sur le projet de loi (n° 3473) renforçant la lutte contre le crime organisé, le terrorisme et leur financement, et améliorant l'efficacité et les garanties de la procédure pénale, par Colette CAPDEVIELLE et Pascal POPELIN, 18 févr. 2016, p. 15.

[341] Olivier ROY, « Le djihadisme est une révolte générationnelle et nihiliste », *Le Monde*, 25 nov. 2015.

[342] Colette CAPDEVIELLE et Pascal POPELIN, *op. cit.*, p. 16.

l'administration générale de la république de l'Assemblée nationale avait déduit que :

> « *la grande diversité des profils des djihadistes et des individus radicalisés, le perfectionnement des modes opératoires utilisés pour passer à l'acte et la porosité croissante entre la grande criminalité, le trafic d'armes et le terrorisme exigent de faire évoluer les moyens d'investigation à la disposition des services de police judiciaire et administrative.* »[343]

Afin de lutter contre cette dérive de violence, le législateur a adopté la loi n° 2016-731 du 3 juin 2016 « *renforçant la lutte contre le crime organisé, le terrorisme et leur financement, et améliorant l'efficacité et les garanties de la procédure pénale* ». Cette loi vise à lutter contre le crime organisé, le terrorisme et leur financement en améliorant l'efficacité et les garanties de la procédure pénale. La loi entend également donner aux juges et aux procureurs de nouveaux moyens d'investigation : perquisitions de nuit dans des domiciles en matière de terrorisme et en cas de risque d'atteinte à la vie, utilisation de dispositifs techniques de proximité pour capter directement les données de connexion nécessaires à l'identification d'un équipement terminal ou du numéro d'abonnement de son utilisateur[344].

Au-delà des attentats qui ont frappé la France, les conflits qui ravagent aujourd'hui la zone irako-syrienne ont de graves conséquences sur le patrimoine historique et culturel de cette région. Le rapport de Jean-Luc MARTINEZ, président-directeur du Musée du Louvre, sur « *la protection du patrimoine en situation de conflit armé* », a établi un constat sévère de la réalité du trafic des biens culturels, qualifiés d'« *antiquités du sang* » :

> « *À l'échelle mondiale, on estime communément que le trafic illicite des biens culturels arrive au troisième ou au quatrième rang des commerces illicites dans le monde, après les armes et la drogue. Même si, comme le rappelle INTERPOL, les instruments de mesure et les chiffres sur les mouvements de circulation illicites ne sont pas*

[343] *Ibid*, p. 17.

[344] « Trente ans de législation antiterroriste », en ligne : http://www.vie-publique.fr/chronologie/chronos-thematiques/trente-ans-legislation-antiterroriste.html, 3 août 2016.

disponibles, certains estiment que le seul trafic d'antiquités pourrait brasser des sommes de 6 à 15 milliards d'euros par an. »[345]

Pour faire face à ce fléau, la loi du 3 juin 2016 a créé une infraction réprimant le trafic de biens culturels émanant de théâtres d'opérations de groupements terroristes. Ainsi, l'article 322-3-2 du Code pénal dispose depuis lors :

> « *Est puni de sept ans d'emprisonnement et de 100 000 € d'amende le fait d'importer, d'exporter, de faire transiter, de transporter, de détenir, de vendre, d'acquérir ou d'échanger un bien culturel présentant un intérêt archéologique, artistique, historique ou scientifique en sachant que ce bien a été soustrait d'un territoire qui constituait, au moment de la soustraction, un théâtre d'opérations de groupements terroristes et sans pouvoir justifier la licéité de l'origine de ce bien.* »

La loi du 3 juin 2016 prévoyait également de faire rentrer dans le champ des infractions terroristes le fait de consulter « *habituellement un service de communication au public en ligne mettant à disposition des messages, images ou représentations soit provoquant directement à la commission d'actes de terrorisme, soit faisant l'apologie de ces actes* »[346], toutefois, cette disposition a été abandonnée par le Conseil constitutionnel dans une décision faisant suite à une question prioritaire de constitutionnalité[347]. Par la suite, cette infraction a été réintroduite dans le Code pénal au rang des infractions terroristes par la loi n° 2017-258 du 28 février 2017 relative à la sécurité publique.

La conception de terrorisme en France a donc été forgée en réaction aux divers attentats commis sur le sol national au cours de ces trente dernières années. Les infractions terroristes ont été incriminées en tant que telles et le législateur leur a ainsi consacré le titre II (intitulé « Du terrorisme ») du livre IV du Code pénal (articles 421 et suivants) et le titre XV du livre IV du Code de procédure pénale (articles 706-16 et suivants). Ces dispositions ont, par la suite, été complétées afin de les adapter à une menace accrue et

---

[345] Jean-Luc MARTINEZ, rapport au président de la République sur « la protection du patrimoine en situation de conflit armé », nov. 2015.

[346] C. Pén., art. 421-2-5-2.

[347] Déc. n° 2016-611, 10 févr. 2017, art. 1, v. init. « *L'article 421-2-5-2 du Code pénal, dans sa rédaction issue de la loi n° 2016-731 du 3 juin 2016 renforçant la lutte contre le crime organisé, le terrorisme et leur financement, et améliorant l'efficacité et les garanties de la procédure pénale, est contraire à la Constitution* ».

changeante dans ses ressorts, ses formes et ses moyens d'action[348]. C'est pour cela que le droit français offre une définition aboutie de la notion de terrorisme.

III- La définition de la notion de terrorisme[349]

Comme toutes les infractions, les actes terroristes comprennent un élément matériel (A) et un élément intentionnel (B).

A- La définition matérielle du terrorisme

Aujourd'hui, le terrorisme se définit conformément aux dispositions de l'article 421-1 et suivants du Code pénal tel qu'amendé au fil des législations abordées plus haut :

> « *Constituent des actes de terrorisme, lorsqu'elles sont intentionnellement en relation avec une entreprise individuelle ou collective ayant pour but de troubler gravement l'ordre public par l'intimidation ou la terreur, les infractions suivantes :*
>
> *1° Les atteintes volontaires à la vie, les atteintes volontaires à l'intégrité de la personne, l'enlèvement et la séquestration ainsi que le détournement d'aéronef, de navire ou de tout autre moyen de transport (...);*
> *2° Les vols, les extorsions, les destructions, dégradations et détériorations, ainsi que les infractions en matière informatique (...);*

[348] Rapport fait au nom de la commission des lois sur le projet de loi, adopté par l'Assemblée nationale, après déclaration d'urgence, relatif à la lutte contre le terrorisme et portant dispositions diverses relatives à la sécurité et aux contrôles frontaliers, par Jean-Patrick COURTOIS, 6 déc. 2005.

[349] Le Terrorism Act 2000 britannique définit le terrorisme de façon à inclure non seulement les offenses violentes contre des personnes et des dommages physiques aux biens, mais aussi des actes « *conçus sérieusement pour interférer avec ou sérieusement perturber un système électronique* ». Toutefois les actes couverts par la définition devraient aussi être (a) conçus pour influencer le gouvernement ou intimider le public ou une section du public, ET (b) être faits dans le but de faire avancer une cause politique, religieuse ou idéologique. [ces trois derniers termes n'étant pas définis dans l'Acte (https://www.legislation.gov.uk/ukpga/2000/11/section/1).
Les États-Unis ont défini le terrorisme dans le Federal Criminal Code (section 2331 du chapitre 113B de la partie I du titre 1811) comme : « ... *activités impliquant des actes violents... <ou menaçant la vie>... en violation des lois criminelles des États-Unis ou de tout État et... apparaissant destinées (i) à intimider ou contraindre une population civile; (ii) à influencer la politique d'un gouvernement par l'intimidation ou la contrainte; ou (iii) à affecter la conduite d'un gouvernement par destruction de masse, assassinat, ou kidnapping.* » (https://codes.findlaw.com/us/).

> *3° Les infractions en matière de groupes de combat et de mouvements dissous (...);*
> *4° Les infractions en matière d'armes, de produits explosifs ou de matières nucléaires (...) ;*
> *5° Le recel du produit de l'une des infractions prévues aux 1° à 4° ci-dessus ;*
> *6° Les infractions de blanchiment prévues au chapitre IV du titre II du livre III du présent code ;*
> *7° Les délits d'initié prévus à l'article L. 465-1 du code monétaire et financier*[350]. »

Les dispositions de l'article 421-1 renvoient à ce que l'on qualifie par un abus de langage un « *terrorisme classique* »[351] défini par renvoi à des infractions génériques déjà existantes et sanctionnées par ailleurs par le Code pénal ou des lois particulières. « *Bien que le législateur n'ait pas jugé nécessaire d'indiquer les articles d'incrimination, il n'en résulte (...) eu égard à la précision des intitulés retenus, aucune incertitude juridique quant aux infractions concernées* » souligne en ce sens l'auteur de la circulaire d'application du 14 mai 1993[352].

> « *Constitue également un acte de terrorisme, lorsqu'il est intentionnellement en relation avec une entreprise individuelle ou collective ayant pour but de troubler gravement l'ordre public par l'intimidation ou la terreur, le fait d'introduire dans l'atmosphère, sur le sol, dans le sous-sol, dans les aliments ou les composants alimentaires ou dans les eaux, y compris celles de la mer territoriale, une substance de nature à mettre en péril la santé de l'homme ou des animaux ou le milieu naturel.* »[353]

Contrairement aux actes de terrorisme définis à l'article 421-1, le terrorisme écologique défini à l'article 421-2 incrimine des comportements qui n'ont pas d'équivalent en droit commun. L'infraction générale et autonome créée par l'article précité n'est donc pas une infraction dérivée de crimes ou délits existants[354]. La rédaction de l'article ouvre un champ d'application particulièrement large.

---

[350] C. Pén., art. 421-1.
[351] Thierry S. Renoux, « Juger le terrorisme ? », *op. cit.*, p. 5.
[352] Circ. générale n° 93.9/F1, *Journal officiel*, sept. 1993, p. 236.
[353] C. pén., art. 421-2.
[354] Thierry S. Renoux, « Juger le terrorisme ? », *op. cit.*, p. 6.

« Constitue également un acte de terrorisme le fait de participer à un groupement formé ou à une entente établie en vue de la préparation, caractérisée par un ou plusieurs faits matériels, d'un des actes de terrorisme mentionnés aux articles précédents. » [355]

L'incrimination de l'association de malfaiteurs au titre des infractions terroristes est une innovation de la loi du 22 juillet 1996. Jusque-là, l'association de malfaiteurs n'était pas expressément comprise dans le champ des infractions terroristes, bien qu'instruite dans les conditions dérogatoires prévues par l'article 706-16 du Code de procédure pénale[356].

« Constitue également un acte de terrorisme le fait de financer une entreprise terroriste en fournissant, en réunissant ou en gérant des fonds, des valeurs ou des biens quelconques ou en donnant des conseils à cette fin, dans l'intention de voir ces fonds, valeurs ou biens utilisés ou en sachant qu'ils sont destinés à être utilisés, en tout ou partie, en vue de commettre l'un quelconque des actes de terrorisme prévus au présent chapitre. »[357]

Comme évoqué, ce qu'il est possible d'appeler par commodité de langage le *terrorisme financier* est considéré comme une infraction terroriste depuis 2001. Mesure phare de la lutte antiterroriste post-11 septembre 2001, cette infraction et les moyens de lutter contre celle-ci seront largement développés dans les paragraphes qui suivront.

« Le fait de ne pouvoir justifier de ressources correspondant à son train de vie, tout en étant en relations habituelles avec une ou plusieurs personnes se livrant à l'un ou plusieurs des actes visés aux articles 421-1 à 421-2-2, est puni de sept ans d'emprisonnement et de 100 000 euros d'amende. »[358]

Le fait de ne pouvoir justifier de ressources correspondant à son train de vie constitue également une infraction terroriste, de même que :

« Le fait d'adresser à une personne des offres ou des promesses, de lui proposer des dons, présents ou avantages quelconques, de la menacer ou d'exercer sur elle des pressions afin qu'elle participe à un groupement ou une entente prévue à l'article 421-2-1 ou qu'elle

---

[355] C. pén., art. 421.
[356] V. Jean-François GAYRAUD, David SÉNAT, *Le terrorisme*, *op. cit.*
[357] C. pén., art. 421-2-2.
[358] C. pén., 421-2-3.

commette un des actes de terrorisme mentionnés aux articles 421-1 et 421-2. »[359]

Le fait de provoquer directement à des actes de terrorisme ou de faire publiquement l'apologie de ces actes est un acte de terrorisme au sens du droit français :

> « *Le fait de provoquer directement à des actes de terrorisme ou de faire publiquement l'apologie de ces actes est puni de cinq ans d'emprisonnement et de 75 000 € d'amende.* »[360]

> « *Le fait d'extraire, de reproduire et de transmettre intentionnellement des données faisant l'apologie publique d'actes de terrorisme ou provoquant directement à ces actes afin d'entraver, en connaissance de cause, l'efficacité des procédures prévues à l'article 6-1 de la loi n° 2004-575 du 21 juin 2004 pour la confiance dans l'économie numérique ou à l'article 706-23 du Code de procédure pénale est puni de cinq ans d'emprisonnement et de 75 000 € d'amende.* »[361]

Face à la recrudescence des cas de radicalisation par internet, le législateur a décidé de faire entrer dans le champ d'application de la notion d'infraction terroriste le fait de consulter des contenus médiatiques et informatiques faisant l'apologie du terrorisme ou montrant la commission de tels actes.

> « *Le fait de consulter habituellement et sans motif légitime un service de communication au public en ligne mettant à disposition des messages, images ou représentations soit provoquant directement à la commission d'actes de terrorisme, soit faisant l'apologie de ces actes lorsque, à cette fin, ce service comporte des images ou représentations montrant la commission de tels actes consistant en des atteintes volontaires à la vie est puni de deux ans d'emprisonnement et de 30 000 € d'amende lorsque cette consultation s'accompagne d'une manifestation de l'adhésion à l'idéologie exprimée sur ce service.* »[362]

Attaché à tous ces éléments matériels, l'élément intentionnel est nécessaire pour qualifier l'infraction terroriste.

---

[359] C. pén., 421-2-4.
[360] C. pén., 421-2-5.
[361] C. pén., 421-2-5-1.
[362] C. pén., 421-5-2.

B- La nécessité de l'élément intentionnel

Les infractions sont véritablement considérées comme *terroristes* en raison du but poursuivi par les auteurs de ces actes, c'est-à-dire du mobile (1) et du contexte idéologique (2).

1- Le mobile

Les infractions terroristes sont évidemment des infractions intentionnelles et sont fondées sur des infractions qui sont elles-mêmes intentionnelles. Cet élément intentionnel se dédouble donc : on peut en effet identifier l'intention, c'est-à-dire la volonté de commettre l'acte en ayant conscience de violer la loi pénale selon le standard, mais aussi un dol aggravé qui est le mobile terroriste : la volonté d'inscrire une action criminelle dans un cadre et un contexte de terreur[363].

2- Le contexte

Les infractions terroristes ont pour originalité de s'inscrire dans un cadre et dans un mobile singulier défini comme en « *relation avec une entreprise individuelle ou collective ayant pour but de troubler gravement l'ordre public par l'intimidation ou la terreur* ».

En suivant cette formule consacrée depuis 1986, le cadre des infractions terroristes est composé de deux éléments :

- la relation avec « *une entreprise individuelle ou collective destinée à troubler gravement l'ordre public* » : cette phrase entend souligner la préparation de l'acte terroriste, ce qui exclut l'idée d'une action spontanée. La préparation de l'acte peut être le fait d'un homme seul : « *entreprise individuelle* », ou de plusieurs : « *entreprise collective* » ;

- l'objectif : « *troubler gravement l'ordre public par l'intimidation ou la terreur* » : l'entreprise évoquée doit avoir pour objectif précis la perturbation grave de l'ordre public en créant un sentiment d'insécurité. C'est le mobile terroriste[364].

En ce qui concerne les infractions de financement de terrorisme, d'association de malfaiteurs, et de non-justification de ressources, l'élément

---

363 V. Jean-François GAYRAUD, David SÉNAT, *Le terrorisme*, *op. cit.*
364 *Idem.*

intentionnel est défini de manière plus traditionnelle, par simple référence à la volonté de l'auteur et non au contexte[365].

***

Définition introuvable en droit international, la notion de terrorisme trouve un terrain d'entente dans le cadre d'organisations régionales, comme nous avons eu la possibilité de le démontrer à l'échelle de l'Union européenne et du Conseil de l'Europe. Même si elle n'est pas exempte de commentaires[366], la définition de terrorisme proposée par le droit français, inspirée par ses deux communautés régionales d'appartenance, a ceci d'intéressant qu'elle reflète l'évolution du terrorisme international depuis plus de trente ans.

Toutefois, à noter que l'absence de définition harmonisée de la notion de *terrorisme* à l'échelle internationale n'a pas pour autant rendu la communauté internationale inerte face à la menace terroriste. La résolution 1373 du 28 septembre 2001 précitée affirme que « *le financement et l'organisation d'actes de terrorisme ou l'incitation à de tels actes en connaissance de cause sont (...) contraires aux buts et principes de l'Organisation des Nations unies* ». C'est dans cette résolution qu'il a été décidé que tous les États devaient « *prévenir et réprimer le financement des actes de terrorisme et s'abstenir d'apporter quelque forme d'appui, actif ou*

[365] *Idem.*

[366] La définition de *terrorisme* proposée par le droit français peut en effet poser des problèmes dans la gestion de certaines affaires criminelles, ainsi qu'en témoigne l'affaire *Tarnac*. En l'espèce, dans les nuits des 25 au 26 octobre et du 7 au 8 novembre 2008 dans l'Oise, dans l'Yonne et en Seine-et-Marne, cinq sabotages sont déplorés par la SNCF. La question centrale du procès est de savoir si les faits précités rentrent dans le champ d'application de la notion d'infraction terroriste. Dans son réquisitoire, le ministère public a déclaré que *« la finalité terroriste du groupuscule ne saurait être nuancée par l'absence de victimes humaines »*, l'article 421-1 du Code pénal disposant que *« les atteintes aux biens »* peuvent constituer en droit français des actes de terrorisme, pour peu qu'elles aient *« pour but de troubler gravement l'ordre public par l'intimidation ou la terreur »*. Le juge d'instruction ne retiendra finalement pas cet élément, gardant simplement l'accusation d' « *association de malfaiteurs* ». Le parquet de Paris décide alors de faire appel de cette décision, portant l'affaire devant la chambre de l'instruction de la cour d'appel de Paris. Les questions auxquelles doit alors répondre le tribunal sont les suivantes : où s'arrête le sabotage, ou commence le terrorisme ? Où situer la frontière entre activisme politique et intimidation ? Portée devant la Cour de cassation, la haute juridiction a finalement relevé qu' « il *n'existe pas de charges suffisantes permettant de retenir que les infractions (...) auraient été commises en relation avec une entreprise individuelle ou collective ayant pour but de troubler gravement l'ordre public par l'intimidation ou la terreur »,* souligne la plus haute juridiction dans son arrêt daté du 10 janvier 2017.

passif que ce soit, aux entités ou personnes impliquées dans des actes de terrorisme ».

Il convient dès à présent de définir la notion de financement du terrorisme et de déceler ses caractéristiques afin de cerner les enjeux liés à cette lutte.

Chapitre 2 – Les problématiques liées au financement du terrorisme

« *L'argent est partout et tout le temps le nerf de la guerre : les terroristes ont, pour continuer à agir, besoin des financements indispensables à l'achat d'armes, de véhicules, de caches.*
La lutte internationale contre le financement du terrorisme est un rempart fondamental de la paix et de la sécurité dans le monde »

Propos prononcés devant les représentants du Groupe d'Action Financière (« GAFI ») en février 2015, par Michel SAPIN, ministre des Finances et des Comptes publics

Dans un communiqué de presse de la Commission européenne du 2 février 2016, Monsieur Frans TIMMERMANS, premier vice-président, a déclaré :

> « *Nous devons priver les terroristes des ressources qu'ils utilisent pour commettre leurs crimes odieux. En repérant et en tarissant les sources de financement des réseaux terroristes, nous pouvons réduire leur capacité à voyager, à acheter des armes et des explosifs, à planifier des attentats et à propager la haine et la peur sur la toile.* »[367]

La lutte contre le financement du terrorisme est une discipline particulière qui se situe « *à l'intersection des univers policier (et du renseignement), judiciaire, diplomatique et financier* »[368]. Certains spécialistes voient dans

---

367 Commission européenne, communiqué de presse, « La Commission présente un plan d'action destiné à renforcer la lutte contre le financement du terrorisme », 2 févr. 2016.

368 Gilles FAVAREL-GARRIGUES, Thierry GODEFROY, Pierre LASCOUMES, « Les Banques, sentinelles de l'antiblanchiment : l'invention d'une spécialité professionnelle dans le secteur financier », CERI, 2006 cité par Anthony AMICELLE, « État des lieux de la lutte contre le

cette lutte le parent pauvre de la lutte globale contre le terrorisme[369]. Cette appréciation n'est plus d'actualité selon Europol qui a récemment souligné que le renseignement financier devient un élément essentiel des enquêtes pénales en matière de criminalité organisée et de financement du terrorisme[370]. Par ailleurs, cette affirmation néglige la forte capacité de nuisance du volet financier de la lutte antiterroriste : sans ressources, la capacité de nuisance d'une organisation terroriste se trouve considérablement affaiblie. Enfin, cette affirmation est en contradiction avec les propos de Daniel THELESKLAF, président du comité MONEYVAL du Conseil de l'Europe qui a affirmé en guise d'introduction du rapport annuel 2016 du Comité que « *la lutte contre le financement du terrorisme est un élément central du combat contre le terrorisme* »[371].

Analyser les structures de financement du terrorisme doit *in fine* permettre de diminuer les capacités d'action d'une organisation terroriste. Le rapport d'enquête sur les attentats 11 septembre 2001 avait en effet évoqué six conditions nécessaires pour réussir un attentat dont : « *La capacité à lever et à déplacer les capitaux nécessaires* »[372].

C'est en effet en fonction de leurs moyens financiers que les organisations terroristes tirent leur capacité de nuisance[373]. Lutter contre le financement du terrorisme est donc un moyen privilégié pour « *remonter les réseaux depuis les cellules d'exécution jusqu'à d'éventuels donneurs d'ordre, pour disposer de preuves judiciaires et pour faire le lien entre petite délinquance ordinaire et terrorisme* »[374]. En ce sens, les mesures coercitives contre le financement du terrorisme peuvent « *réduire le mal engendré par les opérations et attaques terroristes* »[375]. Un communiqué de presse de la

---

financement du terrorisme : entre critiques et recommandations », *Cultures & Conflits*, automne 2008.

369 Jean-François DAGUZAN, « La lutte contre le financement du terrorisme : Beaucoup de bruit pour rien ? », *Défense*, n° 132, hiver 2007-2008.

370 Commission européenne, communiqué de presse : « La Commission prend des mesures pour renforcer la coopération au sein de l'UE contre le terrorisme, la criminalité organisée et la cybercriminalité », IP/15/4865, Strasbourg, 28 avr. 2015.

371 MONEYVAL, « Rapport annuel 2016 », p. 7.

372 Chiffres du procureur du district de New York MORGENTHAU cités dans « La lutte contre la finance criminelle », dossier *Le financement du terrorisme*, coordonné par Jean-François DAGUZAN, *Géoéconomie*, n° 31, automne 2004, p. 207.

373 Ministère des Affaires étrangères Français, Déclaration du porte-parole du quai d'Orsay, 1999, p. 2, cité par Fabien JAKOB, « L'Union européenne et la lutte contre le financement du terrorisme », *Études internationales* 373, 2006, p. 423-437.

374 Fabien JAKOB, « L'Union européenne et la lutte contre le financement du terrorisme », *op. cit.*

375 Nikos PASSAS, « Le financement du terrorisme rapport général », *op. cit.*

Commission européenne a effectivement affirmé que « *Repérer les flux financiers suspects et bloquer l'accès aux sources de financement est un des moyens les plus efficaces pour empêcher de potentielles attaques terroristes et activités criminelles* »[376]. En bref, « *frapper l'argent qui finance le terrorisme est apparu, après le 11 septembre, comme un moyen propre et pacifique de prévenir de futurs attentats* »[377]. En effet, pour d'autres, « *la lutte contre le financement du terrorisme constitue l'une des principales facettes de la politique menée en réponse aux attentats du 11 septembre 2001* »[378].

Plus récemment, en décembre 2016, dans le cadre de la lutte contre le financement du terrorisme, les ministres des Finances des 15 États membres du Conseil de sécurité des Nations unies se sont réunis dans l'enceinte du Conseil de sécurité. C'était la première fois qu'une réunion du Conseil de sécurité portant sur la lutte contre le financement du terrorisme réunissait les ministres des Finances des États membres. Cet événement démontre, s'il le fallait encore, la priorité accordée par les membres de l'ONU à la lutte contre le financement du terrorisme. Le 28 mars 2019, le Conseil de sécurité est allé encore plus loin avec l'adoption de la résolution 2462 (2019), intégralement consacrée à la lutte contre le financement du terrorisme, ce qui est une première dans l'histoire du Conseil. Le « *parent pauvre* » de la lutte globale contre le terrorisme est en passe de devenir la pierre angulaire de cette dernière.

Mais qu'entend-on par *financement du terrorisme* ?

Selon Loretta NAPOLÉONI, ce qu'elle appelle « *l'économie de la terreur* » représente « *près de 1 500 milliards de dollars par an, soit 5 % de l'économie mondiale* »[379]. Les modes de financement des organisations terroristes actuelles ne se situent plus en marge mais au cœur de l'économie de marché. En effet, les multiples possibilités de financement qu'offrent les marchés financiers permettent aux organisations terroristes de trouver les ressources nécessaires à leur fonctionnement directement sur le marché. Durant la guerre froide, les États-Unis se sont appuyés sur la puissance de leur économie pour vaincre son ennemi communiste. Or en dérégulant leurs

---

[376] Commission européenne, communiqué de presse : « Union de la sécurité : La Commission adopte des règles renforcées pour combattre le financement du terrorisme », 21 déc. 2016.

[377] « Follow the money », *The Economist*, 30 mai 2002, cité par Ibrahim A. WARDE, « Le brouillard de la guerre financière », *Propagande impériale & guerre financière contre le terrorisme,* Agone, 2007, pp. 10-31.

[378] Gilles FAVAREL-GARRIGUES, « Le renouvellement des listes noires de la lutte contre l'argent sale », *Criminologie,* 2005.

[379] V. Loretta NAPOLÉONI, *Qui finance le terrorisme international ?,* Autrement, 2004

marchés financiers, les puissances occidentales, entraînées par les États-Unis, ont permis à leur ennemi d'aujourd'hui de se développer grâce à l'économie de marché.

Si le terrorisme est indéfini en droit international, le financement du terrorisme est, en revanche, clairement défini à l'échelle internationale : la Convention internationale pour la répression du financement du terrorisme international de 1999 définit, dans son article 2(1) le *financement du terrorisme* de la manière suivante :

> « *Commet une infraction au sens de la présente Convention toute personne qui, par quelque moyen que ce soit, directement ou indirectement, illicitement et délibérément, fournit ou réunit des fonds dans l'intention de les voir utilisés ou en sachant qu'ils seront utilisés, en tout ou partie, en vue de commettre :*
>
> *a- Un acte qui constitue une infraction au regard et selon la définition de l'un des traités énumérés en annexe*[380]*;*
>
> *b- Tout autre acte destiné à tuer ou blesser grièvement un civil, ou toute autre personne qui ne participe pas directement aux hostilités dans une situation de conflit armé, lorsque, par sa nature ou son contexte, cet acte vise à intimider une population*

[380] Les conventions énumérées en annexe sont les suivantes :
- Convention pour la répression de la capture illicite d'aéronefs (La Haye, 16 décembre 1970) ;
- Convention pour la répression d'actes illicites dirigés contre la sécurité de l'aviation civile (Montréal, 23 septembre 1971) ;
- Convention sur la prévention et la répression des infractions contre les personnes jouissant d'une protection internationale, y compris les agents diplomatiques, adoptée par l'Assemblée générale des Nations unies le 14 décembre 1973 ;
- Convention internationale contre la prise d'otages, adoptée par l'Assemblée générale des Nations unies le 17 décembre 1979 ;
- Convention internationale sur la protection physique des matières nucléaires (Vienne, 3 mars 1980).
- Protocole pour la répression d'actes illicites de violence dans les aéroports servant à l'aviation civile internationale, complémentaire à la Convention pour la répression d'actes illicites dirigés contre la sécurité de l'aviation civile (Montréal, 24 février 1988).
- Convention pour la répression d'actes illicites contre la sécurité de la navigation maritime (Rome, 10 mars 1988).
- Protocole pour la répression d'actes illicites contre la sécurité des plateformes fixes situées sur le plateau continental (Rome, 10 mars 1988).
- Convention internationale pour la répression des attentats terroristes à l'explosif, adoptée par l'Assemblée générale des Nations unies le 15 décembre 1997.

ou à contraindre un gouvernement ou une organisation internationale à accomplir ou à s'abstenir d'accomplir un acte quelconque. »

La définition étant clairement posée, il convient désormais d'approfondir cette définition en étudiant les montants en jeu (Section 1), et les modalités de constitution des ressources (Section 2), ainsi que les modalités de transfert de ces dernières (Section 3). Volontairement descriptifs, les propos qui suivent sont nécessaires afin de mieux appréhender le phénomène contre lequel il s'agit de lutter.

Les sections de ce chapitre seront volontairement didactiques. Étudier la lutte contre le financement du terrorisme nécessite impérativement de comprendre les modalités de financement du terrorisme à travers les époques, ce qui impose, parfois, une approche énumérative incontournable afin de bien comprendre les enjeux liés à cette lutte.

Section 1. Évaluer les besoins financiers du terrorisme

Un terroriste a besoin de se nourrir, se loger, se tenir au courant de l'actualité, de communiquer, de se déplacer, d'échanger et de recueillir des instructions. Autant de frais qu'il faut pouvoir régler en argent liquide afin de laisser le moins de traces possible. Lorsqu'une action est décidée, il faut organiser la logistique, acheter le matériel nécessaire, déterminer le mode de transport. Des frais encore plus importants sont ainsi engagés.

Toutefois, comme évoqué, contrairement à l'idée répandue, une action terroriste ne nécessite pas un investissement très élevé. Le montant de l'opération dépend du nombre de participants, de l'éloignement de la cible et des moyens mis en œuvre[381]. Comme l'écrit Marc TRÉVIDIC, « *terroriser ne coûte pas cher* »[382]. À titre d'exemple, dans le budget alloué à Ali TOUCHENT et Boualem BENSAÏD pour commettre la campagne d'attentats de 1995, seule la somme de 165 890 francs[383] s'est avérée suffisante.

Il convient néanmoins de noter que « *L'exécution réelle d'un acte terroriste n'est qu'un bout de l'iceberg... puisque c'est le produit physique évident d'une vaste infrastructure organisationnelle terroriste* »[384]. En effet,

---

381 Alain JUILLET, « La lutte contre les ressources du terrorisme », *op. cit.*

382 Marc TRÉVIDIC, *Au cœur de l'antiterrorisme*, JC Lattes, 2010, p. 346.

383 *Idem.*

384 Sean P. ASHLEY, « The Future of Terrorist Financing: Fighting Terrorist Financing in the Digital Age », *Penn State University Journal of International Affairs*, vol. 1, n° 2, 2016.

des sommes importantes sont nécessaires pour planifier, recruter et entraîner des individus, diffuser des informations de propagande, fournir du transport, maintenir les chaînes de communication, soutenir des groupes de ramification et fournir pour l'entretien d'éléments opérationnels et leur famille. Le combat contre le financement des organisations terroristes joue donc un rôle central dans la lutte contre celles-ci. Dans un rapport de 2015[385], le GAFI a identifié les postes de dépense des organisations terroristes : propagande et recrutement ; entraînement ; salaires et compensations ; services sociaux ; logistique.

Comme nous l'avons évoqué dans l'introduction de ce document, avant les attentats du 11 septembre 2001, l'intérêt pour le financement du terrorisme était limité. C'est après ces attentats que les autorités publiques occidentales ont réalisé que « *les organisations terroristes ne peuvent en effet fonctionner sans financement et cette exigence représente un talon d'Achille potentiel qui les expose à des contre-mesures* »[386].

Richard WARD a, de son côté, identifié les sources de financement et les a réparties de la manière suivante[387] : au patronage d'un État ; à un système mondial de collecte de fonds ; à des entreprises commerciales légitimes ; au trafic de drogues ; à la collecte de fonds au plan local ; à des délits de droit commun (vols, escroqueries, etc.).

Loretta NAPOLÉONI, quant à elle, décompose l'actif de la balance des paiements des organisations terroristes en trois grandes catégories[388] : les affaires légitimes ; les recettes provenant d'activités illégales qui violent ou tournent des obligations imposées par la loi ; et des activités qui figurent parmi les affaires légitimes, comme le bénéfice réalisé par les entreprises contrôlées par les groupes armés et les dons de sociétés philanthropiques et d'individus.

En bref, les groupes terroristes peuvent récolter et transférer de l'argent d'un certain nombre de manières, par le biais de l'économie légale ou parallèle, *via* des canaux criminels occultes et le marché noir.

---

[385] GAFI, « Emerging Terrorist Financing Risks », oct. 2015.

[386] Nathalie GOULET, Rapporteur sous-commission sur les relations économiques transatlantiques, « Le financement du terrorisme », *Commission de l'économie et de la sécurité*, 1 avr. 2015.

[387] Richard H. WARD, « Les aspects économiques du terrorisme », Office des Nations unies contre la drogue et le crime, forum sur le crime et la société, vol. 4, n°s 1 et 2, déc. 2004.

[387] Richard H. WARD, « Les aspects économiques du terrorisme », *op. cit.*

[388] Loretta NAPOLÉONI, « La nouvelle économie de la terreur : comment le terrorisme est financé ? », *op. cit.*

Mais de quels montants parle-t-on ?

La réponse à cette question appelle à distinguer le coût Al-Qaïda (I) de Daech (II).

I- La gestion de la multinationale Al-Qaïda

Selon Michel NESTERENKO, la puissance financière d'Al-Qaïda était, au temps de sa pleine puissance, comparable à celle de la société *Exxon*, première société mondiale par la capitalisation boursière. Il est évident qu'Al-Qaïda avait besoin de fonds substantiels pour accueillir tant de volontaires dans ses camps d'entraînement et pour maintenir des contacts opérationnels dans plusieurs régions du monde[389].

L'organisation trouve ses soutiens dans les deux grands pays prosélytes de l'islam, à savoir l'Arabie saoudite et le Pakistan. Riyad a notamment participé au financement, dans le monde entier, du réseau des mosquées sur lequel s'appuie la mouvance islamiste. De leur côté, les services secrets pakistanais, auparavant alliés de la CIA contre les Russes, ont profité de l'argent et des armes américaines pour pousser leurs pions dans toute l'Asie centrale[390].

Toutefois, les opérations menées par l'organisation ne s'accompagnent pas d'un coût élevé. Seules les attaques complexes du 11 septembre 2001 ont nécessité un financement supérieur à 100 000 dollars. Les autres opérations terroristes menées par Al-Qaïda ont nécessité des moyens beaucoup moins importants, comme le démontre le tableau ci-dessous :

Attentats	Date	Coûts estimés[391]
Londres	7 juillet 2005	8 000 GBP
Madrid	11 mars 2004	100 000 €
Istanbul	15 et 20 novembre 2003	40 000 $
Marriott Hôtel Jakarta	5 août 2003	30 000 $
Bali	12 octobre 2002	50 000 $
New York	11 septembre 2001	400 000 - 500 000 $

389 Marc TRÉVIDIC, *Au cœur de l'antiterrorisme, op. cit.*, p. 343.

390 Martine ROYO, « L'empire financier d'Al-Qaïda », *Les Echos*, 14 mars 2005.

391 Lettre datée du 23 août 2004, adressée au Président du Conseil de sécurité par le Président du Comité du Conseil de sécurité créé par la résolution 1267 (1999) concernant Al-Qaïda, les talibans et les personnes et entités qui leur sont associées, S/2004/679, Heraldo MUÑOZ, §45.

USS Cole Aden	12 octobre 2000	10 000 $
Nairobi – Dar es Salam	7 août 1998	50 000 $

Compte tenu de l'impact psychologique, économique et sociétal de ces attentats, ces sommes peuvent être considérées comme modestes[392]. En effet, on estime ainsi que les attentats du 11 septembre 2001 ont entraîné un coût de 3 300 milliards de dollars en dommages physiques, conséquences économiques, mesures de sécurité intérieure, financement de la guerre et des conflits ultérieurs et soutien aux anciens combattants[393].

Toutefois, c'est la logistique et l'organisation du réseau Al-Qaïda à travers le monde qui coûte cher. Jean-François DAGUZAN rappelle qu' « *il faut salarier des chefs locaux capables d'organiser des attentats et financer les moyens de communication au sein du réseau, un système de renseignement, des billets d'avion ou des voitures, des spécialistes chargés de lever et de déplacer l'argent dont les terroristes ont besoin* »[394]. D'après la CIA, préalablement au 11 septembre 2001, Al-Qaïda était une organisation qui avait besoin de 30 millions de dollars pour fonctionner[395].

Al-Qaïda possède effectivement « *une structure en réseau, avec externalisation de certaines tâches, sur le modèle des entreprises de la nouvelle économie, comme Cisco par exemple* », écrit Michel NESTERENKO dans un ouvrage du CF2R intitulé *Al-Qaïda, les nouveaux réseaux de la terreur*[396].

Les attentats perpétrés par Daech nécessitent, en revanche, des sommes bien moins importantes et sont symptomatiques d'un mode de fonctionnement de l'organisation diamétralement opposé à celui d'Al-Qaïda.

---

[392] Selon une étude menée par Xavier RAUFER, « *le coût total des attentats pourrait atteindre 105 milliards de dollars pour 2001 et 2002, soit 45 milliards de dollars pour les dommages aux personnes et aux bâtiments et 60 milliards pour les activités* » : v. Xavier RAUFER et Alain BAUER, *La guerre ne fait que commencer* JC Lattes, 2002.

[393] Nathalie GOULET « Le financement du terrorisme », *op. cit.*

[394] Martine ROYO, « L'empire financier d'Al-Qaïda », *op. cit.*

[395] National Commission on Terrorist Attacks Upon the United States (2004), *Monograph on Terrorist Financing,* Staff Report to the Commission. Washington, DC, p. 19. (http://govinfo.library.untedu/911/staff_statements).

[396] V. Éric DENECE (dir.), *Al-Qaïda, les nouveaux réseaux de la terreur,* Ellipses Marketing, 2004.

II- La gestion du *cartel*[397] Daech

Les attentats du 11 septembre 2001 ont débouché sur l'invasion de l'Afghanistan et de l'Irak, ce qui a considérablement affaibli la capacité de nuisance d'Al-Qaïda. Selon Gilles KEPEL[398], l'*Appel à la résistance islamique mondiale* de 1 500 pages du djihadiste syro-espagnol d'Al-Qaïda, appelé Abu Musab AL-SURI aurait transformé l'idéologie du djihadisme international. À l'organisation pyramidale d'Al-Qaïda, privée de réelle implantation sociale, AL-SURI substitue un *djihadisme de proximité ou djihad décentralisé*, qu'il appelle « *nizam la tanzim* »[399]. C'est dans cet *ouvrage* qu'AL-SURI, autrement appelé *Le Syrien* théorise le *djihad global*. Ainsi, pour mieux se jouer des services de renseignement, l'initiative revient à des *loups solitaires* ou des cellules clandestines sans lien avec un centre de commandement[400], ce qui représente une économie substantielle sur le plan financier.

Le 22 septembre 2014, Abou Mohamed AL-ADNANI, porte-parole de Daech, reprend à son compte la théorie impulsée par AL-SURI et définit un nouveau mode opératoire à adopter contre les communautés jugées *ennemies* par l'organisation :

> « *Si vous pouvez tuer un incroyant américain ou européen - en particulier les méchants et sales Français - ou un Australien ou un Canadien, ou tout citoyen des pays qui sont entrés dans une coalition contre l'État islamique, alors comptez sur Allah et tuez-le de n'importe quelle manière. Si vous ne pouvez pas trouver d'engin explosif ou de munitions, alors isolez l'Américain infidèle, le Français infidèle, ou n'importe lequel de ses alliés. Écrasez-lui la tête à coups de pierres, tuez-le avec un couteau, renversez-le avec votre voiture, jetez-le dans le vide, étouffez-le ou empoisonnez-le.* »[401]

Cette méthode a été mise en application dès mai 2013 : au Royaume-Uni, un militaire fut renversé par une voiture conduite par deux terroristes anglais d'origine nigériane. Après « *l'appel du 22 septembre* » 2014, cette pratique s'est généralisée : deux militaires sont renversés au Québec le 20

---

397 Expression popularisée par l'ouvrage de Benoit FAUCON et Clément FAYOL, *Un cartel nommé Daech*, First Document, 2017.
398 V. Gilles KEPEL, *Terreur dans l'hexagone,* Gallimard, 2015.
399 Roland GAURON, « Abou Moussab AL-SOURI, l'inspirateur des attentats de Paris », *Le Figaro*, 25 nov. 2015.
400 *Idem.*
401 Jean-Pierre STROOBANTS, « L'État islamique menace la France de représailles après les frappes en Irak », *Le Monde*, 22 sept. 2014.

octobre 2014 ; des policiers sont attaqués au couteau en France, à Joué-Lès-Tours, le 20 décembre 2014, ou encore à Nice le 3 février 2015. En 2016, les terroristes sont montés en puissance en utilisant désormais des camions pour écraser des foules : Nice, le 14 juillet (86 morts et plus de 400 blessés), et Berlin, le 19 décembre (12 morts et 48 blessés). En 2017, il y eut l'attaque à l'aéroport d'Orly, celle de Stockholm en avril ou encore le pont de Westminster le 22 mars à Londres[402]. L'année 2018 a également vu se multiplier les actions de cet acabit.

Au sujet des attaques menées par l'État islamique eu Europe, le député français Sébastien PIETRASANTA affirme que « *Ce genre d'attaque ne nécessite pas de préparation particulière, c'est très low cost, c'est à la portée de n'importe qui* »[403].

Dès 2010, la cellule de renseignement française, TRACFIN, affirmait que « *Les typologies décrites en matière de terrorisme montrent que ces opérations peuvent porter sur de faibles montants ce qui les rend d'autant plus difficiles à détecter* »[404].

Selon une étude rédigée par Jean-Charles BRISARD et Gabriel POIROT et publiée par le Centre d'analyse du terrorisme, le budget opérationnel des attentats de Paris de janvier et novembre 2015 est estimé respectivement à 26 000 et 82 000 euros[405]. L'étude du centre d'analyse du terrorisme a été en mesure de ventiler les sommes de la manière suivante[406] :

	Janvier 2015 (€)	**Novembre 2015 (€)**
Armement	21 000	16 000
Logements conspiratifs	300	20 000
Véhicules	2 500	11 000
Téléphonie	2 000	3 000
Faux papiers	-	5 000
Déplacements	-	27 000
Total	**25 800**	**82 000**

---

402 Hamza HIZZIR, « Attaque à la voiture bélier et au couteau à Londres : l'impossible lutte contre le terrorisme "low cost" », *LCI*, 4 juin 2017.
403 Laurent RIBADEAU DUMAS, « L'attaque au camion bélier, du terrorisme "low cost" de "loups solitaires" », *France Info*, 23 mars 2017.
404 TRACFIN, « TRACFIN publie son rapport annuel 2010 – Communiqué min. Eco », 1er août 2011, *Bulletin Joly Bourse*, n° 10 du 1er oct. 2011, p. 553.
405 Jean-Charles BRISARD et Gabriel POIROT, « Le financement des attentats de Paris » (7-9 janvier et 13 novembre 2015), Centre d'analyse du terrorisme, oct. 2016.
406 *Idem.*

L'attentat de Nice n'a, quant à lui, coûté que 2 500 euros, et les meurtres des policiers de Magnanville ou du père Hamel ne semblent pas avoir nécessité de financement particulier[407]. Comparées à Al-Qaïda, les sommes engagées pour perpétrer les attentats signés Daech sont très modestes. Leurs impacts n'en restent pas moins dévastateurs sur la société.

« *Le financement du terrorisme est un sujet qui ne date pas d'aujourd'hui. Sauf qu'avant il s'agissait principalement de repérer les grands mouvements de fonds vers les zones de conflit* », déclarait l'ancien ministre des Finances, Michel SAPIN, en marge de l'ECOFIN de décembre 2015[408]. Il s'agit désormais de traquer les petits mouvements d'argent, ce qui ne manque pas de soulever des difficultés sur le plan réglementaire. Entre la menace de voir naître des lois liberticides et la nécessité d'assurer la sécurité des citoyens, le législateur et les politiques doivent prendre position dans ces houleux débats doctrinaux. En effet, le législateur, en matière de financement du terrorisme doit désormais répondre à la question suivante : comment contrôler le parcours d'un aspirant terroriste lorsque quelques centaines d'euros à peine lui suffisent parfois à rejoindre la Syrie, à s'acheter une arme ou à louer une chambre d'hôtel[409] ? Toutefois, la bonne nouvelle c'est que « *si le coût d'une opération spécifique peut être relativement infinitésimal, les groupes terroristes ont des besoins organisationnels qui exigent des ressources considérablement plus importantes que toute opération donnée.* »[410] TRACFIN avait averti en 2014 qu' :

> « *En matière de lutte contre le financement du terrorisme, la pratique démontre que la vigilance des professionnels déclarants doit être exercée à partir de montants très faibles. La grande variété des opérations (virements, transferts d'espèces, retraits d'espèces, opérations de change, de crédit…) associée à la banalité de celles-ci complexifie la détection.* »[411]

L'usage de faibles montants permet à leurs utilisateurs d'échapper aux contrôles d'identité. Dès lors, lutter contre le financement du terrorisme à l'ère Daech n'est pas chose aisée et nécessite de repenser l'architecture réglementaire adoptée pour lutter contre le financement d'Al-Qaïda. Nous y

---

[407] Baudouin ESCHAPASSE, « Révélations sur le financement des attentats », *Le Point*, 16 oct. 2016.

[408] Marc LEPLONGEON, Marc VIGNAUD, « Lutte contre le terrorisme : Michel Sapin veut mobiliser l'Europe », *Le Point*, 8 déc. 2015.

[409] *Idem.*

[410] Nathalie GOULET, « Le financement du terrorisme », *op. cit.*

[411] TRACFIN, « Tendances et analyse des risques de blanchiment de capitaux et de financement du terrorisme en 2014 ».

reviendrons. Pour l'heure, nous devons comprendre comment les terroristes financent leurs organisations et leurs actions.

Section 2. Collecter les capitaux nécessaires au financement du terrorisme

Dans un rapport du Secrétaire général des Nations unies présenté au Conseil de sécurité le 21 mai 2015, ce dernier a affirmé que :

> « *Les sources de financement peuvent être légales (économies personnelles, avoirs liés à une entreprise licite, fonds provenant d'associations caritatives et d'organisations à buts non lucratifs, par exemple) ou illicites. Si les produits sont illicites, les terroristes choisissent de les utiliser directement pour financer des activités ou de les blanchir afin de pouvoir les intégrer dans l'économie formelle.* » [412]

Une étude menée par le GAFI au début des années 2000 a énuméré les sources de financement du terrorisme de la manière suivante :

> « *trafic de stupéfiants, extorsion de fonds et enlèvement, vol avec violence, fraude, jeux de hasard, contrebande et trafic de contrefaçons, soutien direct de certains États, dons et contributions, vente de publications (légales et illégales), fonds provenant d'activités commerciales légitimes.* »[413]

Dans un rapport de 2013, le GAFI a de nouveau affirmé que « *des groupes terroristes et leurs financiers tirent des fonds à la fois d'activités licites et illicites et les déplacent à travers des canaux formels et informels pour soutenir leurs activités* »[414]. Le financement du terrorisme a donc, aujourd'hui, des origines très variées et ses sources peuvent être aussi bien légales (A) qu'illégales[415] (B) : « *les sources de financement du terrorisme ne se réduisent pas à des activités délictueuses dont les produits doivent être*

---

[412] Conseil de sécurité des Nations unies, « Faire face à la menace que constitue le terrorisme associé à la criminalité transnationale organisée », Rapport du Secrétaire général, S/2015/366, 21 mai 2015, §40.

[413] GAFI, « Rapport sur les typologies du blanchiment de capitaux », 2000-2001, 1er févr. 2001, p. 21.

[414] GAFI, « Financement du terrorisme en Afrique de l'ouest », oct. 2013.

[415] Clarie Lo, « La lutte contre le financement du terrorisme », *L'observateur*, disponible en ligne : http://observateurocde.org/news/archivestory.php/aid/428/La_lutte_contre_le_financement_du_terrorisme_.html#sthash.O0z18T4K.dpuf

blanchis »[416]. Les attentats du 11 septembre 2001 illustrent cette dualité : Al-Qaïda a eu recours à des sources licites et illicites de financement[417].

Selon Yas BANIFATEMI, « *La distinction entre les sources licites et illicites n'est pas simplement conceptuelle, mais a une portée pratique importante* »[418]. Ainsi, la majorité des politiques en matière de lutte contre le financement du terrorisme avant les attaques du 11 septembre 2001 se limitaient à confisquer les capitaux illicites après l'acte délictueux. L'objectif de ces politiques après le 11 septembre 2001 est de prévenir de tels actes en suivant également la destination des capitaux licites[419].

I- Les sources de financement licites

Dans le cas de sources de financements légales qui seraient utilisées à des fins de terrorisme, on parle alors de *noircissement* de capitaux[420] : ce n'est plus l'origine des fonds qui est incriminée, mais leur destination.

Le financement licite du terrorisme est une notion difficile à appréhender sur le plan moral et intellectuel. Pourtant, cette typologie de financement n'est pas récente. L'assassinat de l'Archiduc FRANÇOIS-FERDINAND et de son épouse le 28 juin 1914 à Sarajevo a effectivement été financé par la collecte d'argent auprès de riches commerçants bosniaques dans le prétendu but de créer des écoles en Herzégovine[421]. Les modes licites de financement du terrorisme international comprennent un ensemble de financement évoqué plus haut, tel que les financements étatiques, les dons et contributions volontaires pour des motifs variés (caritatifs, religieux, culturels, éducatifs, sociaux ou confraternels[422]). Depuis l'émergence d'Al-Qaïda, les organisations terroristes affiliées à la nébuleuse djihadiste exploitent des canaux formels et informels pour déplacer des fonds et utilisent en

---

416 Anthnoy AMICELLE, « La lutte contre le financement du terrorisme », *in* Didier BIGO et *al.*, *Au nom du 11 septembre...*, La découverte, 2008, p. 131-138.

417 V. Kurt EICHENWALD, *New York Times* du 10 décembre 2001, « A Nation Challenged : the Money » : le schéma décrit bien les sources à la disposition d'Oussama BEN LADEN et l'organisation Al-Qaïda, notamment les « legitimate businesses » et les « charitable organizations ».

418 Yas BANIFATEMI, « La lutte contre le financement du terrorisme international », *Annuaire français de droit international*, vol. 48, 2002. pp. 103-128.

419 Louise AMOORE, Marieke DE GOEDE, « Governance, risk and dataveillance in the war on terror », *Crime, Law and Social Change*, n° 43, 2005, p. 152, cité par Anthnoy AMICELLE, « La lutte contre le financement du terrorisme », *op. cit.*

420 Raphaël MATHIEU, « La défense européenne contre le terrorisme », *Courrier hebdomadaire du CRISP* (n° 1886), 2005, pp. 5-42.

421 Alain DECAUX, *C'était le XXe siècle*, Tempus Perrin, pp. 113 et s.

422 Yas BANIFATEMI, « La lutte contre le financement du terrorisme international », *op. cit.*

particulier des organisations non gouvernementales (« ONG ») et œuvres caritatives comme circuits de financement du terrorisme[423]. Selon le GAFI, l'existence de sources légales de financement peut rendre la détection du phénomène plus complexe :

> « *Lorsque les organisations terroristes obtiennent des soutiens financiers à partir de sources légales (dons, ventes de publications, etc.) certains facteurs compliquent les opérations de détection et de suivi de ces fonds. Par exemple, les fondations caritatives ou les organismes à but non lucratif et autres entités légales joueraient éventuellement un rôle important dans le financement de certains groupes terroristes. L'origine apparemment légale de ce financement peut signifier, par exemple, qu'il n'y a guère d'indicateurs susceptibles de mettre en évidence le lien entre une transaction financière individuelle ou une série de transactions et des activités terroristes.* »[424]

Les terroristes peuvent donc exploiter les dons générés par les ONG (A), utiliser les failles de la finance internationale (B) et abuser d'autres structures juridiques, légales en apparence, afin de générer des revenus (C).

A- Les organismes à but non lucratif (« OBNL »)

Certaines associations à la devanture caritative sont en réalité des machines redoutablement bien rodées pour financer le terrorisme. Selon le rapport du Secrétaire général des Nations unies présenté au Conseil de sécurité le 21 mai 2015, au Pakistan, l'organisation terroriste *Lashkar e Toiba* :

> « *aurait utilisée des associations caritatives comme vitrines pour ses activités, notamment pour collecter des fonds, se soustraire aux sanctions et organiser des services sociaux (écoles et dispensaires) à l'intention de communautés au Pakistan afin de recruter de nouveaux membres.* »[425]

---

[423] GAFI, « Financement du terrorisme en Afrique de l'ouest », *op. cit.*

[424] GAFI, « Directives à l'attention des institutions financières pour la détection des activités de financement du terrorisme », 24 avr. 2002, p. 4.

[425] Trésor et Département d'État des États-Unis d'Amérique, « U.S. Government efforts to protect and promote charitable giving », Organisation pour la sécurité et la coopération en Europe, courrier électronique du Réseau contre-terrorisme, *Preventing the abuse of non-profit organizations for terrorist financing*, juin 2011 cité par Conseil de sécurité des Nations unies,

À noter que les OBNL peuvent aussi bien être utilisés par les financiers du terrorisme pour transférer des capitaux à des fins terroristes que pour collecter des revenus[426]. Nous étudierons ici comment les terroristes détournent l'objet social des OBNL pour collecter des revenus (1) avant d'étudier des cas concrets de financement du terrorisme *via* OBNL (2).

1- Les données du problème

Récemment, l'utilisation abusive des organisations à but non lucratif a été décrite comme étant une technique essentielle utilisée pour le financement du terrorisme[427]. Selon le GAFI, « *L'utilisation abusive d'organismes à but non lucratif pour financer le terrorisme est en passe d'être reconnue comme un point faible essentiel de la lutte mondiale visant à arrêter ce type de financement à la source.* »[428]. Le Groupe ajoute que :

> « *la communauté internationale a (...) démontré que les (...) organisations terroristes utilisent le secteur des OBNL pour se procurer des fonds et les faire circuler, pour s'assurer un appui logistique, pour encourager le recrutement de terroristes et pour soutenir par tout autre moyen les organisations terroristes et leurs activités.* »[429]

De son côté, TRACFIN a affirmé que les dons effectués au profit d'une association caritative pouvaient être « *détournés par certains responsables ou par ceux d'associations intermédiaires, supposées relayer cette aide auprès des bénéficiaires, à des fins de financement du terrorisme* »[430]. La cellule de renseignement financier a également évoqué la possibilité que ces

---

« Faire face à la menace que constitue le terrorisme associé à la criminalité transnationale organisée », Rapport du Secrétaire général, S/2015/366, 21 mai 2015, §40.

[426] Selon Loretta NAPOLÉONI : « *Le lien entre les organisations caritatives et les organisations terroristes remonte aux années 70, lorsque les Américains d'origine irlandaise ont créé des organisations de secours aux veuves et aux orphelins catholiques d'Irlande du Nord et ont utilisé les fonds en question pour appuyer l'IRA* » (Loretta NAPOLÉONI, « La nouvelle économie de la terreur : comment le terrorisme est financé », *op. cit.*).

[427] Patrick MOULETTE, « Blanchiment et circuits financiers du terrorisme », *op. cit.*

[428] GAFI, « Les IX recommandations spéciales du GAFI, Normes du GAFI », oct. 2001 ; GAFI, Rapport sur les typologies de blanchiment 2003-2004 : « Utilisations abusive d'un poste au sein d'un organisme à but non lucratif à l'insu des donneurs », cité par Geert DELRUE, *Le blanchiment de capitaux et le financement du terrorisme*, Maklu Pub, 2012.

[429] GAFI, « Normes internationales sur la lutte contre le blanchiment de capitaux et le financement du terrorisme et de la prolifération », févr. 2012, p. 57.

[430] TRACFIN, « Rapport d'activité », 2003, p. 49.

associations soient utilisées « *dans le but de faire écran entre l'origine des fonds et leur destination* »[431].

En effet, les OBNL peuvent être établis à des fins illégales ; des OBNL légitimes peuvent servir de couverture à des activités criminelles en étant notamment infiltrés par des individus ayant des intentions criminelles ; des OBNL légitimes peuvent être victimes d'agissements criminels[432]. Les OBNL peuvent également servir à « *mobiliser, déplacer, stocker et utiliser des fonds* », des fonds peuvent également être levés dans « *des secteurs que les dirigeants de l'OBNL n'ont pas autorisés ou sanctionnent* »[433]. Plus généralement, les biens de l'OBNL, tels que la trésorerie, les locaux, les marchandises, les ressources humaines peuvent être utilisés à des fins criminelles. Des OBNL ayant des partenaires étrangers et qui, par conséquent, envoient ou reçoivent des financements à l'étranger par l'intermédiaire de procédures de transfert international d'argent peuvent éventuellement faire face à des pertes résultant du transfert puis de retrait d'espèces à la destination prévue[434]. Les OBNL peuvent également profiter d'une situation humanitaire d'urgence et du chaos pour subtiliser des espèces et les biens à destination des causes légitimes[435].

Ces caractéristiques ne sont pas anecdotiques et expliquent l'intérêt accru des organisations terroristes pour les OBNL. Ces derniers sont faciles à

---

[431] « *Le compte d'une association, implantée sur le territoire national, fait contre toute attente, apparaître peu de mouvements créditeurs émanant de donateurs nationaux. Ce dernier est, en revanche, majoritairement crédités par des flux en provenance des comptes de personnes morales d'un pays tiers, dont certains sont connues pour être les bailleurs de fonds de mouvements terroristes, tandis que les mouvements fragmentés de débits sont tous à destination d'un groupe de banques dans un autre pays tiers* ». TRACFIN, « Rapport d'activité », 2003, p. 49.

[432] Document établi par l'expert du Conseil de l'Europe, « Méthodologie d'évaluation des risques de blanchiment d'argent et de financement du terrorisme concernant le secteur des organisations à but non lucratif », Grahame BARKER, SNAC TP9/2014, p. 11.

[433] *Ibid*, p. 12.

[434] *Ibid.*, p. 13.

[435] En résumé, plusieurs raisons motivent les organisations terroristes à se tourner vers ce type de financement :

- Les OBNL ont accès à d'importantes sources de financements et de liquidités ;
- Certains OBNL ont une implantation internationale, et certaines sont plus particulièrement implantées à proximité des régions où sévissent les organisations terroristes ;
- Les OBNL échappent fréquemment au contrôle des autorités publiques et leur ouverture ne fait pas l'objet d'un formalisme particulièrement nourri ;
- Les OBNL peuvent dépendre d'une ou deux personnes au rôle non supervisé ;
- Peuvent transférer des fonds à d'autres organisations eu lieu d'assurer les services directement.

infiltrer ; les fonds peuvent être aisément détournés et la devanture caritative de ces derniers éloigne tout contrôle sur la nature réelle de leurs activités.

2- Cas pratiques

Deux exemples d'actualité illustrent avec pertinence les développements précédents : les associations *Perle d'espoir* (a) et *Baraka City* (b).

a- L'association Perle d'espoir

Lors de sa déclaration à la préfecture de Paris, le 10 janvier 2012, cette association visait à aider les peuples palestinien et syrien à travers des actions valorisant l'éducation, la santé, le civisme et la démocratie[436]. En réalité, l'association profitait de ses convois humanitaires pour financer des groupes de combattants syriens.

Le 27 août 2013, deux ambulances de l'association, chargées de matériel médical se rend à Idlib, fief de la *Brigade des faucons du Cham*, organisation affiliée au *Front islamique*. Ce dernier est une nébuleuse de rebelles salafistes, mais non djihadistes, opposée au régime d'AL-ASSAD et à Daech. L'organisation est donc considérée comme un allié de l'Occident.

Toutefois, entre temps, le *Front islamique* s'est rapproché *d'al-Nosra*, qui a prêté allégeance à Al-Qaïda, afin de résister aux offensives de Daech. La réalité du projet humanitaire semble réelle, toutefois, derrière le projet apparent, se cache des ambitions plus troubles : dès son retour, le chef du convoi des deux ambulances se serait vanté d'avoir noué des contacts avec des moudjahidines et reçu un entraînement au maniement des armes[437]. Peu après, l'association lance un appel aux dons afin de financer une autre opération : « *Un mouton pour l'Aïd* ». Le 9 octobre, le chef du convoi du 27 août et deux autres membres de l'association s'envolent pour Antalya, en Turquie.

À la douane de l'aéroport de Lyon, chacun des membres est contrôlé en possession de 9 900 euros en liquide. Ces derniers sont, semble-t-il, bien informés de la législation : cette somme leur permet d'échapper de justesse à l'obligation légale de déclaration douanière, fixée à 10 000 euros. Des éléments de renseignement humain ont établi que seuls 6 000 euros seront

---

[436] Soren SEELOW, « Une association humanitaire accusée de financer le djihad », *Le Monde*, 23 nov. 2014.
[437] *Idem.*

consacrés à l'achat de moutons, le reste de la somme étant remise à des groupes de combattants.

Quelques mois plus tard, un arrêté ministériel prononce le gel des avoirs de l'association, ainsi que de quatre de ses membres.

b- L'association Baraka City

Le 30 mai 2017, suite à l'ouverture d'une enquête préliminaire le 30 mars 2016 par le parquet de Paris pour *financement du terrorisme* et *association de malfaiteurs terroriste*, ciblant l'association Baraka City, Idriss SIHAMEDI, fondateur de l'ONG musulmane annonce sur son compte twitter que son domicile a fait l'objet d'une perquisition par la brigade financière de Paris « *concernant une enquête suspectant des montages à "des fins terroristes"* »[438]. En 2014, TRACFIN, a fait remonter plusieurs signalements : un premier virement de 200 000 euros à destination des territoires palestiniens puis deux autres, d'un montant cumulé de 500 000 euros, vers l'étranger[439]. En avril 2014, la Société Générale et le CIC informent l'association qu'elles ne souhaitent plus la compter parmi leurs clients[440].

Le cas Baraka City illustre la volonté des autorités françaises de s'attaquer aux micros financiers du terrorisme. La huitième recommandation spéciale du GAFI, que nous étudierons par la suite, recommande effectivement aux États d'exercer un contrôle sur le rôle des organisations charitables et des organismes politiques exerçant des activités sociales ou non lucratives[441].

Yas BANIFATEMI résume la difficulté que représente l'usage des financements licites dans le financement du terrorisme : « *c'est là que réside l'un des obstacles majeurs à la lutte contre le financement du terrorisme international : le contrôle de l'État ne peut qu'être limité lorsque les fonds proviennent d'une source de financement licite* »[442]. De surcroît, contrôler l'activité des associations caritatives est politiquement délicat pour les

---

438 « Paris : Perquisitions dans les locaux de Baraka City, l'ONG musulmane controversée », *20 minutes*, 31 mai 2017.

439 « BarakaCity : plongée au coeur d'une association controversée », *Le Parisiens*, 29 févr.r 2016.

440 Louis SAN, « BarakaCity, l'ONG islamique soupçonnée de tout et poursuivie pour rien », *France Télévision*, 4 févr. 2016.

441 « Le financement du terrorisme. résolution », *RIDP*, vol. 80, 2009, pp. 519-524.

442 Yas BANIFATEMI, « La lutte contre le financement du terrorisme international », *op. cit.*

autorités publiques. Ce qui rend les OBNL davantage vulnérables au financement du terrorisme.

B- Les sociétés de crédit à la consommation

« *Les crédits à la consommation nous paraissaient des opérations à faible risque. L'expérience malheureuse de janvier (2015) a montré qu'il fallait remettre en question cette classification* » déclarait Jean-Baptiste CARPENTIER, ancien directeur de TRACFIN[443].

En septembre 2014, Hayat BOUMEDDIENE, la compagne d'Amedy COULIBALY, le tueur de l'hyper casher, parvient à emprunter 27 200 euros auprès de la société de crédit à la consommation *Financo*[444] pour se payer une *Mini Cooper*[445]. Par la suite, cette dernière part avec la voiture en Belgique pour la revendre afin d'en tirer des liquidités qui permettront d'acheter les armes utilisées pour la tuerie. Son mari, quant à lui, tente à plusieurs reprises d'obtenir un crédit sans succès. Toutefois, en novembre 2014, il parvient à obtenir, *via* la présentation de fiches de paie falsifiées, un crédit auprès de Mercedes pour l'achat d'une voiture qu'il revendra peu après en empochant 16 000 euros[446]. Par la suite, ce dernier contracte un prêt de 6 000 euros auprès de la société *Cofidis,* un mois avant de passer à l'acte[447]. Afin d'obtenir ce crédit, COULIBALY se présente comme une chef de projet de la société Naxos, filiale télécom du groupe Telcité/RATP[448]. Cet argent a probablement contribué à renflouer le budget des frères KOUACHI, tueurs de la rédaction du journal satirique *Charlie Hebdo*.

Interrogé par la Voix du Nord à ce sujet, Gilles SAURET, le directeur général de Cofidis France a déclaré que les sommes avancées à Amedy COULIBALY correspondent à un « *emprunt de moyenne gamme, souvent utilisé pour l'amélioration de l'habitat* »[449]. Par conséquent, la société de crédit n'a pas d' « *obligation légale à justifier de l'objet des dépenses* »[450].

---

[443] « Le crédit conso, nouvelle arme des terroristes », *Le Parisien*, 01 juillet 2015.

[444] Fabien PILIU, Denis BOULARD, *L'argent de la terreur*, First Document, 2016, p. 240.

[445] « Comment Hayat BOUMEDDIENE, la compagne de COULIBALY, a fui la France », *Le Monde*, 24 févr. 2015.

[446] « Attentats de Paris : récit détaillé des trois jours qui ont changé la France », *Le Monde*, 20 févr. 2015.

[447] « Amedy COULIBALY avait contracté un prêt de 6000 € qui aurait pu financer ses attentats », *La Voix du Nord*, 14 janv. 2015.

[448] Guillaume GENDRON, « Le crédit à la consommation, bon plan des djihadistes », *Libération*, 16 janv. 2015.

[449] « Amedy COULIBALY avait contracté un prêt de 6000 € qui aurait pu financer ses attentats », *op. cit.*

[450] *Idem.*

En effet, à la différence du prêt affecté, pour demander un crédit à la consommation, l'emprunteur n'a pas à présenter de justificatifs relatifs aux achats ou paiements qu'il souhaite réaliser. Depuis, la cellule TRACFIN de lutte contre le financement du terrorisme a fait de ces crédits à la consommation l'une de ses priorités en déclarant qu'il convient de « *porter une attention particulière aux mécanismes d'autofinancement tels que le recours au crédit à la consommation* »[451].

Juridiquement, le crédit à la consommation est une opération de crédit destinée à l'acquisition d'un bien de consommation ou d'un service dans un but autre que celui de satisfaire aux besoins d'une entreprise. La loi n° 78-22 du 10 janvier 1978, aujourd'hui codifiée dans les articles L. 311-1 et suivants du Code de la consommation établit, en complément des dispositions générales, un régime spécifique au crédit à la consommation[452]. Pour que les règles du Code de la consommation s'appliquent, il faut une opération de crédit, de moins de 21 500 euros et de plus de trois mois, non exclue par la loi, destinée à financer une action de consommation, chaque forme de crédit appelant des considérations particulières[453].

Bien que fréquemment utilisés par les apprentis djihadistes, les crédits à la consommation tels qu'ils viennent d'être définis semblent en contradiction avec les pratiques imposées par la charia. Selon les interprétations littéralistes du Coran, les crédits à la consommation peuvent être considérés comme de *l'usure*, ce qui est formellement prohibé par le texte sacré de l'islam[454]. Or, dans son ouvrage *Les Français djihadistes*, David THOMSON explique de quelle manière les terroristes parviennent à braver cette interdiction. Ces derniers s'appuient notamment sur des « *lectures sur internet* » qui :

> « *soutiennent que ce n'est pas du vol. Mieux, ce serait même un acte héroïque que de voler des biens aux mécréants pour un but lié au Jihad. Certains djihadistes l'apparentent même à une vengeance*

---

451 TRACFIN, « Tendance et analyse des risques de blanchiment de capitaux et de financement du terrorisme en 2015 », p. 16.

452 Guy RAYMOND, «Crédit A La Consommation », *Jcl. Banque - Crédit – Bourse*, fasc. 720.

453 *Idem.*

454 *« Tout ce que vous donnerez à usure pour augmenter vos biens aux dépens des biens d'autrui ne fructifiera pas auprès de Dieu. »* (*S.30-V.39*) ; *« Ô vous qui croyez ! Ne pratiquez pas l'usure en multipliant démesurément votre capital. »* (*S.3-V.130*) ; *« Ô vous qui croyez ! Craignez Dieu ! Renoncer, si vous êtes croyants à ce qui vous reste des profits de l'usure. »* (*S.2-V.278*) ; *« (…) ceux qui retournent à l'usure seront les hôtes de l'Enfer où ils demeureront éternellement. »* (*S.2-V.275*) ; *« Dieu anéantira les profits de l'usure. »* (*S.2-V.276*).

contre ces établissements bancaires (qui) ont poussé leurs familles au surendettement à coups de "crédits conso" répétés. »[455]

Toujours dans le même ouvrage, David THOMSON reprend le témoignage d'un français candidat au départ pour la Syrie qui éclaire considérablement la facilité avec laquelle il est facile d'obtenir un crédit à la consommation à des fins criminelles ou terroristes :

> « *On est associés avec des frères qui ont une société, donc ils ont plus de facilités. On fait des emplois fictifs, avec de fausses fiches de paie, on grossit les salaires et on ouvre des comptes dans des banques différentes. Comme ça, on lance toutes les procédures en même temps. On multiplie les crédits. On prend le liquide et c'est bon, après on part. C'est ça le butin de guerre.* »[456]

Par ces règles coraniques interprétées très librement par les terroristes islamiques, les organismes de crédit à la consommation deviennent, malgré eux, des « *bailleurs involontaires du Jihad en Syrie* »[457].

Depuis le 10 novembre 2016, les obligations de vigilance applicables aux crédits à la consommation ont été renforcées en abaissant de 4 000 à 1 000 euros le seuil au-delà duquel l'octroi de ces crédits doit faire l'objet de mesures de vigilance[458].

Au-delà de cette obligation nouvelle, Jean-Charles BRISARD milite pour la mise en place d'un registre central des prêts à la consommation accessible par TRACFIN. Selon ce dernier, un recoupement du fichier S et de cet instrument de surveillance des transactions financières permettrait d'alerter les services de renseignement en cas de mouvements suspects[459].

En sus des ressources obtenues, *a priori* légalement, mais *a posteriori* détournées à des fins illégales, les terroristes ont recours massivement à des ressources illicites afin de financer leurs actions.

---

455 V. David THOMSON, *Les Français jihadistes*, Les Arènes, 2014.
456 *Idem.*
457 V. Fabien PILIU, Denis BOULARD, *L'argent de la terreur*, *op. cit.*
458 D. n° 2016-1523, 10 nov. 2016, relatif à la lutte contre le financement du terrorisme.
459 Baudouin ESCHAPASSE, « Révélations sur le financement des attentats », *Le Point*, 16 oct. 2016.

II- Les sources de financement illicites

Dans un rapport, le GAFI a mis en exergue le fait que « *Les États étant désormais plus réticents à soutenir directement le terrorisme, les groupes terroristes ont dû se tourner vers les activités criminelles pour trouver les fonds nécessaires à leur financement* »[460]. En ce sens, plusieurs terroristes impliqués dans les attentats de janvier et novembre 2015 ont eu recours à la revente de drogues afin d'obtenir suffisamment d'argent liquide pour financer leurs opérations. Le mémorandum d'Alger sur les bonnes pratiques en matière de prévention des enlèvements contre rançon par des terroristes et d'élimination des avantages qui en découlent[461] affirme dans son introduction que :

> « *les mesures efficaces et efficientes prises à ce jour pour contrecarrer le financement du terrorisme ont contraint les mouvements terroristes, en particulier ceux qui sont affiliés à Al-Qaïda, à s'adapter à la nouvelle donne, autrement dit à élaborer et à utiliser de « nouveaux » moyens pour financer leurs activités. Ils se sont notamment tournés vers la contrebande, le trafic de stupéfiants et d'armes et les enlèvements contre rançon, dont le paiement est exigé pour la libération des otages.* »

Le Conseil de sécurité, dans sa résolution 1373 (2001) du 28 septembre 2001 avait d'ores et déjà constaté :

> « *les liens étroits existant entre le terrorisme international et la criminalité transnationale organisée, la drogue illicite, le blanchiment d'argent, le trafic d'armes et le transfert illégal de matières nucléaires, chimiques, biologiques et autres présentant un danger mortel.* »

---

[460] GAFI, « Rapport sur les typologies du blanchiment de capitaux », 2000-2001, 1er févr. 2001, p. 21.

[461] Ce mémorandum a été rédigé en 2012 par le GCTF (forum mondial de lutte contre le terrorisme). Le GCTF a été créé en septembre 2011 à New York et regroupe 29 États de toutes les régions du monde, ainsi que l'Union européenne. Ce forum a pour objectif d'identifier les besoins nationaux et internationaux en matière de lutte contre le terrorisme, d'élaborer des solutions pertinentes ainsi que de coordonner et renforcer les capacités des États intéressés dans ce domaine. En 2015, ce document a été complété par une annexe au mémorandum qui fournit une série de recommandations, notamment en ce qui concerne la prévention des enlèvements contre rançon et les mesures de dissuasion.

Évoquer l'ensemble des financements illicites qui alimentent le terrorisme reviendrait à rédiger un inventaire à la Prévert[462]. Aussi, nous étudierons ici comment les terroristes parviennent à abuser de la législation fiscale internationale pour se financer (A) ; nous étudierons les liens étroits qui unissent la criminalité de droit commun et le terrorisme (B), les liens entre la corruption et le terrorisme (C), les trafics qui alimentent les ressources financières du terrorisme (D) et les revenus détournés du commerce illicite (E). Enfin, les terroristes étant dans la nécessité de donner une apparence légale à ces revenus illicites, nous étudierons les techniques de blanchiment de capitaux utilisés par ces derniers afin de dissimuler leurs revenus illicites (F).

A- La criminalité fiscale

En janvier 2015, la Cour des comptes constatait dans son rapport sur l'action de la Douane dans la lutte contre les fraudes et trafics que :

> « *même si elles peuvent conserver des bases nationales, les organisations criminelles ne sont plus aujourd'hui structurées en secteurs spécialisés : les trafiquants de drogue, les contrefacteurs, les auteurs de fraudes à la TVA, etc. Elles tendent à devenir généralistes, à constituer des réseaux à géométrie variable, à l'affût de possibilités de fraude, pouvant coopérer entre eux selon les occasions. La police et la gendarmerie constatent en France un début d'interpénétration entre délinquance économique et financière et banditisme de droit commun.* »[463]

L'usage de la fiscalité et de ses subtilités est un moyen intéressant pour les groupes terroristes de se financer. Par exemple, ces derniers imposent fréquemment des péages pour l'utilisation des routes situées sur les territoires qu'ils contrôlent : durant la guerre en Bosnie, les Croates

---

[462] Selon Loretta NAPOLÉONI : « *la gamme des activités criminelles est très large et ces activités constituent la principale source de recettes pour les terroristes et proviennent d'enlèvements, d'extorsions de fonds, de vols, de fraudes, d'opérations de piratage, de la contrebande et du blanchiment d'argent* » (Loretta NAPOLÉONI, « La nouvelle économie de la terreur: comment le terrorisme est financé », *op. cit.*, p. 37.).

[463] « Rapport sur l'action de la Douane dans la lutte contre les fraudes et trafics », Rapport communiqué au Président de l'Assemblée nationale pour le Comité d'évaluation et de contrôle des politiques publiques, janv. 2015, p. 27.

bosniaques prélevaient une taxe de 27 % sur l'aide internationale en transit *via* leurs territoires à destination du centre de la Bosnie[464].

Par ailleurs, l'évasion fiscale peut représenter une activité discrète, génératrice de revenus illégaux pour les groupes terroristes et leurs commanditaires. Évaluée à 17 000 milliards de dollars par le FMI, l'évasion fiscale mondiale profite à de riches particuliers ou à des entreprises ainsi qu'à des groupes terroristes. La forme la plus commune d'évasion fiscale implique des personnes ou des entreprises qui s'abstiennent simplement de signaler tous leurs revenus ou qui exagèrent leurs frais généraux pour payer moins d'impôts :

> « *Ce faisant, elles génèrent une source occulte d'argent qui peut être transférée à des activistes terroristes. Parmi les exemples d'évasion fiscale figurent la non-déclaration de la totalité des revenus ou des cotisations sociales retenues sur le salaire des employés, le paiement de rémunérations en liquide sans déduction des taxes, la non-présentation d'une déclaration d'impôt en vue d'éviter un paiement ou toute autre obligation, l'imputation erronée de frais ou de charges légalement déductibles et la demande de crédits de taxes sur des marchandises ou des services, parallèlement au non-paiement de taxes sur des intrants admissibles.* »[465]

Par la suite, les montants générés par ces activités illégales peuvent être transférés directement ou indirectement à des organisations impliquées dans des opérations criminelles et/ou terroristes.

Les fraudes à la TVA peuvent représenter une source de financement attractive pour les financiers du terrorisme. Dans un documentaire sur les djihadistes danois diffusé début 2016 par la chaîne DR, les journalistes danois Bo ELKJAER et Mads NILSSON ont établi des liens entre des djihadistes danois et les fraudes à la TVA. Les enquêteurs ont « *retrouvé plusieurs djihadistes, arrêtés en Espagne pour certains d'entre eux, qui étaient d'anciens gérants de sociétés dédiées à cette fraude, que ce soit sur le marché du carbone, les boissons gazeuses ou les bonbons* »[466].

---

[464] Loretta NAPOLÉONI, « La nouvelle économie de la terreur : comment le terrorisme est financé », *op. cit.*, p. 41.
[465] Nathalie GOULET « Le financement du terrorisme », *op. cit.*
[466] Aline ROBERT, « Les données bouleversent la lutte contre le terrorisme », *Euractiv*, 22 juin 2016.

En 2010, alors que les forces alliées étaient à la recherche de BEN LADEN à la frontière entre le Pakistan et l'Afghanistan, les militaires sont tombés sur un paquet de factures dans un repaire Taliban. Ces factures vont permettre à la justice italienne de recouper des informations et suivre la trace d'une importante filière d'une nouvelle fraude à la TVA, qui a coûté 1,15 milliard d'euros à l'Italie, selon des informations publiées par *Il Corriere della Sera*[467]. Selon le quotidien italien, deux entreprises criminelles achetaient des *droits de polluer* sur le marché du carbone, en Grande-Bretagne, en France, aux Pays-Bas et en Allemagne grâce à des sociétés fictives domiciliées en Italie. La TVA n'est pas perçue sur ce genre de transaction intereuropéenne, mais les sociétés italiennes revendaient ces droits à d'autres sociétés-écrans, cette fois-ci avec une TVA de 20 %. Ensuite, ces droits étaient vendus légalement, mais, au lieu de reverser la TVA à l'État italien, ces sociétés fictives disparaissaient en empochant la différence. La somme était ensuite versée sur des comptes courants à Chypre et Hong Kong pour finir aux Émirats arabes unis[468]. Dans le collimateur de la justice italienne, selon le quotidien, il y aurait ainsi des associations de malfaiteurs anglo-pakistanaise et franco-israélienne. Par ailleurs, toujours au sujet des fraudes à la TVA, dans un rapport de la Cour des comptes, la cour soulignait que :

> « *la caractéristique des fraudes à la TVA est qu'elles sont un point d'interpénétration entre économie légitime et milieux criminels (...), non seulement parce qu'elles donnent lieu à blanchiment, mais aussi parce qu'elles procurent des ressources élevées, relativement sans risques, ce qui les rend attractives pour ces milieux, en leur offrant au surplus le moyen de financer d'autres activités illicites.* »[469]

Selon plusieurs documents du ministère de l'Économie, publiés par les journalistes du *Parisien-Aujourd'hui en France*[470], parmi les techniques utilisées par les fraudeurs, le mécanisme du carrousel de TVA, s'est « *multiplié depuis la création du marché unique européen, notamment dans les secteurs du commerce, des composants électroniques, de la téléphonie mobile et du textile* »[471].

---

[467] J. H.R, « Fraude à la TVA en Italie sur le marché du carbone », *Les Echos*, 25 sept. 2014.
[468] *Idem.*
[469] « Rapport sur l'action de la Douane dans la lutte contre les fraudes et trafics », *op.cit*, p. 37.
[470] « 17 milliards d'euros de fraudes à la TVA par an : la note secrète de Bercy », *Le Parisien*, 22 déc. 2015.
[471] « La fraude à la TVA beaucoup plus lourde qu'on ne le pensait ? », *Challenges*, 22 déc. 2015.

Cette fraude implique plusieurs entreprises établies dans au moins deux États membres de l'Union européenne et consiste à obtenir la déduction ou le remboursement de la TVA relative à une livraison intracommunautaire de biens, alors que cette TVA n'a pas été reversée, de façon abusive au Trésor[472]. Par exemple, une société fictive A s'établit dans un pays de l'Union européenne et cette dernière achète des biens dans un autre pays de l'Union à une société B. Intracommunautaire, cet achat ne sera pas taxé. Par la suite, la société A vend les biens à la société C, établie dans le même pays que celle-ci. La vente se fera en dessous du prix d'achat mais avec le taux de TVA inclus dans le prix de vente. La société C pourra donc récupérer auprès du Trésor la TVA réglée à A. De son côté la société A qui a facturé la TVA doit s'acquitter de cette dernière auprès du Trésor, endéans les trois mois à compter de la vente. Or entre temps, la société A n'existe plus[473].

Toutefois, le 15 janvier 2016, la Direction nationale du renseignement et des enquêtes douanières (« DNRED ») annonce avoir mis à jour une fraude à la TVA de plus de 4 millions d'euros impliquant une seule entreprise[474]. Selon un rapport du conseil des prélèvements obligatoires de la Cour des comptes, *« L'administration fiscale est désormais susceptible d'être confrontée à des réseaux criminels ce qui complexifie d'autant le démantèlement des fraudes »*[475].

B- Les liens entre la criminalité de droit commun et le terrorisme

En 2001, dans une communication destinée au Congrès et à la population américaine, le Président BUSH a fait un parallèle en déclarant qu'Al-Qaïda est au terrorisme ce que la mafia est au crime[476].

---

472 Fabien PILIU, Denis BOULARD, *L'argent de la terreur, op.cit*, p. 273.

473 Selon Gilles DUTEIL, directeur du groupe de recherche européen sur la délinquance financière : *« La fraude carrousel est beaucoup plus intéressante que la production et le trafic de stupéfiants. Le risque pénal est trois fois moindre et la probabilité de se faire prendre est très inférieure. Il y a de nombreuses affaires dont les auteurs n'ont jamais été inquiétés »* (Elsa CONESA, « Dans le grand manège de la fraude à la TVA », *Les Echos*, 05 janv. 2015).

474 En ligne : http://www.douane.gouv.fr/articles/a12680--archive-fraude-a-la-tva-portant-sur-plus-de-4-millions-d-euros

475 Jérôme DIAN, « La taxe sur la valeur ajoutée, la gestion de l'impôt et la fraude à la TVA », Cour des comptes, *Rapport particulier n°5*, juin 2015.

476 *« Al Qaeda is to terror what the mafia is to crime »*, The White House, « Address to a Joint Session of Congress and the American People », *Office of the Press Secretary*, 20 sept. 2001, en ligne : https://georgewbush-whitehouse.archives.gov/news/releases/2001/09/20010920-8.html.

La Convention de Palerme des Nations unies contre la criminalité transnationale organisée du 15 novembre 2000 constate les « *liens croissants entre la criminalité transnationale organisée et les crimes terroristes* ». Auparavant, dans les années 1990, les journaux français avaient fait le lien entre les milieux criminels et terroristes en qualifiant les membres du GIA de *gangsters terroristes*[477]. Jean MAILLARD, vice-président du TGI d'Orléans, résume la situation de la manière suivante :

> « *l'économie criminelle, fait vivre aussi l'économie légale. Quoi qu'on prétende, il est indispensable de la ménager si l'on veut éviter que tout l'équilibre ne s'écroule. En bref l'économie "légale" s'est criminalisée, l'économie criminelle s'est donné l'apparence de la légalité ou se concoctent ces étranges mutations croisées.* »[478]

L'histoire d'Amedy COULIBALY illustre la réalité des liens, parfois étroits, entre banditisme et terrorisme. Avant d'accéder à la notoriété morbide, COULIBALY était un petit dealer de banlieue qui a, par la suite, diversifié ses sources de financement. En 2000, il participe au braquage d'un magasin dans la zone commerciale de la Croix-Blanche à Sainte-Geneviève-des-Bois, dans le sud de Paris, et dérobe des vêtements et chaussures. En septembre 2002, ce dernier dérobe 1 000 euros en braquant une boîte de nuit dans le 9e arrondissement de Paris[479].

À l'issue du G20 de Hambourg de juin 2017, le président français, Emmanuel MACRON, a déclaré que « *ce sont les trafics d'armes, de drogues, de personnes, qui nourrissent les réseaux financiers du terrorisme et permettent dans la durée la poursuite de ces activités et leur développement* »[480].

Dans le préambule de la Déclaration de Paris contre le blanchiment adoptée le 8 février 2002, il est affirmé que « *le financement du terrorisme repose sur des systèmes très variés dont certains relèvent de l'économie*

---

477 Kjok ÅSHILD, Lia BRYNJAR, « Islamist Insurgencies, Diasporic Support Networks, and their Host States: The Case of the Algerian GIA in Europe 1993-2000 », Rapport du FFI, Institut norvégien de recherche sur la défense, 2001, p. 28 cité par Peter NEUMANN, Ana SALINAS DE FRIAS, CODEXTER, « Rapport sur les liens entre le terrorisme et la criminalité transnationale organisée », 10 mai 2017.

478 René PASSET, « Mondialisation financière et terrorisme : la donne a-t-elle changé depuis le 11 septembre ? », Éditions de l'Atelier, 2002, p. 69, citant Jean MAILLARD, *Un monde sans loi : La criminalité financière en images*, Stock, 2003.

479 Fabien PILIU, Denis BOULARD, *L'argent de la terreur*, *op.cit*, p. 217.

480 Liv AUDIGANE, « G20 : Macron fait de la lutte contre le financement du terrorisme une priorité », BFMTV, 8 juill. 2017.

légale, mais il est conduit à recourir aux mêmes instruments que l'ensemble de la criminalité organisée »[481].

La criminalité transnationale organisée est présente au Mali et dans l'ensemble du Sahel sous la forme de cartels de la drogue, de banditisme transfrontalier, de contrebande, de traite d'êtres humains, d'enlèvements contre rançon et de blanchiment d'argent. Ces activités criminelles transnationales sont particulièrement lucratives et leurs recettes alimentent la violence extrémiste et les activités des insurgés au Mali[482].

Les terroristes ont en effet recours aux pillages, vols à main armée, extorsions de fonds, etc. pour financer leurs activités. Certains groupes terroristes qualifient leurs extorsions criminelles d' « *impôt de guerre* », considérant que ces paiements leur sont dus comme s'ils administraient officiellement un territoire[483]. En Europe, les fraudes aux prestations sociales, aux cartes bancaires, les demandes de prêts et les défauts de remboursement, ainsi que l'extorsion de fonds, continuent de poser problème. Pourtant :

> « *le terrorisme et la criminalité transnationale organisée sont des phénomènes distincts, dont le fonctionnement et les objectifs sont différents et auxquels s'appliquent des dispositifs juridiques internationaux également différents.* »[484]

En ce sens, selon Loretta NAPOLÉONI :

> « *La criminalité organisée ordinaire et le terrorisme politique se distinguent essentiellement par les motivations différentes de ces deux phénomènes, qui dictent la façon dont les deux types d'organisations gèrent leurs activités respectives. La cupidité est le moteur de la délinquance et l'accumulation sa principale règle comptable. Ainsi, les organisations criminelles opèrent de façon très semblable aux entreprises privées légitimes, l'objectif ultime étant le profit et*

---

[481] « Déclaration de Paris contre le blanchiment », adoptée le 8 février 2002 par des parlementaires des pays de l'Union européenne.

[482] Conseil de sécurité des Nations unies, « Rapport du Secrétaire général sur la situation au Mali », S/2013/189, 26 mars 2013, §61.

[483] Ann HAGEDORN AUERBACH, *Ransom: The Untold Story of International Kidnapping* (New York, Henry Holt and Company, 1998) cité par Loretta NAPOLÉONI, « La nouvelle économie de la terreur : comment le terrorisme est financé », *op. cit.*, p. 41.

[484] Conseil de sécurité des Nations unies, « Faire face à la menace que constitue le terrorisme associé à la criminalité transnationale organisée », Rapport du secrétaire général, S/2015/366, 21 mai 2015.

l'accumulation du gain (...). Les groupes de terroristes, en revanche, ont des motivations politiques, de sorte que leur objectif ultime est politique, à savoir remplacer une forme de gouvernement par une autre. »[485]

De la même manière, le Rapport de l'ONU sur la « *menace que constitue le terrorisme associé à la criminalité transnationale organisée* » entend, en guise d'introduction, distinguer les groupes terroristes des groupes criminels :

> « *Les groupes terroristes remettent délibérément en cause l'autorité de l'État et cherchent à amener un changement politique en recourant à la violence pour de nombreuses raisons, notamment idéologiques. Ils se livrent à des attentats spectaculaires et à des actes de violence ciblés, y compris des actes de violence sexuelle et de violence contre des minorités, pour gagner l'attention des médias internationaux.* »[486]

Les groupes criminels quant à eux :

> « *se livrent généralement à des activités clandestines afin d'éviter d'attirer l'attention des autorités publiques et des médias. Plutôt que de chercher à amener un changement politique, les organisations criminelles exploitent le statu quo pour s'enrichir. Leur action déstabilisatrice pour l'autorité de l'État vise à créer, propager ou maintenir des conditions propices à leurs activités.* »[487]

De grandes disparités opposent donc groupes terroristes et groupes criminels. Pour autant, « *dans la pratique, la distinction établie ci-dessus n'est pas toujours apparente* ». Certains groupes terroristes, initialement motivés par des raisons idéologiques, se désintéressent de plus en plus de ces dernières pour se consacrer exclusivement à des activités lucratives dont le seul objectif est l'appât du gain. C'est le cas notamment du Groupe Abu SAYYAF. Par ailleurs, les organisations terroristes se servent de plus en plus des techniques utilisées par les groupes criminels pour se financer :

> « *certains groupes terroristes semblent s'associer à des groupes criminels organisés transnationaux pour acquérir un savoir-faire, par*

---

485 Loretta NAPOLÉONI, « La nouvelle économie de la terreur : comment le terrorisme est financé », *op. cit.*, p. 36.
486 Conseil de sécurité des Nations unies, « Faire face à la menace que constitue le terrorisme associé à la criminalité transnationale organisée », Rapport du secrétaire général, *op. cit.*, p. 2.
487 *Ibid*, p. 3.

exemple en matière de techniques de blanchiment d'argent, ou un soutien opérationnel, tel que l'accès aux itinéraires de contrebande ou la fabrication de faux documents afin de faire venir des combattants terroristes étrangers. »[488]

Le Conseil de sécurité a reconnu l'existence de la collusion entre groupes criminels et groupes terroristes dans plusieurs résolutions. Ainsi, la résolution 2253 du 17 décembre 2015[489] a reconnu :

> « *le fait que, dans certains cas, l'EIIL, Al-Qaïda et les personnes, groupes, entreprises ou entités qui leur sont associés continuent de tirer profit de leur participation à la criminalité transnationale organisée, et constatant avec inquiétude que, dans certaines régions, des terroristes tirent profit de la criminalité transnationale organisée.* »

La résolution 2199 (2015)[490] quant à elle estime « *qu'il faut prendre des mesures pour prévenir et réprimer le financement du terrorisme et des organisations terroristes, y compris celui tiré du produit de la criminalité organisée* ». En ce sens, la résolution 2195 (2014)[491] constate que « *des personnes, groupes, entreprises et entités associés à Al-Qaïda et frappés de sanctions continuent parfois de tirer profit d'activités de criminalité transnationale organisée* ». Ces résolutions semblent avoir pris acte du fait que les groupes terroristes fonctionnent comme des entreprises criminelles internationales[492].

De son côté, l'OCDE a fait un constat similaire : « *Les tactiques utilisées par les criminels et les terroristes pour atteindre des objectifs opérationnels distincts présentent certaines similitudes.* » L'organisation ajoute toutefois

---

[488] Conseil de sécurité des Nations unies, « Faire face à la menace que constitue le terrorisme associé à la criminalité transnationale organisée », Rapport du secrétaire général, 21/05/2015, S/2015/366, p. 3.

[489] Résolution 2253 de l'ONU adoptée par le Conseil de sécurité le 17 décembre 2015, S/RES/2253 (2015), disponible en ligne : http://www.un.org/french/docs/sc/2015/res2253f.pdf.

[490] Résolution 2199 de l'ONU adoptée par le Conseil de sécurité le 12 février 2015, S/RES/2199 (2015), disponible en ligne sur: http://www.un.org/french/docs/sc/2015/res2199f.pdf.

[491] Résolution 2195 de l'ONU adoptée par le Conseil de sécurité le 19 décembre 2014, S/RES/2195 (2014), disponible en ligne: http://www.un.org/french/docs/sc/2001/res2195f.pdf.

[492] OCDE, « Terrorisme, corruption et exploitation criminelle des ressources naturelles », juin 2016, p. 5.

que « *les organisations criminelles, les terroristes se consacrent à une gamme d'activités que favorise considérablement la corruption* »[493].

C- Les liens entre corruption et terrorisme

En guise d'avant-propos à la Convention des Nations unies contre la drogue et le crime, Kofi ANNAN, alors Secrétaire général de l'organisation affirme que :

> « *La corruption est un mal insidieux dont les effets sont aussi multiples que délétères. Elle sape la démocratie et l'état de droit, entraîne des violations des droits de l'homme, fausse le jeu des marchés, nuit à la qualité de la vie et crée un terrain propice à la criminalité organisée, au terrorisme.* »[494]

Selon Richard HAASS, la corruption s'installe sur les faiblesses de l'État. S'il se retrouve incapable de gérer de manière autoritaire son pré carré, l'État se retrouve alors concurrencé par des affairistes mal intentionnés[495]. La corruption est donc le terreau fertile du terrorisme qui installe habituellement son administration dans des États politiquement faibles. Selon un rapport intitulé « *The Big Spin* » de *Transparency International*, la corruption est « *l'arme la plus puissante dans l'arsenal de l'extrémisme violent* »[496]. En effet, selon ce même rapport, la corruption a contribué à l'émergence de mouvements radicaux en Irak, en Libye et au Nigeria, en leur permettant notamment de recruter les djihadistes nécessaires au fonctionnement de l'organisation[497][498].

Concrètement, selon l'Office contre la drogue et le crime des Nations unies, « *la criminalité organisée, le trafic illicite et la contrebande qui*

---

[493] *Idem.*

[494] V. L'Office contre la drogue et le crime des Nations unies, *Convention des Nations unies contre la corruption*, 2004.

[495] Richard HAASS, « The Unraveling, How to Respond to a Disordered World », *Foreign Affairs*, novembre/décembre 2014.

[496] Transparency International, « The Big Spin, Corruption and the growth of violent extremism », févr. 2017.

[497] *Idem.*

[498] Achraf RIFI, ministre de la Justice du Liban et président du Réseau arabe pour le renforcement de l'intégrité et la lutte contre la corruption, a déclaré, en 2015 que : « *Les terroristes profitent de la corruption et l'encouragent dans le but de financer leurs activités, et passer leur équipement en contrebande, et de soustraire leurs réseaux à la surveillance des institutions chargées de la sécurité et de la justice. Le terrorisme et la corruption se nourrissent mutuellement* » (OCDE, « Terrorisme, corruption et exploitation criminelle des ressources naturelles », juin 2016, p. 5.).

affectent l'Afrique de l'Ouest et du Centre reposent fortement sur la corruption afin d'éliminer l'interférence des responsables de l'application de la loi et de la justice »[499].

Comme les organisations criminelles, les groupes terroristes qui se consacrent à des activités criminelles pour financer leur organisation et leurs actions, utilisent des activités qui favorisent la corruption : par exemple le versement de pots-de-vin aux agents des douanes lors de passages de frontières afin d'introduire en contrebande des marchandises illicites. Selon un rapport de l'OCDE, « *la corruption est la 'technologie habilitante' qui rend de nombreux crimes terroristes possibles.* »[500]. Selon ce même rapport :

> « *deux des pirates aériens ayant participé aux événements du 11 septembre sont soupçonnés de s'être procuré auprès d'une antenne du Département des véhicules automobiles de l'État de Virginie des permis de conduire frauduleux, qu'ils ont utilisés comme pièces d'identité pour embarquer sur le vol.* »[501]

Les terroristes opérant dans les aéroports doivent corrompre le personnel travaillant sur place pour perpétrer leurs actions, par exemple dans le cas de l'attentat à la bombe perpétré en 2004 sur l'aéroport de Moscou-Domodedovo[502]. La corruption de gardes-frontières permet également aux terroristes de se déplacer d'un pays à l'autre et d'introduire les objets de leurs trafics dans un pays cible.

D- Les trafics qui alimentent le financement du terrorisme

La liste des trafics qui alimentent le terrorisme a pour limite l'imagination des financiers du terrorisme. Cette source de financement est l'une des plus importantes pour les organisations terroristes qui utilisent toutes les possibilités offertes par la mondialisation des échanges et par l'économie de marché pour se financer, parfois à la marge des législations internationales, régionales et/ou locales. Rappelons que COULIBALY se livrait habituellement à des petits trafics de drogue qui lui ont probablement permis d'alimenter la somme nécessaire à la commission des attentats de janvier 2015. Nous

---

[499] En ligne : https://www.unodc.org/westandcentralafrica/fr/newrosenwebsite/anti-corruption/anti-corruption.html

[500] OCDE, « Terrorisme, corruption et exploitation criminelle des ressources naturelles », *op. cit.*, p. 4.

[501] *Idem.*

[502] V. Louise I. SHELLEY, *Dirty Entanglements: Corruption, Crime, and Terrorism*, Cambridge University Press, 2014.

évoquerons deux trafics majeurs qui alimentent le financement du terrorisme : le trafic d'êtres humains (i) et le trafic d'œuvres d'art (ii).

1- Le trafic d'êtres humains

Dans cette *rubrique* - qui semble dater d'une autre époque mais qui est plus que jamais d'actualité, notamment avec les méthodes de financement utilisées par Daech - peuvent être inclus proxénétisme, prostitution, commerce pédophile, traite d'êtres humains, esclavage, enlèvements, trafic de main-d'œuvre immigrée. Selon les chiffres des Nations unies, il y aurait aujourd'hui, près de 45 000 victimes considérées comme *marchandises humaines* dans le monde. Ce chiffre reflète le nombre d'êtres humains vendus sur la planète. L'ONU estime que les femmes et les jeunes filles représentent 70% de ces victimes. Ce trafic rapporterait à ses instigateurs plus de 32 milliards de dollars par an[503].

Dans la résolution 2199 (2015) précitée, le Conseil de sécurité des Nations unies condamne « *avec la plus grande fermeté les enlèvements de femmes et d'enfants* » et se déclare « *profondément choqué par l'exploitation et les sévices, dont le viol, les sévices sexuels et les mariages forcés* » perpétrés par Daech et le Front el-Nosra. La résolution note également que :

> « *les rançons versées à des groupes terroristes constituent l'une des sources de revenus qui viennent soutenir l'effort de recrutement mené par ces groupes, renforcer leur capacité opérationnelle d'organiser et de perpétrer des attentats terroristes, et encourager la pratique des enlèvements contre rançon.* »

Le Mémorandum d'Alger précité sur les bonnes pratiques en matière de prévention des enlèvements contre rançon par des terroristes affirme également que :

> « *le recours aux enlèvements contre rançon que pratiquent les terroristes dans certaines régions du monde pour financer leurs activités constitue une préoccupation majeure pour la communauté internationale, une menace à la paix, à la sécurité et au développement dans ces régions, et une atteinte au droit à la vie, à la liberté et à la sécurité des personnes.* »

---

503 Fabien PILIU, Denis BOULARD, *L'argent de la terreur*, *op. cit.*, p. 144.

Daech est l'illustration parfaite d'une organisation terroriste qui se finance en grande partie grâce aux rançons issues des enlèvements[504]. Ce commerce serait devenu si rentable pour les finances de l'organisation que cette dernière aurait édité un guide du kidnapping et supervise de nombreuses prises d'otages[505]. La valeur commerciale d'un otage est en effet très lucrative : de 200 000 dollars versés en 2003, les rançons atteignent aujourd'hui les 10 millions de dollars par otage[506]. Selon une enquête menée par le *New York Times* en 2014, l'Europe aurait versé 105 millions de dollars à Al-Qaïda *via* le versement de rançons aux diverses factions du groupe en échange de la libération de ressortissants enlevés. Selon l'enquête, c'est la France qui est en tête avec 58 millions de dollars de versements depuis 2008[507]. Pour la seule année 2013, les paiements ont totalisé 66 millions de dollars. David S. COHEN, alors sous-secrétaire au Trésor américain pour le terrorisme et le renseignement financier, a déclaré, dans un discours en 2012 que les « *enlèvements contre rançon sont devenus aujourd'hui la plus importante source de financement du terrorisme.* »[508]. Selon le Centre d'analyse du terrorisme, en 2014, Daech a encaissé plus de 100 millions de dollars grâce aux enlèvements[509]. Selon Amnesty International, dans un rapport publié en 2015 :

> « *l'État islamique profite d'un marché noir insidieux des disparitions forcées nombreuses et systématiques. Les familles qui cherchent désespérément à savoir ce qu'il est advenu d'un proche disparu sont*

[504] Le GAFI de son côté, a affirmé dans un rapport que : « *les enlèvements pour rançon en tant que méthode de financement du terrorisme ont été identifiés dans le monde entier par les organes d'application de la loi comme une source importante de revenus pour les groupes terroristes qui opèrent souvent dans des pays politiquement instables où l'autorité centrale est souvent faible, et la corruption endémique dans le secteur tant public que privé, et où le tissu social s'est déchiré à un degré considérable. Des millions de dollars provenant du versement de rançons sont tombés dans l'escarcelle d'organisations terroristes, qui se servent de réseaux de facilitateurs pour acheminer cet argent par le biais de systèmes officieux de transfert de fonds mais aussi, ce qui est plus inquiétant, par le biais d'institutions financières légitimes, banques et maisons de change par exemple* » (Rapport du GAFI, « Organized Maritime Piracy and related Kidnapping for Ransom », paragraphe 49 (juillet 2011), accessible [en anglais seulement] en ligne : http://www.fatf-gafi.org/dataoecd/40/13/48426561.pdf.).

[505] Fabien PILIU, Denis BOULARD, *L'argent de la terreur*, *op. cit.*, p. 139.

[506] « Ces rançons européennes qui financent Al-Qaïda », *Tribune de Genève*, 31 juill. 2014.

[507] Rukmini CALLIMACHI, « Paying ransoms, Europe bankrolls Qaeda terror », *New York Times,* 29 juill. 2014.

[508] « Comment l'Europe, dont la France, finance Al-Qaïda », *Challenges*, 30 juillet 2014.

[509] CAT, « ISIS financing 2015 », mai 2016.

impitoyablement exploitées par des individus qui leur soutirent de l'argent. »[510]

Selon ce même rapport, les disparitions forcées sont devenues tellement systématiques en Syrie qu'un marché noir s'est mis en place avec des intermédiaires chargés par des familles désespérées de retrouver leurs proches disparus. Rami Abdel RAHMANE, le directeur de l'Observatoire syrien des droits de l'homme (« OSDH ») précise que, lors de la prise de la ville de Deir ez-Zor en Syrie le 16 janvier 2016, par les islamistes de Daech, « *l'État islamique a enlevé au moins 400 civils dans sa banlieue d'Al-Bgheliyeh, dont il a pris le contrôle et dans d'autres régions situées à proximité* »[511].

Les rançons payées contre la libération d'otages sont ainsi des sources de revenus substantielles pour les terroristes. En 1991, par exemple, le mouvement islamique ouzbek (« IMU ») a enlevé un général qui travaillait au ministère de l'Intérieur du Kirghizistan et quatre géologues japonais qui travaillaient pour une société minière près de Batken, région la moins développée du Kirghizistan. Selon des diplomates occidentaux, le gouvernement japonais a secrètement payé à l'IMU entre deux et six millions de dollars en espèces pour obtenir leur libération[512].

La convention internationale contre la prise d'otages de 1979 fait partie du cadre juridique international pour lutter contre le terrorisme, et oblige les États parties, entre autres, à faire de la prise d'otages un délit en vertu de leur législation interne et à coopérer en vue de prévenir la perpétration de cette infraction.

2- Le trafic d'œuvres d'art

Dans sa déclaration finale sur la lutte contre le financement du terrorisme, le G20 a appelé, le 7 juillet 2017, à la vigilance sur les liens entre le terrorisme et le pillage d'antiquités[513]. Le 13 juillet de la même année, la Commission européenne a proposé de nouvelles règles visant à empêcher l'importation illégale et le trafic de biens culturels[514]. Selon Pierre MOSCOVICI, commissaire européen pour les affaires économiques et

[510] Amnesty International, « Syrie : le marché noir des disparitions forcées », 5 nov. 2015.
[511] Propos cités par Fabien PILIU, Denis BOULARD, *L'argent de la terreur*, *op. cit.*, p. 141.
[512] Ahmed RASHID, « They're only sleeping: why militant Islamists in Central Asia aren't going to go away », *New Yorker*, 14 janv. 2002.
[513] « L'UE cible le trafic d'œuvres d'art pour enrayer le financement du terrorisme », *RFI*, 15 juill. 2017.
[514] « L'UE s'attaque au trafic d'œuvres d'art », *Challenges*, 13 juill. 2017.

financières « *le trafic d'œuvres d'art est une arme parfaite pour les groupes terroristes. En pillant les territoires qu'ils occupent en Syrie et en Irak, ces groupes financent leurs activités criminelles, y compris des attentats sur le sol européen* »[515].

Dans le paragraphe 7 de la résolution 1483 (2003)[516] du Conseil de sécurité des Nations unies, il est précisé que :

> « *tous les États membres doivent prendre les mesures voulues pour faciliter la restitution, en bon état, aux institutions iraquiennes des biens culturels iraquiens et des autres objets ayant une valeur archéologique, historique, culturelle, scientifique ou religieuse, qui ont été enlevés illégalement du Musée national iraquien, de la Bibliothèque nationale et d'autres sites en Iraq (...), notamment en frappant d'interdiction le commerce ou le transfert de ces objets et des objets dont il y a de bonnes raisons de croire qu'ils ont été enlevés illégalement.* »

Ce que la littérature appelle désormais les *antiquités de sang*, en faisant un parallèle savant avec les *diamants de sang* du Sierra Leone, serait aujourd'hui la deuxième source de financement pour certains groupes terroristes syriens[517], après le pétrole. Ce trafic rapporterait à Daech entre 20 et 100 millions de dollars par an selon les estimations[518]. Plusieurs sites majeurs ont été pillés : Palmyre, Hatra, Nimrud ou Doura Europos : les pièces les plus précieuses sont directement envoyées à Istanbul, Genève ou New York[519].

En mai 2015, des soldats des forces spéciales américaines ont découvert dans le QG d'Abou SAYYAF, haut dignitaire de Daech, des permis de

---

[515] *Idem.*

[516] Résolution 1483 de l'ONU adoptée par le Conseil de sécurité le 22 mai 2003, S/RES/1483 (2003), disponible en ligne : http://www.un.org/french/docs/sc/2015/res1483f.pdf.

[517] Fabien PILIU, Denis BOULARD, *L'argent de la terreur*, *op. cit.*, p. 148.

[518] *Ibid*, p.150.

[519] Selon les accusations de l'ambassadeur de Russie à l'ONU, Vitali TCHOURKINE, lancées dans une lettre adressée au Conseil de sécurité le 6 avril : « l*es profits tirés par les islamistes du commerce illicite d'antiquités et de trésors archéologiques sont estimés à 150 à 200 millions de dollars par an. (...) environ 100 000 objets culturels d'importance mondiale, 4 500 sites archéologiques, dont neuf sont inscrits au Patrimoine mondial de l'Unesco, sont sous le contrôle de l'État islamique. (...) Le principal centre pour la contrebande des articles du patrimoine mondial est la ville turque de Gaziantep, où des biens volés sont vendus lors d'enchères illégales et ensuite diffusés via un réseau de magasins d'antiquités et sur le marché local* » (Louis CHARBONNEAU, « Daech tirerait 200 millions de dollars de la vente d'antiquités », *Reuters*, 6 avr. 2016.).

fouilles délivrés par le département des antiquités de Daech. En échange de ces permis, l'organisation prélevait une dîme de 20 à 50 % sur les produits des pillages[520]. Les antiquités sont donc revendues à des trafiquants qui sont taxés à des taux variant de 20 à 50 % par Daech.

Par la suite, les antiquités sont ensuite transportées au Liban, en Turquie et dans les pays du Golfe avant d'être clandestinement écoulées aux quatre coins du monde. Les financiers du terrorisme maîtrisent avec habilités les subtilités du commerce international.

E- La pratique du commerce illicite

Pour Bernard SQUARCINI, ancien directeur du renseignement intérieur français, « *depuis 1995, on a beaucoup appris, notamment sur les modes de financement des réseaux terroristes. On s'est aperçu que le commerce illicite de produits licites permettait de faire grossir des petits réseaux aux objectifs terroristes* »[521].

La contrebande et le commerce illicite sont des activités rentables pratiquées de longue date, par les groupes terroristes internationaux pour se financer. Selon Laurence BINDNER du Centre d'analyse du terrorisme, « *l'industrie du commerce illicite est en forte croissance : sa valeur globale a plus que doublé entre 2008 et 2015, passant de 650 Mds$ à 1 700 Mds$* »[522]. Par commerce illicite, nous entendons ici la contrebande (1) et la contrefaçon (2).

La contrefaçon consiste en l'usurpation du droit de propriété littéraire, artistique, commerciale ou industrielle d'un autre. Elle consiste également en l'action d'imiter frauduleusement un objet ayant un caractère public (monnaie, billets de banque…). Enfin, une contrefaçon est une œuvre, un objet qui est l'imitation ou la reproduction frauduleuse d'un autre[523].

La contrebande quant à elle consiste à introduire clandestinement, dans un pays, des marchandises prohibées ou soumises au paiement de droits de douane ou d'octroi. La contrebande consiste également en l'introduction

---

[520] Fabien PILIU, Denis BOULARD, *L'argent de la terreur, op. cit.*, p. 151.

[521] « Bernard SQUARCINI : les services de renseignement belges sont très bons mais sous-dimensionnés », *20 minutes*, 23 mars 2016.

[522] Laurence BINDNER, « Commerce Illicite et Financement du Terrorisme », *Centre d'analyse du terrorisme*, déc. 2016.

[523] Dictionnaire Larousse en ligne.

clandestine, dans un pays, de marchandises prohibées ou soumises au paiement de droits de douane ou d'octroi[524].

Or le lien entre commerce illicite et financement du terrorisme est aujourd'hui avéré[525]. Toujours selon Laurence BINDNER, « *l'examen de l'implication des organisations terroristes dans le commerce illicite, en particulier la contrebande et la contrefaçon, constitue donc une étape clé dans la lutte contre leur financement* »[526].

1- La contribution de la contrefaçon au financement du terrorisme

La contrefaçon ne représente pas simplement un coût économique pour les entreprises, mais relève d'un enjeu plus important encore : le financement du terrorisme.

L'enquête sur les méthodes de financement des auteurs des attentats de Paris de janvier 2015 a démontré que ces derniers ont profité des profits générés par un trafic de contrefaçons. COULIBALY, « *fort de son passé de braqueur, a approvisionné le trio en armes de guerre et participé au financement de l'opération par un trafic de contrefaçons* »[527].

Selon l'Office de l'Union européenne pour la propriété intellectuelle (« EUIPO »), le commerce de la contrefaçon coûterait 26 milliards d'euros par an aux industriels européens, dont 3,5 milliards aux fabricants français[528]. La liste des produits pouvant être contrefaits étant sans limites, « *la possibilité de récolter des espèces dans toutes les devises du monde l'est également. Il est donc mécaniquement normal que le terrorisme se finance aussi grâce à la vente de produits contrefaits* »[529].

Historiquement, de nombreux exemples illustrent les cas de financement du terrorisme par l'intermédiaire des fruits du commerce illicite : le Hezbollah (cigarettes, plaquettes de frein), les rebelles tchétchènes

---

524 *Idem.*

525 Selon Laurence BINDNER du centre d'analyse du terrorisme, « Un manuel militaire d'Al-Qaïda, saisi chez Anas al-Libi en 2000, mentionnait déjà la contrebande et la fausse-monnaie comme sources de financement recommandées ».

526 Laurence BINDNER, « Commerce Illicite et Financement du Terrorisme », *op. cit.*

527 Mélanie DELATTRE, Christophe LABBÉ, Marc LEPLONGEON (avec Olivier PÉROU et Gwendoline DOS SANTOS), « Sur la piste des réseaux invisibles », *Le Point*, 16 janv. 2015.

528 Fabien PILIU, Denis BOULARD, *L'argent de la terreur, op. cit.*, p. 199.

529 *Ibid*, p. 200.

(contrefaçon de CD), l'ETA (vêtements et sacs), les FARC (CD), Al-Qaïda (textiles et CD), l'IRA (cigarettes), etc.[530]

Dans son rapport de 2016, l'UNIFAB parle de la « *nouvelle génération de terroristes contrefacteurs* » et reprend une affirmation portée dans un article du *Figaro* daté du 22 février 2015 : « *la génération KOUACHI-COULIBALY se tourne de plus en plus dans la vente de fausses marques, un secteur lucratif peu risqué.* »[531] Selon l'enquête menée par les journalistes du *Figaro*, les auteurs des attentats de Paris « *vivaient de trafics de drogues mais aussi et surtout, de ventes de produits contrefaisants, des chaussures Nike notamment.* »[532]

Selon un article du *Point*, l'implication des terroristes dans le trafic de contrefaçon était connue des autorités, car « *Saïd KOUACHI a été pincé il y a deux ans par les douanes de Roissy dans une affaire d'importation frauduleuse. Il faisait venir de fausses Nike de Chine par colis postal. L'infraction s'était soldée par une simple amende* »[533][534].

Enfin, selon une enquête menée par *L'Obs*, Chérif KOUACHI aurait envoyé *via* Western Union plus de 8 000 euros en Chine : « *Ces transferts correspondent à des chaussures de contrefaçon. Elles étaient achetées en Asie avant d'être revendues par KOUACHI en France et en liquide. Une partie des armes aurait été acquise via ce trafic.* »[535]

Face à l'ensemble de ses révélations, Hélène CROCQUEVIEILLE, directrice générale des Douanes et droits indirects, a affirmé que « *le trafic de*

---

[530] Exemples cités dans EY et FICCI, « Counterfeiting, piracy and smuggling : growing threat to national security », 2014, et dans « Le Financement du Terrorisme : la Contrebande et la Contrefaçon de Cigarettes », *Centre d'Analyse du Terrorisme*, mars 2015.

[531] Jean-Marc LECLERC, « Les terroristes versent dans la contrefaçon », *Le Figaro*, 22 févr. 2015.

[532] *Idem.*

[533] Mélanie DELATTRE, Christophe LABBE, « Les douanes étaient aux trousses de Saïd Kouachi », *Le Point*, 4 févr. 2015.

[534] Un article de *L'Express* a, quant à lui, rapporté que la police judiciaire aurait eu connaissance du trafic de contrefaçons auquel se livrait Chérif KOUACHI : « *les conversations de Chérif au téléphone et ses fréquentations semblent montrer qu'il se lance alors dans la contrefaçon de vêtements et de chaussures de sport. Pour les policiers, il sort du spectre terroriste, semblant entrer dans celui de la petite délinquance. Aucun signe de dangerosité n'est détecté. Si bien qu'en juin 2014, la surveillance des KOUACHI est définitivement levée. La police passe à d'autres suspects. Sept mois plus tard, les frères font irruption dans la salle de rédaction de Charlie Hebdo* » (Pascal CEAUX et Éric Pelletier, « Frères Kouachi: révélations au Yémen », *L'Express*, 20 janv. 2015).

[535] Mathieu DELAHOUSSE, Violette Lazard, « Terrorisme : la chasse au cash », *L'Obs*, 18 mars 2015.

chaussures de sport par les frères KOUACHI a mis en exergue le lien étroit entre la contrefaçon et le financement du terrorisme ». En sens, le secrétaire général d'Interpol, M. Ronald K. NOBLE a déclaré, en 2003, que :

> « *Si le lien entre les organisations criminelles et la contrefaçon est bien connu, Interpol alerte aujourd'hui la communauté internationale sur le fait que la criminalité liée à la propriété intellectuelle est en passe de devenir le moyen de financement de prédilection d'un certain nombre d'organisations terroristes. Le nombre d'exemples où ce mode de financement est utilisé est désormais suffisant pour que nous nous inquiétions de la menace que constituent ces méthodes pour la sécurité publique.* »[536]

Deux ans plus tard, le Secrétaire général réaffirmait son propos en déclarant lors du Congrès mondial sur la lutte contre la contrefaçon et le piratage que :

> « *Nul pays ne peut à lui seul venir à bout des infractions de ce type. En ces temps où les responsables de police sont concentrés sur le terrorisme et sur d'autres formes de grande criminalité, il importe qu'ils ne sous-estiment pas le préjudice que les atteintes à la propriété intellectuelle causent à nos économies, ni le danger potentiel qu'elles représentent pour la sécurité publique.* »[537]

En septembre 2013, le sénateur et président du Comité national anticontrefaçon (« CNAC »)[538] Richard YUNG, auteur d'une proposition de loi tendant à renforcer la lutte contre la contrefaçon, rappelait que « *le commerce de marchandises contrefaisantes participe au financement de nombreuses organisations mafieuses et terroristes, qui pratiquent la contrefaçon pour blanchir de l'argent sale* »[539]. Le sénateur Yvon COLLIN, quant à lui, avait déclaré :

> « *en tout état de cause, de puissants réseaux criminels se cachent bien souvent derrière les producteurs de produits contrefaisants : n'oublions pas que la contrefaçon est également une manière pour des*

---

536 INTERPOL, « INTERPOL attire l'attention sur un lien entre la contrefaçon et le terrorisme », 16 juill. 2003, en ligne : //www.interpol.int/fr/Centre-des-m%C3%A9dias/Nouvelles/2003/PR019

537 Propos recueillis lors de l'ouverture du Congrès sur la lutte contre la contrefaçon et la piraterie, 2005.

538 « YUNG dirige la lutte anti-contrefaçon », *Le Figaro*, 18 juill. 2013.

539 Sénat, « présentation de la proposition de loi tendant à renforcer la lutte contre la contrefaçon », 2013.

groupes terroristes ou mafieux de diversifier leurs sources de revenus, dans le cadre de sanctions pénales plus faibles. L'importation ou la contrebande de marchandises contrefaisantes sont en effet moins sanctionnées que le trafic de stupéfiants, et constituent à cet égard une prime de moindre risque pour des bénéfices équivalents, voire supérieurs. »[540]

La contrefaçon est aujourd'hui une source de financement plus rentable pour le financement du terrorisme que ne l'est le trafic de drogue. Moins sanctionnée, la contrefaçon est aussi moins risquée que le trafic de stupéfiants[541]. Pour résumer les différents propos tenus par les personnalités publiques précitées, « *Lutter contre la contrefaçon permet également de lutter contre le terrorisme* »[542]. Il est toutefois intéressant de rappeler qu'à la différence des organisations criminelles qui cherchent le profit à travers le commerce de contrefaçons, les organisations terroristes utilisent la contrefaçon comme un moyen parmi d'autres pour se financer. Ce mélange des genres entre criminalité et terrorisme fait que « *la lutte contre le terrorisme passe par la lutte contre la criminalité* »[543]. Or d'après la Commission des Nations unies pour la prévention du crime et de la justice pénale, « *la contrefaçon est désormais la deuxième source de revenus criminels dans le monde* »[544]. Les profits générés par la contrefaçon sont par la suite utilisés pour financer d'autres activités criminelles telles que la fraude, la falsification de documents, l'évasion fiscale et la traite des êtres humains, qui peuvent par la suite servir aux organisations criminelles et terroristes[545]. Cette « *diversification brouille les frontières entre le crime*

---

540 Propos lors d'une séance publique du Sénat du 20 novembre 2013, rapporté par UNIFAB, « Contrefaçon et terrorisme », Rapport 2016, p. 5.

541 En ce sens, lors des discussions relatives à l'adoption de la loi du 11 mars 2014 renforçant la lutte contre la contrefaçon, Michel DELEBARRE, le rapporteur du projet, a rappelé durant les conclusions de la Commission, que : « *les flux internationaux de contrefaçon semblent de plus de plus en lien avec des organisations criminelles transnationales, qui trouvent dans la contrefaçon un trafic plus rentable, moins risqué pénalement et financièrement et encore moins poursuivi par les États que le trafic de drogue par exemple* » (Sénat, session ordinaire 2013-2014, « Rapport n° 133 fait sur la proposition de loi de M. Richard YUNG et plusieurs de ses collègues, tendant à renforcer la lutte contre la contrefaçon », par Michel DELEBARRE.).

542 Christian ECKERT, « 3e opération nationale de destruction de contrefaçons saisies par la douane », *Douanes*, 5 nov. 2015, en ligne : http://www.douane.gouv.fr/articles/a12607--archive-3e-journee-nationale-de-destruction-de-contrefacons-.

543 Céline LUSSATO, « Daech a une diversité de revenus plus grande que certains pays ! », *L'Obs*, 15 mars 2015.

544 Jean-Marc LECLERC, « Les terroristes versent dans la contrefaçon », *op. cit.*

545 Rapport 2015 sur « La situation de la contrefaçon au sein de l'Union européenne », Europol et OHMI, en ligne : https://oami.europa.eu/ohimportal/documents/11370/80606/2015+Situation+Report+on+Counterfeiting+in+the+EU.

organisé, le terrorisme et la contrefaçon ; trois activités illicites de plus en plus reliées »[546]. À titre d'exemple, Roslyn A. MAZER, ex-membre de la division criminelle du département américain de la Justice, affirme que :

> « *de récents développements suggèrent que bien des gouvernements suspectés de soutenir Al-Qaïda, sont sympathisants, corrompus par, ou à tout le moins ignorants du trafic hautement lucratif de la contrefaçon et des produits piratés susceptibles de générer d'énormes flux d'argent au profit des terroristes.* »[547]

Le commerce de contrefaçons est en effet une activité financière particulièrement lucrative pour les organisations terroristes, et donc l'une des plus empruntées. Le niveau d'implication des organisations terroristes varie d'une participation à la production à la simple collecte des produits des ventes opérées à l'échelle individuelle, dans un contexte de décentralisation des cellules terroristes, largement autofinancées[548].

Selon Fabien PILIU et Denis BOULARD, la contrefaçon de marques au niveau mondial représente près de 10 % du montant du chiffre du commerce mondial[549]. Selon le rapport de la Commission des lois de l'Assemblée nationale de février 2015, le trafic mondial de contrefaçons représenterait aux alentours de 250 milliards d'euros par an, soit approximativement 30 % des revenus de la criminalité organisée.

2- La contribution de la contrebande au financement du terrorisme

Lors d'une conférence, Mohamed KAMMOUN, juge d'instruction près le Tribunal de première instance de Tunis a déclaré que « *La relation entre les groupes terroristes et les contrebandiers est une relation organique. C'est une relation gagnant-gagnant* »[550]. Ce dernier ajoute que « *Les contrebandiers ont besoin d'argent, tandis que les terroristes ont besoin de leurs (contrebandiers) services. Ce rapport est à la fois compatible et profitable pour les deux parties* »[551].

---

[546] UNIFAB, « Contrefaçon et terrorisme », Rapport 2016, p. 9.
[547] Washington Post, « From T-Shirts to Terrorism », 30 sept. 2011, cite par UNIFAB, contrefaçon et terrorisme, Rapport 2016, p. 10.
[548] Laurence BINDNER, « Commerce illicite et financement du terrorisme », *op. cit.*
[549] Fabien PILIU, Denis BOULARD, *L'argent de la terreur, op. cit.*, p. 186.
[550] « Pour le premier juge d'instruction près le Tribunal de première instance de Tunis, contrebande et terrorisme se nourrissent mutuellement », *Huffpostmaghreb*, 31 janv. 2017.
[551] *Idem.*

Les organisations terroristes, aujourd'hui, se financent effectivement massivement à travers la contrebande. Daniel PEARL, juste avant son assassinat par le groupe *Jaish-I-Mohammed*, a écrit que, « *outre les gains qu'elle apporte aux réseaux, la contrebande est une source d'emploi pour les pauvres qui habitent les régions tribales le long de la frontière afghane* »[552]. Cette phrase, selon Loretta NAPOLÉONI, « *résume les aspects économiques de la contrebande* »[553] : la contrebande est une industrie qui finance les groupes terroristes et les organisations criminelles. À noter que « *les activités de contrebande sont menées soit directement par ces groupes, soit indirectement par d'autres groupes auxquels ils offrent une protection moyennant* rémunération. »[554].

En 1999, un organisme des Nations unies a estimé que les exportations illégales en provenance d'Afghanistan vers le Pakistan représentaient une valeur de près de 1 milliard de dollars, et les exportations de l'Afghanistan vers l'Iran 140 millions de dollars. L'ONU a estimé que le montant que les Talibans tiraient de ces opérations sous forme d'un droit à l'exportation était de 36 millions de dollars, mais ce chiffre a été évalué par la Banque mondiale à 75 millions de dollars[555]. Par ailleurs, selon une étude de l'Université nationale de Colombie, le chiffre d'affaires réalisé à San Andresito, le plus vaste marché colombien de la contrebande, représentait, en 1986, 13,7 % du produit national brut du pays et 25,6 % en 1996[556]. Comme l'écrit Loretta NAPOLÉONI :

> « *La contrebande met ainsi à la portée de vastes secteurs de la population locale une large gamme de produits qui seraient autrement trop chers pour elle, ce qui est l'une des raisons pour lesquelles il est politiquement très difficile d'éliminer ce type de commerce.* »[557]

Selon le rapport de l'OCDE précité, la contrebande d'antiquités est considérée comme une source importante de financement du terrorisme. Par

---

552 Daniel PEARL, Steve STECKLOW, « Taliban banned TV but collected profits on smuggled Sonys », *Wall Street Journal*, 9 janv. 2002.

553 Loretta NAPOLÉONI, « La nouvelle économie de la terreur : comment le terrorisme est financé », *op. cit.*, p. 43.

554 OCDE, « Terrorisme, corruption et exploitation criminelle des ressources naturelles », *op. cit.*, p. 5.

555 Daniel PEARL et Steve STECKLOW, « Taliban banned TV but collected profits on smuggled Sonys », *op. cit.*

556 Douglas FARAH, « Money cleaned, Colombian style: contraband used to convert drug dollars », *Washington Post*, 30 août 1998.

557 Loretta NAPOLÉONI, « La nouvelle économie de la terreur : comment le terrorisme est financé », *op. cit.*, p. 45.

ailleurs, le commerce illicite peut aussi porter sur des produits plus banals, comme le sucre dans le cas du trafic servant à financer les *Chabab* somaliens[558]. Selon ce même rapport de l'OCDE, « *de nombreux pays d'Europe, d'Afrique ou d'Amérique du Sud durement touchés par le terrorisme signalent l'existence d'un lien direct entre les trafics de drogues, d'armes à feu et de migrants, et le terrorisme* »[559].

Les principales sources de financement des groupes terroristes sont la criminalité organisée et le trafic d'armes et de drogues. L'ONU a estimé que le trafic de drogue représente un chiffre d'affaires de quelque 400 milliards de dollars par an, et le trafic d'armes de petit calibre s'est considérablement intensifié depuis la fin de la guerre froide. En Colombie et au Pérou, par exemple, les groupes terroristes sont financés en partie par le trafic de drogue, et c'est également ce trafic qui finance différents groupes qui opèrent au Moyen et en Extrême-Orient[560]. Au cours des dix dernières années, les groupes terroristes ont, de plus en plus, eu recours au trafic de drogue pour financer leurs opérations. Tel a été le cas notamment du Sendero Luminoso au Pérou, du Movimiento 19 de Abril (M-19) et des Forces armées révolutionnaires de Colombie (« FARC ») en Colombie, de l'Union nationale Karen au Myanmar et des Tigres de libération de l'Elam tamoul. Des groupes qui opèrent en Afghanistan, premier producteur mondial d'opium, ont également été accusés d'être impliqués dans le trafic de drogues, et tel a été le cas aussi de la Bosnie-Herzégovine. Chris DISHMAN affirme que la plupart de ces groupes ne sont pas affiliés au crime organisé, mais établissent leurs propres réseaux criminels[561].

Dans la plupart des situations, « *bien qu'ayant des objectifs radicalement différents, les organisations terroristes s'inspirent des méthodes du crime pour financer leurs opérations* »[562]. Selon une étude menée par Jean-Charles BRISARD et publiée par le Centre d'analyse du terrorisme en mars 2015, un cinquième des tous les attentats commis ces dernières années en Amérique du Nord, en Afrique, en Europe et en Asie ont utilisé la contrebande de cigarettes[563].

---

[558] OCDE, « Terrorisme, corruption et exploitation criminelle des ressources naturelles », *op. cit.*, p. 5.
[559] *Idem.*
[560] Richard H. WARD, « Les aspects économiques du terrorisme », *op. cit.*, p. 28.
[561] *Idem.*
[562] Jean-Charles BRISARD, « Financement du terrorisme – La contrebande et la contrefaçon de cigarettes », *Centre d'analyse du terrorisme*, mars 2015.
[563] *Idem.*

Amedy COULIBALY, auteur de la fusillade de Montrouge et de la prise d'otages de l'Hyper Cacher se finançait en partie grâce à la contrebande et à la contrefaçon de cigarettes. En effet, lors de fouilles et perquisitions effectuées le 18 mai 2010 dans plusieurs boxes utilisées par ce dernier, « *deux cartons de cartouches de cigarettes de contrebande de marque "Ten"* »[564] ont été retrouvés. De forts soupçons pèsent également sur Mouhamed LAHOUAIEJ BOUHLEL, l'auteur de l'attentat de Nice du 14 juillet 2016, qui avait acheté des cartouches à une voisine sénégalaise revenant de Dakar.

En réalité, selon le CAT, ce sont près de quinze organisations terroristes dans le monde qui utilisent la contrebande et la contrefaçon de cigarettes dans des proportions importantes pour se financer[565].

En 2000, aux États-Unis, dans le cadre de l'opération « *Smokescreen* », les autorités fédérales ont mis à jour le plus vaste réseau de financement du Hezbollah par la contrebande de cigarettes et de contrefaçon de timbres fiscaux : Mohamad YOUSSEF HAMMOUD, résidant de Caroline du Nord, avait mis en place un réseau de trafic de cigarettes entre cet État et le Michigan, profitant des différences de taxation entre les deux États (les cartouches de cigarettes étaient taxées à 0,65 dollar en Caroline du Nord, contre 7,50 dollars dans le Michigan). Les profits de ce trafic étaient alors transférés aux leaders du Hezbollah au Liban. Le trafic aurait rapporté au moins 8 millions de dollars[566].

À titre d'exemple, le 25 janvier 2016, les douaniers de la ville de Dunkerque contrôlent un poids lourd à destination de la Belgique,

---

564 V. Jean-Charles BRISARD, « Financement du terrorisme, la contrebande et la contrefaçon de cigarettes », *op. cit.*

565 Selon le CAT : « *La contrebande et le trafic de cigarettes représentent plus de 20 % des sources criminelles de financement des organisations terroristes identifiées dans le cadre de 75 procédures judiciaires internationales visant spécifiquement des faits de financement du terrorisme depuis 2001* » (CAT, « Financement du terrorisme, la contrebande et la contrefaçon de cigarettes », *op. cit.*, p. 3). Toujours selon le CAT, plusieurs raisons « *expliquent l'attrait de ce trafic pour les organisations terroristes et leurs soutiens financiers* » (*Ibid*, p. 2) :

- Les cigarettes constituent un produit très taxé, surtout dans les pays industrialisés ;
- Le prix d'un paquet de cigarettes en Europe est compris entre 5 euros et 11 euros. De nombreux consommateurs sont donc à la recherche de cigarettes à prix moindre ;
- Les cigarettes sont faciles contrefaire, à transporter et à écouler ;
- Les disparités de fiscalité et d'imposition des produits du tabac sont très importantes d'un État à l'autre.

566 « Operation Smokescreen Presentation », *Charlotte FBI Office / JTTF*, 2005, cité par CAT, « Financement du terrorisme, la contrebande et la contrefaçon de cigarettes », *op. cit.*, p4.

immatriculé aux Pays-Bas. Le chauffeur prétend, à l'appui de documents falsifiés, transporter du mobilier de bureau en provenance de Singapour. En ouvrant le camion, les douaniers découvrent 50 000 cartouches de cigarettes[567].

Par ailleurs, il faut ajouter à cette liste que l'entrée en vigueur, en France, en mai 2016, de la nouvelle législation sur le paquet neutre ne peut que faciliter la contrefaçon.

Outre l'illustration de l'opération *Smokescreen* ci-dessus, en mai 2013, le démantèlement d'un trafic entre la Virginie et New York a permis de mettre à jour un autre réseau lié au Hamas et au Hezbollah : la vente de 20 000 cartouches de cigarettes par semaine, d'une valeur de 55 millions d'euros, a permis de générer 10 millions d'euros de bénéfices[568].

À noter que fumer est considéré comme un acte impie dans la religion musulmane. Pourtant, selon le CAT, Daech tire profit du commerce très lucratif de cigarettes dans les zones sous son contrôle. Dans un entretien accordé au *Figaro*, Christian ECKERT, alors ministre du Budget a affirmé qu' « *il est avéré que beaucoup de djihadistes sont très proches de la petite délinquance (contrefaçon, tabac de contrebande, drogue)* »[569].

Les réseaux terroristes utilisent donc, bien souvent, les produits du crime pour financer leurs activités. Ces derniers doivent également maîtriser les rouages du blanchiment de capitaux afin de convertir, dissimuler ou acquérir ces produits. Pour la Commission européenne, « *renforcer le cadre juridique de l'UE en matière de lutte contre le blanchiment de capitaux permet donc de s'attaquer plus efficacement au financement du terrorisme* »[570]. L'étude du financement du terrorisme ne peut faire l'impasse sur l'étude des techniques de blanchiment, essentielles pour financer le terrorisme international.

F- Le blanchiment de capitaux

L'ensemble des activités criminelles précitées peuvent générer des sommes considérables qui nécessitent d'être blanchies pour ne pas laisser de

[567] Fabien PILIU, Denis BOULARD, *L'argent de la terreur*, *op. cit.*, p. 165.
[568] *Ibid*, p. 166.
[569] « *Douane : des résultats records contre la fraude* » entretien, *Le Figaro*, 17 mars 2015.
[570] Commission européenne, communication de la Commission au Parlement et au Conseil relative à un plan d'action destiné à renforcer la lutte contre le financement du terrorisme, COM(2016) 50 Final, 2 févr. 2016.

traces. Selon Marc CHESNEY, « *la vague de libéralisation financière qui a touché l'ensemble du monde depuis une vingtaine d'années ne semble pas s'être arrêtée à la sphère licite de l'économie* »[571]. En ce sens, en 1995, un rapport du service australien de renseignement financier, *l'Australian Transaction Reports and Analysis Centre*, a estimé que 3,5 milliards de dollars australiens d'argent illégal étaient recyclés chaque année en Australie, et la police n'a confisqué que 1 % de ces sommes[572]. Préalablement au 11 septembre 2001, les autorités politiques américaines s'attachaient à déréglementer le monde de la finance dont les outils répressifs contre le blanchiment de capitaux. Les attentats ont provoqué un brusque regain d'intérêt pour cette thématique[573].

Sur le plan macroéconomique, si le blanchiment de capitaux ne faisait pas l'objet d'une régulation coercitive à son égard, le FMI a déclaré que celui-ci pouvait potentiellement entraîner :

> « *des variations inexplicables de la demande de monnaie, des risques prudentiels vis-à-vis de la santé financière de banques, des effets de contamination sur des opérations financières légales ou encore un renforcement de l'instabilité des mouvements internationaux de capitaux et des cours de change en raison de transferts transnationaux d'actifs inattendus.* »[574]

La légende attribue l'origine du mot *blanchiment* à AL CAPONE qui, en 1928, créa une chaîne de blanchisserie, les « *Sanitory Cleaning Shops* », qui lui permit de donner une façade légale aux ressources financières tirées de ses multiples activités illicites[575]. Il convient, dans un premier temps de définir le blanchiment de capitaux, au niveau international et européen (1), avant d'étudier les différentes phases du blanchiment (2) et les techniques utilisées par les financiers du terrorisme pour dissimuler leurs revenus illicites (3).

---

[571] Ludovic FRANÇOIS, Pascal CHAIGNEAU, Marc CHESNEY, *Blanchiment et financement du terrorisme*, Ellipses, 2004, p. 16.

[572] Loretta NAPOLÉONI, « La nouvelle économie de la terreur : comment le terrorisme est financé », *op. cit.*, p. 49.

[573] Ibrahim WARDE, « Contes et légendes de l'argent du terrorisme », *Le Monde diplomatique*, sept. 2007.

[574] *Idem.*

[575] Éric VERNIER, *Techniques de blanchiment et moyens de lutte*, Dunod, 2013, p. 5.

1- Définir le blanchiment de capitaux

Même si l'activité de blanchiment existe depuis longtemps, le terme est mentionné pour la première fois dans la littérature en 1973 à propos de l'affaire du *Watergate* aux États-Unis. Parallèlement aux activités d'écoutes, Richard NIXON avait ordonné le blanchiment de dons pécuniaires anonymes interdits afin de financer sa réélection[576]. Juridiquement, le terme de *blanchiment d'argent* existe depuis 1982, et a été évoqué à l'occasion d'une affaire intéressant les États-Unis dans la confiscation de fonds provenant de la cocaïne colombienne[577]. En bref, le blanchiment est une opération visant à légaliser de l'argent « sale ». Blanchiment et activités criminelles sont donc indissociables.

Moins politisé, et par conséquent moins polémique que la notion de terrorisme, le blanchiment de capitaux est défini clairement au niveau international (a) et européen (b).

a- Au niveau international

Le GAFI définit l'activité de blanchiment comme une opération qui « *consiste à retraiter ces produits d'origine criminelle pour en masquer l'origine illégale* »[578]. Le Dictionnaire de droit international public définit le blanchiment comme :

> « *l'opération consistant à donner une apparence licite à un bien d'origine illicite, qu'il soit corporel ou incorporel, par des opérations de transfert ou de conversion de ce bien auprès d'institutions financières ou de crédit. Le blanchiment peut être le fait soit de l'auteur de l'infraction principale qui lui a permis de se procurer ce bien, soit d'un complice de l'auteur, soit d'une personne qui n'a pas pris aucune part dans l'infraction principale mais qui apporte en connaissance de cause son concours à la conversion ou au transfert du bien pour en cacher l'origine illicite.* »[579]

---

[576] *Ibid*, p. 49.
[577] *Idem*.
[578] En ligne : http://www.fatf-gafi.org/fr/foireauxquestionsfaq/blanchimentdecapitaux/
[579] *Dictionnaire de droit international public*, sous la direction de J. SALMON, Bruylant, Bruxelles, 2001, p. 130.

Selon Jean CHAPPEZ, cette définition particulièrement longue s'explique « *parce que le blanchiment est un délit d'intermédiaire intentionnel, ou une infraction de conséquence, impliquant souvent de nombreux complices* »[580].

De son côté, le Fonds monétaire international définit le blanchiment de capitaux comme un « *processus par lequel la source illicite d'actifs obtenus ou produits par une activité délictuelle est dissimulée pour masquer le lien entre les fonds obtenus et le délit initial* »[581].

L'ONU définit le blanchiment de capitaux à travers deux conventions : la convention des Nations unies contre le trafic illicite de stupéfiants et substances psychotropes (1988) (« *Convention de Vienne* ») et par la Convention des Nations unies contre la criminalité transnationale organisée (2000) (« *Convention de Palerme* »)[582]. La Convention de Vienne prohibe pour la première fois le produit des trafics de stupéfiants[583]. Cette dernière limite les infractions principales de blanchiment aux infractions en matière de trafic de stupéfiants. Par conséquent, les crimes et délits qui ne sont pas liés au trafic de stupéfiants ne constituent pas des infractions principales de blanchiment de capitaux selon la Convention de Vienne. Les Recommandations du GAFI et d'autres instruments internationaux ont étendu la définition de la convention de Vienne sur l'infraction principale de blanchiment afin d'englober d'autres infractions graves en plus de celles se

---

[580] Jean CHAPPEZ, « La lutte internationale contre le blanchiment des capitaux d'origine illicite et le financement du terrorisme », *op. cit.*

[581] FMI, Fiche Technique, Le FMI et la lutte contre le blanchiment des capitaux et le financement du terrorisme, 22 septembre 2014.

[582] Les parties à la Convention de Vienne affirment qu'elles sont : « *conscientes que le trafic illicite est la source de gains financiers et de fortunes importantes qui permettent aux organisations criminelles transnationales de pénétrer, contaminer et corrompre les structures de l'État, les activités commerciales et financières légitimes et la société à tous les niveaux.* ».

[583] Selon l'article 3, les États parties à la convention doivent incriminer pénalement :

- « *la conversion ou le transfert de biens dont celui qui s'y livre sait qu'ils proviennent d'un trafic de stupéfiants ou d'une participation à sa commission, dans le but de dissimuler ou de déguiser l'origine illicite desdits biens ou d'aider toute personne qui est impliquée dans la commission de l'une de ces infractions à échapper aux conséquences juridiques de ses actes ;*
- *la dissimulation ou le déguisement de la nature, de l'origine, de l'emplacement, de la disposition, du mouvement, ou de la propriété réels de biens ou de droits y relatifs, dont l'auteur sait qu'ils proviennent de l'une des infractions établies conformément à l'alinéa a du présent paragraphe ou d'une participation à une de ces infractions.*

Par ailleurs, sous réserve des principes constitutionnels et des concepts fondamentaux du système juridique, les États membres doivent également pénalement sanctionner le recel du trafic de stupéfiant, la provocation, la complicité ainsi que la tentative. Enfin, s'agissant de l'élément moral de l'infraction, l'article 3.3 prévoit que la connaissance, l'intention ou la motivation nécessaire en tant qu'élément d'une des infractions visées au paragraphe 1 du présent article peut être déduite de circonstances factuelles objectives ».

rapportant au trafic de stupéfiants[584]. Par exemple, la convention de Palerme demande à tous les pays participants d'appliquer au blanchiment « *l'éventail le plus large d'infractions principales de blanchiment d'argent* »[585]. Ainsi, la notion d'infraction grave selon la Convention de Palerme désigne un acte constituant une infraction passible d'une peine privative de liberté dont le maximum ne doit pas être inférieur à quatre ans ou d'une peine plus lourde (art. 2) mais également la participation à un groupe criminel organisé (art. 5), la corruption (art. 8) et l'entrave au bon fonctionnement de la justice (art. 23).

La première recommandation du GAFI prévoir ainsi que :

> « *les pays devraient incriminer le blanchiment de capitaux sur la base de la convention de Vienne des Nations unies du 20 décembre 1988 contre le trafic illicite de stupéfiants et de substances psychotropes et de la convention de Palerme des Nations unies contre la criminalité transnationale organisée du 15 novembre 2000.* »

Toutefois, la Convention des Nations unies contre la corruption du 31 octobre 2003 élargit encore le champ des infractions principales en incluant :

> « *les infractions commises à l'intérieur et à l'extérieur du territoire relevant de la compétence de l'État partie en question. Toutefois, une infraction commise à l'extérieur du territoire relevant de la compétence d'un État partie ne constitue une infraction principale que lorsque l'acte correspondant est une infraction pénale dans le droit interne de l'État où il a été commis et constituerait une infraction pénale dans le droit interne de l'État partie appliquant le présent article comme s'il avait été commis sur son territoire.* »[586]

De son côté, l'Union européenne, tout en s'inspirant des conventions internationales précitées, a développé, au fil des *directives* AML[587], une définition du blanchiment qui lui est propre.

---

[584] La Banque Mondiale, « Le FMI, Guide de référence sur la lutte contre le blanchiment de capitaux et contre le financement du terrorisme », Deuxième *édition et* supplément sur la Recommandation Spéciale IX.

[585] Convention de Palerme, Article 2(2).

[586] Convention des Nations unies contre la corruption du 31 octobre 2003, article 23 (2) (c).

[587] En anglais : « Anti-money laundering », en français : « antiblanchiment ».

b- Au niveau européen

La première directive AML du 10 juin 1991[588] a été adoptée en réponse aux risques que le blanchiment fait encourir à :

> « *la bonne santé, l'intégrité et la stabilité des établissements de crédit et autres établissements financiers, ainsi (qu'à) la confiance dans l'ensemble du système financier (qui) pourraient être gravement compromises par les efforts mis en œuvre par les criminels et leurs complices pour masquer l'origine de leurs profits ou pour canaliser de l'argent licite ou illicite à des fins terroristes.* »[589]

Cette directive définit au niveau européen la notion de blanchiment de capitaux. Dans son préambule il est affirmé que :

> « *pour les besoins de la présente directive, la définition du blanchiment de capitaux est tirée de celle contenue dans la convention de Vienne ; que, étant donné, toutefois, que le phénomène du blanchiment de capitaux concerne non seulement le produit d'infractions liées au trafic de stupéfiants, mais aussi le produit d'autres activités criminelles (telles que le crime organisé et le terrorisme), il importe que les États membres étendent, au sens où l'entend leur législation, les effets de la présente directive au produit de ces activités dès lors qu'il est susceptible de donner lieu à des opérations de blanchiment qui justifient une répression à ce titre.* »

L'article 1er de cette directive fait un inventaire des agissements considérés par elle comme relevant de la catégorie de *blanchiment de capitaux* :

- « *la conversion ou le transfert de biens, dont celui qui s'y livre sait qu'ils proviennent d'une activité criminelle ou d'une participation à une telle activité, dans le but de dissimuler ou de déguiser l'origine illicite desdits biens ou d'aider toute personne qui est impliquée dans cette activité à échapper aux conséquences juridiques de ses actes,*
- *la dissimulation ou le déguisement de la nature, de l'origine, de l'emplacement, de la disposition, du mouvement ou de la propriété réels de biens ou de droit y relatifs dont l'auteur sait qu'ils*

[588] Directive du Conseil du 10 juin 1991 relative à la prévention de l'utilisation du système financier aux fins du blanchiment de capitaux (91/308/CEE).

[589] Directive du Conseil du 10 juin 1991 relative à la prévention de l'utilisation du système financier aux fins du blanchiment de capitaux (91 /308/CEE), considérant 2.

proviennent d'une activité criminelle ou d'une participation à une telle activité,

- *l'acquisition, la détention ou l'utilisation de biens en sachant, au moment de la réception de ces biens, qu'ils proviennent d'une activité criminelle ou d'une participation à une telle activité,*
- *la participation à l'un des actes visés aux trois points précédents, l'association pour commettre ledit acte, les tentatives de le perpétrer, le fait d'aider, d'inciter ou de conseiller quelqu'un à le faire ou le fait d'en faciliter l'exécution.*

La connaissance, l'intention ou la motivation qui doit être un élément des activités visées au présent tiret peuvent être établies sur la base de circonstances de fait objectives.

Il y a blanchiment de capitaux même si les activités qui sont à l'origine des biens à blanchir sont localisées sur le territoire d'un autre État membre ou sur celui d'un pays tiers. ».

Toutefois, à l'instar de la Convention de Vienne de 1988, cette directive ne définissait le blanchiment de capitaux qu'en termes d'infractions liées au trafic de stupéfiants et n'imposait d'obligations qu'au secteur financier. La directive modificative dite « AML 2 »[590] du 4 décembre 2001 a étendu le champ d'application de la première directive AML, à la fois pour ce qui est des délits et de l'éventail des professions et des activités couvertes. La directive « AML 3 »[591] du 26 octobre 2005, tout en reprenant la définition de 1991, remarque, dans son préambule que :

> « *la définition du blanchiment de capitaux était initialement limitée aux produits du trafic de stupéfiants, une tendance se dessine ces dernières années pour définir de manière beaucoup plus étendue le blanchiment de capitaux sur la base d'un plus large éventail d'infractions principales.* »

La troisième directive AML a ainsi étendu le domaine des infractions principales du blanchiment à toutes les infractions punies d'une peine privative de liberté ou d'une mesure de sûreté d'une durée maximale

---

[590] Directive 2001/97/CE du Parlement Européen et du Conseil du 4 décembre 2001 modifiant la directive 91/308/CEE du Conseil relative à la prévention de l'utilisation du système financier aux fins du blanchiment de capitaux.

[591] Directive 2005/60/CE du Parlement Européen et du Conseil du 26 octobre 2005 relative à la prévention de l'utilisation du système financier aux fins du blanchiment de capitaux et du financement du terrorisme.

supérieure à un an, ou, dans les États dont le système juridique prévoit un seuil minimal pour les infractions, toutes les infractions punies d'une peine privative de liberté ou d'une mesure de sûreté d'une durée minimale supérieure à six mois. La quatrième directive AML[592], en date du 20 mai 2015, reprend également la définition de 1991 tout en étendant le champ des infractions principales aux infractions fiscales pénales liées aux impôts directs et indirects et telles que définies par le droit national des États membres, conformément aux recommandations révisées du GAFI.

2- Blanchir des capitaux

Traditionnellement, l'opération de blanchiment se décompose en trois phases : la phase de placement (a), d'empilement (b) et d'intégration (c).

a- La phase de placement

Durant cette phase, le blanchisseur introduit ses bénéfices illégaux dans le système financier. Par exemple, un individu fractionne d'importantes quantités d'espèces qui pourraient apparaître suspectes en plusieurs sommes de moindre importance qu'il dépose ou fait déposer par des complices sur un compte bancaire ou en utilisant les instruments monétaires (chèques, ordres de virement, etc.) qui sont ensuite collectés et déposés sur des comptes disséminés dans plusieurs lieux[593].

b- La phase d'empilement

Durant cette phase, le blanchisseur procède à une série de conversions ou de déplacements des fonds pour les éloigner de leur source. Par exemple les fonds évoqués sont alors transférés au moyen de l'achat et de la vente d'instruments de placement, ou de virements sur des comptes bancaires disséminés à travers la planète et principalement dans les pays dont la législation ne permet pas la coopération policière et judiciaire dans les enquêtes de blanchiment. Les transferts peuvent également être dissimulés

---

[592] Directive (UE) 2015/849 du Parlement européen et du Conseil du 20 mai 2015 relative à la prévention de l'utilisation du système financier aux fins du blanchiment de capitaux ou du financement du terrorisme, modifiant le règlement (UE) no 648/2012 du Parlement européen et du Conseil et abrogeant la directive 2005/60/CE du Parlement européen et du Conseil et la directive 2006/70/CE de la Commission.

[593] Chantal CUTAJAR, « BLANCHIMENT. – Éléments constitutifs. – Répression », *JurisClasseur*, fasc. 20 15 févr. 2010.

sous forme de paiements de biens ou de services au moyen de sociétés-écrans, ce qui lui permet de donner aux fonds une apparence légitime[594].

c- La phase d'intégration

Durant cette phase, le blanchisseur réintroduit les fonds blanchis dans l'économie légale. Pour reprendre les termes du GAFI :

> « *Une fois terminé le processus de l'empilage, le blanchisseur a besoin de fournir une explication pour habiller sa richesse d'un parfum de légalité. Les plans d'intégration replacent les produits blanchis dans l'économie de telle façon qu'ils réintègrent le système bancaire en apparaissant alors tels des profits illicites de façon formelle au cours des deux premiers stades du blanchiment, il va devenir extrêmement difficile de pouvoir distinguer les richesses légales des richesses illégales.* »[595]

Il s'agit désormais de comprendre l'usage effectué par les financiers du terrorisme du blanchiment de capitaux.

3- Financer le terrorisme grâce aux capitaux blanchis

Pour les terroristes, le blanchiment de capitaux n'est pas une fin en soi mais un moyen permettant l'exécution de leurs actions. Le blanchiment d'argent et le financement du terrorisme sont des crimes connexes lorsqu'ils sont envisagés sous l'angle du profit que les terroristes tirent des activités de la criminalité transnationale organisée.

Ainsi, comme évoqué précédemment, le principal objectif du terrorisme est « *d'intimider une population ou de contraindre un gouvernement à accomplir ou s'abstenir d'accomplir un acte quelconque* »[596], alors que le gain financier est habituellement le but recherché par d'autres formes d'activités criminelles. Néanmoins, cette distinction entre les objectifs de chacune de ces activités n'empêche pas les organisations terroristes d'avoir besoin de renforts financiers pour réaliser leurs opérations[597]. Ainsi, une organisation terroriste aura besoin de trouver des moyens de blanchir les

---

594 *Idem.*

595 Rapport annuel du GAFI, 2001.

596 Convention internationale pour la répression du financement du terrorisme du 9 décembre 1999, article 2.

597 Patrick MOULETTE, « Blanchiment et circuits financiers du terrorisme », *op. cit.*

fonds issus d'activités criminelles pour se procurer du matériel et financer divers éléments logistiques visant à perpétrer des actes terroristes.

En ce sens, le GAFI a noté qu'il n'y a pas de différence significative entre les sources de financements utilisés par les terroristes et par la criminalité organisée : « *les terroristes se livrent à des activités criminelles pour financer leurs opérations. (...) Dans les deux cas les méthodes pour blanchir les fonds sont quasiment identiques.* »[598]

Néanmoins, blanchiment de capitaux et financement du terrorisme diffèrent sur de nombreux aspects : comme évoqué, le blanchiment n'est pas une finalité pour les terroristes qui utilisent aussi bien de l'argent blanchi que de l'argent « propre » pour financer leurs actions. De surcroît, blanchiment de capitaux et financement du terrorisme interviennent différemment dans la « *séquence criminelle* »[599] : le financement d'un acte terroriste intervient en amont de la réalisation du crime alors que le blanchiment de capitaux intervient après le crime, afin de recycler le produit financier de ce dernier. Ainsi, selon Anthony AMICELLE :

> « *l'inclusion du financement du terrorisme amène à une redéfinition de la problématique antiblanchiment : la notion même d' "argent sale" s'en trouve modifiée, puisqu'elle ne désigne plus seulement les fonds illicites, mais aussi des capitaux légitimes potentiellement criminels dans leur destination.* »[600]

Cette inclusion amène un changement d'approche dans les obligations déclaratives qui sont imposées aux organismes financiers par les pouvoirs publics : désormais, les banquiers et autres professionnels impliqués dans la lutte antiblanchiment ne doivent plus uniquement s'enquérir de l'origine des fonds de leurs clients, mais doivent également s'interroger sur l'intention de ces derniers et sur la finalité des fonds entreposés.

Ainsi, les politiques pré 11 septembre 2001 étaient avant tout conçues pour confisquer les capitaux illicites après l'acte délictueux tandis que les

---

598 GAFI, « Rapport sur les typologies du blanchiment de capitaux », 2000-2001, 1er févr. 2001, p. 31.
599 Marie-Christine DUPUIS-DANON, « La lutte contre la finance criminelle : financement du terrorisme et blanchiment d'argent sale », *in* Jean-François DAGUZAN (dir.), « Financement du terrorisme », *Géoéconomie*, automne 2004, n° 31, p. 91.
600 Anthony AMICELLE, « La lutte contre le financement du terrorisme », *op. cit.*

politiques post 11 septembre ont pour objectif de prévenir de possibles attaques et d'appréhender des potentiels terroristes[601].

Globalement, le cadre institutionnel mis en place pour lutter contre le financement du terrorisme est essentiellement le même que celui mis en place pour lutter contre le blanchiment de capitaux. Les mesures d'enregistrement des opérations, d'identification des clients et d'obligations de vigilance qui sont l'apanage des mesures *AML*, s'appliquent désormais elles aussi à la lutte contre le financement du terrorisme[602]. En bref, c'est la lutte contre *l'argent sale* qui s'est étendue au terrorisme[603].

Néanmoins, le blanchiment de capitaux et le financement du terrorisme n'ayant pas les mêmes fins criminelles, les mesures appliquées avec succès pour déceler et prévenir le blanchiment de capitaux pourraient être moins efficaces pour prévenir le financement du terrorisme, à moins qu'elles ne soient complétées par des informations supplémentaires[604].

En bref, le blanchiment est une finalité pour certains groupes criminels, alors qu'il n'est qu'un moyen pour les organisations terroristes[605].

Après avoir constitué les revenus nécessaires au fonctionnement de l'organisation terroriste ou à l'action terroriste envisagée, il est désormais intéressant d'étudier comment les financiers du terrorisme procèdent au transfert de capitaux.

---

[601] Louise AMOORE, Marieke DE GOEDE, « Governance, risk and dataveillance in the war on terror », *op. cit.*, p. 152.

[602] Nikos PASSAS, « Le financement du terrorisme rapport général », *op. cit.*

[603] Anthony AMICELLE, « La lutte contre le financement du terrorisme », *op.cit*

[604] Conseil de l'Union européenne, « Stratégie révisée de lutte contre le financement du terrorisme », 11778/1/08, 17 juill. 2008.

[605] GAFI, « Rapport sur les typologies du blanchiment de capitaux », 2000-2001, 1er févr. 2001, p. 21 : « *En ce qui concerne les méthodes utilisées par les groupes terroristes pour blanchir des fonds d'origine criminelle, les experts ont fourni des exemples qui semblent indiquer que le terrorisme et la criminalité organisée ont recours aux mêmes techniques. Cela étant, bien que les méthodes puissent être les mêmes, les deux formes d'activité criminelle diffèrent dans leurs objectifs ultimes. À la différence des trafiquants de drogue et autres groupes criminels organisés, qui sont principalement motivés par l'appât du gain, les groupes terroristes visent généralement des objectifs non financiers* ».

Section 3. Transférer les capitaux nécessaires au financement du terrorisme : l'exemple du système informel de remise de valeurs hawala

Une fois constitués, les revenus doivent circuler afin d'atteindre la ou les personnes impliquées dans la commission de l'infraction terroriste. Différents vecteurs sont utilisés par les financiers du terrorisme : la finance internationale peut être détournée par ces derniers afin de transférer des capitaux à des fins terroristes, de même, certaines structures juridiques peuvent également être détournées de leur objet social initial afin de faire circuler de tels capitaux. Toutefois, les terroristes affectionnent naturellement les méthodes de transfert anonymes, particulièrement les transferts *hawala.*

C'est après les attentats du 11 septembre 2001, que le système *hawala* a commencé à attirer l'attention des responsables du renseignement financier. Le système hawala est un mécanisme de transfert de fonds particulier qu'il convient de présenter (I), avant d'étudier plus en détail ses mécanismes (II) et les débats qui entourent sa légalité (III).

I- Propos introductifs sur le système hawala

En octobre 2001, le magazine *Time* publiait un sinistre portrait du système hawala :

> « *au plus profond d'un dédale de vieux Delhi, où les rues sont même trop étroites pour un pousse-pousse, des hommes boivent du thé dans des bureaux miteux. Personne n'a l'air de travailler jusqu'à ce que le téléphone ne se mette à sonner. Des chiffres sont alors écrits frénétiquement, suivis par quelques instructions chuchotées. Il paraît évident que ces hommes sont en train de transférer des fonds à des trafiquants de drogue, des politiciens corrompus, des individus pratiquant l'évasion fiscale ainsi qu'à des terroristes.* »[606]

La réalité est toutefois moins romanesque. À la frontière entre la légalité et l'illégalité, ce système est souvent le seul moyen pour envoyer de l'argent dans des États corrompus ou faillis, ou en proie à la guerre civile. Ainsi, Kaboul compte treize banques officielles et environ 2000 courtiers hawala. Par ailleurs, selon la Banque mondiale, 65 % de tous les transferts à

---

[606] « A banking system built for terrorism », *Time Magazine*, 5 oct. 2001.

destination de l'Afrique subsaharienne se font par le hawala[607]. Pour le Pakistan, Dubaï et l'Inde, ce serait plusieurs milliards d'euros qui circuleraient au moyen du système hawala, plus que le montant circulant dans le réseau bancaire classique[608]. On estime ainsi que 95 % des transferts de fonds envoyés au Ghana passent par ce système et ce pourcentage est de 50 % en ce qui concerne l'ensemble du continent africain[609]. Or ce « *système archaïque permet également de « mettre à la disposition des "taupes" de l'argent liquide et de couvrir les frais de fonctionnement de la nébuleuse terroriste.* »[610]

Hawala est un procédé très ancien, à l'origine du système bancaire et des échanges commerciaux internationaux[611]. Il s'agit d'un système informel de transfert de fonds qui existe depuis plus d'un millénaire. Ce dernier est apparu au Moyen Âge pour financer le commerce à longue distance, sur les grandes routes mondiales, en particulier les routes de la soie[612] existant depuis 500 avant J.-C., qui allaient d'Extrême-Orient en Europe, en passant soit par les Indes, soit par l'Ouzbékistan, puis ensuite soit par la mer Rouge, soit par l'Empire ottoman. Ce système est par la suite devenu une réponse à la dureté des conditions de banque, à la corruption de certains banquiers profitant de leur situation quasi-monopolistique[613]. Généralement, les courtiers de ce procédé prennent des commissions d'environ 1 %, sur les taux de change et effectuent les transferts partout dans le monde en quelques heures.

Les recommandations spéciales du GAFI en matière de financement du terrorisme n'ont pas omis l'hawala :

> « *Chaque pays devrait prendre des mesures afin de s'assurer que les personnes physiques ou morales, y compris les agents, qui fournissent un service de transmission de fonds ou de valeurs, y compris la transmission à travers un système ou réseau informel visant le transfert de fonds ou de valeurs, obtiennent une autorisation d'exercer*

---

[607] Federico VARESE, « Le "hawala", banque du djihad », *Le Monde*, 5 févr. 2015.
[608] Éric VERNIER, *Techniques de blanchiment et moyens de lutte, op. cit.*, p. 83.
[609] *Ibid,* p. 84.
[610] Rowan BOSWORTH-DAVIES cité par Marc ROCHE, « La technique de l'"hawala", méthode de financement de l'internationale terroriste », *Le Monde*, 24 sept. 2001.
[611] Éric VERNIER, *Techniques de blanchiment et moyens de lutte, op. cit.*, p. 82.
[612] François-Bernard HUYGUE, *La route de la soie ou les empires du mirage*, Payot & Rivages, 2006, p. 506 cité par Jean-Guy DEGOS, « Hawala pour transférer ou blanchir de l'argent, la meilleure ou la pire des pratiques de management ? », en ligne : http://fraudmeshs.hypotheses.org/84.
[613] *Idem.*

ou s'inscrivent sur un registre, et qu'elles soient assujetties à toutes les Recommandations du GAFI qui s'appliquent aux banques et aux institutions financières non bancaires. Chaque pays devrait s'assurer que les personnes physiques ou morales qui fournissent ce service illégalement soient passibles de sanctions administratives, civiles ou pénales. »[614]

La préoccupation du GAFI pour ce mécanisme de transfert de fonds est un indicateur pertinent sur le degré d'implication du système hawala dans des transferts de fonds occultes.

II- Les mécanismes du système hawala

Hawala est un mot arabe qui signifie *transfert*. Le Coran, qui condamne l'usure, encourage le hawala[615] et plusieurs textes sacrés de l'islam (les hadiths) détaillent ce système de transfert de fonds. Ce système est effectivement intéressant pour le droit musulman puisqu'il permet de transférer des créances et des dettes sans violer les règles religieuses de l'interdiction du prêt à intérêt et du manque de précision des contrats.

Il s'agit d'un système de compensation qui permet de faire circuler des fonds d'un pays à l'autre, hors circuit bancaires, entre personnes de confiance. Plus précisément, l'hawala désigne un réseau informel de transfert de fonds d'un lieu à un autre par le biais de courtiers — les hawaladars —, peu importe la nature de la transaction ou les pays impliqués[616]. Les hawaladars sont des agents de change, des courtiers (*brokers*), constitués en réseaux informels aux mailles serrées. Il est donc nécessaire que coexistent, au sein des membres de la même communauté, une forte cohésion et une confiance absolue dans la régularité des échanges[617]. Pour illustrer le fonctionnement de ce système, prenons l'exemple présenté par Mohammed EL-QORCHI[618] :

« *La transaction initiale consiste en l'envoi de fonds d'un client A d'un pays A au profit d'un client B d'un pays B. Un hawaladar du*

---

[614] GAFI, Recommandation spéciale VI.

[615] Aux termes du verset 2298, « *si un débiteur invite son créancier à collecter sa dette auprès d'une tierce personne et que le créancier accepte, la tierce personne va devenir le débiteur. Le créancier ne pourra plus exiger sa dette auprès du débiteur initial* ».

[616] Mohammed EL-QORCHI, « Hawala, Comment fonctionne ce système informel de transfert de fonds et faut-il le règlementer ? », *Finance et Développement*, 2002.

[617] Éric VERNIER, *Techniques de blanchiment et moyens de lutte, op. cit.*, p. 81.

[618] Mohammed EL-QORCHI, « Hawala, Comment fonctionne ce système informel de transfert de fonds et faut-il le règlementer ? », *op. cit.*

pays A reçoit de A des fonds libellés dans la monnaie de ce pays et remet à A un code d'identification. Il donne alors instruction à son correspondant du pays B de verser un montant équivalent en monnaie locale à B, qui doit donner à son tour le code pour recevoir les fonds. L'hawaladar du pays A peut se rémunérer en prenant une commission ou en jouant sur la marge d'intermédiation. Après remise des fonds, l'hawaladar du pays A a un engagement envers l'hawaladar du pays B et le dénouement des positions peut se faire par règlement financier ou par l'importation de biens et services. Les positions des deux parties peuvent aussi être transférées à d'autres intermédiaires, qui reprennent et consolident les positions initiales et assurent un règlement global ou multilatéral. Le règlement de l'engagement contracté par l'hawaladar du pays A vis-à-vis de l'hawaladar du pays B suite à la transaction initiale peut se faire par l'importation de biens ou par une « hawala en sens inverse ». Cette dernière opération est souvent utilisée, dans les pays en développement, pour financer des investissements ou couvrir des dépenses de voyage, de santé ou d'éducation. En cas de contrôle des changes dans le pays B, par exemple, le client (XB), qui souhaite transférer des fonds à l'étranger pour régler des frais de scolarité, fournit de la monnaie locale à son courtier l'hawaladar du pays B et demande qu'une somme équivalente soit remise à son fils (XA) dans le pays A. Les clients ne sont pas conscients du fait que la transaction est une hawala ou une hawala inverse. L'hawaladar du pays B peut utiliser directement l'hawaladar du pays A si XB a besoin de fonds dans le pays A, ou indirectement en lui demandant d'utiliser un autre correspondant dans un autre pays où les fonds sont attendus. Une hawala en sens inverse n'implique pas forcément que le règlement soit effectué par les mêmes hawaladars; elle peut faire intervenir différents hawaladars et être liée à une autre transaction. Elle peut aussi être réglée par le biais d'importations. L'hawaladar du pays A peut ainsi régler sa dette en finançant des exportations vers le pays B, où HB sera l'importateur ou l'intermédiaire. »[619]

[619] *Idem.*

Schéma du fonctionnement du système Hawala

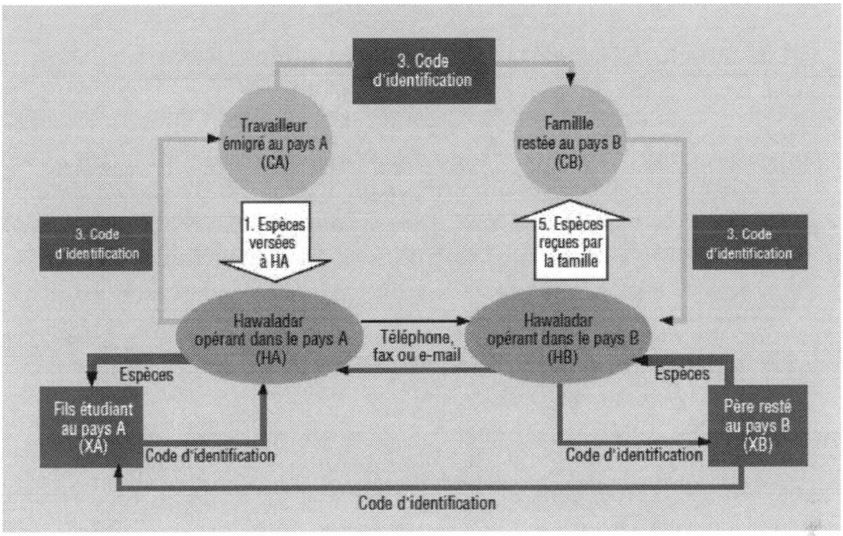

Source : Mohammed EL-*QORCHI, Hawala,* « Comment fonctionne ce système informel de transfert de fonds et faut-il le réglementer ? », *Finance et Développement, 2002.*

Il n'y a pas transfert de liquidités réelles (monnaie, devises) ni de liquidités scripturales, et donc pas de comptabilité explicite par l'entremise de ce système.

L'hawala permet également aux détenteurs de monnaies non convertibles de changer leur argent en dollars grâce à un mécanisme de *double swap*, en particulier à Dubaï, qui est la principale chambre de compensation de ce système[620]. Un article du monde donne un exemple pertinent :

> « *Un terroriste se rend chez un agent de change à Delhi, chez qui il dépose des roupies. En échange, il reçoit un morceau de papier sur lequel figure un simple numéro. Le courtier avertit son correspondant à Londres via un message e-mail. Dans la capitale britannique, ledit extrémiste, ou l'un de ses complices, se présente au guichet du correspondant, qui, après avoir vérifié le code, lui remet l'équivalent de la somme de départ en livres sterling, de préférence en petites coupures. Aucun transfert compromettant de fonds n'a été effectué lors de cette opération. Les deux entremetteurs, liés par des liens*

[620] V. Fabien PILIU, Denis BOULARD, *L'argent de la terreur*, *op. cit.*

familiaux, claniques ou tribaux, soldent entre eux les comptes à la fin du mois ou du semestre. »[621]

Par sa structure, ses participants, les opérations qu'il traite, l'hawala est un système bancaire complet qui ressemble au système de circulation et de crédit de nos lettres de change lorsqu'elles sont compensées entre deux banques ou deux mandataires de deux commerçants contractants[622]. Ce système peut également être rapproché du système *Western Union* en ce que ce dernier permet des transferts d'espèces sans circulation physique d'argent. Toutefois, à la différence du système de l'hawala, l'utilisation de réseaux officiels de Western Union présente l'inconvénient de laisser des traces.

III- Légalité, avantages et inconvénients

En France, l'hawala relève de l'exercice illégal de la profession d'intermédiaire en opération de banque alors que dans certains États, à l'image du Royaume-Uni, la *hawala* est une pratique légale[623], même si celle-ci est faiblement réglementée. En Allemagne, plusieurs fournisseurs de prestations hawala se sont vus accorder une licence leur permettant de vendre des services financiers aux termes de la section 32 de la loi bancaire[624] telle qu'amendée le 9 septembre 1998. Tout prestataire de services financiers doit être enregistré et se voit surveiller par le Conseil fédéral de surveillance des activités bancaires[625]. Une législation semblable existe aux Pays-Bas et aux États-Unis depuis le 31 décembre 2001. Suite à l'application du médiatique *USA Patriot Act*, les États-Unis se sont dotés d'un cadre juridique imposant aux *Money Service Businesses* établis sur son territoire de s'enregistrer, de tenir certains registres et de rapporter toute activité suspecte aux autorités compétentes.

D'après certains auteurs, les nombreuses banques islamiques, américaines, européennes, d'Afrique du Sud, d'Arabie saoudite et des autres pays du Golfe persique, du Pakistan, de Malaisie, d'Indonésie, ont intégré l'hawala dans leurs opérations courantes, à condition que le système soit visible et qu'il obtienne des licences d'activité, ou pour des opérations moins courantes d'investissement immobilier ou de crédit-bail à grande échelle,

---

621 Marc ROCHE, « La technique de l'"hawala", méthode de financement de l'internationale terroriste », *op. cit.*

622 Jean-Guy DEGOS, « Hawala pour transférer ou blanchir de l'argent, la meilleure ou la pire des pratiques de management ? », *op. cit.*

623 TRACFIN, « Tendances et analyse des risques de blanchiment de capitaux et de financement du terrorisme en 2015 », p. 41.

624 Kreditwegensetz, KWG.

625 Bundesaufsichtsamt für der Kreditwesen.

soit ponctuelles, soit dans le cadre des contrats de financement participatif appelés *Moudharaba*[626].

Le système présente des avantages indéniables : moins cher, moins chronophage, plus sûr, plus pratique et moins bureaucratique que le secteur financier formel. Les hawaladars se rémunèrent en prélevant une commission ou en jouant sur la marge d'intermédiation et ces commissions prélevées sont moins élevées que celles pratiquées par les organismes financiers. Toutefois, son caractère anonyme et ses formalités réduites au minimum en font un instrument privilégié pour ceux qui veulent détourner le système pour transférer des fonds destinés au financement d'activités illicites[627].

Éric VERNIER propose dans son ouvrage relatif aux *Techniques de blanchiment et moyens de lutte*, un tableau comparatif des avantages et inconvénients des systèmes bancaires et hawala :

	Système bancaire	Système hawala
Vitesse	Lenteur des banques	Rapidité des transactions
Confiance	Absence de confiance et garanties formelles exigées	Confiance et absence de document écrit
Relationnel	Relations impersonnelles entre banquier et son client	Contrôle social et familial sur les hawaladars (professionnels de la transaction hawala)
Coûts	Frais importants liés à la lourdeur administrative des institutions	Peu de frais fixes
Confidentialité	Risque de contrôle par la banque et les autorités	Discrétion absolue et invisibilité des opérations

C'est évidemment la confidentialité des opérations du système hawala qui intéresse particulièrement les financiers du terrorisme. Or le système hawala

626 Jean-Guy DEGOS, « Hawala pour transférer ou blanchir de l'argent, la meilleure ou la pire des pratiques de management ? », *op. cit.*
627 Mohammed EL-QORCHI, « Comment fonctionne ce système informel de transfert de fonds et faut-il le règlementer ? », *op. cit.*

est fréquemment utilisé par certaines communautés, pour des raisons n'ayant rien à voir avec le financement d'activités terroristes. Dans ce contexte, selon Marc TRÉVIDIC, « *détecter une hawala terroriste revient donc à chercher une aiguille dans une botte de foin* »[628].

Comme évoqué, les opérations hawala se situent à la frontière entre la légalité et l'illégalité. Certaines opérations ne présentent pas une telle ambiguïté et sont licites ou illicites.

La nature a horreur du vide. Les personnes rejetées par le système bancaire trouveront toujours des solutions pour assurer leur survie ou pour financer des activités illégales, parmi lesquelles figurent celles liées au terrorisme. À la marge du système bancaire conventionnel, le système hawala est un moyen de survivre pour les gens exclus du système bancaire. Il est également un moyen idéal pour les financiers du terrorisme de transférer de l'argent en toute discrétion.

***

Les terroristes utilisent donc des moyens licites et illicites pour se financer. Par la suite, ces derniers abusent du système bancaire conventionnel, ou utilisent des modalités de transferts alternatifs pour transférer les capitaux constitués.

À noter que les modalités de financements présentés jusqu'à présent ont varié suivant les époques, nécessitant une adaptation constante des outils juridiques pour les combattre.

---

[628] V. Marc TRÉVIDIC, *Au cœur de l'antiterrorisme*, *op. cit.*

Titre 2 – Lutter contre la mondialisation de la menace terroriste et de ses financements

« *Le terrorisme fait aujourd'hui partie de ces grands défis mondiaux face auxquels les États ne peuvent plus agir seuls. La conviction de la France, comme le Président Macron l'a rappelé à la tribune de l'Assemblée générale la semaine dernière, c'est que le multilatéralisme est la bonne réponse, sur le terrain de la légitimité mais aussi sur celui de l'efficacité, pour répondre à ces défis.* »

Briefing sur la lutte contre le terrorisme et la mise en œuvre de la résolution 1373 (2001) – Intervention de M. François DELATTRE, représentant permanent de la France auprès des Nations unies –Conseil de sécurité – 28 septembre 2017

Nous l'avons brièvement évoqué dans l'introduction de cette contribution, depuis 1648, le monde est gouverné par une constitution implicite que l'on peut appeler *l'Ordre westphalien*[629]. Depuis la paix de Westphalie, l'État-nation est en effet la juridiction la plus importante de l'organisation des sociétés et est l'acteur principal des relations

[629] Kimon VALASKAKIS, « La souveraineté supranationale : un impératif contemporain ? », *op. cit.*

internationales[630]. Le système westphalien gère ainsi le monde par la juxtaposition de l'autorité d'environ deux cents gouvernements nationaux qui se reconnaissent comme souverains. Plus de cent quatre-vingt-dix de ces gouvernements sont membres des Nations unies mais tous les pays du monde acceptent les mêmes règles du jeu[631].

À partir du Congrès de Vienne de 1815, le système international, tout en conservant la primauté de l'État-nation sur la scène internationale, a évolué dans la direction d'une concertation entre gouvernements nationaux[632]. Le Congrès de Vienne crée ainsi un système de conférences interétatiques, précurseur des sommets internationaux contemporains, dont l'objectif est de résoudre les problèmes communs sans avoir recours à la guerre. Ce qui sera qualifié plus tard de multilatéralisme est en gestation dans cette approche rationnelle et raisonnable des rapports interétatiques[633].

Ce système fonctionne relativement bien jusqu'en 1914. Après la Première Guerre mondiale, les dirigeants occidentaux tentent de construire, dans l'entre-deux-guerres, un second système de concertation interétatique autour de la Société des Nations. Le 14e point du Président WILSON propose : « *Une association générale des nations devra être formée (...) dans le but de fournir les garanties mutuelles d'indépendance politique et d'intégrité territoriale aux grands comme aux petits États* ». Ce texte, sans utiliser le terme, définit le multilatéralisme : un accord entre – si possible – tous les États, « *garantissant à tous les mêmes droits et obligations* ». WILSON, esprit religieux et quelque peu rigide, est un professeur de droit. Pour lui, *sa* Société des Nations apportera la vraie paix au monde[634].

Toutefois, ce système échouera avec le retrait... des États-Unis. La troisième tentative intervient après la fin de la Seconde Guerre mondiale, dans les années qui suivent 1945. Celle-ci a consisté en la création du système multilatéral ou amalgame d'institutions intergouvernementales[635]. De 1945 à 2000, plusieurs organisations intergouvernementales sont ainsi

---

630 Pierre-André HUDON, « L'émergence et la formation d'institutions supranationales fédéralisées : une analyse depuis la perspective de l'administration publique », *Revue Gouvernance*, vol. 4, n° 2, 2017.

631 *Idem.*

632 Kimon VALASKAKIS, « La souveraineté supranationale : un impératif contemporain ? », *op. cit.*

633 Philippe MOREAU-DEFARGES, « Le multilatéralisme et la fin de l'Histoire », *Politique étrangère*, n° 3, 2004, pp. 575-585.

634 *Idem.*

635 Kimon VALASKAKIS, « La souveraineté supranationale : un impératif contemporain ? », *op. cit.*

créées pour mieux gérer le monde. Parmi celles-ci, les Nations unies, les institutions de *Bretton Woods*, l'OCDE, le Bureau international du travail, l'OMC (Organisation mondiale du commerce), etc. S'ajoutent à ces organisations mondiales des ententes régionales comme l'Union européenne, l'ALENA (l'Association pour un libre-échange nord-américain), le MERCOSUR en Amérique latine, etc. Aucune des organisations précitées ne remet alors en question la primauté du stato-centrisme.

Comme nous l'avons évoqué dans l'introduction générale, le droit international effectif trouve donc sa genèse dans les traités et accords entre États souverains[636]. Librement consenti, un traité peut aussi être répudié, car il n'y a jamais de perte irréversible de souveraineté[637]. *A priori*, aucun système judiciaire *supranational* n'existe pour forcer l'application des traités. Même si les traités ont force de loi, ils sont soumis aux constitutions des États signataires même après ratification par les législatures de ces derniers.

Les débuts de la lutte contre le financement du terrorisme se sont naturellement inscrits dans cette concertation interétatique telle que définie par l'ONU au lendemain de la Seconde Guerre mondiale (Chapitre 1). Les attentats du 11 septembre 2001 ont bouleversé cette approche et ont fait entrer le droit international avec vigueur dans le nouveau millénaire. Comme l'observe Jean-Bernard AUBY, sous la pression des phénomènes de la mondialisation, le droit international contemporain s'éloigne de plus en plus des rives de l'interétatisme classique[638]. Ce dernier s'est retrouvé contraint de s'adapter à cette mutation soudaine de la *menace à la paix et de la sécurité internationale,* issue de la mondialisation qui traverse tous les courants de la société. La lutte contre le financement du terrorisme est une illustration probante de cette adaptation, en attestent les pouvoirs inédits dont dispose le Conseil de sécurité des Nations unies en la matière. En effet, les nouveaux pouvoirs du Conseil de sécurité relatifs à la lutte contre le financement du terrorisme sont symptomatiques des forces nouvelles du droit international, ce dernier basculant d'une approche interétatique traditionnelle vers une logique supranationale (Chapitre 2).

---

636 Plusieurs auteurs, dont Hugo GROTIUS, ont évoqué l'idée d'un droit naturel basé sur une morale universelle. Toutefois, l'évolution du système westphalien est allée dans la direction d'un droit international basé avant tout sur des traités interétatiques, librement consentis par les signataires.

637 Le Brexit est une illustration particulièrement probante.

638 Jean-Bernard AUBY, *La globalisation, le droit et l'État*, LGDJ, 2010, p. 97.

Chapitre 1 – Aux origines de la lutte contre le financement du terrorisme : le temps de la concertation interétatique

« *Nous, peuples des Nations unies, résolus à préserver les générations futures du fléau de la guerre qui deux fois en l'espace d'une vie humaine a infligé à l'humanité d'indicibles souffrances (...)* »

Préambule de la Charte des Nations unies

Selon la section III, paragraphe 8 de la stratégie antiterroriste mondiale des Nations unies, il s'agit :

> « *(d')encourager le Fonds monétaire international, la Banque mondiale, l'Office des Nations unies contre la drogue et le crime et l'Organisation internationale de police criminelle à coopérer davantage avec les États afin de les aider à respecter pleinement les normes et les obligations internationales en matière de lutte contre le blanchiment d'argent et le financement du terrorisme.* »[639]

La lutte contre le financement du terrorisme international s'est dans un premier temps menée à travers une action de coopération entre États, notamment au sein d'organisations intergouvernementales, régionales ou internationales. L'interétatisme est donc la caractéristique la plus spécifique

---

[639] « La Stratégie antiterroriste mondiale de l'Organisation des Nations unies », A/RES/60/288, 60e session, 8 sept. 2006.

des organisations internationales classiques. Qualifiées d'« *associations d'États* »[640] ou de « *groupements d'États* »[641], elles sont considérées traditionnellement comme des « *sujets dérivés* » des États souverains[642]. Ces organisations internationales ne seraient que des « *instruments au service des États* »[643] établis en vue de réglementer leurs relations de coopération. Comme l'écrit Michel VIRALLY :

> « *[l]a finalité de toute organisation internationale est le développement de la coopération entre ses membres, dans la poursuite d'intérêts qu'ils estiment avoir en commun et, par conséquent, l'intensification et le renforcement de la solidarité qui les lie.* »[644]

C'est précisément dans ce contexte que sont nées les premières mesures de lutte contre le financement du terrorisme (Section 1).

Or, le phénomène d'institutionnalisation a déclenché incontestablement dans la conscience humaine l'idée d'une communauté internationale au-delà de la communauté strictement interétatique[645]. De surcroît, la mondialisation de certains problèmes, dont le terrorisme et son financement, oblige à repenser le paradigme du stato-centrisme au profit d'une communauté internationale qui irait au-delà de la communauté interétatique (Section 2).

---

[640] V. Michel VIRALLY, *L'Organisation Mondiale*, collection U, A. Colin, 1972, p. 26 ; Joe VERHOEVEN, « l'État et l'ordre juridique international », *RGDIP*, 1978, p. 759 ; R.-C. BINDSCHELLER, « La délimitation des compétences des Nations unies », *RCADI*, vol. 108, 1963, p. 312.

[641] Pierre-Marie DUPUY, Yann KERBRAT, *Droit international* public, Dalloz, 2018, p. 27.

[642] V. Denis ALLAND, *Droit international public*, PUF, 2000, p. 169 ; Prosper WEIL, « Le droit international en quête de son identité : cours général de droit international public (vol. 237) », *Collected Courses of the Hague Academy of International Law*, p.104 ; Evelyne LAGRANGE, *La représentation institutionnelle dans l'ordre international*, Études de Droit International, 2002, p. 26.

[643] Juan Antonio CARRILLO-SALCEDO, « Droit international et souveraineté des états : cours général de droit international public », *Collected Courses of the Hague Academy of International Law*, p. 130.

[644] Michel VIRALLY, « Les relations entre organisations régionales et organisations universelles », *Régionalisme et universalisme dans le droit international contemporain*, SFDI, Pedone, 1977, p. 154.

[645] Lider BAL, « Le mythe de la souveraineté en droit international : la souveraineté des États à l'épreuve des mutations de l'ordre juridique international », *op. cit.*, p. 202.

Section 1. Les prémices de la lutte contre le financement du terrorisme : une approche timorée pour une menace sous-estimée

Selon C. B. STROZIER, directeur du Centre sur le terrorisme : « *le terrorisme transcendant les frontières nationales, l'ONU est la mieux habilitée à trouver des solutions collectives pour traiter ce problème.* »[646] Le rôle de l'ONU dans la lutte globale contre le terrorisme se révèle évidemment central, autant par le cadre offert à la négociation d'instruments internationaux, notamment la Convention de 1999 sur la répression du financement du terrorisme international, que par l'intervention des organes (Assemblée générale et Conseil de sécurité) adoptant des mesures de recommandation ou de sanction[647].

Il s'agira toutefois ici de montrer les limites de la simple coopération entre États prônée par l'ONU à travers les premières mesures de lutte contre le financement du terrorisme édictées dans les années 1990 (I). Par la suite, nous verrons comment le Conseil de sécurité, au départ timide à s'engager dans la lutte contre le terrorisme, s'est, à partir de 1992, engagé avec une détermination croissante dans celle-ci (II).

I- Les limites du cadre institutionnel et normatif onusien

Le droit international s'est traditionnellement présenté comme un droit exclusivement interétatique. En conséquence, les organisations internationales ne seraient qu'un instrument à disposition des États. Elles seraient tributaires de leurs rapports de force qui en produiraient les contours. Deux difficultés majeures apparaissent aussitôt : tout se passe comme si les organisations internationales ne pouvaient faire autre chose que ce pour quoi elles auraient été créées ; tout se passe comme si les États étaient des entités cohérentes avec des préférences stables au niveau international, et donc *dans* les organisations internationales[648].

Les États disposent naturellement d'une place privilégiée dans le processus d'élaboration du droit international. Ce privilège fait qu'ils

---

646 C. B. STROZIER, le directeur du Centre sur le terrorisme au magazine Chroniques ONU de 2005.

647 Yas BANIFATEMI, « La lutte contre le financement du terrorisme international », *op. cit.*

648 David AMBROSETTI, Yves BUCHET DE NEUILLY, « Les organisations internationales au cœur des crises : Configurations empiriques et jeux d'acteurs », *Cultures et Conflits*, vol. 75, n° 3, hiver 2009, pp. 7-14

s'affirment comme seuls créateurs du droit international, élaboré par ceux-ci en fonction de leurs intérêts propres.

Il est certain qu'en vertu du principe de *pacta sunt servanda*, les engagements conventionnels produisent des effets de droit entre les États contractants[649]. Dans cette hypothèse, l'applicabilité des normes internationales relève des mesures internes d'exécution dont l'existence et l'efficacité dépendent de la volonté des États[650]. La Convention de 1999 relative à la répression du financement du terrorisme s'inscrit naturellement dans cette logique originelle. Il s'agira ainsi d'étudier l'effectivité de la coopération interétatique proposée par le droit international (A), avant de la confronter à la logique d'intégration proposée par le droit de l'Union européenne (B).

En effet, dans l'ordre juridique européen, « *en vertu des principes d'effet direct et de primauté du droit communautaire, les individus sont directement et en priorité gouvernés par des normes supranationales* »[651]. Il est donc intéressant de confronter l'effectivité de ces normes à celles issues de la coopération interétatique traditionnelle.

A- Un cadre institutionnel désordonné porté sur la coopération internationale : les instances onusiennes de lutte contre le terrorisme

De par le contexte dans lequel elle a été rédigée, la Charte des Nations unies ne définit pas ce que sont la paix et la sécurité internationales. Les concepts utilisés : rupture de la paix, acte d'agression ; et les mécanismes et instruments prévus : règlement pacifique des différends, interruption des relations économiques, diplomatiques et des communications, recours à la force armée, blocus, montrent que ses auteurs avaient surtout en vue les

---

649 Alain PELLET, « Les fondements juridiques internationaux du droit communautaire », Académie de droit européen, Florence, *Recueil des cours*, Kluwer Law International, 1997, vol. V, t. 2, p. 256.

650 Lider BAL, « Le mythe de la souveraineté en droit international : la souveraineté des États à l'épreuve des mutations de l'ordre juridique international », *Université de Strasbourg*, 2012, p. 522.

651 Florence CHALTIEL, « Contribution à la théorie juridique du statut de l'État membre de l'Union européenne : l'exemple français », in Colloque de la CEDECE à l'Université de Poitiers, La Documentation française, 2002, Vol. 1, p. 165.

conflits interétatiques[652]. Le terrorisme n'était alors pas envisagé comme une menace susceptible de porter atteinte à la paix et la sécurité internationales.

Toutefois, sur le plan juridique, le financement du terrorisme a commencé à préoccuper la communauté internationale à compter des années 1980. La communauté adopte ainsi, en 1988, la Convention de Vienne des Nations unies contre le trafic illicite de stupéfiants et de substances psychotropes. Cette Convention incrimine, comme nous l'avons étudié, à l'échelle internationale, le blanchiment d'argent et impose aux États un devoir de coopération[653]. Par la suite, c'est sur l'acquis institutionnel en matière de lutte contre le blanchiment de capitaux que la lutte contre le financement du terrorisme viendra s'appuyer.

La dimension internationale du terrorisme explique l'engouement des États pour la règle internationale[654]. Les textes internationaux adoptés pour lutter contre le financement du terrorisme sont de plusieurs natures : traités internationaux, directives de l'Union européenne, recommandations d'organismes internationaux[655]. La lutte contre le financement du terrorisme est ainsi avant tout le fruit d'une coopération menée au sein d'organisations intergouvernementales, régionales ou internationales.

Dans l'ensemble, parmi toutes les organisations internationales, l'ONU occupe une place primordiale :

> « *autant par le cadre offert à la négociation d'instruments internationaux, notamment la Convention de 1999 sur la répression du financement du terrorisme international, que par l'intervention des organes (Assemblée générale et Conseil de sécurité) adoptant des mesures de recommandation ou de sanction.* »[656]

Il convient ici de distinguer les institutions issues de l'Assemblée générale des Nations unies (1), de celles issues du Conseil de sécurité (2).

---

[652] Pascal TEIXEIRA, « Un nouveau défi pour le Conseil de sécurité : comment traiter les États déliquescents ou déchirés par des conflits internes », *AFRI*, Volume VI, 2005.

[653] Ian ROBERGE, « La lutte contre le blanchiment d'argent et le financement du terrorisme aux États-Unis », *Politique américaine,* vol. 10, n° 1, 2008, pp. 59-69.

[654] Henri LABAYLE, « Droit international et lutte contre le terrorisme », *AFDI*, vol. 32, 1986. pp. 105-138

[655] Jean CHAPPEZ, « La lutte internationale contre le blanchiment des capitaux d'origine illicite et le financement du terrorisme », *AFDI*, vol. 49, 2003. pp. 542-562.

[656] Yas BANIFATEMI, « La lutte contre le financement du terrorisme international », *op. cit.*

1- Les organes issus de l'Assemblée générale des Nations unies

Certaines résolutions de l'Assemblée générale des Nations unies ont été à l'initiative de la création d'organes chargés de coordonner les efforts menés par les États membres en matière de lutte contre le terrorisme. Ces résolutions ont donné naissance à l'Équipe spéciale de lutte contre le terrorisme (a), au centre des Nations unies pour la lutte contre le terrorisme (b), au Bureau de la lutte contre le terrorisme (c), au Service de la prévention du terrorisme de l'Office des Nations unies contre la drogue et le crime (d). La multiplication de ces organes aux attributions relativement similaires traduit sans aucun doute les faibles résultats que ces derniers parviennent à obtenir. La création d'une nouvelle entité vise ainsi à pallier les insuffisances de l'organe précédemment créé, sans que celle-ci ne parvienne réellement à obtenir les résultats escomptés.

a- L'Équipe spéciale de lutte contre le terrorisme (« CTITF »)

L'Équipe spéciale de lutte contre le terrorisme a été créée par le Secrétaire général en 2005 pour renforcer la coordination et la cohésion des efforts menés par le système des Nations unies dans la lutte contre le terrorisme. La création de l'équipe spéciale a été confirmée par la résolution A/RES/60/288 portant la stratégie antiterroriste mondiale[657].

Toutefois, ce n'est qu'en décembre 2009 que l'Équipe a été institutionnalisée au sein du Département des affaires politiques du secrétariat de l'Organisation, conformément à la résolution A/RES/64/235 de l'Assemblée générale du 24 décembre 2009[658]. L'institutionnalisation a permis de doter l'Équipe de son propre secrétariat sous la forme du Bureau de l'Équipe spéciale de lutte contre le terrorisme.

La principale responsabilité de la mise en œuvre de la stratégie mondiale incombe aux États membres, mais le CTITF veille à ce que le système des Nations unies soit en phase avec les besoins des États membres pour leur

---

[657] L'Assemblée générale accueille «*favorablement l'intention du Secrétaire général d'institutionnaliser au sein du Secrétariat, dans la limite des ressources existantes, l'Équipe spéciale de la lutte contre le terrorisme afin d'assurer la coordination et la cohésion d'ensemble de l'action antiterroriste du système des Nations unies* ».

[658] Paragraphe (III) (5) : L'Assemblée générale « *Prie le Secrétaire général de prévoir les ressources nécessaires pour achever d'institutionnaliser, dans les plus brefs délais, l'Équipe spéciale de lutte contre le terrorisme, afin d'assurer la coordination et la cohésion d'ensemble de l'action antiterroriste du système des Nations unies* ».

fournir l'appui nécessaire à leurs politiques[659]. Globalement, la stratégie vise à mettre en cohérence les mécanismes existants de lutte contre le terrorisme et à renforcer la coopération entre les États et les organisations internationales ou régionales traitant de lutte contre le terrorisme[660].

À ce stade, seule la concertation interétatique est envisagée par le CTITF.

b- Le centre des Nations unies pour la lutte contre le terrorisme (« UNCCT »)

Dans le deuxième pilier de la stratégie antiterroriste mondiale des Nations unies, l'Assemblée générale « *[reconnaît] que la question de la création d'un centre international pour lutter contre le terrorisme devrait être examinée, au titre des efforts engagés à l'échelle internationale pour renforcer la lutte contre le terrorisme* ».

Le Centre des Nations unies pour la lutte contre le terrorisme a ainsi été créé en septembre 2011, grâce à une contribution volontaire du gouvernement de l'Arabie saoudite, pour promouvoir la coopération internationale en matière de lutte contre le terrorisme et aider les États membres dans la mise en œuvre de la stratégie antiterroriste mondiale. Le 18 novembre 2011, l'Assemblée générale, par sa résolution A/RES/66/10, prenait acte de la création de l'UNCCT au sein du Bureau de l'Équipe spéciale, et encourageait les États membres à collaborer avec le Centre. Le Centre est devenu opérationnel en avril 2012 à la suite de la première réunion de son Conseil consultatif. Pour atteindre les objectifs fixés par le secrétaire général en 2014[661], le Centre a lancé, en 2016, un programme

---

[659] V. Mario BETTATI, *Le Terrorisme, les voies de la coopération internationale*, *op. cit.*

[660] Plus particulièrement, ce document doit permettre à la communauté internationale de renforcer ses efforts dans la lutte contre le terrorisme autour de quatre axes :
1. Mesures visant à éliminer les conditions propices à la propagation du terrorisme ;
2. Mesures visant à prévenir et combattre le terrorisme ;
3. Mesures destinées à étoffer les moyens dont les États disposent pour prévenir et combattre le terrorisme et à renforcer le rôle joué en ce sens par l'Organisation des Nations unies ;
4. Mesures garantissant le respect des droits de l'homme et la primauté du droit en tant que base fondamentale de la lutte antiterroriste.

[661] Devenir un centre d'excellence rassemblant des spécialistes des questions relatives à la lutte contre le terrorisme qui ne sont pas couvertes par d'autres organismes des Nations unies ; fournir une assistance au renforcement des capacités des États membres et des organisations régionales aux fins de la mise en œuvre équilibrée des quatre piliers de la Stratégie ; utiliser les ressources affectées au renforcement des capacités de façon stratégique afin de produire des résultats à court, à moyen et à long terme ; offrir aux équipes de pays, aux missions politiques spéciales et aux opérations de maintien de la paix des Nations unies les conseils techniques dont elles ont besoin pour intégrer la lutte contre le terrorisme dans leurs

quinquennal regroupé en 4 grands objectifs pour chacun des quatre piliers de la stratégie : Prévention de l'extrémisme violent (voir le premier pilier de la stratégie mondiale) ; lutte contre le terrorisme (voir le pilier II de la stratégie mondiale) ; les Droits de l'homme et les victimes (voir le pilier IV de la stratégie mondiale) ; coopération internationale (voir le pilier III de la stratégie mondiale).

C'est au sein du deuxième pilier que s'organise la lutte contre le financement du terrorisme. Toutefois, la portée de ces réunions est limitée.

c- Bureau de la lutte contre le terrorisme

Dans son rapport sur la capacité du système des Nations unies d'aider les États membres à appliquer la stratégie antiterroriste mondiale des Nations unies du 3 avril 2017, Antonio GUTTERES, Secrétaire général des Nations unies a suggéré que :

> « *l'actuel Bureau de l'Équipe spéciale de lutte contre le terrorisme et le Centre des Nations unies pour la lutte contre le terrorisme, ainsi que leur personnel et toutes leurs ressources ordinaires et extrabudgétaires, soient détachés du Département des affaires politiques et forment un nouveau bureau de lutte contre le terrorisme, qui serait dirigé par un Secrétaire général adjoint, lequel serait à la fois Président de l'Équipe spéciale et Directeur exécutif du Centre.* »[662]

Ces deux structures ont ainsi été intégrées au sein d'un Bureau de la lutte contre le terrorisme créé le 15 juin 2017, suite à l'adoption de la résolution 71/291 par l'Assemblée générale[663]. Le Bureau reprend les fonctions qui

---

travaux, en respectant scrupuleusement le mandat de chacune et les demandes formulées par les États membres ; appuyer l'action menée pour lutter contre le terrorisme en contribuant au financement de projets de renforcement des capacités et en recherchant des cofinancements chaque fois que possible ; assurer une gestion efficace des programmes et des projets.

662 Paragraphe 62, p. 17.

663 L'Assemblée générale « *Accueille avec satisfaction les recommandations figurant dans le rapport du Secrétaire général sur la capacité du système des Nations unies d'aider les États membres à appliquer la Stratégie antiterroriste mondiale des Nations unies, et décide de créer le Bureau de lutte contre le terrorisme et de le doter des compétences et fonctions prévues dans le rapport* » et « *Salue l'initiative du Secrétaire général de détacher du département des affaires politiques du Secrétariat l'actuel Bureau de l'Équipe spéciale de lutte contre le terrorisme et le Centre des Nations unies pour la lutte contre le terrorisme, ainsi que leur personnel et toutes les ressources ordinaires et extrabudgétaires qui leur sont affectées, et de les regrouper pour former le Bureau de lutte contre le terrorisme* ».

étaient jusqu'ici dévolues à l'Équipe spéciale, avec à sa tête un Secrétaire général adjoint.

d- Le Service de la prévention du terrorisme de l'Office des Nations unies contre la drogue et le crime (« ONUDC »)

L'ONUDC a été établi à Vienne en 1997 et comprend le programme des Nations unies en matière de prévention du crime et de justice pénale et le Centre pour la prévention internationale du crime. La Commission pour la prévention du crime et la justice Ppénale a, quant à elle, été créée par le Conseil économique et social dans sa résolution 1992/1[664], à la suite de la demande de l'Assemblée générale formulée dans sa résolution 46/152[665]. En 2006, l'Assemblée générale a adopté la résolution 61/252[666], qui élargit les mandats de la Commission, pour lui permettre d'agir en qualité d'organe directeur de l'ONUDC[667].

Le 19 décembre 2001, la résolution 56/123[668] de l'Assemblée générale a invité le Secrétaire général à examiner comment le Centre pour la prévention internationale du crime de l'ONUDC pourrait contribuer à l'action menée par le système des Nations unies contre le terrorisme. Dans sa résolution 2002/19[669] du 24 juillet 2002, le Conseil économique et social a réaffirmé le rôle important que le Centre pour la prévention internationale du crime de l'ONUDC devait jouer en apportant une assistance technique visant à prévenir et combattre le terrorisme. De même, dans sa résolution 57/173[670] du 18 décembre 2002, intitulée « *Renforcement du Programme des Nations unies pour la prévention du crime et la justice pénale, en particulier de ses*

---

[664] Conseil économique et social, résolution 1992/1 portant création de la Commission pour la prévention du crime et la justice sociale, 2e session plénière, 6 févr. 1992.

[665] Assemblée générale des Nations unies, résolution 46/152 portant élaboration d'un programme des Nations unies efficace en matière de prévention du crime et de justice pénale, 77e séance plénière, 18 déc. 1991.

[666] Assemblée générale des Nations unies, résolution 61/252, « Questions relatives au budget-programme de l'exercice 2006-2007 », 61e session plénière, 22 déc. 2006.

[667] En ligne : https://www.unodc.org/unodc/fr/commissions/CCPCJ/

[668] Assemblée générale des Nations unies, résolution 56/123, « Renforcement du Programme des Nations unies en matière de prévention du crime et de justice pénale », en particulier de ses capacités de coopération technique, 88e session plénière, 19 déc. 2001.

[669] Conseil économique et social, résolution 2002/19, « Intensification de la coopération internationale et de l'assistance technique dans le cadre des activités du Centre pour la prévention internationale du crime visant à prévenir et combattre le terrorisme », 37e séance plénière, 24 juill. 2002.

[670] Assemblée générale des Nations unies, résolution 57/173, « Renforcement du Programme des Nations unies pour la prévention du crime et la justice pénale, en particulier de ses capacités de coopération technique », 77e séance plénière, 18 déc. 2002.

capacités de coopération technique », l'Assemblée générale a affirmé que les activités du Centre pour la prévention internationale du crime sont importantes pour assurer l'exécution de son mandat, notamment pour prévenir et combattre le terrorisme[671]. La Commission pour la prévention du crime et la justice pénale a ainsi élaboré un plan d'action contre le terrorisme, que l'Assemblée générale a approuvé dans sa résolution 56/261[672] en date du 31 janvier 2002. En 2006, la résolution 60/175 a élargi le mandat qui a été confié en matière de lutte contre le terrorisme au service de la prévention du terrorisme.

Ainsi, depuis plusieurs années, le service de la prévention du terrorisme de l'ONUDC est la principale entité des Nations unies à apporter une assistance technique juridique aux États membres dans leur lutte contre le terrorisme. Ce service est principalement chargé d'aider les États membres, à leur demande, à ratifier le régime juridique universel contre le terrorisme, à l'incorporer dans leur législation nationale et à le mettre en application[673]. Parmi ses attributions, le service est chargé d'assister les pays à intégrer les dispositions juridiques de la lutte contre le financement du terrorisme dans leur ordre juridique interne.

2- Les organes issus du Conseil de sécurité

Le Conseil de sécurité, quant à lui, s'emploie à renforcer l'aptitude des États membres à prévenir et à contrer les actes terroristes par l'entremise de ses organes subsidiaires. Plusieurs comités et directions ont ainsi été créés par certaines résolutions du Conseil de sécurité. Il convient ainsi de citer le Comité contre le terrorisme (a), la Direction exécutive du Comité contre le terrorisme (b), le Comité du Conseil de sécurité faisant suite aux résolutions 1267 (1999), 1989 (2011) et 2253 (2015) concernant l'État islamique d'Iraq et du Levant (Daech), Al-Qaïda et les personnes, groupes, entreprises et entités qui leur sont associés (c) et le Groupe d'experts du Comité 1540 (d).

---

671 Conseil économique et social, ordre du jour provisoire, annotations et proposition d'organisation des travaux, E/CN.15/2003/1, 13-22/05/2003, §6.

672 Assemblée générale des Nations unies, résolution 56/261, « Plans d'action concernant la mise en œuvre de la Déclaration de Vienne sur la criminalité et la justice : relever les défis du XXIe siècle », 93e séance plénière, 31 janv. 2001.

673 ONUDC, Service de la prévention du terrorisme, « Catalogue des services, Assistance juridique et aide au renforcement des capacités pour prévenir et combattre le terrorisme ».

a- Le Comité contre le terrorisme (« CCT »)

En vertu du paragraphe 6 de la résolution 1373 (2001), le Conseil de sécurité a décidé de : « *créer, en application de l'article 28 de son Règlement intérieur provisoire, un comité du Conseil de sécurité composé de tous les membres du Conseil et chargé de suivre l'application de la présente résolution.* » Le Comité contre le terrorisme, selon les termes employés par le site du CTT, « *s'emploie à renforcer l'aptitude des États membres des Nations unies à empêcher les actes de terrorisme à l'intérieur de leurs frontières et dans l'ensemble des régions* »[674]. Concrètement, le CCT vise à apporter une « *assistance technique* » aux États membres et « *encourager les meilleures pratiques* », à rédiger des « *rapports nationaux* » et à convoquer des « *réunions spéciales* » afin d'établir « *des liens plus étroits avec les organisations internationales, régionales et sous régionales intéressées et éviter la multiplication d'efforts parallèles et le gaspillage de ressources par une meilleure coordination* »[675].

Le CCT est un comité qui se singularise dans la mesure où il ne traite pas d'une situation géopolitique particulière mais d'un sujet général : le terrorisme[676]. Par ailleurs, les tâches évoquées ci-dessus ne sont pas de nature politique mais juridique. Comme le résume Walter GEHR, ancien porte-parole du groupe d'experts chargé d'assister le Comité contre le terrorisme, lors de sa création, l'objectif du CCT était de devenir le principal organe de la communauté internationale visant à aider les États :

- « *à améliorer leurs capacités législatives et institutionnelles, tant individuelles que collectives, dans la lutte contre le terrorisme,*
- *à prévenir l'utilisation de leurs territoires à des fins terroristes en tant que refuges ou bases logistiques ou financières et, enfin*
- *afin d'établir un réseau d'information et d'action bilatérale ou multilatérale.* »[677]

Par ailleurs, l'une des tâches prioritaires du CCT consiste à surveiller la ratification et l'application des conventions et protocoles internationaux contre le terrorisme. La majorité de ces conventions imposent aux États contractants d'ériger en infractions pénales les infractions qui y sont définies.

---

674 En ligne : http://www.un.org/fr/sc/ctc/

675 *Idem.*

676 Walter GEHR, « Le comité contre le terrorisme et la résolution 1373 (2001) du Conseil de sécurité », *Actualité et Droit international*, janv. 2003.

677 *Idem.*

Concernant plus spécifiquement le financement du terrorisme, de nombreux rapports présentés au CCT affirment que ce dernier aurait déjà fait l'objet d'une incrimination par l'intermédiaire des lois sur le blanchiment de capitaux. Le CCT a donc été dans l'obligation de rappeler aux États que le blanchiment d'argent et le financement du terrorisme sont deux infractions distinctes. Plus particulièrement, de nombreux États n'ont pas incriminé les actes visés par l'article 2(1)[678] de la Convention de 1999. À noter que l'acte préparatoire doit être incriminé, même s'il n'y a pas eu tentative ou consommation de l'acte terroriste menant directement à des pertes de vies ou de biens[679]. Le CCT a donc pour fonction de rappeler aux États membres leurs obligations, au titre de la résolution 1373 (2001), mais aussi au titre des instruments internationaux de lutte contre le terrorisme.

Enfin, en 2005, la résolution 1624 (2005)[680] du Conseil a chargé le CCT d'aider les États à empêcher l'incitation à commettre des actes terroristes et appelle les États à prévenir et interdire ce type d'incitation, à renforcer la coopération internationale et le contrôle aux frontières, ainsi qu'à approfondir le dialogue et à favoriser une meilleure compréhension entre les civilisations.

---

678 Article 2 (1) de la Convention de 1999 : « *Commet une infraction au sens de la présente Convention toute personne qui, par quelque moyen que ce soit, directement ou indirectement, illicitement et délibérément, fournit ou réunit des fonds dans l'intention de les voir utilisés ou en sachant qu'ils seront utilisés, en tout ou partie, en vue de commettre :*
a) Un acte qui constitue une infraction au regard et selon la définition de l'un des traités énumérés en annexe;
b) Tout autre acte destiné à tuer ou blesser grièvement un civil, ou toute autre personne qui ne participe pas directement aux hostilités dans une situation de conflit armé, lorsque, par sa nature ou son contexte, cet acte vise à intimider une population ou à contraindre un gouvernement ou une organisation internationale à accomplir ou à s'abstenir d'accomplir un acte quelconque ».

679 Walter GEHR, « Le comité contre le terrorisme et la résolution 1373 (2001) du Conseil de sécurité », *op. cit.*

680 Résolution 1624 de l'ONU adoptée par le Conseil de sécurité le 14 septembre 2005, S/RES/1624 (2005), disponible en ligne :
http://www.un.org/french/docs/sc/2005/res1624f.pdf.

b- La Direction exécutive du Comité contre le terrorisme (« DECCT »)

Pour aider le Comité dans sa tâche, le Conseil a adopté la résolution 1535[681] en 2004. Le paragraphe 2 de la résolution a effectivement affirmé que :

> « *le Comité revitalisé sera constitué d'une Plénière – composée des États membres siégeant au Conseil de sécurité – et d'un Bureau composé du Président et des Vice-Présidents, secondés par la Direction exécutive du Comité contre le terrorisme instituée en mission politique spéciale, sous la direction générale de la Plénière.* »

La Direction du Comité contre le terrorisme, qui a à sa tête un directeur exécutif, ayant rang de sous-secrétaire général, vise ainsi à assurer le suivi de la résolution 1373 (2001), à faciliter la fourniture d'une assistance technique aux États membres, à appliquer les décisions politiques du Comité et de conduire les évaluations d'experts auprès des États membres. Par ailleurs, depuis 2006, la Direction exécutive du Comité utilise des outils de veille essentiels, en l'occurrence les « *Évaluations préliminaires de la mise en œuvre* ». Préparées pour l'ensemble des 192 États membres des Nations unies, ces évaluations préliminaires fournissent un instantané de la situation de la lutte antiterroriste dans chaque pays, sur la base des renseignements reçus du pays lui-même, d'organisations internationales et d'autres sources publiques[682]. La résolution 1963 (2010)[683] du Conseil de sécurité encourage la Direction exécutive du Comité contre le terrorisme à aider les États membres à élaborer des stratégies globales et intégrées de lutte contre le terrorisme.

En pratique, la DECCT comprend une quarantaine de fonctionnaires, dont la moitié environ est composée d'experts juridiques qui analysent les rapports présentés au Comité sur les progrès réalisés par les États dans l'application des résolutions 1373 (2001) et 1624 (2005). La DECCT est divisée en deux sections : le Bureau d'évaluation et d'assistance technique,

---

[681] Résolution 1535 de l'ONU adoptée par le Conseil de sécurité le 26 mars 2004, S/RES/1535 (2004), disponible en ligne : http://www.un.org/french/docs/sc/2004/res1535f.pdf.

[682] Office des Nations unies contre la drogue et le crime Service de la prévention du terrorisme Programme de formation juridique contre le terrorisme MODULE 2 Le cadre juridique universel contre le terrorisme, 2010.

[683] Résolution 1963 de l'ONU adoptée par le Conseil de sécurité le 20 décembre 2010, S/RES/1963 (2010), disponible en ligne : http://www.un.org/french/docs/sc/2010/res1963f.pdf.

lui-même divisé en trois groupes géographiques pour permettre aux experts de se spécialiser dans des régions particulières du monde, et le Bureau de l'administration et de l'information.

Dans l'ensemble, l'une des tâches principales du CCT et de sa Direction exécutive est de faciliter la mise à disposition d'une assistance technique aux États membres en vue de renforcer leur capacité à mettre en œuvre les résolutions 1373 (2001), 1624 (2005) et 2178 (2014) du Conseil de sécurité.

c- Comité du Conseil de sécurité faisant suite aux résolutions 1267 (1999), 1989 (2011) et 2253 (2015) concernant l'État islamique d'Iraq et du Levant (Daech), Al-Qaïda et les personnes, groupes, entreprises et entités qui leur sont associés

Le fonctionnement et les missions de ce Comité particulier seront détaillés dans la partie consacrée aux sanctions internationales (Partie 1, Titre 2, Chapitre 2, Section 1).

d- Le Groupe d'experts du Comité 1540

Aux termes du paragraphe 2 de la résolution 1540 (2004)[684], le Conseil de sécurité a décidé de créer :

> « *conformément à l'article 28 de son règlement intérieur (...) un comité formé de tous ses membres qui, en faisant appel, le cas échéant, à des compétences extérieures, lui fera rapport, pour examen, sur la mise en œuvre de la présente résolution.* »

Le Conseil de sécurité a donc créé un organe supplémentaire concernant la lutte contre le terrorisme : le Comité 1540. Ce dernier est ainsi chargé de veiller à ce que les États membres respectent les dispositions de la résolution 1540 (2004), qui les exhorte à interdire aux agents non étatiques (dont les groupes terroristes) tout accès aux armes de destruction massive.

La résolution 1540 (2004) répond au danger que des armes de destruction massive non seulement tombent aux mains d'acteurs non étatiques, mais que ces acteurs puissent aussi acquérir de manière autonome la capacité de les

---

[684] Résolution 1540 de l'ONU adoptée par le Conseil de sécurité le 28 avril 2004, S/RES/1540 (2004), disponible en ligne : http://www.un.org/french/docs/sc/2004/res1540f.pdf.

construire et les utiliser, ou de menacer de les utiliser[685]. Le paragraphe 2 de la résolution 1540 (2004) énonce ainsi que :

> « *Tous les États doivent adopter et appliquer, conformément à leurs procédures internes, une législation appropriée et efficace interdisant à tout acteur non étatique de fabriquer, se procurer, mettre au point, posséder, transporter, transférer ou d'utiliser des armes nucléaires, chimiques ou biologiques ou leurs vecteurs, en particulier à des fins terroristes, réprimant toutes les tentatives de l'une quelconque de ces activités, le fait d'y participer en tant que complice et le fait d'y fournir assistance ou de la financer.* »

Pour ce faire, le Comité 1540 a mis au point un Modèle de demande d'assistance pour les États en recherche d'assistance dans le but de respecter et d'exécuter les obligations que la résolution 1540 (2004) leur impose. En ce sens, le site Internet du Comité 1540 permet d'accéder sans restriction à sa base de données législatives qui contient des liens vers les textes originaux des lois, ordonnances, décrets et décisions relatives aux activités visées par la résolution 1540 (2004). La base de données de l'UNODC sur les sources juridiques internationales relatives au terrorisme international complète la base de données du Comité 1540 en incluant les versions intégrales des lois appartenant aux mêmes domaines thématiques ou à des domaines apparentés[686].

B- Les instruments juridiques internationaux de lutte contre le financement du terrorisme et leur effectivité

L'élimination du terrorisme est ainsi une priorité pour le système des Nations unies, comme en témoigne le nombre croissant de résolutions récemment adoptées par l'Assemblée générale, notamment la résolution 70/291 relative à l'examen de la stratégie antiterroriste mondiale des Nations unies, la résolution 71/38 sur des mesures visant à empêcher les terroristes d'acquérir des armes de destruction massive, la résolution 71/66 sur la prévention de l'acquisition de sources radioactives par des terroristes et la résolution 71/151 sur des mesures visant à éliminer le terrorisme international, ainsi que par le Conseil de sécurité, notamment la résolution 2309 (2016) relative aux menaces terroristes contre l'aviation civile, la

---

[685] Office des Nations uniesunies contre la drogue et le crime, Service de la prévention du terrorisme, Programme de formation juridique contre le terrorisme, Module 2, Le cadre juridique universel contre le terrorisme, 2010.
[686] *Idem.*

résolution 2322 (2016)[687] sur la coopération judiciaire internationale dans la lutte contre le terrorisme, la résolution 2331 (2016)[688] relative à la traite des êtres humains et au terrorisme et la résolution 2341 (2017)[689] sur la protection des infrastructures critiques contre les attaques terroristes[690].

Un programme de formation juridique contre le terrorisme dispensé par le Service de la prévention du terrorisme de l'Office des Nations unies contre la drogue et le crime en 2010[691] divise les sources des obligations juridiques en deux groupes : les résolutions du Conseil de sécurité adoptées en vertu du chapitre VII de la Charte des Nations unies contenant les termes contraignants à l'intention de tous les États membres et leur imposant certaines obligations (1), et les instruments universels contre le terrorisme (2). Ces instruments universels demandent aux États d'ériger en infractions pénales certains agissements terroristes au niveau international. Ces deux sources se distinguent ainsi par le public visé.

Les résolutions du Conseil de sécurité doivent être observées par tous les États membres, ces derniers ayant tous ratifié la Charte des Nations unies, alors que les traités ne s'imposent qu'aux seuls États les ayant ratifiés.

1- Les résolutions du Conseil de sécurité

L'article 24 de la *Charte des Nations unies*[692] conçoit le Conseil de sécurité comme un organe doté de compétences de nature essentiellement *exécutive* : c'est à lui qu'il revient d'œuvrer en faveur du règlement des différends internationaux, dans le cadre du chapitre VI de la Charte, ou d'agir

---

687 Résolution 2322 de l'ONU adoptée par le Conseil de sécurité le 12 décembre 2016, S/RES/2322 (2016), disponible en ligne : http://www.un.org/french/docs/sc/2016/res2322f.pdf.

688 Résolution 2331 de l'ONU adoptée par le Conseil de sécurité le 20 décembre 2016, S/RES/2331 (2016), disponible en ligne: http://www.un.org/french/docs/sc/2016/res2331f.pdf.

689 Résolution 2341 de l'ONU adoptée par le Conseil de sécurité le 13 février 2017, S/RES/2341 (2017), disponible en ligne : http://www.un.org/french/docs/sc/2017/res2341f.pdf.

690 Rapport du Secrétaire général des Nations unies, « Capacité du système des Nations unies d'aider les États membres à appliquer la Stratégie antiterroriste mondiale des Nations unies », A/71/858, 3 avr. 2017, p. 2.

691 Office des Nations unies contre la drogue et le crime, Service de la prévention du terrorisme, Programme de formation juridique contre le terrorisme, *op. cit.*

692 Article 24§1 : « *Afin d'assurer l'action rapide et efficace de l'Organisation, ses Membres confèrent au Conseil de sécurité la responsabilité principale du maintien de la paix et de la sécurité internationales et reconnaissent qu'en s'acquittant des devoirs que lui impose cette responsabilité le Conseil de sécurité agit en leur nom* ».

pour le maintien de la paix et de la sécurité internationales, en vertu du chapitre VII. La valeur juridique des résolutions du Conseil de sécurité diffère suivant le domaine dans lequel il intervient. Il est donc intéressant d'étudier la valeur juridique que la Charte des Nations unies consacre aux résolutions du Conseil de sécurité (a) avant d'étudier la particularité des résolutions adoptées par le Conseil s'agissant de la lutte contre le terrorisme (b).

a- Valeur juridique et portée des résolutions du Conseil de sécurité

D'une manière générale, les résolutions et autres actes juridiques des organisations internationales n'ont, en principe, que la valeur de simples recommandations, sauf dans les cas où la charte constitutive de l'organisation a prévu expressément pour certaines décisions une force obligatoire[693]. Comme évoqué par le Professeur Michel VIRALLY, « *le problème le plus débattu* » au sujet des actes unilatéraux des organisations internationales « *a été celui du pouvoir de création d'obligations à la charge d'un ou plusieurs États* »[694]. En 1989, Ronny ABRAHAM, actuel président de la Cour internationale de Justice, écrivait que :

> « *la société internationale étant ce qu'elle est, les actes émanant des organisations internationales n'ont généralement pas de force juridique contraignante à l'égard des États membres. C'est ainsi que la plupart des résolutions émanant du Conseil de sécurité ont la valeur de simples recommandations.* »[695]

Depuis, le monde a changé et cette affirmation nécessite d'être nuancée. Celle-ci a été prononcée à une époque où les divisions internes résultant de la guerre froide rendaient l'utilisation du chapitre VII exceptionnelle. La guerre du Golfe en 1990-1991 a permis au Conseil de sécurité de reprendre

---

693 V. Djacoba Liva TEHINDRAZANARIVELO, *Les sanctions des Nations unies et leurs effets secondaires : Assistance aux victimes et voies juridiques de prévention*, Coédition Graduate Institute Geneva, 2005.

694 Michel VIRALLY, « Les actes unilatéraux des organisations internationales », *in* Mohammed BEDJAOUI, *Droit international, Bilan et perspectives*, Tome 1, Pedone, 1991, p. 273, cité Marie-Pierre LANFRANCHI, « La valeur juridique en France des résolutions du Conseil de sécurité », *AFDI*, vol. 43, 1997. pp. 31-57.

695 Ronny ABRAHAM, *Droit international, droit communautaire et droit français*, Hachette, 1989, p. 19.

possession de ses attributions originelles avec « *une reviviscence qui a culminé avec la résolution 687 (3 avril 1991) mettant fin au conflit* »[696].

En guise d'introduction, il convient d'évoquer deux articles de la Charte. Il y a tout d'abord l'article 2 § 2 qui dispose que :

> « *Les Membres de l'Organisation, afin d'assurer à tous la jouissance des droits et avantages résultant de leur qualité de Membre, doivent remplir de bonne foi les obligations qu'ils ont assumées aux termes de la présente Charte.* »

Cette obligation d'agir de « *bonne foi* » s'applique naturellement aux décisions du Conseil de sécurité et se traduit à l'endroit des États membres par l'obligation de les appliquer. L'article 25 quant à lui est davantage explicite : « *les Membres de l'Organisation conviennent d'accepter et d'appliquer les décisions du Conseil de sécurité conformément à la présente Charte* ». Dans son avis consultatif du 11 avril 1949, la Cour internationale de Justice a rappelé très tôt la portée de l'article 25 : « *La Charte* », affirme-t-elle, « *(...) a défini la position des membres par rapport à l'Organisation en leur prescrivant de lui donner une pleine assistance dans toute action entreprise par elle (...), d'accepter et d'appliquer les décisions du Conseil de sécurité* »[697]. S'agissant plus spécifiquement des mesures adoptées sur le fondement du Chapitre VII, l'article 48 confirme ce dispositif[698].

Aussi, pour connaître plus précisément la valeur juridique des résolutions adoptées par le Conseil de sécurité, il convient de se référer « *aux pouvoirs spécifiques* » que la Charte, au sens de son article 24, reconnaît à cet organe[699]. Ainsi, les dispositions pertinentes de la Charte permettent au Conseil tantôt d'« *inviter* », de « *recommander* » (chapitre VI), d'« *encourager* » (chapitre VIII), tantôt de « *décider* », « *d'entreprendre* » des « *actions* » (article 25). Par déduction, à l'exception des résolutions

---

696 Serge SUR, Jean COMBACAU, *Droit international public*, 11e édition, LGDJ, p. 652.

697 CIJ, avis consultatif du 11 avril 1949 sur les réparations des dommages subis au service des Nations unies, *Recueil* 1949, p. 178.

698 Article 48 : « *1. Les mesures nécessaires à l'exécution des décisions du Conseil de sécurité pour le maintien de la paix et de la sécurité internationales sont prises par tous les Membres des Nations unies ou certains d'entre eux, selon l'appréciation du Conseil.*
2. Ces décisions sont exécutées par les Membres des Nations unies directement et grâce à leur action dans les organismes internationaux appropriés dont ils font partie ».

699 Article 24, §2 : « *Les pouvoirs spécifiques accordés au Conseil de sécurité pour lui permettre d'accomplir lesdits devoirs sont définis aux Chapitres VI, VII, VIII et XII* ».

prises en application du chapitre VII[700], les actes adoptés par le Conseil de sécurité n'ont en principe qu'une valeur exhortative[701].

Toutefois, la pratique des États en la matière a démontré que des différences d'appréciation ont pu émerger au regard de la portée juridique de certaines résolutions. En effet, le Conseil de sécurité a parfois omis de mentionner la base juridique sur laquelle il délibérait. Ainsi, la portée juridique d'une telle résolution dépendait de l'appréciation donnée par le juge international. Dans son avis consultatif sur la Namibie du 21 juin 1971, la Cour internationale de Justice a déclaré qu' :

> « *il faut soigneusement analyser le libellé d'une résolution du Conseil de sécurité avant de pouvoir conclure à son effet obligatoire. Étant donné les caractères des pouvoirs découlant de l'article 25, il convient de déterminer dans chaque cas si ces pouvoirs ont été en fait exercés, compte tenu des termes de la résolution à interpréter, des débats qui ont précédé son adoption, des dispositions de la Charte invoquées et en général de tous les éléments qui pourraient aider à préciser les conséquences juridiques de la résolution du Conseil de sécurité.* »[702]

En suivant cet avis, même une résolution qui ne serait pas expressément fondée sur le Chapitre VII, pourrait, compte tenu des termes employés, de son but, de son contexte emporter des effets obligatoires[703]. Par ailleurs, le comportement des États est parfois susceptible d'influencer la portée des résolutions, ce qu'a très tôt confirmé le juge[704] : en acceptant expressément les résolutions du Conseil de sécurité, les États en modifient les effets ;

---

[700] Prosaïquement, aux termes de l'article 39 (chapitre VII), ce n'est qu'après avoir qualifié une situation de menace pour la paix et la sécurité internationales, de rupture de la paix ou d'acte d'agression que le Conseil peut recommander ou imposer les mesures qui lui paraissent nécessaires pour remédier à cette situation. Les articles 40 à 42 comportent une série de mesures que le Conseil peut adopter en cas de non-respect par un ou plusieurs États des prescriptions imposées par une résolution prise en application du Chapitre VII. L'article 42 prévoit, en cas d'échec des mesures adoptées par l'article 41, le recours à la force armée.

[701] Marie-Pierre LANFRANCHI, « La valeur juridique en France des résolutions du Conseil de sécurité », *op. cit.*

[702] CIJ, avis consultatif du 21 juin 1971, conséquences pour les États de la présence continue de l'Afrique du sud en Namibie (Sud-Ouest africain) nonobstant la résolution 276 (1970) du Conseil de sécurité, *Recueil*, 1971, p. 53.

[703] Dans un avis consultatif du 20 juillet 1962 relatif à certaines dépenses des Nations unies, la Cour avait reconnu le caractère obligatoire de certaines résolutions, non fondées sur le Chapitre VII, mais adoptées par le Conseil dans l'exercice de sa fonction de maintien de la paix (CIJ, avis consultatif du 1962, à propos de certaines dépenses des Nations unies, *Recueil* 1962, p. 167.

[704] CIJ, arrêt du 25 mars 1948, *Détroit de Corfou*, *Recueil*, 1948, p. 26.

celles-ci « *ne sont plus de simples recommandations, mais de véritables actes juridiques* »[705].

Enfin, il convient de noter qu'en vertu de l'article 103 de la Charte : « *En cas de conflit entre les obligations des Membres des Nations unies en vertu de la présente Charte et leurs obligations en vertu de tout autre accord international, les premières prévaudront.* » Il semble aujourd'hui admis que cet article assure non seulement la primauté de la Charte *stricto sensu*, mais également la suprématie des décisions adoptées par le Conseil de sécurité dans le domaine du maintien de la paix[706]. Ainsi, l'article 103 combiné avec l'article 25 impose aux États de faire prévaloir les obligations qu'une résolution fait porter à leur charge sur celles résultant d'autres engagements qu'ils auraient pu conclure.

En ce qui concerne l'exécution de ces résolutions, par nature, sauf exception, l'exécution des actes unilatéraux des organisations internationales ne peut être que décentralisée : contrairement à l'État, les organisations internationales ne possèdent pas de mécanismes exécutifs ; l'exécution des décisions revient donc aux États eux-mêmes[707]. En bref, il n'existe pas d'unité et de continuité entre les organes décisionnels (le Conseil de sécurité) et les organes exécutifs[708]. Selon le Professeur Marcel MERLE « *les organisations internationales sont (donc) obligées d'émettre des directives générales et de s'en remettre pour l'exécution au bon vouloir des États qui conservent l'essentiel des moyens d'action, tant juridiques que matériels* »[709]. L'effectivité des résolutions dépend donc du comportement des États agissant en qualité d'agents d'exécution[710]. Concernant la portée de l'obligation d'exécuter les décisions :

> « *elle est à la fois générale et stricte. Elle vaut pour l'ensemble des organes de l'État. Elle comporte ainsi l'interdiction de se prévaloir du droit interne pour refuser l'application les décisions, l'obligation corollaire d'adapter si besoin est la réglementation nationale, et enfin*

---

[705] Patrick DAILLIER, Alain PELLET, *Droit international public*, LGDJ, 5e éd., 1994, p. 361 ; Michel VIRALLY, L'organisation mondiale, *op. cit.*, p. 187, cité par Marie-Pierre LANFRANCHI, « La valeur juridique en France des résolutions du Conseil de sécurité », *op. cit.*

[706] CIJ, ordonnances du 14 avril 1992, *Affaire de Lockerbie*, *Recueil*, 1992, p. 15.

[707] Marie-Pierre LANFRANCHI, « La valeur juridique en France des résolutions du Conseil de sécurité », *op. cit.*

[708] Michel VIRALLY, L'organisation mondiale, *op. cit.*

[709] Marcel MERLE, « Le contrôle exercé par les organisations internationales sur les activités des États membres », *AFDI*, 1959, p. 413.

[710] Jean COMBACAU, *Le pouvoir de sanction de l'ONU, Étude théorique de la coercition non militaire*, Pedone, 1974, pp. 308 et s.

> *l'obligation de coopérer avec les organes subsidiaires éventuellement créés par le Conseil de sécurité. Seuls les intérêts supérieurs de la sécurité nationale peuvent constituer des motifs valablement invoqués par un État pour ne pas se plier à une injonction du Tribunal, mais c'est à celui-ci d'apprécier la validité de ces motifs.* »[711]

Toutefois, les résolutions du Conseil de sécurité ne sont, *a priori*, pas d'applicabilité directe devant les juges internes. Dans l'affaire de la compétence des tribunaux de Dantzig du 3 mars 1928, le juge de la Cour permanente de Justice internationale rappelle que « *selon un principe de droit international bien établi, un accord international ne peut, comme tel, créer directement des droits et des obligations pour les particuliers* »[712]. Ce dernier ajoute :

> « *on ne saurait contester que l'objet même d'un accord international, dans l'intention des parties contractantes, puisse être l'adoption par les parties, de règles déterminées, créant des droits et obligations pour les individus et susceptibles d'être appliquées par les tribunaux nationaux.* »[713]

L'applicabilité directe des décisions du Conseil de sécurité ne peut pas être déduite ni de la Charte, qui est muette sur le statut juridique des décisions du Conseil de sécurité et les conditions de leur application dans l'ordre interne des États membres, ni du texte des résolutions elles-mêmes. En d'autres termes, il n'existe pas d'équivalent aux articles 22 de la Constitution de l'OMS ou 189 du Traité de Rome, lesquels stipulent l'applicabilité directe respectivement des règlements sanitaires de l'Organisation et des règlements communautaires[714]. Enfin, l'article 48 précité de la Charte se réfère expressément aux « *mesures nécessaires à l'exécution des décisions du Conseil de sécurité pour le maintien de la paix et de la sécurité internationales* » lesquelles « *sont prises par tous les membres des Nations unies ou certains d'entre eux.* ». Ce qui semble exclure, de facto, l'applicabilité directe des résolutions du Conseil de sécurité.

---

[711] Marie-Pierre LANFRANCHI, « La valeur juridique en France des résolutions du Conseil de sécurité », *op. cit.*

[712] CPJI, avis du 3 mars 1928, affaire de la compétence des tribunaux de Dantzig, Recueil, Série B, n° 15, pp. 17-18.

[713] *Idem.*

[714] Marie-Pierre LANFRANCHI, « La valeur juridique en France des résolutions du Conseil de sécurité », *op. cit.*

b- Les résolutions adoptées en matière de terrorisme : la prétention *législative* du Conseil

L'Assemblée générale condamne depuis 1970 le terrorisme au titre d'emploi de la force[715]. En revanche, ce n'est que tardivement, en 1992, que le Conseil de sécurité a prononcé une condamnation radicale du terrorisme en se déclarant « *déterminé à éliminer le terrorisme international* »[716]. La tardiveté de cette condamnation a une explication politique et historique. En effet, durant la guerre froide, la confrontation entre l'Est et l'Ouest privait le Conseil de sécurité de la jouissance de ses attributions. Ainsi, même s'il était admis que le but de l'action en vertu du Chapitre VII est de maintenir la paix et la sécurité internationales, il semblait en revanche admis que « *cette formule très large recouvre un impératif essentiellement politique et ne fait mention ni de la justice, ni du droit international* »[717]. Or la fin de la guerre froide a ouvert de nouveaux horizons pour le Conseil de sécurité.

En effet, durant la guerre du Golfe des années 1990-1991 qui a immédiatement suivi la chute de l'URSS, « *le Conseil de sécurité est apparu comme, en quelque sorte, le bras séculier du droit international, exerçant un pouvoir disciplinaire à l'encontre d'un coupable et cherchant à l'amener par la pression à la résipiscence* »[718]. Ainsi, depuis lors, la pratique du Chapitre VII a permis aux Nations unies de « *(prêter) le concours de la contrainte collective à l'exécution du droit* »[719].

Toutefois, c'est en matière de terrorisme que le Conseil s'est arrogé des attributions qui dépassent celles que lui confère la Charte. Depuis la résolution 731 du 21 janvier 1992[720], le Conseil qualifie systématiquement les actes de terrorisme comme une « *menace à la paix et à la sécurité internationales* ». Cette qualification des actes de terrorisme a des conséquences juridiques : lorsque le Conseil adopte cette qualification, il est en droit de prendre les mesures collectives envisagées au Chapitre VII. Ces

---

[715] V. résolution 2625 (XXV), « Déclaration relative aux principes du droit international touchant les relations amicales et la coopération entre les États conformément à la Charte des Nations unies », 24 oct. 1970.

[716] Résolution 731 de l'ONU adoptée par le Conseil de sécurité le 21 janvier 1992, S/RES/731 (1992), disponible en ligne : http://www.un.org/french/docs/sc/1992/res731f.pdf.

[717] Gérard COHEN-JONATHAN, *in* Jean-Pierre COT et Alain PELLET, *La Charte des Nations unies*, Economica, 1985, p. 648.

[718] Philippe WECKEL, « Le chapitre VII de la Charte et son application par le Conseil de sécurité », *AFDI*, vol. 37, 1991. pp. 165-202.

[719] Philippe WECKEL, « Le chapitre VII de la Charte et son application par le Conseil de sécurité », *op. cit.*

[720] 2e alinéa du préambule.

mesures collectives imposent aux États de prendre des mesures à l'encontre de personnes, de groupes, d'organisations et de leurs avoirs financiers.

Or depuis le 11 septembre 2001, la plupart des résolutions en matière de terrorisme sont fondées sur le Chapitre VII de la Charte, ce qui soulève de nombreux problèmes d'ordre normatif. En effet, comme évoqué plus haut, les résolutions prises en application du chapitre VII s'imposent aux États qui peuvent se voir opposer des mesures coercitives en cas de non-respect des dispositions de la résolution. Or ces résolutions, à l'instar de la résolution 1373 (2001), comportent bien souvent des prescriptions abstraites et générales qui sont susceptibles d'entraîner des modifications du droit interne des États membres. Comme résumé par Yas BANIFATEMI :

> « *L'une des difficultés se rapportant à l'intervention des Nations unies en matière de lutte contre le financement du terrorisme international tient au rôle du Conseil de sécurité agissant en vertu du Chapitre VII de la Charte des Nations unies, lui permettant de mener une action en cas de menace contre la paix, de rupture de la paix et d'acte d'agression, pour adopter des mesures à portée générale.* »[721]

Le caractère parfois lacunaire de ces résolutions n'est pas de nature à instaurer un cadre normatif précis. Or, dans le cadre de ces résolutions, il est attendu que les États s'y conforment en faisant en sorte que tous les mécanismes nécessaires soient en place pour coopérer contre les actes de terrorisme. Toutefois, les méthodes et les voies utilisées pour ce faire sont normalement laissées au choix de chacun des États, car les résolutions antiterroristes ne contiennent aucune précision en matière de procédure[722].

Les incursions du Conseil de sécurité dans le champ législatif ont ainsi soulevé des critiques doctrinales virulentes. Gaetano ARANGIO-RUIZ, juriste italien, a écrit à ce sujet :

> « *[t]he notion that a political body – and a restricted body in particular – should be entrusted with judicial or law-making powers by a so-called informal or de facto Charter adaptation or amendment is contrary to the most elementary principles of civilized jurisprudence. It would be the negation of the very idea of law.* »[723]

---

[721] Yas BANIFATEMI, « La lutte contre le financement du terrorisme international », *op. cit.*

[722] Office des Nations unies contre la drogue et le crime, Service de la prévention du terrorisme, Programme de formation juridique contre le terrorisme, *op. cit.*

[723] Gaetano ARANGIO-Ruiz, « On the Security Council's "Law-Making" » (2000), *Rivista di diritto internazionale*, 2000, pp. 609-725.

Il ne faut pas omettre que, cumulativement à la fonction *législative* que le Conseil s'est attribuée en matière de terrorisme, ce dernier ne se départit pas de sa fonction *exécutive*. La mise en place d'un Comité contre le terrorisme chargé de la surveillance de l'exécution par les États membres des obligations que cette résolution met à leur charge en est une preuve suffisante. L'absence de contrôle juridictionnel ou politique de ces pouvoirs interroge sur le caractère démocratique du Conseil. Néanmoins, ces interrogations ne se sont pas prolongées dans le temps. Par la suite seul un petit nombre de membres des Nations unies s'est inquiété de l'exercice de pouvoirs de nature législative par le Conseil. En somme, le Conseil aura opéré un véritable tour de force en utilisant la lutte contre le terrorisme pour s'arroger des pouvoirs de nature législative qui ne lui sont pas reconnus par la Charte. Nous y reviendrons.

2- La Convention de 1999 sur la répression du financement du terrorisme

Comme évoqué lors des débats entourant la définition de la notion de terrorisme, les accords adoptés par les Nations unies en matière de terrorisme sont réputés mettre en place une approche *sectorielle* du terrorisme, dans la mesure où chacun traite de comportements criminels différents[724]. Cette approche résulte de l'incapacité de la communauté internationale de s'entendre sur une définition commune de la notion de *terrorisme*. Toutefois, comme abordé, depuis plusieurs années, des négociations se déroulent au sein de la sixième Commission et du Comité spécial créé par la résolution 51/210 de l'Assemblée générale en vue d'une convention globale contre le terrorisme. Si elle est adoptée, cette *convention globale* ne rendra pas caduques les conventions précitées. Ces dernières resteront applicables en qualité de *lex specialis*[725].

D'une manière générale, ces traités « *constituent un élément essentiel du régime mondial contre le terrorisme et un cadre important pour la coopération internationale dans sa lutte contre le terrorisme* »[726]. Instrument principal du droit international en matière de lutte contre le financement du terrorisme, la convention sur la répression du financement du terrorisme sera ici analysée en détail (a). Nous étudierons ensuite la valeur juridique des instruments universels contre le terrorisme (b).

---

[724] Office des Nations unies contre la drogue et le crime, Service de la prévention du terrorisme, Programme de formation juridique contre le terrorisme, *op. cit.*
[725] *Idem.*
[726] *Idem.*

a- Les obligations des parties

La Convention met trois obligations principales à la charge des États parties : ces derniers doivent dans un premier temps ériger le financement du terrorisme en crime dans leur droit interne (i) ; ils doivent coopérer étroitement avec les autres États parties et se prêter une assistance judiciaire pour les questions traitées par la convention (ii) ; et ils doivent adopter des mesures d'identification et de signalement d'indices de financement d'actes de terrorisme à la charge des institutions financières (iii).

(i) L'incrimination du financement du terrorisme

L'article 4 de la Convention impose d'incriminer pénalement le financement du terrorisme tel que défini à l'article 2. Ce dernier prévoit que :

> « 1. *commet une infraction au sens de la présente Convention toute personne qui, par quelque moyen que ce soit, directement ou indirectement, illicitement et délibérément, fournit ou réunit des fonds dans l'intention de les voir utilisés ou en sachant qu'ils seront utilisés, en tout ou en partie, en vue de commettre :*
>
> *a) Un acte qui constitue une infraction au regard et selon la définition de l'un des traités énumérés en annexe ;*
>
> *b) Tout autre acte destiné à tuer ou blesser grièvement un civil, ou toute autre personne qui ne participe pas directement aux hostilités dans une situation de conflit armé, lorsque, par sa nature ou son contexte, cet acte vise à intimider une population ou à contraindre un gouvernement ou une organisation internationale à accomplir ou à s'abstenir d'accomplir un acte quelconque* ».

L'infraction est composée d'un élément moral et matériel.

- <u>L'élément moral :</u>

L'élément moral du financement du terrorisme au sens de l'article 2 présente deux aspects :

- L'acte doit être délibéré ;
- Son auteur doit avoir l'intention de voir utiliser les fonds pour financer des actes de terrorisme, ou de savoir qu'ils seront utilisés à cette fin.

- o <u>Les éléments matériels :</u>

La définition de l'infraction de financement du terrorisme comporte deux éléments matériels principaux :

- Le premier est celui du *financement* qui n'est pas défini dans la convention de manière précise : ce dernier est défini comme le fait de « *fournir ou de réunir des fonds* ». Cet élément est établi si une personne « *par quelque moyen que ce soit, directement ou indirectement, illicitement et délibérément, fournit ou réunit des fonds* ».

L'article 1 fourni une définition de « *fonds* » comme étant :

> « *des biens de toute nature, corporels ou incorporels, mobiliers ou immobiliers, acquis par quelque moyen que ce soit, et des documents ou instruments juridiques sous quelque forme que ce soit, y compris sous forme électronique ou numérique, qui attestent un droit de propriété ou un intérêt sur ces biens, et notamment les crédits bancaires, les chèques de voyage, les chèques bancaires, les mandats, les actions, les titres, les obligations, les traités et les lettres de crédit, sans que cette énumération soit limitative.* »

Ces fonds peuvent être d'origine licite ou non. L'article 2(3) précise qu'il n'est pas nécessaire que ces fonds soient effectivement utilisés pour commettre un acte terroriste. Le fait même de réaliser une opération financière est donc déjà punissable[727].

- Le second concerne les actes de terrorisme, définis dans la Convention par rapport à deux sources distinctes.

La première source est une liste de neuf traités ouverts à la signature entre 1970 et 1997. Cette liste est reprise à l'annexe de la Convention. La deuxième source est une définition générique de l'infraction. Celle-ci est reprise dans le paragraphe 1(b) ci-dessus qui considère un acte comme terroriste s'il répond à deux conditions : il est destiné à tuer ou blesser grièvement un civil et il vise à intimider une population ou à contraindre un

[727] Julien GAFNER, *L'incrimination du financement du terrorisme*, Schulthess, 2006, p. 61, cité par Bertrand PERRIN, « L'incrimination du financement du terrorisme en droits canadien et suisse », *Revue générale de droit,* 2012.

gouvernement ou une organisation internationale à accomplir ou à s'abstenir d'accomplir un acte quelconque.

- Autres aspects

À noter que, selon l'article 6, l'infraction de financement du terrorisme ne peut être justifiée par des considérations de nature politique, philosophique, idéologique, raciale, ethnique, religieuse ou d'autres motifs similaires. Par ailleurs, selon la Convention, l'infraction peut être constituée en cas de complicité[728] ou de tentative[729], sachant qu'il « *n'est pas nécessaire que les fonds aient été effectivement utilisés pour commettre une infraction* »[730]. Dans le même sens, contribuer à la commission de l'infraction par un groupe de personnes agissant de concert est également considéré comme la commission d'une infraction au sens de la Convention si ce concours est délibéré et si, 1) soit il vise à faciliter l'activité criminelle du groupe ou à en servir le but, lorsque cette activité ou ce but supposent la commission d'une infraction au sens de la Convention ; 2) soit il est apporté en sachant que le groupe a l'intention de commettre une infraction au sens de la convention[731].

La Convention constate logiquement qu'elle « *ne s'applique pas lorsque l'infraction a été commise à l'intérieur d'un seul État, que l'auteur présumé est un national de cet État et se trouve sur le territoire de cet État, et qu'aucun autre État n'a de raison* », en vertu de la Convention, d'établir sa compétence par rapport à l'auteur présumé[732].

La Convention précise enfin que la responsabilité des personnes morales peut être engagée en matière de financement du terrorisme. Toutefois, cette responsabilité n'est pas nécessairement pénale : elle peut également être civile ou administrative[733]. Le cimentier franco-suisse Lafarge, accusé en septembre 2017 d'avoir versé près de 20 000 euros par mois à Daech peut donc, selon la convention, voir sa responsabilité engagée au titre de financement du terrorisme.

---

728 Article 2 (5).
729 Article 2 (4).
730 Article 2 (3).
731 Article 2 (5)(c).
732 Article 3.
733 Article 5(1).

Dans l'ensemble, il est à noter que la Convention de 1999 met en place un régime d'incrimination de l'acte de financement, puni comme tel et de façon autonome et non comme l'accessoire d'un acte de terrorisme[734].

(ii) La coopération internationale

Nikos PASSAS, dans son rapport général sur le financement du terrorisme, rédigé en vue du colloque préparatoire au XVIIIe Congrès de droit pénal qui s'est déroulé en avril 2008, affirme que :

> « *les rapports nationaux (...) rapportent qu'il n'existe aucune approche légale uniforme dans le cadre de la lutte contre le financement du terrorisme. On constate, en effet, une extraordinaire diversité entre les pays en ce qui concerne les définitions du financement du terrorisme, les sanctions, le traitement des victimes et les procédures pénales, atteignant une telle cacophonie, qu'elle en ralentit la coopération internationale et les accords d'assistance légale mutuelle.* »[735]

La Convention de 1999, malgré ses nombreuses dispositions relatives à la coopération en matière de financement du terrorisme n'est pas parvenue à instaurer une coopération effective entre les États. Pourtant, cette dernière est allée bien plus loin sur ce sujet que les neuf conventions précédemment énumérées. Les dispositions de la convention imposent en effet aux États de s'accorder mutuellement une aide judiciaire ainsi que l'extradition.

- L'entraide judiciaire

Les États parties s'engagent à s'accorder « *l'entraide judiciaire la plus large possible pour toute enquête ou procédure pénale ou procédure d'extradition relative aux infractions [établies conformément à la Convention]* »[736]. Par conséquent, les États parties ne peuvent invoquer le secret bancaire pour refuser de faire droit à une demande d'entraide judiciaire, et les infractions visées dans cette demande ne peuvent être considérées, aux fins d'extradition ou d'entraide judiciaire, comme des infractions fiscales[737] ou politiques[738].

---

734 Yas BANIFATEMI, « La lutte contre le financement du terrorisme international », *op. cit.*

735 Nikos PASSAS, « Le financement du terrorisme. Rapport général », *op. cit.*

736 Article 12 (1).

737 Article 13.

738 Article 14.

o <u>L'extradition</u>

Au sujet de l'extradition, la Convention contient des dispositions détaillées relativement similaires à celles que l'on trouve dans la plupart des conventions réprimant le terrorisme[739].

Les infractions prévues dans la Convention sont considérées comme cas d'extradition dans tout traité d'extradition conclu entre États parties avant l'entrée en vigueur de la Convention, et les parties s'engagent à inclure ces infractions dans tout traité d'extradition qu'ils pourront conclure entre eux par la suite[740]. Par ailleurs, un État partie :

> « *qui subordonne l'extradition à l'existence d'un traité a la faculté, lorsqu'elle reçoit une demande d'extradition d'un pays avec lequel elle n'est pas liée par un traité d'extradition, de considérer la Convention comme constituant la base juridique de l'extradition en ce qui concerne les infractions prévues (par la Convention).* »[741]

À l'inverse, les États parties « *qui ne subordonnent pas l'extradition à l'existence d'un traité* » sont tenus de reconnaître les infractions prévues dans la Convention comme cas d'extradition[742].

Enfin, l'article 10 de la Convention applique le principe *aut dedere aut judicare* (poursuivre ou extrader) en ce qui concerne les infractions qu'elle énonce. Lorsqu'un État partie est informé de la présence d'un auteur ou d'un auteur présumé sur son territoire, il doit enquêter sur les faits portés à sa connaissance. S'il estime que les circonstances le justifient, l'État partie doit assurer la présence de cette personne, aviser les autres États parties qui ont établi leur compétence par rapport à l'infraction et indiquer s'il entend exercer sa compétence et engager des poursuites contre la personne concernée[743]. S'il n'accepte pas d'extrader la personne vers l'État partie qui a établi sa compétence, l'État partie doit, sans aucune exception, soumettre l'affaire à ses autorités habilitées à engager des poursuites[744].

---

[739] FMI, « La répression du financement du terrorisme », *op. cit.*
[740] Article 11(1).
[741] Article 11(2).
[742] Article 11(3).
[743] Article 9.
[744] Article 10(1).

(iii) Les mesures préventives

Les obligations imposées dans la Convention ne sont pas imposées avec le même degré de sévérité. Par exemple, comme évoqué, l'incrimination du financement du terrorisme est obligatoire dans la Convention. Toutefois, seules quelques dispositions générales de la Convention qui traitent de mesures préventives énoncées à l'article 18 sont obligatoires : « *la plupart des dispositions détaillées sont exprimées comme des obligations, pour les États parties, d'envisager d'imposer certaines choses, et ne les obligent pas à les imposer.* »[745] Cela s'explique par le fait que ces mesures préventives sont issues des quarante Recommandations du GAFI, qui demeurent la norme internationale pour le blanchiment de capitaux et qui ne sont pas juridiquement contraignantes. Nous y reviendrons dans la deuxième partie de ce document.

Toutefois, l'article 18 de la Convention établit une obligation générale, pour les États parties, d'exiger des institutions financières et autres intermédiaires financiers qu'ils prennent les mesures requises pour identifier leurs clients (y compris des bénéficiaires des comptes), qu'ils accordent une attention particulière aux opérations inhabituelles ou suspectes et qu'ils signalent les opérations suspectes.

De même, les États parties se doivent de coopérer dans le but de prévenir les infractions établies par la Convention :

> « *en prenant toutes les mesures possibles, notamment en adaptant si nécessaire leur législation interne, afin d'empêcher et de contrecarrer la préparation sur leurs territoires respectifs d'infractions devant être commises à l'intérieur ou à l'extérieur de ceux-ci.* »

Il s'agit notamment :

> a) « *des mesures interdisant sur leur territoire les activités illégales de personnes et d'organisations qui, en connaissance de cause, encouragent, fomentent, organisent ou commettent des infractions [établies dans la Convention]* » ;

> b) « *des mesures faisant obligation aux institutions financières et aux autres professions intervenant dans les opérations financières d'utiliser les moyens disponibles les plus efficaces pour identifier leurs clients habituels ou occasionnels, ainsi que les clients dans*

[745] FMI, « La répression du financement du terrorisme », *op. cit.*

l'intérêt desquels un compte est ouvert, d'accorder une attention particulière aux opérations inhabituelles ou suspectes et de signaler les opérations présumées découler d'activités criminelles. »

À cette fin, les États se doivent « *d'envisager* » d'adopter un certain nombre de règles qui sont empruntées aux recommandations du GAFI :

- Interdire l'ouverture de comptes dont le titulaire ou le bénéficiaire n'est pas identifié ni identifiable. Les institutions financières doivent donc adopter des mesures permettant de vérifier l'identité des véritables détenteurs de ces opérations ;
- Exiger que les institutions financières prennent les mesures nécessaires pour vérifier l'existence et la structure juridique des clients personnes morales ;
- Imposer aux institutions financières l'obligation de signaler aux autorités compétentes toutes les opérations complexes, inhabituelles et importantes, sans que leur responsabilité soit engagée au titre de la violation du secret bancaire ;
- Exiger des institutions financières qu'elles conservent pendant au moins cinq ans toutes les pièces relatives aux transactions traitées.

L'ensemble de ces mesures seront reprises plus en détail en évoquant les recommandations du GAFI.

b- La valeur juridique des instruments universels contre le terrorisme

Sur le plan de leur valeur juridique, la Convention de 1999 sur la répression du financement du terrorisme, ainsi que toutes les conventions et protocoles contre le terrorisme précités sont des traités internationaux et, de ce fait, sont régis par les dispositions du droit international des traités inscrits dans la Convention de Vienne de 1969 sur le droit des traités[746].

---

[746] Dans son article 2, al. I a, la convention de Vienne de 1969 définit ainsi le traité interétatique : « *l'expression traité s'entend d'un accord international conclu par écrit entre États et régi par le droit international, qu'il soit consigné dans un document unique ou dans deux ou plusieurs instruments connexes, et quelle que soit sa dénomination particulière* ». Dans la pratique, la terminologie n'a jamais cessé d'être floue : à la place du mot « traité », les États emploient indifféremment ceux de « convention », « accords », « acte final » (ainsi l'acte final du Congrès de Vienne de 1815), « protocole », « déclaration » (V. Dominique CARREAU, Fabrizio MARRELLA, *Droit international*, 11e éd., Pédone, 2012).

L'essentiel est de noter que ces engagements produisent des effets de droit entre les parties contractantes. La « *puissance juridique* »[747] des traités internationaux est définie à l'article 26[748] de la Convention qui pose le principe de la règle « *pacta sunt servanda* » *:* ce principe signifie que les États doivent exécuter les traités conclus entre eux de *bonne foi*. Cette règle a été fréquemment rappelée par la justice internationale : dans « *l'affaire des pêcheries de l'Atlantique* » du 7 septembre 1910[749], la Cour permanente d'arbitrage a invoqué « *le principe du droit international selon lequel les obligations conventionnelles doivent être exécutées avec une bonne foi parfaite.* »

Il est, à ce titre, intéressant de constater que la résolution 1373 (2001) a estimé nécessaire de rappeler la règle « *pacta sunt servanda* » en affirmant que les États se devaient « *d'appliquer intégralement les conventions et protocoles internationaux relatifs au terrorisme* »[750]. En somme, le Conseil de sécurité, en fondant sa résolution sur le Chapitre VII, a rendu obligatoire l'adoption des Conventions précitées par tous les États.

D'une manière générale, la puissance de la technique conventionnelle en droit international peut être envisagée de façon négative et positive[751]. De façon négative, elle implique qu'une partie ne peut unilatéralement et discrétionnairement modifier ou rejeter les obligations qu'elle a acceptées. Elle ne peut non plus, conformément aux dispositions de l'article 27 de la Convention de Vienne » *invoquer les dispositions de son droit interne comme justifiant la non-exécution d'un traité* ». De façon positive, cette puissance entraîne, conformément aux dispositions de l'article 26 précité, une obligation pour les parties à un traité d'exécuter leurs obligations conventionnelles de bonne foi[752].

Par ailleurs, les traités signés en matière de terrorisme sont des traités signés entre États et l'article 66a de la Convention prévoit la compétence obligatoire de la Cour internationale de Justice qui a la possibilité d'être saisie par requête unilatérale en cas de différend, à moins que les parties ne

---

[747] Serge SUR et Jean COMBACAU définissent la puissance juridique comme « *la capacité à déterminer l'existence d'autres actes et le contenu des normes qu'ils contiennent* ».

[748] Article 26 de la convention de Vienne sur le droit des traités : « *Tout traité en vigueur lie les Parties et doit être exécuté par elles de bonne foi* ».

[749] Cour permanente d'arbitrage, L'affaire des pêcheries des côtes septentrionales de l'Atlantique, Les États-Unis contre la Grande-Bretagne, Sentence arbitrale, La Haye, 7 sept. 1910.

[750] Paragraphe 3 (d).

[751] Jean COMBACAU, Serge SUR, *Droit international public*, *op. cit., p.* 150.

[752] *Idem.*

s'accordent sur le recours à l'arbitrage. Par exemple, suite à l'attaque perpétrée à l'encontre du vol MH17 de la Malaysian Airlines au-dessus de l'Ukraine[753], ce dernier a déposé, le 17 janvier 2017 une requête contre la Russie auprès de la CIJ l'accusant d'avoir violé la Convention internationale pour la répression du financement du terrorisme. L'article 24 de la Convention de 1999 prévoit effectivement que :

> « *Tout différend entre des États Parties concernant l'interprétation ou l'application de la présente Convention qui ne peut pas être réglé par voie de négociation dans un délai raisonnable est soumis à l'arbitrage, à la demande de l'un de ces États.*
>
> *Si, dans les six mois qui suivent la date de la demande d'arbitrage, les Parties ne parviennent pas à se mettre d'accord sur l'organisation de l'arbitrage, l'une quelconque d'entre elles peut soumettre le différend à la Cour internationale de Justice, en déposant une requête conformément au Statut de la Cour.* »

En ce qui concerne l'application dans l'ordre interne des accords internationaux, il serait possible, ici, de reprendre le débat théorique qui oppose dualisme et monisme. Toutefois, cette approche théorique ne reflète pas l'état du droit positif en la matière. La réalité du droit positif ne consacre ni la pure juxtaposition des ordres internes ni leur unification au profit du droit international. L'approche pragmatique se borne à constater l'autonomie des deux ordres et leur interdépendance[754]. Cette autonomie est notamment rappelée par la Cour de Justice de l'Union européenne : « *un accord international ne saurait remettre en cause (...) l'autonomie du système juridique communautaire dont le respect est assuré par la compétence exclusive de la Cour de Justice* »[755]. L'interdépendance est, quant à elle, « *consubstantielle au droit international, conçu pour et par les États souverains, destinés à harmoniser et à développer leurs relations* »[756].

***

[753] Bruno TREVIDIC, « Vol MH17 abattu en Ukraine : l'enquête met en cause une unité de l'armée russe », *Les Echos*, 24 mai 2018.
[754] Michel VIRALLY, « Sur un pont aux ânes : les rapports entre droit international et droits internes », *in Mél. Rolin*, p. 488-505, cité par Jean COMBACAU, Serge SUR, *Droit international public*, *op. cit.*, p. 185.
[755] CJCE, 3 sept. 2008, arrêt de la Cour (grande chambre), C-402/05 P, *Kadi et Al Barakaat International Foundation / Conseil et Commission.*
[756] Jean COMBACAU, Serge SUR, *Droit international public, op. cit., p.* 185.

L'enchevêtrement de compétences des institutions onusiennes chargées de lutter contre le terrorisme et la nature des outils juridiques internationaux semblent, à première vue, entraver l'efficacité de la lutte contre le terrorisme. La Convention internationale de 1999, premier instrument de lutte contre le financement du terrorisme, n'est entrée en vigueur que le 10 avril 2002, soit près de trois ans après sa signature, faute de signataires suffisants. Ce délai traduit le faible engouement que les États membres réservaient alors à la lutte contre le financement du terrorisme. Or une telle lutte, pour être pleinement effective, ne peut se faire qu'avec la participation pleine et entière de l'ensemble de la communauté internationale. En l'espèce, le président du Conseil de sécurité a déclaré, lors de la 7690e séance du Conseil que :

> « *Le Conseil déclare avec insistance que le terrorisme ne peut être vaincu qu'à la faveur d'une démarche suivie et globale, faisant appel à la participation et à la collaboration actives de tous les États, des organisations internationales et régionales et de la société civile, selon qu'il convient, pour contrer, affaiblir, isoler et neutraliser la menace terroriste, conformément à la Stratégie antiterroriste mondiale des Nations unies.* »

À ces difficultés d'ordre *matériel*, s'ajoutent des problèmes de nature *conceptuelle*, liés à l'appréhension, par le Conseil de sécurité et le droit international, de la notion de terrorisme.

II- Le Conseil de sécurité face aux transformations de la conflictualité internationale : l'adaptation du Chapitre VII aux mutations de la *menace et de la paix à la sécurité internationale*

Le Conseil de sécurité a été conçu, dans la Charte des Nations unies, comme un organe doté de compétences de nature essentiellement *exécutive*. Il lui incombe d'œuvrer en faveur du règlement des différends internationaux, dans le cadre du chapitre VI de la Charte, ou d'agir pour le maintien de la paix et de la sécurité internationales, y compris par le biais de l'imposition de mesures coercitives, en vertu du chapitre VII. Il est donc l'organe onusien le plus fondé à lutter contre le terrorisme. Or à l'origine, il semblerait qu'associer la notion de *terrorisme* à celle de *maintien de la paix et de la sécurité internationale* revenait à faire rentrer un rond dans un carré. En effet, le système de sécurité collective a été mis en place au lendemain de la Seconde Guerre mondiale dans la perspective de répondre aux violences interétatiques du XXe siècle (A).

Dans le cadre du Chapitre VII, les pouvoirs reconnus au Conseil de sécurité ont vocation à être mis en œuvre pour une période limitée à l'égard de situations particulières où la paix et la sécurité internationales se trouvent mises en danger, en vue d'empêcher leur aggravation et de permettre le règlement de la crise, soit par les parties elles-mêmes, soit à l'intervention d'un organe tiers, en particulier la Cour internationale de Justice[757]. Ses capacités d'actions sont donc limitées à des interventions ponctuelles, par rapport à des situations de crise précisément identifiées. Or comment lutter contre le financement du terrorisme qui, comme nous l'avons étudié, représente une menace diffuse, mondialisée, difficilement identifiable et appréhendable et par nature permanente (B) ?

A- La mise en place d'un système de sécurité collective : répondre aux violences interétatiques du XXe siècle

Le système de sécurité collective, conçu au sens militaire classique, est fondé sur la notion de l'indivisibilité de la paix et sur le principe que tous les États sont garants de la sécurité de chacun. Ainsi, une agression contre un des membres du système est considérée comme une agression contre tous, et tous doivent par conséquent s'engager à réagir collectivement pour y résister[758].

Or aujourd'hui, le Conseil de sécurité et la Charte des Nations unies dans laquelle il s'inscrit semblent être en porte-à-faux par rapport à l'évolution du contexte international : coalition des vainqueurs de la Seconde Guerre mondiale, fondée sur un mécanisme de sécurité collective reposant sur la prévention et la répression de l'agression menée par un État contre un autre État, l'organe apparaît anachronique à tous les égards[759]. La Charte ne définit pas ce que sont la paix et la sécurité internationales, tant les concepts utilisés : « *rupture de la paix* », « *acte d'agression* », et les mécanismes et instruments prévus : « *règlement pacifique des différends* », « *interruption des relations économiques, diplomatiques et des communications* »,

[757] Pierre KLEIN, « Le Conseil de sécurité et la lutte contre le terrorisme : dans l'exercice de pouvoirs toujours plus grands ? », *in* « Le droit international à l'épreuve du terrorisme », *RCADI*, 2006, pp. 203-484.
[758] Jean-Pierre COT, Alain PELLET, Mathias FORTEAU, *La Charte des Nations unies, Commentaire article par article*, Tome 1, Economica, p. 329.
[759] Serge SUR, « Éloge du Conseil de sécurité, Annuaire français des relations internationales », Bruylant, vol. 6, 2005, pp. 76-88.

« *recours à la force armée, blocus* » montrent que ses auteurs avaient surtout en vue les conflits interétatiques[760] (1).

À juste titre, l'ambition des *pères fondateurs* de l'ONU était de répondre au déchaînement de violence des deux guerres mondiales du XXe siècle. Loin du système de sécurité reposant sur l'équilibre des puissances qui avait marqué le système international au XIXe siècle, la sécurité collective repose, elle, sur le « *déséquilibre des forces* »[761], à savoir celles rassemblées par l'ensemble des États membres contre tout État agresseur. Ainsi, pour maintenir la paix et la sécurité, la Charte envisage, dans son article 1, paragraphe 1, de « *prendre des mesures collectives efficaces en vue de prévenir et d'écarter les menaces à la paix et de réprimer tout acte d'agression ou autre rupture de la paix (...)* ». Dans le système de la Charte, un État aux prises avec des dangers extérieurs n'a pas à compter sur ses seules forces : il bénéficie de la coopération de tous les États membres et de l'Organisation elle-même[762].

Les fondateurs de l'ONU ont tenté de pallier les insuffisances des mécanismes de sécurité collective mis en place par la SDN en attribuant un rôle prépondérant aux principales puissances victorieuses de la Seconde Guerre mondiale (États-Unis, URSS, Chine, Grande-Bretagne, France). Ces dernières se retrouvent investies du rôle de *gendarme* du nouveau système international et c'est au Conseil de sécurité, où les cinq puissances ont la possibilité d'exercer un droit de veto, que revient, en vertu de l'article 24 de la Charte, « *la responsabilité principale du maintien de la paix et de la sécurité internationales* ».

La fin de la bipolarité caractérisant la guerre froide va entraîner une redéfinition des pouvoirs du Conseil de sécurité (2) avec ce que d'aucuns nomment la « *surchauffe du système de sécurité collective* ».

1- Durant la guerre froide : se prémunir des agressions interétatiques

Le maintien de la paix et de la sécurité internationales représente l'objectif principal de l'ONU. En ce sens, la Charte des Nations unies ouvre

---

760 Pascal TEIXEIRA, « Un nouveau défi pour le Conseil de sécurité : comment traiter les États déliquescents ou déchirés par des conflits internes », *AFRI*, Volume VI, 2005.

761 Guillaume DEVIN, Marie-Claude SMOUTS, « Les transformations du multilatéralisme », *in* Guillaume DEVIN, Marie SMOUTS, *Les organisations internationales,* Armand Colin, 2011, pp. 121-158.

762 Maurice FLORY, « Organisation des Nations unies (ONU). – Maintien de la paix », *JurisClasseur Droit international*, fasc. 122-10, 31 janv. 2009.

son préambule par l'affirmation solennelle de sa résolution de « *préserver les générations futures du fléau de la guerre qui, deux fois en l'espace d'une vie humaine, a infligé à l'humanité d'indicibles souffrances* ». À cette fin, ses signataires s'engagent « *à accepter des principes et instituer des méthodes garantissant qu'il ne sera pas fait usage de la force des armes sauf dans l'intérêt commun* ». La Cour internationale de Justice a eu l'occasion de rappeler l'importance de ces objectifs dans l'avis consultatif rendu le 18 juillet 1966 dans l'affaire du Sud-Ouest africain dans lequel elle a estimé que « *Le préambule de la Charte des Nations unies constitue la base morale et politique des dispositions juridiques qui sont énoncées ensuite* »[763].

Suit le paragraphe 1 de l'article 1er dans lequel le premier but affirmé est bien de « *maintenir la paix et la sécurité internationale (...)* ». Les deux autres buts viennent à l'appui du premier : il s'agit de développer des relations amicales entre les États et de réaliser la coopération internationale en luttant contre les problèmes de développement économique, social ou autre. L'article 2 précise, dans ses paragraphes 3 et 4, que les États membres s'engagent à agir pour poursuivre ce but, à savoir le règlement pacifique des différends et l'interdiction de recourir à la force. Deux chapitres organisent ainsi l'application de ces principes : le Chapitre VI concerne le règlement pacifique des différends et le Chapitre VII prescrit l'action en cas de menace contre la paix, de rupture de la paix et d'acte d'agression.

Ainsi, l'article 2 paragraphe 4 de la Charte condamne explicitement la menace ou l'emploi de la force :

> « *Les Membres de l'Organisation s'abstiennent, dans leurs relations internationales, de recourir à la menace ou à l'emploi de la force, soit contre l'intégrité territoriale ou l'indépendance politique de tout État, soit de toute autre manière incompatible avec les buts des Nations unies.* »

Cette interdiction semble aujourd'hui aller de soi, mais rappelons que dans le droit international classique, les États étaient libres de recourir ou non à la guerre[764]. Ces velléités belliqueuses étaient limitées par des considérations d'ordre procédurales, comme la déclaration préalable de guerre et l'interdiction de l'attaque surprise, soit par des règles liées à la conduite des hostilités (interdiction d'actes de perfidie, respect des prisonniers, etc.). Il existait également, jadis, la doctrine générale de la

---

763 CIJ, avis 18 juill. 1966, Rec. CIJ 1966, p. 6.

764 Maurice FLORY, « Organisation des Nations unies (ONU). – Maintien de la paix », *JurisClasseur Droit international*, fasc. 122-10, 31 janv. 2009.

guerre juste qui limitait la licéité de la guerre à certaines finalités. Ce n'est qu'avec le *Pacte Briand-Kellog* de 1928 que les États condamnent l'usage de la guerre comme instrument de politique internationale et déclarent y renoncer au profit du principe du règlement pacifique des différends[765], cher au Chapitre VI de la Charte.

Aujourd'hui, la Charte consacre deux exceptions au principe posé par l'article 2 paragraphe 4. Il s'agit tout d'abord, nous l'avons évoqué, du droit de légitime défense dont dispose tout État au titre de l'article 51 :

> « *Aucune disposition de la présente Charte ne porte atteinte au droit naturel de légitime défense, individuelle ou collective, dans le cas où un Membre des Nations unies est l'objet d'une agression armée, jusqu'à ce que le Conseil de sécurité ait pris les mesures nécessaires pour maintenir la paix et la sécurité internationales. Les mesures prises par des Membres dans l'exercice de ce droit de légitime défense sont immédiatement portées à la connaissance du Conseil de sécurité et n'affectent en rien le pouvoir et le devoir qu'a le Conseil, en vertu de la présente Charte, d'agir à tout moment de la manière qu'il juge nécessaire pour maintenir ou rétablir la paix et la sécurité internationales.* »

La seconde exception est constituée par les mesures coercitives décidées ou autorisées par le Conseil de sécurité en vertu du Chapitre VII de la Charte. La Charte fournit dans son Chapitre VII un cadre centralisé pour la mise en œuvre d'un système de sécurité collective.

La différence qui sépare l'utilisation du Chapitre VI relatif au règlement pacifique des différends du Chapitre VII sur la sécurité collective tient au degré de gravité de la situation. Dans le premier cas, la paix peut être en danger, mais elle n'est pas rompue ; dans le second, la violence s'est manifestée[766]. L'activation des dispositions du Chapitre VII nécessite l'existence, au minimum d'une menace effective contre la paix, voire d'une rupture de la paix ou d'un acte d'agression. Les actions entreprises en faveur de la sécurité collective sont de la compétence exclusive du Conseil de sécurité. Ce choix tient à des raisons historiques et se justifie par un souci d'efficacité : le Conseil est un organe restreint, permanent, composé de grandes puissances de 1945.

---

[765] *Idem.*
[766] *Idem.*

Selon l'article 39 de la Charte : « *Le Conseil de sécurité constate l'existence d'une menace contre la paix, d'une rupture de la paix ou d'un acte d'agression et fait des recommandations ou décide quelles mesures seront prises conformément aux articles 41 et 42 pour maintenir ou rétablir la paix et la sécurité internationales.* » Il existe ainsi trois situations dans lesquelles le Conseil de sécurité peut recourir aux mesures prévues dans le Chapitre VII de la Charte : un « *acte d'agression* », une « *rupture de la paix* » ou une « *menace contre la paix* ».

Des trois situations celle de « *menace contre la paix* » est naturellement la plus large et la plus encline à interprétations dans la mesure où la Charte reste muette sur sa définition. C'est donc au Conseil de sécurité qu'il revient d'interpréter cette notion[767], de manière extensive ou restrictive. Il n'existe aucune limite juridique intrinsèque à la Charte au pouvoir du Conseil de sécurité de constater l'une des situations de l'article 39. Cette absence de limite juridique donne deux possibilités au Conseil : ce dernier est libre d'agir ou de ne pas agir ; deuxièmement, le Conseil est en mesure de qualifier n'importe quelle situation de menace à la paix. Le Professeur SOREL s'est, à ce titre, interrogé sur cette capacité du Conseil à qualifier une situation de menace à la paix et à la sécurité que la doctrine préfère considérer comme étant discrétionnaire alors que cette discrétionnalité tend vers l'arbitraire :

> « *(...) il est rare de s'interroger sur la réalité de ce pouvoir, sur son effective discrétionnalité. L'interrogation est donc simple : et si le pouvoir discrétionnaire du Conseil de sécurité était plus qu'un pouvoir discrétionnaire pour tendre vers une forme d'arbitraire ? L'affirmation est gênante parce que souhaitée par personne dans sa réalité, mais revêtir une notion d'un habit qui n'est pas le sien n'a jamais rendu service sauf à être adepte de la méthode coué.* »[768]

En pratique, le Conseil intervient dans des situations variées, qu'elles soient purement internes ou plus ouvertement internationales. Le Conseil n'apparaît pas lié par une quelconque typologie préalable des situations à même de donner lieu à l'exercice de ses pouvoirs décisionnels, ni par ses

---

[767] Les participants à la conférence de San Francisco ont décidé de lui confier le soin de définir ce qui constitue une menace contre la paix au Conseil de sécurité (*Report of the Rapporteur of Committee 3 to Commission III UNCIO XII 505*).

[768] Jean-Marc SOREL, « Le caractère discrétionnaire des pouvoirs du Conseil de sécurité : Remarques sur quelques incertitudes partielles », *RBDI,* 2004, p. 465.

propres qualifications antérieures[769]. La doctrine et les juges ont néanmoins discuté cette liberté octroyée au Conseil en matière de qualification. Selon le juge Sir Gerald FITZMAURICE : « *la menace ne doit être ni une simple fiction, ni un prétexte* »[770]. Ce dernier ajoute que certaines :

> « *limitations aux pouvoirs du Conseil de sécurité sont nécessaires, car il n'est que trop facile de présenter une situation internationale qui fait l'objet de vives controverses comme impliquant une menace latente contre la paix et la sécurité, même si elle est trop éloignée pour paraître authentique. Sans ces limitations, les fonctions du Conseil de sécurité pourraient être utilisées à des fins qui n'ont jamais été prévues à l'origine.* »[771]

Ces dérives en question ne sont pas juridiques mais bien politiques[772]. Le Chapitre VII de la Charte est effectivement le chapitre le plus politique et, en ce sens, affirme en vertu de son article 27 que le Conseil de sécurité ne peut se prononcer que par « *vote affirmatif de neuf de ses membres dans lequel sont comprises les voix de tous les membres permanents (...)* ». À défaut de l'accord des cinq membres permanents, le Conseil de sécurité se trouve paralysé et le Chapitre VII devient inopérant. L'antagonisme entre les démocraties occidentales et les pays communistes s'est manifesté dès l'origine de l'ONU avec les débuts de la guerre froide, ce qui a entraîné une paralysie partielle du Chapitre VII.

Le Conseil, divisé, n'était donc pas en mesure de réagir avec fermeté aux actes de terrorisme[773]. L'évocation de la notion de terrorisme apparaît néanmoins très tôt dans l'histoire du Conseil de sécurité. En septembre 1948, la résolution 57 qualifie l'assassinat du comte BERNADOTTE, médiateur des Nations unies en Palestine, « *d'acte de lâcheté qui semble avoir été commis par un groupe de terroristes criminels* ». Ces divisions ressurgissent avec vigueur en 1972 lors de la prise d'otages meurtrière de l'organisation

---

[769] Patrick DAILLIER, « L'action de l'ONU : élargissement et diversification de l'action des Nations unies », *in* SFDI, *Le Chapitre VII de la Charte des Nations unies*, Colloque de Rennes, Paris, 1995, p. 121 à 160.

[770] Avis de la CIJ relatif aux conséquences juridiques pour les États de la présence continue de l'Afrique du Sud en Namibie, nonobstant la résolution 276 (1970) du Conseil de sécurité, avis consultatif, 21 juin 1971, Rec. CIJ 1971, p. 293

[771] *Ibid*, p. 294.

[772] Jean COMBACAU, « Le Chapitre VII de la Charte des Nations unies : résurrection ou métamorphose ? », *in* Rafâa BEN ACHOUR, Slim Laghmani (dir.), *Les nouveaux aspects du droit international*, Colloque de Tunis des 14, 15 et 16 avril 1994, Pedone, 1994, p. 147.

[773] Jean-Marc DE LA SABLIERE, *Le Conseil de sécurité des Nations unies : Ambitions et limites*, Larcier, 2018, p. 298.

Septembre noir contre les athlètes israéliens à Munich. Trois tentatives de résolution échouèrent devant des vétos américains et chinois. Les années 1970 ont toutefois permis l'émergence du premier texte sur le terrorisme adopté par le Conseil de sécurité suite aux détournements d'avions commis par le Front populaire de libération de la Palestine. Toutefois, la résolution 286 n'a pu exprimer qu'une préoccupation et non une condamnation et s'est contentée de demander aux États de prendre toutes les mesures juridiques possibles « *pour empêcher tout nouveau détournement ou toute autre ingérence dans les liaisons aériennes internationales civiles.* ». Comme l'écrit Jean-Marc DE LA SABLIÈRE : « *ne pouvant condamner le terrorisme, le Conseil était encore plus divisé pour légitimer l'action contre-terroriste* »[774].

Une évolution s'opère dans les années 1980 avec le changement de position de l'OLP et les changements en cours en URSS. La prise d'otages à Beyrouth en 1985 change clairement la donne aux Nations unies. En décembre 1985, la résolution 579 condamne les actes de prise d'otages et les enlèvements de toutes sortes et demande que la coopération entre les États soit renforcée en vue de faciliter la prévention et la répression de ces actes en tant que manifestation du terrorisme international ainsi que les poursuites contre leurs auteurs.

La fin de l'antagonisme Est-Ouest et l'avènement de la « *perestroïka* » allaient ouvrir une ère nouvelle dans les relations internationales[775]. L'URSS et les États-Unis n'ayant plus de motif d'opposition, le Conseil de sécurité pouvait pleinement retrouver l'usage des attributions conférées par le Chapitre VII.

2- La fin de la bipolarité et la « surchauffe du système de sécurité collective »[776]

Avec l'effondrement de l'URSS, pour la première fois dans l'histoire moderne nous assistons à un bouleversement de la structure du système international sans que celui-ci ait été précédé par un conflit militaire majeur entre les puissances dominantes du système international[777]. L'effondrement de l'URSS marque le recul de la régulation interétatique au sein du système

[774] *Idem.*
[775] Maurice FLORY, « Organisation des Nations unies (ONU). – Maintien de la paix », *op. cit.*
[776] Pierre-Marie DUPUY, « Sécurité collective et organisation de la paix », *RGDIP*, 1993, p. 617.
[777] Zaiki LAIDI, « Espace, vitesse et sens à l'heure de la mondialisation », *Politique étrangère*, n° 1, 1996, pp. 179-190.

mondial, si l'on admet, avec Charles TILLY, que la guerre a été le moteur du système interétatique en même temps que la source majeure d'identité des nations modernes[778]. En effet, pour la première fois, un grand bouleversement s'est produit indépendamment de toute régulation interétatique classique.

Face à cette reconfiguration du système international, le Conseil de sécurité n'a pas hésité, dès septembre 1991, à faire le plein usage de ses prérogatives avec l'adoption de la résolution 713 par laquelle le Conseil constate « *une menace contre la paix et la sécurité internationales* », et décide, « *en vertu du Chapitre VII de la Charte des Nations unies* », que les États mettront en œuvre un embargo aérien, terrestre et maritime sur les armes à destination du territoire de l'ex-Yougoslavie[779]. De nombreuses autres résolutions seront adoptées portant création de diverses « *forces internationales* » pour la plupart relevant d'opérations de maintien de la paix aux mandats très variés.

En ce sens, le 31 janvier 1992, une séance inédite du Conseil de sécurité consacrée à « *la responsabilité du Conseil de sécurité en ce qui concerne le maintien de la paix et de la sécurité internationales* » s'est ainsi tenue au niveau des chefs d'État ou de gouvernement. Suite à cette dernière et à la demande du conseil, le Secrétaire général a remis le 17 juin 1992 une étude intitulée « *Agenda pour la paix* »[780]. En substance, le Secrétaire général déplore l'impuissance du Conseil de sécurité en raison des deux cent soixante-dix-neuf vetos qui ont été opposés à ses initiatives[781] mais constate que, depuis 1990, le Conseil de sécurité est devenu un instrument central de la prévention et du règlement des conflits.

Au cours des premières années de la décennie qui a suivi l'effondrement des pays socialistes, un nouveau rôle semblait se profiler pour l'ONU. Il faut attendre l'agression de l'Irak contre le Koweït en 1990 pour que soit réactivée, avec la fin de la bipolarité, l'application du Chapitre VII, ouvrant ainsi une nouvelle étape vers le maintien de la paix. Cette étape s'est aussi caractérisée par une modification de la façon dont le Chapitre VII a été utilisé. La cohésion nouvelle des membres permanents du Conseil de sécurité au début des années 1990 et la réactivation subséquente des pouvoirs du Conseil ont permis au mécanisme de sécurité collective prévu

---

[778] Charles TILLY, *Coercion, Capital and European State AD 990-1992*, Blackwell, Cambridge, 1992, p. 83.
[779] Maurice FLORY, « Organisation des Nations unies (ONU). – Maintien de la paix », *op. cit.*
[780] *A/47/277, S/2414.*
[781] Paragraphe 14.

par la Charte de fonctionner dans une série de cas, entraînant une augmentation substantielle de mesures coercitives non militaires sur la base de l'article 41 de la Charte. Le nombre de missions de maintien de la paix a également rapidement augmenté. Le Conseil de sécurité a ainsi autorisé vingt nouvelles opérations entre 1989 et 1994, faisant passer le nombre de Casques bleus de 11 000 à 75 000[782]. Ces missions ont notamment été déployées en Angola (UNAVEM I, UNAVEM II), au Cambodge (APRONUC), au Salvador (ONUSAL), au Mozambique (ONUMOZ), et en Namibie (GANUPT)[783].

Le Conseil a, dans un premier temps, traité la question du terrorisme international sous la rubrique du « *respect des principes de sécurité collective* » et estime nécessaire que la communauté internationale réagisse de manière efficace contre de tels actes. Le terrain avait été préparé par certaines résolutions du Conseil de 1988 sur la prise d'otages et sur la protection de l'aviation civile, et surtout par la résolution 731 du 21 janvier 1992 qui établissait pour la première fois un lien entre certains actes de terrorisme international et la paix et la sécurité. L'affaire Lockerbie est, à ce titre, fréquemment présentée comme le principal point de départ de l'implication du Conseil de sécurité dans la lutte contre le terrorisme et le point de départ de ce mouvement d'extension des compétences du Conseil[784].

En l'espèce, en réaction à l'implication présumée d'agents des services secrets libyens dans deux attentats visant des avions de ligne français et américain, le Conseil de sécurité a relayé, par sa résolution 731 (1992), la demande de la France, du Royaume-Uni et des États-Unis visant à ce que la Libye leur fournisse un certain nombre d'informations susceptibles de les assister dans leurs enquêtes sur ces attentats. En l'absence de réponse de la part des autorités libyennes, le Conseil a adopté peu de temps après la résolution 748 (1992), beaucoup plus contraignante, dans laquelle il exige de la Libye qu'elle satisfasse aux demandes présentées par les trois États occidentaux et impose à l'État libyen des mesures coercitives non armées en vue de le contraindre à accepter cette solution. Cette fois-ci, il ne se trouve aucun membre pour défendre Mouammar KADHAFI. Des sanctions concernant le transport aérien, le secteur de l'armement et la réduction du personnel des missions diplomatiques et consulaires libyennes seront complétées en 1993 par la résolution 883 prévoyant des restrictions

[782] En ligne : http://www.un.org/fr/peacekeeping/operations/surge.shtml
[783] *Idem.*
[784] Pierre KLEIN, « Le Conseil de sécurité et la lutte contre le terrorisme : Dans l'exercice de pouvoirs toujours plus grands », *Revue québécoise de droit international (Hors-série)*, 2007.

financières et l'interdiction d'exportation vers la Libye de matériaux destinés à l'industrie pétrolière et gazière[785].

La Libye, estimait, de son côté, que les exigences occidentales portaient atteinte aux droits qu'elle détenait en vertu de la Convention de Montréal de 1971 sur les actes illicites dirigés contre la sécurité de l'aviation civile internationale. La Libye affirmait que cette Convention lui donnait le droit de juger elle-même les suspects en cause, et a donc, entre-temps, saisi la CIJ d'une demande en indication de mesures conservatoires en vue de faire protéger ses droits.

En l'occurrence, la CIJ n'a pu que conclure à l'impossibilité d'indiquer les mesures conservatoires demandées en raison de la primauté, en vertu de l'article 103 de la Charte, des exigences formulées dans la résolution 748 (1992) sur les dispositions de la Convention de Montréal[786]. Cela signifie que le Conseil de sécurité a agi en l'espèce comme un juge, en tranchant le différend juridique opposant les États en cause et en privant la Libye de la possibilité d'invoquer les droits qu'elle tirait d'une convention internationale applicable à la situation[787].

Nous remarquerons qu'ici, ce n'est pas le terrorisme en lui-même, ou des actes terroristes spécifiques, que le Conseil qualifiait de menace à la paix et à la sécurité, mais bien le refus de répondre aux demandes qu'il avait formulées antérieurement, dont celle d'extrader les individus suspectés d'être impliqués dans les attentats en cause[788]. Il en est allé de même à l'occasion des mesures prises à l'encontre du Soudan en 1996 avec la résolution 1054, et des Talibans en 1999 avec la résolution 1267.

---

[785] Jean-Marc DE LA SABLIÈRE, *Le Conseil de sécurité des Nations unies : Ambitions et limites*, *op. cit*, p. 298.

[786] Affaire relative à des questions d'interprétation et d'application de la convention de Montréal de 1971 résultant de l'incident aérien de Lockerbie (*Jamahiriya arabe libyenne c. Royaume-Uni*), ord., 14 avr. 1992, [1992] CIJ rec. 3, § 39 ; affaire relative à des questions d'interprétation et d'application de la convention de Montréal de 1971 résultant de l'incident aérien de Lockerbie (*Jamahiriya arabe libyenne c. États-Unis d'Amérique*), ord., 14 avr. 1992, [1992] CIJ rec. 114, § 42.

[787] Selon Pierre KLEIN : « *Le Conseil s'est ainsi substitué indirectement à la Cour internationale de Justice ou a, à tout le moins, significativement interféré dans l'exercice des compétences de cette dernière. Qui plus est, il a cumulé en l'espèce ce pouvoir de nature judiciaire avec son rôle "exécutif" traditionnel, puisqu'il a assorti sa décision – on serait tenté d'écrire "son prononcé" – de mesures de contrainte visant à en assurer la mise en œuvre forcée* ».

[788] Pierre KLEIN, « Le Conseil de sécurité et la lutte contre le terrorisme : Dans l'exercice de pouvoirs toujours plus grands », *op. cit.*

Durant les années 1990, le Conseil de sécurité a régulièrement exprimé sa conviction plus générale que « *la répression du terrorisme international est essentielle pour le maintien de la paix et de la sécurité internationales* »[789] sans pour autant qualifier des actes terroristes spécifiques de menace pour la paix et la sécurité[790]. L'année 1998 marque un tournant pour le Conseil de sécurité. Les attentats contre les ambassades américaines à Nairobi et Dar es Salam marquent le début d'une nouvelle ère que les attentats du 11 septembre 2001 révèleront au grand jour.

B- L'application des mécanismes de sécurité collective face à des acteurs non étatiques

Il convient de noter que l'existence d'acteurs non étatiques comme menace à la paix et à la sécurité n'est pas une création récente : les mouvements anticoloniaux durant les guerres de libération, l'Église durant les croisades[791], les exemples historiques ne manquent pas. La nouveauté réside ici dans l'ampleur des moyens matériels, financiers et humains dont disposent ces acteurs.

Reprenons tout d'abord la définition de Noam LUBELL : pour ce dernier, les acteurs non étatiques sont des individus ou des groupes qui n'agissent pas pour le compte d'un État[792]. Leur identité et existence sont indépendantes de l'État et ces acteurs n'agissent pas sous l'impulsion d'un État. Plusieurs entités sont concernées par cette définition : groupes terroristes, groupes impliqués dans le trafic de drogue et autres groupes criminels.

Le XXe siècle s'achève ainsi sur une mutation substantielle de la notion de *menace à paix et à la sécurité internationale* avec la menace que représentent désormais certains acteurs non étatiques pour la paix et la sécurité. Le concept de sécurité collective ne peut plus se limiter aux guerres d'agression menées par des États, mais se doit d'englober d'autres graves dangers qui menacent aujourd'hui non seulement la sécurité des États mais

---

[789] Rés. CS 1333, supra note 20 au 7e considérant du préambule. Voir également Rés. CS 1189, Doc. off. CS NU, 1998, 3915e séance, Doc. NU S/RES/1189 au 3e considérant du préambule

[790] Pierre KLEIN, « Le Conseil de sécurité et la lutte contre le terrorisme : Dans l'exercice de pouvoirs toujours plus grands *», op. cit.*

[791] Giulia PERSOZ, « Légitime défense et acteurs non étatiques : évolution en droit international et impact sur la neutralité suisse ? », Mémoire de Master, sous la direction du Professeur Andreas ZIEGLER, janvier 2016.

[792] Noam LUBELL, « Individuals or groups who are not acting on behalf of a state, are non-state actors », *Extraterritorial Use of Force Against Non-State Actors*, Oxford University Press, 2010, p. 16.

aussi celle des personnes, et qui sont tout aussi bien le fait d'acteurs étatiques que d'acteurs non étatiques.

Dès le 31 janvier 1992, le Conseil de sécurité, réuni au niveau des chefs d'État et de gouvernement, constate, en ce sens, que :

> « *[l]a paix et la sécurité internationale ne découlent pas seulement de l'absence de guerre et de conflits armés. D'autres menaces de nature non militaires à la paix et à la sécurité internationales trouvent leur source dans l'instabilité qui existe dans les domaines économique, social, humanitaire ou écologique.* »[793]

Le 12 septembre 2001, le Président George W. BUSH déclarait dans son discours devant le Conseil de sécurité des Nations unies que « *les attaques délibérées et meurtrières qui ont été perpétrées (...) contre notre pays étaient plus que des actes de terrorisme, c'était des actes de guerre* ». Or faire des attaques du 11 septembre 2001 des « *actes de guerre* » revient à légitimer l'idée selon laquelle la *guerre* peut être déclenchée par un groupe terroriste, contraignant ainsi l'État à la mener contre ces derniers[794]. En admettant cela, nous reconnaissons à Al-Qaïda le monopole de la violence légitime réservé jusqu'alors aux États. Autrement dit, le chef d'Al-Qaïda allait être assimilé à un quasi-chef d'État et son organisation terroriste à un quasi-État[795].

Les attentats du 11 septembre 2001 ont donc laissé les États démunis dans la recherche d'une réponse juridiquement appropriée à ce qui s'apparente pour l'esprit humain à un acte d'agression. Les moyens classiques de règlement des différends entre États se sont en effet brusquement retrouvés inadaptés à gérer de telles attaques[796] et les États-Unis n'ont eu, dans l'immédiat, d'autres choix que de s'appuyer sur l'état du droit international existant pour réagir. Comme l'analyse Serge SUR, alors que le Conseil de sécurité « *aurait pu être pris au dépourvu par une situation manifestement non prévue par les auteurs de la charte* », il est parvenu « *à la réintégrer dans son cadre et à trouver une réponse qui pouvait s'adapter au problème* »[797]. Or le recul nous permet aujourd'hui d'affirmer avec objectivité que la réaction du droit international face à la

---

[793] Doc. S/23500/3, 31 janv. 1992.

[794] Joan J. FITZPATRICK, « Jurisdiction of Military Commissions and the Ambiguons War on Terrorism », *AJIL*, 2002, p. 349.

[795] *Idem.*

[796] Michèle POULAIN, « Les attentats du 11 septembre et leurs suites : quelques points de repère », *AFDI*, vol. 48, 2002. pp. 27-48.

[797] Serge SUR, *Le Conseil de sécurité après le 11 septembre*, LGDJ, 2005, pp. 13 et 47.

menace nouvelle que représentait alors Al-Qaïda semblait pour le moins inappropriée. Le Conseil de sécurité, et avec lui le Chapitre VII de la Charte des Nations unies se sont retrouvés surannés devant cette nouvelle forme de « *menace à la paix et à la sécurité internationales* »[798].

Or il faut revenir en 2001 et comprendre qu'à l'époque, tout juste dix ans après la fin de la guerre froide, la représentation de l'ennemi était toujours étatique et derrière la menace existait immanquablement un État-nation[799]. La fin de la guerre froide n'a pas uniquement permis au système de sécurité collective de retrouver l'usage de ses prérogatives. La fin de la guerre froide a parallèlement marqué une mutation de la nature de la menace à laquelle ce système devait faire face. Les mouvements de libération, armés et financés par les deux surpuissances, allaient en effet s'affranchir de leur tutelle étatique pour agir suivant leurs propres intérêts, passant ainsi du statut de *libérateur* à celui moins reluisant de *terroriste*. Émancipés de tout parrainage étatique, ces derniers représentaient alors une *menace à la paix et à la sécurité* inédite pour la communauté internationale.

Ainsi, depuis 1989, « *nous sommes face à l'institution de formes de menace radicalement différentes de celles propres à l'ordre stato-centré* »[800], or cette « *inexistence d'un ennemi étatique clairement désigné est une nouveauté majeure qui conditionne tout le débat stratégique* »[801]. L'ordre juridique international mettra plus de dix ans à comprendre et adapter correctement ses outils normatifs et institutionnels à ce bouleversement paradigmatique.

Il ne s'agit pas, ici, de blâmer les instances onusiennes pour ses atermoiements et lenteurs d'adaptation : bouleverser les représentations stratégiques hégémoniques qui avaient cours durant la guerre froide n'est clairement pas aisé, surtout lorsque celles-ci ont contribué à forger le droit international sur plusieurs décennies. L'ennemi n'est clairement plus identifiable dans le système international. La guerre froide a polarisé celui-ci autour des deux blocs, mais encore une fois, la chute du mur de Berlin et la chute de l'URSS deux ans plus tard ont entraîné une dispersion de la menace

---

798 La rhétorique guerrière s'est néanmoins poursuivie avec les attentats de Paris du 13 novembre 2015 suite auxquels Dans son discours du 14 novembre 2015, le Président François HOLLANDE désigne les attentats ayant eu lieu à Paris le jour d'avant comme un « *acte de guerre* », réalisé par « *l'armée terroriste, Daech* ».

799 Julie SAADA, Marie GOUPY, Laurent SERMET, Edgardo MANERO, *Les acteurs non étatiques dans les conflits armés*, Édition des archives contemporaines, 2010, p. 95.

800 *Idem.*

801 *Idem.*

et les adjectifs utilisés pour la qualifier sont révélateurs : « *diffuse* », « *volatile* », « *imprévisible* ».

Il convient toutefois de noter que le Conseil de sécurité n'est pas resté inerte face à ces nouvelles menaces. Ce dernier a tenté, à plusieurs reprises, de conceptualiser la notion de « *menace à la paix* » afin de ne pas se marginaliser sur la scène internationale. Nous ferons référence, d'abord, à la déclaration du président du Conseil de sécurité du 31 janvier 1992 qui consacre la position du Conseil en vertu de laquelle :

> « *L'absence de guerre et de conflits armés entre États ne garantit pas à elle seule la paix et la sécurité internationales. D'autres menaces de nature non militaire à la paix et à la sécurité trouvent leur source dans l'instabilité qui existe dans les domaines économique, social, humanitaire et écologique.* »[802]

Le Conseil a, par conséquent dû s'adapter pour prendre en compte les nouvelles formes de menaces et ce dernier a graduellement agrandi son champ d'activités en élargissant le concept de paix et de sécurité internationales. Cet élargissement comprend à tout le moins l'intégration des problèmes humanitaires, certains cas de terrorisme international et certains conflits internes[803].

La guerre contre le terrorisme international a été à l'origine d'un foisonnement de résolutions qui ne sont alors que des succédanés de conventions internationales[804]. Or, d'une conception centrée sur l'État, on passe à une notion qui stipule que ce qui doit être protégé est l'individu[805]. Dès lors, pour être pleinement efficace dans sa lutte contre le terrorisme, le droit international se devait de changer d'approche et sortir du stato-centrisme sur lequel il a été bâti afin d'être à la hauteur de la menace terroriste contemporaine.

---

802 S/23500, p. 3.

803 Philippe KIRSCH, « L'impact des événements actuels sur le droit de la paix et la sécurité internationale », *Revue Québécoise de droit international,* vol. 7-2, 1991. pp. 248-250.

804 Sidi ALPHA NDIAYE, « Réflexion sur la densification normative en droit international public : l'exemple des décisions coercitives de l'ONU », *Revue CAMES/SJP*, n° 001/2016, p. 153-177.

805 Julie SAADA, Marie GOUPY, Laurent SERMET, Edgardo MANERO, *Les acteurs non étatiques dans les conflits armés*, *op. cit.*, p. 96.

Section 2. Dépasser l'intergouvernementalisme traditionnel : d'un impératif hypothétique à un impératif catégorique

Selon Jean-Claude PAYE, une caractéristique importante des lois antiterroristes post-11 septembre réside dans le fait :

> « *qu'elles ne résultent plus, comme les législations précédentes, d'initiatives nationales relativement indépendantes les unes des autres, mais qu'elles sont promues par des institutions internationales telles que le G8, le Conseil de l'Europe ou l'Union européenne.* »[806]

Kofi ANNAN ajoute de son côté que :

> « *Le terrorisme est une menace mondiale qui a des effets mondiaux... ses conséquences affectent tous les aspects de l'ordre du jour des Nations unies. (...) ces dernières ont par conséquent un rôle essentiel à jouer et doivent fournir le cadre juridique et organisationnel au sein duquel la campagne internationale contre le terrorisme peut être menée.* »[807]

En dépit de sa vocation à l'universalité, on ne voit pas comment les États pourraient se résoudre à accepter que l'ONU dont ils sont à l'origine soit située au-dessus d'eux. Toutefois, issue de circonstances difficiles, l'Organisation des Nations unies est portée par une idéologie universelle désireuse de transcender les États. En témoigne l'extrême généralité des objectifs qui lui ont été assignés par l'article 1 de la Charte des Nations unies :

> « *1. Maintenir la paix et la sécurité internationales et à cette fin : prendre des mesures collectives efficaces en vue de prévenir et d'écarter les menaces à la paix et de réprimer tout acte d'agression ou autre rupture de la paix, et réaliser, par des moyens pacifiques, conformément aux principes de la justice et du droit international, l'ajustement ou le règlement de différends ou de situations, de caractère international, susceptibles de mener à une rupture de la paix ;*

---

[806] Jean-Claude PAYE, *« l'état d'exception, forme de gouvernement de l'empire », 2004,* en ligne : http://multitudes.samizdat.net/L-etat-d-exception-forme-de.

[807] Kofi ANNAN au Conseil de sécurité, communiqué de presse, CS/2366 du 4 octobre 2002.

2. Développer entre les nations des relations amicales fondées sur le respect du principe de l'égalité de droits des peuples et de leur droit à disposer d'eux-mêmes, et prendre toutes autres mesures propres à consolider la paix du monde ;

3. Réaliser la coopération internationale en résolvant les problèmes internationaux d'ordre économique, social, intellectuel ou humanitaire, en développant et en encourageant le respect des droits de l'homme et des libertés fondamentales pour tous, sans distinction de race, de sexe, de langue ou de religion ;

4. Être un centre où s'harmonisent les efforts des nations vers ces fins communes. »

La platitude de ces objectifs donne la possibilité à l'organisation de s'ingérer dans des domaines d'action extrêmement variés. Malgré tout, difficile pour les États de concéder une quelconque supranationalité à l'ONU[808]. Toutefois, entre volonté et nécessité, le second se doit de l'emporter. Les impératifs de paix et de sécurité transcendent les volontés souveraines des États qui se doivent d'assurer la protection de leurs citoyens, sans laquelle leur autorité et légitimité se trouvent fragilisées.

Selon C. F. ALGER, il existe deux théories différentes qui expliquent les fonctions de l'organisation internationale. La première est la théorie conflictuelle selon laquelle ce sont toujours les rapports de force entre États qui conditionnent la création de l'organisation internationale et déterminent ensuite le cadre de ses activités[809]. Quant à la deuxième, c'est la théorie fonctionnaliste qui voit dans le phénomène d'institutionnalisation un processus de désétatisation de certaines activités et fonctions qui sont désormais exécutées par des organisations internationales[810]. Selon cette approche, toute organisation internationale, qui met en place des mécanismes de prise de décision autonome, conduit à l'intégration et suppose, par conséquent, un certain détachement des rives de l'interétatisme.

---

808 Émile DERLIN KEMFOUET, « États et acteurs non étatiques en droit international humanitaire », *Revue Québécoise de droit international,* vol. 21-2, 2008. pp. 57-97.

809 Georges ABI-SAAB, « La notion d'organisation internationale : essai de synthèse », *in* Georges ABI-SAAB, *Le concept d'organisation internationale*, Graduate Institute Publications, 2013.

810 Ch-F ALGER, « L'organisation internationale vue sous l'angle du fonctionnalisme et de l'intégration », *in* Georges ABI-SAAB, *Le concept d'organisation internationale*, Graduate Institute Publications, 2013.

Ainsi, deux phénomènes d'ampleur, séparés par un intervalle de dix ans, vont nécessiter un changement dans le fonctionnement institutionnel des organisations internationales et vont conduire à une plus grande verticalité dans leurs rapports aux États : il s'agit tout d'abord de la fin de la guerre froide qui s'accompagne d'un grand désordre économique (I), facilitant grandement le travail des financiers du terrorisme ; et il s'agit des attentats du 11 septembre 2001 (II) qui chamboulent le droit international et nécessitent de repenser le système de sécurité collective.

I- Les conséquences du désordre économique issu de la fin de la guerre froide

Comme précédemment évoqué, durant la guerre froide, le terrorisme et ses sources de financement étaient aisément identifiables dans la mesure où ces dernières dépendaient essentiellement de Moscou et de Washington (A). Ce paradigme a commencé à disparaître en 1979 avec l'invasion de l'Afghanistan par l'Armée rouge, la révolution iranienne et l'assaut contre la Mecque[811]. Ces trois faits historiques marquèrent le début du terrorisme islamique et de la privatisation de ses sources de financement (B) qui culmina avec l'apparition d'Al-Qaïda sur la scène internationale en 1996.

Désarmée, non seulement l'Occident n'a su anticiper l'émergence de cette nouvelle menace mais a réagi tel un éléphant enragé dans un magasin de porcelaine. Suite au 11 septembre 2001, les États-Unis, accompagnés de grandes nations européennes, réagirent en intervenant militairement en Afghanistan, puis en Irak. Or comme l'écrit Alain BAUER :

> « *Il arrive ainsi qu'on se heurte plus à Babylone qu'à Bagdad quand on décide d'une intervention en Irak. On redécouvre les empires disparus, on subit la vengeance de l'histoire et de la géographie. Les angles droits de la colonisation n'ont pas fait disparaître les identités, les tribus, les obédiences. Ils n'ont fait que les masquer provisoirement.* »[812]

Ainsi, l'intervention américaine en 2003, combinée au printemps arabe de 2011 vont accélérer la décomposition de la Syrie et de l'Irak dont l'existence était viciée dès l'origine[813]. Émerge alors une mutation inattendue d'Al-Qaïda : *Daech* ou *État islamique*. Ce groupe a su profiter du délitement de

---

[811] Alain BAUER, « Les mutations du terrorisme », *op. cit.*

[812] *Idem.*

[813] Anne-Laure CHAUMETTE, « Daech, un "État islamique" ? », *AFDI*, CNRS, 2014, pp. 71–89.

ces deux États pour revenir aux frontières d'avant le partage opéré par le traité *Sykes-Picot* de 1916[814]. Depuis le 29 juin 2014, Abou Bakr AL-BAGHDADI prétend être le calife d'un nouvel *État islamique*.

A- La réalité du parrainage étatique du terrorisme durant la guerre froide

Selon Yas BANIFATEMI, l'implication étatique peut exister dans trois situations différentes : un État peut être directement l'auteur d'un acte terroriste, un État peut donner refuge à des individus ou groupements terroristes, ou le territoire d'un État peut être utilisé pour lancer une opération de terrorisme sans que ce dernier contrôle les actes en question[815].

Selon Marcelo G. KOHEN, l'implication étatique existe également dans trois situations différentes : l'État peut commettre des actes terroristes dans le cadre de conflits armés, il peut également en commettre en dehors de toute situation d'hostilité et certains actes terroristes peuvent laisser transparaître une implication étatique[816].

Nous nous intéresserons ici au soutien financier étatique du terrorisme durant la guerre froide (1), avant d'aborder l'épineuse question de l'implication saoudienne dans le financement des attentats du 11 septembre 2001 (2). Enfin, nous étudierons comment le droit international aborde la réalité du parrainage étatique du terrorisme (3).

1- L'instrumentalisation étatique du terrorisme : une arme à l'efficacité ambivalente

Par le passé, certains États n'ont pas hésité à encourager le terrorisme international en mettant à disposition des terroristes des moyens matériels et financiers dans le but de déstabiliser leurs ennemis sans s'exposer à des représailles directes. En ce sens, « *des études faites aux États-Unis mêmes sur les menaces futures à l'égard du pays envisageaient cette possible guerre de nouvelle génération, ce conflit non étatique conduit par des opposants dont la base peut ne pas être un État-nation* »[817].

---

[814] *Idem.*

[815] Yas BANIFATEMI, « La lutte contre le financement du terrorisme international », *op. cit.*

[816] Marcelo G. KOHEN, « Les controverses sur la question du “terrorisme d'État” », en ligne : http://graduateinstitute.ch/files/live/sites/iheid/files/sites/international_law/shared/international_law/Prof_Kohen_website/Publications%201/35%20-%20terrorisme%20d%27Etat.pdf

[817] Brigitte STERN, « Le contexte juridique de l'après 11 septembre 2001 », *in Le droit international face au terrorisme*, p. 9.

Dans les années 1970-1980, l'essentiel de l'argent du terrorisme international provenait des États, en particulier de la Libye, la Syrie, la Corée du Nord, Cuba, l'Iran, l'Irak et le Soudan[818]. Des organisations terroristes comme *Action directe* en France, la *bande à Baader* en Allemagne ou les *Brigades rouges* en Italie ont toutes bénéficié de l'aide indirecte de certains États[819]. Toutefois, comme évoqué, cette réalité est de moins en moins prégnante.

Nous étudierons ici l'exemple du financement des moudjahidines afghans durant la guerre opposant les Soviétiques à l'Afghanistan entre 1979 et 1989 (a) et l'exemple de la société bulgare *Kintex*, qui représentait, durant la guerre froide, le bras armé de l'Union soviétique (b).

a- Cas de financement étatique direct : l'Afghanistan (1979 – 1992)

En pénétrant en Afghanistan en 1979, l'URSS espère réaliser une sorte de *coup de Prague* centre-asiatique[820]. Les Soviétiques appliquent ici à la lettre la *doctrine Brejnev* selon laquelle aucun pays qui a été communiste ne peut quitter le giron soviétique. À cette époque, en 1978, un coup d'État a placé à la tête du pays un gouvernement procommuniste, qui a perdu le soutien de la population en raison de son intransigeance. Ainsi, afin d'éviter le renversement du régime, les Soviétiques interviennent militairement en Afghanistan et destituent les dirigeants pour former un gouvernement aux ordres de Moscou[821].

Toutefois, les Soviétiques n'avaient pas anticipé la résistance du peuple afghan, ni le soulèvement que cette intervention allait provoquer dans l'ensemble du monde musulman. Le combat en Afghanistan prend ainsi rapidement une coloration religieuse, et non nationale, contrairement au combat palestinien. Des combattants musulmans affluent du monde entier vers l'Afghanistan. C'est le début du *djihad.*

Pour les États-Unis, l'occasion est trop belle pour saigner à blanc l'armée soviétique. Ces derniers sont alors convaincus de pouvoir instrumentaliser à leur profit la mouvance salafiste. Pourtant, l'ennemi prioritaire des

---

[818] Fabien JAKOB, « L'Union européenne et la lutte contre le financement du terrorisme », *op. cit.*
[819] Ludovic FRANÇOIS, Pascal CHAIGNEAU, Marc CHESNEY, *Blanchiment et financement du terrorisme*, Ellipses, 2004, p. 16.
[820] Gilles KEPEL, « Le terrorisme islamiste est né en Afghanistan », *L'Histoire*, mensuel 293, déc. 2004.
[821] *Idem.*

moudjahidines de l'époque est déjà le *Grand Satan* américain conspué par KHOMEINI en Iran. Par conséquent, les combattants qui débarquent en Afghanistan à la suite de l'intervention soviétique de 1979 sont les lointains enfants de mouvements antioccidentaux nés de la révolte contre l'impérialisme britannique dans les années 1920-1930. Exacerbée par le drame palestinien, la détestation nourrie des États-Unis avait atteint son point culminant durant la révolution iranienne. Cette haine de l'ennemi occidental n'était pourtant pas dissimulée : assassinat de SADATE en 1981, attentats contre les militaires américains et français au Liban en 1983 et 1984. Le radicalisme des combattants islamiques était pourtant évident, mais n'a pas freiné l'ambition des États-Unis de mettre en déroute l'armée soviétique.

Les Américains étaient alors scrupuleusement obnubilés par l'URSS, et l'Afghanistan devint aux yeux du Président REAGAN le dernier haut lieu de la lutte contre l'Empire du Mal. Sortant d'une défaite honteuse au Vietnam, les États-Unis ne pouvaient plus se permettre de mener une nouvelle guerre ouverte. Financer les moudjahidines contre l'expansion du communisme était pour l'administration américaine de l'époque, une idée de génie : les États-Unis pouvaient, sans envoyer un soldat sur le front, mettre en difficulté l'armée soviétique face aux combattants islamistes fanatisés[822]. Il s'agissait là pour les Américains de transformer l'Afghanistan en un Vietnam pour les Soviétiques. Il va de soi que, pour les États-Unis, les moudjahidines de l'époque sont alors perçus comme des *combattants de la liberté*, et non comme des *terroristes*. C'est la tectonique géopolitique qui a, par la suite, métamorphosé ces *combattants* en *terroristes*.

Ainsi, le 27 décembre 1979, les troupes soviétiques pénètrent en Afghanistan. Zbigniew BRZEZINSKI, alors conseiller à la sécurité nationale du Président CARTER déclare qu' « *Il faut saigner les Soviétiques* »[823]. Le 15 janvier 1981, Stansfield TURNER, directeur de la CIA, reçoit Ronald REAGAN, ayant entre-temps succédé à Jimmy CARTER, George BUSH et son remplaçant désigné, William CASEY. Il informe alors son auditoire des opérations clandestines en cours rassemblées sous le nom de *l'opération Cyclone*. Cette opération fut l'une des plus longues et coûteuses de la CIA : de 20 à 30 millions de dollars par an au début des années 1980, cette aide financière culminera à 630 millions de dollars en 1987[824].

---

822 Olivier ROY, « Les Moudjahidines de la CIA », *Les Crises*, 15 janv. 1998.
823 Jean LESIEUR, « Quand la CIA aidait les fous de Dieu », *L'express*, 25 nov. 1993.
824 Michel COLLON, « De l'opération Cyclon à la création de Daech : la création d'un "véritable Frankenstein" par l'Occident », *RT France*, 23 nov. 2015.

En collaboration avec le Pakistan, des réseaux d'aide aux rebelles afghans ont été constitués. La nouvelle administration dirigée par REAGAN va les renforcer en créant une cellule spéciale à Francfort : par l'intermédiaire de cette dernière, la CIA entre en contact avec des immigrés afghans dispersés en Europe et cherche à recruter les plus motivés. Une fois les recrues envoyées sur le front, argent et armes affluent. Or les Américains ne voulant pas être officiellement mêlés de trop près à ces opérations, ce sont les services pakistanais qui distribuent directement l'aide aux rebelles, en échange de camions d'opium en provenance d'Afghanistan. C'est le début d'une relation mafieuse entre ces deux pays qui perdure jusqu'à aujourd'hui.

De son côté, l'Arabie saoudite, par l'entremise des princes Turki AL-FAYÇAL et BANDAR, finançait activement Al-Qaïda dans les années 1990[825]. Par ailleurs, l'actuel roi SALMAN, alors gouverneur de Riyad, a activement participé à l'aide financière des moudjahidines afghans. Bruce RIEDEL, ancien responsable de la CIA a rappelé que SALMAN « *a supervisé la collecte de fonds privés pour soutenir les moudjahidines afghans dans les années 1980. (...) Salman apportait 25 millions de dollars par mois aux moudjahidines* »[826].

Une fois la guerre froide terminée, SALMAN réunit ces fonds pour les envoyer aux combattants islamistes en Bosnie qui se battaient contre la Serbie de Slobodan MILOSEVIC. À la même période, l'ex-roi FAHD nomma SALMAN responsable de la création du « *Haut-Commissariat saoudien pour l'aide à la Bosnie* » (« SHC ») qui distribua près d'un milliard de dollars aux moudjahidines se battant en Yougoslavie[827]. Après les attentats du 11 septembre 2001, lors d'un raid mené dans les bureaux du SHC à Sarajevo, l'OTAN découvrit des documents compromettants sur l'aide financière saoudienne aux moudjahidines en Bosnie. Parmi ces moudjahidines figuraient notamment Khalid AL-MIHDHAR et Nawaf AL-HAZMI, deux des principaux pirates de l'air du 11 septembre[828].

Avant cela, en 1982, les Américains assisteront à la mise en place d'un centre de recrutement à New York par un Égyptien, Mustafa SHALABI, ami d'Abdullah AZZAM. Or c'est SHALABI qui sera le *sponsor* du cheikh Abdel

---

825 V. Alexandre DEL VALLE, *Les vrais ennemis de l'Occident : du rejet de la Russie à l'islamisation des sociétés ouvertes*, L'artilleur, 2016.
826 Nafeez AHMED, « Salman d'Arabie saoudite, le nouveau roi du terrorisme », *Middle East Eye*, 11 févr. 2015.
827 V. Alexandre DEL VALLE, *Les vrais ennemis de l'Occident : du rejet de la Russie à l'islamisation des sociétés ouvertes, op. cit.*
828 *Idem.*

RAHMAN, inspirateur présumé de l'attentat du World Trade Center de 1993[829].

Pourtant, en 1989, la Première ministre du Pakistan, Benazir BHUTTO, avait mis en garde George H.W. Bush qui venait d'accéder à la Maison-Blanche : « *Les extrémistes qui ont tant été encouragés par les États-Unis sont en train d'exporter leur terrorisme dans d'autres parties du monde. Vous êtes en train de créer un véritable Frankenstein.* »[830] En décembre 2007, Benazir BHUTTO sera assassinée par Al-Qaïda.

À côté des financements directs, l'État peut également utiliser des subterfuges afin de dissimuler son rôle dans le soutien financier à certains groupements terroristes.

b- Cas de financement étatique indirect : la Kintex Bulgare

L'aide financière étatique peut être le fruit d'une aide indirecte, *via* des sociétés commerciales. Dans un roman policier, l'acteur et romancier populaire Hugh LAURIE présente la société Kintex de la manière suivante :

> « *Kintex (...) est une société d'État, dont le siège se trouve dans la périphérie de Sofia, et qui emploie cinq cent vingt-neuf personnes. Sous couvert d'import-export, elle gère plus de quatre-vingts pour cent du trafic de stupéfiants au départ du Moyen-Orient pour l'Europe de l'Ouest et l'Amérique du Nord, en échange, bien souvent, de chargements d'armes à destination des populations insurgées de la région d'origine. (...) Sous le nom de Globus, Kintex blanchit aussi de l'argent sale, en provenance de tous les pays d'Europe, qu'elle troque contre de l'or, des pierres précieuses, et d'autres valeurs qui transitent par des sociétés commerciales implantées en Turquie et en Europe de l'Est.* »[831]

Fondée en 1967, l'entreprise d'État *Kintex* était effectivement considérée, jusqu'en 1985, comme une *pompe à devises* des services secrets communistes qui fabriquait et livrait des armes légères au monde arabe et

---

[829] *Idem.*

[830] Evan THOMAS, « The Road to September 11 », *Newsweek*, 1er octobre 2001, cité par Mathieu AUZANNEAU, *Or Noir*, La Découverte, 2015, p. 467.

[831] V. Hugh LAURIE, *Tout est sous contrôle*, Points, 2010.

à l'Afrique[832]. En effet, durant la guerre froide, les services secrets bulgares, pour le compte du KGB, entretenaient des relations étroites avec des mouvements terroristes, notamment au Moyen-Orient, et contrôlaient des filières de trafic d'armes *via* la société Kintex[833]. Le directeur général de la Kintex est alors officiellement Radoslav TODOROV. Toutefois, le véritable patron est le général TERZIEF, numéro 3 des services de renseignement bulgare.

En apparence, les activités de la Kintex sont parfaitement légales : elle est une société d'exportation du gouvernement bulgare. Toutefois un document interne du gouvernement bulgare obtenu par les services de renseignement occidentaux a mis à jour les véritables activités de la Kintex[834]. Les armes en provenance d'Italie, de France, de Belgique et d'Espagne étaient achetées par des courtiers suisses qui prétendaient opérer au nom de pays africains. Concrètement, les armes étaient chargées dans les ports de Marseille, Gênes ou Anvers sur des cargos battant pavillon de complaisance qui mettaient le cap sur la mer noire ou ces dernières étaient entreposées dans les entrepôts d'armes de la Kintex. Ces armes étaient ensuite expédiées aux communautés musulmanes ou Kurdes en Turquie ou en Syrie afin d'y être vendues en contrepartie de chargements d'héroïne qui étaient à leur tour convoyés jusqu'en Europe de l'ouest[835]. Les principaux pays acquéreurs de cet armement étaient : le Liban, le Yémen, le Chili, la Tanzanie, l'Afrique du Sud et Salvador. Autant de pays qui échappaient à la sphère d'influence soviétique[836].

Vestiges de cette période sans contrôle pour le trafic d'armes, les fusils d'assaut utilisés par les terroristes du 13 novembre 2015 à Paris sont des kalachnikovs fabriquées en Bulgarie. Cet élément de l'enquête a provoqué gêne et embarras jusqu'au plus haut sommet de l'État bulgare : « *Même si l'on admet, de manière hypothétique, que ces armes ont été fabriquées en Bulgarie nous ne pouvons assumer une quelconque responsabilité dans cette affaire* », a déclaré le 19 novembre 2015 le ministre de la Défense, Nikolaï NENTCHEV. Selon ce dernier, leur fabrication doit dater des années 1970-1980. Il s'agirait effectivement d'un modèle assez ancien du célèbre fusil d'assaut soviétique AK-47 exporté de manière légale vers un pays tiers dans

---

832 Alexandre LÉVY, « Attentats de Paris. Des kalachnikovs "made in Bulgaria" », *Courrier international*, 20 nov. 2015.
833 V. Olivier DELORME, *La Grèce et les Balkans*, Folio, 2013
834 V. Roland JACQUARD, *Les dossiers secrets du terrorisme : tueurs sans frontières*, Albin Michel, 1985.
835 V. Alain LABROUSSE, *La drogue, l'argent et les armes*, Fayard, 1991.
836 V. Roland JACQUARD, *Les dossiers secrets du terrorisme : tueurs sans frontières, op. cit.*

les années 1980, avant que l'arme n'arrive de manière illégale jusqu'en Belgique. Suite à cette découverte, le Premier ministre Boïko BORISSOV s'est exprimé en affirmant « *avec certitude (...) qu'un tel modèle n'a pas été exporté ces dernières vingt années* »[837].

Pour résumer, la Kintex est une société d'État qui avait pour mission, durant la guerre froide, de fournir en armes à feu et munitions des groupes rebelles situés à l'autre bout du monde mais fidèles à Moscou[838]. La Kintex était donc le bras armé de l'Union soviétique qui ne finançait pas directement les *combattants de la liberté* mais avait mandaté une société commerciale pour le faire à sa place.

2- L'implication (supposée) de l'Arabie saoudite dans la planification et l'exécution des attentats du 11 septembre 2001

Zacarias MOUSSAOUI, le français condamné à la prison à perpétuité pour avoir participé à l'organisation des attentats du 11 septembre 2001, a déclaré sous serment que des princes saoudiens avaient financé Al-Qaïda et participé aux attaques du 11 septembre 2001[839]. Par ailleurs, et cela n'est pas qu'anecdotique, quinze des dix-neuf terroristes sont saoudiens. Pétrodollars riment-ils avec terrorisme[840] ?

Pour comprendre en profondeur la nature de la relation entre les deux pays, l'Arabie saoudite et les États-Unis, il faut commencer par comprendre « *l'ADN idéologique et religieux du royaume wahhabite* »[841]. Le pouvoir de la famille AL-SAOUD est officiellement né lors de la conclusion du pacte daté de 1744 entre Mohamed AL-SAOUD, émir de *Diriyah* et Mohamed bin Abdel WAHHAB, imam du *Najd.* AL-SAOUD est alors un chef de guerre, Abdel WAHHAB est un religieux ultra rigoriste : « *le guerrier cherchait une doctrine ; le prédicateur cherchait une épée. Ils convinrent de mettre leurs forces en commun pour accomplir la volonté divine et rendre au peuple arabe son unité perdue* »[842]. Ainsi Mohamed AL-SAOUD promit d'imposer la doctrine religieuse ultra rigoriste de WAHHAB dans toute la péninsule arabique, et en contrepartie, ce dernier promit la fidélité de tous les croyants

---

837 Alexandre LÉVY, « Attentats de Paris. Des kalachnikovs "made in Bulgaria" », *op. cit.*

838 Jean-Charles ANTOINE, « Frontières et trafic d'armes », Diploweb.com.

839 Fabien PILIU, Denis BOULARD, *L'argent de la terreur*, *op. cit.*, p. 43.

840 V. Stéphane MARCHAND, *Arabie Saoudite, la menace*, Fayard, 2003.

841 Christan CHESNOT et Georges MALBRUNOT, *Nos très chers émirs*, Fayard, 2016, p. 89.

842 Jacques BENOIST-MECHIN, *Ibn Séoud ou la naissance d'un royaume*, Albin Michel, 1955, cité par Christan CHESNOT et Georges MALBRUNOT, *Nos très chers émirs, op. cit.*, p. 89.

à la famille AL-SAOUD. Cette « *alliance de l'épée et du Coran* »[843] est toujours en vigueur aujourd'hui et constitue « *la clé de voûte idéologique du pouvoir saoudien* »[844].

Au début du XXe siècle, Abdelaziz Ben Abdel Rahman AL-SAOUD, le fondateur du Royaume Saoudien moderne, dans la perspective de protéger l'indépendance du pays décide d'entrer en contact avec les États-Unis, seule puissance occidentale à ne pas avoir eu une démarche colonialiste dans la région. En 1936, contraint par des finances publiques en difficulté, AL-SAOUD décide d'attribuer à une compagnie pétrolière américaine une concession de forage. Après de nombreux sondages, la Standard Oil Company of California (future ARAMCO) finit par tomber sur des puits de pétrole brut. Cette découverte est idéale pour les États-Unis dont l'économie était alors en plein développement. La relation entre les deux pays devient alors plus étroite[845], jusqu'au point culminant de leur relation, le 14 février 1945. Ce jour-là, le Président ROOSEVELT et AL-SAOUD se réunirent à bord du croiseur *Quincy*[846], et signèrent le *Pacte de Quincy*. Conformément à ce dernier, pendant 60 ans, les États-Unis se voient assurer un accès privilégié au pétrole du Royaume en échange d'une protection militaire en cas de nécessité. Une forte alliance diplomatique fut donc scellée entre les deux pays. Ce pacte a été renouvelé pour une nouvelle période de 60 ans par le Président BUSH en 2005.

Or, entre-temps, la guerre froide a considérablement tendu les relations entre les deux *alliés*. Le contentieux inavoué que le royaume d'Arabie saoudite porte contre les États-Unis remonte à la guerre du Golfe de 1991. Durant cette dernière, pour des raisons de logistique, les troupes américaines ont installé une partie de leur contingent militaire sur le territoire saoudien. Or cette présence américaine sur le sol sacré de l'islam a été vécue par les religieux du régime comme un traumatisme. Cette présence remet en question l'accord de 1744 entre la famille royale et les religieux wahhabites. En 1992, un groupe des chefs religieux les plus influents du pays a publié le *Recueil de Conseils*, une menace implicite d'un coup d'État mené par les religieux[847]. Effrayée par la menace sur l'avenir de son règne, la famille royale a accepté la plupart des exigences des religieux, en leur donnant plus de contrôle sur la société saoudienne. L'une de leurs exigences portait sur la

---

843 Christan CHESNOT et Georges MALBRUNOT, *Nos très chers émirs, op. cit.*, p. 90.
844 *Idem.*
845 Alia AL JIBOURY, « La relation entre les États-Unis et l'Arabie Saoudite », novembre 2006, en ligne : http://www.irenees.net/bdf_fiche-analyse-955_fr.html.
846 Mikaïl BARAH, *La Politique américaine au Moyen-Orient*, Dalloz, 2006, p. 60.
847 Lawrence WRIGHT, « The Twenty-Eight Pages », *The New Yorker*, 9 sept. 2014.

création d'un ministère des Affaires islamiques. Comme l'écrit le journaliste Philip SHENON, en citant John LEHMAN, ancien secrétaire de la *Navy* et membre de la commission du 11 septembre, « *il était bien connu dans le milieu du renseignement que le ministère des Affaires islamiques fonctionnait comme la "cinquième colonne" saoudienne soutenant les extrémistes musulmans* »[848]. Ces mêmes extrémistes seront à l'origine de la vague d'attentats dirigée contre des intérêts américains, dont le point culminant sera le 11 septembre 2001.

Suite aux attentats du 11 septembre 2001, le Comité de renseignement du Sénat américain a rédigé un document de 28 pages intitulé « *Éléments, discussion et récit concernant certains sujets sensibles de sécurité nationale* ». Ce dernier a fait couler beaucoup d'encre depuis quinze ans. Le rapport pose en effet la délicate question du rôle de l'Arabie saoudite dans l'organisation des attentats contre le World Trade Center. Embarrassant sur le plan diplomatique, ce document a été classifié à la demande de l'Administration BUSH. Selon Bob GRAHAM, ancien président du Comité précité, « *ce rapport montre la participation directe du gouvernement saoudien dans le financement du 11 septembre* »[849]. Ce dernier poursuit en affirmant que « *nous savons au moins que plusieurs des 19 kamikazes ont reçu le soutien financier de plusieurs entités saoudiennes, y compris du gouvernement* ».

Déclassifié en juillet 2016, à l'aune de la présidence OBAMA, ce rapport est accablant pour l'Arabie saoudite. Le document met en avant de manière précise, avec le nom des personnes à l'appui, les liens entre des individus liés à la famille royale et au gouvernement saoudien et certains kamikazes du 11 septembre[850] :

> « *Alors qu'ils se trouvaient aux États-Unis, quelques-uns des pirates de l'air du 11-septembre ont été en contact, ou ont reçu soutien ou assistance d'individus qui pourraient être en lien avec le gouvernement saoudien.* »

Toutefois, il est possible de mettre en avant le fait que les agences américaines de renseignement n'ont pas pu « *identifier de manière*

---

[848] *Idem.*
[849] Déclarations faites au Figaro : Laure MANDEVILLE, « 11 septembre : ces 28 pages qui menacent l'axe Washington-Riyad », *Le Figaro*, 2 févr. 2015.
[850] « Joint inquiry into intelligence community activities before and after the terrorist attacks of September 11, 2001 », Report of the US Senate Select Committee on Intelligence and US House Permanent select committee on intelligence, December 2002.

définitive » ces liens, selon les constatations faites par les commissions sur le renseignement du Sénat et de la Chambre des représentants[851]. Face à de telles accusations, la prudence est de mise. De son côté, Sean CARTER, l'un des avocats des familles, a confié au *New Yorker*[852] que :

> « Nous *affirmons que des organismes de bienfaisance établis par le gouvernement du Royaume pour propager l'idéologie radicale wahhabite ont servi de sources majeures de financement et de soutien logistique à Al-Qaïda, pendant toute la décennie qui a mené au 11 septembre.* »[853]

Selon l'hebdomadaire, deux des kamikazes auraient notamment été financés et hébergés à San Diego par un personnage en contact permanent avec la section du ministère des Affaires islamiques basée à Los Angeles[854].

De surcroît, le 9 septembre 2016, le Congrès a, à une large majorité, adopté le texte intitulé « *Justice Against Sponsors of Terrorism Act* » (loi sur la justice à l'encontre des soutiens du terrorisme), présenté conjointement par les sénateurs Chuck SCHUMER et John CORNYN. Cette loi doit permettre aux citoyens américains de poursuivre des États qui auraient assisté « *directement ou indirectement* » des organisations impliquées dans « *des activités terroristes contre les États-Unis* »[855] en privant d'immunité les États ne figurant pas sur la liste noire américaine des pays soutenant le terrorisme.

Prisonniers de l'accord conclu avec les ultra-religieux en 1744, les dirigeants saoudiens, dans la perspective de se maintenir au pouvoir, ont été contraints d'apporter un soutien financier aux extrémistes à l'origine des attentats du 11 septembre 2001. Toutefois, les deux protagonistes semblent avoir en commun des intérêts économiques et diplomatiques qui l'emportent sur leurs querelles politiques et idéologiques. Bien qu'en difficulté, le mariage entre les deux pays, issu du Pacte de Quincy, semble résister aux allégations relatives à la participation saoudienne dans le financement des attentats du 11 septembre 2001.

---

[851] « 11-septembre : pas de liens entre l'Arabie saoudite et les attentats », *Le Monde*, 16 juill. 2016.

[852] Lawrence WRIGHT, « The Twenty-Eight Pages », *op. cit.*

[853] Laure MANDEVILLE, « 11 septembre : ces 28 pages qui menacent l'axe Washington-Riyad », *Le Figaro*, 02 février 2015.

[854] Laure MANDEVILLE, « The Twenty-Eight Pages », *op. cit.*

[855] Gilles PARIS, « Les familles des victimes du 11-septembre peuvent désormais poursuivre l'Arabie saoudite », *Le Monde*, 28 sept. 2016.

Reste à savoir comment le droit international appréhende la réalité juridique de la contribution étatique au financement du terrorisme.

3- La réalité juridique du financement étatique du terrorisme

À ce sujet, la résolution 49/60 de l'Assemblée générale des Nations unies du 9 décembre 1994[856] a pris en compte cette réalité et a ainsi déclaré que :

> « *les États doivent (...) s'abstenir d'organiser, de fomenter, de faciliter, de financer, d'encourager ou de tolérer des activités terroristes et de prendre les mesures pratiques voulues pour que leur territoire ne serve pas à des installations ou à des camps d'entraînement de terroristes, ni à la préparation ou à l'organisation d'actes terroristes à l'encontre d'autres États ou de leurs ressortissants.* »

Le Conseil de sécurité a, pour sa part, également pris en compte cette réalité dans sa résolution 1269[857] du 19 octobre 1999, en réaffirmant « *que l'élimination des actes de terrorisme international, y compris ceux dans lesquels sont impliqués des États, constitue une contribution essentielle au maintien de la paix et de la sécurité internationales* ».

En ce sens, certaines résolutions du Conseil de sécurité ont visé des États en particulier : la résolution 1044[858] du 31 janvier 1996 demande au Soudan de renoncer « *à aider, soutenir et faciliter des activités terroristes* »[859] *;* la résolution 748 du 31 mars 1992 demande au gouvernement libyen « *de cesser de manière définitive toute forme d'action terroriste et toute assistance aux groupes terroristes* ».

Le cas de l'Afghanistan est différent dans la mesure où le Conseil de sécurité condamne le régime des Talibans et non l'État afghan. Ainsi, la

---

856 « Mesures visant à éliminer le terrorisme international », A/RES/49/60, 49e session, 9 déc. 1994.

857 Résolution 1269 de l'ONU adoptée par le Conseil de sécurité le 10 octobre 1999, S/RES/1269 (1999), disponible en ligne : http://www.un.org/french/docs/sc/1999/res1269f.pdf.

858 Résolution 1044 de l'ONU adoptée par le Conseil de sécurité le 31 janvier 1996, S/RES/1044 (1996), disponible en ligne : http://www.un.org/french/docs/sc/1996/res1044f.pdf.

859 Paragraphe 4 (b) de la résolution 1044.

résolution 1378[860] du 14 novembre 2001 condamne les Talibans « *pour avoir permis que l'Afghanistan soit utilisé comme base d'exportation du terrorisme par le réseau Al-Qaeda et autres groupes terroristes et pour avoir accordé l'asile à Oussama Ben Laden, Al-Qaeda et autres éléments associés* ». Le 11 septembre 2001 n'a pas changé la position du Conseil puisque la résolution 1333 du 19 décembre 2000 condamnait « *le fait que des terroristes continuent d'être accueillis et entraînés, et que des actes de terrorisme sont préparés dans les zones tenues par la faction afghane dénommée Taliban* ».

Toutefois, comme évoqué, le terrorisme parrainé par une entité étatique est en déclin. Les instruments internationaux, et en particulier la Convention de 1999 sur la répression du financement du terrorisme, visent davantage les actes commis par des *personnes*, en mettant à la charge des États parties des mesures relevant de la prévention et de la sanction d'actes commis par celles-ci[861].

Le financement étatique du terrorisme s'est « *quelque peu tari depuis la fin de la guerre froide, époque bénie des terroristes où les grands blocs étaient toujours prêts à financer ceux qui se proposaient de déstabiliser ou de désorganiser l'autre camp, quelle que fût la cause qu'ils défendaient* »[862].

En ce sens, le Sénat américain a déclaré en février 2001 : « *State-sponsored terrorism appears to have declined over the past five years, but transnational groups - with decentralized leadership that makes them harder to identify and disrupt - are emerging.* »[863] Le GAFI affirme également qu' :

> « *il y a deux sources principales de financement des activités terroristes. La première est le soutien direct d'États ou de structures ayant des organisations suffisamment importantes pour pouvoir collecter et transférer les fonds en faveur de l'organisation terroriste. Ce terrorisme "sous l'égide des États" semble avoir perdu de son importance ces dernières années.* »[864]

---

[860] Résolution 1378 de l'ONU adoptée par le Conseil de sécurité le 14 novembre 2001, S/RES/1378 (2001), disponible en ligne : http://www.un.org/french/docs/sc/2001/res1378f.pdf.
[861] Yas BANIFATEMI, « La lutte contre le financement du terrorisme international », *op. cit.*
[862] Jean-François THONY, « De l'argent de la drogue au financement du terrorisme : relations internationales et finance criminelle », *Gaz. Pal.*, 19-23 mai 2002, pp. 10-15, p. 12.
[863] US State Department, « CIA's Tenets on Worldwide Threat 2001 », 7 févr. 2001.
[864] GAFI, « Directives à l'attention des institutions financières pour la détection des activités de financement du terrorisme », 24 avr. 2002, p. 4.

Selon Richard WARD, « *Depuis la fin de la guerre froide, le parrainage d'activités terroristes par des États s'est déplacé de l'Europe vers plusieurs pays d'Afrique et du Moyen-Orient.* »[865] L'émergence de Daech sur la scène internationale semble néanmoins avoir réhabilité le sujet du financement étatique du terrorisme, comme en témoigne la mise en quarantaine du Qatar par six pays de la péninsule arabique. En l'espèce, le 5 juin 2017 des pays du Moyen-Orient, dont la puissante Arabie saoudite, ont décidé de rompre les relations diplomatiques avec l'émirat en l'accusant de financer le terrorisme islamique, en particulier le groupe État islamique[866]. Le 9 juin, l'Arabie saoudite est allée plus loin en publiant une liste de 59 personnes et 12 entités qui sont soupçonnées de recevoir des fonds en provenance du riche État gazier[867].

Avec l'émergence de Daech sur la scène internationale, il est désormais fréquent de voir ou d'entendre parler d'États qui financent le terrorisme. Bien que non véritablement fondées, ces allégations médiatiques et populaires remettent l'État au centre des acteurs accusés de financer le terrorisme international. Pour le département d'État américain, la liste des gouvernements à surveiller comprend la Corée du Nord, Cuba, l'Iran, l'Irak, la Libye, le Soudan et la Syrie. Toutefois, si la guerre froide avait rendu possible le financement étatique du terrorisme, l'état actuel des relations internationales ne le permet plus. Un État qui financerait de manière avérée le terrorisme se verrait indubitablement mis au ban de la communauté internationale et se verrait appliquer des sanctions financières qui menaceraient considérablement sa santé économique.

En revanche, certains États se retrouvent accusés de financer le terrorisme à travers leur négligence coupable vis-à-vis de leurs ressortissants qui financent eux, activement le terrorisme. En ce sens, Ben RHODES, jadis numéro deux du Conseil national de sécurité américain avait déclaré, au printemps 2016, que Riyad accordait « *une attention insuffisante* » aux flux financiers à destination des terroristes[868]. Outre la complaisance qatarie à l'égard des mécènes du terrorisme, les dirigeants d'Arabie saoudite sont aujourd'hui piégés par le pacte conclu avec l'establishment religieux qui est la pierre angulaire de la fondation du Royaume.

---

[865] Richard H. WARD, « Les aspects économiques du terrorisme », *op. cit.*, p. 28.

[866] « Trois pays du Golfe, le Yémen et l'Égypte rompent leurs relations avec le Qatar », *Les Echos*, 05 juin 2017.

[867] « L'Arabie saoudite et ses alliés chargent encore le Qatar », *Les Echos*, 09 juin 2017.

[868] Christan CHESNOT et Georges MALBRUNOT, *Nos très chers émirs*, *op. cit.*, p. 135.

De son côté, Bernard SQUARCINI assure que « *l'Arabie saoudite finançait le terrorisme en Syrie et en Algérie* »[869]. Ce dernier va plus loin en affirmant que certains groupes djihadistes ayant prêté allégeance à Al-Qaïda étaient « *principalement financés par le prince saoudien Bandar ben Sultan, qui adoptait une politique régionale indépendante de ses frères et de ses cousins* »[870]. Pour Thomas WEISSER, d'après les propos rapportés par Christian CHESNOT et Georges MALBRUNOT, « *toute la question (...) réside dans l'évaluation du risque sécuritaire que les autorités saoudiennes prendraient si elles décidaient de tordre le cou à tous ces réseaux de financement djihadistes. (...) il y aurait probablement des représailles contre des officiels* »[871]. Ainsi, plutôt que de financer directement les organisations terroristes, certains États ont trouvé des subterfuges pour leur verser de l'argent, comme payer les rançons aux ravisseurs d'otages occidentaux souvent liés à la branche syrienne d'Al-Qaïda : la totalité de l'argent ainsi versé à al-Nosra (la branche syrienne d'Al-Qaïda) avoisinerait les 150 millions de dollars[872].

À noter que les liens entre la mouvance islamiste et le Qatar remontent aux années 1990, époque à laquelle les dirigeants qataris diffusaient le courant wahhabite qui irriguait les branches les plus radicales de l'islam. Lors de son retour en Afghanistan en 1996, BEN LADEN fit même escale à Doha avant de se rendre à Jalalabad afin d'y installer le nouveau siège d'Al-Qaïda[873].

Globalement, le parrainage étatique du terrorisme, même s'il est en déclin, demeure non négligeable[874]. Toutefois, d'après Loretta NAPOLÉONI :

> « *le terrorisme est passé d'une logique de financement par le biais d'États à une mise en place de structures lui permettant de s'auto-suffire. Ainsi, du temps ou les sympathisants de l'Armée républicaine irlandaise (IRA) récoltaient des fonds auprès des particuliers, nous sommes passés à l'âge du financement du terrorisme par les grandes*

---

[869] Bernard SQUARCINI, *Renseignement français : nouveaux enjeux*, Ellipses, 2013, cité par Fabien PILIU, Denis BOULARD, *L'argent de la terreur*, *op. cit.*, p. 42.
[870] *Idem.*
[871] Christan CHESNOT et Georges MALBRUNOT, *Nos très chers émirs*, *op. cit.*, p. 136.
[872] Ellen KNICKMEYER, « Les groupes liés à Al-Qaïda de plus en plus financés par les rançons », *Wall Street Journal*, 29 juill. 2014, cité par Christan CHESNOT et Georges MALBRUNOT, *Nos très chers émirs*, *op. cit.*, 2016, p. 123.
[873] Christan CHESNOT et Georges MALBRUNOT, *Nos très chers émirs*, *op. cit.*, p. 121.
[874] Mario BETTATI, *Le terrorisme, les voies de la coopération internationale*, Odile Jacob, 2013, p. 118.

puissances puis à celui d'un autofinancement aux multiples ramifications. »[875]

***

Ainsi, l'histoire du terrorisme a été, entre 1950 et 1970, un vaste chapitre de la guerre froide[876]. Toutefois, le monde tel qu'il avait été stabilisé en 1945 a commencé à se fissurer en 1979[877] sans que l'Occident ne soit véritablement au rendez-vous des changements qui s'opéraient alors. L'émergence de la nébuleuse Al-Qaïda sur la scène internationale en 1996 a renvoyé les grandes nations occidentales à leurs errances passées, leurs erreurs d'appréciation et à leur manque d'anticipation.

Le parrainage étatique du terrorisme n'a néanmoins pas entièrement disparu. Ce dernier continue de se développer au Moyen-Orient, où l'Iran et la Syrie aident certains groupes palestiniens qui utilisent des techniques de terreur pour avoir voix au chapitre. Ce sont les attaques contre les pays européens et les États-Unis, sponsorisés par des États, qui ont fortement diminué. Les derniers attentats de grande envergure orientés contre des intérêts occidentaux ont été orchestrés par la Libye contre les vols de la Pan Am et d'UTA à la fin des années 1980. La Syrie, de son côté, n'a plus commandité d'attaques contre les Occidentaux depuis plus de 20 ans[878]. Quant à l'Iran, sa dernière grande attaque contre une cible occidentale a été menée en 1996 contre le complexe américain des *Khobar Towers* en Arabie saoudite[879].

Les homoncules créés par les États s'en sont émancipés afin d'agir dans leurs intérêts[880]. Désormais, le terrorisme ne se préoccupe plus des frontières nationales, ce qui n'est pas sans incidence sur l'arsenal juridique destiné à le combattre. Avec l'émergence du terrorisme islamique, le terme *terrorisme international* semble désormais obsolète. Comme le mentionne Hélène L'HEUILLET, désormais, « *Le terrorisme islamiste congruent au devenir transnational* »[881], et ses méthodes de financement s'en trouvent logiquement bouleversées.

---

[875] Loretta NAPOLÉONI, *Qui finance le terrorisme international ?*, Autrement, 2005, p. 358.
[876] Patrice GUENIFFEY, « Généalogie du terrorisme contemporain », *op. cit.*
[877] Alain BAUER, « Les mutations du terrorisme », *op. cit.*
[878] Daniel BENJAMIN, Sabine FRANCO et Marc HECKER, « Le terrorisme en perspective », *Politique étrangère*, vol. Hiver, n° 4, 2006, pp. 887 à 900.
[879] *Idem.*
[880] Alain BAUER, « Les mutations du terrorisme », *op. cit.*
[881] Hélène L'HEUILLET, « Le terrorisme islamique, un messianisme anarchiste », *op. cit.*

B- La privatisation du terrorisme[882] ou l'émergence du terrorisme islamique

Le terrorisme islamique qui succède au terrorisme révolutionnaire des années 1970-1980 est solidement adossé à l'économie de marché et « *profite plus de la faiblesse d'un État que de sa richesse* »[883]. Le Soudan, l'Afghanistan, le Yémen, l'Irak, la Syrie ne sont pas des pays particulièrement prospères sur le plan économique et servent donc de base aux multinationales du terrorisme.

Avant le 11 septembre 2001, le monde ne pouvait imaginer que des groupes privés puissent infliger des dommages de grande ampleur. Jusqu'alors, seuls des groupes appuyés par des États pouvaient mener de telles attaques. Tout a changé le 11 septembre 2001, sans que les États-Unis ne perçoivent immédiatement ce changement paradigmatique : ces derniers ont réagi sur la base de la légitime défense prévue par l'article 51 de la Charte des Nations unies en intervenant militairement en Afghanistan comme s'ils avaient été victimes d'un acte d'agression étatique conventionnel. Or cette radicalisation de la violence était en réalité la conséquence de cette privatisation du terrorisme, car, comme l'écrit Patrice GUENIFFEY : « *la fin du sponsoring marque également la fin de la rationalité qui caractérise toujours, et parfois malgré les apparences, les stratégies étatiques* »[884]. Or, comme nous venons de l'évoquer, préalablement au 11 septembre 2001, le parrainage étatique du terrorisme était déjà en déclin :

> « *Certes, beaucoup de groupes ont bénéficié d'un soutien étatique, et même Al-Qaïda. Le Soudan a hébergé l'organisation au début des années 1990 avant de l'expulser en 1996, laissant Ben Laden trouver refuge en Afghanistan. Comparé au soutien qu'un groupe comme le Hezbollah obtient de la part de la Syrie ou de l'Iran, l'aide du Soudan et de l'Afghanistan à Al-Qaïda fut relativement faible. La relation d'Al-Qaïda avec ces deux pays était atypique et différait du modèle traditionnel où un État fournit au groupe terroriste l'argent et le matériel nécessaires. Ben Laden investissait lourdement au Soudan et a, semble-t-il, perdu beaucoup d'argent lors de son expulsion. Les*

---

[882] Expression empruntée à Guillaume LE FOYER DE COSTIL, « Le terrorisme du XXIe siècle ou la privatisation de la violence collective », *Le Journal des psychologues*, vol. 257, n° 4, 2008, p. 44-47.

[883] Ludovic FRANÇOIS, Pascal CHAIGNEAU, Marc CHESNEY, *Blanchiment et financement du terrorisme, op. cit.*, p. 17.

[884] Patrice GUENIFFEY, « Généalogie du terrorisme contemporain », *op. cit.*

talibans ont offert à Al-Qaïda un sanctuaire, mais non un soutien financier. Au contraire, Ben Laden a permis aux Afghans de faire perdurer leur Émirat islamique. Il serait plus exact de dire que l'Afghanistan était alors un État sponsorisé par des terroristes. »[885]

La dématérialisation des transactions financières combinée au recours aux paradis fiscaux, aux trusts, a permis à des organisations criminelles et terroristes comme Al-Qaïda de se financer[886]. Ces organisations terroristes, en s'émancipant des parrainages étatiques, ont contribué à remettre en question le monopole de la violence que détenait l'État[887]. Un projet de recherche mené par l'Institut norvégien de recherche pour la défense (« FFI ») a constaté que 90 % des organisations étudiées sont impliquées dans des activités lucratives et que près de 50 % d'entre elles sont totalement autofinancées[888].

De plus, se débarrasser de la tutelle étatique a permis aux organisations terroristes de gagner en puissance. Plus flexibles, indépendantes, elles ne sont pas soumises à des pressions extérieures et agissent conformément aux exigences qu'elles s'imposent. À titre d'exemple, les bombardements américains en Libye en 1986 ont contribué à anéantir le terrorisme d'origine Libyenne alors que la guerre menée par la coalition occidentale en Afghanistan et en Irak n'a pas éradiqué le terrorisme islamiste, bien au contraire.

Il est de fait intéressant d'étudier comment Al-Qaïda, premier mouvement « *à avoir effectué la sortie de l'État-nation* »[889] est parvenu à se financer, et parvient encore à se financer (1) avant d'étudier plus précisément les modalités de financement des attentats du 11 septembre 2001 (2) afin de comprendre en réaction de quoi l'architecture réglementaire visant à lutter contre le financement du terrorisme a été bâtie.

1- Panorama du financement d'Al-Qaïda

La fortune d'Al-Qaïda, dont l'étendue réelle reste encore mystérieuse et source de mystification, a considérablement inspiré les journalistes

---

885 Daniel BENJAMIN, Sabine FRANCO et Marc HECKER, « Le terrorisme en perspective », *op. cit.*

886 Ludovic FRANÇOIS, Pascal CHAIGNEAU, Marc CHESNEY, *Blanchiment et financement du terrorisme, op. cit.*, p. 20.

887 *Ibid*, p. 21.

888 Émilie OFTEDAL, « The financing of jihadi terrorist cells in Europe », *Forsvarets forskningsinstitutt*, 6 janv. 2015.

889 Hélène L'HEUILLET, « Le terrorisme islamique, un messianisme anarchiste », *op. cit.*

d'investigation ainsi que les romanciers. Dans le roman *Greed* de Chris RYAN, l'auteur affirme que :

> « *Al-Qaïda est très riche. Ses origines sont en Arabie saoudite, qui est un endroit très riche. Elle bénéficie aussi d'un soutien considérable aux quatre coins de la région. Les contributions financières arrivent de partout – Jordanie, Égypte, Pakistan, Malaisie. C'est ce qui les* [les terroristes] *rend si mortellement dangereux. On peut contrôler les fanatiques, mais les fanatiques pleins aux as, ce n'est pas la même chose. En gros, on estime que cette organisation peut disposer d'au moins 5 milliards de dollars (...).* »[890]

L'exemple d'Al-Qaïda démontre que les sources de financement sont multiples. En 2003, durant l'audition de Richard CLARKE devant la commission sénatoriale sur le système bancaire, ce dernier a déclaré :

> « *Les questions que nous posions à l'époque [1995] à la CIA n'ont jamais reçu de réponses et nous les avons posées dix années de suite : combien cela coûte-t-il de devenir Al-Qaïda ? Quel est leur budget annuel de fonctionnement ? D'où sortent-ils leur argent ? Où le dissimulent-ils ? Où le déplacent-ils ? Comment ? Ces questions que posait la Maison-Blanche au plus haut niveau depuis cinq ou six ans sont restées sans réponses parce que les services de renseignements les jugeaient trop compliquées.* »[891]

Le 15 août 2002, six cents Américains, dont des rescapés des tours jumelles et des parents de victimes, intentent un procès dont les accusés sont des membres éminents de la famille royale saoudienne, le régime soudanais, sept banques internationales et plusieurs organisations caritatives. La plainte est enregistrée sous le nom de *Burnett v. Al Baraka Investment and Development Copr., (DDC, n° 02-1616)*. Pour les parties, les personnalités et les organisations précitées ont contribué à financer Al-Qaïda et les attentats du 11 septembre 2001[892]. Al-Qaïda et les attentats contre les tours du World Trade Center illustrent la variété des sources de financement du terrorisme et la manière dont le terrorisme est parvenu à se défaire des financements d'origine étatiques.

---

890 Chris RYAN, *Greed*, Arrow Books, Londres, 2004, p. 51.

891 John ROTH, Douglas GREENBURG, Serena WILLE, « Monograph on Terrorist Financing », *National Commission on Terrorist Attacks Upon the United States, Staff Report to the Commission*, 2004, p. 35, cité par Ibrahim A. WARDE, « Le brouillard de la guerre financière », *op. cit.*

892 V. Stéphane MARCHAND, *Arabie Saoudite, la menace*, *op. cit.*

Jean-Charles BRISARD, ancien responsable du renseignement économique chez *Vivendi*, a été choisi comme expert par les avocats des familles de victimes du 11 septembre. C'est dans ce contexte que ce dernier avait adressé au président du Conseil de sécurité de l'ONU, un rapport dans lequel il affirme qu'Al-Qaïda se distinguait des autres organisations terroristes par l'importance et les spécificités de son financement. Toujours selon ce dernier, Al-Qaïda aurait reçu, au cours des dix dernières années, de la part d'hommes d'affaires et de banquiers opulents, entre 300 millions et 500 millions de dollars, soit près de 20 % du produit national brut saoudien, à travers un réseau d'organisations caritatives et de sociétés constituant une façade, et en utilisant des institutions bancaires islamiques.

Les événements du 11 septembre 2001 ont effectivement mis en lumière le fait qu'une organisation criminelle dotée de moyens considérables, non épaulée par un État, peut menacer la *paix et la sécurité internationales*. Le rapport du Sénat sur la Convention internationale pour la répression du financement du terrorisme du 9 décembre 1999 affirme en ce sens que « *les réseaux utilisés par les terroristes ne leur sont pas spécifiques. Ils utilisent les facilités de la finance internationale offertes aux particuliers et aux sociétés* »[893].

À l'instar de toute organisation criminelle, Al-Qaïda a dû trouver des moyens de constituer des ressources (a) avant de trouver des techniques pour les transférer (b).

a- La constitution du patrimoine d'Al-Qaïda

Parmi les techniques utilisées par Al-Qaïda pour constituer un patrimoine, nombreuses sont celles qui ont été abordées précédemment. Comme toutes les organisations terroristes du monde, Al-Qaïda a eu recours à des sources licites et illicites de financement. Nous étudierons ici comment l'organisation de BEN LADEN est parvenue à utiliser des sociétés commerciales (i) et des organisations caritatives (ii) pour se financer. Nous étudierons l'importance des *fundraisers* dans le financement de l'organisation (iii), le rôle des sociétés-écrans (iv) et la part des divers trafics et rançons dans l'enrichissement de cette dernière (v).

[893] André ROUVIÈRE, « Rapport fait *au nom de la commission des Affaires étrangères, de la défense et des forces armées* (1) *sur le projet de loi autorisant la* ratification *de la* Convention internationale *pour la* répression *du* financement *du* terrorisme », 6 juin 2001.

(i) L’utilisation de sociétés commerciales

À ses débuts, l’organisation Al-Qaïda se finançait à l’aide des entreprises du groupe *Saudi Bin Laden*, fondées par le père d’Oussama, Mohammed BEN LADEN. À la mort de ce dernier en 1967, le leader d’Al-Qaïda partagea l'héritage avec ses 54 frères et sœurs. Au total, il aurait reçu entre 12 et 15 millions de dollars entre 1974 et 1994, aux dires de Yeslam BEN LADEN, l'un de ses demi-frères[894].

Les montants perçus ont été investis dans des sociétés en Arabie saoudite et au Soudan, ce qui a permis de dégager des profits substantiels. Oussama BEN LADEN avait ainsi créé une holding, *Wadi al Aqiz*, à la tête d'un réseau de nombreuses sociétés légales[895]. À travers le groupe *Saudi Bin Laden*, la famille BEN LADEN a prospéré en obtenant l’exclusivité des travaux de construction à La Mecque et à Médine et en participant dans le capital de grands groupes internationaux[896].

Oussama BEN LADEN s’installe au Soudan en mai 1991. Sous l’impulsion d’Hassan AL-TOURABI qui dirige le pays après une révolution islamique, le terrorisme islamique trouve un terreau fertile dans ce pays qui souhaite développer une internationale islamique. Différentes organisations islamiques s’y installent. Le leader d’Al-Qaïda et ses millions sont bienvenus dans ce pays qui a besoin de se développer sur le plan infrastructurel[897].

Une fois installé, il contribue à capitaliser à hauteur de 50 millions de dollars en fonds privés l’*Al-Shamal Islamic Bank* dont le siège est à Khartoum[898]. Il en fait sa banque personnelle et réunit en son sein les revenus tirés de ses *legitimate businesses* provenant des firmes créées par ce dernier[899]. Outre la banque précitée et l’entreprise agricole *Wadi al-Aqiq*, trois autres sociétés situées dans la banlieue de Khartoum sont réputées être placées sous le contrôle direct ou indirect de BEN LADEN : *al-Timar al-Mubarikah*, une entreprise sucrière ; *al-Hijra*, une entreprise de construction

---

[894] Mathilde GOLLA, « Ben Laden, une fortune floue au service du terrorisme », *Le Figaro*, 2 mai 2011.
[895] Ahmed SALLAM, « Oussama Ben Laden : le banquier du terrorisme international », *Renseignement et opérations spéciales*, n° 5, juill. 2000, pp. 131-136.
[896] René PASSET, *Mondialisation financière et terrorisme : la donne a-t-elle changé depuis le 11 septembre ?*, Éditions de l'Atelier, 2002, p. 69.
[897] Documentaire, « De Ben Laden à Daech : aux origines du djihad », *op. cit.*
[898] V. Nafeez Mosaddeq AHMED, *La guerre contre la vérité : 11 septembre, désinformation et anatomie du terrorisme,* Éditions Demi-Lune, 2006.
[899] Clément TONON, *La lutte contre le financement du terrorisme à l'ère de Daesh*, Omn.Univ. Europ, 2016, p. 7.

et de travaux publics anciennement associée au groupe *Saoudi Bin Laden* ; *Taba*, une coopérative agricole[900].

Plus étonnant, durant son épopée soudanaise, BEN LADEN est parvenu à tirer de substantiels revenus de la vente de miel de la vallée du *Wadi Do'an*, au Yémen. Ce miel, qui passe pour être le plus cher du monde, se vendait 140 euros le kilo à Dubaï et constituait ainsi une source de revenus régulière pour l'organisation[901].

(ii) Les organisations caritatives

Comme évoqué précédemment, les *organismes à but non lucratif* sont des acteurs importants du financement du terrorisme et font l'objet d'une recommandation spéciale du GAFI[902] (Recommandation 8)[903].

Les formes d'organismes à but non lucratif varient en fonction du pays et des régions dans lesquelles ils élisent domicile. Peuvent ainsi exister les « *associations, fondations, comités de collecte de fonds, organismes de services locaux, entreprises d'intérêt public, organismes constitués en sociétés anonymes et institutions publiques de bienfaisance.* »[904]

Les dons représentent, dans l'ensemble, la partie la plus importante des financements de l'organisation. La *zakat* est ainsi détournée de sa fonction originelle pour financer le terrorisme. Troisième pilier de l'Islam, la zakat est une obligation religieuse qui impose aux musulmans de verser au moins 2,5 % de leur revenu annuel à des œuvres caritatives. Par exemple, les banques islamiques prélèvent sur chacune des transactions réalisées par leur intermédiaire la *zakat,* et il n'est tenu aucun registre de ces échanges monétaires. De surcroît, le code de pratiques des banques islamiques exige la destruction de tous les documents dès que l'argent de la *zakat* a été transféré.

Dès lors, certaines organisations caritatives virent leurs fonds par le biais de banques islamiques aux groupes et cellules islamiques répartis de par le

[900] Nafeez Mosaddeq AHMED, *La guerre contre la vérité : 11 septembre, désinformation et anatomie du terrorisme, op. cit.*, p. 127.
[901] Judith MILLER et Jeff GERTH, « Honey Trade to Provide Funds and Cover to bin Laden », *The New York Times*, 11 oct. 2001.
[902] « Groupe d'Action Financière », nous y reviendrons.
[903] Suite aux attentats du 11 septembre 2001, le GAFI a édité huit recommandations spéciales visant à lutter spécifiquement contre le financement du terrorisme. Une neuvième Recommandation spéciale a été ajoutée à la liste en 2004. Nous y reviendrons plus en détail dans les développements qui suivront.
[904] Mario BETTATI, *Le terrorisme : Les voies de la coopération internationale*, *op.cit*, p. 119.

monde[905]. Dans un certain nombre de pays, ces organisations fonctionnent en dehors de la supervision des autorités de l'État[906]. Pour Philippe BROYER, « *la zakat est la plus importante source de financement d'Al-Qaïda.* »[907]. Selon Jean-Charles BRISARD, « *La zakat est la plus importante source de soutien financier pour le réseau Al-Qaïda, essentiellement parce que c'est le moyen le plus courant et le moins réglementé pour recevoir des dons en Arabie saoudite* »[908]. Ainsi, la majeure partie des ressources de l'organisation terroriste proviendrait de sources légales.

Parmi les organisations dont l'objet social initial a été détourné, il est possible de citer *l'International Islamic Relief Organisation* basée à Djeddah qui est l'une des plus importantes institutions de coordination des actions de bienfaisance islamique ; *l'Al Haramain Islamic Foundation* dont le siège est également situé en Arabie saoudite et dont le fondateur, Aqeel Abdul Aziz AL AQEEL, a été accusé de financer Al-Qaïda ainsi que d'autres organisations terroristes telles que *Jemaah Islamiya*, *Al Itihaad al Islamia*, *Egyptian Islamic Jihad et Lashkar e Tayyiba*[909] ; la *Revival of Islamic Heritage Society*, basée au Koweït a également été accusée de financer la nébuleuse terroriste. La *Muwafaq*, autrement appelée *Blessed Relief*, est une organisation caritative saoudienne ouvertement appuyée par Oussama BEN LADEN[910], qui organisait des cours d'arabe, d'informatique et d'études coraniques en Bosnie et assurait également des distributions de vivres aux nécessiteux. Cependant, selon un ancien agent de renseignement croate, la *Muwafaq* appuyait également les groupes armés musulmans qui opéraient en Bosnie et en Albanie[911].

Par ailleurs, la stratégie d'Al-Qaïda a consisté à infiltrer les employés d'organisations caritatives authentiques afin de détourner l'argent des programmes humanitaires ou sociaux. Dans certains cas, Al-Qaïda a créé ses organisations caritatives afin d'obtenir des fonds directement. Certains de

---

[905] Loretta NAPOLÉONI, « La nouvelle économie de la terreur : comment le terrorisme est financé », *op. cit.*, p. 37.

[906] Juan Miguel DEL CID GOMEZ, « A Financial Profile of the Terrorism of Al-Qaeda and its Affiliates », *Perspectives on Terrorism*, vol 4, n° 4, 2010.

[907] Martine ROYO, « L'empire financier d'Al-Qaïda », *op. cit.*

[908] Patrick JARREAU, « Un expert détaille le financement des réseaux Ben Laden », *Le Monde*, 20 déc. 2002.

[909] Juan Miguel DEL CID GOMEZ, « A Financial Profile of the Terrorism of Al-Qaeda and its Affiliates », *op. cit.*

[910] En 1996, la revue *Al-Watan Al-Arabi* a fait savoir qu'Oussama BEN LADEN avait reconnu être l'un des soutiens de la *Muwafaq* (David PALLISTER, « Head of suspect charity denies link to bin Laden », *The Guardian*, 16 oct. 2001 cité par Loretta NAPOLÉONI, « La nouvelle économie de la terreur : comment le terrorisme est financé », *op.cit*, p. 37).

[911] « Assault on charities is risky front for the US », *Wall Street Journal,* 16 oct. 2001.

ces réseaux sont issus du djihad contre l'occupation soviétique de l'Afghanistan dans les années 1980.

L'ONG saoudienne *Al Haramein* a été l'organisation caritative la plus médiatisée dans le cadre du financement des activités d'Al-Qaïda. Cette ONG a joué un rôle central durant la guerre en Bosnie, en acheminant des combattants islamistes et en trafiquant des armes et des transports de fonds. Cette organisation a notamment été mise en cause après les attentats en Afrique de l'Est de 1998[912].

(iii) Les sociétés-écrans

Comme étudié plus haut, l'utilisation de sociétés-écrans et de sociétés fiduciaires *offshores* est pertinente pour protéger l'identité des individus ou des entités qui participent au financement du terrorisme. Les sociétés commerciales internationales sont souvent utilisées pour créer des structures financières complexes et peuvent être établies en utilisant des actions au porteur et ne sont pas obligées de publier des comptes. Ainsi, les résidents du lieu d'enregistrement de ladite société peuvent agir en tant qu'administrateurs ou actionnaires fictifs afin de dissimuler les véritables administrateurs ou propriétaires[913]. Plus simplement, il suffit de créer une entité dans un centre *offshore* comme les Bahamas ou le Delaware avec des prête-noms comme actionnaires et dirigeants, ce qui permet de camoufler la véritable identité des bénéficiaires économiques : de cette manière, de fausses facturations permettent de faire transiter les fonds d'un commanditaire à l'autre dans l'anonymat le plus complet[914].

Les réseaux financiers *Al Barakaat* et *Al Taqwa*, ont été accusés par l'administration américaine d'apporter une contribution financière importante au groupe de BEN LADEN. *Al Barakaat* est une holding somalienne créée en 1985 par Ahmed Nur Ali JUMALE présente dans plus de 40 pays, et dont la principale activité était, avant 2001, de gérer les transferts de fonds de la diaspora somalienne. Le siège de la holding était situé aux Émirats arabes unis où JUMALE avait ouvert des comptes au sein de *l'Emirates Bank International*. BEN LADEN était alors l'un des principaux actionnaires de la branche télécommunication de la holding. Cette branche

---

912 Fabien JAKOB, « L'Union européenne et la lutte contre le financement du terrorisme », *op. cit.*

913 Juan Miguel DEL CID GOMEZ, « A Financial Profile of the Terrorism of Al-Qaeda and its Affiliates », *op. cit.*

914 Geert DELRUE, *Le blanchiment de capitaux et le financement du terrorisme*, *op. cit.*, p. 548.

aurait notamment servi pendant des années à gérer, investir et transférer des fonds pour Al-Qaïda, parfois par l'intermédiaire de transactions pour des organismes caritatifs[915]. D'autre part, selon le secrétaire du Trésor américain de l'époque, Paul H. O'NEILL, la holding aurait mis en place un mécanisme complexe qui permettait de fournir un financement secret à Al-Qaïda. Selon le secrétaire et d'autres fonctionnaires, la société écrémait une partie des frais facturés pour chaque transaction financière qu'elle effectuait et versait ce montant à Al-Qaïda. Ces transactions, selon les responsables, ont permis de fournir au réseau terroriste des dizaines de millions de dollars chaque année. *Al Taqwa* intervenait ensuite en fournissant des conseils en matière de placement et de capacités de transfert en espèces[916]. Paul H. O'NEILL qualifiera cette holding de « *quatermaster of terror* »[917].

Par ailleurs, selon l'ONU, le groupe armé somalien *Al Itihaad Al Islamiya*, lié à l'organisation de BEN LADEN, aurait également été impliqué dans le financement d'Al-Qaïda grâce à des revenus tirés d'activités telles que l'exportation de charbon vers le Moyen-Orient, les télécommunications, la gestion de centres commerciaux, les services de sécurité, l'hôtellerie et la distribution de droits de pêche[918].

Les actions judiciaires engagées aux États-Unis s'appuient sur les éléments communiqués par Mohammed GHALEB KHALEDJ ZOUAYDI, un Espagnol d'origine syrienne arrêté suite au démantèlement d'une cellule d'Al-Qaïda en Espagne. Ce dernier est notamment soupçonné d'être le responsable financier de l'organisation terroriste en Europe : il est suspecté d'avoir mis en place un réseau de sociétés-écrans exerçant leurs activités dans différents secteurs de l'économie légale, ce qui aurait permis de financer les différentes branches d'Al-Qaïda implantées en Europe et au Proche-Orient[919]. Il aurait ainsi utilisé la société *Mushayt for Trading Establishment,* domiciliée à Djeddah en Arabie saoudite, pour entretenir des relations commerciales réelles ou fictives avec des entreprises basées en Espagne et dirigées par des membres d'Al-Qaïda, *via* des techniques de falsification de documents commerciaux et la fabrication de faux justificatifs de transactions inexistantes. L'objectif de ces montages était de dissimuler

---

915 Clément TONON, *La lutte contre le financement du terrorisme à l'ère de Daesh*, *op. cit.*, p. 11.
916 David E. SANGER, Kurt EICHENWALD, « A nation challenged: Money trail; U.S. moves to cut 2 financial links for terror group », *New York Times*, 8 nov. 2001.
917 Patrick RADDEN KEEDE, "Quartermasters of Terror", *The New York Review of Books*, 10 févr. 2010.
918 « Tracking Al-Qaeda Money in Spain », *Revista Tiempo,* 13 mars 2008.
919 Ludovic FRANÇOIS, Pascal CHAIGNEAU, Marc CHESNEY, *Blanchiment et financement du terrorisme*, *op.cit*, p. 26.

l'apport de fonds en provenance de fondations et organisations caritatives islamiques. La cellule de Hambourg, à laquelle appartenait Mohammed ATTA, le chef du commando terroriste du 11 septembre 2001, aurait été financée grâce à ce mécanisme[920].

Ces informations ont été corroborées par le document susmentionné, saisi en Bosnie-Herzégovine lors d'une perquisition dans les bureaux d'une organisation caritative islamique, la *Benevolence International Foundation*[921].

(iv) Les fundraisers

Selon Loretta NAPOLÉONI, « *un poste important, dans la balance des paiements des groupes terroristes est celui représenté par les fonds rapatriés par les nationaux qui résident à l'étranger* »[922]. Globalement, les contributions individuelles occupent une place importante dans les recettes des organisations terroristes partout dans le monde.

Oussama BEN LADEN représente l'exemple le plus évident : selon le GAFI il aurait été le principal contributeur du réseau terroriste Al-Qaïda. Ancien homme d'affaires, bon connaisseur des rouages de la finance internationale, il a bâti un système complexe en s'appuyant sur un proto-réseau de financement établi par les moudjahidines afghans combattants les troupes soviétiques puis le gouvernement de Mohammed NAJIBULLAH à partir de 1989[923]. Certains n'hésitent pas à le qualifier de « *président-directeur général d'une entreprise terroriste internationale* [qui] *avait fait montre de beaucoup d'imagination pour parvenir à tirer de l'argent de ses entreprises terroristes* »[924].

Indépendamment du détournement de fonds à destination d'œuvres de bienfaisance, l'organisation de BEN LADEN a également bénéficié de la générosité de riches mécènes. Désormais, les individus fortunés sont partie prenante au financement du terrorisme : « *ils sont plus ou moins anonymes et*

---

920 *Idem.*

921 Erich INCIYAN, « La mystérieuse "chaîne en or" des financiers saoudiens d'Al-Qaïda », *Le monde*, 18 mars 2003.

922 Loretta NAPOLÉONI, « La nouvelle économie de la terreur: comment le terrorisme est financé », *op.cit*, p. 37.

923 V. Thomas R. MOCKAITIS, *Osama Ben Laden : A Biography*, Greenwood Biographies, 29 janv. 2010.

924 Michael LEDEEN, *The War against the Terror Masters : Why It happened. Where we are now. How we'll win*, St. Martin's Griffin, New York, 2003, p. 41.

plus ou moins impliqués dans les actes de terrorisme qu'ils ont financés »[925]. En 2002, lors d'une perquisition dans les bureaux d'une organisation caritative islamique en Bosnie-Herzégovine, la *Benevolence International Foundation,* une liste de donateurs est découverte dans les locaux de l'organisation. Jamal AL FADL, un déserteur d'Al-Qaïda a authentifié la liste des contributeurs et l'a dénommée la « *Golden Chain* » [926]. Cette liste comprend au moins vingt personnalités de haut rang au sein du Royaume d'Arabie saoudite et d'autres émirats de la péninsule arabique.

Parmi ces riches *mécènes* figure l'un des beaux-frères du Roi d'Arabie saoudite qui, selon *Forbes Magazine*, vient au 137e rang parmi les plus grandes richesses mondiales, avec une fortune estimée à 4 milliards de dollars. En 1981, ce dernier a fondé la holding *Dallah al-Baraka*, empire bancaire comptant 23 succursales et plusieurs sociétés d'investissement. Cette liste contenait également le nom du président de l'Organisation internationale de secours islamique, organisation caritative saoudienne liée à Oussama BEN LADEN, et le nom du président de la *First Islamic Investment Bank* ainsi qu'un beau-frère de BEN LADEN, ancien propriétaire de la *Saudi National Commercial Bank*, dont, selon *Forbes,* la fortune de 1,9 milliard de dollars vient au 251e rang dans le monde. Ce dernier avait également été à la tête de la *Saudi Aramco* et ministre du pétrole de l'Arabie saoudite[927].

Plus récemment, le scandale *swiss leaks*, qui fait suite au vol de fichiers de la banque HSBC Suisse, en 2007 par l'ancien informaticien franco-italien Hervé FALCIANI, a mis à jour une liste sur laquelle figurent les noms de Saoudiens suspectés d'avoir financé Oussama BEN LADEN dans les années 2000.

En ce sens, récemment, quelques heures après la tuerie d'Orlando qui fit 49 morts le 12 juin 2016, Hillary CLINTON déclara qu' « *il est plus que temps que les Saoudiens, les Qatariens, les Koweïtiens et les autres empêchent leurs ressortissants de financer des organisations extrémistes* »[928]. Là se joue cette subtilité qui ne transparaît pas dans les médias : certains États, même s'ils ne financent pas directement le terrorisme, et même s'ils ne le reconnaissent pas officiellement[929], regardent

[925] Mario BETTATI, *Le terrorisme, les voies de la coopération internationale*, *op.cit*, p. 118.

[926] René Naba, « La résurrection de la Golden Chain List, quinze ans après », *Huffpostmaghreb*, 1 mars 2016.

[927] Loretta NAPOLÉONI, « La nouvelle économie de la terreur : comment le terrorisme est financé », *op.cit*, p. 37.

[928] Christan CHESNOT, Georges MALBRUNOT, *Nos très chers émirs*, *op. cit.*, p. 111.

[929] L'ambassadeur du Qatar à Paris, Meshaal bin Hamad AL-THANI a déclaré au *Journal du Dimanche* que « *le Qatar ne tolérerait pas que l'on laisse en liberté des individus qui*

avec complaisance certains de leurs ressortissants financer certaines organisations terroristes.

Médiatiquement exposé sur le sujet du financement du terrorisme, le Qatar fait partie de ces États. Par exemple, le cheikh Abdulrahhmane bin Omer AL-NOUAIMY figure depuis 2014 sur une liste noire des États-Unis et de l'Union européenne mais vit paisiblement à la périphérie de Doha, capitale du Qatar. Ce dernier est pourtant un « *financier du djhad* » qui a transféré, au cours des dix dernières années, des millions de dollars aux différentes filiales d'Al-Qaïda en Irak, en Syrie, en Somalie et au Yémen[930]. Selon Christian CHESNOT et Georges MALBRUNOT[931], ce dernier aurait transféré, au milieu des années 2000, deux millions de dollars chaque mois à Al-Qaïda en Irak. En 2014 il aurait transféré 600 000 dollars à Abu Khaled AL-SURI, l'envoyé d'Ayman AL-ZAWAHIRI, chef d'Al-Qaïda en Syrie. Enfin, ce dernier aurait fourni 250 000 dollars à la direction *d'Al-Shabaab*, le groupe somalien lié à Al-Qaïda, et tout ceci sans être inquiété par les autorités qataries. Selon CHESNOT et MALBRUNOT, AL-NOUAYMI ne serait pas un cas isolé au sein du minuscule émirat.

Dans l'ensemble, les sponsors de la nébuleuse terroriste sont de riches musulmans de la zone arabo-persique, parfois hauts placés dans la hiérarchie de l'État. Selon Éric DENÉCÉ, directeur du CF2R, et Alain RODIER, « *Douze hommes d'affaires saoudiens, dont six banquiers, sont soupçonnés par la CIA de financer Al-Qaïda* ». La liste comprend particulièrement Suleiman AL-RASHID, président de *Al-Rachid Trust*, Khalid BEN MAHFOUZ, cofondateur de la défunte BCCI et fils du fondateur de la *National Commercial Bank* évoquée plus haut, la plus importante banque saoudienne ; mais aussi Ahmad TURKI YAMANI, ancien ministre et ancien président de la compagnie pétrolière Aramco[932].

À Koweït-City, selon Christian CHESNOT et Georges MALBRUNOT, « *les financiers du djihad ont pignon sur rue : ils sont professeurs d'université, riches hommes d'affaires, parfois même ministres* »[933]. Toujours selon les deux journalistes, « *de la main à la main, l'argent à Koweït était collecté lors des diwanyas ou directement transféré sur des comptes bancaires, via des numéros WhatsApp, cette messagerie sur Internet qui échappe au*

---

financent le terrorisme » (François CLEMENCEAU, « L'ambassadeur du Qatar en France : "Les musulmans sont les premières victimes de Daech" », *JDD,* 29 nov. 2015).

[930] Christan CHESNOT, Georges MALBRUNOT, *Nos très chers émirs, op.cit*, p. 114.

[931] *Idem.*

[932] Martine ROYO, « L'empire financier d'Al-Qaïda », *op. cit.*

[933] Christan CHESNOT, Georges MALBRUNOT, *Nos très chers émirs, op.cit*, p. 126.

contrôle des services de renseignement »[934]. Le sponsoring de ces riches individus représente la majorité du financement de l'organisation. Une lecture extensive de l'ambiguïté que certains États du Golfe entretiennent avec ces riches sponsors permettrait d'affirmer que ces individus représentent le *bras armé* de ces États qui ne peuvent plus, pour des raisons de politique internationale, financer directement le terrorisme.

(v) Les trafics et rançons

Les trafics et rançons, qui étaient l'apanage des méthodes de financement des organisations révolutionnaires des années 1970 représentent aujourd'hui une faible part du financement d'Al-Qaïda. Toutefois, cette source de financement ne peut être occultée, notamment parce qu'elle représente près de 90 % du financement de la branche Al-Qaïda au Maghreb islamique (« AQMI »)[935].

Selon les services antiterroristes espagnols, AQMI utilise des recettes provenant du trafic de cocaïne entre l'Espagne et l'Algérie pour financer une campagne de terreur dans le nord de l'Afrique. Ayant obtenu de la cocaïne d'Amérique latine et des médicaments synthétiques fabriqués aux Pays-Bas et ailleurs en Europe, les terroristes d'AQMI revendent ces produits en Algérie, où le prix est nettement plus élevé que dans les pays de l'Union européenne[936]. Abdelkader ABDERRAHMANE, chercheur à l'Institut d'études de sécurité en Éthiopie sur les sujets liés à la prévention des conflits et l'analyse des risques, a mené une enquête poussée sur les liens entre criminalité dans le Sahel et le financement du terrorisme.

Cette région du globe est devenue, en quelques années, une plaque tournante pour le trafic international de drogue en provenance d'Amérique latine et d'Afghanistan. Cette drogue, qui est ensuite écoulée en Europe, est acheminée à travers le Tchad, le Mali, le Niger et le Maroc, dont la porosité des frontières facilite les déplacements. En 2009, selon l'Office des Nations unies contre la drogue et le crime (« UNODC »), il était estimé que 21 tonnes de cocaïne d'un montant de 900 millions de dollars et équivalant au PNB de la Guinée et de la Sierra Leone réunies ont transité par l'Afrique de l'ouest. Les groupes terroristes présents au Sahel tels qu'AQMI, *Ansar Dine*, *Boko Haram* et le *Mouvement pour l'unicité et le jihad en Afrique de l'Ouest*

---

[934] *Idem.*

[935] Clément TONON, *La lutte contre le financement du terrorisme à l'ère de Daesh*, *op. cit.*, p. 9.

[936] Juan Miguel DEL CID GOMEZ, « A Financial Profile of the Terrorism of Al-Qaeda and its Affiliates », *op. cit.*

(« MUJAO ») ont ainsi tissé des liens avec les narcotrafiquants de la région afin d'accroître leurs financements. Il est désormais établi que la mafia italienne et Al-Qaïda ont coopéré dans un passé récent afin que ce dernier profite de l'expertise de la *Camorra* pour, par exemple, le trafic de faux documents.

Comme évoqué précédemment, les rançons contre la libération d'otages représentent également une manne très lucrative pour les organisations terroristes, et en particulier pour Al-Qaïda. David S. COHEN, sous-secrétaire au Trésor américain pour le terrorisme et le renseignement financier, avait averti dans un discours en 2012, que les « *enlèvements contre rançon sont devenus aujourd'hui la plus importante source de financement du terrorisme* »[937].

Pour Nasser AL-WUHAYSHI, le chef d'Al-Qaïda dans la péninsule arabique cité par le *New York Times*, « *L'enlèvement d'otages est un butin facile* ». Toujours selon ce dernier, un otage se négocie en moyenne aux alentours de 10 millions de dollars, ce qui représente jusqu'à la moitié du budget de fonctionnement de son organisation[938].

À côté du trafic de drogue et d'armes, la contrebande de cigarettes à travers le Sahel est aussi très rémunératrice pour les trafiquants de la région : les cigarettes provenant d'usines de contrefaçons, principalement du Nigeria, sont distribuées dans la région, au Maghreb, au Moyen-Orient et en Europe. Ce trafic est une source importante de financement pour les groupes terroristes qui, même s'ils ne sont pas toujours et forcément directement impliqués dans ce genre de contrebande, s'enrichissent toutefois en imposant un impôt contre une *garde rapprochée* aux contrebandiers. Une organisation comme AQMI a très vite compris l'intérêt financier qu'ils pouvaient tirer en se rapprochant des groupes criminels et autres trafiquants[939]. Depuis 2008, AQMI aurait recueilli plus de 25 millions de dollars de rançons dans la région du Sahel[940].

Les attaques du 11 mars 2004 à Madrid illustrent comment l'argent provenant des trafics et rançons peut financer des attentats de grande

---

937 « Comment l'Europe, dont la France, finance Al-Qaïda », *Challenges*, 30 mars 2014.

938 *Idem.*

939 Abdelkader ABDERRAHMANE, « Terrorisme et trafic de drogues au Sahel », *Le Monde*, 19 juill. 2012.

940 Jean-Charles BRISARD, « La stratégie d'AQMI des prises d'otages avec rançon : un défi inquiétant pour la lutte contre le financement du terrorisme », Blog JCBrisard, en ligne : https://blog.jean-charles-brisard.com/2011/10/strategie-aqmi-prises-d%E2%80%99otages-avec-rancon-defi-inquietant-pour-la-lutte-contre-le-financement-du-terrorisme/.

envergure[941]. En effet, divers membres du commando terroriste de Madrid ont été impliqués dans des trafics de drogue, dans des opérations de falsification de documents et d'autres crimes par lesquels ils ont réussi à générer des revenus substantiels.

Dans l'ensemble, selon Pierre BOSQUET DE FLORIAN, ancien directeur de la Direction de la surveillance du territoire (« DST »), les terroristes d'Al-Qaïda « *subsistent grâce à la délinquance, aux braquages, à la reproduction de cartes de crédit, voire à la contrefaçon de vêtements de marque* »[942].

L'organisation est parvenue, avec brio, à diversifier ses sources de revenus. Il s'agit désormais de comprendre comment elle est parvenue à transférer ces ressources.

b- Le transfert des revenus d'Al-Qaïda

En voie de dérégulation durant les années 1990, la finance internationale offrait, à l'époque, des facilités aux organisations terroristes et criminelles du monde entier pour transférer leurs revenus (i). Al-Qaïda a également utilisé le système hawala pour transférer des fonds (ii).

(i) L'utilisation du système bancaire conventionnel

Toujours dans le cadre des actions judiciaires entreprises aux États-Unis par les familles de victimes américaines suite aux attentats du 11 septembre 2001, plusieurs institutions financières ont été accusées de financer le terrorisme[943]. Il s'agit de comprendre à quels titres.

Dans le passé, Al-Qaïda utilisait le système bancaire et financier classique afin de transférer de l'argent dans la perspective de soutenir ses propres cellules et ses groupes terroristes affiliés. La rapidité et la facilité avec laquelle l'argent peut être déplacé par le biais du système financier international permettent aux terroristes de déplacer des fonds efficacement. Les terroristes du 11 septembre 2001 ont ainsi utilisé des institutions bancaires officielles, à l'intérieur et à l'extérieur des États-Unis, pour déposer, transférer et retirer de l'argent. Certains d'entre eux ont conservé des

---

[941] Juan Miguel DEL CID GOMEZ, « A Financial Profile of the Terrorism of Al-Qaeda and its Affiliates », *op. cit.*

[942] Propos recueillis par Martine ROYO, « L'empire financier d'Al-Qaïda », *op. cit.*

[943] Il s'agit de sept institutions financières : *Al-Baraka Investment & Development, Al-Barakaat Exchange LLC, Al-Rajhi Banking & Investment, AL-Shmal Islamic Bank, Dar Al-Maal Al-Islami Trust, Faisal Islamic Bank of Bahrain, National Commercial Bank.*

fonds dans des comptes bancaires à l'étranger auxquels ils avaient facilement accès. Nous y reviendrons. Du coût total de l'opération du 11 septembre (entre 400 000 à 500 000 dollars US), au moins 300 000 dollars provenaient de comptes bancaires américains. Aucun des terroristes ni leurs bailleurs de fonds n'étaient experts dans l'utilisation du système financier international. Les contrôles *AML*, étaient, à l'époque, principalement destinés à détecter le trafic de drogue et la fraude financière à grande échelle. Par conséquent, les employés de banque ne suspectaient pas les transactions apparemment courantes comme celles effectuées par les 19 pirates de l'air[944].

Comme évoqué, les révélations d'Hervé FALCIANI sur les agissements de la banque HSBC en Suisse ont mis en évidence l'omission volontaire de la banque de mentionner parmi ses clients les riches Saoudiens de la *Golden Chain* précitée, ou des personnalités sensibles comme le trésorier de la *Benevolence International Foundation*, inscrite en 2002 sur la liste noire des États-Unis pour le financement d'activités terroristes[945]. La complicité, passive et active, de grands groupes bancaires internationaux a donc été un élément clef de la stratégie de financement d'Al-Qaïda[946].

(ii) Les transferts de fonds Hawala

Dans la perspective de contourner les institutions bancaires qui renforcent sans cesse leur niveau de vigilance, les organisations terroristes et notamment Al-Qaïda ont recours à des systèmes alternatifs de transferts de fonds, tels que les passeurs d'argent en espèces, *cash carriers*, et les systèmes hawala[947].

Avant les attentats du 11 septembre 2001, les États-Unis soupçonnaient Al-Qaïda de déplacer une grande partie de ses fonds grâce aux réseaux hawala et d'avoir transféré les fonds nécessaires à la commission des attentats de 1998 au Kenya et en Tanzanie grâce au système hawala. Le 11 septembre aurait également été financé grâce à ce système : selon les services occidentaux, Al-Qaïda aurait transféré des roupies depuis Hyderabad au Pakistan à un cheikh de Dubaï qui « *aurait utilisé la même méthode pour fournir les dollars nécessaires à Mohammed Atta,*

---

[944] V. « National Commission on Terrorist Attacks Upon the United States (2004) », *Monograph on Terrorist Financing,* Staff Report to the Commission. Washington, DC, *op. cit.*

[945] « HSBC abritait (aussi) des financiers d'Al-Qaïda », *Le Monde*, 10 février 2015.

[946] Clément TONON, *La lutte contre le financement du terrorisme à l'ère de Daesh*, *op.cit*, p. 12.

[947] Fabien JAKOB, « L'Union européenne et la lutte contre le financement du terrorisme », *op. cit.*

l'organisateur des attentats sur le sol américain »[948]. Les attentats de Londres et de Madrid, auraient également été, en partie, financés grâce à ce système.

Suite aux attentats du 11 septembre 2001, la police financière britannique a arrêté des *hawaladars*, des opérateurs du système hawala, qu'elle estime coupables d'avoir transféré illégalement à l'étranger 600 millions de livres sterling parce qu'ils sont incapables de fournir des détails sur l'identité ultime des expéditeurs et des destinataires qui en ont bénéficié[949].

Plus simple que le système hawala, le transport physique d'argent est une technique qui est fréquemment utilisée par les organisations terroristes. Face au durcissement des procédures de lutte contre le blanchiment d'argent et le financement du terrorisme mises en œuvre par les institutions financières nationales et internationales, le transport physique de fonds devient la méthode la plus évidente pour contourner ces mesures. C'est notamment l'une des techniques utilisées par Al-Qaïda pour transférer des fonds. L'enquête sur les attentats du 11 septembre 2001 a fourni un bon exemple de la façon dont Al-Qaïda a utilisé des coursiers pour déplacer des fonds.

II- Repenser le Chapitre VII de la Charte des Nations unies à l'aune des attentats du 11 septembre 2001 : une nécessité pour assurer la survie du système de sécurité collective

Les relations internationales écrit Bertrand BADIE, « *ne peuvent être que des rapports de puissance indépendants de tout principe transcendant, reproduisant à l'infini l'état de nature dont parlait Hobbes.* »[950]. Cette absence de « *transcendance* » dans les relations internationales a mené aux attentats du 11 septembre 2001. Cette absence et le manque de concertation internationale n'ont pas permis la mise en œuvre de politiques internationales efficaces contre le terrorisme contemporain. Pire : la communauté internationale n'a pas été en mesure de constater la mutation du phénomène terroriste dont elle était elle-même à l'origine.

Dès lors, les attentats du 11 septembre 2001 ont ouvert une nouvelle voie pour la sécurité collective. C'est à la lumière de ces attaques que la

---

948 V. Fabien PILIU, Denis BOULARD, *L'argent de la terreur, op. cit.*

949 Pierre LACHAIER, « Roger Ballard et le système informel de transfert de valeurs dénommé "Hawala" », *in Bulletin de l'École française d'Extrême-Orient*, Tome 93, 2006, pp. 495-499.

950 Bertrand BADIE, « De la souveraineté à la capacité de l'État », *in* Marie-Claude SMOUTS, *Les nouvelles relations internationales. Pratiques et théorie,* Presses de Sciences Po, 1998, p. 23.

communauté internationale a fait le lien entre la lutte contre le terrorisme et le maintien de la paix et de la sécurité internationales. Le Professeur Jean-François GUILHAUDIS, affirme quant à lui que, suite au 11 septembre 2001 :

> « *Si le terrorisme n'est pas le problème du monde actuel, il est certainement au centre des relations internationales (...). En quelques années, le terrorisme, qui était en position relativement marginale, est venu occuper une place centrale dans les relations internationales. Véritable obsession pour la principale puissance de la planète et pour bon nombre d'autres États, il occupe le premier rang dans l'activité des Nations unies, du G8 et de plusieurs organisations internationales. Il est maintenant au cœur des relations internationales.* »[951]

Ces attaques ont en effet démontré qu'aucun État, si puissant soit-il, ne peut se défendre seul contre la menace terroriste contemporaine. La nouvelle menace mise en évidence par les attentats du 11 septembre 2001 nécessite donc une action centralisée et concertée, et une vision de la sécurité collective englobant les problèmes de sécurité de tous les États. L'interdépendance accrue des nations, le résultat surtout de la mondialisation et de la nécessité de faire face au nouveau fléau du terrorisme, a démontré que les différentes formes de menaces à la paix ne peuvent plus être envisagées indépendamment les unes des autres. Ces attaques ont ainsi démontré que le droit international, et plus particulièrement le système de sécurité collective du Chapitre VII de la Charte devait être repensé (A) afin de s'adapter aux enjeux de cette nouvelle menace. Les failles de sécurité, et notamment les défaillances dans la détection des flux financiers terroristes ont démontré toutes les virtualités de la lutte contre le financement du terrorisme et la nécessité d'adopter un cadre normatif adapté (B).

A- La désuétude du droit international traditionnel face aux attentats du 11 septembre : répondre aux mutations de la menace à la paix et à la sécurité

Comme l'écrit Hélène TIGROUDJA, c'est « *le droit international dans son ensemble qui a été ébranlé par les attentats* »[952]. Brigitte STERN abonde dans la même direction en affirmant que :

---

[951] Jean-François GUILHAUDIS, « Terrorisme et relations internationales après le 11 septembre », *Libération*, août 2005.

[952] Hélène TIGROUDJA, « Quel(s) droit(s) applicable(s) à la "guerre au terrorisme" », *AFDI*, vol. 48, 2002. pp. 81-102

« *(...) Dans le monde des certitudes bien établies du droit positif, les événements du 11 septembre 2001, qui ont fait vaciller les icônes de la puissance économique et militaire américaine, ont également ébranlé nos catégories de pensées et les concepts juridiques relativement bien établis qui avaient cours dans le monde d'avant le 11 septembre.* »[953]

Il semble effectivement difficile de qualifier les événements du 11 septembre 2001 à la lumière des concepts normatifs internationaux existants (1). La réaction de la communauté internationale et plus particulièrement celle des États-Unis a ainsi bouleversé l'interprétation traditionnelle de nombreuses dispositions de la Charte des Nations unies (2).

1- L'impossible qualification juridique des attaques du 11 septembre 2001

Les attaques du 11 septembre 2001 ont révélé un nouveau visage de l'individu et ont pulvérisé la conception traditionnelle de « *menace à la paix et à la sécurité internationales* ». Depuis 1945, le droit international se développe avec l'idée qu'il est nécessaire de protéger la personne privée de l'arbitraire de l'État : « *le mal que l'un peut infliger à l'autre a toujours été pensé, en philosophie politique comme en droit, en un sens unilatéral : l'État contre le particulier* »[954]. Or, comme le souligne le professeur STERN, les attentats du 11 septembre 2001 ont montré que « *l'individu peut être un monstre encore plus froid que l'État* »[955].

Durant la guerre froide, le terrorisme semblait obéir à des règles clairement établies et était relativement prévisible et rationnel. Les acteurs étaient identifiés et les motivations étaient globalement compréhensibles. Le terrorisme était alors pour les États un moyen de perturber l'ennemi sans devoir l'affronter directement. Le terrorisme reposait sur une « *stratégie indirecte* »[956] qui consistait « *à ne pas prendre le taureau par les cornes, c'est-à-dire à ne pas affronter l'ennemi dans une épreuve de force directe, mais à ne l'aborder qu'après l'avoir inquiété, surpris et déséquilibré par une approche imprévue, effectuée par des directions détournées* »[957]. Les organisations terroristes, souvent mandatées par des États, évoluaient dans des cadres théoriques et opérationnels définis et contrôlés. Les figures

---

[953] Brigitte STERN, « Le contexte juridique de l'après 11 septembre 2001 », *in* Karine BENNELIER, Olivier CORTEN, Théodore CHRISTAKIS et Barbara DELCOURT (dir.), *Le Droit international face au terrorisme,* Pedone, 2002, p. 3 et s.

[954] Hélène TIGROUDJA, « Quel(s) droit(s) applicable(s) à la "guerre au terrorisme" », *op. cit.*

[955] Brigitte STERN, « Le contexte juridique de Taprès 11 septembre 2001 », *op. cit.*, p. 5.

[956] Jean-François GAYRAUD, David SÉNAT, *Le terrorisme, op.cit*, p. 15.

[957] V. André BEAUFRE, *Introduction à la stratégie*, Hachette, coll. Pluriel, 1998.

emblématiques de ce terrorisme s'appelaient Carlos, Abou NIDAL, Moammar KHADAFI ou Hafez EL ASSAD et avaient des objectifs nettement politiques, fondamentalement distincts des criminels ordinaires[958].

En résumé, durant la guerre froide, la menace terroriste était lourde, lente, explicable, en partie prévisible et se substituait à la guerre conventionnelle. À partir du 11 septembre 2001, en détournant quatre avions de ligne pour les transformer en armes de guerre contre les États-Unis, le commando d'Al-Qaïda a modifié brutalement le cours de l'histoire de la première puissance du monde et d'une partie de la planète. La première puissance mondiale qui se pensait « *indispensable* »[959] est soudainement devenue très vulnérable.

Selon Claire TREAN, suite au 11 septembre 2001, le droit, « *lui aussi sembla frappé de stupeur, incapable de nommer ce qui venait de se produire et qui n'obéissait à aucune de ses catégories homologuées* »[960]. Pour Luigi CONDORELLI :

> « *Les premiers jours après les terrifiants attentats terroristes New York et de Washington du 11 septembre, une sorte de "silence du Droit", ou tout au moins de "silence des juristes" s'est produit.(...) Nous sommes tous restés désorientés, nous demandons au fond si par hasard des pans entiers du droit international que nous connaissions n'avaient pas été balayés eux aussi en même temps que des milliers de vies humaines par l'écroulement des tours jumelles du World Trade Center* »[961].

En effet, qui est le commanditaire de cet acte de guerre ? Oussama BEN LADEN, un vétéran de la guerre contre les Soviétiques en Afghanistan, c'est-à-dire un homme soutenu et financé à l'origine par la CIA, les services secrets saoudiens et pakistanais. En deux heures, cet homme a su infliger aux États-Unis plus de morts que tous les théâtres d'opérations militaires classiques en dix ans[962]. Le terrorisme prenait un nouveau visage, en devenant « *massif, déterritorialisé, irrationnel, mutant, fluide, criminalisé,*

---

[958] Jean-François GAYRAUD et David SÉNAT, *Le terrorisme, op. cit.*, p. 6.
[959] En 1998, Madeleine ALBRIGHT, Secrétaire d'État du Président CLINTON, affirmait « *if we have to use force, it is because we are the indispensable nation. We all stand tall. We see farther into the future* » (Micah ZENKO, « The Myth of the Indispensable Nation », *Foreign Policy*, 6 nov. 2014).
[960] Claire TREAN, « Terrorisme, guerre, les armes du droit international », *Le Monde,* 18-19 nov. 2001.
[961] Luigi CONDORELLI, « Les attentats du 11 septembre et leurs suites : où va le droit international ? », *RGDIP*, 2001, n104, p829 et s.
[962] Jean-François GAYRAUD et David SÉNAT, *Le terrorisme,* p. 6.

désétatisé »[963]. Désormais, le terrorisme cherche également à faire un maximum de victimes alors que Gérard CHALIAND écrivait encore, en 1999, que « *pour l'essentiel, les terroristes ne cherchent pas à provoquer le plus de victimes possible* »[964].

Devant ces attaques d'une ampleur inédite, le 12 septembre 2001, le Président George W. BUSH déclarait dans son discours que « *les attaques délibérées et meurtrières qui ont été perpétrées (...) contre notre pays étaient plus que des actes de terrorisme, c'étaient des actes de guerre* »[965]. Ces attentats vont servir à justifier la mise en route de la « *guerre contre le terrorisme* » qu'il entendait mener contre l'« *Axe du Mal* »[966].

En ce sens, suite aux attentats du 11 septembre 2001, le Conseil de sécurité des Nations unies a affirmé que ces attaques représentaient une « *menace à la paix et à la sécurité internationale* » qui fonde un « *droit inhérent de légitime défense individuelle ou collective conformément à la charte* »[967]. Le Conseil de l'OTAN déclara de son côté que :

> « *s'il est établi que cette attaque était dirigée depuis l'étranger contre les États-Unis, elle sera assimilée à une action relevant de l'article 5 du Traité de Washington, qui stipule qu'une attaque armée contre l'un ou plusieurs des pays alliés, en Europe ou en Amérique du Nord, sera considérée comme une attaque dirigée contre tous les Alliés.* »[968]

Le 30 septembre, les Talibans reconnaissent assurer la protection de BEN LADEN. Le 2 octobre, les États-Unis fournissent à l'OTAN des documents établissant l'implication de BEN LADEN dans les attentats, ce qui justifie

---

963 *Ibid*, p.17.

964 Préface au livre de Bruce HOFFMAN, *La mécanique terroriste*, Calmann-Lévy, 1999.

965 Discours prononcé le 12 septembre devant le Conseil de sécurité.

966 Discours sur l'état de l'Union du 29 décembre 2002. L'expression fut de toute évidence créée par le rédacteur des discours de George W. BUSH, en l'occurrence David FRUM.

967 Résolution 1368 (2001).

968 OTAN, communiqué de presse 2001/124 du 12 septembre 2001. Article 5 du traité de Washington du 4 avril 1949 : « *Les parties conviennent qu'une attaque armée contre l'une ou plusieurs d'entre elles survenant en Europe ou en Amérique du Nord sera considérée comme une attaque dirigée contre toutes les parties, et en conséquence elles conviennent que, si une telle attaque se produit, chacune d'elles, dans l'exercice du droit de légitime défense, individuelle ou collective, reconnu par l'article 51 de la Charte des Nations unies, assistera la partie ou les parties ainsi attaquées en prenant aussitôt, individuellement et d'accord avec les autres parties, telle action qu'elle jugera nécessaire, y compris l'emploi de la force armée, pour rétablir et assurer la sécurité dans la région de l'Atlantique Nord.* » (En ligne : www.nato.int).

selon eux, l'offensive à mener en Afghanistan[969]. Ces derniers présentent alors à l'Organisation une demande collective d'assistance fondée sur l'article 5 du Traité de l'Atlantique Nord qui trouve un écho favorable auprès de l'ensemble des États membres. Quelques années plus tard, les États-Unis s'attaquent à l'Irak sur le fondement de la « *guerre totale au terrorisme* ». Face au terrorisme, le président français, Jacques CHIRAC, a déclaré que :

> « *Les dirigeants d'États qui auraient recours à des moyens terroristes contre nous, tout comme ceux qui envisageraient d'utiliser, d'une manière ou d'une autre, des armes de destruction massive, doivent comprendre qu'ils s'exposeraient à une réponse ferme et adaptée de notre part. Cette réponse peut être conventionnelle, elle peut aussi être d'une autre nature.* »[970]

Laissant ainsi supposer que le recours à l'arme nucléaire pour lutter contre le terrorisme international n'était pas à exclure. La réponse des États face au terrorisme post-11 septembre apparaît disparate, voire légalement contestable.

Certes, le nombre considérable de victimes, le caractère spectaculaire des attaques, les pertes financières et les séquelles psychologiques infligées à l'ensemble de la population mondiale ont pu, un instant, donner le sentiment aux États-Unis d'être victime d'un *acte d'agression*, au sens conféré par le droit international à cette notion. Or les États-Unis ont-ils réellement été agressés ? Ont-ils mené leurs actions militaires en Afghanistan sur le fondement de la légitime défense telle qu'elle est définie à l'article 51 de la Charte des Nations unies ?

Comme nous l'avons mentionné, la Charte ne contient aucun critère permettant de distinguer les trois degrés d'atteinte à la paix prévus par l'article 39 de la Charte : menace, rupture, agression. Il faut attendre le 14 décembre 1974 pour que l'Assemblée, sanctionnant les longs travaux du Comité spécial pour la définition de l'agression, vote la résolution 3314 (XXIX) sur la définition de l'agression. Celle-ci adopte alors une formule intermédiaire en combinant une clause générale et une énumération indicative. Ainsi, « *l'agression est l'emploi de la force armée contre la souveraineté, l'intégrité territoriale ou l'indépendance politique d'un autre*

---

[969] Michèle POULAIN, « Les attentats du 11 septembre et leurs suites : quelques points de repère », *op. cit.*

[970] Déclaration faite le 19 janvier 2006 lors d'une visite à la base opérationnelle des sous-marins nucléaires de l'Île Longue.

État, ou de toute autre manière incompatible avec la Charte des Nations unies (...) ».

Pendant plusieurs années, le Conseil de sécurité a adopté une approche plutôt classique : il a utilisé la notion pour adresser des situations de véritable conflit international. Les résolutions concernant le conflit armé en Palestine en 1948 ou l'invasion du nord de Chypre par la Turquie en 1974 en témoignent. Le Conseil de sécurité s'est donc concentré sur les menaces contre la paix *internationale*. Les conflits armés entre États restent bien sûr des situations que le Conseil de sécurité qualifie de menaces contre la paix jusqu'à nos jours, mais en ouvrant la notion aux actes de terrorisme, les États-Unis et le Conseil de sécurité ont donné un nouveau visage au système de sécurité collective de la Charte des Nations unies.

Par ailleurs, il convient également de noter que, suivant la lettre de l'article 51 de la Charte, l'invocation de la légitime défense contre l'Afghanistan ne serait justifiée qu'au cas où les attaques seraient attribuables à l'Afghanistan, et dans l'hypothèse où Oussama BEN LADEN aurait agi sous la direction ou le contrôle de cet État, et aurait ainsi été un démembrement de ce dernier. Or suivant la jurisprudence internationale, il est peu probable que ce fut le cas. En effet, les Talibans avaient des objectifs qui se limitaient à l'Afghanistan et ne s'intéressaient pas à un combat global contre les États-Unis et l'Occident, qui était celui d'Al-Qaïda. Il est vraisemblablement peu probable que ces derniers aient coordonné ou prêté concours à l'ensemble des activités d'Al-Qaïda.

2- Les novations juridiques induites par la guerre contre le terrorisme

Pour autant, il semblerait qu'au lendemain des attaques du 11 septembre 2001, l'émotion ait pris le pas sur la raison juridique. Le 7 octobre, les opérations contre les cibles militaires en Afghanistan sont engagées par les unités anglo-américaines[971]. Hérat tombe aux mains de l'Alliance du Nord le 12 novembre et Kaboul le 13. Ces attaques sont alors placées par les belligérants dans le cadre de l'exercice de légitime défense, conformément à l'article 51 de la Charte et sont menées avec l'approbation explicite ou passive de la communauté internationale. La presque totalité des États a accepté cette justification qui implique ou bien une extension du droit à la légitime défense ou alors une extension considérable des cas dans lesquels un comportement non étatique peut être imputé à un État.

---

[971] Michèle POULAIN, « Les attentats du 11 septembre et leurs suites : quelques points de repère », *op. cit.*

Or notons que l'exercice d'une légitime défense contre un acteur non étatique viole nécessairement la souveraineté territoriale d'États qui ne sont pas des agresseurs et constitue donc nécessairement lui-même un usage de la force entre États non admis par le droit international. Par ailleurs, il convient de rappeler ici que l'exercice de la légitime défense de l'article 51 de la Charte est une exception à une règle fondamentale et impérative du droit international : celle du non-recours à la force dans les relations interétatiques, consacrée par l'article 2§4 de la Charte. Ces exceptions doivent être interprétées de manière restrictive et c'est d'autant plus le cas pour une exception à une norme aussi fondamentale pour la société internationale que l'interdiction de l'usage de la force.

Par cette intervention militaire, les États-Unis ont contribué à renverser les frontières conceptuelles entre la guerre et le terrorisme[972].

Il ne s'agit pas ici de livrer une satire virulente à l'égard de la réaction de la communauté internationale au lendemain des attaques du 11 septembre 2001. Celle-ci a réagi avec les moyens juridiques à sa disposition. Ce sont « *les catégories, les concepts, les normes existants en droit international (qui) sont devenus impuissants à rendre compte des événements en eux-mêmes et des réactions qu'ils ont provoquées* »[973]. Il convient donc de revenir ici sur l'état du droit avant le 11 septembre 2001 (a) afin de bien comprendre le changement conceptuel opéré par les attentats (b).

a- L'État du droit préalablement au 11 septembre 2001

Guerre et terrorisme sont, en théorie, évidemment à distinguer. Ces deux concepts renvoient à une définition et à un régime juridique différent : la guerre s'entend de tout conflit armé surgissant entre deux ou plusieurs États, l'état de guerre étant déclaré entre les belligérants. Son déclenchement fait naître un nouveau régime de droit, le *droit de la guerre* qui se substitue au *droit de la paix* et qui se caractérise par des relations juridiques nouvelles entre les belligérants et les non-belligérants[974]. En revanche, le terrorisme international ne rentre pas dans la définition précitée et s'inscrit dans le cadre du droit de la paix. Notons que même si ces deux notions ont en commun l'utilisation de la violence, elles se distinguent notamment par leurs buts et leurs auteurs.

---

[972] Hélène TIGROUDJA, « Quel(s) droit(s) applicable(s) à la "guerre au terrorisme" », *op. cit.*
[973] *Idem.*
[974] *Idem.*

Ces deux notions ne sont pas pour autant totalement hermétiques : le droit de la guerre s'intéresse au terrorisme comme méthode de guerre illicite. L'article 33 de la Convention de Genève du 12 août 1949 (IV) sur la protection des personnes civiles en temps de guerre prohibe ainsi « *les peines collectives, de même que toute mesure d'intimidation ou de terrorisme* », tandis que les dispositions des deux protocoles additionnels du 8 juin 1977 (respectivement, article 51§2 et article 13§2) sont rédigées de la manière suivante : « *Ni la population civile en tant que telle ni les personnes civiles ne doivent être l'objet d'attaques. Sont interdits les actes ou menaces de violence dont le but principal est de répandre la terreur parmi la population.* »

Le terrorisme, par nature, est susceptible d'apparaître en temps de paix ou en temps de guerre. Suivant le contexte dans lequel il surgira, le droit applicable ne sera pas le même. En temps de paix, le terrorisme portera atteinte au droit de la paix, tandis que si ce dernier surgit en temps de guerre, il portera logiquement atteinte au droit de la guerre. Mais, jusqu'au 11 septembre 2001, même lorsque le terrorisme a pris des aspects les plus sérieux, il n'a jamais eu pour effet de remplacer l'application d'un régime à l'autre.

Les Américains eux-mêmes ont toujours pris soin de distinguer l'état de guerre et la situation juridique créée par des actes de terrorisme en temps de paix. Dans un arrêt de 1974, le juge américain avait ainsi considéré que les États-Unis ne pouvaient pas être déclarés en guerre contre un groupe privé qui avait commis des actes terroristes : « *as non-state, non-belligerent, non-insurgent actor* »[975]. Même dans l'hypothèse du terrorisme d'État, cette distinction a toujours été maintenue entre États de guerre et les conséquences juridiques liées au terrorisme[976].

Le juge international lui-même ne se place pas sur le terrain du droit des conflits lorsqu'il traite de questions liées au terrorisme étatique, comme le démontre l'arrêt rendu par la CIJ en 1980 sur l'affaire du personnel diplomatique et consulaire américain à Téhéran[977] : dans cet arrêt, la CIJ souligne, certes, la gravité des attaques privées menées à l'égard des locaux et du personnel de l'ambassade américaine et souligne également l'implication de l'État iranien dans cet attentat, mais exprime également son

---

[975] *Pan American Airways Inc. v. Aetna Casualty & Surety Co*, 505 F.2d 989, 1013-15 (2nd Circuit 1974).

[976] Hélène TIGROUDJA, « Quel(s) droit(s) applicable(s) à la "guerre au terrorisme" », *op. cit.*

[977] CIJ, arrêt du 24 mai 1980, Affaire relative au personnel diplomatique et consulaire des États- Unis à Téhéran, Rec, p. 42, § 91.

souci face à l'intervention américaine sur le sol iranien pour tenter de libérer les otages. Cette préoccupation résulte du cadre juridique dans lequel la cour statue qui est celui du droit de la paix : ce dernier prohibe formellement les atteintes à l'intégrité territoriale d'un État et le recours à des contre-mesures armées.

En se déclarant en guerre suite aux attentats du 11 septembre 2001, les États-Unis ont ainsi remis en question les frontières conceptuelles existantes entre la notion de guerre et celle de terrorisme en établissant un état de belligérance à une situation qui relève en principe du droit de la paix.

b- Les changements conceptuels opérés par les attentats du 11 septembre 2001

Depuis le 11 septembre 2001, les États-Unis sont en État de guerre. Au-delà du champ lexical particulièrement belliqueux employé par le Président BUSH, cet état de guerre existe juridiquement. Le décret présidentiel du 13 novembre 2001 o*n the detention, treatment and trial of certain non-citizens on the war against terrorism* déclare ainsi que les attentats du 11 septembre "*has created a state of armed conflict that requires the use of the United States Armed Forces*". Toutefois, les instances judiciaires américaines reconnaissant bien le caractère non conventionnel de cette guerre, en attestent les arrêts *Hamdi*[978] et *Odah*[979].

En entrant en guerre contre le terrorisme, les États-Unis se sont eux-mêmes démarqués de leur propre jurisprudence suivant laquelle le terrorisme relève du droit de la paix et non du droit de la guerre. Cette remise en cause des frontières conceptuelles entre guerre et terrorisme a plusieurs origines et plusieurs conséquences. C'est évidemment l'ampleur des attentats, par le nombre de victimes et par la puissance de frappe du réseau Al-Qaïda, qui a particulièrement était mise en avant pour souligner la mutation substantielle du terrorisme international. Comme le résume Sandra SZUREK, les attentats ont entraîné « *un saut quantitatif et qualitatif* »[980] qu'il convient de rendre compte en appliquant le concept de guerre. Par ailleurs, sur le plan juridique, certains auteurs ont soutenu l'idée selon laquelle le droit applicable au terrorisme partage avec le droit de la guerre un principe fondamental qui est

---

978 *US 4th Circuit Court of appeal, Hamdi v. Rumsfeld*, July 12, 2002, (ASIL, juillet 2002) et US 4th Circuit Court of appeal, *Hamdi v. Rumsfeld*, January 8, 2003 (ASIL, janvier 2003).

979 Cour d'appel fédérale du district de Columbia, 11 mars 2003, *KhaledAF. Odah et al., v. USA et al.*, p. 9 (ASIL, mars 2003) : « *it is against a network of terrorists operating in secret troughout the world and often hiding among civilian populations* ».

980 Sandra SZUREK, « Le jugement des auteurs d'actes de terrorisme : quels tribunaux après le 11 septembre ? », *in Le droit international face au terrorisme*, *op. cit.*, p. 299.

celui de l'inviolabilité des civils. Ce principe entraîne une interdépendance entre ces deux branches du droit qui est naturellement antérieure aux attentats du 11 septembre 2001. Cet argument revient à considérer que le terrorisme ou toute autre infraction ayant des effets similaires sont des actes qui ne diffèrent plus, sur le plan juridique, de ceux commis en temps de guerre. Même si des éléments de rapprochement existent entre la notion de guerre et celle de terrorisme, les arguments avancés pour les rapprocher ne semblent pas à la hauteur des conséquences qu'un tel rapprochement engendre en pratique.

En effet, qualifier des actes de terrorisme d'actes de guerre a des conséquences importantes qui ont en commun de créer une grande incertitude dans les relations internationales. La fragilisation de l'article 51 de la Charte des Nations unies est évidemment la conséquence la plus visible de ce rapprochement. En situation de guerre, un État pourra s'estimer habilité à employer la force pour se défendre : l'interdiction du recours à la force prôné par l'article 2§4 de la Charte risque de ne plus être que rhétorique[981].

Plus pernicieux, comme le souligne Hélène TIGROUDJA, faire de la lutte contre le terrorisme une guerre entraîne une *désatisation* ou une *privatisation* de cette notion[982] : ce faisant, on admet que la guerre peut être déclenchée par un acteur privé et que celle-ci peut alors être menée contre ce groupe privé. On reconnaît alors implicitement à ce dernier une puissance similaire à celle de l'État. Ce groupe se voit ainsi doté de pouvoirs nouveaux échappant à l'emprise étatique. La guerre contre le terrorisme entraîne également une déterritorialisation de la notion de guerre dans la mesure où celle-ci n'est plus limitée au territoire d'un seul État mais est globale dans la mesure où le terrorisme international ne se cantonne pas aux frontières d'un seul État. Enfin, la guerre contre le terrorisme entraîne une démilitarisation de la notion de guerre, car le volet militaire n'est plus qu'un aspect de celle-ci.

Cette extension de la notion de guerre n'est elle-même pas sans conséquence sur le droit des conflits. Celle-ci fait notamment disparaître la frontière entre ennemis combattants et non-combattants. En faisant la guerre au terrorisme, les États-Unis ne font pas la guerre à une armée clairement identifiée ni identifiable et vont jusqu'à frapper des civils, susceptibles d'abriter des terroristes. Bien plus nuisible, en plaçant la lutte contre le terrorisme dans le cadre du droit de la guerre, les États-Unis rendent licites

---

[981] Hélène TIGROUDJA, « Quel(s) droit(s) applicable(s) à la "guerre au terrorisme" », *op. cit.*
[982] *Idem.*

certains actes de terrorisme menés contre les installations militaires américaines, voir contre le président en tant que chef des armées. Dès lors, les attaques terroristes ne seraient plus considérées comme illicites dans la mesure où elles s'en prennent à des militaires. Suivant ce raisonnement, l'attaque perpétrée contre l'USS Cole en octobre 2000 n'est pas à considérer comme un acte terroriste mais comme un acte de légitime défense en temps de guerre[983]. Même en se plaçant sur le terrain du droit de la guerre, les attaques contre les tours jumelles sont illicites, car elles ciblent des civils. Toutefois, en plaçant la lutte contre le terrorisme dans le cadre du droit de la guerre, la licéité de l'attaque menée contre le Pentagone est plus discutable, car elle cible une infrastructure militaire. En bref, placer la lutte contre le terrorisme dans le cadre du droit de la guerre est susceptible de rendre licites des actes que les États-Unis entendent combattre.

Les attentats contre le World Trade Center et le Pentagone ont donc souligné les lacunes de notre conception du terrorisme et ont souligné l'ampleur du travail à accomplir pour mettre en place un cadre juridique visant à lutter contre le terrorisme. Le Conseil de sécurité s'est trouvé face à un événement « *dont la temporalité ne procède ni du maintenant présent ni du présent passé, mais d'un imprésentable à venir... Le traumatisme est produit par l'avenir, par la menace du pire à venir plutôt que par une agression passée et finie* »[984].

La désuétude de la notion traditionnelle de guerre entendue comme un conflit interétatique s'accompagne d'une diversification et d'une atomisation de la notion de *menace contre la paix,* et incidemment, d'une densification des pouvoirs discrétionnaires du Conseil de sécurité[985]. Préalablement au 11 septembre 2001, au fil des années, le Conseil de sécurité s'adaptait aux évolutions de la menace en appliquant ce concept à des situations qui ne se fondent pas directement sur l'existence d'un conflit armé entre États. L'élargissement de cette notion a permis de confier au Conseil de sécurité ce que la doctrine a désigné comme des pouvoirs de police : il s'agit de gérer et de résoudre des crises particulières et limitées dans le temps et non, comme

---

[983] Jordan J. PAUST, « There is no need to revise the laws of war in the light of September 11th », *ASIL*, nov. 2002, p. 3.

[984] Sandra SZUREK, « La lutte internationale contre le terrorisme sous l'empire du chapitre VII : Un laboratoire normatif », *RGDIP*, Tome CIX, A. Pedone, 2005, pp. 12-13

[985] Sidi Alpha NDIAYE, « Réflexion sur la densification normative en droit international public : l'exemple des décisions coercitives de l'ONU », *op. cit.*

un législateur est amené à le faire, à élaborer des normes applicables de manière abstraite et générale[986].

Les attentats du 11 septembre 2001 ont accéléré substantiellement l'élargissement des pouvoirs du Conseil de sécurité, en attestent les résolutions adoptées les jours et les mois suivant la tragédie. Dès le lendemain des attentats, le 12 septembre 2001, dans la résolution 1368 (2001), le Conseil a reconnu « *le droit inhérent à la légitime défense individuelle ou collective conformément à la Charte* ». Ce dernier venait ainsi confirmer qu'une opération de légitime défense menée sur le fondement de l'article 51 pouvait être dirigée à l'égard d'un groupe non étatique.

En effet, le Conseil de sécurité, dans sa résolution 1368 du 12 septembre 2001, condamne les attentats comme les « *épouvantables attaques terroristes qui ont eu lieu le 11 septembre 2001 à New York, Washington (DC) et en Pennsylvanie* » et « *considère de tels actes, comme tout acte de terrorisme international, comme une menace à la paix et à la sécurité internationales* ». Ceci revient à affirmer que, désormais, tout acte présenté comme relevant du terrorisme international est susceptible de conduire le Conseil de sécurité à se référer au chapitre VII de la Charte. Cette généralisation va plus loin que la résolution 1269 (1999) qui condamnait alors particulièrement les attentats qui « *risquent de porter atteinte à la paix et à la sécurité internationales* ». La résolution appelle par ailleurs « *tous les États à travailler ensemble de toute urgence pour traduire en justice les auteurs, organisateurs et commanditaires de ces actes* ». Par la même occasion, le Conseil de sécurité se déclare « *prêt à prendre toutes les mesures nécessaires pour répondre aux attaques terroristes du 11 septembre* ».

D'une manière générale, le flou de la formule de la Charte au sujet de la « *responsabilité principale du maintien de la paix et de la sécurité internationales* », donne toute latitude au Conseil pour définir à la fois les objectifs, les domaines et les moyens de ses interventions[987]. La résolution 1368 (2001) s'est engouffrée dans cette brèche pour reconnaître une situation de légitime défense au profit des États-Unis alors que, traditionnellement, on considérait que la légitime défense n'était possible

---

[986] Olivier CORTEN, « Vers un renforcement des pouvoirs du Conseil de sécurité dans la lutte contre le terrorisme ? », *in* Karine BANNELIER, Oliver CORTEN, Théodore CHRISTAKIS et Barbara DELCOURT, *Le droit international face au terrorisme*, Pedone, 2002, pp. 259-278.

[987] Serge SUR, « Le Conseil de sécurité : blocage, renouveau et avenir », *Pouvoirs*, vol. 109, n° 2, 2004, p.61-74.

que contre une agression armée provenant d'un État. C'est donc à la surprise de la doctrine que le Conseil a reconnu une situation de légitime défense face à des actes terroristes[988].

Deux semaines plus tard, le 28 septembre 2001, le Conseil de sécurité adopte une résolution qui jette les bases de la lutte collective des États contre le terrorisme et décide, entre autres, que les États doivent prévenir et réprimer le financement des actes de terrorisme, en érigeant en infraction la fourniture ou la collecte de fonds destinés à être utilisés pour des actions terroristes et en gelant les fonds, avoirs et ressources des auteurs, personnes physiques ou entités. Le financement des attentats du 11 septembre 2001 a effectivement souligné les défaillances de la lutte contre le financement du terrorisme telle qu'initiée à la suite des attaques contre les ambassades américaines de Nairobi et Dar es Salam par la Convention de 1999 et par la résolution 1267 (1999) du Conseil de sécurité.

B- Le financement des attentats du 11 septembre 2001 ou les défaillances de la lutte contre le financement du terrorisme[989]

Étudier le financement de ces attentats permet, *in fine*, de souligner et d'identifier les insuffisances du cadre normatif alors en vigueur pour lutter contre le financement du terrorisme. Il est particulièrement intéressant d'identifier le financement des pirates de l'air, avant leur arrivée sur le territoire américain (2) puis une fois aux États-Unis (2) avant d'étudier les réactions de la communauté internationale face à ces financements terroristes d'une ampleur inédite (3).

1- Le financement des pirates de l'air, préalablement à leur arrivée sur le territoire américain

C'est Al-Qaïda qui a directement absorbé les coûts liés à l'organisation des attentats, préalablement à l'arrivée des pirates de l'air aux États-Unis. Preuve, s'il en fallait une supplémentaire, de l'important degré d'autonomie de l'organisation par rapport à toute tutelle étatique. Selon le cerveau de l'opération Khalid SHEIKH MOHAMED, les membres de la cellule de Hambourg, Muhamad ATTA, Marwan AL SHEHHI, Ziad JARRAH et Ramzi

---

[988] *Idem.*

[989] Le canevas de cette subdivision est emprunté à l'annexe A du rapport de la commission d'enquête américaine sur les attaques terroristes : « National Commission on Terrorist Attacks Upon the United States (2004) », *Monograph on Terrorist Financing,* Staff Report to the Commission, Washington D.C.

BINALSHIBH ont chacun reçu de l'organisation 5 000 dollars pour financer leur voyage de l'Afghanistan vers l'Allemagne, fin 1999 / début 2000, et les trois pilotes de la cellule de Hambourg ont également reçu des fonds supplémentaires pour financer leur voyage d'Allemagne vers les États-Unis.

Une fois la formation des pirates de l'air non pilote terminée, chacun d'eux a reçu 2 000 dollars pour se rendre en Arabie saoudite afin d'obtenir de nouveaux passeports et visas, et ont par la suite obtenu 10 000 dollars pour faciliter leur voyage aux États-Unis[990].

Avant leur sélection pour participer aux attentats, les membres de la cellule de Hambourg, selon toute vraisemblance, s'autofinançaient. Par exemple, Marwan AL SHEHHI percevait une rémunération de l'armée émiratie, qui a sponsorisé ses études en Allemagne. Il a continué à percevoir son salaire jusqu'au 23 décembre 2000. Le salaire était alors domicilié sur son compte situé aux Émirats arabes unis et était par la suite transféré sur son compte à la *Dresdner Bank* en Allemagne par son frère qui détenait un mandat sur le compte émirati. Ramzi BINALSHIBH de son côté se finançait en Allemagne à travers des emplois occupés en intérim. Ziad JARRAH, quant à lui, recevait vraisemblablement de l'argent de ses parents[991].

2- Le financement des pirates de l'air aux États-Unis

Il est désormais avéré qu'environ 300 000 dollars ont été déposés sur les comptes bancaires des pirates de l'air aux États-Unis, et ce par divers moyens. Leurs principales dépenses consistaient en des frais de scolarité pour leur formation de pilote, des frais de subsistance et des frais liés aux voyages. Selon le FBI les fonds entreposés sur les comptes bancaires détenus par les pirates de l'air étaient suffisants pour couvrir l'essentiel de leurs dépenses[992].

Al-Qaïda a financé les pirates de l'air aux États-Unis essentiellement par trois vecteurs : par des virements bancaires classiques (a), à l'aide de *coursiers* (b) qui transportaient des espèces ou des chèques de voyage aux États-Unis, et par l'utilisation de cartes de débit ou de crédit pour accéder

---

990 « National Commission on Terrorist Attacks Upon the United States (2004) », *op.cit*, p. 132.
991 *Idem*.
992 L'assistant du directeur de la division contreterrorisme du FBI, John S. PISTOLE, a déclaré durant une audition devant le congrès que « *les terroristes du 11 septembre ont utilisé 300 000 DOLLARS à travers les canaux bancaires classiques afin de faciliter leur séjour aux États-Unis* » (Senate Committee on Banking, Housing, and Urban Affairs, *FDCH Political Transcripts*, 25 sept. 2003, p. 5).

aux fonds détenus dans des institutions financières étrangères (c). Une fois sur place, tous les pirates de l'air ont utilisé le système bancaire américain pour stocker leurs fonds et faciliter leurs transactions. Tous les pirates de l'air ont reçu de l'aide dans leur financement par des intermédiaires basés aux Émirats arabes unis : Ali Abdul ALI, neveu de Khalid SHEIKH MOHAMED, et Mustafa AL HAWSAWI[993].

a- Les virements bancaires

À leur arrivée aux États-Unis, les pirates de l'air ont reçu un montant total d'environ 130 000 dollars par virement bancaire. La plupart des transferts étaient effectués depuis Dubaï, par Ali Abdul ALI. Selon ce dernier, c'est son oncle qui lui a donné les fonds nécessaires lors d'une réunion au Pakistan, début 2000 et aurait par la suite transféré un total de 119 500 dollars aux terroristes, aux États-Unis, lors de six virements entre le 16 avril 2000 et le 17 septembre 2000.

Nawaf AL HAZMI et Khalid AL MIHDHAR, les premiers pirates de l'air, ont reçu le premier virement bancaire. Le 16 avril 2000, ALI a transféré 5 000 dollars du *Wall Street Exchange Center* de Dubaï vers un compte de *l'Union Bank of California*. Ali a apporté les 5 000 dollars en espèces à l'*Exchange Center* qui a fait une copie des documents d'identité de ce dernier, ainsi que son numéro de téléphone et son adresse de travail, ce qui a permis au FBI de l'identifier après le 11 septembre 2001. ALI a transféré l'argent sur le compte d'un résident de San Diego que HAZMI avait rencontré dans une mosquée et avait sollicité pour recevoir la transaction en son nom[994].

ALI a viré un total de 114 500 dollars aux leaders du commando terroriste, Muhamad ATTA et Marwan AL SHEHHI, après leur arrivée aux États-Unis. Ali n'est pas retourné au *Wall Street Exchange* Center mais a envoyé l'argent de *l'UAE Exchange Centre* de Dubaï, où aucun élément d'identification n'était demandé.

Le 29 juin 2000, ALI, en utilisant un pseudo, a viré 5 000 dollars à un centre *Western Union* à New York, qui ont ensuite été récupérés par SHEHHI. Durant les mois suivants, ALI a effectué quatre virements[995] à destination d'un compte courant détenu conjointement par SHEHHI et ATTA à *SunTrust*

993 « National Commission on Terrorist Attacks Upon the United States (2004) », *op.cit*, p. 133.
994 *Ibid*, p. 134.
995 10 000 dollars le 18 juillet, 9 500 dollars le 5 août, 20 000 dollars le 29 août et 70 000 dollars le 17 septembre.

Bank en Floride[996]. ALI a envoyé un dernier virement de 70 000 dollars à la demande de SHEHHI[997]. Malgré l'importance du montant transféré, aucune procédure de contrôle n'aura été effectuée.

Ramzi BINALSHIBH a également joué un rôle dans le financement de l'opération *via* quatre virements effectués d'Allemagne vers les États-Unis pour un montant total supérieur à 10 000 dollars. Le 13 juin 2000, BINALSHIBH a ainsi envoyé 2 708,33 dollars de Hambourg à SHEHHI, à New York *via* un transfert *Traveler's Express / Moneygram*. Le 21 juin 2000, il a envoyé 1 803,19 dollars à SHEHHI par les mêmes moyens. Le 25 juillet et le 25 septembre 2000, BINALSHIBH a également envoyé deux transferts *Western Union* de respectivement 1 760,15 dollars et 1 118,14 dollars à SHEHHI sur son compte en Floride. Ces sommes proviennent de l'argent entreposé sur le compte de SHEHHI à la *Dresdner Bank*[998].

Ces transferts ont mis en évidence la faiblesse des institutions financières. La plupart des terroristes ont ouvert des comptes en leur nom, utilisant leurs véritables documents d'identité. Certaines transactions ont été effectuées dans le plus grand anonymat. Aucune transaction n'a soulevé d'interrogation. C'est sur la base de ces failles que s'est construite, au fil des années, l'architecture réglementaire visant à lutter contre le financement du terrorisme.

b- Le transfert physique d'espèces

Les pirates de l'air ont également apporté aux États-Unis une quantité substantielle d'argent liquide et de chèques de voyage. Les premiers pirates de l'air à venir aux États-Unis, MIHDHAR et HAZMI, après leur arrivée le 15 janvier 2000 à Los Angeles ont ouvert un compte à la *Bank of America* de San Diego avec un dépôt de 9 900 dollars le 4 février 2000[999].

SHEHHI a, vraisemblablement apporté de l'argent liquide aux États-Unis : ce dernier a en effet acheté 2 000 dollars de chèques de voyage auprès d'une banque New-Yorkaise le 31 mai 2000, deux jours après son arrivée dans l'État du New Jersey. Il avait retiré ces fonds de son compte détenu auprès de la *Dresdner Bank*, avant de quitter l'Allemagne. De même, le 28 juin, deux jours après son arrivée aux États-Unis, JARRAH a ouvert un compte

---

[996] « National Commission on Terrorist Attacks Upon the United States (2004) », *op.cit*, p. 134.
[997] *Ibid*, p. 135.
[998] *Idem*.
[999] *Ibid*, p. 136.

auprès d'une banque à Venise, en Floride, avec un dépôt en espèces de 2 000 dollars. Globalement, les treize pirates arrivés aux États-Unis entre le 23 avril et le 29 juin 2001 ont chacun apporté avec eux des chèques de voyage et des espèces. Ces fonds semblent leur avoir été fournis directement par Khalid SHEIKH MOHAMED au moment où il les a rencontrés au Pakistan avant de transiter par les Émirats arabes unis, sur le chemin vers les États-Unis. Ali Abdul ALI, l'intermédiaire situé aux Émirats a certainement complété les montants distribués par SHEIKH MOHAMED[1000].

Zacarias MOUSSAOUI, qui a été arrêté avant le 11 septembre 2001, a apporté plus d'argent aux États-Unis que toute autre personne associée aux attentats du 11 septembre. MOUSSAOUI a déclaré 35 000 dollars à la douane à son arrivée le 23 février 2001, et il a déposé 32 000 dollars dans une banque à Norman, Oklahoma, trois jours plus tard[1001].

De la même manière que les virements bancaires, les dépôts en espèces effectués par les terroristes du 11 septembre, malgré le dépôt de montants parfois substantiels, n'ont pas alerté les autorités des États hôtes de ces fonds.

En 2004, le GAFI est venu compléter les huit recommandations spéciales élaborées en 2001 par une neuvième recommandation visant à lutter contre les *cash courriers*.

c- L'accès aux comptes ouverts à l'étranger

Les pirates de l'air ont également financé leurs activités aux États-Unis en accédant aux fonds déposés dans des comptes à l'étranger. Deux exemples principaux illustrent cette méthode.

Hani HANJOUR détenait des comptes à la *Saudi British Bank* en Arabie saoudite et à *Citibank* aux Émirats arabes unis. Aux États-Unis, il a accédé à ses comptes étrangers *via* une carte bancaire pour financer ses activités. Environ 9 600 dollars ont été déposés dans le compte de la *Saudi British Bank* et 8 000 dollars dans le compte *Citibank*. ALI a déclaré qu'il avait fourni à HANJOUR 3 000 dollars pour ouvrir le compte *Citibank* et a déposé 5 000 dollars supplémentaires dans ce compte alors que HANJOUR était aux États-Unis.

[1000] *Idem*.
[1001] *Ibid*, p. 137.

Fayez BANIHAMMAD, l'un des pirates de l'air, détenait également un compte à l'étranger et s'en servait depuis les États-Unis. Le 25 juin 2001, à l'aide de HAWSAWI, BANIHAMMAD a ouvert deux comptes à la *Standard Chartered Bank* (« SCB ») aux Émirats arabes unis et a déposé environ 30 000 dollars. Selon HAWSAWI, BANIHAMMAD a apporté les fonds avec lui pour ouvrir les comptes lorsqu'il est venu aux Émirats arabes unis. HAWSAWI a reçu mandat pour mouvementer les comptes le 18 juillet 2001. Après son arrivée aux États-Unis le 27 juin, BANIHAMMAD a fait des retraits d'argent pour acheter les billets d'avion du 11 septembre pour lui-même et l'un des pirates et afin de payer sa facture d'hôtel à Boston le matin du 11 septembre. HAWSAWI a renfloué le compte de BANIHAMMAD avec un dépôt de 4 900 dollars le 20 août 2001 sur son compte *SCB*[1002].

***

Le 11 septembre 2001 signe la fin du droit international tel que bâti au lendemain de la Seconde Guerre mondiale. Trop ancré dans une vision stéréotypée des relations internationales et des menaces pouvant les affecter, ce dernier n'a su anticiper les chambardements conceptuels du nouveau millénaire.

Son échec était à la hauteur des sentiments qui nous étreignent devant les images de l'effondrement des tours jumelles : stupéfiant.

Repenser le droit international pour l'adapter à la nature et à l'intensité de la menace qui pèse sur la communauté internationale s'imposait dès lors comme un impératif catégorique Kantien.

1002 *Ibid*, p. 138.

Chapitre 2 – D'une logique interétatique à une approche supranationale : l'adaptation informelle de l'ordre juridique international aux enjeux posés par le financement du terrorisme contemporain

« *La Planète Terre aura-t-elle un jour un gouvernement mondial doté de la même souveraineté qu'exerce aujourd'hui chacun des 193 gouvernements membres des Nations unies ? À notre humble avis, ce n'est pas seulement une probabilité à long terme, mais une inévitabilité. Combien de temps cela prendra-t-il ? Si l'on pouvait parier et vivre assez longtemps pour vérifier si le pari est gagné, nous serions prêts à gager que nous aurons un gouvernement mondial avant la fin de ce siècle et peut-être même vers 2050* »

Kimon VALASKAKIS, « La souveraineté supranationale : un impératif contemporain ? », *Prospective et stratégie,* vol. 1, n° 1, 2010, pp. 157-171

Georges SCELLE voyait dans la Société des Nations le début d'un fédéralisme universel, une organisation fédérative qui évolue vers « *l'organisation superétatique* »[1003]. Visionnaires, les prédictions de Georges SCELLE ne se réaliseront véritablement qu'à compter de la fin de la guerre froide et en réaction aux mutations de la conflictualité internationale.

En effet, lutter contre le financement du terrorisme tel qu'il se présente au sortir de la guerre froide nécessite de dépasser l'intergouvernementalisme traditionnel qui caractérisait le droit international durant la guerre froide. Les financements d'Al-Qaïda ont démontré le degré d'autonomie du groupe par

[1003] Georges SCELLE, *Précis du droit des gens*, Dalloz, 2008, p. 246 et s.

rapport à tout parrainage étatique, soulignant la nature transnationale du terrorisme contemporain. Ce dernier se joue désormais avec délectation des frontières nationales, et oblige incidemment les États à conférer au droit international des prérogatives inédites.

En ce sens, Wolfgang FRIEDMANN note l'émergence d'une dimension verticale de l'ordre juridique international, qui est apparue avec le concept d' « *intérêts communs* » et la notion d'« *universalité* »[1004]. Il est en effet aisé de constater, avec les mesures adoptées suite aux attentats du 11 septembre 2001, que le droit international, n'est plus essentiellement horizontal mais comporte désormais une dimension verticale dans les domaines où l'existence des intérêts communs, supérieurs, exige le dépassement des intérêts particuliers des États. Organisation intergouvernementale de nature, les Nations unies développent de plus en plus un modèle institutionnel avec des structures et des instruments visant directement les individus[1005].

Cependant, le dépassement de la configuration stato-centrique du pouvoir politique n'est possible qu'à travers un modèle fonctionnel – sectoriel ou régional – d'intégration supranationale : toute autre tentative d'intégration conduirait à la création d'un État mondial, qui ne constituerait pas réellement une alternative à la configuration actuelle de la communauté internationale, souffrant de trop d'États[1006]. À cet égard, les approches sectorielles se valorisent. C'est en effet concernant certains domaines spécifiques, relevant de leurs intérêts communs, tels que la sécurité de leurs concitoyens, que les États se voient contraints d'aller au-delà d'une simple coopération et d'accepter un système de régulation et de gestion commune d'un niveau supranational[1007].

En ce sens René-Jean DUPUY écrit que l'organisation internationale fonctionne comme un cadre coordinateur tout en soulignant que, selon le niveau de développement de cette coopération, elle peut gagner le pouvoir

---

[1004] Wolfgang FRIEDMANN, *The Changing Structure of International Law*, Columbia University Press, 1978, p. 60 et s.

[1005] V. Thèse de Elise AUVACHEZ, « "Citoyennisation" et consolidation d'entités supranationales : les cas de l'Union européenne et de l'Organisation des Nations unies », *Université de Montréal*, 2009, en ligne : https://papyrus.bib.umontreal.ca/xmlui/bitstream/handle/1866/3977/Auvachez_Elise_2010_these.pdf?sequence=4&isAllowed=y

[1006] *Idem.*

[1007] Lider BAL, « Le mythe de la souveraineté en droit international : la souveraineté des États à l'épreuve des mutations de l'ordre juridique international », *Université de Strasbourg*, 2012, p. 351.

d'édicter des normes auxquelles se soumettront les États[1008]. Par conséquent, suivant ce dernier, il existe deux modèles différents d'organisation internationale : « *le type coordinateur* » et « *le type subordinateur* ». Le premier est le modèle classique qui comprend le plus grand nombre d'institutions existantes : ce type d'organisation internationale se contente d'offrir à ses membres un cadre permanent de coopération et de coordination. Le second, quant à lui, suppose une institution dotée d'une autorité supra-étatique. L'exemple des attributions confiées par le chapitre VII de la Charte Nations unies au Conseil de sécurité entre dans ce cas de figure (Section 1).

Dans l'ordre juridique européen, le principe de l'effet direct est, quant à lui, doublement renforcé : contrairement au droit international général, ce principe s'applique non seulement aux traités constitutifs de l'Union européenne, mais aussi au droit dérivé[1009] dont la production se fait à travers ses institutions et échappe bien souvent à la maîtrise de ses États membres. Ce qui ne fait que renforcer l'effectivité de la lutte contre le financement du terrorisme (Section 2).

Section 1. L'hypothèse de l'intégration sectorielle : les nouvelles compétences externes du Conseil de sécurité

Comme l'écrit Serge SUR, le Conseil de sécurité est un organe « *bien singulier, sans équivalent dans aucune autre organisation internationale, universelle ou régionale* »[1010]. Ce dernier ajoute que le Conseil de sécurité « *exerce dans l'ordre international une véritable suprématie, une toute-puissance juridique qui lui permet de déroger à l'ensemble du droit international ordinaire et de s'imposer à tous* »[1011].

Rappelons qu'originellement, la Charte confère au Conseil de sécurité des pouvoirs importants. L'article 25 affirme ainsi que « *Les Membres de l'Organisation conviennent d'accepter et d'appliquer les décisions du Conseil de sécurité conformément à la présente Charte.* ». Cette obligation des États de se conformer aux décisions du Conseil a été rappelée par la CIJ dans son avis consultatif du 21 juin 1971 relatif aux conséquences juridiques

[1008] René-Jean DUPUY, *La communauté internationale entre le mythe et l'histoire,* Economica, 1986, p. 40.
[1009] Alain PELLET, « Les fondements juridiques internationaux du droit communautaire », *op. cit.*, p. 256.
[1010] Serge SUR, « Le Conseil de sécurité : blocage, renouveau et avenir », *op. cit.*
[1011] *Idem.*

pour les États de la présence continue de l'Afrique du Sud en Namibie (Sud-ouest africain) nonobstant la résolution 276 (1970) du Conseil de sécurité, dans lequel la Cour a considéré qu' :

> « *En adoptant les résolutions pertinentes, celui-ci a agi dans l'exercice de ce qu'il estimait sa responsabilité principale, à savoir le maintien de la paix et de la sécurité. L'Article 24 de la Charte lui conférait les pouvoirs nécessaires. Ses décisions ont été adoptées conformément aux buts et aux principes de la Charte. Aux termes de l'Article 25, il incombe aux États membres de s'y conformer même aux membres du Conseil de sécurité qui ont voté contre et aux Membres des Nations unies qui ne siègent pas au Conseil.* »

Toutefois, avec le 11 septembre 2001, l'action du Conseil de sécurité prend une dimension nouvelle. Ce dernier utilise le volet financier pour lutter contre le terrorisme et les sanctions adoptées à l'égard des personnes liées au terrorisme sont d'une coercition inédite (I), interrogeant sur la véritable nature du Conseil de sécurité (II).

I- Les pouvoirs de sanctions du Conseil de sécurité : dans l'exercice de pouvoirs toujours plus grands

Les sanctions financières internationales constituent l'un des axes majeurs de la lutte contre le financement du terrorisme. Des mesures de gel d'avoirs avaient été mises en œuvre avant le 11 septembre 2001, toutefois, celles-ci sont sans commune mesure avec celles adoptées au lendemain des attentats. L'ampleur des attaques a permis l'adoption de mesures frappant les avoirs de l'organisation Al-Qaïda et de groupements et individus proches de ce réseau. Ces mesures ont résulté d'abord d'une série de résolutions adoptées par le Conseil de sécurité, notamment les résolutions 1390 (2002), 1333 (2000) et 1267 (1999).

De la même manière, suite aux attentats du 11 septembre 2001, l'Union européenne a réagi en adoptant le règlement (CE) n° 2580/2001 du Conseil du 27 décembre 2001 et le règlement (CE) n° 881/2002 du Conseil du 27 mai 2002, mettant en œuvre les résolutions du Conseil de sécurité des Nations unies notamment en ce qui concerne le gel de fonds. En particulier, le règlement de mai 2002 établit une liste de personnes, entités et groupes soupçonnés d'actes de terrorisme.

Frapper les avoirs des terroristes est apparu, après le 11 septembre 2001 comme l'un des moyens les plus pertinents de lutter contre le terrorisme.

Afin d'avoir une bonne compréhension de ces mesures à l'efficacité indéniable, il convient de revenir sur l'historique de celles-ci (A) avant d'étudier la nature juridique des sanctions (B), les différentes familles de sanctions (C) et le processus d'adoption de celles-ci (D). De cette manière nous serons en mesure de bien comprendre le régime mis en place par les résolutions 1267 (1999), 1989 (2011), 2253 (2015) du Conseil de sécurité (E).

A- Les sanctions internationales comme outil de lutte contre le financement du terrorisme

Dans *Le Rouge et le Noir*, Stendhal définit le roman comme : « *un miroir qu'on promène le long d'un chemin* ». Une comparaison similaire peut s'effectuer avec la sanction internationale, tant celle-ci reflète et accompagne les transformations du système juridique international. Ces dernières sont, aujourd'hui, un instrument majeur des relations internationales.

Objet d'une littérature abondante, ces dernières font l'objet de nombreuses publications depuis les années 1990. Cette inflation doctrinale reflète à ce titre l'intérêt qui leur est consacré depuis une vingtaine d'années[1012].

À l'origine pensées comme un substitut à la guerre (1), les sanctions internationales se sont par la suite adaptées aux mutations de la menace à la paix et à la sécurité et aux effets secondaires préjudiciables que celles-ci pouvaient engendrer sur les populations d'États victimes de ces contre-mesures (2).

1- À l'origine des sanctions internationales : un substitut pertinent à la guerre

Sur le plan historique, l'usage des sanctions par le pouvoir politique a des origines lointaines. En effet, dès la Grèce antique, blocus, embargos et autres sièges furent autant de techniques utilisées pour faire pression sur un adversaire et l'affaiblir[1013]. Ces mesures étaient alors synonymes de conflits,

---

[1012] Ariel COLONOMOS, « Les mutations des sanctions après la guerre froide. La guerre entre le local et le global : sociétés, États, systèmes », *CERI*, mai 2000.

[1013] V. Bernard FERRAND, « Quels fondements juridiques aux embargos et blocus aux confins des XXe et XXIe siècles », *Guerres mondiales et conflits contemporains*, n° 214, Presses universitaires de France, 2004 ; Roberto BONFATTI, Kevin H. O'ROURKE,« Growth, Import Dependence and War », *Discussion Papers in Economic and Social History*, n° 132, University of Oxford, juill. 2014, cité par Carole GOMEZ, « Les sanctions internationales, ou et ce jusqu'à la Première Guerre mondiale. Après la Première Guerre mondiale, l'idée que ces mesures pourraient se substituer à un conflit armé commence à émerger. En ce sens, en 1919, le président américain Woodrow WILSON déclare à propos du boycott : « *en appliquant ce remède économique, pacifique, silencieux et meurtrier, nul besoin de recours à la force* »[1014]. Ainsi, l'article 16 du pacte de la Société des Nations, créée par la conférence de la paix de Versailles le 28 avril 1919, jette les bases de la conception contemporaine des sanctions internationales en affirmant que :

> « *si un membre de la SDN a recours à la guerre contrairement à ses engagements, il est de facto considéré comme ayant commis un acte de guerre contre tous les autres, et ceux-ci s'engagent à rompre avec lui toutes relations commerciales ou financières, à interdire tous rapports entre leurs nationaux et ceux de l'État en rupture du Pacte et à faire cesser toutes communications financières, commerciales ou personnelles...* »

La sanction est alors présentée comme étant automatique dans sa mise en œuvre, sans graduation possible, ce qui soulève logiquement des problèmes pratiques dans son application. Toutefois, l'idée de sécurité collective qui avait présidé à l'adoption du pacte de la SDN a toutefois perduré[1015].

Après la Première Guerre mondiale et avec l'émergence du droit international public et du droit humanitaire, les sanctions internationales sont peu à peu institutionnalisées[1016] et découplées des conflits armés[1017]. John Maynard KEYNES, quelques années après la fin de la guerre froide, a participé à une « *ébauche de convention pour l'assistance financière par la Société des Nations* », et considérait « *que le monde sous-estime grandement l'effet des sanctions économiques strictement appliquées à des circonstances appropriées* »[1018]. Après la Seconde Guerre mondiale, l'équilibre des puissances change et les dirigeants victorieux prennent conscience que « *le*

---

la délicate mesure de l'efficacité », *Revue internationale et stratégique*, vol. 103, n° 3, 2016, p. 163-168.

1014 Cité dans Saul K. PADOVER (dir.), *Wilson's Ideals*, *American Council on Public Affairs*, 1942, p. 108.

1015 IHEDN, Rapport présenté par le Comité 1, « Les sanctions internationales sont-elles utiles ? », 178e session en région : Clermont-Ferrand-Saint-Étienne.

1016 Carole GOMEZ, « Les sanctions internationales, ou la délicate mesure de l'efficacité », *op. cit.*

1017 Ariel COLONOMOS, « Les mutations des sanctions après la guerre froide. La guerre entre le local et le global : sociétés, États, systèmes », *op. cit.*

1018 Donald MARKWELL, *John Maynard Keynes and International Relations. Economic Paths to War and Peace*, Oxford University Press, 2006, p. 207, cité par Carole GOMEZ, « Les sanctions internationales, ou la délicate mesure de l'efficacité », *op. cit.*

modèle stato-centré dans lequel chaque état prend en charge de manière isolée sa propre sécurité ou en constituant des réseaux d'alliances est un modèle qui doit évoluer »[1019]. Les alliés décident alors de réunir les pays du monde autour d'un idéal de paix en prévoyant les garanties nécessaires à son maintien durant la conférence de Yalta de février 1945. De cette volonté naîtra l'Organisation des Nations unies à l'issue de la conférence de San Francisco en juin 1945 où 51 états signent la Charte des Nations unies. Le préambule de cette Charte tente ainsi d'aller plus loin que la SDN en affirmant que :

> « *Nous, peuples des Nations unies, sommes résolus à unir nos forces pour maintenir la paix et la sécurité internationales, à accepter des principes et instituer des méthodes garantissant qu'il ne sera pas fait usage de la force des armes, sauf dans l'intérêt commun.* »

Dès l'article 1, l'ONU se veut volontariste en annonçant son intention « *de prendre des mesures collectives et efficaces en vue de prévenir ou d'écarter les menaces à la paix...* ». Le terme « *efficace* » démontre clairement la volonté des Nations unies d'influer sur la politique des États et d'imposer leurs intérêts et s'autorisant notamment à prendre des actions coercitives, pourvu que la décision de ces actions soit prise de manière « *collective* »[1020].

Les moyens d'atteindre les objectifs du préambule sont inscrits au Chapitre VII de la charte, sans que celui-ci ne comporte de manière explicite le terme de *sanction*. Ce chapitre évoque les termes de « *mesures* », « *actions* » mais pas de *sanction*, ce dernier étant essentiellement employé dans la doctrine juridique[1021]. Les sanctions se rattachent en réalité au système de sécurité collective de l'ONU, prévu par le Chapitre VII de la Charte des Nations unies[1022] qui prévoit, à l'article 41, l'adoption de mesures coercitives non militaires par le Conseil de sécurité.

[1019] IHEDN, Rapport présenté par le Comité 1, « Les sanctions internationales sont-elles utiles ? », *op. cit.*

[1020] *Idem.*

[1021] *Idem.*

[1022] Article 41 de la Charte des Nations unies : « *Le Conseil de sécurité peut décider quelles mesures n'impliquant pas l'emploi de la force armée doivent être prises pour donner effet à ses décisions, et peut inviter les Membres des Nations unies à appliquer ces mesures. Celles-ci peuvent comprendre l'interruption complète ou partielle des relations économiques et des communications ferroviaires, maritimes, aériennes, postales, télégraphiques, radioélectriques et des autres moyens de communication, ainsi que la rupture des relations diplomatiques* ».

Toutefois, comme évoqué, durant la guerre froide, l'équilibre des puissances au sein du Conseil de sécurité ne permit pas la mise en place de nombreux régimes de sanctions. Les sanctions ont été décidées par deux fois seulement à l'ONU : dans le cas de la Rhodésie en 1967 et de l'Afrique du Sud en 1976. C'est à la fin de la guerre froide que débute la « *décennie des sanctions* »[1023]. En effet, elle marque la fin du blocage structurel qui avait cours au sein du Conseil de sécurité. Ce dernier retrouve pleinement l'usage de ses prérogatives, ce qui permet de consacrer une place déterminante aux sanctions économiques sur la scène internationale. Les sanctions se multiplient[1024] et deviennent des instruments particuliers des relations internationales dotés leur technicité propre. La montée en puissance des sanctions est par conséquent symptomatique des mutations affectant le système international. Selon Ariel COLONOMOS, « *la démultiplication des sanctions s'inscrit dans une tradition internationale qui met l'accent sur l'économique comme substitut de la guerre* »[1025].

Ainsi, dans un premier temps, le Conseil de sécurité a adopté des mesures restrictives à l'encontre d'États qui semblaient être les destinataires naturels de ces dernières. Ces premières sanctions présentaient « *un caractère global prenant la forme de sanctions économiques plus ou moins étendues, de rupture des relations diplomatiques, ou de rupture des voies de communication terrestre, maritime, aérienne, postale...* »[1026]. L'objectif poursuivi était alors d'isoler l'État à l'origine de la menace afin d'exercer sur lui une pression importante pour l'inciter à modifier son comportement.

Toutefois, ces sanctions firent rapidement l'objet de critiques : leur impact humanitaire sur la population civile de l'État sanctionné était souligné, leur efficacité était discutée et il pouvait même arriver qu'au lieu de déstabiliser le gouvernement sanctionné, les mesures renforcent le soutien

---

1023 V. David CORTRIGHT, George A. LOPEZ, *The Sanctions Decade. Assessing UN Strategies in the 1990s*, Boulder, Lynne Rienner, 2000.

1024 Pas moins de 13 régimes de sanctions sont adoptés. Citons ainsi les sanctions prises à l'encontre de l'Irak (1990), de la République fédérative socialiste de Yougoslavie (1991), de la République fédérale de Yougoslavie (1992), de la Libye (1992), de la Somalie (1992), d'Haïti (1993), de l'Unita (Angola, 1993), du Rwanda (1994), de la République serbe de Bosnie (1994), du Soudan (1996), de la Sierra Leone (1997), de la République fédérale de Yougoslavie (1998), des Talibans (1999), de l'Érythrée (2000), de l'Éthiopie (2000), etc.

1025 Ariel COLONOMOS, « Les mutations des sanctions après la guerre froide. La guerre entre le local et le global : sociétés, États, systèmes », *op. cit.*

1026 Cécile RAPOPORT, « Les sanctions ciblées dans le droit de l'ONU », *in Les sanctions ciblées au carrefour des droits international et européen*, Table ronde franco-russe avec l'Université d'État Lobatchevski de Nijni-Novgorod, Collection les Conférences Publiques du Centre d'Excellence Jean Monnet Université Pierre-Mendès-France - Grenoble (France), 10 mai 2011.

de la population à l'égard de ce dernier. À titre d'exemple, en privant l'Irak de ses ressources pétrolières au début des années 1990, le pays s'est enfoncé dans une grave crise économique avec une chute de son PIB de 3 510 dollars par habitant en 1 989 à 450 dollars en 1996 accompagnée d'une hyperinflation[1027]. Contrairement à l'effet recherché, ces mesures ont permis à Saddam HUSSEIN de renforcer sa légitimité auprès de la population irakienne en se lançant dans une « *campagne pour la foi* » en se faisant appeler « *victorieux de Dieu* ». Selon Kofi ANNAN :

> « *si les sanctions peuvent dans certains cas apparaître comme des outils performants, certains types de sanctions, notamment les sanctions économiques, sont des instruments grossiers infligeant souvent de graves souffrances à la population civile, sans toucher les protagonistes.* »[1028]

Par ailleurs, l'efficacité des sanctions économiques restait conditionnée à leur pleine application par les États membres de l'ONU. Or, la rupture des relations commerciales avec un État sanctionné constituait un manque à gagner parfois important pour les États qui appliquent ces sanctions, ce qui était de nature à les fragiliser. À noter que dès 1985, une étude menée par Gary Clyde HUFBAUER, Jeffrey J. SCHOTT et Kimberly Ann ELLIOT[1029] est parvenue à démontrer que seuls 34 % des sanctions prises au XXe siècle avaient atteint leurs objectifs.

2- Pallier les faiblesses des sanctions économiques globales : l'émergence des *smart sanctions*

L'ensemble de ces critiques a permis l'émergence de mesures plus ciblées, afin de limiter les dommages collatéraux et d'améliorer leur efficacité. Ainsi, rapidement à compter de la fin de la guerre froide, le Conseil de sécurité a renoncé à l'application de sanctions économiques globales et eu l'idée de recourir à des sanctions plus ciblées. L'idée des sanctions ciblées apparut dans un premier temps dans le cadre du processus d'Interlaken en 1998, puis ceux de Bonn-Berlin en 2001 et Stockholm en 2003. Le processus d'Interlaken s'est focalisé sur les sanctions financières, sur leur manque de clarté et l'ambiguïté des termes des résolutions imposant

---

1027 IHEDN, Rapport présenté par le Comité 1, « Les sanctions internationales sont-elles utiles ? », *op. cit.*, p10.

1028 Sabine VAN HAECKE-LEPIC, « La pratique contemporaine des sanctions internationales », *Orients Stratégiques*, p. 81

1029 Gary CLYDE HUFBAUER, Jeffrey J. SCHOTT, Kimberly ANN ELLIOT, *Economic Sanctions Reconsidered: History and Current Policy*, Petersen Institute for International Economics, 1985.

de telles sanctions[1030]. Le processus de Bonn-Berlin avait pour objectif « *d'améliorer la conception et l'application de l'embargo sur les armes et les sanctions relatives aux déplacements, pour mieux utiliser leur potentiel* »[1031]. Le processus de Stockholm s'est, quant à lui, focalisé sur l'application des sanctions ciblées en droit interne[1032].

Chercheurs, représentants de l'ONU, représentants de gouvernements et de la société civile construisent alors le concept des sanctions dites intelligentes : les « *SMART*[1033] *sanctions* », destinées à « *avoir un objectif plus précis, des effets plus ciblés, tâchant notamment d'éviter les stratégies de contournement des entités sanctionnées* »[1034]. L'idée est qu' « *il est préférable de faire pression directement sur les responsables de la menace contre la paix et la sécurité internationales plutôt que sur l'État qui les abrite* »[1035].

En ce sens, une résolution de l'Assemblée générale des Nations unies du 16 décembre 2009[1036] a rappelé que les sanctions :

> « *doivent être soigneusement ciblées sur des objectifs précis et légitimes, et appliquées de manière à respecter l'équilibre entre efficacité de la réalisation de ces objectifs et les conséquences néfastes qu'elles peuvent avoir pour les populations et les États tiers, notamment sur le plan socio-économique et humanitaire.* »

C'est ainsi qu'à compter des années 1990, les sanctions ont progressivement ciblé les individus, les entités, des matériels identifiés[1037]. C'est dans le cadre du régime de sanctions contre l'Angola que le Conseil de sécurité a visé pour la première fois un acteur non étatique : l'UNITA, en 1993[1038]. Le fait que ces responsables puissent être des personnes privées,

---

[1030] V. Djacoba Liva TEHINDRAZANARIVELO, *Les sanctions des Nations unies et leurs effets secondaires : Assistance aux victimes et voies juridiques de prévention*, PUF, 2005.

[1031] *Idem.*

[1032] *Idem.*

[1033] S pour spécifiques, M pour mesurables, A pour atteignables, R pour réalistes, T comme temporellement définies.

[1034] Carole Gomez, « Les sanctions internationales, ou la délicate mesure de l'efficacité », *op. cit.*

[1035] Cécile RAPOPORT, « Les sanctions ciblées dans le droit de l'ONU », *op. cit.*

[1036] ONU, « Rapport du Comité spécial de la Charte des Nations unies et du raffermissement du rôle de l'Organisation », A/RES/64/115, 64e session, Point 82 de l'ordre du jour, 16 déc. 2009.

[1037] En ligne : http://www.diplomatie.gouv.fr/fr/politique-etrangere-de-la-france/la-france-a-l-onu/domaines-d-action-de-l-onu/la-paix-et-la-securite/article/les-sanctions.

[1038] Comité créé en application de la résolution 864 (1993) concernant la situation en Angola.

physiques ou morales, ne pose aucune difficulté juridique de principe, puisque l'article 41 de la Charte ne précise pas que les mesures prises par le Conseil de sécurité doivent impérativement viser des États. Toutefois, la Charte des Nations unies dans sa lettre, mais aussi dans son esprit initial, traite avant tout de relations entre États. Le Conseil ne pouvait néanmoins rester indifférent face aux nouvelles menaces à la paix et la sécurité internationale que représente en particulier le terrorisme[1039].

C'est particulièrement dans le domaine de la lutte contre le terrorisme que le Conseil de sécurité a adopté des sanctions à l'égard d'individus ou d'entités liés au réseau Al-Qaïda ou aux anciens Talibans. Ce régime de sanctions, établi par la résolution 1390 du 16 janvier 2002 puis complété par les résolutions 1452 (2002), 1455 (2003) et 1526 (2004), est d'autant plus remarquable qu'il est entièrement déterritorialisé. Il ne s'applique plus, en effet, au seul territoire de l'Afghanistan comme ce fut le cas à l'époque des Talibans avec les sanctions décidées par les résolutions 1267 (1999) et 1333 (2000)[1040].

En matière de terrorisme, les sanctions ciblées visent les personnes privées alors que le Conseil de sécurité, de par ce cadre institutionnel, continue de ne traiter qu'avec des États[1041]. Ce sont les États qui sont les destinataires des résolutions du Conseil de sécurité et ce sont ces derniers qui permettront au Conseil de sécurité de remplir sa mission en donnant les indications nécessaires à l'établissement des listes. Ce sont les États qui sont à l'initiative de l'inscription d'un nom sur la liste d'un comité des sanctions sur la base des critères imposés dans la résolution portant adoption de la sanction. La personne concernée par l'inscription sur une liste ne sera pas en mesure de prendre connaissance de l'ensemble des faits qui lui sont reprochés et n'aura pas non plus connaissance de l'État à l'origine de son inscription sur la liste[1042].

Ces sanctions interrogent donc sur leur nature juridique.

[1039] Société française pour le droit international, Conseiller juridique de la Missions française auprès des Nations unies, Extrait du Colloque du Mans intitulé : « Le sujet en droit international, les destinataires non étatiques des résolutions du conseil de sécurité », par Jean-Luc FLORENT.

[1040] *Idem.*

[1041] Cécile RAPOPORT, « Les sanctions ciblées dans le droit de l'ONU », *op. cit.*

[1042] *Idem.*

B- La « *nature juridique ambivalente* »[1043] des sanctions internationales

Notons, en guise d'introduction, que « *la nature de ces sanctions – pénale, administrative ou civile – (n'est) pas du tout claire et demeure sujette à débat* »[1044]. La notion même de sanction n'est pas clairement définie à l'échelle internationale : les internationalistes qui se sont penchés sur la question de sanction en droit international ne semblent pas être parvenus à démontrer l'existence d'une conception propre de la sanction pour l'ordre juridique international[1045]. Ainsi, Riccardo MONACO reconnaît qu'« *en ce qui concerne l'ordre juridique international proprement dit, l'idée de sanction donne lieu, bien sûr, à des problèmes très délicats* »[1046]. Eninam MASSIA CHRISTIAN TRIMUA reconnaît également que « *le gel des avoirs monétaires et financiers a, (...), une nature juridique ambivalente* »[1047].

L'analyse de la doctrine met en évidence l'existence de plusieurs définitions ou conceptions de la sanction : cette variété de définitions résulte d'une différence de perception de la place de la sanction dans un ordre juridique[1048]. Toutefois, la Commission du droit international (« CDI ») est parvenue à définir les contours de la notion juridique de sanction en affirmant que celle-ci est :

> « *réservé(e) (...) aux mesures de réactions appliquées en vertu d'une décision prise par une organisation internationale à la suite d'une violation d'une obligation internationale ayant de graves conséquences pour l'ensemble de la communauté internationale.* »[1049]

La CDI a pris cette position après avoir « *tenu compte de la tendance qui se manifeste dans le droit international contemporain* »[1050]. D'une manière

---

[1043] V. Eninam MASSIA CHRISTIAN TRIMUA, *Le gel des avoirs monétaires et financiers en droit international : contribution à l'étude des contre-mesures*, ANRT, 2004.
[1044] Résolution 1597 de l'Assemblée parlementaire du Conseil de l'Europe du 23 janvier 2008.
[1045] V. Djacoba Liva TEHINDRAZANARIVELO, *Les sanctions des Nations unies et leurs effets secondaires : Assistance aux victimes et voies juridiques de prévention*, *op. cit.*
[1046] *Idem.*
[1047] V. Eninam MASSIA CHRISTIAN TRIMUA, *Le gel des avoirs monétaires et financiers en droit international : contribution à l'étude des contre-mesures, op. cit.*
[1048] V. Djacoba Liva TEHINDRAZANARIVELO, *Les sanctions des Nations unies et leurs effets secondaires : Assistance aux victimes et voies juridiques de prévention*, *op. cit.*
[1049] *ACDI,* 1979, vol. II, 2e partie, p. 134, § 21.
[1050] *Idem.*

générale, la sanction recouvre deux éléments : « *tout d'abord, une règle juridique qui impose à ses destinataires un certain comportement ; deuxièmement, la violation de la norme par un sujet de droit* »[1051]. La sanction serait ainsi les conséquences dérivant de ces violations. Dans un système juridique donné, il s'agit de « *l'effet prévu par le droit à la suite de la violation d'un devoir, d'une prescription* »[1052], ou encore « *la réaction spécifique de l'ordre juridique à une violation du droit... la conséquence attachée par le droit à un tel manquement* »[1053]. Ces effets ou conséquences peuvent prendre la forme de mesures consistant « *soit [en] une obligation de faire ou de ne pas faire, soit [en] la déchéance d'un droit. La force n'intervient... qu'au bout du compte, sous forme d'exécution forcée* »[1054].

Nous retiendrons ici la définition générique adoptée par Djacoba Liva TEHINDRAZANARIVELO : une sanction est une « *mesure coercitive décidée par un organe social à la suite d'une violation d'une obligation juridique dûment constatée par un tel organe* »[1055]. Ainsi :

> « *pour que le système coercitif du chapitre vii de la Charte puisse être considéré comme une sanction, il faut qu'il remplisse les conditions suivantes : 1) l'action des Nations unies doit faire suite à la violation d'une obligation juridique ; 2) la constatation de la violation de cette obligation doit être faite par un organe commun ; et 3) les mesures coercitives à imposer contre l'auteur de la violation sont à décider par cet organe.* »[1056]

Les *mesures coercitives* à imposer ont pour objectif de faire cesser la violation du droit en exerçant sur l'auteur de cette violation une pression d'intensité variable afin que celui-ci cesse cette violation. La coercivité serait même l'élément le plus déterminant de la sanction[1057].

[1051] V. Djacoba Liva TEHINDRAZANARIVELO, *Les sanctions des Nations unies et leurs effets secondaires : Assistance aux victimes et voies juridiques de préventio*n, *op. cit.*

[1052] Ch.-A. MORAND, « La sanction », *Archives de philosophie du droit,* t. 35, 1990, p. 304.

[1053]Michel VIRALLY, « Panorama du droit international contemporain. Cours général de droit international public », *RCADI,* t. 183, 1983-V, p. 221.

[1054] Ch.-A. MORAND, « La sanction », *op. cit.*

[1055] V. Djacoba Liva TEHINDRAZANARIVELO, *Les sanctions des Nations unies et leurs effets secondaires : Assistance aux victimes et voies juridiques de préventio*n, *op. cit.*

[1056] V. Djacoba Liva TEHINDRAZANARIVELO, *Les sanctions des Nations unies et leurs effets secondaires : Assistance aux victimes et voies juridiques de préventio*n, *op. cit.*

[1057] Pour Georges ABI-SAAB, la contrainte est le premier élément d'une sanction, entendue comme une mesure imposée « *contre la volonté du destinataire, ou du moins sans son consentement* », ayant pour but ultime « *d'infléchir sa volonté pour le ramener à un comportement conforme au droit* » (*Cours général de droit international public* (Volume 207), Brill, p. 300).

Pour autant, bien qu'étant coercitives, les sanctions s'inscrivent dans une logique préventive qui « *déborde du cadre traditionnel de la justice criminelle en ce qu'elle ne s'embarrasse pas des procédures de cette dernière* »[1058]. Les personnes ou organisations inscrites sur les listes le sont sur la base d'une décision administrative émanant d'un pouvoir exécutif sur la base de renseignements hors de tout examen judiciaire. Les personnes inscrites sur ces listes n'ont donc pas fait l'objet d'un procès et n'ont pas eu la possibilité de bénéficier des garanties qui accompagnent le jugement auprès d'une Cour. C'est la raison pour laquelle les listes ont été vivement critiquées par plusieurs organes[1059] et institutions[1060]. L'ONU ne possède pas de véritable recours juridictionnel. Il est impossible de revendiquer en tant que tels les droits bafoués par l'inscription sur les listes de sanctions[1061]. Il est juste possible de présenter des éléments pour infléchir la position du Comité des sanctions.

Le seul régime distinct où il y a un recours est celui posé par la résolution 1989 (2011) relative à Al-Qaïda. Ce régime prévoit en effet le recours auprès du médiateur (crée par la résolution 1904 (2009)) qui améliore la clarté du dispositif d'inscription et de radiation des listes en apportant une certaine forme de rationalisation administrative à ce dernier. Le recours au médiateur peut même s'apparenter à un recours juridictionnel, avec un droit à être entendu, accompagné d'un avocat. Mais il ne s'agit pas réellement d'un recours juridictionnel, puisque le médiateur soumet ensuite le cas au Comité des sanctions qui décide de manière discrétionnaire, sans avoir à se justifier. Catherine MARCHI-UHEL, ex-médiatrice du Comité des sanctions contre

---

1058 Anthony AMICELLE, « Enjeux et usages de la liste "antiterroriste" européenne », *in* Emmanuelle SAULNIER-CASSIA (dir.), *La lutte contre le terrorisme dans le droit et la jurisprudence de l'Union européenne*, LGDJ, 2014.

1059 On peut notamment mentionner les travaux menés par l'ODHIR (Office for Democratic Institutions and Human Rights) de l'OSCE notamment, *Counter Terrorism Protecting Human Rights. A manual*, OSCE/ODHIR, 2007, (en ligne : http://www.osce.org/odihr/29103) ; *Background paper Giessbar II Seminar on Combating the financing of terrorism,* Davos, oct. 2008 (en ligne : http://www.osce.org/odihr/36220) (Cécile RAPOPORT, « Les sanctions ciblées dans le droit de l'ONU », *op. cit.*).

1060 Citons particulièrement le rôle décisif joué par l'Assemblée parlementaire du Conseil de l'Europe et sa résolution 1597 (2008) du 23 janvier 2008 adoptée sur la base de rapport de Dick MARTY (Doc.11454 du 16 novembre 2007). Citons également la jurisprudence du Tribunal de première instance (TPI, 21 sept. 2005, *Yusuf et Al Barakaat c/ Conseil et Commission*, aff. T-306/01 et *Kadi c/ Conseil et Commission*, aff. T-315/01 ; ainsi que plus récemment Trib. UE, 30 sept. 2010, *Kadi c/ Commission*, aff. T-85/09) et de la Cour de justice des Communautés européennes (CJCE, 3 sept. 2008, *Kadi et Al Barakaat c/ Conseil et Commission*, aff. C-402/05 P et C-415/05 P) dans la désormais célèbre affaire « Kadi ».

1061 DGRIS, « Pertinence des sanctions / rétorsions au XXIe siècle : mutations, objectifs et moyens », *Étude Prospective et Stratégique*, n° 2014-10, 25 mars 2015.

Daech et Al-Qaïda a néanmoins déclaré à ce sujet que « *si le recours à la Médiatrice indépendante du Comité des sanctions 1267 du Conseil de sécurité de l'ONU est loin de correspondre à un contrôle juridictionnel, il s'agit d'un recours particulièrement effectif* »[1062].

VLCEK et DE GOEDE vont plus loin en affirmant que l'approche « *désigner et geler* » telle qu'appliquer au terrorisme a été précisément façonnée pour permettre de mener une action contre ceux qui n'auraient pas été poursuivis avec succès au pénal[1063]. En ce sens, le TPICE, dans un arrêt rendu le 30 septembre 2010 dans l'affaire Kadi contre la Commission européenne[1064], a également refusé la qualification juridique de sanction pénale aux sanctions ciblées dans le but d'écarter le moyen invoqué de la violation de la présomption d'innocence et le moyen tiré de l'incompétence du Conseil de l'Union européenne pour prendre de telles sanctions.

De son côté, le Comité des droits de l'homme, dans l'affaire *Sayadi et Vinck*, va également considérer que les sanctions ne peuvent être qualifiées de pénales au sens du Pacte international relatif aux droits civils et politiques, même si ces dernières entraînent de sévères conséquences[1065].

En contradiction avec le Comité des droits de l'Homme et le TPICE, la Cour de Justice de l'Union européenne a déclaré dans une affaire de 2009, qu'une sanction administrative pouvait être considérée comme une sanction pénale au regard de sa sévérité :

> « *la directive 2003/6 (impose) que "des mesures administratives appropriées puissent être prises ou des sanctions administratives appliquées à l'encontre des personnes responsables d'une violation des dispositions arrêtées en application de (cette) directive", les États membres étant, en outre, tenus de garantir que ces mesures sont*

1062 Présentation de Catherine MARCHI-UHEL, médiatrice du Comité des sanctions contre l'EIIL (Daesh) et Al-Qaïda du Conseil de Sécurité, lors de la 51e réunion du Comité des conseillers juridiques sur le droit international public (CAHDI) du Conseil de l'Europe (Strasbourg, 4 mars 2016).

1063 William VLECK, « Acts to combat the financing of terrorism : Common Foreign Security Policy at the European Court of Justice », *European Foreign Affairs Review*, vol. 11, n° 4, 2006, pp. 491-507 ; Marieke DE GOEDE, « Beyond Risk : Premediation and the Post-9/11 Security Imagination », *Security Dialogue*, vol. 39, n° 2, 2008, pp. 155-176.

1064 Trib. UE, 30 sept. 2010, *Kadi c/ Commission*, aff. T-85/09.

1065 « *Bien que le régime des sanctions ait des conséquences sévères pour les individus concernés, ce qui pourrait indiquer que ce régime a un caractère punitif, le Comité considère que ce régime ne concerne pas une "accusation en matière pénale"* », Comm. D. H. de l'ONU, 22 oct. 2008, *Sayadi et Vinck c. Belgique*, §10.11.

"effectives, proportionnées et dissuasives". Néanmoins, eu égard à la nature des infractions en cause ainsi qu'au degré de sévérité des sanctions qu'elles sont susceptibles d'entraîner, de telles sanctions peuvent être, aux fins de l'application de la CEDH, qualifiées de sanctions pénales. »[1066]

Selon la CJUE, le caractère pénal d'une sanction bénéficie d'une autonomie par rapport à la qualification donnée à la sanction par l'autorité d'origine. En ce sens, la sévérité d'une sanction est un indice de son caractère pénal.

C- La place des sanctions financières au sein des sanctions internationales : les différentes familles de sanctions

Suite à l'adoption de mesures davantage ciblées, l'ONU a commencé à adopter des mesures prenant des formes variées. Il existe en effet une pléthore de sanctions possibles que l'on peut rassembler en deux grandes familles de sanctions : les sanctions économiques (1) et les autres sanctions à tonalité politique (2).

1- Les sanctions économiques

Les sanctions économiques se décomposent en deux sous-parties : les sanctions financières (a) et les sanctions commerciales (b). Ces sanctions ont essentiellement vocation à être mises en œuvre par les établissements financiers.

a- Les sanctions financières

Dans le cadre des développements qui suivront, ce sont les sanctions financières qui seront étudiées de manière détaillée. Ces sanctions consistent à :

« *geler les avoirs et les ressources économiques de personnes ou d'un État, à restreindre leur accès aux marchés financiers, à interdire les*

[1066] CJUE, 23 déc. 2009, aff. C-45/08, *Spector Photo Group NV et Chris Van Raemdonck c. Commissie voor het Bank -, Financie- en Assurentiewezen* (CBFA), Rec., 2009, p. 12073.

prêts et crédits, les transferts de fonds internationaux, ou encore la vente de biens immobiliers et les transactions sur ces biens. »[1067]

C'est en effet ce type de sanction qui permet de cibler des individus et est donc particulièrement pertinent dans la lutte contre le financement du terrorisme. Le Professeur Romain TINIÈRE va plus loin en affirmant que « l*es sanctions ciblées ou smart sanctions constituent l'une des réponses de la communauté internationale au développement du terrorisme international qu'elles combattent en s'attaquant à son financement* »[1068]. L'ONU a rappelé dans sa résolution 2199 (2015) « *l'importance du rôle que jouent les sanctions financières pour ce qui est de faire obstacle aux activités de l'EIIL* ».

Ces mesures peuvent toutefois conduire à des effets non désirés comme l'instauration de systèmes financiers parallèles, soit légaux (nouvelles institutions financières, nouveaux systèmes de transfert de fonds de type Bitcoin), soit illégaux (transferts d'argent liquide)[1069]. Ces *effets secondaires* sont néanmoins contrecarrés par certaines recommandations du GAFI que nous étudierons dans la deuxième partie de ce document : les systèmes de transfert de fonds alternatifs font l'objet de la recommandation spéciale VI et les mesures relatives au « *cash couriers* » font l'objet de la recommandation spéciale IX.

b- Les sanctions commerciales

Les sanctions commerciales sont moins adaptées à la lutte contre le financement du terrorisme. Ces dernières visent essentiellement à limiter les relations commerciales avec un État en limitant les importations et les exportations. Le langage courant associe ces sanctions à *l'embargo*[1070] et au

---

1067 Sous la direction de Philippe BAUMARD, David HOTTE, Didier MORLET, Stéphane SAUTERET, Vincent SOULIGNAC, *Les sanctions financières internationales*, RB Édition, 2012, p. 27.

1068 Romain TINIERE, « Le contentieux des sanctions ciblées devant les juridictions de l'Union européenne », *in Les sanctions ciblées au carrefour des droits international et européen*, Table ronde franco-russe avec l'Université d'État Lobatchevski de Nijni-Novgorod, Collection les Conférences Publiques du Centre d'Excellence Jean Monnet Université Pierre-Mendès-France - Grenoble (France), 10 mai 2011.

1069 IHEDN, Rapport présenté par le Comité 1, « Les sanctions internationales sont-elles utiles ? », *op. cit.*, p. 63.

1070 Selon Philippe BAUMARD, David HOTTE, Didier MORLET, Stéphane SAUTERET, Vincent SOULIGNAC, le mot « embargo » vient de l'espagnol « embargar » qui signifie « embarrasser » (*Les sanctions financières internationales, op.cit*, p. 27). D'après le dictionnaire le Robert (2002), l'embargo est « *une interdiction faite par un gouvernement de laisser partir les navires étrangers mouillés dans ses ports* ». La notion s'est étendue à d'autres moyens de *boycott*[1071]. Ces sanctions peuvent être générales ou sélectives, c'est-à-dire ne ciblant que certains produits ou services. Selon Robert RENWICK, ces sanctions sont « *conçues essentiellement comme des dommages économiques imposés à un pays pour qu'il change de politique* »[1072].

2- Les autres sanctions de nature politique[1073]

Il faut ici distinguer les sanctions affectant les déplacements (a), les sanctions militaires (b), diplomatiques (c) et les sanctions culturelles (d).

Ces sanctions se distinguent des sanctions économiques par leur absence supposée de finalités économiques. Dans la réalité, ceci n'est pas nécessairement exact.

a- Les sanctions affectant les déplacements

Ces sanctions peuvent être ciblées en prévoyant l'interdiction pour certaines personnes ou certains groupes d'individus de se déplacer, et peuvent être également plus générales en restreignant certains types de transport aérien. Cette dernière restriction peut notamment interdire tout décollage ou atterrissage d'aéronef appartenant aux Talibans ou bien affrétés ou exploités par ces derniers : cette interdiction est portée dans la résolution 1267 (1999) qui sera étudiée plus loin.

Ce type de mesures a été utilisé contre des hommes d'État ou des hommes politiques non membres d'un gouvernement comme les dirigeants d'Union nationale pour l'indépendance totale de l'Angola (« UNITA ») ou encore contre certains dirigeants de Transnistrie[1074].

Ainsi, bien que ces sanctions n'aient pas pour finalité de porter atteinte à l'économie du pays sanctionné, ces dernières entraînent néanmoins, en

---

transport. Par ailleurs, c'est la libre circulation d'un produit qui est visée et non le moyen de transport.

[1071] Selon Philippe BAUMARD, David HOTTE, Didier MORLET, Stéphane SAUTERET, Vincent SOULIGNAC, « *le boycottage est l'interruption ou le refus d'entretenir des relations commerciales ou financières avec un État. Le boycottage peut aussi être d'ordre moral* » (*Les sanctions financières internationales*, *op. cit*, p. 27).

[1072] Robert RENWICK, *Economic sanctions*, Harvard Univ. Center for International Affairs, 1981, coll. « Relations internationales et stratégiques », Dossier « Les embargos », n° 24, 1996.

[1073] Le canevas de cette subdivision est emprunté à Philippe BAUMARD, David HOTTE, Didier MORLET, Stéphane SAUTERET, Vincent SOULIGNAC, *Les sanctions financières internationales*, *op. cit.*, p. 28.

[1074] Territoire indépendant, non reconnu par la communauté internationale.

pratique, des conséquences économiques certaines, ne serait-ce que pour les opérateurs aériens[1075].

b- Les sanctions militaires

Ces sanctions sont ciblées par nature dans la mesure où elles consistent à mettre en place un embargo spécifique sur les armes ou à supprimer les opérations d'entraînement militaire. Ainsi, seuls les pays disposant d'une force armée subissent les conséquences de ces dernières.

De la même manière, ces sanctions militaires ne visent pas à impacter l'économie du pays sanctionné, pour autant elles entraînent des conséquences économiques, ne serait-ce que pour les sociétés industrielles de production d'armement. Par ailleurs, ces sanctions peuvent emporter d'autres conséquences, notamment sur le droit pour un pays de se défendre.

c- Les sanctions diplomatiques

Les sanctions diplomatiques visent, quant à elles, les représentants d'un État : diplomates et hommes politiques peuvent assister à l'annulation de leur visa et être exclus des activités d'instances internationales. Par exemple, du temps de l'apartheid en Afrique du Sud, les membres du gouvernement sud-africain étaient bannis par l'ONU de toute participation à ses activités.

Ces sanctions peuvent également consister en le retrait d'un pays du personnel diplomatique du siège des organisations internationales. L'ensemble des sanctions diplomatiques est sans incidence sur l'économie du pays sanctionné.

d- Les sanctions culturelles

Ces sanctions ont un impact plus limité que les autres sanctions citées plus haut. Toutefois, elles peuvent considérablement porter atteinte à l'image d'un pays sur la scène internationale.

Ces sanctions consistent en l'exclusion des athlètes d'un pays des compétitions sportives internationales, d'artistes d'événements culturels internationaux. Des restrictions peuvent également être mises en place aux voyages d'études et au tourisme.

[1075] Philippe BAUMARD, David HOTTE, Didier MORLET, Stéphane SAUTERET, Vincent SOULIGNAC, *Les sanctions financières internationales*, *op. cit.*, p. 28.

D- Le processus d'adoption des sanctions : indicateur pertinent de l'étendue des pouvoirs du Conseil de sécurité

En guise de propos introductifs, il convient de noter qu'en vertu de l'article 24 de la Charte des Nations unies, le Conseil de sécurité « *agit conformément aux buts et principes des Nations unies* ». Ces buts et principes sont notamment définis à l'article 1er de la Charte et les sanctions internationales sont prises afin d'atteindre ces buts et principes, c'est à dire :

> « - *maintenir la paix et la sécurité internationales et à cette fin : prendre des mesures collectives efficaces en vue de prévenir et d'écarter les menaces à la paix et de réprimer tout acte d'agression ou autre rupture de la paix, et réaliser, par des moyens pacifiques, conformément aux principes de la justice et du droit international, l'ajustement ou le règlement de différends ou de situations, de caractère international, susceptibles de mener à une rupture de la paix ;*
>
> *- développer entre les nations des relations amicales fondées sur le respect du principe de l'égalité de droits des peuples et de leur droit à disposer d'eux-mêmes, et prendre toutes autres mesures propres à consolider la paix dans le monde ;*
>
> *- réaliser la coopération internationale en résolvant les problèmes internationaux d'ordre économique, social, intellectuel ou humanitaire, en développant et en encourageant le respect des droits de l'Homme et des libertés fondamentales pour tous, sans distinction de race, de sexe, de langue ou de religion.* »

En pratique, il existe, dans la Charte des Nations unies, deux obligations dont la violation conditionne la prise de mesures coercitives prévues au Chapitre VII. Il s'agit, de l'obligation des États d'appliquer les décisions du Conseil de sécurité et il s'agit également, en vertu de l'article 39 de la Charte, de leur obligation implicite de ne pas menacer la paix, de provoquer une rupture de la paix ou de commettre un acte d'agression. Aux termes de l'article 39 de la Charte :

> « *Le Conseil de sécurité constate l'existence d'une menace contre la paix, d'une rupture de la paix ou d'un acte d'agression et fait des recommandations ou décide quelles mesures seront prises*

conformément aux Articles 41 et 42 pour maintenir ou rétablir la paix et la sécurité internationales. »

Dans son cours de 1953 à l'Académie de droit international de La Haye, Hans KELSEN a présenté de la manière suivante l'obligation prévue à l'article 39 de la Charte, sur la base de laquelle il va qualifier les mesures du chapitre VII de la Charte de sanction :

> « *Quand un comportement est la condition spécifique d'une sanction, le comportement contraire est le contenu d'une obligation juridique. Un homme est juridiquement obligé de se conduire d'une manière déterminée quand une sanction est prévue pour la conduite contraire.* »[1076]

L'article 39 dispose de manière évidente que c'est le Conseil de sécurité qui constate l'existence de l'une des trois situations portant atteinte à la paix et la sécurité internationales. Ce pouvoir de constatation vient d'une légitimation collective donnée par les États, dans l'article 24§1 de la Charte : aux termes de cet article, les États membres y » *confèrent au Conseil de sécurité la responsabilité principale du maintien de la paix et de la sécurité internationales et reconnaissent qu'en s'acquittant des devoirs que lui impose cette responsabilité le Conseil de sécurité agit en leur nom* ». De par cette légitimation collective, « *les États ont abandonné leur pouvoir de qualification individuelle au profit d'un organe commun* »[1077].

Il faut néanmoins rappeler que, sans rien enlever à leur nature juridique, les sanctions des Nations unies présentent un caractère particulier, car les trois situations de l'article 39 qui les fondent ne sont pas définies dans la Charte[1078]. Comme évoqué, l'ébauche d'une définition de l'agression se trouve dans l'annexe de la résolution 3314 (XXIX) du 14 décembre 1974[1079] : d'après l'article premier de cette annexe, « *l'agression est l'emploi de la force armée par un État contre la souveraineté, l'intégrité territoriale ou l'indépendance politique d'un autre État, ou de toute autre manière incompatible avec la Charte des Nations unies* ». L'article 2 précise quant à lui que « *l'emploi de la force armée en violation de la Charte par un État*

1076 Hans KELSEN, « Théorie du droit international public », *RCADI,* t. 84, 1953-111, p. 17.

1077 V. Djacoba Liva TEHINDRAZANARIVELO, *Les sanctions des Nations unies et leurs effets secondaires : Assistance aux victimes et voies juridiques de prévention*, *op. cit.*

1078 *Idem.*

1079 Pierre-Marie DUPUY, *Grands textes de droit international public,* Dalloz, 1996, pp. 261-264.

agissant le premier constitue la preuve suffisante à première vue d'un acte d'agression ».

La notion de « *rupture de la paix* » désigne une situation de conflit déjà éclatée mais dans laquelle le responsable de l'agression n'a pas été identifié. La différence entre l'agression et la rupture de la paix, n'est pas donc pas une différence de nature mais une question d'opportunité politique. L'agression est ainsi une situation de rupture de la paix dans laquelle le responsable de l'agression a été identifié. La préférence au recours à la qualification de rupture de la paix résiderait alors dans le fait que celle-ci est « *neutre et n'indique nullement à laquelle des deux parties sont imputables les actes qui y ont conduit* »[1080].

La notion de « *menace contre la paix* » est, quant à elle, une anticipation de la conséquence d'un comportement ou d'une situation sur l'état de paix internationale. Selon Benedetto CONFORTI :

> « *Il s'agit (...) d'une hypothèse vague et élastique qui, contrairement à l'agression et à la rupture de la paix, n'est pas nécessairement caractérisée par des opérations militaires ou en tout cas impliquant l'utilisation de la force, et qui par conséquent peut correspondre aux comportements les plus variés des États.* »[1081]

Les mesures qui peuvent être qualifiées de sanctions au sens de la Charte des Nations unies sont donc celles qui sont adoptées par le Conseil de sécurité en réaction à l'une de ces trois situations de l'article 39 de la Charte. Ainsi, suite à la constatation de l'existence de l'une des trois situations portant atteinte à la paix et la sécurité internationales, le Conseil décide d'adopter les mesures coercitives prévues aux articles 41 et 42 de la Charte. À ce stade du processus des sanctions, il s'agit pour le Conseil de choisir entre les mesures non militaires de l'article 41 et une action armée de l'article 42. Les articles 41 et 42 de la Charte stipulent que :

> « *Le Conseil de sécurité peut décider quelles mesures n'impliquant pas l'emploi de la force armée doivent être prises pour donner effet à ses décisions, et peut inviter les Membres des Nations unies à*

[1080] Jean COMBACAU, *Le Pouvoir de sanction de l'ONU : étude théorique de la coercition non militaire*, Pedone 1974, p. 96.

[1081] Benedetto CONFORTI, « Le pouvoir discrétionnaire du Conseil de sécurité en matière de constatation d'une menace contre la paix, d'une rupture de la paix ou d'un acte d'agression », *in* R.-J. Dupuy (dir.), *Le développement du rôle du Conseil de sécurité. Peace-keeping and Peace-building,* Colloque de l'Académie de droit international de la Haye, Martinus Nijhoff, 1993, p. 53.

appliquer ces mesures. Celles-ci peuvent comprendre l'interruption complète ou partielle des relations économiques et des communications ferroviaires, maritimes, aériennes, postales, télégraphiques, radioélectriques et des autres moyens de communication, ainsi que la rupture des relations diplomatiques.

Si le Conseil de sécurité estime que les mesures prévues à l'Article 41 seraient inadéquates ou qu'elles se sont révélées telles, il peut entreprendre, au moyen de forces aériennes, navales ou terrestres, toute action qu'il juge nécessaire au maintien de la paix et de la sécurité internationales. Cette action peut comprendre des démonstrations, des mesures de blocus et d'autres opérations exécutées par des forces aériennes, navales ou terrestres des Membres des Nations unies. »

À noter qu'en principe, l'application de l'article 41 n'est pas un préalable à celle de l'article 42, même si l'esprit de la Charte pousse à suivre une certaine progressivité dans l'intensité des mesures imposées[1082].

La Charte des Nations unies fait clairement ressortir le fait que les sanctions proprement dites sont décidées par le Conseil de sécurité. Les États, pris individuellement, n'ont ici aucune initiative dans le déclenchement de la sanction. Toutefois, par la suite, afin d'appliquer les sanctions proprement dites des Nations unies, une autre décision du Conseil de sécurité est nécessaire, par laquelle il choisit les mesures coercitives à exécuter par l'ensemble des États[1083]. Les États n'ont, à ce titre, pas le droit d'appliquer une sanction différente de celle fixée par le Conseil. Le Conseil utilise donc les États comme des agents d'exécution des décisions qu'il a adoptées.

En bref, si le déclenchement et le choix des sanctions demeurent des prérogatives du Conseil, l'application effective de ces dernières est assurée individuellement par les États, en vertu de l'article 25 de la Charte qui affirme que « *les membres de l'Organisation conviennent d'accepter et d'appliquer les décisions du Conseil de sécurité conformément à la présente Charte* ».

Sur le plan institutionnel, la décision de créer un régime de sanctions procède d'une résolution du Conseil de sécurité et s'accompagne

[1082] V. Djacoba Liva TEHINDRAZANARIVELO, *Les sanctions des Nations unies et leurs effets secondaires : Assistance aux victimes et voies juridiques de prévention*, *op. cit.*

[1083] *Idem.*

généralement de la création d'un comité des sanctions, organe subsidiaire du Conseil de sécurité, accompagné par un groupe d'experts ou un autre mécanisme chargé de contrôler leur application. Ces Comités sont composés des représentants des membres permanents et de représentants élus d'autres États membres.

Nous allons dès à présent étudier le régime de sanctions initié par la résolution 1267 (1999).

E- Lutter contre le financement du terrorisme islamique : le régime mis en place par les résolutions 1267, 1989, 2253 du Conseil de sécurité

Historiquement, nous l'aurons compris, le Conseil de sécurité a commencé à se préoccuper des questions de terrorisme au début des années 1990 : son action consistait alors « *essentiellement en l'adoption de sanctions contre les États soupçonnés d'avoir des liens avec certains actes terroristes* »[1084]. À titre d'illustration, la résolution 1269 (1999) exhortait tous les États à collaborer afin de prévenir et réprimer tous les actes de terrorisme.

C'est suite aux attentats contre les ambassades de Nairobi et Dar es Salam que le Conseil de sécurité a eu l'idée de lutter contre le financement du terrorisme en ayant recours aux sanctions. Avec la résolution 1267 (1999) et les résolutions qui ont suivi celle-ci, le Conseil de sécurité des Nations unies a créé un premier outil antiterroriste en mettant en place un mécanisme de sanctions à l'encontre des personnes et entités associées à Al-Qaïda, à Oussama BEN LADEN ou aux Talibans. Par la suite, ce régime a évolué afin de tenir compte de l'évolution de la nature de la menace islamique. Ce dernier comprend désormais les membres de Daech.

En matière de terrorisme, les sanctions ciblées sont désormais standardisées et prennent la forme de sanctions financières (gels des fonds), d'interdictions de déplacement (interdiction d'entrée ou de transit sur le

---

[1084] « Action des Nations unies dans le domaine de la lutte contre le terrorisme », en ligne : http://www.diplomatie.gouv.fr/fr/enjeux-internationaux/defense-et-securite/terrorisme/nation-unies-et-terrorisme/.

territoire d'autres États) et d'embargos sur les armes[1085]. Ces dernières ont donc gagné en efficacité malgré la subsistance de critiques virulentes[1086].

Ainsi, dans le cadre de la lutte contre le terrorisme, le Conseil de sécurité a visé Al-Qaïda qui est, depuis 1999, l'objet d'un régime de sanctions propre, créé par la résolution 1267 (1999) (1). Un comité des sanctions a ainsi été mis en place (2), qui adopte essentiellement des mesures de gel des avoirs à l'égard des membres d'Al-Qaïda, et des personnes soupçonnées d'appartenir à ce groupe (3), mais également d'autres sanctions visant à affaiblir la capacité de nuisance du groupe (4). Des modalités précises accompagnent les modalités d'inscription et de radiation d'un nom sur la liste relative aux sanctions contre l'État islamique et Al-Qaïda (5).

1- L'émergence de lutte contre le financement d'Al-Qaïda

Dans les résolutions 1267 (1999) et 1333 (2000), le Conseil de sécurité, agissant en vertu du Chapitre VII de la Charte des Nations unies, a décidé que les États membres de Nations unies gèleraient les avoirs respectifs des Talibans et d'Oussama BEN LADEN ainsi que des entités qu'ils détiennent ou contrôlent telles que désignées par le « *Comité des sanctions* » institué en application de chacune des résolutions. Ainsi, ces résolutions instaurent un régime *autonome* de gel des avoirs financiers en vertu duquel les listes des personnes et entités dont les fonds doivent être gelés sont publiées et

[1085] Le comité du Conseil de sécurité faisant suite aux résolutions 1267 (1999), 1989 (2011) et 2253 (2015) concernant l'EIIL (Daech), Al-Qaïda et les personnes, groupes, entreprises et entités qui leur sont associés prévoit en effet trois types de sanctions : le gel des avoirs, l'interdiction de voyager et un embargo sur les armes.

[1086] Pour Bertrand BADIE, l'inefficacité des sanctions internationales a trois raisons : « *La raison en est triple. D'abord, la mondialisation offre une palette beaucoup plus large de substitutions : lorsqu'un groupe d'États sanctionne un gouvernement déviant, celui-ci peut trouver dans l'extrême variété des autres États des moyens de compenser la pression ou la privation dont il est victime. La Chine, en particulier, excelle dans l'accomplissement de ce rôle de substitution. La même mondialisation favorise aussi les pratiques de contournement : les groupes multinationaux, les acteurs transnationaux servent de support à des stratégies qui permettent d'éviter les effets les plus néfastes des sanctions prises par les États. L'autonomie gagnée par ces acteurs non étatiques, mais présents de plain-pied sur la scène internationale, leur permet sur ce plan d'être efficaces. Enfin, la sanction, paradoxalement, se révèle plus efficace sur les États riches que sur les États pauvres, dans la mesure où elle crée chez les premiers de vraies privations et donc des mobilisations protestataires chez ceux qui en sont victimes* » (Bertrand BADIE, « La sanction internationale est plus associée à la puissance qu'au consensus », *Le Monde*, 19 déc. 2011).

modifiées de temps à autre sous l'autorité du Conseil de sécurité[1087]. Depuis 2002 et la résolution 1390, une liste récapitulative unique est publiée.

À noter, qu'au départ, ce type de programme s'inscrit dans le prolongement des sanctions onusiennes traditionnelles « *en ce qu'il renvoyait avant tout à un instrument politique ayant pour but de faire pression sur un gouvernement ou des élites politiques d'un territoire donné* »[1088]. Toutefois, en matière de terrorisme, les acteurs institutionnels européens ont évoqué la transition effectuée entre l'application :

> « *des mesures de gel de fonds comme une mesure politique contre des gouvernements ou des personnes qui leur sont liées (l'objectif initial de la plupart des régimes onusiens et européens de sanction avant le 11 septembre 2001) et le gel comme mesure préventive, ciblant des individus et des groupes terroristes.* »[1089]

Afin de mettre en œuvre ce régime de sanctions, un Comité des sanctions a été créé par le paragraphe 6 de la résolution 1267 du 15 octobre 1999 : dans ce dernier, le Conseil de sécurité a décidé de « *créer, conformément à l'article 28 de son règlement intérieur provisoire, un comité du Conseil de sécurité composé de tous les membres du Conseil* » dans la perspective de s'assurer que tous les États appliquent les mesures imposées par la résolution, à savoir de « *refuser aux aéronefs appartenant aux Talibans ou affrétés ou exploités par les Talibans ou pour le compte des Talibans (...) l'autorisation de décoller de leur territoire ou d'y atterrir* », et de « *geler les fonds et autres ressources financières, tirés notamment de biens appartenant aux Talibans* ».

2- Le Comité des sanctions

Afin de tenir compte de l'évolution de son mandat, le Comité a changé de nom à plusieurs reprises (a). Ce dernier accomplit ses missions dans le cadre d'un fonctionnement prédéfini (b) et dispose d'organes subsidiaires lui permettant de remplir au mieux les responsabilités qui lui sont confiées (c).

[1087] FMI, « La répression du financement du Terrorisme », *Manuel d'aide à la rédaction des instruments législatifs,* Département juridique, 2003.

[1088] Anthony AMICELLE, « Enjeux et usages de la liste "antiterroriste" européenne, La lutte contre le terrorisme dans le droit et la jurisprudence de l'UE », *op. cit.*

[1089] Council, Note from the Secretary General/High Representative and the Commission to European Council, « Subject: The fight against terrorist financing », 16089/04, 14 dec. 2004, p. 4.

a- L'évolution de la dénomination du Comité : tenir compte de la mutation de la menace terroriste islamique

Initialement dénommé « *Comité du Conseil de sécurité créé par la résolution 1267 (1999) concernant l'Afghanistan* », il est devenu le « *Comité des sanctions contre Al-Qaïda, les Taliban et les personnes et entités qui leur sont associées* » le 2 septembre 2003. Le Comité a ainsi été initialement créé par la résolution 1267 (1999), aux termes de laquelle un embargo aérien limité et un gel des avoirs ont été imposés aux Talibans.

Le 17 juin 2011, le Conseil de sécurité a adopté à l'unanimité les résolutions 1988 et 1989 par lesquelles il a décidé que la liste des personnes et entités visées par les mesures serait scindée en deux. Le Comité a été renommé « *Comité des sanctions contre Al-Qaïda et chargé de surveiller l'application des mesures visant les personnes et entités associées à Al-Qaïda* ». Un comité distinct a été créé par la résolution 1988 (2011) pour surveiller la mise en œuvre des mesures visant les personnes et entités associées aux Talibans qui représentent une menace pour la paix, la stabilité et la sécurité de l'Afghanistan.

Le 17 décembre 2015, le Conseil de sécurité a adopté à l'unanimité la résolution 2253 (2015) par laquelle il a décidé d'élargir les critères d'inscription sur la Liste afin d'y inclure les personnes et entités soutenant l'État islamique d'Iraq et du Levant et chargé l'Équipe de surveillance de présenter des rapports sur la menace au niveau mondial que représentent l'EIIL, Al-Qaïda et les personnes, groupes, entreprises ou entités qui leur sont associés. Depuis l'adoption de la résolution 2253 (2015), le Comité a pris le nom de « *Comité du Conseil de sécurité faisant suite aux résolutions 1267 (1999), 1989 (2011) et 2253 (2015) concernant l'EIIL (Daech), Al-Qaïda et les autres personnes, groupes, entreprises et entités qui leur sont associés* ».

b- Le fonctionnement et missions du Comité

Le Comité est un organe subsidiaire du Conseil de sécurité et est composé des 15 membres du Conseil de sécurité. Le Comité qui prend ses décisions par consensus établit des rapports annuels sur ses activités. Il dispose de directives pour la conduite de ses travaux. Les travaux du Comité sont appuyés par l'Équipe d'appui analytique et de surveillance des sanctions[1090].

Pour mener à bien ces missions, le Comité est accompagné par des organes subsidiaires.

c- Les organes subsidiaires

À la demande du Conseil de sécurité, le Secrétaire général des Nations unies a constitué, suite à la résolution 1526 du 30 janvier 2004, une équipe d'appui analytique et de surveillance afin de soutenir le Comité dans la conduite de ses travaux (i). À côté de cette équipe, le Bureau du médiateur a été créé en 2009 par la résolution 1904 (ii).

(i) L'équipe d'appui analytique et de surveillance

Le 30 juillet 2001, la résolution 1363 a demandé au Secrétaire général de créer un mécanisme de surveillance qui sera chargé de « *Suivre la mise en œuvre des mesures énoncées dans les résolutions 1267 (1999) et 1333 (2000)* », d' « *offrir une assistance aux États limitrophes du territoire afghan contrôlé par les Taliban et à d'autres États* », de « *rassembler des informations sur toute violation des mesures énoncées dans les résolutions 1267 (1999) et 1333 (2000)* »[1091].

Ainsi, la résolution 1526 du 30 janvier 2004 a décidé de « *créer (...) une équipe d'appui analytique et de surveillance des sanctions, établie à New York, placée sous la direction du Comité (1267)* ». Cette équipe est

---

[1090] Le mandat du Comité est le suivant :
- mener des campagnes d'information ;
- surveiller l'application des sanctions ;
- demander l'inscription sur la Liste des personnes et entités qui répondent aux conditions énoncées dans les résolutions pertinentes ;
- examiner les notifications et demandes de dérogations aux sanctions et se prononcer à ce sujet;
- examiner les demandes de radiation de la Liste relative aux sanctions contre l'EIIL (Daesh) et Al-Qaïda et se prononcer à ce sujet ;
- procéder à des examens périodiques et ponctuels de la Liste relative aux sanctions contre l'EIIL (Daesh) et Al-Qaïda ;
- examiner les rapports présentés par l'Équipe d'appui analytique et de surveillance des sanctions ;
- faire rapport, tous les ans, au Conseil de sécurité sur l'application des sanctions ;
- mener des campagnes d'information (https://www.un.org/sc/suborg/fr/sanctions/1267).

[1091] Paragraphe 3.

composée d'experts du contre-terrorisme, et effectue des visites de terrain et produit, de façon autonome ou sur demande du Conseil de sécurité, des analyses et des recommandations sur des thèmes généraux ou particuliers.

L'Équipe de surveillance se charge d'appuyer « *les travaux de deux comités du Conseil de sécurité : le Comité des sanctions contre l'EIIL (Daech) et Al-Qaïda et le Comité 1988* »[1092]. Le mandat de l'Équipe de surveillance est plus précisément décrit dans les paragraphes 43 et 44 et dans l'annexe de la résolution 2160 (2014) et dans les paragraphes 88 à 95 ainsi que dans l'annexe de la résolution 2253 (2015)[1093].

1092 En ligne : https://www.un.org/sc/suborg/fr/sanctions/1267/monitoring-team/work-and-mandate

1093 L'équipe doit ainsi :
- présenter à chaque comité des rapports périodiques sur l'application des sanctions, des rapports réguliers sur ses activités et les visites qu'elle effectue, des rapports spéciaux portant sur des thèmes précis ayant un rapport avec son mandat, comme le Conseil de sécurité l'a demandé dans plusieurs résolutions ;
- étudier la nature évolutive de la menace que présentent Al-Qaïda, Daech et les Talibans et les mesures optimales permettant d'y faire face, notamment en établissant un dialogue avec les chercheurs, les institutions universitaires et les experts concernés ;
- aider le Médiateur à s'acquitter de son mandat ;
- aider les comités à examiner les propositions d'inscription sur les listes des sanctions ;
- aider chaque comité à passer régulièrement en revue les noms figurant sur les listes ;
- recueillir des informations, pour le compte des comités, sur les cas de non-respect des mesures, sur tout fait digne d'intérêt qui puisse justifier une radiation de la liste, sur tout autre élément d'information permettant de garder les listes aussi à jour que possible, sur les mesures prises par les États membres pour appliquer les sanctions, sur les enlèvements et les prises d'otages contre rançon commis par Al-Qaïda, Daesh ou ceux qui leur sont associés et sur les tendances et les faits nouveaux enregistrés dans ce domaine, sur la prévention du détournement délictueux d'Internet par Al-Qaïda, Daech et ceux qui leur sont associés, notamment en effectuant des études de cas et en formulant des recommandations ;
- effectuer des études de cas, de sa propre initiative aussi bien qu'à la demande du Comité, en présentant au Comité, en vue de leur examen par celui-ci, les cas de non-respect ainsi que des recommandations sur les mesures à prendre pour y faire face ;
- réunir des informations, notamment auprès du gouvernement afghan et des gouvernements d'autres États membres, sur les voyages effectués dans le cadre des dérogations accordées ;
- consulter, selon que de besoin, les comités, le gouvernement afghan ou tout État membre concerné aux fins de l'identification de personnes ou d'entités susceptibles d'être ajoutées aux listes ou d'en être radiées ;
- se concerter de manière confidentielle avec les services de renseignement et de sécurité des États membres, notamment à l'occasion de réunions régionales ;
- présenter des recommandations susceptibles d'aider les États membres à mettre en œuvre les mesures ;

Consulter les États membres; les organismes des Nations unies, tels que l'Office des Nations unies contre la drogue et le crime (ONUDC) ; les missions des Nations unies, notamment la Mission d'assistance des Nations unies en Afghanistan (MANUA) ; les organisations compétentes, parmi lesquelles l'Association du transport aérien international (IATA),

L'Équipe d'appui analytique et de surveillance des sanctions, est composée de huit experts, conformément au paragraphe 90 de la résolution 2253 (2015).

(ii) Le bureau du Médiateur

Les sanctions sont ainsi administrées par le Comité du Conseil de sécurité et il faut bien noter que l'inscription sur la liste récapitulative ne dépend pas du fait que la personne ou entité concernée ait fait l'objet d'une condamnation pénale. Ce qui illustre l'étendue des pouvoirs dont dispose le Conseil de sécurité en la matière. En outre, initialement, les individus inscrits sur les listes n'étaient pas informés d'une telle inscription et ne réalisaient cet état de fait qu'au moment où ils essayaient de faire des opérations financières. Une fois cet état réalisé, il était par ailleurs difficile de déterminer les motifs ayant conduit à une telle inscription. Sauf à demander à un État de porter le sujet devant le Conseil de sécurité, les moyens de recours pour contester cette inscription étaient quasiment inexistants[1094]. De nombreuses contestations relatives au fonctionnement du Comité et aux méthodes d'inscription sur les listes ont ainsi été soulevées au fil des années[1095].

---

l'Organisation de l'aviation civile internationale (OACI), l'Organisation mondiale des douanes (OMD) et le Groupe d'action financière sur le blanchiment de capitaux (GAFI) et ses organes régionaux; et des représentants du secteur privé, y compris des institutions financières et des entreprises et groupes professionnels extérieurs au secteur financier, afin de s'informer des mesures concrètes prises aux fins de l'application des mesures, de faire mieux connaître et mieux respecter les mesures et de formuler des recommandations ;
- faciliter l'échange d'informations et le renforcement des capacités afin d'améliorer l'application des mesures ;
- coopérer avec INTERPOL et les États membres en ce qui concerne la publication des Notices spéciales INTERPOL-Conseil de sécurité de l'Organisation des Nations unies, notamment pour ce qui est de l'obtention de données biométriques ;
à l'appui du Comité, travailler en étroite collaboration avec la Direction exécutive du Comité contre le terrorisme et le Groupe d'experts 1540 et participer activement aux activités menées dans le cadre de la Stratégie antiterroriste mondiale des Nations unies, notamment par l'Équipe spéciale de lutte contre le terrorisme et ses groupes de travail ;
- coopérer avec le Secrétariat en vue d'harmoniser le format des listes de sanctions établies par l'Organisation des Nations unies (https://www.un.org/sc/suborg/fr/sanctions/1267/monitoring-team/work-and-mandate).

[1094] Lisa DUMOULIN, « Droits fondamentaux et mesures antiterroristes : l'exemple du gel des avoirs des présumés terroristes », Institut Universitaire Varenne, *in* François COLLART DUTILLEUL, Fabrice RIEM (dir.), *Droits fondamentaux, ordre public et libertés économiques*, LGDJ, 2013.

[1095] V. Lisa DUMOULIN, « Black lists et gel des avoirs. Bilan et perspectives du Médiateur du Comité 1267 des Nations Unies », *Revue de science criminelle et de droit pénal comparé* (n° 1), 2013, pp. 23-50 ; V. Dick MARTY'S report for the Committee on Legal Affairs and

Sur le plan jurisprudentiel, plusieurs affaires peuvent être citées : c'est le cas de l'arrêt de la Cour européenne des droits de l'homme *Nada contre Suisse*[1096] ou encore de l'arrêt *Kadi II* de la Cour de Justice de l'Union européenne que nous verrons en détail plus loin. Ces arrêts critiquent de manière virulente le Comité qui a été obligé de tenir compte de ces derniers en modifiant son fonctionnement.

Ainsi, la résolution 1730 du 16 décembre 2006 met en place un Point Focal au sein du secrétariat général de l'ONU qui a pour fonction de recevoir les demandes de radiation afin de les transmettre aux différents Comités, sans qu'il soit nécessaire de s'adresser au gouvernement de son État. À noter que ce Point Focal est compétent pour l'ensemble des Comités des sanctions, pas uniquement pour le Comité contre Al-Qaïda. Cette résolution marque la première étape dans le processus du Conseil de sécurité visant à apporter davantage de transparence au sein du système des sanctions ciblées.

Selon le dernier considérant de la résolution 1730 (2006), le Conseil de sécurité a « *à cœur d'assurer que des procédures équitables et claires soient en place pour l'inscription d'individus ou d'entités sur les listes des comités des sanctions et pour leur radiation de ces listes* ». Toutefois, même si l'objectif de ce point focal est noble, la pratique révèle des défaillances dans son application : son rôle est en réalité limité et son efficacité discutable. En effet, en analysant plus en détail son fonctionnement, en vertu des paragraphes 4, 5 et 6 de la résolution 1730 (2006), le point focal n'a qu'un rôle de centralisation : en analysant les termes du Conseil de sécurité, il reçoit les demandes de radiation, en accuse réception et les transmet au gouvernement des pays concernés. En bref, le point focal n'a qu'un rôle de secrétariat.

C'est après l'arrêt *Kadi* rendu en 2008 par la CJUE que le Conseil de sécurité, sentant sa légitimité menacée par une instance régionale, a décidé d'approfondir les changements amorcés avec la résolution 1730 (2006) et la création du point focal. Le neuvième considérant de la résolution est assez explicite en ce sens :

Human Right of the Parliamentary Assembly of the Council of Europe, AS/jur (2007) 14, 16th November 2007, p. 4. ; V. la saga judiciaire de Yassin Abdullah Kadi avec le dernier arrêt en date de la Cour de justice de l'Union européenne, CJUE, 18 juill. 2013, aff. jointes C584/10 P, C-593/10 P et C595/10 P, *Commission e.a. c. Yassin Abdullah Kadi*.

[1096] CEDH, 12 sept. 2012, *Nada c. Suisse*, *Recueil des Arrêts et Décisions*, 2012, disponible sur le site de la Cour.

« prenant note des difficultés d'ordre juridique et autres auxquelles se heurte la mise en œuvre des mesures prises par les États membres (...) se félicitent des améliorations apportées aux procédures du Comité (...) et exprimant l'intention de continuer d'œuvrer à rendre ces procédures équitables et transparentes. »

Ainsi, le 17 décembre 2009, la résolution 1904 a créé le Bureau du Médiateur qui a pour mission d'assister le Comité 1267 (1999) dans l'examen des demandes de radiation des listings afin d'améliorer la transparence et le respect des droits fondamentaux. C'est cet organe impartial et indépendant, spécifiquement rattaché au Comité 1267 (1999), qui recevra les demandes de radiation directement des personnes désignées, et aura une fonction d'intermédiaire entre elles et le Comité des sanctions contre Al-Qaïda et les Talibans[1097].

Dans la résolution 1904 (2009), le Conseil de sécurité a prévu plusieurs critères de sélection permettant de choisir au mieux le Médiateur. Selon les termes de la résolution, le Médiateur doit être :

« une personnalité éminente jouissant d'une haute considération morale, connue pour son impartialité et son intégrité et possédant les hautes qualifications et l'expérience requises dans les domaines pertinents (droit, droits de l'Homme, lutte antiterroriste, sanctions, etc.). »

Cette institution se veut indépendante du Comité et des États et suivant l'annexe II de la résolution, trois tâches lui sont confiées. Il y a tout d'abord la collecte d'informations suivant une procédure analogue à celle mise en place pour le Point Focal. Vient ensuite la phase de concertation durant laquelle un dialogue se construit entre le requérant et le Médiateur. Alors que le Point Focal ne se contentait que de réunir les informations, le Médiateur va plus loin en ayant un rôle davantage proactif. Cela aura pour effet de lui reconnaître le droit de donner un avis indépendant au Comité. Enfin, le Médiateur doit tenir le requérant informé de la décision du Comité en expliquant au maximum les raisons de cette décision. En résumé, le Médiateur s'impose comme un intermédiaire important entre les particuliers victimes de sanctions et le Comité 1267.

[1097] Office des Nations unies contre la drogue et le crime ; Service de la prévention du terrorisme, « Programme de formation juridique contre le terrorisme, Module 2 : Le cadre juridique universel contre le terrorisme », 2010.

À noter qu'en vertu du paragraphe 21 de la résolution 1904 (2009), le Médiateur se substitue au Point Focal. Ce dernier n'étant pas spécifique au Comité 1267, il n'est, à partir de la résolution 1904 (2009), plus compétent pour les sanctions visées par la résolution 1267 (1999).

Ainsi, le médiateur 1267 créé par la résolution 1904 (2009) est une institution créée « *en réaction à la jurisprudence Kadi, c'est-à-dire à l'affirmation du nécessaire respect des droits fondamentaux dans le régime des mesures antiterroristes* »[1098]. Ce dernier vient encadrer les pouvoirs substantiels du Conseil de sécurité en matière de sanctions à l'égard des personnes impliquées, ou soupçonnées d'être impliquées dans des affaires de terrorisme.

3- Les mesures de gel d'avoirs adoptées par le Comité

Dans le cadre du gel des avoirs, comme évoqué, tous les États doivent bloquer sans délai « *les fonds et autres avoirs financiers ou ressources économiques des personnes et entités désignées par le Comité.* »[1099]. Comme résumé par la Note explicative sur la terminologie du gel des avoirs approuvée par le Comité des sanctions contre Al-Qaïda le 24 février 2015 :

> « *Le gel des avoirs a pour objet de priver les personnes, groupes, entreprises et entités inscrits sur la Liste des moyens financiers leur permettant de soutenir le terrorisme, et vise par conséquent à faire en sorte qu'aucun fond, avoir financier ou ressource économique ne soient mis à la disposition de ceux-ci tant qu'ils font l'objet de sanctions.* ».

Conformément à l'alinéa (a) du paragraphe 1 de la résolution 2161 (2014), le gel des avoirs s'applique aux personnes, groupes, entreprises et entités dont les noms sont inscrits sur la Liste du Comité des sanctions contre Al-Qaïda, et oblige les États membres à :

> « *Bloquer sans retard les fonds et autres avoirs financiers ou ressources économiques des personnes, groupes, entreprises et entités en question, y compris les fonds provenant de biens leur appartenant ou contrôlés, directement ou indirectement, par eux ou par des personnes agissant pour leur compte ou sur leurs instructions, et*

1098 Lisa DUMOULIN, « Droits fondamentaux et mesures antiterroristes : l'exemple du gel des avoirs des présumés terroristes », *op. cit.*

1099 En ligne : https://www.un.org/sc/suborg/fr/sanctions/1267

veiller à ce que ni ces fonds, ni d'autres fonds, actifs ou ressources économiques ne soient mis à la disposition, directement ou indirectement, de ces personnes, groupes, entreprises et entités par leurs ressortissants ou par des personnes établies sur leur territoire. »

Comme évoqué, le Comité des sanctions du Conseil de sécurité créé par les résolutions 1267 (1999), 1989 (2011) et 2253 (2015) est chargé de surveiller l'application des sanctions imposées par le Conseil de sécurité. Nous nous intéresserons dans ce paragraphe aux mesures de gel d'avoirs en étudiant dans un premier temps les définitions et le champ d'application des mesures de gel des avoirs (a). Nous étudierons par la suite ce que recouvre la notion de gel des fonds indirectement contrôlés par une partie inscrite sur la liste du Comité 1267 (b) avant d'aborder l'interdiction imposée aux ressortissants d'un État membre de l'ONU de mettre des fonds à disposition des personnes impliquées, ou soupçonnées d'être impliquées dans des affaires de terrorisme (c). Enfin, devant la forte capacité de nuisance des mesures de gel des avoirs, des dérogations ont été mises en place au fil des années afin de limiter les effets secondaires de ces dernières (d).

a- Définitions et champ d'application du gel des avoirs

Il convient ici de distinguer le gel de la saisie et de la confiscation (i), de même qu'il convient de distinguer les fonds des ressources financières et des ressources économiques (ii).

(i) Gel, saisie, confiscation

La Convention de 1999 sur la répression du financement du terrorisme impose à chaque État partie de prendre les mesures nécessaires « *à l'identification, à la détection, au gel ou à la saisie de tous fonds utilisés ou destinés à être utilisés pour commettre les infractions* » visées dans la Convention, et « *à la confiscation des fonds utilisés ou destinés à être utilisés pour la commission (de ces) infractions, ainsi que du produit de ces infractions* ». La résolution 1267 (1999) exige de « *geler les fonds et autres ressources financières, tirés notamment de biens appartenant aux Talibans* » ; la résolution 1333 (2000) évoque la nécessité de « *geler sans retard les fonds et autres actifs financiers d'Usama bin Laden* » ; la résolution 1390 (2002) décide que tous les États doivent « *bloquer sans délai les fonds et autres avoirs financiers ou ressources économiques* » de BEN LADEN et des personnes associées à Al-Qaïda et les résolutions 1988 (2011), 1989 (2011) et 2253 (2015) utilisent la même terminologie.

Ainsi, la Convention de 1999 mentionne les termes de « *gel* », « *saisie* » et « *confiscation* » sans les définir et la notion de gel abordée par toutes les résolutions du Conseil de sécurité en matière de financement du terrorisme n'est pas davantage définie par ces dernières. Ces derniers ont été définis quelques années plus tard par les recommandations spéciales du GAFI sur la lutte contre le financement du terrorisme.

Le tableau ci-dessous synthétise les principales différences entre ces trois termes.

	Gel	Saisie	Confiscation
Les fonds sont bloqués	Oui	Oui	Oui
Les fonds continuent d'être administrés par l'organisme financier	Oui	Non	Non
Les fonds demeurent la propriété du propriétaire	Oui	Oui	Non
Les fonds sont transférés à l'État	Non	Non	Oui
Une inscription sur liste suffit	Oui	Non	Non
L'intervention d'une procédure judiciaire est nécessaire	Non	Oui	Oui
Un lien de causalité entre les avoirs et le financement du terrorisme est nécessaire	Non	Oui	Oui

La dernière ligne du tableau est particulièrement intéressante dans la mesure où elle met en évidence l'importance que les États accordent au gel des avoirs dans la lutte globale contre le terrorisme. En effet, cet instrument permet non seulement de lutter contre le financement du terrorisme mais permet également de lutter :

> « *contre le terrorisme lui-même en dissuadant d'éventuels candidats à financer des activités terroristes, en révélant les "circuits monétaires" du financement du terrorisme qui peuvent fournir des indices sur des cellules terroristes et des financiers du terrorisme non encore identifiés, en permettant de démanteler des réseaux de financement du terrorisme, en encourageant des personnes visées à se désolidariser*

des activités terroristes et à renoncer à leur affiliation à des groupes terroristes. »[1100]

Mesure centrale de la lutte contre le financement du terrorisme et contre le terrorisme de manière générale, le gel des « *fonds* » et « *autres ressources financières* » fera, ici, l'objet de développements détaillés.

(ii) Fonds, ressources financières, ressources économiques

Préalablement à l'étude du régime de sanctions mis en place par le Conseil de sécurité des Nations unies, il convient de définir les notions de « *fonds* », « *ressources financières* » ou « *ressources économiques* » qui ne sont ni définies par la Convention de 1999, ni par les résolutions du Conseil de sécurité. À l'échelle internationale, le terme « *fonds* » ou « *autres biens* » est défini par le GAFI et désigne :

> « *les actifs financiers, les biens de toute nature, corporels ou incorporels, meubles ou immeubles, quel que soit leur mode d'acquisition, ainsi que les documents ou instruments juridiques sous toute forme, y compris électronique ou numérique, prouvant la propriété de ou les intérêts sur lesdits fonds ou autres biens, y compris, mais de façon non limitative, les crédits bancaires, les chèques de voyage, les chèques bancaires, les mandats, les actions, les valeurs mobilières, les obligations, les traites ou lettres de crédit, ainsi que les éventuels intérêts, dividendes ou autres revenus ou valeur tirés de ou produits par de tels fonds ou autres biens.* »[1101]

La note explicative sur la terminologie de gel des avoirs approuvée par le Comité des sanctions contre Al-Qaïda le 24 février 2015 précise également que les fonds et autres avoirs financiers s'entendent notamment, mais sans s'y limiter, des éléments suivants :

> « *a) Argent liquide, chèques, créances en numéraire, mandats postaux, effets au porteur, instruments de paiement par Internet tels que monnaies virtuelles et autres instruments de paiement ;*
> *b) Dépôts auprès d'institutions financières ou d'autres entités et soldes de comptes, notamment mais non exclusivement : 1) comptes de*

[1100] V. Kevin Constant Katou, *Réflexions sur les instruments de droit pénal international et européen de lutte contre le terrorisme*, Publibook Des Écrivains, 2013.
[1101] GAFI, les IX recommandations spéciales, 2004, p. 12.

dépôt à terme ou à taux fixe; 2) comptes de titres auprès de banques ou de sociétés de courtage ou autres comptes de négociation ;
c) Dettes et titres de dette, notamment créances commerciales, autres comptes débiteurs, effets à recevoir et autres créances en numéraire ;
d) Actions et autres types de participation financière dans une entreprise individuelle ou en nom collectif ;
e) Titres de placement et titres de créance négociés sur les marchés public et privé, notamment valeurs mobilières, certificats représentant des titres, obligations, lettres de change, bons de souscription, reconnaissances de dette et contrats portant sur des produits dérivés ;
f) Intérêts, dividendes ou autres revenus produits par des avoirs ;
g) Crédit, droit à compensation, garanties, cautions de bonne fin ou autres engagements financiers ;
h) Lettres de crédit, connaissements, actes de vente ; effets à recevoir et autres documents attestant une participation dans des fonds ou ressources financières et tous autres instruments de financement des exportations ;
i) Assurance et réassurance.
Les ressources économiques s'entendent des avoirs de tout type, corporels ou incorporels, meubles ou immeubles, réels ou potentiels, qui peuvent servir à obtenir des fonds, des biens ou des services tels que :
a) Terrains, immeubles et autres biens fonciers ;
b) Matériel, notamment ordinateurs, logiciels, outils et machines ;
c) Mobilier de bureau, aménagements et autres articles fixes ;
d) Bateaux, aéronefs et véhicules à moteur ;
e) Stocks de biens ;
f) Œuvres d'art, biens culturels, pierres précieuses, bijoux ou or ;
g) Matières premières, notamment pétrole, minéraux ou bois d'œuvre ;
h) Armes et matériel connexe, y compris tout article concerné par l'embargo sur les armes visé au paragraphe 1 c) de la résolution 2161 (2014) ;
i) Des matières premières et des composants pouvant servir à fabriquer des engins explosifs improvisés ou des armes non classiques, y compris, mais sans s'y limiter, des produits chimiques ou des cordeaux détonants, ou des produits toxiques ;
j) Brevets, marques, droits d'auteur, marques commerciales, concessions, survaleurs et autres formes de propriété intellectuelle ;
k) Hébergement de sites Internet ou services connexes ;
l) Tous autres biens ».

Les mesures étudiées ici sont les mesures de gel des avoirs découlant de l'inscription sur les listes établies par le Conseil de sécurité des Nations unies.

b- Le gel des fonds indirectement contrôlés par une partie inscrite sur la Liste

Plusieurs précisions sont à apporter à ce paragraphe. Tout d'abord, il se peut en effet que les fonds et autres avoirs financiers ou ressources économiques mis à la disposition d'une partie inscrite sur la Liste ne soient pas détenus directement par ladite partie : ces derniers peuvent être détenus par une personne ou des personnes agissant pour le compte de ladite partie. Les États membres se doivent alors de veiller à ce que ces fonds ou ressources économiques soient également gelés. Identifier les fonds et avantages indirectement détenus par une partie inscrite sur la Liste n'est évidemment pas chose aisée pour les États.

c- L'interdiction de mise à disposition de fonds par un ressortissant d'un État

En outre, le paragraphe 15 de la résolution 2170 (2014) rappelle aux États membres que ces derniers doivent veiller à ce que ni leurs ressortissants ni aucune personne se trouvant sur leur territoire ne mettent à la disposition d'une partie inscrite sur la Liste des fonds et avoirs financiers ou ressources économiques tant que celle-ci est soumise au gel des avoirs.

Selon les paragraphes 7 de la résolution 2161 (2014) et 17 de la résolution 2170 (2014), le Conseil de sécurité confirme que les prescriptions de l'alinéa (a) du paragraphe 1 précitées visent également le paiement de rançons à des personnes, groupes, entreprises ou entités inscrits sur la Liste, quelles qu'en soient les modalités de versement et la provenance. Le versement de rançons à toute partie inscrite sur la Liste est donc interdit.

Le 28 juillet 2014, le président du Conseil de sécurité a rappelé à tous les États membres qu'ils étaient tenus de faire en sorte que leurs ressortissants et les autres personnes ou entités se trouvant sur leur territoire ne se livrent pas à des transactions commerciales ou financières directes ou indirectes avec l'État islamique d'Irak et du Levant et le Front al-Nosra ou à leur profit, en particulier si elles portent sur du pétrole en provenance de Syrie ou d'Iraq[1102].

Toujours en ce sens, au paragraphe 14 de la résolution 2170 (2014), le Conseil de sécurité prend note avec préoccupation des recettes générées par » *les gisements de pétrole et infrastructures connexes contrôlés par l'État islamique d'Iraq et du Levant, le Front el-Nosra et tous les autres individus, groupes, entreprises et entités associés à Al-Qaïda* », condamne « *tout échange commercial direct ou indirect avec l'État islamique d'Iraq et du Levant, le Front al-Nosra et tous les autres individus, groupes, entreprises et entités associés à Al-Qaïda* », et réaffirme que ce type de transactions pourrait être considéré comme un appui financier à des entités désignées par le Comité du Conseil de sécurité faisant suite aux résolutions 1267 (1999) et 1989 (2011).

d- Dérogations aux mesures de gel des avoirs

En application de la résolution 1452 (2002), modifiée par le paragraphe 15 de la résolution 1735 (2006), et comme indiqué aux paragraphes 75 et 76 de la résolution 2253 (2015), le Comité reçoit les communications par lesquelles les États membres lui notifient leur intention d'autoriser, selon qu'il convient, l'accès à des fonds ou autres avoirs financiers ou ressources économiques gelés pour couvrir des dépenses de base, comme le prévoient les dispositions de l'alinéa (a) du paragraphe 1 de la résolution 1452 (2002) et de l'alinéa (a) du paragraphe 75 de la résolution 2253 (2015)[1103]. En outre, en application des paragraphes 9 et 62 de la résolution 2161 (2014), le Point Focal créé par la résolution 1730 (2006) est également habilité à recevoir les demandes de dérogations présentées par des personnes, groupes, entreprises ou entités inscrits sur la Liste, à condition que la demande ait été préalablement soumise à l'État de résidence pour examen.

Une fois notifié, le Comité examine et approuve dans le délai prescrit de cinq jours ouvrables les demandes des États membres aux fins des dépenses extraordinaires visées à l'alinéa (b) du paragraphe 1 de la résolution 1452 (2002) et à l'alinéa (b) du paragraphe 75 de la résolution 2253 (2015).

[1102] « Déclaration du Président du Conseil de sécurité », S/PRST/2014/14, 28 juill. 2014.

[1103] Comité du Conseil de sécurité faisant suite aux résolutions 1267 (1999), 1989 (2011) et 2253 (2015) concernant l'EIIL (Daech), Al-Qaïda et les personnes, groupes, entreprises et entités qui lui sont associés, directives régissant la conduite des travaux du Comité, adoptées le 7 novembre 2002, modifiées les 10 avril 2003, 21 décembre 2005, 29 novembre 2006, 12 février 2007, 9 décembre 2008, 22 juillet 2010, 26 janvier 2011, 30 novembre 2011, 15 avril 2013 et 23 décembre 2016.

Lorsqu'ils présentent au Comité des demandes formulées en application desdits alinéas, les États membres sont encouragés à lui rendre rapidement compte de l'emploi qui a été fait des fonds débloqués, afin d'empêcher qu'ils servent au financement du terrorisme[1104]. Ces dérogations visent à limiter les effets secondaires des mesures de gel d'avoirs et viennent ainsi limiter les pouvoirs du Conseil de sécurité. Au paragraphe 6 de sa résolution 2161 (2014), le Conseil de sécurité :

> « *confirme que le gel des avoirs prévu à l'alinéa a) du paragraphe 1 de la résolution vise les fonds, actifs ou ressources économiques qui pourraient être mis à la disposition, directement ou indirectement, des personnes inscrites sur la Liste pour financer leurs déplacements, y compris les dépenses encourues en ce qui concerne le transport et l'hébergement.* »

L'interdiction de voyager est également une sanction à part entière que le Comité est chargé de faire appliquer par les États membres.

4- Les autres sanctions adoptées par le Comité

À côté des mesures de gel d'avoirs, le Comité est également en mesure de restreindre les déplacements des personnes impliquées, ou soupçonnées d'être impliquées dans des affaires de terrorisme (a). Ce dernier dispose également de la faculté de mettre en place un régime d'embargo sur les armes (b).

a- L'interdiction de voyager

L'interdiction de voyager telle qu'elle est définie à l'alinéa (b) du paragraphe 1 de la résolution 2161 (2014) du Conseil de sécurité fait obligation aux États membres d' :

> « *empêcher l'entrée sur leur territoire ou le transit par leur territoire des personnes en question [inscrites sur la Liste relative aux sanctions contre Al-Qaïda], étant entendu qu'aucune disposition du présent paragraphe n'oblige un État à refuser à ses propres ressortissants l'entrée ou le séjour sur son territoire, et que le présent paragraphe ne s'applique pas dans les cas où l'entrée ou le transit sont nécessaires aux fins d'une procédure judiciaire ni lorsque le Comité*

1104 *Idem.*

[des sanctions contre Al-Qaïda] détermine au cas par cas uniquement que l'entrée ou le transit se justifient. »

L'interdiction de voyager a donc pour objectif de limiter les déplacements des personnes inscrites sur la Liste et vise toutes les personnes inscrites sur la Liste. La responsabilité d'appliquer cette sanction relève ainsi de l'État ou des États d'entrée ou de transit. Les États sont donc tenus d'empêcher l'entrée sur leur territoire des personnes inscrites sur la Liste et d'empêcher le transit par leur territoire de ces personnes.

Afin d'appliquer correctement cette sanction particulière, au paragraphe 9 de la résolution 2178 (2014), le Conseil de sécurité invite les États membres à exiger des compagnies aériennes opérant sur leur territoire qu'elles communiquent à l'avance aux autorités nationales compétentes des informations sur les passagers afin de détecter le départ de leur territoire, ou la tentative d'entrée sur leur territoire ou de transit par leur territoire, à bord d'appareils civils, de personnes désignées par le Comité. Le Conseil invite également les États membres à signaler au Comité tout départ de leur territoire, ou toute tentative d'entrée sur leur territoire ou de transit par leur territoire, de telles personnes et à communiquer ces informations à l'État de résidence ou de nationalité de la personne.

Deux types d'exception à l'interdiction de voyager sont précisés à l'alinéa (b) du paragraphe 1 de la résolution 2161 (2014) : l'entrée sur le territoire d'un État membre de ses propres ressortissants et la nécessité de l'entrée ou du passage en transit sur le territoire d'un État membre aux fins d'une procédure judiciaire.

À côté de ces exceptions, le Comité peut accorder au cas par cas des dérogations à l'interdiction de voyager, uniquement lorsque l'entrée ou le transit se justifient. Ainsi, aux termes du paragraphe 9 de la résolution 2161 (2014) et du paragraphe (o) de la section 12 des directives régissant la conduite des travaux du Comité, une personne inscrite sur la Liste peut solliciter une dérogation à l'interdiction de voyager pour effectuer un voyage nécessaire, notamment pour des raisons médicales ou humanitaires ou pour s'acquitter d'obligations religieuses, par l'entremise de l'État ou des États de destination ou de transit, de l'État de nationalité ou de l'État de résidence. À l'alinéa (b) du paragraphe 62 de la résolution 2161 (2014), le Conseil de sécurité décide que le point focal créé par la résolution 1730 (2006) est également habilité à recevoir les demandes de dérogation à l'interdiction de voyager émanant de personnes inscrites sur la Liste et à les transmettre au Comité[1105].

b- L'embargo sur les armes

L'embargo sur les armes a été instauré par le paragraphe 2 de la résolution 1390 (2002) du Conseil de sécurité et a été reconduit dans des résolutions ultérieures, dont la résolution 2161 (2014). Au paragraphe 1 (c) cette dernière résolution, fait obligation aux États membres d' :

> « *empêcher la fourniture, la vente ou le transfert directs ou indirects aux personnes, groupes, entreprises et entités [figurant sur la Liste], de leur territoire ou par leurs ressortissants établis hors de leur territoire, ou au moyen de navires ou d'aéronefs battant leur pavillon, d'armements et de matériels connexes de tous types, y compris les armes et les munitions, les véhicules et le matériel militaires, l'équipement paramilitaire et les pièces de rechange des armes et matériels susmentionnés, ainsi que la fourniture de conseils techniques, d'assistance ou de formation en matière d'arts militaires.* »

Contrairement aux sanctions précédemment évoquées, l'embargo sur les armes ne prévoit aucune dérogation ni exception.

5- Les modalités d'inscription et modalités de radiation de la liste du Comité

Les directives du Comité 1267 régissant l'organisation de ses travaux contiennent des dispositions détaillées sur la manière d'opérer des ajouts (a) et les radiations (b) sur la liste des personnes et des entités dont les avoirs doivent être gelés.

a- Les modalités d'inscription sur la Liste

Les paragraphes 3 et 5 de la résolution 2253 (2015) définissent les critères d'inscription d'un nom sur la liste relative aux sanctions contre l'État islamique et Al-Qaïda. C'est le Comité qui, en session privée, désigne ces personnes en entités en se fondant sur les renseignements fournis par les États membres de l'ONU, conformément au paragraphe 3 de la résolution

---

[1105] Note explicative sur la terminologie de l'interdiction de voyager approuvée par le Comité des sanctions contre Al-Qaïda le 24 février 2015.

2253 (2015). Le Comité examine les noms dont l'ajout est proposé sur la base du critère de l'« *association* », tel que défini aux paragraphes 3 et 5 de la résolution 2253 (2015). L'existence d'une inculpation ou d'une condamnation pénale n'est pas une condition préalable à l'inscription sur la Liste, les sanctions ayant un caractère préventif. Ainsi, en vertu du paragraphe 3, les actes ou activités indiquant qu'une personne, un groupe, une entreprise ou une entité est associé à l'État islamique ou à Al-Qaïda sont les suivants :

- Le fait de concourir à financer, organiser, faciliter, préparer ou exécuter des actes ou activités de l'État islamique ou du réseau Al-Qaïda, en association avec ceux-ci, sous leur nom ou pour leur compte, ou le fait de les soutenir ;
- Le fait de fournir, vendre ou transférer des armements et matériels connexes à l'État islamique ou à Al-Qaïda ;
- Le fait de recruter pour le compte du réseau Al-Qaïda et de l'État islamique ou de soutenir, de toute autre manière, des actes ou activités du réseau Al-Qaïda et de l'État islamique ou de toute cellule, filiale ou émanation ou tout groupe dissident de ceux-ci.

Le paragraphe 5 de la résolution précise que :

> « *toute personne ou tout groupe, entreprise ou entité possédé ou contrôlé directement ou indirectement par quelque personne, groupe, entreprise ou entité associé à Al-Qaïda ou à l'EIIL, dont ceux inscrits sur la Liste relative aux sanctions contre l'EIIL (Daesh) et Al-Qaïda, qui soutiendrait de toute autre manière ces personnes, groupes, entreprises ou entités, pourra être inscrit sur la Liste.* »

Les directives du Comité encouragent ainsi les États membres « *à instituer une procédure ou un mécanisme national permettant de déterminer les noms des personnes qu'il conviendrait d'inscrire sur la Liste* » et encouragent également les États à :

> « *nommer un interlocuteur pour déterminer les informations à faire figurer sur la Liste conformément aux lois et procédures nationales et de designer un point focal national chargé d'assurer la liaison avec le Comité et l'Équipe de surveillance concernant les questions liées à la mise en œuvre des mesures prescrites au paragraphe 2 de la résolution 2253 (2015) et à l'évaluation de la menace que représentent l'EIIL, Al-Qaïda et les personnes, groupes, entreprises et entités qui leur sont associés.* »

Dans la mesure du possible, les ajouts proposés devraient inclure « *un exposé descriptif des informations qui représentent la base ou la justification des mesures prises* », conformément au paragraphe 45 de la résolution 2253 (2015). En effet, lorsqu'il est proposé d'ajouter un nom à la Liste, l'Équipe de surveillance, en coordination avec l'État ou les États concerné(s) à l'origine de l'inscription, établit immédiatement un projet de résumé des motifs soumis à l'examen du Comité, qui est diffusé avec la demande d'inscription correspondante.

Par la suite, le Comité examine les demandes d'inscription dans un délai de 10 jours ouvrables entiers, qui peut être réduit si un État membre en fait la demande, à la discrétion du président. Lorsque la décision d'inscription est adoptée, dans un délai de trois jours ouvrables suivant l'inscription d'un nom sur la Liste, le Comité invite le secrétariat à communiquer par écrit la décision à la mission permanente du ou des pays dans lequel ou dans lesquels il est possible de croire que la personne ou l'entité se trouve et, dans le cas d'une personne, à la mission permanente de son pays de nationalité. Le Secrétariat joint à cette communication la possibilité de présenter des demandes de radiation au Bureau du Médiateur, conformément au paragraphe 54 et à l'annexe II à la résolution 2253 (2015). Le Secrétariat rappelle également aux États membres auxquels il adresse une telle communication qu'ils sont tenus de prendre toutes les mesures possibles, conformément à leurs lois et pratiques nationales, pour aviser ou informer au plus vite les personnes et entités nouvellement inscrites sur la Liste des mesures qui leur sont imposées. En outre, dans sa communication, le Secrétariat invite les États à fournir, conformément à leurs lois nationales, des renseignements détaillés concernant les mesures prises pour donner effet aux sanctions. Enfin, après que le Secrétariat en a officiellement avisé la mission permanente de l'État ou des États concerné(s), le Médiateur informe les personnes ou entités de leur inscription sur la Liste, lorsque leur adresse est connue, et leur communique tout renseignement complémentaire[1106].

À noter que, avec le concours de l'Équipe de surveillance et du Secrétariat, le Comité procède à un examen annuel de la Liste, comme prévu aux paragraphes 79 à 82 de la résolution 2253 (2015).

[1106] Comité du Conseil de sécurité faisant suite aux résolutions 1267 (1999), 1989 (2011) et 2253 (2015) concernant l'EIIL (Daesh), Al-Qaïda et les personnes, groupes, entreprises et entités qui lui sont associés, Directives régissant la conduite des travaux du Comité, adoptées le 7 novembre 2002, modifiées les 10 avril 2003, 21 décembre 2005, 29 novembre 2006, 12 février 2007, 9 décembre 2008, 22 juillet 2010, 26 janvier 2011, 30 novembre 2011, 15 avril 2013 et 23 décembre 2016

b- Les modalités de radiation

Les personnes et les entités peuvent demander à être radiées de la liste en suivant la procédure arrêtée par le Comité. Si elle souhaite être radiée de la liste, la personne ou l'entité doit introduire auprès du gouvernement de son pays de résidence ou de nationalité une demande tendant à faire réexaminer son cas. Si le gouvernement auquel la demande est adressée décide d'y donner suite, il doit tenter d'obtenir l'accord du gouvernement identifiant initial sur une radiation. En l'absence d'accord, le gouvernement requis peut renvoyer le cas devant le Comité (et, en deuxième instance, devant le Conseil de sécurité). Les radiations peuvent être soumises par différents intermédiaires : par un État membre (i), par l'État à l'origine de la demande d'inscription (ii), par le Bureau du Médiateur (iii).

(i) Demandes soumises par les États membres[1107]

Les États membres peuvent à tout moment soumettre au Comité des demandes de radiation de personnes, de groupes, d'entreprises ou d'entités inscrits sur la Liste relative aux sanctions contre l'État islamique et Al-Qaïda. Le requérant doit alors expliquer dans la demande de radiation pourquoi la personne ou l'entité concernée ne répond plus aux critères définis aux paragraphes 3 et 5 de la résolution 2253 (2015).

Préalablement à la présentation d'une demande de radiation, les États membres qui envisagent de le faire sont invités à tenir des consultations bilatérales avec l'État ou les États à l'origine de l'inscription ainsi qu'avec l'État ou les États de nationalité, de résidence ou de constitution, le cas échéant, des individus, groupes, entreprises et/ou entités concernés.

Une fois la demande présentée, le Comité se prononce sur les demandes de radiation dans un délai de 10 jours ouvrables entiers. Les membres du Comité qui s'opposent à une demande de radiation en indiqueront les raisons, ainsi que le prévoit le paragraphe 71 de la résolution 2253 (2015). Si aucune objection n'est reçue avant l'expiration de la période prévue pour la procédure d'approbation tacite, la décision est réputée adoptée. Le Secrétariat prend alors toutes les mesures nécessaires pour actualiser la Liste et notifie, au plus tard dans les trois jours ouvrables suivant la radiation d'un nom, la mission permanente du ou des pays où l'individu ou l'entité est réputé(e) se trouver, et, dans le cas d'un individu, de son pays de nationalité

[1107] *Idem.*

(pour autant que l'information soit connue). Les États qui reçoivent cette notification sont tenus de prendre, conformément à leurs lois et pratiques nationales, les mesures nécessaires pour aviser ou informer au plus vite de sa radiation la personne ou l'entité concernée.

(ii) Demandes de radiation soumises par les États à l'origine de l'inscription[1108]

Concernant les États à l'origine d'une inscription qui présentent une demande de radiation en application du paragraphe 63 de la résolution 2253 (2015), ces derniers doivent confirmer par écrit, en même temps qu'ils soumettent au Comité la demande de radiation, que celle-ci fait l'objet d'un consensus entre tous les États qui sont à l'origine de l'inscription, lorsqu'il y en a plusieurs. Depuis l'adoption de la résolution 1989 (2011), les coauteurs d'une demande d'inscription ne sont pas considérés comme étant à l'origine de l'inscription aux fins de l'application des paragraphes 26 et 27 de la résolution 2083 (2012).

Le président diffuse la demande de radiation dans un délai de 10 jours ouvrables au titre de la procédure d'approbation tacite. Immédiatement après l'expiration de l'échéance de 10 jours, le Secrétariat informe les membres du Comité de toute objection qui a pu lui être présentée. Si aucune objection n'est reçue au terme du délai prévu pour la procédure d'approbation tacite, la décision est réputée adoptée. Si un ou plusieurs membres du Comité font consigner une objection à la demande de radiation d'un État à l'origine de l'inscription au terme de la procédure d'approbation tacite, la radiation, conformément au paragraphe 63 de la résolution 2253 (2015), prend effet 60 jours après la diffusion de la demande de radiation par le président, sauf si :

i) Tous les membres du Comité s'opposent par écrit à la demande de radiation avant la fin de cette période de 60 jours ; ou que

ii) Un ou plusieurs membres du Comité demande au président, avant la fin de cette période de 60 jours, de soumettre au Conseil de sécurité la demande de radiation présentée par un État à l'origine de l'inscription, pour qu'il se prononce.

1108 Comité du Conseil de sécurité faisant suite aux résolutions 1267 (1999), 1989 (2011) et 2253 (2015) concernant l'EIIL (Daesh), Al-Qaïda et les personnes, groupes, entreprises et entités qui lui sont associés, Directives régissant la conduite des travaux du Comité, adoptées le 7 novembre 2002, modifiées les 10 avril 2003, 21 décembre 2005, 29 novembre 2006, 12 février 2007, 9 décembre 2008, 22 juillet 2010, 26 janvier 2011, 30 novembre 2011, 15 avril 2013 et 23 décembre 2016.

À noter que les membres du Comité qui s'opposent à une demande de radiation doivent en indiquer les raisons, ainsi qu'en dispose le paragraphe 71 de la résolution 2253 (2015).

(iii) Les demandes de radiation soumises par l'intermédiaire du Bureau du Médiateur[1109]

Tout requérant souhaitant présenter une demande de radiation peut soit s'adresser directement au Bureau du Médiateur soit par l'intermédiaire de son État de résidence ou de nationalité ou de l'État de constitution de l'entité. Conformément au paragraphe 54 et à l'annexe II de la résolution 2253 (2015), le Bureau du Médiateur est en effet habilité à recevoir les demandes de radiation présentées par un requérant ou en son nom. Dès lors, les États membres sont priés de communiquer toute information utile au médiateur. Par la suite, selon le paragraphe 8 de l'annexe II de la résolution 2253 (2015), le Conseil de sécurité demande au Médiateur de communiquer au Comité, à l'expiration de la période de concertation avec le requérant, un rapport d'ensemble sur les demandes de radiation qu'il a reçues. Le Secrétariat met ensuite ce rapport à la disposition des membres du Comité après l'avoir reçu. Le Comité a alors 30 jours à compter de la remise du rapport pour l'examiner et, lorsqu'il examine la demande de radiation, le président invite le médiateur à présenter lui-même le rapport d'ensemble. Si le Médiateur recommande le maintien d'un nom sur la Liste, le Comité achève l'examen dudit rapport et avise le Médiateur du maintien de l'inscription sur la Liste. Si le Médiateur recommande dans son rapport d'ensemble de radier un nom de la Liste, le président du Comité, une fois que ledit rapport a été présenté par le Médiateur, diffuse une demande de radiation dans un délai de 10 jours ouvrables au titre de la procédure d'approbation tacite.

À l'expiration du délai de 10 jours au titre de la procédure d'approbation tacite, le Secrétariat informe les membres du Comité de toute objection qui a pu lui être présentée. Si aucune objection n'est reçue au terme de ce délai, la décision est réputée adoptée. Le secrétariat prend alors toutes les mesures nécessaires pour actualiser la Liste relative aux sanctions contre l'État islamique et Al-Qaïda et informe l'État ou les États concerné(s) de la décision du Comité. Le président doit également informer le Médiateur en conséquence. Toutefois, si un ou plusieurs membres du Comité fait consigner une objection à la demande de radiation d'un État à l'origine de

---

[1109] *Idem.*

l'inscription au terme de la procédure d'approbation tacite, la radiation, conformément au paragraphe 56 de la résolution 2253 (2015), prend effet 60 jours après la diffusion de la demande de radiation par le président, sauf si :

i) Tous les membres du Comité s'opposent par écrit à la demande de radiation avant la fin de cette période de 60 jours ; ou que

ii) Un ou plusieurs membres du Comité demande au président, avant la fin de cette période de 60 jours, de soumettre au Conseil de sécurité la demande de radiation présentée par un État à l'origine de l'inscription, pour qu'il se prononce.

Si le Comité décide de rejeter une demande de radiation, il communique sa décision au requérant par l'intermédiaire du Médiateur ou de l'État ou des États concerné(s).

***

Ainsi, à l'heure où la frontière entre la guerre et la paix est de plus en plus floue, où l'ennemi n'est pas aisément identifiable, les gouvernants ne savent comment agir et rechignent désormais à utiliser des moyens militaires. Comme étudiée, la guerre contre le terrorisme n'a pas eu pour effet de mettre un terme à la menace terroriste islamique pesant sur les démocraties occidentales mais semble, au contraire, avoir donné un second souffle à la mouvance islamique.

Cette incapacité des États à apporter une réponse appropriée à la menace terroriste contemporaine a laissé un boulevard au Conseil de sécurité pour agir. Rappelons que l'article 25 de la Charte des Nations unies donne au Conseil les pouvoirs permettant de décider de manière contraignante pour tous les membres des Nations unies les mesures devant être adoptées pour maintenir ou rétablir la paix et la sécurité internationales. Les sanctions sont ainsi, pour le Conseil, un moyen de premier plan pour faire respecter ses décisions.

La résolution 1267 (1999) du Conseil de sécurité a créé un premier outil antiterroriste : le Comité 1267, qui est un organe subsidiaire du Conseil. Cette résolution a mis en place un mécanisme de sanctions à l'encontre des personnes et entités liées à Al-Qaïda, à Oussama BEN LADEN et aux Talibans. Celle-ci a été complétée en 2011 par les résolutions 1989 (2011) et

1988 (2011) et en 2015 par la résolution 2253 (2015) relative aux sanctions visant les personnes associées, ou soupçonnées d'être associées à Daech.

Devant la forte capacité de nuisance de ces sanctions à l'égard des droits de la personne, il est apparu nécessaire de mettre en place des procédures respectueuses des droits des personnes et entités sanctionnées. Le Conseil de sécurité a ainsi adopté la résolution 1452 (2004) prévoyant certaines mesures dérogatoires aux mesures de gel des avoirs pour des raisons humanitaires, la résolution 1730 (2006) créant pour l'ensemble des régimes de sanctions établis par le Conseil de sécurité un point de contact unique (le « Point Focal ») permettant le dépôt des demandes de radiation d'une liste de sanctions. La résolution 1822 (2008) a rendu obligatoire, pour le régime de sanctions à l'encontre d'Al-Qaïda et des Talibans l'information des personnes et entités sanctionnées, la motivation des sanctions et l'actualisation régulière de la liste de personnes et entités sanctionnées. Enfin, une étape a été franchie le 17 décembre 2009 avec la création d'un médiateur par la résolution 1904 (2009).

Ces mesures limitatives démontrent la puissance des sanctions adoptées par le Conseil de sécurité et la nécessité de les encadrer. Ces mesures mettent également en évidence le fait, qu'à travers l'adoption de tels régimes de sanctions, le Conseil de sécurité s'est engagé dans une voie qui n'a vraisemblablement pas été envisagée par les auteurs de la Charte, celle de l'élaboration normative générale qui, au nom de l'urgence et de la gravité de la situation, serait amenée à remplacer la voie conventionnelle ou la voie coutumière[1110]. L'adoption des résolutions précitées vise donc à encadrer un pouvoir de sanction du Conseil de sécurité dont la coercivité n'avait pas été envisagée par la Charte des Nations unies.

Nous avons vu que la capacité du Conseil à qualifier une situation de menace à la paix et à la sécurité interroge sur la discrétionnalité de ce pouvoir, ce dernier tendant vers l'arbitraire. S'ajoute à cette liberté d'appréciation, des pouvoirs de sanctions d'une ferme coercivité interrogeant sur la véritable nature des pouvoirs du Conseil de sécurité.

Ces interrogations ne seront que renforcées devant l'adoption, par le Conseil de sécurité, de la résolution 1373 (2001) le 28 septembre 2001.

[1110] Olivier CORTEN, « Vers un renforcement des pouvoirs du Conseil de sécurité dans la lutte contre le terrorisme ? », *Le droit international face au terrorisme*, *op. cit.*

II- Le Conseil de sécurité, un législateur mondial ?

Le Conseil de sécurité, ainsi que le souligne René DEGNI-SEGUI[1111], a un pouvoir à la fois discrétionnaire et autoritaire. Même la Cour internationale de Justice reconnaît implicitement le caractère discrétionnaire (mais non autoritaire) du pouvoir du Conseil puisqu'elle s'est, jusqu'à présent, toujours refusée à contrôler la conformité d'une résolution du Conseil à la Charte. C'est au Conseil qu'il revient l'interprétation des moyens d'action qui lui sont attribués par la Charte et de leur extension. Il peut conférer à ses actes un caractère décisoire. Ses mesures, en vertu de l'article 25 de la Charte, s'imposent aux États avec une force obligatoire. Nous l'avons vu, les sanctions qu'il adopte peuvent être lourdes de conséquences pour l'économie des pays visés. Comme l'écrit Oriane Ben ATTAR :

> « *En outre, ces actes qui imposent de nouvelles obligations à la charge des États au nom du maintien de la paix n'ont pas pour unique objet d'encadrer les relations interétatiques mais plutôt d'instaurer des règles à l'usage des États pour mettre leur ordre interne en état de rétablir la paix. Le fonctionnement du système de sécurité collective donnerait donc naissance à un droit dérivé onusien dont l'aspect objectif trancherait avec le caractère essentiellement intersubjectif de l'ordre juridique international et dont l'objet impliquerait une pénétration du droit international dans les ordres étatiques telle qu'elle imposerait de repenser les rapports qui s'établissent entre les ordres juridiques en situation de crise.*[1112] »

Comme nous l'avons constaté, l'article 39 ne fixe aucune limite au pouvoir discrétionnaire de qualification du Conseil de sécurité, qui n'est susceptible d'aucun contrôle juridictionnel, ni encadré par aucune définition limitative de la rupture de la paix, de la menace contre la paix ou de l'agression. Les rédacteurs de la Charte ont délibérément laissé la formule « *menace contre la paix* » dans l'indétermination, dans le but de laisser le Conseil de sécurité libre d'élargir son champ d'action[1113].

[1111] René DEGNI-SEGUI, « Article 24, paragraphe 1 et 2 », *in* Jean-Pierre COT, Alain PELLET, *La Charte des Nations unies : Commentaire article par article*, Economica, 3e éd., Vol. I, pp. 894-897.

[1112] Oriane BEN ATTAR, « Contribution à l'analyse de l'émergence d'un droit dérivé onusien dans le cadre du système de sécurité collective », *Civitas Europa*, n° 30, 2013, pp. 99-115.

[1113] Evelyne LAGRANGE, *Les opérations de maintien de la paix et le chapitre VII de la Charte des Nations unies*, Monchrestien, 1999, pp. 36-37.

Par conséquent, le Conseil de sécurité est habilité, en vertu de la Charte des Nations unies, à procéder à la qualification de tout fait international pouvant constituer une menace contre la paix, une rupture de la paix ou un acte d'agression. La lettre de l'article 39 de la Charte ne prévoit pas expressément cette opération de qualification puisqu'il mentionne que le Conseil « *constate* » l'existence de ces situations. Mais, on ne peut aboutir à cette constatation qu'on partant d'une situation de fait à laquelle on applique des critères juridiques en vue de la qualifier et la considérer comme une menace contre la paix, rupture de la paix ou acte d'agression.

Ne disposant pas de limites quant à la qualification des situations pouvant constituer une menace à la paix, la pratique récente du Conseil s'insère dans une démarche d'élargissement de cette notion qui est à l'origine de la mise en œuvre de ses pouvoirs en vertu du chapitre VII. C'est en usant de son pouvoir discrétionnaire que le Conseil opère les élargissements de son domaine d'action[1114]. Une évolution qui a pour conséquence d'élargir le champ matériel de la compétence du Conseil. En effet, en considérant que les actes de terrorisme international constituent une menace contre la paix (en vertu de la résolution 1368 (2001)), le Conseil se crée la possibilité de s'offrir tous les moyens d'action qu'il est habilité à utiliser en la matière. En effet, dans sa résolution 1368 (2001), le Conseil est :

> « *Résolu à combattre par tous les moyens les menaces à la paix et à la sécurité internationale causées par les actes terroristes, (...) Condamne catégoriquement dans les termes les plus forts les épouvantables attaques terroristes qui ont eu lieu le 11 septembre 2001 à New York, Washington (DC) et en Pennsylvanie et considère de tels actes, comme tout acte de terrorisme international, comme une menace à la paix et à la sécurité internationales.* »

Cette résolution ne sera qu'un préalable à la résolution 1373 (2001) que nous avons mentionné à plusieurs reprises et qui donnera une nouvelle dimension au droit international.

[1114] Fatma RAACH, « La compétence externe du Conseil de sécurité ou les forces nouvelles du droit international », *Annuaire mexicain de droit international*, vol. XI, 2011, pp. 407-431.

A- La résolution 1373 du 28 septembre 2001 : la nouvelle dimension verticale du droit international

En dépit des critiques formulées à l'encontre de cette résolution, et même si des résolutions de l'Assemblée générale des Nations unies[1115] et du Conseil de sécurité condamnaient déjà le financement du terrorisme préalablement à la date du 28 septembre 2001, la résolution 1373 (2001) constitue l'acte fondateur de l'édifice réglementaire visant à lutter contre le financement du terrorisme.

C'est en effet véritablement à partir du 11 septembre 2001 que le volet financier de la lutte contre le terrorisme est devenu une priorité pour la communauté internationale. Évoquée à de multiples reprises dans différents contextes, la résolution 1373 du 28 septembre 2001 constitue l'une des résolutions les plus importantes en matière de lutte contre le terrorisme.

Cette dernière est la première résolution du Conseil de sécurité à déclarer que « *tout* » acte de terrorisme constitue une *menace à la paix et à la sécurité internationales*. Les mesures collectives ainsi adoptées en vertu de l'application du Chapitre VII de la Charte des Nations unies en réponse au terrorisme en tant que menace à la paix et à la sécurité internationales imposent aux États de prendre des mesures à l'encontre de personnes, de groupes, d'organisations et de leurs avoirs financiers. Or auparavant, le contenu des décisions du Conseil de sécurité n'était orienté qu'à l'encontre des actes et des politiques des États, seuls acteurs susceptibles de menacer la

---

[1115] Dès le 16 janvier 1997, la résolution 51/210 de l'Assemblée générale des Nations unies, demandait aux États de prendre : « *des mesures pour prévenir et empêcher, par les moyens internes appropriés, le financement de terroristes ou d'organisations terroristes, qu'il s'effectue soit de manière directe, soit indirectement par l'intermédiaire d'organisations qui ont aussi ou prétendent avoir un but caritatif, culturel ou social, ou qui sont également impliquées dans des activités illégales telles que le trafic illicite d'armes, le trafic de stupéfiants et l'extorsion de fonds, y compris l'exploitation de personnes aux fins de financer des activités terroristes, et en particulier envisager, si besoin est, d'adopter une réglementation pour prévenir et empêcher les mouvements de fonds soupçonnés d'être destinés à des fins terroristes, sans entraver en aucune manière la liberté de circulation des capitaux légitimes, et intensifier les échanges d'information sur les mouvements internationaux de tels fonds* ». V. également la résolution 53/108 du 26 janvier 1999 dans laquelle l'Assemblée générale des Nations unies « *demande de nouveau aux États de s'abstenir d'entraîner des terroristes ou de financer ou d'encourager des activités terroristes ou d'apporter un autre soutien quelconque à de telles activités* ». Dans le même sens, v. la résolution 52/165 du 15 décembre 1997, et la résolution 49/60 du 17 février 1995 adoptées par l'Assemblée générale des Nations unies.

paix et la sécurité internationales. Avec les attentats du 11 septembre 2001, les Nations unies et le droit international ont subitement découvert que des acteurs privés pouvaient également, à l'instar des États, menacer la paix et la sécurité.

En adoptant des énoncés obligatoires, généraux, permanents et abstraits, le Conseil de sécurité s'est ainsi posé, pour la première fois de son histoire, en créateur de normes générales, exerçant sur la scène internationale un pouvoir en tous points semblable à celui du législateur dans l'ordre juridique interne des États (1)[1116]. On s'éloigne considérablement de la figure classique du Conseil en tant qu'organe de police, chargé de faire face à des situations particulières de menace pour la paix et la sécurité internationales en adoptant des mesures ponctuelles pour juguler les crises.

L'adoption de cette dernière marque le franchissement d'un seuil par le Conseil au sujet de l'extension de ses propres compétences. Cette résolution reprend un certain nombre de dispositions de la Convention de 1999, qu'elle rend instantanément obligatoire pour tous les États (2). Le Conseil transforme de la sorte en normes de portée générale des obligations conventionnelles qui n'avaient jusque-là pu produire d'effet juridique, la Convention n'étant pas encore entrée en vigueur en raison d'un nombre particulièrement réduit de ratifications[1117]. En cela, cette résolution est fréquemment considérée comme révolutionnaire (3)[1118].

1- La prétention législative du Conseil de sécurité

Avec la résolution 1373 (2001), le Conseil de sécurité a franchi une nouvelle étape non envisagée par la Charte. Ce dernier s'est doté d'une nouvelle capacité normative en imposant à tous les États membres de l'ONU l'obligation d'adopter des mesures législatives, administratives et judiciaires en vue de prévenir des activités terroristes[1119].

La résolution comporte des énoncés obligatoires, généraux, permanents et abstraits qui laissent transparaître cette *prétention législative* des acteurs du Conseil de sécurité. Or, en théorie, dans le contexte du Chapitre VII de la Charte, les pouvoirs reconnus au Conseil ont vocation à être mis en œuvre

---

[1116] Pierre KLEIN, « Le Conseil de sécurité et la lutte contre le terrorisme : dans l'exercice de pouvoirs toujours plus grands ? », *op. cit.*

[1117] *Idem.*

[1118] Fatma RAACH, « La compétence externe du Conseil de sécurité ou les forces nouvelles du droit international », *op. cit.*

[1119] Jean-Marc DE LA SABLIÈRE, *Le Conseil de sécurité des Nations unies : Ambitions et limites*, *op. cit.*, p. 38.

pour une période limitée à l'égard de situations particulières où la paix et la sécurité internationales se trouvent mises en danger. Il s'agit donc, en principe, d'interventions ponctuelles, par rapport à des situations de crise précisément identifiées[1120].

L'ONU ne conteste pas la portée très générale de la résolution 1373 (2001), en attestent les lettres identiques datées du 1er août 2002, adressées au président de l'Assemblée générale et au président du Conseil de sécurité par le Secrétaire général. Ces dernières affirment, au sujet de cette résolution que :

> « *C'est l'une des résolutions du Conseil de sécurité dont la portée est la plus vaste puisqu'elle vise à faire en sorte que toute personne qui participe au financement, à la planification, à la préparation et/ou à la commission d'actes terroristes ou appuie des actes terroristes soit traduite en justice et que les actes terroristes soient considérés par la législation interne des États comme des crimes graves et soient sanctionnés comme tels.* »[1121]

Or c'est notamment pour sa portée très générale et pour sa fonction normative que le Conseil de sécurité s'est attribuée[1122] que cette résolution a été fortement critiquée. Certains ont critiqué le « *caractère lacunaire du régime ainsi instauré par la résolution 1373* »[1123]. Selon Paul SZASZ :

> « *Par le passé (...) le Conseil de sécurité a souvent demandé aux États de prendre certaines mesures, telles que la mise en œuvre de sanctions contre un État particulier ou la coopération avec un tribunal ad hoc, mais ces exigences ont toujours concerné une situation ou un différend particulier et, même si ces exigences n'étaient pas limitées dans le temps, elles expireraient naturellement lorsque le problème en question et toutes ses conséquences étaient résolus. En revanche, la résolution 1373, inspirée par les attaques du 11 septembre 2001, (...) n'est pas limitée dans le temps de manière explicite ou implicite, et une partie importante de la résolution peut être considérée comme instaurant de nouvelles règles contraignantes de droit international - plutôt que de simples recommandations relatives à une situation*

1120 Pierre KLEIN, « Le Conseil de sécurité et la lutte contre le terrorisme : dans l'exercice de pouvoirs toujours plus grands ? », *op. cit.*
1121 Doc. A/57/150, annexe concernant le Rapport du Groupe de réflexion sur les implications du terrorisme pour les politiques de l'ONU, p. 9§ 32 cité par Yas BANIFATEMI, « La lutte contre le financement du terrorisme international », *op. cit.*
1122 Yas BANIFATEMI, « La lutte contre le financement du terrorisme international », *op. cit.*
1123 *Idem.*

particulière - et, crée même un mécanisme visant à surveiller leur respect. »[1124]

L'auteur critique par ailleurs les États-Unis, inspirateurs de cette résolution, elle-même inspirée de la Convention de 1999, mais n'ayant pas eux-mêmes ratifié la Convention. En pratique, la résolution 1373 (2001) est juridiquement critiquable dans la mesure où elle ouvre la voie à des résolutions abstraites, non limitées dans le temps ni à des situations particulières et créatrices de droit.

Cette incursion du Conseil de sécurité dans le champ législatif s'est répétée en 2004, avec l'adoption de la résolution 1540 (2004), dans laquelle le Conseil énonce de nouvelles obligations de portée générale pour l'ensemble des États en vue de prévenir l'utilisation par des groupes terroristes d'armes de destruction massive. Ici encore, ce sont les impératifs de la lutte contre le terrorisme qui paraissent justifier l'exercice de pareils pouvoirs exceptionnels[1125]. Si l'adoption de la résolution 1373 (2001) s'est faite dans un contexte marqué par la panique de l'après 11 septembre 2001 et n'a pas exigé de débats et de discussions, ce qui a poussé Paul SZASZ à considérer que les États n'étaient pas conscients du caractère pionnier de ce qu'ils étaient en train de faire, l'adoption de la résolution 1540 s'est faite après des discussions vives et avec une conscience de l'évolution du rôle normatif du Conseil de sécurité[1126].

La résolution 1540 (2004) adopte en effet la même démarche que la résolution 1373 (2001) en mettant en place un comité chargé de s'assurer de la mise en œuvre des dispositions de cette résolution sur le plan national. Cette résolution, adoptée à l'unanimité tout comme la résolution 1373 (2001), est une manifestation de ce pouvoir normatif du Conseil mis en œuvre pour faire face à un danger mondial. L'adoption de la résolution 1540 (2004) ne fait que confirmer ce nouveau pouvoir original et créateur offrant des forces nouvelles au Conseil de sécurité.

À noter toutefois que l'attribution de ce nouveau pouvoir par le Conseil de sécurité ne s'est pas faite sans vives discussions au sein du Conseil de sécurité. Dans le cadre de l'adoption de la résolution 1540 (2004), certaines

---

[1124] Paul SZASZ, « The Security Council Starts Legislating », *AJIL*, vol. 4, 2002, p. 902.
[1125] Pierre KLEIN, « Le Conseil de sécurité et la lutte contre le terrorisme : dans l'exercice de pouvoirs toujours plus grands ? », *op. cit.*
[1126] *Idem.*

délégations, comme l'Allemagne[1127], se sont insurgées contre le détournement du Chapitre VII opéré par le Conseil de sécurité.

Ces différents précédents mettent néanmoins en évidence la tendance du Conseil de sécurité à cumuler les fonctions *exécutives* ou de *police* – qui sont les siennes selon la Charte des Nations unies – mais aussi *judiciaires* et *législatives*, qu'il n'a jamais été question de lui reconnaître dans le système de la Charte.

En pratique, il est intéressant de constater que la résolution 1373 (2001) reprend plusieurs dispositions de la Convention de 1999, qu'elle rend instantanément obligatoires pour tous les États. Le Conseil transforme ici en normes de portée générale des obligations conventionnelles qui n'avaient jusque-là pu produire d'effet juridique[1128].

2- Les obligations imposées aux États : de la Convention de 1999 à la résolution 1373 (2001)

Le tableau ci-dessous présente le contenu des trois paragraphes du dispositif de la résolution qui s'adressent aux États et les oppose aux dispositions de la Convention de 1999.

Résolution de 1373	Convention de 1999
(ii) Tous les États doivent :	
a) Prévenir et réprimer le financement des actes de terrorisme	L'article 4 poursuit un but similaire.
b) Ériger en infraction la fourniture ou la collecte délibérée par leurs nationaux ou sur leur territoire	L'article 4 impose à chaque État partie de prendre les mesures nécessaires pour « ériger en infraction pénale » le terrorisme tel que défini dans la convention.
c) gèlent les fonds des terroristes et des entités qui leur appartiennent ou qu'ils contrôlent ainsi que des personnes agissant en leur nom	L'article 8 impose aux États parties d'adopter « *les mesures nécessaires à l'identification, à la détection, au gel ou à la saisie de tous fonds utilisés ou destinés à être utilisés pour commettre les*

[1127] Jean-Marc DE LA SABLIÈRE, *Le Conseil de sécurité des Nations unies : Ambitions et limites*, *op. cit.*, p. 39.

[1128] Pierre KLEIN, « Le Conseil de sécurité et la lutte contre le terrorisme : dans l'exercice de pouvoirs toujours plus grands ? », *op. cit.*

	infractions visées » par la Convention.
d) interdisent à leurs nationaux et résidents de mettre des fonds à la disposition de personnes qui commettent des actes de terrorisme.	Cette disposition n'est pas contenue dans la convention de 1999.
(iii) Tous les États doivent :	
a) S'abstenir d'apporter quelque forme d'appui que ce soit, actif ou passif, aux entités ou personnes impliquées dans des actes de terrorisme	Cette disposition n'est pas contenue dans la convention de 1999.
b) Prendre les mesures voulues pour empêcher que des actes de terrorisme ne soient commis, notamment en assurant l'alerte rapide d'autres États par l'échange de renseignements	L'article 18 3) impose aux États de coopérer en échangeant des renseignements entre leurs organismes homologues.
c) Refuser de donner refuge à ceux qui financent, organisent, appuient ou commettent des actes de terrorisme	Cette disposition n'est pas contenue dans la convention de 1999.
d) Empêcher que ceux qui financent, organisent, facilitent ou commettent des actes de terrorisme n'utilisent leurs territoires respectifs pour commettre de tels actes	L'article 18 1) a) impose aux États de coopérer pour empêcher que leur territoire soit utilisé pour financer des terroristes.
e) Veiller à ce que toutes personnes qui participent au financement, à l'organisation, à la préparation ou à la perpétration d'actes de terrorisme soient traduites en justice	Les articles 9, 10 et 17 poursuivent un but similaire.
f) Se prêter mutuellement la plus grande assistance lors des enquêtes criminelles et autres procédures portant sur le financement d'actes de terrorisme	L'entraide judiciaire et l'extradition sont deux sujets développés aux articles 11, 12 et 15.

g) Empêcher les mouvements de terroristes ou de groupes de terroristes en instituant des contrôles efficaces aux frontières	L'article 18 2) b) impose aux États d'envisager des mesures qui permettent de détecter ou de surveiller le transport physique transfrontière d'espèces et de certains effets au porteur.
(iv) Demande à tous les États :	
a) De trouver les moyens d'intensifier et d'accélérer l'échange d'informations	Les articles 12 et 18 3) comportent des dispositions similaires.
b) D'échanger des renseignements afin de prévenir les actes de terrorisme	Les articles 12 et 18 3) comportent des dispositions similaires.
c) De coopérer afin de prévenir et de réprimer les actes de terrorisme	Les articles 12 et 18 3) comportent des dispositions similaires.
d) De devenir dès que possible parties aux conventions et protocoles internationaux relatifs au terrorisme, y compris la Convention de 1999.	
e) De coopérer et d'appliquer intégralement les conventions et protocoles internationaux relatifs au terrorisme ainsi que les résolutions 1269 (1999) et 1368 (2001)	
f) De prendre les mesures appropriées afin de s'assurer, que les demandeurs d'asile n'ont pas organisé ou facilité la perpétration d'actes de terrorisme et n'y ont pas participé	Cette disposition n'est pas contenue dans la convention de 1999.
g) De veiller à ce que les auteurs ou les organisateurs d'actes de terrorisme ne détournent pas à leur profit le statut de réfugié, et à ce que la revendication de motivations politiques ne soit pas considérée comme pouvant justifier le rejet de demandes	L'article 14 poursuit un objectif relativement similaire.

d'extradition de terroristes présumés	

En résumant ce tableau et les obligations qui sont imposées aux États, deux sous rubriques peuvent être présentées : la fixation de normes internationales en matière de lutte contre le financement du terrorisme (a) et le gel des avoirs financiers des terroristes (b).

a- La fixation de normes internationales en matière de lutte contre le financement du terrorisme

En matière de financement du terrorisme, la résolution distingue clairement le financement des actes de terrorisme et le financement des terroristes.

Le financement des actes de terrorisme est évoqué aux paragraphes 1(a) et 1(b) de la résolution. Le premier paragraphe énonce que les États doivent « *prévenir et réprimer le financement des actes de terrorisme* », le second impose aux États d' « *ériger en infraction la fourniture (...) de fonds que l'on prévoit d'utiliser ou dont on sait qu'ils seront utilisés pour perpétrer des actes de terrorisme* ». Comme évoqué dans le tableau, la formulation utilisée par le paragraphe 1(b) est très proche de celle de la Convention et la résolution demande d'ailleurs aux États de devenir partie à la Convention dans son paragraphe 3(d). Ces deux paragraphes ont clairement été rédigés en s'inspirant de la Convention.

L'interdiction de financer les terroristes est quant à elle énoncée à l'article 1(d) : les États « *interdisent à leurs nationaux ou à toute personne ou entité se trouvant sur leur territoire de mettre des fonds (...) à la disposition (...) de personnes qui commettent ou tentent de commettre des actes de terrorisme* ». Ce paragraphe crée une obligation autonome qui n'est pas contenue dans la Convention.

Le paragraphe 2 impose également aux États d'autres obligations en matière de terrorisme : l'obligation de s'abstenir d'apporter un appui aux terroristes, de prendre des mesures pour empêcher les actes de terrorisme, de refuser de donner asile aux terroristes et à ceux qui financent des actes de terrorisme, de traduire ces personnes en justice, de prêter la plus grande assistance aux autres États en matière d'enquêtes criminelles et autres procédures, et d'empêcher les mouvements de terroristes ou de groupes de terroristes par des contrôles efficaces aux frontières et d'autres mesures[1129].

Le paragraphe 3 impose aux États d'intensifier et d'accélérer l'échange d'informations concernant les mouvements et les actions de terroristes, de coopérer sur les plans administratif et judiciaire afin de prévenir les actes de terrorisme, de coopérer dans le cadre d'accords et d'arrangements bilatéraux et multilatéraux afin de prévenir et de réprimer les actes de terrorisme et de poursuivre leurs auteurs, de devenir parties aux conventions et protocoles internationaux « *pertinents* » (y compris à la Convention), d'appliquer intégralement ces conventions ainsi que les résolutions 1269 (1999) et 1368 (2001) du Conseil de sécurité, de s'assurer que les demandeurs d'asile n'ont pas organisé ou facilité la perpétration d'actes de terrorisme ou n'y ont pas participé, et de veiller à ce que les terroristes n'utilisent pas abusivement le statut de réfugié et à ce que la revendication de motivations politiques ne soit pas considérée comme pouvant justifier le rejet de demandes d'extradition de terroristes présumés[1130].

b- Le gel des avoirs financiers des terroristes et des organisations terroristes

Le paragraphe 1(c) de la résolution impose aux États de « *geler sans attendre les fonds et autres avoirs financiers des personnes qui commettent, ou tentent de commettre, des actes de terrorisme, les facilitent ou y participent* ». Cette obligation concerne également les « *entités appartenant à ces personnes ou contrôlées directement ou indirectement par elles* ». Il est à noter que la résolution n'évoque pas les résolutions 1267 (1999) et 1333 (2000) qui instaurent l'obligation de geler les avoirs financiers de personnes et entités déterminées. Par conséquent, il s'ensuit que l'obligation générale de gel des avoirs financiers des terroristes prévue par la résolution est indépendante du régime établi par ces deux résolutions antérieures. L'obligation générale qu'impose la résolution de geler ces avoirs est similaire à l'obligation, contenue dans la Convention, de prendre des mesures pour geler les fonds utilisés ou destinés à être utilisés pour commettre des infractions de terrorisme[1131]. La résolution et la convention ne sont pas précises concernant les modalités d'application du régime de gel, de saisie et de confiscation. Les États ont donc une grande latitude dans la conception d'un tel régime.

[1129] Paragraphes 2 (a) à (g).
[1130] Paragraphes 3 (a) à (g).
[1131] FMI, « La répression du financement du terrorisme », *op. cit.*

Cette formulation est tellement large qu'elle a fait l'objet d'une interprétation de la part du Comité contre le terrorisme : selon Jeremy WAINRIGHT, la résolution impose le gel des avoirs financiers des personnes et entités soupçonnées de terrorisme, qu'elles figurent ou non dans les listes établies par le Conseil ou soient identifiées comme telles par les États[1132]. Contrairement aux résolutions 1267 (1999) et 1333 (2000) qui instaurent un régime *autonome* de gel des avoirs financiers, la résolution 1373 (2001) instaure un régime général de gel des avoirs.

3- Une résolution révolutionnaire ?

Contrairement aux organisations dotées d'un pouvoir législatif, telle que l'Organisation mondiale de la Santé en vertu de l'article 22 de sa Constitution, l'ONU ne dispose pas d'une compétence explicite en la matière. Il est évident que le Conseil de sécurité s'est engagé dans une voie qui n'a pas été envisagée par les auteurs de la Charte, celle de l'élaboration normative générale qui, au nom de l'urgence et de la gravité de la situation, serait amenée à remplacer la voie conventionnelle ou la voie coutumière[1133]. Selon Alain PELLET :

> « *Le passage de résolutions à caractère ponctuel et provisoire à des résolutions de plus en plus larges et prospectives rend compte de la nouvelle dimension de l'organe politique onusien dans la construction d'un ordre mondial nouveau.* »[1134]

En théorie, une lecture exégétique de la Charte fait que le Conseil de sécurité soit un organe d'action et non pas de réflexion. La rédaction de l'article 11 de la Charte[1135] met l'accent sur la fonction de l'Assemblée

---

[1132] Lettre de Jeremy WAINRIGHT au président du Comité contre le terrorisme (12 novembre 2002), approuvée par le Comité contre le terrorisme le 24 novembre 2002, cité par FMI, « La répression du financement du terrorisme », *op. cit.*

[1133] Olivier CORTEN, « Vers un renforcement des pouvoirs du Conseil de sécurité dans la lutte contre le terrorisme ? », *Le droit international face au terrorisme, op. cit.*

[1134] Alain PELLET, « La formation du droit international dans le cadre des Nations unies », *EJIL*, 1995, pp. 1-25.

[1135] Article 11 de la Charte des Nations unies : « *1. L'Assemblée générale peut étudier les principes généraux de coopération pour le maintien de la paix et de la sécurité internationales, y compris les principes régissant le désarmement et la réglementation des armements, et faire, sur ces principes, des recommandations soit aux Membres de l'Organisation, soit au Conseil de sécurité, soit aux Membres de l'Organisation et au Conseil de sécurité.*
2. L'Assemblée générale peut discuter toutes questions se rattachant au maintien de la paix et de la sécurité internationales dont elle aura été saisie par l'une quelconque des Nations unies, ou par le Conseil de sécurité, ou par un État qui n'est pas Membre de l'Organisation

générale en tant qu'organe penseur. En pratique, cette délimitation a connu une certaine érosion du fait de l'évolution des pouvoirs du Conseil : « *en s'emparant des faits internationaux faisant parties de son champ de prédilection, le Conseil a développé la capacité de partir du concret pour atteindre l'abstrait* »[1136].

Également en théorie, le partage des compétences normatives en droit international réserve la part du lion aux États. Ces derniers se créent de nouvelles obligations internationales par le biais des traités internationaux ou en reconnaissant l'existence d'une règle de droit international général. Or en pratique, l'adoption de la résolution 1373 (2001) annonce l'émergence d'une nouvelle forme de résolution à forte teneur normative en créant des obligations de caractère général à la charge des États.

En résumé, cette résolution est une manifestation de la compétence externe du Conseil de sécurité, qui lui donne la possibilité d'émettre des actes unilatéraux qui varient dans leur teneur normative. Comme l'écrit Fatma RAACH : « *Il s'agit d'une technique qui libère l'action normative de la lenteur et les procédures inhérentes au multilatéralisme* ». De ce fait, par des actes unilatéraux à forte teneur normative, le Conseil de sécurité adopte des décisions qui s'approchent des traités de par leur nature et leur teneur sans pour autant être soumises aux impératifs du droit des traités. Ce qui est révolutionnaire en droit international.

De surcroît, malgré l'attribution de nouveaux pouvoirs législatifs, le Conseil de sécurité ne se départit pas de sa fonction exécutive que la Charte des Nations unies lui a confiée. À l'instar de ce qu'il avait fait dans le cadre de l'affaire *Lockerbie*, il cumule plutôt cette fonction traditionnelle avec les pouvoirs nouveaux qu'il s'est arrogés, comme le montre la mise en place par la résolution 1373 (2001) d'un mécanisme de contrôle – le Comité contre le terrorisme – chargé de la surveillance de l'exécution par les États membres des obligations que cette résolution met à leur charge.

---

conformément aux dispositions du paragraphe 2 de l'article 35, et, sous réserve de l'article 12, faire sur toutes questions de ce genre des recommandations soit à l'État ou aux États intéressés, soit au Conseil de sécurité, soit aux États et au Conseil de sécurité. Toute question de ce genre qui appelle une action est renvoyée au Conseil de sécurité par l'Assemblée générale, avant ou après discussion.

3. L'Assemblée générale peut attirer l'attention du Conseil de sécurité sur les situations qui semblent devoir mettre en danger la paix et la sécurité internationales.

4. Les pouvoirs de l'Assemblée générale énumérés dans le présent Article ne limitent pas la portée générale de l'article 10 ».

[1136] Fatma RAACH, « La compétence externe du Conseil de sécurité ou les forces nouvelles du droit international », *op. cit.*

Ce qui interroge naturellement sur la légitimité des nouveaux pouvoirs du Conseil de sécurité.

B- La légitimité des pouvoirs du Conseil de sécurité des Nations unies

Sur le plan théorique, le droit international tel qu'il a été pensé au lendemain de la Seconde Guerre mondiale se caractérise, entre autres, par l'absence de législateur mondial. Toutefois, les attentats du 11 septembre 2001 ont bouleversé le droit international et il est aujourd'hui évident que l'image du législateur s'impose lorsqu'on étudie la résolution 1373 (2001) adoptée à la suite des attentats. Lorsque le Conseil décide d'agir en vertu du Chapitre VII, que les États membres sont tenus d'adopter telle ou telle mesure, il exerce indéniablement un pouvoir normatif.

Pour le Rapporteur spécial sur la lutte contre le terrorisme et les droits de l'homme, Martin SCHEININ : « *Le régime de lutte contre le terrorisme créé par le Conseil de sécurité dépasse le cadre de ses pouvoirs* ». Selon lui, les obligations imposées aux États membres par la résolution 1373 (2001) du Conseil de sécurité sur la lutte contre le terrorisme « *équivalent à une mesure quasi législative illimitée dans le temps et l'espace* ». Ces obligations « *sont désormais détachées d'une situation concrète de conflit prévu par le Chapitre VII de la Charte des Nations unies et continuent de poser des risques pour la protection des droits de l'homme et la primauté du droit international* »[1137]. Pour le rapporteur, il est en effet problématique d'imposer des obligations contraignantes permanentes pour des actes de terrorisme qui n'ont pas encore eu lieu, dans la mesure où « *il n'existe pas de définition précise et universellement acceptée du terrorisme* ».

La légitimité du régime créé par la résolution 1373 (2001) est discutable. Toutefois, notons d'ores et déjà que les dépassements des pouvoirs attribués au Conseil de sécurité sont une éventualité que la réglementation de la compétence n'exclut pas[1138].

En effet, en vertu de la Charte des Nations unies, le Conseil de sécurité est le responsable principal du maintien de la paix et de la sécurité internationale et cette exclusivité que lui accorde la Charte lui assure déjà un champ d'intervention propre. Par ailleurs, comme évoqué, l'absence tout

---

[1137] « Lutte contre le terrorisme : un expert critique le régime créé par le Conseil de sécurité », Centre régional d'information des Nations unies pour l'Europe Occidentale, 28 oct. 2010.

[1138] Fatma RAACH, « La compétence externe du Conseil de sécurité ou les forces nouvelles du droit international », *op. cit.*

critère permettant de qualifier les faits constituant une menace contre la paix en fait une notion passible d'élargissement perpétuel en fonction des impératifs du moment. Le Conseil de sécurité prend donc également ses pouvoirs dans le silence de la Charte. Cet élargissement ne peut être considéré en lui-même comme contradictoire avec la Charte puisqu'il lui est inhérent. En effet, l'extension que connaît la notion de menace contre la paix et la sécurité internationales a pour conséquence directe d'élargir la compétence *rationae materie* du Conseil. Ainsi analysée, la densification des pouvoirs du Conseil trouve sa justification dans le dépassement de la philosophie qui a présidé à la naissance de la Charte[1139].

De son côté, Matthew HAPPOLD, qui admet ce caractère obligatoire, général et unilatéral, est toutefois sceptique par rapport à ce développement dans l'action normative du Conseil :

> « *The structure of the Charter and previous practice both support the conclusion that the Security Council can only exercise its powers under Chapter VII of the Charter in response to specific situations or conduct. (...). Resolution 1373 purports to create a series of general and temporally undefined legal obligations binding the member states. In this it goes beyond the limits of the Security Council's powers.* »[1140]

L'auteur ajoute que :

> « *Once the Security Council starts imposing general and temporally undefined obligations on states, it is usurping a role that states have reserved for themselves. Moreover, given its composition and procedures, it is doing so in way that erodes the principle of sovereign equality.* »[1141]

Une lecture divergente peut être proposée : si le Conseil de sécurité a pu être à l'origine d'un tel processus de *conventionnalisation*, c'est bien en raison de l'autorité et de la force normative qui découle des dispositions de la Charte[1142]. La grille d'analyse de l'article 103[1143] est, à ce titre,

---

[1139] Sidi Alpha NDIAYE, « Réflexion sur la densification normative en droit international public : l'exemple des décisions coercitives de l'ONU », *op. cit.*

[1140] Matthew HAPPOLD, « Security Council resolution1373 and the constitution of the United Nation », *L.J.I.L.*, 2003, vol. 16, n° 3, p. 607.

[1141] Matthew HAPPOLD, « Security Council resolution1373 and the constitution of the United Nation », *op. cit.*

[1142] Sidi Alpha NDIAYE, « Réflexion sur la densification normative en droit international public : l'exemple des décisions coercitives de l'ONU », *op. cit.*

saisissante : cet article suppose que les obligations issues de la Charte priment sur toutes autres dispositions conventionnelles. Ce dernier attribue ainsi au Conseil de sécurité un cadre d'expression privilégié. Comme l'écrit Alpha NDIAYE, « *la super-légalité qui découle des résolutions du Conseil de sécurité, en vertu de l'article 103, permet une extension du champ de leur normativité* »[1144].

Quoi qu'il en soit, les résolutions 1373 (2001) et 1540 (2004) démontrent que le Conseil n'entend plus simplement réagir ponctuellement aux attentats terroristes mais entend anticiper des situations futures qui ne se sont pas encore révélées. Le Conseil agit ainsi comme un *législateur mondial* en imposant des obligations qui pénètrent la matière conventionnelle[1145]. Ce comportement et cette nouvelle attribution du Conseil de sécurité questionnent nécessairement sur la survivance de la souveraineté des États et sur le critère du consentement comme condition de formation traditionnelle du droit international.

Comme l'écrit Alpha NDIAYE : « *La sphère normative des résolutions adoptées à l'aube du 21e siècle change la nature d'un organe dont la puissance ne connaît aucune limitation réelle* »[1146]. La nouvelle puissance normative des résolutions du Conseil de sécurité en matière de terrorisme appelle donc à reconceptualiser les relations internationales pour intégrer la montée en puissance des organisations internationales et le déclin des États dans l'ordre juridique international. Comme le résume Philip JESSUP :

> « *Le fonctionnement des Nations unies, de leurs organes et de leurs conférences vient conforter la conviction que le droit international continuera d'évoluer de manière à répondre aux besoins de notre société internationale.* »[1147]

Encore une fois, certes le déclin de l'État dans l'ordre juridique international se constate aisément à travers l'étude des résolutions du Conseil de sécurité adoptées au lendemain du 11 septembre 2001, mais celui-ci se comprend à travers l'évolution du terrorisme international depuis

---

1143 Article 103 de la Charte des Nations unies : « *En cas de conflit entre les obligations des Membres des Nations unies en vertu de la présente Charte et leurs obligations en vertu de tout autre accord international, les premières prévaudront* ».

1144 Sidi Alpha NDIAYE, « Réflexion sur la densification normative en droit international public : l'exemple des décisions coercitives de l'ONU », *op. cit.*

1145 *Idem.*

1146 *Idem.*

1147 Philip Caryl JESSUP, « Changements dans l'ordre juridique international », *AFDI*, vol. 27, 1981. pp. 9-17.

la fin de la guerre froide : celui-ci s'est émancipé de toute tutelle étatique pour agir suivant des intérêts particuliers. Par ailleurs, il n'est pas non plus surprenant que le Conseil de sécurité aborde essentiellement la lutte contre le terrorisme sous son volet financier : la fin de la guerre froide a également été suivie d'une dérégulation massive du système financier, si bien que les organisations terroristes ont pu se financer sur les marchés financiers qui échappaient au contrôle étatique. Nous y reviendrons dans la deuxième partie de cette contribution.

Devant cette période de mondialisation et d'interdépendance planétaire, des interventions étatiques au seul niveau national ne peuvent pas, à elles seules résoudre le problème éminemment global que représente la lutte contre le financement du terrorisme[1148].

Or il est évident que le renforcement des pouvoirs d'une institution comme le Conseil de sécurité passe par une cession partielle de la souveraineté du niveau national au niveau supranational. Si cela s'avère difficile au niveau mondial, cette cession partielle de souveraineté est plus facilement acceptée dans le cadre d'organisations régionales rassemblant un nombre d'États plus restreint.

Section 2. L'hypothèse de l'intégration régionale comme alternative à la coopération pour lutter contre le financement du terrorisme : l'exemple européen

L'intégration figure parmi l'ADN institutionnel de l'Union européenne. Ses fondateurs avaient en tête une idée bien plus ambitieuse que la création d'une organisation internationale fondée sur la coopération et cela se traduit par un renversement du stato-centrisme au profit d'une organisation à la teinture supranationale. Les normes issues de celle-ci transpercent l'écran étatique et donnent une dimension nouvelle au droit international. La structure institutionnelle de l'Union européenne offre ainsi un cadre privilégié pour lutter contre le financement du terrorisme (I).

De son côté, le Conseil de l'Europe, qui est une organisation créée « *pour la défense des droits de l'Homme, de l'État de droit et de la démocratie, est nécessairement vouée à combattre le terrorisme lequel, par définition, porte atteinte à ces trois valeurs fondamentales* »[1149]. À ce titre, l'organisation a

---

1148 Kimon VALASKAKIS, « La souveraineté supranationale : un impératif contemporain ? », *op. cit.*

1149 Krisztina HORVÁTH, « Le Conseil de l'Europe et la lutte contre le terrorisme international », en ligne : http://www.uni-miskolc.hu/uni/res/e_publications/pdf/krisztina.pdf.

été particulièrement active dans la lutte contre le financement du terrorisme (II).

I- La lutte contre le financement du terrorisme comme vecteur d'intégration européenne : un cadre institutionnel et normatif foisonnant

Selon le Professeur Henri LABAYLE : « *L'histoire nous enseigne que la lutte contre le terrorisme a constitué l'un des vecteurs les plus puissants de l'intégration européenne* »[1150].

Le Conseil de l'Europe et l'Union européenne sont deux organisations régionales qui luttent activement contre le terrorisme et son financement. Pour Jean-Claude JUNCKER, « *Le Conseil de l'Europe et l'Union européenne sont nés d'une même idée, d'un même esprit, d'une même ambition. Ils ont mobilisé l'énergie et l'engagement des mêmes pères fondateurs de l'Europe* »[1151]. Les deux organisations se distinguent néanmoins par leur degré d'intégration et par les membres qui les composent.

Particulièrement actif dans la lutte contre le financement du terrorisme, le Conseil de l'Europe a mis en place une structure institutionnelle et normative qu'il est intéressant d'étudier avant d'aborder la lutte contre le financement du terrorisme au sein de l'Union européenne. Par ailleurs, les nombreuses synergies existantes entre les deux organisations sur cette thématique renforcent l'effectivité de la lutte contre le financement du terrorisme à l'échelle européenne.

Le volet financier de la lutte contre le terrorisme occupe une place importante de la lutte globale contre le terrorisme au sein du Conseil de l'Europe. L'organisation s'est dotée d'une entité spécialisée dans la lutte contre le financement du terrorisme et a adopté une convention spécialisée sur cette thématique ainsi que des instruments infraconventionnels particuliers (A).

De même que la lutte contre le financement du terrorisme étant devenue une priorité des États suite aux attentats du 11 septembre 2001, l'Union européenne ne pouvait que s'emparer de ce phénomène qui transcende les frontières nationales et qui se joue d'elles (B).

[1150] Henri LABAYLE, « La réaction de l'Union européenne aux attentats terroristes de janvier 2015. – Faux-semblants et réelles interrogations », *JCP G*, n° 22, 1er juin 2015.

[1151] En ligne : https://www.coe.int/fr/web/der/european-union

A- Un renforcement continu de la lutte contre le financement du terrorisme au sein du Conseil de l'Europe

Depuis sa création, le Conseil de l'Europe contribue à la préparation de normes juridiques nécessaires pour prévenir et réprimer les actes de terrorisme. Ce dernier aide les États membres à lutter efficacement contre le terrorisme en renforçant et en améliorant leur législation nationale dans le but de faciliter la coopération internationale.

Organe de coopération davantage qu'un organe d'intégration telle que l'Union européenne, le Conseil de l'Europe est néanmoins parvenu à bâtir, au fil des années, une structure institutionnelle (1) et normative (2) pertinente dans le cadre de la lutte contre le financement du terrorisme et coopère étroitement avec l'Union européenne sur cette thématique (3).

1- Le Comité d'experts sur l'évaluation des mesures de lutte contre le blanchiment des capitaux et le financement du terrorisme (« MONEYVAL »)

Le Comité MONEYVAL a été mis en place en 1997[1152] et fait partie des groupes régionaux ou internationaux dits de *type GAFI* qui effectuent des tâches similaires à celles attribuées au GAFI dans leur aire géographique. MONEYVAL représente ainsi le bras armé du GAFI auprès des pays du Conseil de l'Europe depuis 2006. Plus généralement, MONEYVAL est un organe permanent de suivi du Conseil de l'Europe :

> « *chargé d'évaluer, dans les États et territoires concernés, la conformité avec les principales normes internationales en matière de lutte contre le blanchiment de capitaux et le financement du terrorisme et d'apprécier l'efficacité de l'application de ces normes, ainsi que de formuler des recommandations à l'intention des autorités nationales sur les améliorations nécessaires à leurs systèmes respectifs.* »[1153]

Le Comité comprend actuellement 34 juridictions soumises à ses évaluations. 32 d'entre elles sont évaluées uniquement par MONEYVAL et deux États (la Fédération de Russie et Israël) font l'objet d'évaluations conjointes menées par le GAFI et MONEYVAL[1154]. Depuis 2015,

---

[1152] Birte WASSENBERG, *Histoire du Conseil de l'Europe*, Conseil de l'Europe, 2013, p. 194.
[1153] En ligne : http://www.fatf-gafi.org/fr/pays/#MONEYVAL
[1154] En ligne : http://www.coe.int/fr/web/moneyval/jurisdictions

MONEYVAL mène un cinquième cycle d'évaluations mutuelles pour les États et territoires soumis à ses procédures d'évaluation, afin d'évaluer leur conformité aux normes internationales pertinentes en matière de LCB/FT. Ces évaluations sont entreprises sur la base des Recommandations 2012 du GAFI, et de la méthodologie de 2013 pour évaluer la conformité avec les Recommandations du GAFI et l'efficacité des systèmes de LCB/FT. L'évaluation menée par MONEYVAL couvre également la conformité de tous ses États et territoires membres avec la directive 2005/60/EC du Parlement européen et du Conseil du 26 octobre 2005 relative à la prévention de l'utilisation du système financier aux fins du blanchiment de capitaux et du financement du terrorisme[1155].

Parallèlement aux travaux d'évaluation, MONEYVAL mène des travaux de recherche thématique sur les typologies de blanchiment de capitaux et sur les méthodes, les tendances et les techniques de financement du terrorisme. En résumé, MONEYVAL est essentiellement un organe de suivi chargé d'« *évaluer les États membres sur la base des normes acceptées au niveau mondial en matière de lutte contre le blanchiment de capitaux et le financement du terrorisme est la mission principale de MONEYVAL* »[1156]. Ces évaluations ont pour objectif que les États se dotent d'un système efficace pour lutter contre le blanchiment de capitaux et le financement du terrorisme et se conforment aux normes internationales en vigueur dans ce domaine[1157].

Sur le plan structurel, l'article 6 du règlement de MONEYVAL prévoit que le travail du Comité est préparé par le Bureau qui est composé d'un président, d'un vice-président et de trois autres membres élus par le Comité parmi les délégations jouissant de droits de vote au sein du Comité[1158].

2- Les instruments juridiques spécialisés dans la lutte contre le financement du terrorisme

Le 16 mai 2005, le Conseil de l'Europe a adopté la Convention du Conseil de l'Europe relative au blanchiment, au dépistage et à la confiscation des produits du crime et au financement du terrorisme, autrement appelée « Convention de Varsovie ». Il s'agit du : « *premier traité complet contre le blanchiment d'argent qui englobe la prévention et la répression du*

[1155] En ligne : http://www.coe.int/fr/web/moneyval/moneyval-brief/members/international-context-co-operation
[1156] MONEYVAL, « Rapport annuel 2016 », p. 9.
[1157] *Ibid.*, p. 15.
[1158] En ligne : http://www.coe.int/fr/web/moneyval/moneyval-brief/structure

blanchiment de capitaux et du financement du terrorisme, ainsi que de la coopération internationale »[1159]. À l'instar du droit de l'Union européenne sur cette thématique, le Conseil de l'Europe superpose la lutte contre le blanchiment de capitaux avec la lutte contre le financement du terrorisme, ce qui soulève les mêmes problématiques en termes de pertinence. Il s'agit d'un instrument qui est basé sur la Convention du Conseil de l'Europe relative au blanchiment, au dépistage, à la saisie et à la confiscation des produits du crime[1160] de 1990, dite « *Convention de Strasbourg* »[1161].

Plus en détail, cette convention est destinée à faciliter les enquêtes, les poursuites et les condamnations dans les affaires graves de blanchiment de capitaux, et à renforcer les capacités nationales de lutte contre le financement du terrorisme[1162]. Par ailleurs, la convention renforce les normes internationales en vigueur, entre autres, par la fixation de conditions élevées concernant les mesures de gel, de saisie et de confiscation ; en ce qui concerne la gestion des actifs gelés et saisis ; pour ce qui est de la possibilité de prendre en compte la récidive au plan international lors de la détermination de la peine ; ainsi que dans un certain nombre d'autres domaines[1163].

Cette Convention met également en place un mécanisme de monitoring à travers la « *Conférence des Parties* » (« CDP ») pour assurer la mise en œuvre de ses dispositions, sachant que l'ensemble des États membres du Conseil de l'Europe est déjà soumis à une évaluation approfondie en la matière par le Comité MONEYVAL[1164]. Ainsi, la Conférence des parties se concentre sur les aspects de la convention qui apportent une valeur ajoutée aux normes internationales. La CDP s'est réunie pour la première fois en 2009 et se réunit depuis au moins une fois par an à Strasbourg.

Au-delà de la Convention de Varsovie qui représente la pierre angulaire de la lutte contre le blanchiment de capitaux et contre le financement du terrorisme au sein du Conseil de l'Europe, les entités de l'organisation ont également soulevé la nécessité pour les États de prendre en considération ce

---

[1159] Conseil de l'Europe, Conférence des parties à la STCE n° 198, premier rapport d'activité couvrant la période 2009-2014, p. 7.

[1160] STE n° 141, convention de Strasbourg.

[1161] *Idem.*

[1162] Conseil de l'Europe, Conférence des parties à la STCE n° 198, *op. cit.*, p. 7.

[1163] *Idem.*

[1164] Article 48 de la convention de Varsovie : « *la Conférence des Parties :*
a. contrôle la mise en œuvre appropriée de la convention par les Parties ;
b. peut, à la demande d'une Partie, donner un avis sur toute question concernant l'interprétation et l'application de la convention ».

problème qui menace, selon l'organisation, l'État de droit[1165]. Ainsi, l'Assemblée parlementaire s'est concentrée sur les problèmes de lutte contre les sources financières du terrorisme et a encouragé les États membres à s'engager vers une amélioration de la coopération judiciaire et policière et à faciliter la procédure de saisie des fonds utilisés à des fins terroristes, ensuite à donner accès aux comptes bancaires aux autorités compétentes, et enfin à réexaminer les règles juridiques nationales sur la prévention et répression du terrorisme[1166][1167].

Le Comité des ministres a, de son côté, adopté sa propre résolution *1373 (2001)* en adoptant la Recommandation (2001)11 du 19 septembre 2001. Cette recommandation énonce les principes directeurs pour la lutte contre le terrorisme. Dans cette recommandation, le Comité s'est référé à des instruments juridiques adoptés au sein du Conseil de l'Europe, comme la Convention relative au blanchiment, au dépistage, à la saisie et à la confiscation des produits du crime, ouverte à la signature le 8 novembre 1990 et la création d'un mécanisme d'évaluation mutuelle des mesures de lutte contre le blanchiment, ainsi que la Convention pénale sur la corruption de 1998, mais également aux initiatives internationales dans ce domaine telles que celles entreprises par l'ONU, le GAFI, le G7 et l'UE.

3- La coopération avec l'UE en matière de terrorisme

La possibilité de coopération avec l'Union européenne s'est présentée comme un moyen naturel pour garantir une cohérence et une efficacité dans l'action du Conseil de l'Europe contre le terrorisme[1168].

En ce sens, l'Union européenne s'appuie fréquemment sur les normes du Conseil de l'Europe lorsqu'elle élabore des instruments juridiques et des accords applicables à ses États membres[1169]. Par ailleurs, le traité de Lisbonne a étendu le champ d'action de l'Union à de nombreux domaines où le Conseil de l'Europe possède déjà une expérience[1170]. Un mémorandum d'accord entre le Conseil de l'Europe et l'Union européenne a par ailleurs été signé en mai 2007 dans la perspective de :

[1165] L'onglet « MONEYVAL » se situe sous l'onglet « menaces contre l'état de droit » du site du Conseil de l'Europe.

[1166] Voir la recommandation 1534(2001) de l'Assemblée parlementaire.

[1167] Krisztina HORVÁTH, « Le Conseil de l'Europe et la lutte contre le terrorisme international », *op. cit.*

[1168] Conseil de l'Europe, Rapport de la Commission des questions politiques du 24 septembre 2001, Doc. 9228.

[1169] En ligne : http://www.coe.int/fr/web/portal/european-union

[1170] http://www.coe.int/fr/web/portal/european-union

« réaliser une plus grande unité entre les États d'Europe par le respect des valeurs partagées de démocratie pluraliste, de prééminence du droit et des droits de l'homme et des libertés fondamentales ainsi que par une coopération paneuropéenne, promouvant ainsi la stabilité démocratique et de la sécurité auxquelles aspirent les sociétés et les citoyens de notre continent. »

Ce document promeut la coopération entre les deux organisations, par l'échange de vues sur leurs activités respectives, et encourage les efforts visant à intensifier cette coopération et à garantir la coordination de leur action dans les domaines d'intérêt commun, parmi lesquels le terrorisme[1171].

Auparavant, un « *Arrangement entre le Conseil de l'Europe et la Communauté européenne* » avait été conclu le 16 juin 1987. Par ailleurs, l'Union européenne a ratifié de nombreux traités adoptés par le Conseil de l'Europe. Parmi les traités ratifiés par l'UE figurent la Convention du Conseil de l'Europe pour la prévention du terrorisme, la Convention du Conseil de l'Europe relative au blanchiment, au dépistage, à la saisie et à la confiscation des produits du crime et au financement du terrorisme ainsi que le protocole additionnel à la Convention du Conseil de l'Europe pour la prévention du terrorisme.

Luttant tous les deux contre le terrorisme, le Conseil et l'Union se doivent de coopérer dans un cadre qui reste à définir. Toutefois, il est évident que les textes adoptés par les deux organisations s'influencent dans leur contenu, ce qui contribue à une relative harmonisation de la lutte contre le terrorisme sur le continent européen.

B- Une supranationalité affirmée : la lutte contre le financement du terrorisme au sein de l'Union européenne

L'Union européenne est préoccupée par le terrorisme depuis de nombreuses années et dispose d'une structure institutionnelle et normative éminemment intégrée qui en fait un acteur de premier plan sur la scène internationale en matière de lutte contre le financement du terrorisme.

En 1995, suite à une hausse des attaques terroristes en Europe et dans le monde[1172], le Conseil européen a adopté le 23 novembre, la déclaration dite

[1171] CODEXTER, Union européenne, avril 2008.

[1172] En 1995, l'ETA a tenté d'assassiner le leader de l'opposition et futur Premier ministre espagnol Aznar, une série d'attentats attribués au GIA algérien touchait Paris, du gaz sarin de la Gomera qui condamne le terrorisme comme un crime de gravité exceptionnelle et une menace contre la démocratie et le libre exercice des droits de l'homme[1173]. Le Conseil a adopté le 15 octobre 1996 une action commune portant sur la création et la tenue d'un répertoire des compétences, connaissances et expertises spécialisées en matière de lutte antiterroriste, destinée à faciliter la coopération entre États membres[1174].

Pour Didier BLANC, « *tout progrès à l'échelle européenne passe pour l'heure par l'utilisation optimale des instruments existants* » et « *que la lutte contre le terrorisme demeurera pour longtemps l'affaire des États* »[1175]. En effet, l'espace de sécurité de l'Union, dont relève la lutte contre le terrorisme, s'inscrit dans le cadre des compétences « *partagées* » entre l'Union et ses États membres en vertu de l'article 4 (j) TFUE. Par conséquent, l'action de l'UE sur ce sujet repose sur celle des autorités de ses États membres. L'article 4, § 2 TUE affirmait déjà que :

> « *[l'Union] respecte les fonctions essentielles de l'État, notamment celles qui ont pour objet (...) de maintenir l'ordre public et de sauvegarder la sécurité nationale. En particulier, la sécurité nationale reste de la seule responsabilité de chaque État membre.* »

Ainsi, la lutte de l'Union contre le terrorisme relève de la *responsabilité* de l'État en matière sécuritaire. En ce sens, l'article 72 TFUE répète que les dispositions relatives à l'espace de liberté, de sécurité et de justice ne sauraient porter « *atteinte à l'exercice des responsabilités qui incombent aux États membres pour le maintien de l'ordre public et la sauvegarde de la sécurité intérieure* ». Par conséquent, l'intervention de l'Union en matière de

---

était libéré dans le métro de Tokyo, Timothy MacVeigh tuait plus de 160 personnes dans l'explosion d'un immeuble à Oklahoma City, l'hôpital Budnyonnovsk de Moscou était l'objet d'une prise d'otages.

[1173] Annexe 3 du Conseil européen de Madrid, conclusion de la présidence : « *le conseil de l'Union européenne, rappelant la réunion informelle des ministres de la Justice et des Affaires intérieures des États membres tenue à La Gomera le 14 octobre 1995, constate que le phénomène du terrorisme : constitue une menace pour la démocratie, le libre exercice des droits de l'homme et le développement économique et social, dont aucun État membre de l'Union européenne ne peut se considérer comme préservé* ».

[1174] JOCE L 273, 25 oct. 1996.

[1175] Didier BLANC, « Les agences européennes Europol et Eurojust et la lutte contre le terrorisme. Entre coopération et... coopérations », *in* Emmanuelle SAULNIER-CASSIA, (dir.), *La lutte contre le terrorisme dans le droit et la jurisprudence de l'Union européenne, op. cit.*, pp. 103-125 ; V. également Marco BORRACCETTI, « La collaboration entre Europol et Interpol : un parcours vers l'intégration ? », *in* Catherine FLAESCH-MOUGIN, Lucia SERENA ROSSI, *La dimension extérieure de l'espace de liberté, de sécurité et de justice de l'Union européenne après le Traité de Lisbonne*, Bruylant, coll. « Rencontres européennes », 2013, pp. 329-348.

terrorisme s'effectue, selon l'article 67, § 1 TFUE « *dans le respect des droits fondamentaux et des différents systèmes et traditions juridiques des États membres* ». La stratégie de l'Union européenne visant à lutter contre le terrorisme de 2005 affirmait déjà que :

> « *c'est aux États membres qu'il incombe au premier chef de lutter contre le terrorisme ; l'Union européenne peut apporter une valeur ajoutée de quatre façons différentes : en renforçant les capacités nationales, en facilitant la coopération européenne, en mettant en place des capacités collectives, en favorisant des partenariats internationaux.* »

Toutefois, même s'il paraît évident que chaque État est responsable de maintenir l'ordre public au sein de ses frontières, il faut néanmoins affirmer que le cadre institutionnel adopté et mis en place au sein de l'Union européenne a considérablement aidé les États membres à lutter contre le terrorisme à l'intérieur de leurs frontières (1). Les instruments juridiques adoptés par ces institutions disposent d'une force normative inédite en droit international et s'imposent, pour la plupart, aux États membres de l'Union (2).

1- Un cadre institutionnel foisonnant

Le groupe TREVI constitue la première initiative de la Communauté européenne visant à lutter contre le terrorisme (a). Par la suite, d'autres institutions ont pris le relais, chacune allant vers davantage d'intégration. Il faut ici évoquer Europol (b), le « *Working Party on terrorism* » (c) et le coordinateur pour la lutte contre le terrorisme (d).

a- Le Groupe TREVI

Les États membres de la Communauté européenne ont ressenti la nécessité d'approfondir leur coopération pour faire face à la menace terroriste, à partir des années 1970, qui touchait plusieurs États membres de la Communauté comme l'Allemagne, la France ou l'Italie. Préalablement à la création du groupe TREVI[1176], de nombreuses réunions intergouvernementales sur le terrorisme en 1971 et 1972 ont été organisées. C'est lors d'un Conseil des ministres réuni à Rome en décembre 1975 que James CALLAGHAN, alors ministre des Affaires étrangères britannique, a proposé, et que les ministres ont convenu de mettre en place un groupe de

[1176] Acronyme qui signifie : Terrorisme, Radicalisme, Extrémisme et Violence Internationale.

travail spécial de lutte contre le terrorisme au sein de la Communauté européenne. Cette proposition a été formalisée à Luxembourg le 29 juin 1976 lors d'une réunion des ministres de l'Intérieur de la Communauté européenne. Cinq groupes de travail ont ainsi été mis en place en 1976, tous rapportant aux hauts représentants du groupe de TREVI, qui, à leur tour, étaient chargés de présenter le rapport annuel des travaux des groupes de travail aux réunions des ministres de l'Intérieur des douze États de la Communauté européenne[1177]. Les groupes de travail étaient alors organisés comme suit :

- TREVI I : mise en place des mesures visant à combattre le terrorisme ;
- TREVI II : développement des connaissances scientifiques et techniques et de formation de la police ;
- TREVI III : mise en place des procédures visant à améliorer la sécurité aérienne ;
- TREVI IV : mise en place des mesures visant à assurer la sécurité des installations nucléaires ;
- TREVI V : mise en place de mesures permettant de répondre efficacement aux mesures d'urgence.

Seuls les deux premiers groupes ont réellement été actifs. Suite aux attentats en France, à Karachi et à Istanbul, les ministres de l'Intérieur des États membres de la Communauté, agissant en tant que membres de TREVI, se sont réunis à Londres les 25 et 26 septembre 1986 et décidèrent de mettre en place un système de fax sécurisé, fondé sur la *European Liaison Section* (« ELS ») de la *Metropolitan Police Special Branch*, dans le but d'établir un système d'échange immédiat de renseignements et d'informations entre les douze forces de police des États de la Communauté (le TREVI Secure Fax Network (« TSFN »))[1178].

En pratique, le groupe TREVI a ainsi essentiellement été mis en place pour lutter contre le terrorisme et pour coordonner le maintien de l'ordre dans la Communauté européenne. Le travail du groupe reposait alors sur la coopération intergouvernementale entre les douze États, processus qui excluait les principales institutions de la communauté, à savoir la Commission européenne et le Parlement européen.

[1177] Tony BUNYAN, « Trevi, Europol and the European state », *in Statewatching the new Europe*, Statewatch, 1993.
[1178] *Idem.*

En 1985, les compétences du groupe de TREVI furent étendues à l'immigration illégale et à la lutte contre la criminalité organisée. Le groupe de TREVI a jeté les bases de la politique *JAI*[1179], notamment en matière de lutte contre le terrorisme (TREVI I), de coopération policière (TREVI II), de lutte contre le crime international (TREVI III) et d'ouverture des frontières (TREVI 1992)[1180].

Il existe quatre documents importants publiés par le groupe de TREVI : le « *Document de Palma* » (Madrid, juin 1989) ; la « *Déclaration des ministres du groupe Trevi* » (Paris, 15 décembre 1989) ; le « *Programme d'action* » (Dublin, juin 1990) ; le rapport des coordinateurs sur les progrès réalisés depuis la publication du document de Palma (Édimbourg, décembre 1992). Ces documents mettent en exergue l'intérêt croissant des politiques sur la lutte contre le terrorisme et la nécessité d'une coopération accrue entre les services de police des États membres de la Communauté.

Ainsi, pour faire suite à ce besoin, c'est lors du Conseil européen de Luxembourg en juin 1991 que la création d'un organe de police à l'échelle de la communauté appelé *Europol* a été formellement présentée par la délégation allemande. La réunion du Conseil a pris note de la proposition allemande et a souhaité l'incorporer dans l'ébauche du traité de Maastricht. Ainsi, en décembre 1991, à Maastricht, il a été convenu de créer le successeur de du groupe de TREVI[1181][1182].

b- Europol

Situé à La Haye, l'Office européen de police (« Europol ») a été créé par la Convention Europol du 26 juillet 1995. Les lenteurs administratives liées à la ratification de la Convention n'ont permis le démarrage de ses activités que le 1er juillet 1999. Par la suite, ses compétences matérielles ont été progressivement étendues et couvrent l'ensemble de la criminalité organisée transnationale, y compris le terrorisme[1183] (i). En effet, un centre dédié au contre-terrorisme a été créé au sein de l'institution (ii) et en matière de lutte contre le financement du terrorisme, un accord de coopération spécial a été

[1179] Justice et affaires étrangères (3e pilier de l'Union européenne (Traité de Maastricht)).

[1180] Communication du Conseil de l'Union européenne, « Vivre dans un espace de liberté, sécurité et justice », 1er janvier 2005.

[1181] Tony BUNYAN, « Trevi, Europol and the European state », *op. cit.*

[1182] Le traité de Maastricht a créé l'Union européenne et l'a séparée en trois piliers. Le troisième pilier, « *Justice et affaires intérieures* » peut également être considéré comme ayant absorbé les compétences du groupe TREVI.

[1183] Fabien JAKOB, « L'Union européenne et la lutte contre le financement du terrorisme », *op. cit.*

mis en place avec les États-Unis afin de traquer les mouvements financiers suspectés d'être utilisés à des fins terroristes (iii).

(i) Europol et la lutte contre le terrorisme

En matière de terrorisme, conformément à l'article 88 TFUE[1184], Europol aide les États membres à réaliser les enquêtes dans ce domaine. Pour ce faire, Europol produit des rapports, évaluations, permet un échange d'informations et un accès aux bases de données et autres plateformes d'experts d'Europol, fournit une assistance de terrain et établit un rapport annuel sur la situation et les tendances du terrorisme dans l'Union européenne[1185].

Plus précisément, Europol maintient en place un « *moniteur des modes opératoires* » qui évalue en continu les enquêtes liées au terrorisme en se concentrant exclusivement sur les modes opératoires empruntés par les terroristes. L'organisation dispose également d'un « *réseau de première intervention* » qui offre un soutien à tout État membre confronté à un événement terroriste. Concrètement, ce réseau met en relation les experts du pays concerné par l'attaque terroriste avec une plateforme internationale d'experts en lutte contre le terrorisme et d'analystes du renseignement. Europol maintient également à jour une base de données internationale des extrémistes et des personnes soupçonnées de terrorisme, suit les flux financiers du terrorisme et maintient une plateforme opérationnelle de « *coordination des principales pistes internationales* »[1186]. Europol a également créé un « *réseau européen d'élimination d'engins explosifs* » (« EEODN ») qui permet aux experts d'échanger des connaissances au sujet de l'élimination des matières explosives. Le « *système européen de données sur les attentats à la bombe* » (« EBDS ») fournit quant à lui une plateforme qui permet de partager des informations et des renseignements utiles sur les incidents impliquant des explosifs et « *engins incendiaires improvisés* », ainsi que sur les substances chimiques, biologiques, radiologiques et nucléaires. Europol a mis en place le portail « *check the web* » qui permet aux autorités compétentes des États membres de l'Union de partager des

---

[1184] L'article 88 TFUE évoque d'ailleurs explicitement son rôle puisqu'il assigne à Europol la mission « *d'appuyer et de renforcer l'action des autorités policières et des autres services répressifs des États membres ainsi que leur collaboration mutuelle dans la prévention de la criminalité grave affectant deux ou plusieurs États membres, du terrorisme et des formes de criminalité qui portent atteinte à un intérêt commun* ».

[1185] Europol, Compte rendu d'activité d'Europol, « Rapport général sur les activités d'Europol », 7 mai 2012, p. 78.

[1186] Europol, Compte rendu d'activité d'Europol, « Rapport général sur les activités d'Europol », *op. cit.*, p. 78.

informations relatives aux activités terroristes islamistes sur internet[1187]. C'est sur la base de ce portail qu'Europol mettra en place, en 2015 l' « *European Union Internet Referral Unit* » (« EU IRU »)[1188].

(ii) Le centre de contre-terrorisme (« CECT »)

Dans les conclusions du Conseil de l'Europe du 20 novembre 2015[1189], le Conseil s'est déclaré « *horrifié par les attentats terroristes odieux perpétrés à Paris le 13 novembre 2015* ». C'est durant ce conseil qu'il a été décidé de créer le « *Centre européen de lutte contre le terrorisme* » au 1er janvier 2016 qui :

> « *fera office de plateforme permettant aux États membres de renforcer l'échange d'informations et la coopération opérationnelle en ce qui concerne la surveillance des combattants terroristes étrangers et les enquêtes à leur sujet, le trafic d'armes illicites et le financement du terrorisme.* »[1190]

Il faut toutefois noter que la création du CECT était prévue depuis plusieurs mois, et n'est donc pas directement liée aux attentats de Paris. Ces derniers ont néanmoins permis de réaliser que le système européen connaissait de véritables failles, et un meilleur échange d'informations entre la France et la Belgique aurait permis une appréhension plus efficace des suspects[1191].

Sur le site du CECT, il est indiqué que l'organisation se concentre sur le problème des combattants étrangers, sur le partage de renseignements et le partage d'expertise, sur le problème de la propagande terroriste en ligne et sur la coopération internationale entre les autorités antiterroristes[1192]. En pratique, la principale mission du CECT est de fournir un soutien opérationnel aux États membres concernant les enquêtes en matière de

---

1187 *Ibid.*, p. 79.

1188 En ligne : https://www.europol.europa.eu/newsroom/news/europol-internet-referral-unit-one-year

1189 Conclusions du Conseil de l'UE et des États membres, réunis au sein du Conseil, sur la lutte contre le terrorisme, JAI 899, 14406/15, 20 nov. 2015.

1190 *Ibid.*, article 7(d).

1191 Marie Brun, « La création d'un Centre européen contre-terrorisme : vers l'amélioration du partage de renseignements ? », en ligne : https://europe-liberte-securite-justice.org/2016/02/02/la-creation-dun-centre-europeen-contre-terrorisme-vers-lamelioration-du-partage-de-renseignements/.

1192 En ligne : https://www.europol.europa.eu/about-europol/european-counter-terrorism-centre-ectc

terrorisme. Par exemple, suite aux attaques de Paris du 13 novembre 2015, Europol a mis en place la *Taskforce* Fraternité qui regroupe soixante agents épaulant les autorités françaises et belges dans l'enquête.

(iii) The EU-US TFTP Agreement

Le 23 septembre 2001, deux semaines après les attaques du 11 septembre 2001, le Président Georges W. BUSH émit l'ordre exécutif 13224 engageant la « *guerre contre le terrorisme* », plus particulièrement, la « *guerre financière contre le terrorisme* ». Ainsi, c'est sur la base de cet ordre exécutif et sur la base du « *International Emergency Economic Powers Act of 1977* » que le Programme de surveillance du financement du terrorisme (« TFTP ») pour identifier, suivre et poursuivre les terroristes et leurs réseaux[1193] a été mis en place[1194]. Sur la base de ce programme, le Trésor américain peut demander à n'importe quelle personne physique ou morale des informations sur les transactions financières en relation avec une enquête terroriste.

En pratique, le Trésor américain émet des ordonnances à destination de la « *Society for Worldwide Interbank Financial Telecommunication* » (« SWIFT ») qui exigent que SWIFT fournisse à l'OFAC certains enregistrements de transactions financières pour être utilisé exclusivement à des fins de contre-terrorisme[1195]. Le 23 juin 2006, une série d'articles publiés dans le *New York Times*, dans le *Wall Street Journal*, dans le *Los Angeles Times* et dans le *Washington Post* a révélé au grand public l'existence de ce programme[1196] qui violait la législation belge et européenne concernant la protection des données personnelles. Ainsi, le 6 juillet 2006, le Parlement européen a adopté une résolution[1197] qui rappelle que tout transfert de données doit se faire dans un cadre légal, et notamment respecter la directive 95/46/CE sur la protection des données personnelles[1198].

[1193] The United States Department of the Treasury, « Terrorist finance tracking program », Questions and Answers, en ligne : https://home.treasury.gov/policy-issues/terrorism-and-illicit-finance/terrorist-finance-tracking-program-tftp.

[1194] Maria TZANOU, « The Fundamental Right to Data Protection: Normative Value in the Context of Counter-Terrorism Surveillance », *Hart Publishing, 2017, en ligne : https://papers.ssrn.com/sol3/papers.cfm?abstract_id=3076400.*

[1195] En ligne : https://www.swift.com/about-us/legal/compliance/tftp

[1196] Maria TZANOU, « The Fundamental Right to Data Protection: Normative Value in the Context of Counter-Terrorism Surveillance », *op. cit.*

[1197] Résolution du Parlement européen sur l'interception des données des virements bancaires du système SWIFT par les services secrets américains, 06 juill. 2006.

[1198] Directive 95/46/CE du Parlement européen et du Conseil, du 24 octobre 1995, relative à la protection des personnes physiques à l'égard du traitement des données à caractère personnel et à la libre circulation de ces données.

Par la suite, un accord entre l'Union européenne et les États-Unis sur le transfert et le traitement des données aux fins du TFTP est entré en vigueur le 1er août 2010. Cet accord reconnaît que :

> « *le programme de surveillance du financement du terrorisme (TFTP) mis en place par le département du Trésor des États-Unis a contribué à identifier et à arrêter des terroristes et leurs financiers, et qu'il a permis d'obtenir de nombreux indices qui ont été communiqués à des fins de lutte contre le terrorisme aux autorités compétentes du monde entier et présentent un intérêt particulier pour les États membres de l'Union européenne.* »[1199]

Dans le cadre de cet accord, Europol s'est vu attribuer plusieurs tâches. Suivant la convention, les experts d'Europol remplissent trois rôles distincts : ils vérifient les demandes des États-Unis visant à obtenir des données des fournisseurs désignés de messages financiers[1200] ; ils sont les destinataires d'informations fournies spontanément par le Trésor américain[1201] ; enfin, en tant que demandeur de recherches TFTP, Europol veille à une étroite collaboration avec les États membres[1202].

Toujours dans le cadre de cet accord, les pistes reçues par Europol seront recoupées avec les bases de données d'Europol en suivant attentivement les exigences en matière de diffusion. Par la suite, avec l'accord du propriétaire des données, les informations seront transmises au département du Trésor américain où les contrôles TFTP seront effectués[1203]. En somme, l'objectif de cette collaboration est d'identifier et de poursuivre les terroristes et les financiers du terrorisme. D'après un rapport du coordinateur européen de la lutte contre le terrorisme, cette collaboration remplit efficacement sa fonction :

> « *À ce jour, plus de 16 700 renseignements ont été fournis par le TFTP depuis son entrée en vigueur en 2010. De janvier 2015 à fin janvier 2016, 50 contributions ont été soumises par les autorités américaines et 160 demandes ont été envoyées par les États membres et Europol, ce qui a généré au total 9400 renseignements présentant*

[1199] Accord entre l'Union européenne et les États-Unis d'Amérique sur le traitement et le transfert de données de messagerie financière de l'Union européenne aux États-Unis d'Amérique aux fins du programme de surveillance du financement du terrorisme.
[1200] Article 4.
[1201] Article 7.
[1202] Article 8.
[1203] Europol, Compte rendu d'activité d'Europol, Rapport général sur les activités d'Europol, 07 mai 2012, p. 83.

un intérêt pour les 28 États membres. Il y a notamment eu près de 100 échanges dans le cadre du TFTP au sujet de déplacements de combattants (Syrie/Iraq/EI), qui ont donné lieu à plus de 2900 renseignements portant spécifiquement sur ce phénomène (présentant un intérêt pour 27 États membres). Le TFTP a également soutenu les enquêtes relatives aux attentats terroristes de novembre 2015, générant près de 800 renseignements. D'un point de vue général, il est apparu que le TFTP est un outil précieux dans les enquêtes en matière de lutte contre le terrorisme : il améliore la capacité à répertorier les réseaux terroristes, permettant souvent de compléter les chaînons manquants dans la chaîne de l'enquête. »[1204]

À l'instar du TFTP, l'UE a, pendant un moment, envisagé de mettre en place un programme similaire[1205]. L'article 4 de l'accord TFTP UE-États-Unis excluant les données relatives aux opérations financières liées à l'espace unique de paiements en euros (« SEPA »), la commission a examiné les options envisageables en vue de la création d'un système européen de surveillance du financement du terrorisme (« SSFT »). Or la Commission est parvenue à la conclusion que l'intérêt de créer un système de ce type au sein de l'UE n'était pas clairement démontré en soulignant notamment que, pour extraire des données sur le territoire de l'UE, il serait nécessaire de créer et de gérer une base de données contenant toutes les informations relatives aux transferts financiers des citoyens de l'Union. Or la création d'une telle base de données comporterait des difficultés majeures en ce qui concerne le stockage des données, l'accès à ces dernières et leur protection, sans compter les besoins techniques et financiers considérables dont elle s'accompagnerait[1206].

c- « *Working Party on terrorism* »[1207]

Le groupe de travail sur le terrorisme (« TWP ») et le groupe de travail sur le terrorisme (aspects internationaux), autrement appelé commission COTER sont des instances préparatoires du Conseil de l'Union européenne.

1204 Coordinateur de l'UE pour la lutte contre le terrorisme, État de la situation concernant la mise en œuvre de la déclaration des membres du Conseil européen du 12 février 2015, des conclusions du Conseil JAI du 20 novembre 2015 et des conclusions du Conseil européen du 18 décembre 2015, 6785/16, 04 mars 2016.

1205 Communication de 2011 (IP/11/877).

1206 Commission européenne, « La Commission fait le point sur les accords TFTP et PNR conclus entre l'UE et les États-Unis », 27 nov. 2013.

1207 Groupe de travail sur le terrorisme.

Le premier établit et gère le programme général des activités du Conseil en matière de lutte contre le terrorisme. À ce titre, il est essentiellement chargé de l'échange d'informations et d'évaluations sur les menaces terroristes, de la lutte contre la radicalisation et le recrutement de terroristes potentiels et de réaliser des évaluations par les pairs portant sur les bonnes pratiques des États membres en matière de lutte contre le terrorisme[1208].

Pour mener à bien sa mission, ce groupe coopère avec le coordinateur de l'UE pour la lutte contre le terrorisme, ainsi qu'avec Europol. Il travaille également en coopération avec le groupe « Terrorisme (aspects internationaux) » (COTER).

Ce dernier est, quant à lui, chargé de coordonner les différentes positions des États membres sur les aspects internationaux de la lutte contre le terrorisme. Pour mener à bien cette mission, il effectue des analyses de la menace concernant des pays tiers avec pour objectif de renforcer la coopération de l'Union avec ces pays en matière de lutte contre le terrorisme international[1209].

Ce sont donc ces deux instances qui permettent au Conseil de l'Union européenne de négocier et d'adopter les textes législatifs de l'UE en matière de lutte contre le terrorisme. Ces deux groupes permettent également au Conseil de l'Union de définir clairement la politique étrangère et de sécurité commune de l'UE en matière de terrorisme.

d- Le coordinateur pour la lutte contre le terrorisme

Suite aux attentats de Madrid de 2004, le Conseil européen des 25 et 26 mars 2004, dans une communication[1210], s'est déclaré « *profondément choqué par les attentats terroristes perpétrés à Madrid* » et a décidé, suite à cet événement, de créer un poste de « *coordinateur de la lutte contre le terrorisme* ». Dans cette communication, « *Le Conseil européen souligne qu'une approche globale et parfaitement coordonnée s'impose en réponse à*

1208 En ligne : http://www.consilium.europa.eu/fr/council-eu/preparatory-bodies/working-party-terrorism/

1209 En ligne : http://www.consilium.europa.eu/fr/council-eu/preparatory-bodies/working-party-terrorism-international-aspects/

1210 Conseil de l'UE, Secrétariat général, déclaration sur la lutte contre le terrorisme, 7906/04, 29 mars 2004.

la menace posée par le terrorisme »[1211]. Suivant ce même document, le coordinateur :

> « *exercera ses fonctions au sein du Secrétariat du Conseil, coordonnera les travaux du Conseil en matière de lutte contre le terrorisme et, dans le respect des responsabilités incombant à la Commission, veillera à avoir une vue d'ensemble de tous les instruments dont dispose l'Union, en vue de faire régulièrement rapport au Conseil et d'assurer le suivi effectif des décisions du Conseil.* »[1212]

À noter que la création d'un tel poste a pu être considérée comme :

> « *un aveu de l'échec d'une coordination efficace des actions préexistantes (...) et le témoin d'une méfiance initiale de l'institutionnalisation d'une fonction venant nécessairement heurter des compétences et des prés carrés existants.* »[1213]

Ces institutions ne sont pas figées et évoluent au gré des mutations de la menace terroriste. Cette adaptation est facilitée par la flexibilité de ces institutions découlant de leur fort degré d'intégration. En témoignent les

---

[1211] Conseil de l'UE, Secrétariat général, déclaration sur la lutte contre le terrorisme, 7906/04, 29 mars 2004.

[1212] Plus précisément, sur la page Internet consacrée au coordinateur pour la lutte contre le terrorisme, il est indiqué que ce dernier est chargé de :
- « *coordonner les travaux du Conseil en matière de lutte contre le terrorisme ;*
- *présenter des recommandations et proposer des domaines d'action prioritaires au Conseil, en se fondant sur une analyse de la menace et des rapports élaborés par le Centre d'analyse du renseignement de l'UE et Europol ;*
- *suivre de près la mise en œuvre de la stratégie de l'UE visant à lutter contre le terrorisme ;*
- *veiller à avoir une vue d'ensemble de tous les instruments dont dispose l'Union européenne, rendre régulièrement compte au Conseil et assurer un suivi efficace des décisions du Conseil ;*
- *coordonner son action avec celles que mènent les instances préparatoires compétentes du Conseil, la Commission et le SEAE, lesquels seront par ailleurs informés de ses activités ;*
- *veiller à ce que l'UE joue un rôle actif dans la lutte contre le terrorisme ;*
- *améliorer la communication entre l'UE et les pays tiers dans ce domaine* » (en ligne : http://www.consilium.europa.eu/fr/templates/content.aspx?id=26720).

[1213] V. Emmanuelle SAULNIER-CASSIA, « La coordination de l'Union européenne pour la lutte contre le terrorisme : une mission pour un coordinateur ? », *in* E. Emmanuelle SAULNIER-CASSIA, (dir.), *La lutte contre le terrorisme dans le droit et la jurisprudence de l'Union européenne, op. cit.*, pp. 89-102. Le « *coordinateur a une double mission : celle de l'action et de la prévention, autrement dit, rendre plus efficace la lutte contre le terrorisme à travers les outils disponibles au niveau de l'Union européenne tout en renforçant et encourageant une plus grande prévention des risques* » (p. 92) cité par Anne-Sophie TRAVERSAC, « L'Union européenne et la lutte contre le terrorisme », *Riseo*, n°2015-2.

instruments juridiques discutés par ces dernières et adoptés par les instances délibérantes de l'Union.

2- Une puissance normative inédite en droit international : les instruments juridiques de lutte contre le terrorisme et son financement au sein de l'Union européenne

La lutte contre le terrorisme au sein de l'UE s'est graduellement mise en place, au fil du droit dérivé mais aussi au cœur même du droit primaire[1214]. Progressivement, l'Union européenne s'est dotée d'un cadre juridique fait de normes autant que de *soft law*[1215].

Nous étudierons ainsi dans un premier temps le cadre normatif des instruments de lutte contre le terrorisme au sein de l'Union (a) afin de bien comprendre le contexte dans lequel s'inscrivent plus spécifiquement les instruments de lutte contre le financement du terrorisme (b).

a- Généralités sur les instruments de lutte contre le terrorisme au sein de l'Union européenne

Il convient ici de distinguer les instruments juridiques adoptés préalablement aux attentats du 11 septembre 2001 (i), des instruments juridiques adoptés au lendemain du 11 septembre (ii). Nous évoquerons également les mutations opérées par le Traité de Lisbonne sur le cadre normatif de la lutte contre le terrorisme (iii) avant d'aborder le pouvoir de la *soft law* et du *soft power* européen en matière de lutte contre le terrorisme (iv).

(i) Les instruments ante-11 septembre

Du traité de Maastricht de 1992 jusqu'à l'entrée en vigueur du traité de Lisbonne le 1er décembre 2009, l'Union européenne était structurée en piliers. Le traité de Maastricht avait établi un parallélisme entre les instruments du deuxième et du troisième pilier. Le traité d'Amsterdam, dans son article K.6 a pris en considération les spécificités de la coopération judiciaire et policière et a affecté quatre instruments différents au troisième

---

[1214] Anne-Sophie TRAVERSAC, « L'Union européenne et la lutte contre le terrorisme », *op. cit.*
[1215] *Idem.*

pilier[1216] : les positions communes[1217], les décisions-cadres[1218], les décisions[1219] et les conventions.

Des règles de gouvernance différentes régissaient ces trois piliers. C'est plus particulièrement au sein du troisième pilier que s'organisait la lutte contre le terrorisme. Ainsi, c'est la règle de l'unanimité au Conseil qui régissait les deuxième (PESC) et troisième (JAI) piliers. Ce mode de fonctionnement constituait un obstacle à une coopération efficace dans la lutte contre le terrorisme. En effet, l'obligation de prendre ces décisions-cadres à l'unanimité conduit fréquemment à l'adoption de textes peu ambitieux au regard des enjeux, notamment dans le domaine de la lutte contre le terrorisme[1220]. Par ailleurs, compte tenu du fait que la coopération judiciaire pénale et policière relevait du « *troisième pilier* », et non du premier pilier dit « *pilier communautaire* », le non-respect par un État membre de ses obligations n'engendre aucune sanction. Ainsi, il n'est par exemple pas possible d'exercer un recours en manquement devant la Cour de justice des Communautés européennes à l'encontre d'un État qui se refuse de transposer les dispositions d'une décision-cadre[1221].

Sur le plan du contenu, Josiane AUVRET-FINCK distingue les documents de « *première génération* »[1222] qui interviennent préalablement au 11 septembre

[1216] Franklin DEHOUSSE, « Les résultats de la Conférence intergouvernementale », *Courrier hebdomadaire du CRISP* 1997/20 (n° 1565-1566), pp. 1-53.

[1217] Les positions communes définissent « *l'approche de l'Union sur une question déterminée* » (article K.6 du traité d'Amsterdam). Comme évoqué plus haut, les positions communes permettent à l'UE, postérieurement à l'adoption par le Conseil de sécurité des Nations unies d'une résolution intéressant la politique étrangère de l'UE ou la politique de l'UE en matière de justice et d'affaires intérieures, de définir une approche harmonisée, à l'échelle européenne, de ces politiques.

[1218] Les décisions-cadres sont arrêtées aux fins du « *rapprochement des dispositions législatives et réglementaires des États membres* ». « *Elles lient les États membres quant au résultat à atteindre, tout en laissant aux instances nationales la compétence quant à la forme et aux moyens* ». Avec l'entrée en vigueur du traité d'Amsterdam, le Conseil se devait de consulter le Parlement européen avant d'adopter les décisions-cadres, les décisions et les conventions (article 39 TUE).

[1219] Ayant un caractère obligatoire, les décisions sont arrêtées « *à toute autre fin, à l'exclusion de tout rapprochement des dispositions législatives et réglementaires des États membres* ». Les mesures nécessaires pour mettre en œuvre les décisions sont arrêtées par le Conseil statuant à la majorité qualifiée (article K.6 du traité d'Amsterdam).

[1220] Fabien JAKOB, « L'Union européenne et la lutte contre le financement du terrorisme », *op. cit.*

[1221] *Idem.*

[1222] Josiane AUVRET-FINCK, « Le cadre juridique de référence de la lutte contre le terrorisme », *in* J. Auvret-Finck (dir.), *L'Union européenne et la lutte contre le terrorisme, État des lieux et perspectives*, Larcier, 2010, p. 21.

2001, et qui se caractérisent par une « *interaction entre actes juridiques, documents politiques et documents internes* »[1223] des documents des générations suivantes, intervenant postérieurement au 11 septembre 2001. Ainsi, parmi ces documents de première génération, Madame AUVRET-FINCK cite les instruments adoptés dans le cadre du troisième pilier, dont la décision du Conseil du 3 décembre 1998 chargeant Europol de traiter des infractions commises ou susceptibles d'être commises dans le cadre d'activités terroristes portant atteinte à la vie, à l'intégrité physique, à la liberté des personnes, ainsi qu'aux biens[1224], l'action commune du Conseil du 15 octobre 1996 portant sur la création et la tenue d'un répertoire de compétences, des connaissances et des expertises spécialisées en matière de lutte antiterroriste entre les États membres de l'Union[1225], ou encore la recommandation du 9 décembre 1999 sur la coopération en matière de lutte contre le financement du terrorisme[1226]. Par ailleurs, à noter que quelques jours avant le 11 septembre, le 5 septembre, le Parlement européen a adopté une résolution concernant le rôle de l'UE dans la lutte contre le terrorisme[1227].

Les attentats de 2001 ont entraîné une inflation réglementaire à l'échelle internationale, mais aussi à l'échelle européenne. Les attentats du 11 septembre 2001 ont conduit à l'adoption d'un ensemble de mesures qui succèdent à une première génération de textes.

(ii) Les documents post-11 septembre

Dans un premier temps, *l'arsenal juridique* de lutte contre le terrorisme s'est ainsi construit sur l'espace de liberté, de sécurité et de justice, pensé et construit par les programmes de Tampere (1999-2004), La Haye (2004-2009) puis Stockholm (2010-2014)[1228]. L'année 2001 est une date charnière créant une césure dans l'approche réglementaire européenne en matière de lutte contre le terrorisme.

Le 11 septembre 2001 se traduit en effet par une *européanisation* de la lutte contre le terrorisme[1229], alors que, comme évoqué plus haut, la lutte

---

[1223] *Idem.*

[1224] *JOCE* C26, 30 janv. 1999.

[1225] *JOCE* L 273, 25 oct. 1996.

[1226] *JOCE* C 373, 23 déc. 1999.

[1227] *Journal officiel* n° 332 E du 27/11/2001 p. 0300 – 0304.

[1228] En ligne : http://www.touteleurope.eu/les-politiques-europeennes/justice-et-affaires-interieures/synthese/l-espace-de-liberte-de-securite-et-de-justice.html

[1229] Mikaël BENILLOUCHE, « Le rôle de l'Union européenne dans les mesures prises contre des intérêts iraniens dans la lutte contre le terrorisme », en ligne :

antiterroriste au sein de l'Union était auparavant dictée par les législations internes des États membres. La deuxième génération est ainsi constituée par les textes adoptés dans l'après-11 septembre et traduisent la volonté des États membres d'établir une convergence d'actions en matière de lutte contre le terrorisme :

> « *cet arsenal juridique va s'enrichir d'actes contraignants, dont certains présentent une dimension transpiliers. Cette production normative est elle-même encouragée par des documents politiques qui s'inscrivent dans une vision volontariste et programmatique où transparaît l'exigence de cohérence.* »[1230]

L'architecture réglementaire visant à lutter contre le terrorisme s'est ainsi bâtie en réaction aux attentats du 11 septembre 2001 et se caractérise par une inflation réglementaire. Suite aux attaques, le Conseil européen extraordinaire du 21 septembre 2001 indique d'abord que « *la lutte contre le terrorisme sera plus que jamais un objectif prioritaire de l'Union européenne* », et adopte un plan d'action pour la lutte contre le terrorisme, évoquant cinq points : le renforcement de la coopération policière et judiciaire, le développement des instruments juridiques internationaux, la volonté de mettre fin au financement du terrorisme, de renforcer la sécurité aérienne et enfin de coordonner l'action globale de l'Union européenne[1231].

Selon Anne-Sophie TRAVERSAC, « *trois éléments méritent ensuite d'être considérés comme constituant les outils majeurs et de référence dans la lutte contre le terrorisme pour l'Union européenne* »[1232]. D'une part, les positions communes 2001/930/PESC[1233] et 2001/931/PESC du 27 décembre 2001 en constituent les premiers éléments essentiels. La position commune 2001/930/PESC a été adoptée suite à la résolution 1373 (2001) du Conseil de

---

https://www.justicepenale.net/single-post/2016/09/11/Le-r%C3%B4le-de-l%E2%80%99Union-europ%C3%A9enne-dans-les-mesures-prises-contre-des-int%C3%A9r%C3%AAts-iraniens-dans-la-lutte-contre-le-terrorisme.

[1230] Josiane AUVRET-FINCK, « Le cadre juridique de référence de la lutte contre le terrorisme », *op. cit.*, p. 22.

[1231] Conclusions et plan d'action du Conseil européen extraordinaire, 21 sept. 2001, v. ce texte et les éléments évoqués par le rapport français : Alain BARRAU, Rapport d'information n° 3332, « sur les mesures prises par l'Union européenne à la suite des attentats terroristes aux États-Unis », Délégation de l'Assemblée nationale pour l'Union européenne, Assemblée nationale, 15 oct. 2001.

[1232] Anne-Sophie TRAVERSAC, « L'Union européenne et la lutte contre le terrorisme », *op. cit.*

[1233] Positions communes du Conseil relatives à la lutte contre le terrorisme 2001/930/PESC (*JOCE* L 344, 28 déc. 2001, p. 90) ; et relative à l'application de mesures spécifiques en vue de lutter contre le terrorisme 2001/931/PESC (*JOCE* L 344, 28 déc. 2001, p. 93) sécurité des Nations unies[1234]. Par conséquent la position reprend de nombreux termes adoptés par la résolution. Toutefois, des différences entre la résolution et la position commune peuvent être signalées :

> « *si la mise en œuvre des mesures adoptées par le Conseil de sécurité de l'ONU semble tirer les conséquences du caractère suprême des résolutions adoptées par cet organe, il ne faut pas en déduire que le Conseil de l'Union s'est borné à recopier les résolutions. Ce dernier a, à l'inverse, complété et interprété certaines dispositions de celles-ci d'une manière extensive.* »[1235]

En substance, à l'instar de la résolution 1373 (2001), la position commune incrimine le financement du terrorisme[1236] et demande aux États membres de devenir « *parties aux conventions et protocoles internationaux relatifs au terrorisme énuméré à l'annexe* »[1237]. La position commune 2001/931/PESC quant à elle, définit les « *personnes, groupes et entités impliqués dans des actes de terrorisme* »[1238] et définit « *l'acte de terrorisme* » comme un « *acte intentionnel* », qui :

> « *par sa nature ou son contexte, peut gravement nuire à un pays ou à une organisation internationale (...) lorsqu'il est commis dans le but de gravement intimider une population, ou contraindre indûment des pouvoirs publics ou une organisation internationale à accomplir où à s'abstenir d'accomplir un acte quelconque, ou gravement déstabiliser les structures fondamentales politiques, constitutionnelles, économiques ou sociales d'un pays ou d'une organisation internationale.* »[1239]

[1234] Résolution 1373 (28 sept. 2001) : le Conseil de sécurité « *décide que tous les États doivent : prévenir et réprimer le financement du terrorisme ; ériger en infraction la fourniture ou la collecte délibérée par leurs nationaux (...) de fonds que l'on prévoit d'utiliser ou dont on sait qu'ils seront utilisés pour perpétrer des actes de terrorisme ; geler sans attendre les fonds (...) des personnes qui commettent ou tentent de commettre des actes de terrorisme* ».

[1235] Pierre DUMAS, « L'hypothèse de la circulation des normes engendrées par la lutte contre le terrorisme dans l' "espace" de l'Union européenne », *in* Charlotte GIRARD, *La lutte contre le terrorisme : l'hypothèse de la circulation des normes*, Bruylant, 2012, p. 111.

[1236] Article 8 : « *Les personnes qui participent au financement, à l'organisation, à la préparation ou à la perpétration d'actes de terrorisme ou qui y apportent un appui sont traduites en justice ; ces actes de terrorisme sont érigés en crimes graves dans la législation et la réglementation des États membres et la peine infligée est à la mesure de la gravité de ces actes* ».

[1237] Article 14 de la Position.

[1238] Article 1-2.

[1239] Article 1-3.

En termes de transposition, la même conclusion que pour la position commune 2001/930/PESC s'impose :

> « *même en ce qui concerne les mesures de mise en œuvre des résolutions du Conseil de sécurité de l'ONU, au stade de l'exécution de ces mesures, l'Union européenne ne se contente pas de prendre en charge la diffusion des valeurs universelles, mais les complète et les adapte au contexte européen.* »[1240]

Enfin, la décision-cadre du Conseil du 13 juin 2002 relative à la lutte contre le terrorisme[1241], modifiée en 2008[1242] et en 2017[1243], demande aux États membres d'adopter « *des mesures nécessaires pour que soient considérés comme infractions terroristes les actes intentionnels* » clairement définis dans le texte. Ce texte permet d'harmoniser la notion d'infraction terroriste entre les membres de l'Union.

(iii) La lutte contre le terrorisme depuis le traité de Lisbonne

Le traité de Lisbonne a supprimé la structure en piliers de l'Union. Ainsi, les instruments juridiques de l'ancien troisième pilier, ont été supprimés de la classification des actes juridiques : ce dernier a notamment remplacé ces instruments par des actes communautaires classiques (règlements et directives). Dans l'ensemble des domaines relevant des compétences de l'Union, les institutions, pour exercer leurs compétences, n'adoptent plus que des règlements, des directives, des décisions, des recommandations et des avis dont la définition reste identique à celle existant avant l'entrée en vigueur du traité de Lisbonne. Il existe désormais les actes législatifs adoptés suivant soit la procédure législative ordinaire, soit la procédure législative spéciale, les actes délégués, les actes d'exécution[1244].

1240 Pierre DUMAS, « L'hypothèse de la circulation des normes engendrées par la lutte contre le terrorisme dans l' "espace" », *op. cit.*, p. 112.

1241 Décision-cadre du conseil du 13 juin 2002 relative à la lutte contre le terrorisme, (2002/475/JAI) (*JOCE* L 164, 22 juin 2002, p. 3).

1242 Décision-cadre 2008/919/JAI du Conseil du 28 novembre 2008 (*JOUE* L 330, p. 22).

1243 Directive (UE) 2017/541 du Parlement européen et du Conseil du 15 mars 2017 relative à la lutte contre le terrorisme et remplaçant la décision-cadre 2002/475/JAI du Conseil et modifiant la décision 2005/671/JAI du Conseil.

1244 Pascale JOANNIN, « L'Union européenne et la lutte contre le terrorisme », *Question d'Europe* n° 386, 29 mars 2016, en ligne : https://www.robert-schuman.eu/fr/questions-d-europe/0386-l-union-europeenne-et-la-lutte-contre-le-terrorisme

Le traité a également clarifié et simplifié le cadre juridique en matière de coopération policière et judiciaire. La procédure législative ordinaire, et donc la règle de la majorité qualifiée au Conseil, s'applique désormais à la coopération judiciaire pénale[1245]. Plus généralement, le traité pose les bases d'une coopération policière opérationnelle[1246] ; permet, sur décision du Conseil statuant à l'unanimité, l'intervention des autorités de police ou de douanes d'un État membre sur le territoire d'un autre État membre[1247] ; il officialise le Comité permanent de sécurité intérieure en charge de renforcer la coopération opérationnelle et la coordination[1248] ; le traité encourage la coopération entre les États membres[1249] ; l'article 42 TFUE[1250], à l'instar de l'article 51 de la Charte des Nations unies concernant la légitime défense, renforce la notion de sécurité globale ce qui participe à l'atténuation des frontières en matière de sécurité intérieure et extérieure[1251]. Enfin, l'article 222 TFUE, introduit la clause de solidarité qui prévoit la possibilité pour l'Union et ses États membres de porter assistance à un autre État membre victime d'une attaque terroriste. Toutefois, postérieurement aux attentats du 13 novembre 2015, la France a choisi d'invoquer la clause de défense mutuelle de l'article 42 précité.

D'une manière générale, la lutte contre le terrorisme est clairement une priorité de la politique étrangère et de sécurité de l'UE comme en témoigne le programme européen en matière de sécurité, pour la période 2015-2020 :

> « *Fondé sur l'ensemble des politiques et instruments de l'Union européenne, le [programme européen en matière de sécurité] contribuera à un meilleur échange d'informations, à une coopération opérationnelle accrue et à une plus grande confiance mutuelle, et permettra de concilier les dimensions intérieure et extérieure de la sécurité. Si l'Union européenne doit rester vigilante face à d'autres*

1245 *Idem.*
1246 Art. 87 TFUE.
1247 Art. 89 TFUE
1248 Art. 71 TFUE
1249 Art. 73 et 74 TFUE
1250 Art. 42, al. 7 TUE : « *au cas où un membre serait l'objet d'une agression armée sur son territoire, les autres États membres lui doivent aide et assistance par tous les moyens en leur pouvoir, conformément à l'article 51 de la Charte des Nations unies* ».
1251 Anne-Sophie TRAVERSAC, « L'Union européenne et la lutte contre le terrorisme », *op. cit.*

menaces nouvelles (...), les priorités du programme sont le terrorisme, la criminalité organisée et la cybercriminalité. »[1252]

Ainsi, les instruments juridiques de lutte contre le terrorisme au sein de l'Union européenne doivent être aménagés et adaptés en permanence afin de répondre en tout temps à l'intensité de la menace terroriste au sein de l'Union. Comme le résume Anne-Sophie TRAVERSAC :

« *Si la lutte contre le terrorisme faisait l'objet de textes spécifiques, et même d'organes dédiés, elle se comprenait jusqu'à présent surtout par la contribution qu'un ensemble varié d'institutions et d'agences. La lutte contre le terrorisme s'inscrivait ainsi comme un objectif à atteindre empruntant différents chemins. Le vocable de sécurité, dans sa dimension intérieure et extérieure, semble désormais prendre plus que jamais une place déterminante, la lutte contre le terrorisme en étant une facette, essentielle au demeurant.* »[1253]

Le *soft law* et le *soft power* européen en matière de terrorisme représentent, par ailleurs, un outil juridique au pouvoir normatif inexistant mais au pouvoir politique indéniable.

(iv) La *soft law* et le *soft power* en matière de terrorisme

Par la suite, le Conseil européen a adopté les 12 et 13 décembre 2003, la stratégie européenne de sécurité, « *Une Europe sûre dans un monde meilleur* », rédigée sous l'autorité du haut représentant de l'Union pour la politique étrangère et de sécurité commune, Javier SOLANA, qui tend à privilégier la définition d'une stratégie de sécurité. Ce document identifie des « *défis mondiaux* » et « *principales menaces* » contre la sécurité de l'Union. Les menaces ainsi répertoriées sont au nombre de cinq : le terrorisme, la prolifération des armes de destruction massive, les conflits régionaux, la déliquescence des États, la criminalité organisée. La démarche décrite dans ce document est ambitieuse. Toutefois, « *le document reste marqué par des considérations générales et des axes peu approfondis* »[1254]. Pour répondre à ces menaces, le document met en avant des termes généraux sans préciser leur contenu : « *faire face aux menaces* », « *construire la*

[1252] Communication de la Commission au Parlement européen, au Conseil, au Comité économique et social européen et au Comité des régions, Strasbourg, 28 avr. 2015, COM(2015)185.
[1253] Anne-Sophie TRAVERSAC, « L'Union européenne et la lutte contre le terrorisme », *op. cit.*
[1254] *Idem.*

sécurité de notre voisinage » ou encore « *fonder l'ordre international sur un multilatéralisme efficace* »[1255]. La stratégie européenne de sécurité de 2003 manque ainsi de précision en comparaison aux instruments évoqués ci-dessus. Ce document constitue toutefois « *la première pierre d'un édifice qui désormais se complète, gagne en précision et donc en crédibilité.* »[1256].

Suite aux attentats de Madrid du 11 mars 2004, le Conseil européen a adopté, les 25 et 26 mars 2004, la déclaration sur la lutte contre le terrorisme qui est sensiblement plus précise que la stratégie européenne de sécurité de 2003. Les « *objectifs stratégiques de l'Union européenne dans la lutte contre le terrorisme* » sont ainsi révisés et augmentés, et cherchent notamment à « *fortifier le consensus international* », « *réduire l'accès des terroristes aux ressources financières* », « *assurer la sécurité des transports internationaux* ».

Les 15 et 16 décembre 2005, le Conseil européen a adopté une stratégie visant à lutter contre la radicalisation et le recrutement de terroristes, et une stratégie visant à lutter contre le terrorisme. La stratégie de l'UE visant à lutter contre le terrorisme comprend quatre domaines d'action : « *prévention* », « *protection* », « *poursuite* » et « *réaction* ». Ces textes représentent davantage des communications politiques post-attentat que des outils juridiques sur laquelle peut s'appuyer la lutte contre le terrorisme. Toutefois, les impulsions politiques sont bien souvent à l'origine d'un *arsenal juridique*. Ainsi, ces documents ont renforcé ou donné naissance à des entités contribuant efficacement à la lutte contre le terrorisme.

Le programme de Stockholm[1257] de 2010 souhaitait l'adoption et la mise en place d'une « *stratégie de sécurité intérieure* » (« SSI »). La SSI représente le volet *intérieur* de la sécurité de l'Union. Cette dernière a connu deux versions, celle de la Stratégie 2010-2014 et celle de 2015-2020[1258].

En juin 2014, dans les conclusions du Conseil européen[1259] il est indiqué qu' :

> « *une politique européenne efficace en matière de lutte contre le terrorisme est nécessaire, dans le cadre de laquelle tous les acteurs*

[1255] *Idem.*
[1256] *Idem.*
[1257] Le Programme de Stockholm – une Europe ouverte et sûre qui sert et protège les citoyens : JOUE C 115, 4 mai 2010.
[1258] Doc. COM (2015) 185 final, 28 avr. 2015.
[1259] Doc. EUCO n° 79/14, 27 juin 2014.

concernés travaillent en étroite collaboration, en intégrant les aspects internes et externes de la lutte contre le terrorisme. »

La Déclaration de Paris[1260], adoptée le 11 janvier 2015 par les ministres de l'Intérieur, « *recense ainsi les axes de la réponse à venir* »[1261]. Le 27 janvier de la même année les ministres de l'Économie et des Finances se sont réunis à Paris dans le cadre d'une réunion ECOFIN et ont adopté une déclaration commune qui marque leur accord politique sur le projet de directive visant à lutter contre le blanchiment de capitaux et le financement du terrorisme[1262]. Les 29 et 30 janvier, soit deux jours plus tard, à Riga, la réunion informelle des ministres JAI, a porté uniquement sur la lutte contre le terrorisme et visait à « *donner le tempo de la réaction de l'Union* »[1263]. La Déclaration commune[1264] qui a suivi cette réunion ne présentait pas de grande ambition et évoque simplement la nécessité d' « *améliorer et ajuster les instruments existants* ». Le 12 février, la réunion informelle des chefs d'État de gouvernement qui s'est tenue à Bruxelles n'a donné lieu qu'à une simple « déclaration »[1265] des membres du Conseil européen.

Ces « *conclusions* », « *communications* », « *déclarations* », « *stratégies* », « *programme* », pourraient s'apparenter à des discours de fermeté visant à condamner le terrorisme de manière générale ou visant à condamner certains actes particuliers. La portée juridique de ces documents est effectivement limitée, voire inexistante. En revanche, la portée politique de ces instruments est autrement plus décisive : ces documents donnent une impulsion qui va être relayée par les instances internes de l'Union et peuvent se traduire par des documents juridiques contraignants pour les États membres.

[1260] *Idem.*

[1261] Mikaël BENILLOUCHE, « Le rôle de l'Union européenne dans les mesures prises contre des intérêts iraniens dans la lutte contre le terrorisme », *op. cit.*

[1262] Doc. COM (2013) 45 final, 5 janv. 2013.

[1263] Mikaël BENILLOUCHE, « Le rôle de l'Union européenne dans les mesures prises contre des intérêts iraniens dans la lutte contre le terrorisme », *op. cit.*

[1264] Doc. n° 5855/15, 29 janv. 2015.

[1265] Doc. EUCO 56/15, 12 févr. 2015.

b- Les instruments de lutte contre le financement du terrorisme au sein de l'Union européenne : un encadrement de plus en plus contraignant

Věra JOUROVA, commissaire européenne pour la justice, les consommateurs et l'égalité des genres, dans un article de presse publié en juin 2017 a déclaré *:*

> « *En ma qualité de commissaire européenne chargée de la justice, il est pour moi essentiel d'améliorer la lutte contre le blanchiment de capitaux et le financement du terrorisme. C'est tant une question de sécurité qu'une affaire d'équité. Le manque de transparence permet à des criminels de financer des activités terroristes.* »[1266]

Le dispositif de lutte contre le financement du terrorisme au sein de l'Union européenne (i) repose sur l'idée que tous les États de l'Union doivent participer efficacement à la lutte contre le blanchiment de capitaux et le financement du terrorisme en instaurant une surveillance menée par les opérateurs économiques et financiers. L'architecture européenne de lutte contre le financement du terrorisme repose en effet, en grande partie, sur les acquis institutionnels de la lutte contre le blanchiment de capitaux initiée à la fin des années 1980 (ii).

Consciente du rôle clé joué par le volet financier dans la lutte globale contre le terrorisme, l'Union européenne a décidé, en 2015 de renforcer substantiellement son arsenal réglementaire visant à lutter plus efficacement contre le financement du terrorisme (iv).

(i) Les prémices de la lutte contre le financement du terrorisme au sein de l'Union européenne

À l'instar des Nations unies, c'est suite aux attentats contre les ambassades de Nairobi et de Dar es Salam que l'Union européenne a adopté la Recommandation[1267] du Conseil du 9 décembre 1999 sur la coopération en matière de lutte contre le financement du terrorisme (1999/C 373/01) ainsi

---

[1266] Věra JOUROVÁ, « Ce que fait l'UE pour lutter contre le financement du terrorisme et le crime organisé », *Huffingtonpost*, 30 juin 2017.

[1267] Les recommandations sont des actes non obligatoires émis par la Commission européenne ou le Conseil de l'Union européenne. Ils constituent une incitation pour les États membres à adopter un comportement particulier. (En ligne : http://www.vie-publique.fr/decouverte-institutions/union-europeenne/action/textes-juridiques/que-sont-avis-recommandations.html) que la position commune 2001/154/PESC du Conseil du 26 février 2001 concernant des mesures restrictives supplémentaires à l'encontre des Talibans, permettant d'assurer le gel des fonds et autres avoirs d'Oussama BEN LADEN et de ses associés – poursuivis au titre des attentats contre les ambassades américaines de Nairobi et Dar es Salaam – tel que l'avait requis la résolution 1267 (1999) du Conseil de sécurité des Nations unies[1268].

Suite au 11 septembre 2001, durant la réunion extraordinaire du 21 septembre 2001, le Conseil européen avait appelé le Conseil à prendre les mesures nécessaires afin de lutter contre le financement du terrorisme. La réaction de l'UE suite aux attentats du 11 septembre 2001 s'est ainsi traduite par le règlement (CE) n°2580/2001 du Conseil du 27 décembre 2001 et par le règlement (CE) n° 881/2002 du Conseil du 27 mai 2001 mettant en œuvre les résolutions du Conseil de sécurité des Nations unies notamment en ce qui concerne le gel des avoirs. La décision-cadre 2002/475/JAI du Conseil[1269] du 13 juin 2002, qui reprend la définition formulée à l'article 1 paragraphe 3 de la position commune du Conseil[1270] du 27 décembre 2001, incrimine certains actes de terrorisme, notamment le soutien financier de telles activités.

Après les attentats du 11 mars 2004 à Madrid, le Conseil européen a adopté la déclaration sur la lutte contre le terrorisme, à travers laquelle l'Union et ses États membres s'engageaient « *à faire tout ce qui est en leur pouvoir pour combattre le terrorisme sous toutes ses formes* », et a donc fixé plusieurs objectifs stratégiques en vue d'atteindre cet objectif. Parmi ces objectifs, figure l'obligation imposée à l'Union et à ses membres de prendre toutes les mesures nécessaires pour « *réduire l'accès des terroristes aux ressources financières et autres ressources économiques* ». Le plan d'action révisé de l'Union européenne contre le terrorisme contient des propositions détaillées pour intensifier la lutte contre le financement du terrorisme.

Toujours en 2004, le Conseil de l'Union européenne a publié, le 14 décembre, sa stratégie en matière de lutte contre le financement du terrorisme[1271] qui a été révisée le 17 juillet 2008[1272]. Ainsi, le paragraphe 10 du document fixe comme priorité la réduction de l'accès des terroristes aux

---

[1268] Julie ALIX, « Terrorisme », *JurisClasseur Pénal Code*, fasc. 20, 6 juin 2017.

[1269] Décision-cadre du Conseil du 13 juin 2002 relative à la lutte contre le terrorisme (2002/475/JAI).

[1270] Position commune du Conseil du 27 décembre 2001 relative à l'application de mesures spécifiques en vue de lutter contre le terrorisme (2001/931/PESC).

[1271] Lutte contre le financement du terrorisme, Secrétaire général/haut représentant et commission, 16089/04, 14 déc. 2004.

[1272] Stratégie révisée de lutte contre le financement du terrorisme, Coordinateur de la lutte contre le terrorisme, 11778/1/08 REV 1, 17 juill. 2008.

ressources financières et économiques. Cette stratégie avait pour objectif de présenter une synthèse critique des actions menées par l'Union à ce jour, en les replaçant dans leur contexte de mutation du financement du terrorisme. Ce document sert de base à un certain nombre de recommandations sur la manière dont l'action communautaire en matière de lutte contre le financement du terrorisme pourrait être renforcée. Le coordinateur de la lutte contre le terrorisme a été chargé de présenter chaque semestre un rapport sur la mise en œuvre de la stratégie concernant la lutte contre le financement du terrorisme.

À noter que les initiatives de l'Union européenne en matière de lutte contre le financement du terrorisme reposent, en grande partie, sur les acquis institutionnels de la lutte contre le blanchiment de capitaux.

(ii) Les acquis institutionnels de la lutte antiblanchiment : fondements de la lutte contre le financement du terrorisme

Nous l'avons évoqué, c'est suite aux attentats du 11 septembre 2001 que les recommandations spéciales en matière de lutte contre le financement du terrorisme ont été adoptées par le GAFI. Ces recommandations spéciales sont venues se greffer aux recommandations existantes sur la lutte contre le blanchiment de capitaux. Le même phénomène s'applique à l'échelle européenne. Avant de combattre le financement du terrorisme, l'Union, à l'instar du droit international, a cherché à combattre le blanchiment de capitaux.

Ainsi, l'UE, le 10 juin 1991, a adopté la directive 91/308/CEE relative à la prévention de l'utilisation du système financier aux fins du blanchiment de capitaux. Cette directive exigeait alors uniquement des établissements financiers et de crédit qu'ils identifient leurs clients, adoptent des programmes de lutte contre le blanchiment et passent outre le secret bancaire pour l'information des autorités en cas de soupçon.

Cette directive a, par la suite, été modifiée en 2001[1273] par la directive 2001/97/CE du Parlement européen et du Conseil du 4 décembre 2001 qui a étendu le champ d'application de la lutte contre le blanchiment à un ensemble d'activités et de professions non financières et notamment à la

[1273] Directive 2001/97/CE du Parlement européen et du Conseil du 4 décembre 2001 modifiant la directive 91/308/CEE du Conseil relative à la prévention de l'utilisation du système financier aux fins du blanchiment de capitaux.

profession d'avocat. Cette directive détermine également les activités non concernées par la déclaration de soupçon.

En 2005[1274], cette directive a de nouveau été modifiée et a inclus dans son champ d'application les mesures visant à lutter contre le financement du terrorisme. À l'instar du GAFI, les mesures visant à lutter contre le financement du terrorisme sont venues se greffer aux mesures en place depuis le début des années 1990 en matière de lutte contre le blanchiment de capitaux. Cette troisième directive dite *AML* a ainsi été constamment justifiée par la nécessité de conformer le cadre législatif de l'Union aux recommandations du GAFI. Il convient de noter que la définition de financement du terrorisme retenue dans la directive est similaire à celle contenue dans la Convention de 1999. Ainsi, l'article 1 § 4 de la directive affirme qu' :

> « *Aux fins de la présente directive, on entend par "financement du terrorisme" le fait, par quelque moyen que ce soit, directement ou indirectement, de fournir ou de réunir des fonds dans l'intention de les voir utilisés ou en sachant qu'ils seront utilisés, en tout ou en partie, en vue de commettre l'une quelconque des infractions visées aux articles 1er à 4 de la décision-cadre 2002/475/JAI du Conseil du 13 juin 2002 relative à la lutte contre le terrorisme.* »

De son côté, comme précédemment évoqué, l'article 2 (1) de la Convention de 1999 définit le financement du terrorisme de la manière suivante :

> « *Commet une infraction au sens de la présente Convention toute personne qui, par quelque moyen que ce soit, directement ou indirectement, illicitement et délibérément, fournit ou réunit des fonds dans l'intention de les voir utilisés ou en sachant qu'ils seront utilisés, en tout ou partie, en vue de commettre :*
>
> *a) Un acte qui constitue une infraction au regard et selon la définition de l'un des traités énumérés en annexe ;*
> *b) Tout autre acte destiné à tuer ou blesser grièvement un civil, ou toute autre personne qui ne participe pas directement aux hostilités dans une situation de conflit armé, lorsque, par sa nature ou son contexte, cet acte vise à intimider une population ou à contraindre un*

1274 Directive 2005/60/CE du Parlement et du Conseil du 26 octobre 2005 relative à la prévention de l'utilisation du système financier aux fins du blanchiment de capitaux et du financement du terrorisme.

gouvernement ou une organisation internationale à accomplir ou à s'abstenir d'accomplir un acte quelconque. »

L'Union européenne a donc décidé d'intégrer les dispositions contenues dans la Convention de 1999 dans une réglementation destinée à l'origine à la lutte contre le blanchiment de capitaux. Cette décision a des répercussions institutionnelles. Les acteurs chargés de la lutte contre le blanchiment de capitaux sont désormais chargés de la lutte contre le financement du terrorisme. Les *cellules de renseignement financier* sont également chargées d'étendre leurs mesures de vigilance à la lutte contre le financement du terrorisme.

Cette juxtaposition suscite quelques commentaires au regard des propos qui ont été soulevés dans les paragraphes précédents. Tout d'abord, financer le terrorisme ne nécessite pas impérativement de blanchir des capitaux ; il est possible de recourir à des fonds parfaitement légaux. Par ailleurs, financer le terrorisme ne nécessite pas des montants importants. Bien au contraire, les financiers du terrorisme recourent aux petites coupures dans la perspective d'échapper aux radars de vigilance. Enfin, certains circuits financiers utilisés pour financer le terrorisme échappent complètement au système financier traditionnel. Tel est le cas du système *hawala* décrit précédemment. Prévenir « *l'utilisation du système financier aux fins (...) du financement du terrorisme* »[1275] est certes nécessaire mais insuffisant. Certains auteurs ont souligné le fait que de nombreuses études sont plus virulentes en mettant en avant le fait que le régime actuel censé réguler les flux illicites et renforcer les pratiques dans ce domaine est inefficace et contre-productif[1276]. Les participants ont tenu à souligner « *les différences entre les pratiques de financement du terrorisme et le blanchiment d'argent* », ces différences « *pouvant requérir des contre-mesures distinctes* »[1277].

À noter que cette directive a de nouveau été modifiée par la directive (UE) 2015/849 du Parlement européen et du Conseil du 20 mai 2015 relative à la prévention de l'utilisation du système financier aux fins du blanchiment de capitaux ou du financement du terrorisme[1278]. Cette quatrième directive

---

[1275] Directive 2005/60/CE du Parlement européen et du Conseil du 26 octobre 2005 relative à la prévention de l'utilisation du système financier aux fins du blanchiment de capitaux et du financement du terrorisme.

[1276] Amandine SCHERRER, Antoine MÉGIE, Valsamis MITSILEGAS, « La stratégie de l'Union européenne contre la criminalité organisée : entre lacunes et inquiétudes », *Cultures & Conflits*, 2009.

[1277] « Le financement du terrorisme. Résolution », *RID pén.*, vol. 80, n° 3, 2009 , pp. 519-524.

[1278] Directive (UE) 2015/849 du 20 mai 2015 relative à la prévention de l'utilisation du système financier aux fins du blanchiment de capitaux ou du financement du terrorisme,

AML vise essentiellement à mettre le droit de l'Union en conformité avec les recommandations révisées du GAFI[1279].

Depuis peu, il convient toutefois de nuancer le rapprochement opéré par le législateur européen entre le blanchiment de capitaux et le financement du terrorisme. Depuis les attentats perpétrés sur le sol européen en 2015, le financement du terrorisme est un volet de la lutte globale contre le terrorisme qui gagne en importance. La superposition des mesures visant à lutter contre le financement du terrorisme sur celles visant à lutter contre le blanchiment de capitaux reflétait certainement le peu de considération que des experts et législateurs portaient pour ce volet de la lutte antiterroriste. L'expression « *parent pauvre* » de la lutte contre le terrorisme attribuée à Jean-François DAGUZAN avait alors du sens. Depuis 2015, le rapport de force s'est inversé et il serait probablement plus approprié d'affirmer aujourd'hui que c'est « *l'impératif d'une lutte accrue contre le financement du terrorisme (qui) a engendré un renforcement des mesures communautaires relatives au blanchiment des capitaux* »[1280].

(iii) 2015, la lutte contre le financement devient la pierre angulaire de la lutte contre le terrorisme au sein de l'Union européenne

Suite aux attentats perpétrés à l'encontre d'États membres, l'Union européenne a réagi avec l'adoption de trois nouveaux textes touchant les domaines du blanchiment de capitaux, des mouvements illicites d'argent liquide, du gel et de la confiscation d'avoirs afin d'affaiblir « *la capacité des terroristes à financer leurs activités et, simultanément, en facilitant celle des autorités à repérer et à bloquer l'accès aux sources de financement* »[1281]. Ces textes résultent des engagements pris dans le plan d'action destiné à renforcer la lutte contre le financement du terrorisme de février 2016[1282].

---

modifiant le règlement (UE) n° 648/2012 du Parlement européen et du Conseil et abrogeant la directive 2005/60/CE du Parlement européen et du Conseil et la directive 2006/70/CE de la Commission.

[1279] Adoptées en février 2012.

[1280] Thierry COOSEMANS, « Le renforcement de la sécurité intérieure de l'Union européenne », *op. cit.*

[1281] Communiqué de presse de la Commission, Union de la sécurité : la Commission adopte des règles renforcées pour combattre le financement du terrorisme, le 21 déc. 2016.

[1282] COM (2016) 50 Final, communication de la Commission au Parlement européen et au Conseil relative à un plan d'action destiné à renforcer la lutte contre le financement du terrorisme.

La proposition de règlement relatif aux contrôles de l'argent liquide[1283] abrogeant le règlement (CE) 1889/2005 relatif aux contrôles d'argent liquide entrant ou sortant de la Communauté vise à « fournir aux autorités compétentes les outils appropriés pour détecter les terroristes et leurs soutiens financiers »[1284]. Enfin, la nouvelle proposition de directive visant à combattre le blanchiment de capitaux grâce au droit pénal et à doter les autorités compétentes des dispositions législatives qui leur « *permettront de poursuivre les criminels et les terroristes et de les placer derrière les barreaux* »[1285]. Le règlement relatif à la reconnaissance mutuelle des décisions de gel et de confiscation d'avoirs d'origine criminelle[1286] vise à empêcher « *les terroristes d'utiliser leurs fonds pour commettre d'autres attaques* ». La commission propose ici non pas une directive, mais un règlement européen, ce qui limite la marge de manœuvre des États membres pour transposer le texte dans leur droit interne. C'est la lutte contre le financement du terrorisme qui a, semble-t-il, justifié que la Commission ne propose pas ici une directive, mais un règlement européen. Actuellement, ce sont deux textes distincts qui réglementent cette question : il s'agit de la décision-cadre 2003/577/JAI relative à l'exécution dans l'Union européenne des décisions de gel de biens ou d'éléments de preuve et de la décision-cadre 2006/783/JAI relative à l'application du principe de reconnaissance mutuelle aux décisions de confiscation. La Commission propose ici une simplification du cadre juridique en vigueur en adoptant un seul texte en matière de reconnaissance des décisions de gel et de confiscation. À noter que pour la première fois, la Commission fait le choix de recourir au règlement européen pour réglementer une question de coopération judiciaire en matière pénale[1287]. Par le recours au règlement, le législateur européen souhaite limiter les faiblesses du système actuel, et notamment celles liées à la transposition des textes[1288].

Ainsi, depuis les attentats de Paris de janvier 2015, la lutte contre le financement du terrorisme est devenue l'une des actions prioritaires de

---

[1283] Commission européenne, proposition de règlement du parlement européen et du Conseil relatif aux contrôles d'argent liquide entrant dans l'Union ou sortant de l'Union et abrogeant le règlement (CE) n° 1889/2005, COM (2016) 825, 21 déc. 2016.

[1284] Communiqué de presse de la Commission, Union de la sécurité : la Commission adopte des règles renforcées pour combattre le financement du terrorisme, *op. cit.*

[1285] *Idem.*

[1286] COM (2016) 819/2.

[1287] Charlotte SAUMAGNE, « La lutte contre le financement du terrorisme : la justification du renforcement de la politique pénale européenne », en ligne : http://www.gdr-elsj.eu/2017/01/16/cooperation-policiere/lutte-contre-financement-terrorisme-justification-renforcement-de-politique-penale-europeenne/, 16 janv. 2017.

[1288] *Idem.*

l'Union européenne et s'articule désormais autour de l'adoption d'une directive et de deux règlements[1289].

La puissance normative des textes européens permet à l'Union de mener une action efficace en matière de lutte contre le financement du terrorisme. Les États membres sont en effet dans l'obligation de transposer dans leur droit national les dispositions issues de directives et sont dans l'obligation d'intégrer directement dans leur législation les dispositions issues de règlements.

La puissance juridique des instruments normatifs européens se manifeste notamment, dans le cadre de la lutte contre le financement du terrorisme, à travers les mesures restrictives adoptées par l'Union européenne.

II- Les mesures restrictives au sein de l'Union européenne vers un droit européen de la lutte contre le financement du terrorisme

Comme l'indique le site internet du Conseil européen et du Conseil de l'Union européenne :

> « *Les mesures restrictives ou "sanctions" constituent un instrument essentiel de la politique étrangère et de sécurité commune (PESC) de l'UE. Elles sont utilisées par l'UE dans le cadre d'une action intégrée et globale, qui inclut un dialogue politique, des mesures complémentaires et le recours à d'autres instruments qui sont à la disposition de l'UE.* »[1290]

Parmi les sanctions adoptées à l'échelle européenne, il est nécessaire de distinguer les sanctions adoptées à l'initiative du Conseil de sécurité des Nations unies (A) des sanctions autonomes de l'Union européenne (B).

[1289] Union de la sécurité : « La Commission adopte des règles renforcées pour combattre le financement du terrorisme », Bruxelles, le 21 déc. 2016.
[1290] En ligne : https://www.consilium.europa.eu/fr/policies/sanctions/

A- L'intégration des résolutions du Conseil de sécurité dans l'ordre juridique européen : illustration des tensions manifestes entre droit international et droit européen

Nous l'avons évoqué, au cours des dernières décennies, le Conseil de sécurité des Nations unies s'est engagé dans une véritable lutte contre le terrorisme. Ce dernier a pris, à plusieurs reprises, des sanctions en application du Chapitre VII de la Charte. En vertu de l'article 25 de cette dernière, « *Les Membres de l'Organisation conviennent d'accepter et d'appliquer les décisions du Conseil de sécurité conformément à la présente Charte* ». La question à laquelle il s'agit alors de répondre est de savoir qui, des États ou de l'Union européenne, détient le pouvoir d'exécuter les décisions du Conseil de sécurité ?

Pour répondre à cette question, nous étudierons dans un premier temps les dispositions du droit international public (1) avant d'étudier les modalités d'intégration des résolutions du Conseil de sécurité dans le droit de l'Union (2).

1- La perspective du droit international public : la primauté de la Charte des Nations

En droit international public, conformément à l'article 103 de la Charte des Nations unies, les obligations des États en vertu de la Charte prévalent sur leurs obligations dérivant de tout autre accord international. Cette primauté de la Charte s'étend aux résolutions du Conseil de sécurité en vertu de son l'article 25, aux termes duquel les membres de l'ONU sont tenus d'accepter et d'appliquer les décisions contraignantes du Conseil de sécurité. Ainsi, en application du droit international, les États membres de l'Union ont donc l'obligation de ne pas appliquer toute disposition de droit communautaire qui ferait obstacle à la bonne exécution de leurs obligations en vertu de la Charte des Nations unies.

Il convient par ailleurs de noter que les résolutions du Conseil de sécurité des Nations unies ne créent pas d'obligations pour l'Union européenne qui n'est pas partie à la Charte des Nations unies. La Charte des ne lie en effet que les États membres de l'Organisation des Nations unies[1291].

[1291] Nanette NEUWAHL, « L'Union européenne et les résolutions du Conseil de sécurité des Nations unies – contrôle de la légalité en vertu des droits de l'homme et autonomie de

Toutefois, aux termes de l'article 48 (2) de la Charte des Nations unies, les décisions du Conseil de sécurité sont exécutées par les membres des Nations unies « *directement et grâce à leur action dans les organismes internationaux appropriés dont ils font partie* ». Cet article a servi de fondement au TPICE dans le cadre des affaires Yusuf et Kadi pour affirmer que « à *l'instar des États membres de l'ONU* » l'Union européenne était tenue en vertu du droit international de mettre en œuvre les décisions du Conseil de sécurité parce qu'elle était « *dans la même position* » qu'eux « *compte tenu de l'article 48 § 2 de la charte des Nations unies* »[1292].

Toutefois, la jurisprudence européenne n'a pas entendu garder cette position très longtemps.

2- La perspective du droit de l'Union européenne : la reconnaissance de deux ordres juridiques distincts

Il convient d'ores et déjà de noter que l'Union est soucieuse, notamment en matière de sanctions, que son action soit conforme au droit international. Les mesures restrictives européennes sont prises par le Conseil de l'Union en application des résolutions adoptées en vertu du Chapitre VII de la Charte des Nations unies par le Conseil de sécurité. Ce souci de conformité à la règle de droit international se retrouve essentiellement dans le traité sur l'Union européenne. L'article 3 du TUE dispose en effet que :

> « *Dans le cadre de ses relations avec le reste du monde, l'Union affirme et promeut ses valeurs (...). Elle contribue à la paix, à la sécurité, au développement durable de la planète, à la solidarité et au respect mutuel entre les peuples, au commerce libre et équitable, à l'élimination de la pauvreté et à la protection des droits de l'Homme (...) ainsi qu'au strict respect et au développement du droit international, notamment au respect de la Charte des Nations unies.* »

L'article 21 alinéa 1 du TUE complète cet objectif :

> « *L'action de l'Union sur la scène internationale repose sur les principes qui ont présidé à sa création, à son développement et à son élargissement et qu'elle vise à promouvoir dans le reste du monde : la démocratie, l'État de droit, l'universalité et l'indivisibilité des droits de l'Homme et des libertés fondamentales, le respect de la dignité*

---

l'Organisation des Nations unies », *Revue québécoise de droit international*, vol. 20-2, 2007. pp. 159-172.

1292 Point 206 et 2011.

humaine, les principes d'égalité et de solidarité et le respect des principes de la charte des Nations unies et du droit international (...). Elle favorise des solutions multilatérales aux problèmes communs, en particulier dans le cadre des Nations unies. ».

Bien que procédant du droit international public, l'ordre juridique de l'Union européenne est pleinement autonome, comme le rappelle avec constance la Cour de Justice de l'arrêt *Van Gend and Loos* de 1963 en passant par l'arrêt *les Verts* de 1986 jusqu'à aujourd'hui. Il est en effet intéressant de constater que l'UE n'indique dans aucun texte si elle se considère ou non liée par les résolutions du Conseil de sécurité ou si elle agit dans le cadre de l'obligation de mise en œuvre qui s'impose à ses États membres.

Le rapport entre le droit international public et le droit de l'Union européenne, et plus particulièrement entre les résolutions du Conseil de sécurité et le droit communautaire est régi, indirectement, par les deux premiers paragraphes de l'article 234 du traité de Rome (devenu, après modification, l'article 307 du traité sur l'Union européenne puis l'article 351 du traité sur le fonctionnement de l'Union européenne). Cet article dispose ainsi que :

« *Les droits et obligations résultant de conventions conclues antérieurement au 1er janvier 1958 ou, pour les États adhérents, antérieurement à la date de leur adhésion, entre un ou plusieurs États membres, d'une part, et un ou plusieurs États tiers, d'autre part, ne sont pas affectés par les dispositions des traités.* »

Il s'agit de l'article clé relatif à la transposition des résolutions du Conseil de sécurité dans l'ordre juridique européen. L'étendue de son application a fait l'objet d'intenses débats jurisprudentiels, comme en témoignent les arrêts *Centro-Com* (a), *Dorsch Consult* (b), *Kadi* du TPI (c), *Kadi I* de la CJCE (c), le second arrêt du TPI concernant cette même affaire (d) et l'arrêt *Kadi II* de la CJUE (e). L'ensemble de ces décisions ont permis de définir la pratique des modalités de transposition des résolutions du Conseil de sécurité dans le droit de l'Union européenne (f).

a- CJCE Centro-Com du 14 janvier 1997[1293] : la primauté de l'article 25 de la charte des Nations unies sur les dispositions réglementaires européennes

Alexandre VANDEPOORTER note, à propos des obligations imposées par les résolutions du Conseil de sécurité aux États membres de l'Union européenne :

> « *parce qu'elles leur commandent le plus souvent d'arrêter des mesures de sanctions (...) dont l'objet relève d'une sphère d'action attribuée à la Communauté européenne (...), ils sont fatalement chacun conduits à prendre des mesures incompatibles avec des prescriptions communautaires.* »[1294]

L'article 307 TCE tel qu'interprété par le juge de l'Union dans le cadre de l'arrêt *Centro-Com* du 14 janvier 1997 apporte une réponse à cette problématique. Dans cet arrêt, la CJCE a accepté que des mesures des États membres, alléguées nécessaires en vertu d'une résolution des Nations unies, mais contraires à l'article 113 du traité de Rome puissent être justifiées au regard de l'article 234 du Traité de Rome. Pour profiter de l'aspect dérogatoire de cet article du traité de Rome, il fallait que les mesures en question soient nécessaires pour assurer l'exécution par l'État membre concerné de ses obligations en vertu de la Charte des Nations unies[1295].

Les juges de l'affaire *Centro-Com* ont donc estimé que l'article 307 TCE entendait préserver le pouvoir des États d'agir dans le champ d'une compétence communautaire dès lors qu'ils souhaitent mettre en œuvre une sanction décrétée par le Conseil de sécurité qu'ils sont obligés d'exécuter[1296].

Suivant cette interprétation de l'article 307 TCE, le Traité de Rome lui-même doit être appliqué, autant que possible, à la lumière de la Charte des Nations unies et des résolutions contraignantes du Conseil de sécurité. En effet, dans la mesure où ces résolutions sont censées primer sur le droit de

---

[1293] CJCE, 14 janv. 1997, *Centro-Com* (C-124/95), Rec, p. 1/81.

[1294] Alexandre VANDEPOORTER, « L'application communautaire des décisions du Conseil de sécurité », *AFDI,* vol. 52, 2006. pp. 102-136.

[1295] Nanette NEUWAHL, « L'Union européenne et les résolutions du Conseil de sécurité des Nations unies – contrôle de la légalité en vertu des droits de l'homme et autonomie de l'Organisation des Nations unies », *op. cit.*

[1296] Alexandre VANDEPOORTER, « L'application communautaire des décisions du Conseil de sécurité », *op. cit.*

l'Union, les actes communautaires contraires aux résolutions risquent d'être annulés ou leur mise en œuvre écartée en cas de conflit[1297].

Cette jurisprudence ne survivra pas longtemps aux divergences d'appréciation intra-communautaires.

b- TPI, Dorsch Consult Ingenieurgesellschaft mbH c. Conseil de l'Union européenne et Commission des Communautés européennes, 28 avril 1998 : la théorie de l'écran transparent

Contrairement aux conclusions de l'arrêt *Centro-Com*, un plus tard, dans le cadre de l'arrêt *Dorsch Consult* du 28 avril 1998[1298], le Tribunal de première instance a indiqué que :

> « *s'il est vrai que les États membres de l'ONU devaient, en cette qualité, prendre toute mesure nécessaire pour mettre en œuvre l'embargo commercial contre l'Irak "imposé par la résolution 661 du Conseil de sécurité", il n'en reste pas moins que ceux d'entre eux qui avaient aussi la qualité d'États membres de la Communauté ne pouvaient agir, pour ce faire, que dans le seul cadre du traité, dès lors que toute mesure de politique commerciale commune, telle que l'institution d'un embargo commercial, relève en vertu de l'article 113 du traité (133 CE*[1299]*), de la compétence exclusive de la Communauté.* »[1300]

Le Tribunal entend ici, de manière orgueilleuse, limiter les intrusions des États dans le champ du droit communautaire, et ce même si ces derniers agissent dans le cadre de leurs obligations internationales. C'est donc à l'Union européenne, dès lors que la résolution aborde une compétence exclusive de la Communauté, de transposer celle-ci dans l'ordre juridique européen et par la suite, les États adapteront leur législation nationale à l'ordre juridique européen tel que conformé aux résolutions du Conseil de sécurité.

[1297] Nanette NEUWAHL, « L'Union européenne et les résolutions du Conseil de sécurité des Nations unies – contrôle de la légalité en vertu des droits de l'homme et autonomie de l'Organisation des Nations unies », *op. cit.*

[1298] TPICE, 28 avr. 1998, *Dorsch Consult* (T-184/95), Rec, p. 11-694.

[1299] Aujourd'hui article 207 TFUE.

[1300] Point 74.

c- TPI, Yassin Abdullah Kadi c. Conseil de l'Union européenne et Commission des Communautés européennes, 21 septembre 2005[1301] : vers un écran de moins en moins transparent

Dans la continuité de cette décision, le Tribunal a précisé, en 2005, à l'occasion des affaires *Yusuf* et *Kadi*[1302] que :

> « *dans la mesure où les compétences nécessaires à la mise en œuvre d'engagements des États membres au titre de la Charte des Nations unies ont fait l'objet d'un transfert à la Communauté, les États membres se sont obligés, en droit international public, à ce que la Communauté elle-même les exerce à cette fin.* »[1303]

Le TPI s'appuie ici sur l'article 48§2 de la Charte des Nations unies pour rendre hommage au monisme international dérivé du droit communautaire[1304]. En suivant ce raisonnement, les États n'ont plus le pouvoir d'exécuter eux-mêmes une décision du Conseil de sécurité. Or il se pourrait ainsi qu'ils ne puissent plus satisfaire en toutes circonstances à leurs obligations internationales. Par exemple, si un État membre refuse que la Communauté soit chargée d'exécuter une résolution, tous les autres ne pourront plus l'appliquer. Toutefois, l'article 307 entend écarter cette possibilité[1305]. Le Tribunal, à l'occasion de ces affaires, a entendu lier l'Union européenne aux résolutions du Conseil de sécurité en affirmant que :

> « *à l'instar des États membres de l'ONU, la Communauté est tenue, en vertu du droit international, de mettre en œuvre, dans ses domaines de compétence, les résolutions du Conseil de sécurité, en particulier*

[1301] TPICE, Chambre élargie, 21 sept. 2005, *Ahmed Ali Yusuf et Al Barakaat International Foundation* (T-306/01) et *Yassin Abdullah Kadi* (T-315/01) ; 12 juill. 2006, *Faraj Hassan* (T-49/04) et *ChafiqAyadi* (T-253/02).

[1302] TPICE, Chambre élargie, 21 sept. 2005, *Ahmed Ali Yusuf et Al Barakaat International Foundation* (T-306/01) et *Yassin Abdullah Kadi* (T-315/01) ; 12 juill. 2006, *Faraj Hassan* (T-49/04) et *ChafiqAyadi* (T-253/02).

[1303] Point 248.

[1304] Marie-Françoise LABOUZ, « Les sanctions ciblées et l'articulation entre ordre juridique international et ordre juridique de l'Union », *in Les sanctions ciblées au carrefour des droits international et européen*, Table ronde franco-russe avec l'Université d'État Lobatchevski de Nijni-Novgorod, Collection les Conférences Publiques du Centre d'Excellence Jean Monnet Université Pierre-Mendès-France - Grenoble (France), 10 mai 2011.

[1305] Alexandre VANDEPOORTER, « L'application communautaire des décisions du Conseil de sécurité », *op. cit.*

celles prises dans le cadre du chapitre VII de la charte des Nations unies. »[1306]

Ainsi, « *la Communauté doit être considérée comme liée par les obligations résultant de la charte des Nations unies, de la même façon que le sont ses États membres, en vertu même du traité l'instituant* »[1307] au titre de l'article 24 de la Charte et la responsabilité du Conseil de sécurité en matière de maintien de la paix et de la sécurité internationale.

Pourtant, le Tribunal a bien rappelé que « *la Communauté n'est ni membre de l'ONU, ni destinataire des résolutions du Conseil de sécurité, ni le successeur aux droits et obligations de ses États membres au sens du droit international public* »[1308]. Toutefois, à l'instar du raisonnement que la Cour a tenu en 1972 dans le cadre de son arrêt « *International Fruit* »[1309] en vertu duquel la Cour avait jugé qu'elle était liée par le GATT dans la mesure où elle était seule compétente pour fixer la politique commerciale des membres de l'Union, le Tribunal, dans les affaires *Kadi* a affirmé que « *dans toute la mesure où elle a assumé des compétences précédemment exercées par les États membres dans le domaine d'application de la charte des Nations unies, les dispositions de cette charte ont pour effet de lier la Communauté* »[1310].

Les États membres ont donc « *marqué leur volonté de la lier (la communauté) par les obligations contractées par eux en vertu de la charte des Nations unies* »[1311]. Les mesures d'exécution de l'Union européenne des mesures adoptées au sein du Conseil de sécurité représentent donc un *écran transparent* faisant l'interface entre les États membres de l'UE et le Conseil de sécurité et bénéficient à ce titre d'une immunité de juridiction.

Le TPI se réserve néanmoins la possibilité d'effectuer un contrôle juridictionnel par voie d'exception. Il s'agit d'un contrôle restreint des décisions du Conseil de sécurité portant sur la violation d'une norme impérative du droit international, sur le fondement d'une interprétation erronée du *jus cogens*. Pour la doctrine de droit international, le Tribunal dénature les articles 53[1312] et 64[1313] de la Convention de Vienne sur le droit

---

[1306] Point 206.
[1307] Point 243.
[1308] Point 242.
[1309] CJCE, 12 déc. 1972, *International Fruit* (C-21-24/72), Rec, p. 1219.
[1310] Point 253.
[1311] Point 250.
[1312] Article 53 : traités en conflit avec une norme impérative du droit international général : « *est nul tout traité qui, au moment de sa conclusion, est en conflit avec une norme impérative du droit international général. Aux fins de la présente Convention, une norme impérative du*

des traités dans la mesure où la Convention affirme que ce sont les traités qui ne peuvent déroger aux normes impératives et non les résolutions d'organisations internationales. Par ailleurs la nullité évoquée dans la Convention est une nullité absolue et non de plein droit comme l'affirme implicitement le TPI. Enfin, selon le TPI, ces normes impératives recouvrent le droit de propriété, la règle *audi alteram partem*[1314], la protection juridictionnelle, alors même que le droit international public exclut du champ matériel du *jus cogens* l'interdiction du recours à la force précisément parce qu'elle supporte des exceptions licites[1315].

Dans l'ensemble, s'agissant du contrôle des règlements communautaires transposant en droit européen les résolutions du Conseil de sécurité, le TPICE a consacré, avec les affaires *Yusuf* et *Kadi* précitées, la primauté des décisions du Conseil de sécurité des Nations unies sur l'ordre juridique communautaire grâce à une interprétation extensive de l'article 307 TCE.

Au final, même s'il revient aux États membres d'appliquer une sanction décrétée par le Conseil de sécurité, il est aujourd'hui admis que l'Union européenne peut être chargée de procéder à son exécution dès lors qu'elle implique de prendre des mesures qui interviennent dans son champ de compétence[1316]. Les États membres de l'Union décident ainsi, collectivement, dans le cadre de la politique extérieure et de sécurité commune d'appliquer telle ou telle résolution et confient à l'Union le soin de le faire, assurant ainsi son application uniforme en son sein[1317].

L'affaire Kadi sera renvoyée devant la CJCE et cette dernière adoptera une position qui aura des conséquences importantes sur le droit international et sur le régime de sanction initié par la résolution 1267 (1999) du Conseil de sécurité.

---

droit international général est une norme acceptée et reconnue par la communauté internationale des États dans son ensemble en tant que norme à laquelle aucune dérogation n'est permise et qui ne peut être modifiée que par une nouvelle norme du droit international général ayant le même caractère ».

[1313] Article 64 : survenance d'une nouvelle norme impérative du droit international général : « *si une nouvelle norme impérative du droit international général survient, tout traité existant qui est en conflit avec cette norme devient nul et prend fin* ».

[1314] Règle de justice naturelle et précepte fondamental de notre système juridique qui exige que les tribunaux accordent aux personnes visées par leurs décisions l'occasion d'être entendues.

[1315] Marie-Françoise LABOUZ, « Les sanctions ciblées et l'articulation entre ordre juridique international et ordre juridique de l'Union », *op. cit.*

[1316] Alexandre VANDEPOORTER, « L'application communautaire des décisions du Conseil de sécurité », *op. cit.*

[1317] *Idem.*

d- CJUE Yassin Abdullah Kadi et Al Barakaat International Foundation c. Conseil et Commission, arrêt du 3 septembre 2008 (Arrêt « Kadi I ») : l'abrogation de la théorie de l'écran transparent

La Cour de justice, saisie par Monsieur KADI sur pourvoi formé contre l'arrêt du TPI a, comme l'affirme Denys SIMON dans son commentaire à la *Revue Europe*, infliger au TPI des « *smart sanctions* »[1318].

La décision du TPI a en effet été annulée le 3 septembre 2008 par la Cour de Justice des Communautés européennes dans un arrêt de 43 pages avec 380 attendus dont une centaine sur l'articulation des ordres juridiques. La Cour s'est en effet prononcée sur sa compétence à contrôler les règlements communautaires qui transposent en droit européen les résolutions du Conseil de sécurité. En ce sens, la Cour cite la jurisprudence *Les Verts* de 1986, l'avis 1/01 EEE sur l'autonomie du système juridique dont la Cour de justice est précisément la garante en vertu de l'art. 220 TCE qui la dote d'une compétence exclusive. La Cour de justice reconnaît que deux ordres juridiques distincts coexistent et connaissent des points de rencontre mais les systèmes juridiques n'en sont pas moins des ordres juridiques autonomes, préservant leur spécificité. La Cour en tire la conclusion :

> « *qu'une éventuelle annulation dans l'ordre juridique communautaire d'un acte communautaire de mise en œuvre de décisions du Conseil de sécurité de l'ONU* » *n'implique pas une remise en cause de la primauté de cette résolution au plan du droit international.* »[1319]

C'est ce dualisme juridique[1320] qui a guidé l'avocat général Poiares MADURO dans la rédaction de ses conclusions de l'affaire *Yusuf*. Ce dernier affirme en effet que « *le droit international ne peut interagir avec l'ordre juridique communautaire qu'aux seules conditions fixées par les principes constitutionnels de la Communauté* »[1321]. Ce dernier va ainsi plus loin en estimant que les États membres de l'Union ont l'obligation d'exercer leurs obligations onusiennes de manière compatible avec les dispositions des traités et du droit dérivé. La Cour de justice a suivi le raisonnement de

---

[1318] Denys SIMON, Anne RIGAUX, « Le jugement des pourvois dans les affaires Kadi et Al Barakaat : smart sanctions pour le Tribunal de première instance ? », *Revue Europe*, n° 11, 2008.

[1319] Attendu 288.

[1320] Le dualisme juridique qui a inspiré la Cour de justice sera récusé par un arrêt de la 7e chambre du TPI du 30 septembre 2010.

[1321] Points 23 et 24.

l'avocat général en récusant, à l'attendu 305, « *la prétendue primauté absolue des résolutions du Conseil de sécurité* » qui emporterait selon la thèse du requérant, l'immunité juridictionnelle du règlement litigieux. La Cour se réfère par ailleurs à l'article 300-7 TCE pour affirmer de manière extrapolée que les obligations de la Charte des Nations unies, même si elles sont « *fictivement placées dans les sources juridiques de l'Union européenne ne l'emporteraient pas sur les principes généraux du droit communautaire* »[1322]. Ce raisonnement porte naturellement préjudice à l'article 103 de la Charte des Nations unies.

L'avocat général MADURO entend néanmoins se faire le défenseur des droits fondamentaux potentiellement mis à mal dans la lutte antiterroriste sachant que des allégations graves ne peuvent être discutées contradictoirement devant une juridiction onusienne et « *ne peuvent l'être qu'incidemment via une mise en cause des mesures de mise en œuvre des sanctions antiterroristes devant une juridiction nationale* »[1323]. Le Conseil de sécurité a en effet très tôt décidé de privilégier l'efficacité sur le respect des droits fondamentaux. Comme le précisent Joël RIDEAU et Constance GREWE :

> « *Les résolutions de Conseil de sécurité établissant les différents mécanismes de sanctions ciblées n'ont pas été accompagnées par l'instauration de contrôles spécifiques, les pouvoirs exercés apparaissant comme relevant d'un pouvoir discrétionnaire, avec une place réduite faite au respect des droits de l'homme malgré les déclarations.* »[1324]

Selon Marie-Françoise LABOUZ, « *La Cour n'a pas choisi de contrôler directement les décisions de sécurité mais sans doute de donner en cette matière, une leçon de démocratie judiciaire à l'ONU* »[1325]. La Cour reconnaît néanmoins les améliorations en matière de garantie procédurale mais les juge insuffisantes. La Cour a en effet considéré que la procédure de réexamen instauré par la résolution 1730 « *n'offr(ait) manifestement pas les garanties d'une procédure juridictionnelle* ». De plus, la Cour a constaté dans son point 323 que :

[1322] Marie-Françoise LABOUZ, « Les sanctions ciblées et l'articulation entre ordre juridique international et ordre juridique de l'Union », *op. cit.*

[1323] *Idem.*

[1324] « Avant-propos. Dans les plateaux de la balance », *in* Joël RIDEAU e.a (sous la dir.), *Sanctions ciblées et protections juridictionnelles des droits fondamentaux dans l'Union européenne*, Bruylant, 2010, pp. 1-9.

[1325] Marie-Françoise LABOUZ, « Les sanctions ciblées et l'articulation entre ordre juridique international et ordre juridique de l'Union », *op. cit.*

« s'il est désormais possible pour toute personne ou entité de s'adresser directement au comité des sanctions en soumettant sa demande de radiation de la liste récapitulative au point dit "focal", force est de constater que la procédure devant ce comité demeure essentiellement de nature diplomatique et interétatique, les personnes ou entités concernées n'ayant pas de possibilité réelle de défendre leurs droits et ledit comité prenant ses décisions par consensus, chacun de ses membres disposant d'un droit de véto. »

Il s'ensuit alors qu' :

« il y a lieu de considérer que le droit à un contrôle juridictionnel par un tribunal indépendant n'a pas été garanti au niveau des Nations unies. Par conséquent, les institutions communautaires ne sauraient se dispenser d'un contrôle juridictionnel dûment exercé lors de la mise en œuvre dans l'ordre juridique communautaire des résolutions en cause du Conseil de sécurité. »

Selon l'attendu 327, la Cour estime que le Tribunal a commis une erreur de droit dans les arrêts *Kadi* et *Yusuf* en admettant une immunité juridictionnelle des décisions du Chapitre VII sauf, avez jugé le TPI, en ce qui concerne la compatibilité avec les normes relevant du *jus cogens*. Or, contrôler pleinement la légalité des décisions communautaires de mise en œuvre des décisions du Conseil de sécurité revient en réalité à contrôler la légalité des décisions du Conseil de sécurité, ce qui met en cause la primauté de la décision du Conseil dans l'ordre juridique communautaire. Si l'acte communautaire est annulé, il est fait obstacle à la mise en œuvre de la décision du Conseil de sécurité et par voie de conséquence, il est fait obstacle à son respect par les États membres de l'Union, tous membres de l'ONU.

De telles conclusions ne sont pas sans incidence sur le droit international public. Il est en effet légitime de se demander si l'éventuelle annulation des mesures européennes d'exécution des sanctions du Conseil de sécurité de l'ONU ne fait pas durablement obstacle à leur exécution dans les 27 États membres de l'UE. Une telle annulation est naturellement susceptible de porter préjudice à l'ordre public international[1326].

En l'espèce, la Cour a annulé le règlement par lequel le nom de Monsieur KADI avait été ajouté à la liste des personnes liées à Oussama BEN LADEN. La Cour a en effet estimé que, Monsieur KADI n'ayant pas obtenu la

[1326] *Idem.*

communication des éléments retenus à son encontre, ce règlement violait plusieurs droits fondamentaux que Monsieur KADI tirait du droit de l'Union, en particulier les droits de la défense, et le droit à une protection juridictionnelle effective.

e- TPI, Yassin Abdullah Kadi c. Commission européenne, 30 septembre 2010 : le contrôle des résolutions du Conseil de sécurité par le juge européen

Suite à l'arrêt de la CJCE, sur demande du Conseil, le comité des sanctions du Conseil de sécurité a fourni un résumé des motifs de l'inscription sur la liste de Monsieur KADI qui a ensuite été transmis à ce dernier par la Commission qui a été invitée à présenter des observations en vue du maintien par la Commission de son nom sur la liste. Malgré une demande, ce dernier s'est vu refuser la production de preuves à charge contre lui. Par la suite, la Commission a adopté le nouveau règlement le 28 novembre 2008 sur lequel figurait le nom de Monsieur KADI qui a alors exercé un recours en annulation du règlement devant le Tribunal.

Le Tribunal va discuter longuement de la question de l'étendue du contrôle juridictionnel retenu par la Cour de justice dans son arrêt de 2008. La Cour doit alors répondre à la question de savoir si le contrôle qui doit être réalisé est un contrôle restreint d'une compétence discrétionnaire ou un contrôle plein d'une compétence liée.

Dans son attendu 126[1327], le TPI déclare assurer un contrôle « *en principe complet* » de la légalité du règlement attaqué, notamment au regard des droits fondamentaux, du moins, dit-il dans son attendu suivant[1328], jusqu'à l'amélioration substantielle des garanties offertes par le Conseil de sécurité. La formule « *aussi longtemps que* », évoque les arrêts « *So lange* » du Tribunal constitutionnel allemand. La création du Bureau du Médiateur par la résolution 1904 de 2009 ne suffit pas, selon le Tribunal dans son attendu

[1327] Attendu 126 : « *C'est pourquoi le Tribunal considère, en définitive, qu'il lui incombe d'assurer en l'espèce, comme la Cour l'a dit pour droit aux points 326 et 327 de son arrêt Kadi, un contrôle, "en principe complet", de la légalité du règlement attaqué au regard des droits fondamentaux, sans faire bénéficier ledit règlement d'une quelconque immunité juridictionnelle au motif qu'il vise à mettre en œuvre des résolutions adoptées par le Conseil de sécurité au titre du chapitre VII de la charte des Nations unies* ».

[1328] Attendu 127 : « *Il doit en aller ainsi, à tout le moins, aussi longtemps que les procédures de réexamen mises en œuvre par le comité des sanctions n'offrent manifestement pas les garanties d'une protection juridictionnelle effective, comme la Cour l'a laissé entendre au point 322 de son arrêt Kadi* ».

128, à garantir la protection des droits fondamentaux tels qu'ils sont garantis au sein de l'Union européenne.

Il faut, à ce titre, nuancer les affirmations du Tribunal et reconnaître les efforts effectués par le Conseil de sécurité dans la prise en considération des droits fondamentaux dans les régimes de sanctions. Devant l'avalanche de critiques[1329], le Conseil de sécurité s'est résigné à prendre un certain nombre de mesures[1330], parmi lesquelles l'introduction d'une procédure de dérogation pour raisons humanitaires, la création du Bureau du Médiateur, la création d'un point focal. Toutefois, ces mesures visant à rendre la procédure d'inscription plus équitable et plus transparente ne suffisent pas à contenter l'Union européenne.

Néanmoins, le contrôle n'est complet « *qu'en principe* »[1331] dans la mesure où, selon l'attendu 142[1332], le Tribunal reconnaît qu'il ne peut substituer son appréciation en opportunité à celle de la Commission et selon l'attendu 134, le contrôle de légalité doit permettre, rappelle le Tribunal, comme l'exige la Cour, de concilier les impératifs de la sécurité antiterroriste et des garanties procédurales effectives au bénéfice du requérant[1333].

En l'espèce, le Tribunal va juger que les droits de la défense du requérant n'ont été respectés qu'en apparence, dans la mesure où ce dernier n'a pas eu connaissance des éléments de preuve à charge contre lui. Le TPI a donc fait droit à la demande des requérants et a annulé le règlement litigieux pour violation des droits de la défense et du droit à une protection juridictionnelle

---

1329 Pour le groupe de personnalité de haut niveau, « *la manière dont les entités ou des particuliers sont ajoutés à la liste de terroristes du Conseil et l'absence d'examen ou de recours pour ceux dont le nom figure sur la liste soulèvent de sérieux problèmes de responsabilité, voire de violation des normes et conventions relatives aux droits de l'homme fondamentaux* » (ONU, « Un monde plus sur. Notre affaire à tous », A/59/565, 2 déc. 2004).

1330 Guillaume LE FLOCH, « L'influence des jurisprudences Kadi sur le régime des sanctions instauré par la résolution 1267 (1999) », *in* Emmanuelle SAULNIER-CASSIA (dir.), *La lutte contre le terrorisme dans le droit et la jurisprudence de l'Union européenne*, LGDJ, 2014.

1331 Marie-Françoise LABOUZ, « Les sanctions ciblées et l'articulation entre ordre juridique international et ordre juridique de l'Union », *op. cit.*

1332 Attendu 142 : « (…) *Toutefois, dans le cadre de ce contrôle, il ne lui appartient pas de substituer son appréciation en opportunité à celle de l'institution communautaire compétente* ».

1333 Attendu 134 : « *il incombe au juge communautaire de mettre en œuvre, dans le cadre du contrôle juridictionnel qu'il exerce, des techniques permettant de concilier, d'une part, les soucis légitimes de sécurité quant à la nature et aux sources de renseignements ayant été pris en considération pour l'adoption de l'acte concerné et, d'autre part, la nécessité d'accorder à suffisance au justiciable le bénéfice des règles de procédure* ».

effective[1334] ainsi que du principe de proportionnalité[1335]. Par conséquent, son droit à une protection juridictionnelle[1336] effective s'en est trouvé affecté. Pour le TPI, « *le Conseil de sécurité n'a toujours pas estimé opportun d'établir un organe indépendant et impartial chargé de statuer, en droit comme en fait, sur les recours dirigés contre les décisions individuelles prises par le Comité des sanctions (1267)* »[1337].

Par ailleurs, le gel à durée indéterminée des avoirs financiers de Monsieur KADI a porté une atteinte considérable depuis dix ans à son droit de propriété, alors que la sanction du Conseil de sécurité est une sanction préventive et non répressive. La Commission, le Conseil et le Royaume-Uni ont donc décidé de soumettre le litige à la CJUE.

f- CJUE, Commission européenne e.a. c. Yassin Abdullah Kadi, 18 juillet 2013 (arrêt *Kadi II*) : vers un contrôle juridictionnel renforcé

Préalablement à l'étude du fond de l'affaire, la Cour rappelle les conclusions de l'arrêt *Kadi* de 2008 et de 2010 en affirmant dans son attendu 97 que :

> « *les juridictions de l'Union doivent (...) assurer un contrôle (...) de la légalité de l'ensemble des actes de l'Union au regard des droits fondamentaux (...) y compris lorsque de tels actes visent à mettre en œuvre des résolutions adoptées par le Conseil de sécurité au titre du chapitre VII de la charte des Nations unies.* »

Selon la Cour, cette exigence est expressément consacrée à l'article 275[1338], second alinéa, TFUE.

Dans son arrêt, la Cour relève que dans le cadre d'une procédure visant à inscrire ou à maintenir le nom d'une personne sur la liste des personnes soupçonnées d'être liées au terrorisme, l'autorité européenne compétente doit communiquer à la personne concernée par cette inscription les éléments à l'origine d'une telle décision. Cette personne doit donc pouvoir obtenir

---

[1334] TPICE, 30 sept. 2010, aff. T-85/09, *Yassin Abdullah Kadi c. Commission*, point 188.
[1335] *Ibid.*, point 194.
[1336] Prévu à l'article 47 de la Charte des droits fondamentaux de l'Union européenne.
[1337] TPICE, 30 sept. 2010, aff. T-85/09, *Yassin Abdullah Kadi c. Commission*, point 128.
[1338] Article 275 TFUE précise que la Cour est compétente « *concernant le contrôle de la légalité des décisions prévoyant des mesures restrictives à l'encontre de personnes physiques ou morales adoptées par le Conseil* ».

l'exposé des motifs fourni par le Comité de sanctions pour argumenter la décision de ce dernier d'appliquer des mesures restrictives à son encontre[1339].

Par ailleurs, l'autorité européenne compétente doit permettre à ladite personne de faire connaître son point de vue à l'égard des motifs retenus à son encontre et doit examiner, à la lumière des observations faites par l'intéressé, le bien-fondé de ces motifs. Si cela s'avère nécessaire, l'autorité européenne compétente se doit de solliciter la collaboration du Comité des sanctions et, à travers ce dernier, du membre de l'ONU ayant proposé l'inscription de la personne concernée sur la liste récapitulative, en vue d' « *obtenir la communication d'informations ou d'éléments de preuve, confidentiels ou non, lui permettant de procéder à un examen soigneux et impartial du bien-fondé des motifs en question* »[1340].

S'agissant du contrôle juridictionnel de la légalité de ces motifs, le juge de l'Union, qui a pour mission d'apprécier si ces derniers sont susceptibles de soutenir l'inscription de l'intéressé sur la liste dressée par l'autorité compétente de l'Union, a la possibilité de demander à cette autorité de lui présenter ces informations ou éléments de preuve. En vertu de l'attendu 121 :

> « *c'est, en effet, à l'autorité compétente de l'Union qu'il appartient, en cas de contestation, d'établir le bien-fondé des motifs retenus à l'encontre de la personne concernée, et non à cette dernière d'apporter la preuve négative de l'absence de bien-fondé desdits motifs.* »

En ce sens, selon l'attendu 123 :

> « *Si l'autorité compétente de l'Union est dans l'impossibilité d'accéder à la demande du juge de l'Union, il appartient alors à ce dernier de se baser sur les seuls éléments qui lui ont été communiqués. (...) Si ces éléments ne permettent pas de constater le bien-fondé d'un motif, le juge de l'Union écarte ce dernier en tant que support de la décision d'inscription ou de maintien de l'inscription en cause.* »

La Cour rappelle également dans son attendu 125 que le juge de l'Union doit :

[1339] CJUE, communiqué de presse n° 93/13, « La Cour rejette les pourvois formés contre l'arrêt "Kadi II" du Tribunal », 18 juill. 2013.
[1340] *Idem.*

« *mettre en œuvre, dans le cadre du contrôle juridictionnel qu'il exerce, des techniques permettant de concilier, d'une part, les considérations légitimes de sécurité quant à la nature et aux sources de renseignements ayant été pris en considération pour l'adoption de l'acte concerné et, d'autre part, la nécessité de garantir à suffisance au justiciable le respect de ses droits procéduraux.* »

Il est nécessaire de mettre en balance de manière appropriée les exigences liées au droit à une protection juridictionnelle effective et celles découlant de la sûreté de l'Union ou de ses États membres ou de la conduite de leurs relations internationales.

La Cour précise également dans son attendu 130 que, si, dans le cadre du contrôle de la légalité de la décision attaquée :

« *le juge de l'Union considère que, à tout le moins, l'un des motifs mentionnés dans l'exposé fourni par le comité des sanctions est suffisamment précis et concret, qu'il est étayé et qu'il constitue en soi une base suffisante pour soutenir cette décision, la circonstance que d'autres de ces motifs ne le seraient pas ne saurait justifier l'annulation de ladite décision. Dans l'hypothèse inverse, il procédera à l'annulation de la décision attaquée.* »

Dans le cas d'espèce, la Cour estime que, contrairement à l'analyse du Tribunal, la plupart des motifs retenus à l'encontre de Monsieur KADI sont suffisamment précis et concrets pour permettre un exercice utile des droits de la défense ainsi qu'un contrôle juridictionnel de la légalité de l'acte attaqué. Toutefois, la Cour conclut dans son attendu 163 :

« *qu'aucune des allégations formulées à l'encontre de M. Kadi dans l'exposé fourni par le comité des sanctions n'est de nature à justifier l'adoption, au niveau de l'Union, de mesures restrictives à l'encontre de celui-ci, et ce en raison soit d'une insuffisance de motivation, soit de l'absence d'éléments d'information ou de preuve qui viennent étayer le motif concerné face aux dénégations circonstanciées de l'intéressé.* »

Ainsi, la Cour considère que, en dépit des erreurs de droit commises par le Tribunal dans l'interprétation des droits de la défense et du droit à une protection juridictionnelle, le nouveau règlement de la Commission doit être annulé[1341]. La Cour rejette donc les pourvois formés par la Commission, le Conseil et le Royaume-Uni.

***

En bref, il convient de retenir au terme de cette logorrhée jurisprudentielle, qu'une interprétation extensive de l'article 351 du TFUE et de l'article 48 (2) de la Charte des Nations unies a permis à la cour d'affirmer que les résolutions émises par le Conseil de sécurité s'imposent à l'Union européenne qui se doit de les transposer dans son ordre juridique afin de les rendre directement applicables par les États membres de l'Union européenne. En outre, il convient de rappeler qu'aux termes des articles 2, paragraphe 5, et 21 TUE, l'Union s'est engagée au « *respect des principes de la charte des Nations unies et du droit international* » et, conformément à l'article 42, paragraphe 1, elle peut avoir recours à la capacité opérationnelle que lui reconnaissent ses membres « *dans des missions en dehors de l'Union afin d'assurer le maintien de la paix, la prévention des conflits et le renforcement de la sécurité internationale conformément aux principes de la charte des Nations unies.* ». En ce sens, la Déclaration n° 13 sur la politique étrangère et de sécurité commune annexée au traité du 13 décembre 2007, souligne :

> « *que l'Union européenne et ses États membres demeureront liés par les dispositions de la Charte des Nations unies et, en particulier, par la responsabilité principale incombant au Conseil de sécurité et à ses États membres du maintien de la paix et de la sécurité internationales.* »

L'Union n'est donc pas liée, au plan international, par les mesures coercitives des Nations unies sur la base d'obligations conventionnelles mais du fait de cette Déclaration et du traité de Lisbonne qui, au regard des États tiers, constituent des actes unilatéraux obligatoires liant les États membres.

Ainsi, en pratique, il ressort des développements qui précèdent que la sanction ne peut être définie comme le fait de la seule Union ; elle est « *le fruit d'une double médiation : celle des États comme organes d'exécution des décisions du Conseil de sécurité, puis celle des organes de l'Union européenne comme organes d'exécution des obligations étatiques* »[1342]. Le

---

[1341] CJUE, communiqué de presse n° 93/13, « La Cour rejette les pourvois formés contre l'arrêt "Kadi II" du Tribunal », 18 juill. 2013.

[1342] Hervé ASCENSIO, « Les fins de la sanction externe », *in* Isabelle PINGEL (dir.), *Les sanctions contre les États en droit communautaire*, Pedone, 2006, p. 72.

Professeur ASCENSIO résume la transposition des résolutions du Conseil de sécurité dans l'ordre juridique européen de la manière suivante :

> « *Par l'intermédiaire de l'Union européenne, les États membres défèrent à l'obligation qui résulte pour eux de leur appartenance parallèle à l'Organisation des Nations unies (art. 25 de la Charte). L'adoption d'une décision PESC (UE), c'est-à-dire sur le mode intergouvernemental, préalablement à la phase communautaire (CE), met en évidence le rôle de pivot joué par les États dans cette procédure. Si le recours au droit communautaire s'impose aux États comme moyen de mise en œuvre des obligations étatiques vis-à-vis des Nations unies, c'est en raison du transfert à la Communauté européenne des compétences étatiques correspondant matériellement au domaine des mesures adoptées par le Conseil de sécurité.* »[1343]

Toutefois, selon la jurisprudence Kadi, en vertu de l'article 275 TFUE, le règlement d'exécution n'échappe pas au contrôle du juge communautaire qui se doit de faire respecter les droits fondamentaux de l'Union européenne[1344] et a la possibilité de les annuler si les droits fondamentaux ne sont pas suffisamment protégés ou si les motifs ayant conduit à l'adoption de l'acte d'exécution ne sont pas suffisamment motivés.

Comme évoqué, les jurisprudences Kadi ne sont pas sans incidence sur l'ordre public international et sur les régimes de sanctions mis en place par le Conseil de sécurité. Comme le relevait l'Équipe d'appui analytique et de surveillance des sanctions dès 2005 :

> « *Les nombreuses contestations juridiques auxquelles les sanctions ont déjà donné lieu, particulièrement en Europe et aux États-Unis, et celles risquent de survenir ultérieurement constituent un grave obstacle à leur bonne mise en œuvre.* »[1345]

[1343] *Idem.*

[1344] L'absence d'immunité juridictionnelle des actes de l'Union mettant en œuvre des mesures restrictives décidées au niveau international a été confirmée par l'arrêt du 3 décembre 2009, *Hassan et Ayadi/Conseil et Commission* (C-399/06 P et C-403/06 P, Rec. p. I-11393, points 69 à 75) et par l'arrêt du 16 novembre 2011, *Bank Melli Iran/Conseil* (C-548/09 P, Rec. p. I-11381), dont le point 105 énonce, en s'appuyant sur l'arrêt Kadi, que, sans pour autant que cela remette en cause la primauté d'une résolution du Conseil de sécurité au plan international, le respect s'imposant aux institutions de l'Union à l'égard des institutions des Nations unies ne peut avoir pour conséquence l'absence de contrôle de la légalité de tels actes de l'Union au regard des droits fondamentaux faisant partie intégrante des principes généraux du droit de l'Union.

[1345] ONU, « Deuxième rapport de l'Équipe de surveillance », S/2005/83, 15 févr. 2005, §50.

Les jurisprudences Kadi ont effectivement fortement menacé l'efficacité du régime des sanctions. Dans le même rapport, l'Équipe de surveillance précisait que :

> « *Si la Cour européenne de justice invalidait le mécanisme de l'Union européenne en jugeant qu'il ne respectait pas les garanties d'une procédure régulière, elle ne remettrait pas nécessairement en cause les obligations contractées par les États membres de l'Union envers l'ONU pour ce qui est d'appliquer les sanctions, mais elle compliquerait grandement leur tâche à cet égard et il ne fait pas de doute qu'une telle décision réduirait le pouvoir de persuasion du Conseil, du Comité et de l'équipe vis-à-vis des États membres lorsqu'ils cherchent à les inciter à proposer des noms à inscrire sur la liste.* »[1346]

C'est donc avec soulagement que l'Équipe de surveillance a accueilli les arrêts du TPI de 2005 mais avec effroi qu'elle accueillit la décision de la Cour de justice en 2008. Les sanctions recouvrent en effet :

> « *l'ensemble des garanties et moyens dont dispose le système juridique pour assurer sa cohérence et son intégrité normatives (c'est-à-dire la conformité du comportement social avec ses règles), ainsi que son efficacité et, partant, sa crédibilité en tant qu'ordre juridique.* »[1347]

Partant de cette définition, en adoptant une telle décision, la CJCE a pris le risque de porter préjudice à l'ordre public international en affaiblissant la crédibilité du Conseil de sécurité sur la scène internationale.

Rapidement, ces affaires ont été invoquées par l'Équipe de surveillance pour justifier une réforme du régime des sanctions afin de lui « *donner un caractère plus juridique* »[1348]. Par ailleurs, le 12 novembre 2008, à l'occasion d'un débat au Conseil de sécurité, le représentant de l'Afrique du Sud a affirmé que l'arrêt Kadi indiquait « *clairement qu'un régime de sanctions échouera si l'on ne tient pas compte des préoccupations des États membres relatives aux droits légitimes des personnes et à la mise en place*

[1346] *Ibid.*, §58.

[1347] Georges ABI-SAAB, « De la sanction en droit international. Essai de clarification », *in* : *Theory of International Law at the Threshold of the 21st Century: Essays in honour of Krzytof Skubiszewski,* Kluwer Law, 1996, p. 62.

[1348] ONU, « Deuxième rapport de l'Équipe de surveillance », S/2005/83, 15 févr. 2005, §40.

de procédures équitables et claires »[1349]. Durant ce même débat, le représentant de l'Indonésie a lui dénoncé les lacunes juridiques que la procédure du régime des sanctions comprenait en se fondant expressément sur l'arrêt de la CJCE[1350]. Le débat s'est poursuivi devant l'Assemblée générale des Nations unies : le 18 novembre 2008, le représentant du Liechtenstein a rappelé que l'arrêt Kadi illustrait « *parfaitement les problèmes liés au concept de 'procès équitable' qui caractérisait le régime actuel des sanctions* »[1351].

Les affaires Kadi ont donc eu un certain retentissement à New York de la part des États membres de l'ONU mais aussi de l'Union européenne, du rapporteur spécial dans la lutte antiterroriste et du président du Comité 1267. L'ensemble de ces acteurs a invoqué la jurisprudence Kadi pour inciter le Conseil de sécurité à modifier les pratiques d'inscription et de radiation sur la liste récapitulative. Pour autant, il convient de rappeler que, sur le plan juridique, rien n'oblige le Conseil de sécurité à tirer les conséquences de décisions rendues par des juridictions dans un cadre régional ou national[1352]. En revanche, sur le plan pratique, à partir du moment où ces décisions sont susceptibles de faire peser des risques sur l'efficacité du mécanisme de sanction, le Conseil de sécurité ne peut les ignorer.

Ainsi, progressivement, ont été mis en place une obligation de notification aux personnes de l'inscription de leurs noms sur la liste (résolution 1735), une obligation de motivation de la proposition d'inscription par le biais d'un exposé et d'un résumé (résolutions 1455, 1735, 1822), un droit de recours par la désignation d' « *un point focal* » à qui les personnes ou entités figurant sur les listes peuvent transmettre leurs demandes de radiation (résolution 1730) ou encore un examen détaillé de l'ensemble de la liste, qui a donné lieu à plusieurs radiations (résolution 1822). Avec la résolution 1904 (2009) le Conseil de sécurité est allé plus loin en instituant un Bureau du Médiateur, sans toutefois reconnaître que la création d'une telle institution est le fruit des décisions rendues à Luxembourg. Le Conseil justifie cette modification par les difficultés rencontrées « *d'ordre juridique et autres auxquelles se heurte la mise en*

[1349] Intervention de Monsieur KUMALO au Conseil de sécurité le 12 novembre 2008 : S/PV.6015, p. 24.

[1350] Intervention de Monsieur NATALEGAWA au Conseil de sécurité le 12 novembre 2008 : S/PV.6015, p. 23.

[1351] Intervention de Monsieur FROMMELT à l'Assemblée générale : AG/10786, 18 novembre 2008.

[1352] Guillaume LE FLOCH, « L'influence des jurisprudences Kadi sur le régime des sanctions instauré par la résolution 1267 (1999) », *op. cit.*

œuvre des mesures prises par les États membres »[1353]. Comme le soulignent Pierre BODEAU-LIVINEC et Laurence DUBIN, par ce genre de formulation, le Conseil « *indique clairement qu'il ne se sent nullement tenu de réagir au nouveau développement que constitue la jurisprudence Kadi* »[1354]. Toutefois, dans ses conclusions de l'affaire *Kadi II*, l'avocat général Yves BOT affirmait que :

> « *comme le reconnaît le médiateur, c'est l'arrêt Kadi de la Cour qui a entraîné la création du bureau du médiateur, lequel a permis d'augmenter sensiblement la qualité de la liste. Il serait paradoxal que la Cour ne tienne pas compte des améliorations qu'elle a directement contribué à mettre sur pied, quand bien même le bureau du médiateur ne constitue pas une instance juridictionnelle.* »[1355]

Cette affirmation venait à l'appui de sa préconisation d'appliquer un contrôle restreint de la légalité interne du règlement attaqué. La Cour ne l'a pas entendu de la sorte.

Les différentes décisions rendues par le TPI et la Cour dans le cadre des sanctions antiterroristes exercent indiscutablement une influence sur le régime juridique des sanctions instituées par la résolution 1267 (1999)[1356]. Le Conseil se doit en effet de réagir aux décisions rendues par les juridictions régionales et nationales en matière de régime des sanctions antiterroristes afin de préserver l'effectivité de ce dernier.

g- La transposition des résolutions du Conseil de sécurité en pratique

L'Union européenne et ses institutions ont adopté trois documents majeurs expliquant le recours aux mesures restrictives. Le Conseil a ainsi publié en 2003 des « *Lignes directrices sur la mise en œuvre et l'évaluation des sanctions dans le cadre de la politique étrangère et de sécurité commune* ». En juin 2004, en collaboration avec la Commission européenne, le Conseil a adopté les « *Principes de base concernant le recours aux mesures restrictives* ». Enfin, en décembre 2004, le Conseil a adopté un document technique traitant des meilleures pratiques en matière

---

1353 9e alinéa de la résolution 1904 (2009).

1354 Pierre BODEAU-LIVINEC, Laurence DUBIN, « Chronique de droit administratif global de 2009-2010 », *Droit administratif*, févr. 2012.

1355 Conclusions Yves BOT, point 83.

1356 Guillaume LE FLOCH, « L'influence des jurisprudences Kadi sur le régime des sanctions instauré par la résolution 1267 (1999) », *op. cit.*

d'établissement des listes de personnes et d'application des sanctions. Ces trois documents donnent de nombreuses explications sur le processus d'adoption, de mise en œuvre et de suivi des sanctions.

Ainsi, les mesures restrictives européennes sont prises par le Conseil de l'Union en application des résolutions adoptées, en vertu du Chapitre VII de la Charte des Nations unies, par le Conseil de sécurité des Nations unies. Les actes juridiques de l'Union adoptés sur le fondement d'une résolution du Conseil de sécurité devront se conformer rigoureusement aux décisions onusiennes. Sur le plan institutionnel, ce sont les diplomates du groupe de travail « *affaires étrangères* » (« RELEX ») qui s'occupent des problématiques inhérentes à la transposition des résolutions du Conseil de sécurité et des sanctions autonomes dans le droit européen en se réunissant notamment en formation spécialisée RELEX/Sanctions.

En pratique, comme les actes de terrorisme sont considérés comme « *une menace à la paix et à la sécurité internationale* », cette question relève, en vertu de l'article 24-3 du TFUE[1357], de la politique étrangère et de sécurité commune. Les résolutions adoptées par le Conseil de sécurité dans ce domaine sont donc, dans un premier temps, en vertu de l'article 29 TFUE[1358] traitées par le biais de l'adoption d'une décision PESC qui, de manière générale, définit la position de l'Union européenne sur une question particulière. La décision PESC détermine les raisons et le périmètre des personnes devant faire l'objet de mesures restrictives et être inscrites sur une liste.

Par la suite, en vertu de l'interprétation adoptée de l'article 351 TFUE, compte tenu du fait que les mesures adoptées dans le cadre de la lutte contre le terrorisme risquent de contrarier certains principes contenus dans le TFUE, la Commission européenne présente une proposition de règlement du Conseil. La proposition est ensuite examinée par le groupe RELEX et le COREPER avant d'être adoptée par le Conseil, soit à la majorité qualifiée, soit à l'unanimité et avec la consultation préalable du Parlement européen.

En théorie, la proposition de règlement doit être présentée après l'adoption de la décision PESC. En pratique, la Commission présente

---

[1357] Article 24-3 TFUE : « *Les États membres appuient activement et sans réserve la politique extérieure et de sécurité de l'Union dans un esprit de loyauté et de solidarité mutuelle et respectent l'action de l'Union dans ce domaine* ».

[1358] Article 29 : « *Le Conseil adopte des décisions qui définissent la position de l'Union sur une question particulière de nature géographique ou thématique. Les États membres veillent à la conformité de leurs politiques nationales avec les positions de l'Union* ».

généralement ses propositions de règlement suffisamment à l'avance pour que les deux textes soient examinés en parallèle au Conseil et que les deux instruments juridiques soient, si possible, adoptés en même temps.

Par exemple, conformément à ce mécanisme juridique, suite à l'adoption de la résolution 1373 (2001), l'Union européenne a adopté la position commune 2001/931/PESC le 27 décembre 2001 relative à l'application de mesures spécifiques en vue de lutte contre le terrorisme. Le même jour, le Règlement 2580/2001 a été adopté au sujet de l'adoption de mesures restrictives spécifiques à l'encontre de certaines personnes et entités dans le cadre de la lutte contre le terrorisme.

Le même mécanisme a été à l'œuvre pour transposer la résolution 1267 (1999) : sur la base de l'article 29 TFUE, une position commune (2002/402/PESC) a été adoptée, puis un règlement (881/2002) a par la suite été adopté et assure la mise en œuvre, à l'échelle européenne, du mécanisme de « *blacklisting* » comme souhaité par le Comité 1267 institué par la résolution éponyme.

L'objectif visé par l'adoption d'un règlement est d'uniformiser l'application des mesures restrictives à l'échelle de l'Union. Le règlement vient en effet s'intégrer au droit interne des États membres pour les matières qu'il régit. Étant d'application directe, ce dernier ne laisse aucune marge d'appréciation aux États membres, à la différence par exemple d'une directive européenne. Par ailleurs, alors qu'une décision PESC n'engage en principe que les États membres[1359], un règlement européen doit être mis en œuvre par l'ensemble des opérateurs économiques concernés par les mesures de sanction. Les sanctions financières ciblées doivent en effet être appliquées par toute personne et entité économiquement active, partiellement ou totalement, sur le territoire de l'UE, y compris les ressortissants de l'UE et les entités établies et constituées selon la législation des États membres, lorsqu'ils exercent des activités commerciales en dehors de l'UE[1360].

Enfin, les mesures restrictives européennes issues d'une décision ou d'un règlement européen sont opposables aux opérateurs économiques et aux

---

[1359] « *Les tribunaux européens ont ainsi confirmé l'inapplicabilité directe des positions communes dans les arrêts Gestoras Pro Amnistia et Segi* (C-354/04, *Gestoras Pro Amnestia c. Conseil de l'UE* et C-335/04, *Segi c. Conseil de l'UE*,27 févr. 2007) *indiquant que seul un recours indirect – via – les juridictions nationales contre une mesure nationale qui traduit la position commune – restait possible* ». Hubert DE VAUPLANE, « Les banques et les biens mal acquis », *Revue Banque*, n° 738, juillet-août 2011, p. 83.

[1360] Philippe BAUMARD, David HOTTE, Didier MORLET, Stéphane SAUTERET, Vincent SOULIGNAC, *Les sanctions financières internationales*, *op. cit.*, p. 27.

États une fois qu'elles ont été publiées au Journal officiel de l'Union européenne.

Par ailleurs, il faut bien noter que, même si la voie d'une action concertée est la solution qui est privilégiée à l'échelle de l'Union, en vertu de l'article 25 de la Charte des Nations unies, ce sont les États membres de l'Union européenne qui demeurent les seuls à devoir rendre compte aux organes subsidiaires du Conseil de sécurité de la manière dont ses résolutions ont été mises en œuvre au sein de leur territoire respectif.

La Commission européenne veille de son côté à ce que les États membres appliquent les règlements imposant des mesures restrictives de manière convenable et en temps voulu. La Commission conserve la possibilité d'ouvrir une procédure d'infraction à l'encontre d'un État membre qui serait éventuellement défaillant. En outre, la Commission est habilitée à élaborer certains règlements d'application modifiant la législation, notamment en publiant des listes de personnes, de groupes ou d'entités visés par des mesures de sanctions.

B- Le pouvoir de sanction de l'Union européenne

L'Union européenne définit les sanctions à travers la notion moins connotée de *mesures restrictives*, présentées comme :

> *« destinées à produire du changement de politique ou activité par le pays ciblé, une partie de ce pays, son gouvernement, des entités ou individus. Elles constituent un instrument préventif, non punitif, qui devrait permettre à l'UE de répondre rapidement à des développements ou défis politiques. »*[1361]

Sous l'appellation *mesures restrictives*, l'Union rassemble des pratiques variées : les mesures de gel des avoirs, la prévention du trafic illégal d'armes nucléaires ou encore les mesures relatives aux embargos sur les armes.

La production de listes d'organisations et d'individus suspectés de mener ou soutenir des activités *terroristes* occupe une place importante dans la stratégie européenne de lutte contre le terrorisme et son financement[1362]. La

---

[1361] Présentation de la politique de sanctions de l'UE d'après le Service européen pour l'action extérieure (SEAE).

[1362] Anthony AMICELLE, « Enjeux et usages de la liste « antiterroriste » européenne, La lutte contre le terrorisme dans le droit et la jurisprudence de l'UE », *op. cit.*

stratégie révisée de lutte contre le financement du terrorisme a, en ce sens, rappelé que cette lutte :

> « *a pour objectif la prévention des attentats et la poursuite en justice de ceux qui projettent ou commettent des tels actes. (...) Les instruments financiers, employés de manière proactive, sont extrêmement utiles pour détecter les réseaux terroristes et pour étoffer le renseignement en matière de lutte contre le terrorisme. L'adoption de la législation susmentionnée et des règlements (n° 2580/2001 et n° 881/2002) concernant le gel des avoirs est une première étape dans cette direction.* »[1363]

Les techniques utilisées dans la mise en œuvre des résolutions 1267 (1999) et 1373 (2001) sont ainsi très différentes : dans le cas de la résolution 1373 (2001), l'Union européenne a formulé sa propre liste de mesures préventives, tandis que dans le cas du régime de sanctions initié par la résolution 1267 (1999), elle a simplement transposé la liste adoptée par le Conseil de sécurité dans des actes législatifs communautaires.

Le gel des avoirs au sein de l'Union européenne relève ainsi de deux régimes juridiques distincts : les mesures restrictives issues de la position commune 402/2002/PESC et du règlement (CE) n° 881/2002 transposant la liste du *Comité 1267* du Conseil de sécurité, et les mesures dites *autonomes* résultant de la position commune n° 931/2001/PESC et du règlement (CE) n° 2580/2001. Ce règlement transpose dans le droit de l'Union les dispositions de la résolution 1373 (2001).

Il en résulte que dans le premier cas, le pouvoir d'appréciation de l'Union est très limité alors que dans le second, elle dispose d'une large marge de manœuvre.

Préalablement à l'étude de ces différents régimes, il convient de définir le champ d'application des mesures restrictives au sein de l'Union européenne (1) et d'identifier le fondement juridique de ces mesures de restriction (2). Par la suite, nous étudierons le régime issu du règlement (CE) n° 881/2002 (3), ainsi que le régime issu du règlement (CE) n° 2580/2001 (4) avant de nous interroger sur l'avenir de ces listes européennes (5).

1363 Conseil de l'Union européenne, Stratégie révisée du 17 juillet 2008 de lutte contre le financement du terrorisme, doc. 11778/1/08, p. 4.

1- Définitions et champ d'application

Selon le règlement (CE) n° 2580/2001 du 27 décembre 2001, le champ d'application des mesures restrictives au sein de l'Union européenne comprend les avoirs financiers au sens large. Ce règlement définit les « *fonds, autres avoirs financiers et ressources économiques* » comme :

> « *les avoirs de toute nature, corporels ou incorporels, mobiliers ou immobiliers, acquis par quelque moyen que ce soit, et les documents ou instruments légaux sous quelque forme que ce soit, y compris sous forme électronique ou numérique, qui prouvent un droit de propriété ou un intérêt sur ces avoirs, incluant, mais non exclusivement, les crédits bancaires, les chèques de voyage, les chèques bancaires, les mandats, les actions, les titres, les obligations, les traites et les lettres de crédit.* »

Les fonds sont donc définis très largement et comprennent également :

> « *les instruments de la dette au niveau public ou privé, et les titres négociés notamment les actions et autres titres de participation, les certificats de titres, les obligations, les billets à ordre, les warrants, les titres non gagés, les contrats sur les produits dérivés, les intérêts, les dividendes ou autres revenus d'actifs ou plus-values perçus sur les actifs. (...) la notion de fonds inclut le crédit, le droit à compensation, les garanties de bonne exécution ou autres engagements financiers. Sont aussi pris en compte les crédits, les connaissements, les contrats de vente. De manière générale, tout document attestant la détention de parts d'un fonds ou de ressources financières, et tout autre instrument de financement à l'exportation est considéré comme un fonds.* »[1364]

Le terme « *gel des fonds, autres avoirs financiers et ressources économiques* » et défini par le règlement comme :

> « *toute action visant à empêcher tout mouvement, transfert, modification, utilisation ou manipulation de fonds qui auraient pour conséquence un changement de leur volume, de leur montant, de leur localisation, de leur propriété, de leur possession, de leur nature, de leur destination ou toute autre modification qui pourrait en permettre l'utilisation, y compris la gestion de portefeuille.* »

[1364] V. Kevin CONSTANT KATOUYA, *Réflexions sur les instruments de droit pénal international et européen de lutte contre le terrorisme,* Publibook, 1970.

Par ailleurs, tout règlement européen concernant l'adoption de mesures restrictives définit, de manière générale, dans son dernier article, les personnes qui sont assujetties à sa mise en œuvre, à savoir[1365] : tout ressortissant d'un État membre, à l'intérieur ou à l'extérieur du territoire de l'Union européenne ; toute personne morale, toute entité ou tout organisme établi ou constitué selon la législation d'un État membre ; toute personne morale, toute entité ou tout organisme en ce qui concerne toute opération commerciale réalisée en totalité ou en partie dans l'Union européenne.

Le règlement européen adoptant des mesures restrictives précises également que celui-ci s'applique sur tout le territoire de l'Union européenne ainsi qu'à bord de tout aéronef ou navire relevant de la juridiction d'un État membre. Suivant de telles injonctions, quel que soit le secteur d'activité, toute personne morale exerçant sur le territoire européen doit mettre en œuvre les mesures restrictives prescrites par un règlement de mesures restrictives.

À noter toutefois que certaines entreprises ou entités sont parfois clairement identifiées dans un règlement de mesures restrictives et assujetties à des obligations précises.

Il convient dès à présent de s'interroger sur les fondements juridiques sur lesquels les textes européens s'appuient pour adopter de telles mesures.

2- Les fondements juridiques des mesures restrictives au sein de l'UE

L'utilisation des *sanctions* par l'Union européenne date du début des années 1980, avec les mesures adoptées à l'encontre de l'URSS suite à son intervention dans la crise polonaise et de l'Argentine dans le conflit des Malouines[1366]. Pour autant, la Communauté européenne n'avait, jusqu'à l'adoption du traité de Maastricht, aucune compétence explicite en matière de maintien de la paix. C'est donc sur une base empirique que la Communauté a mené une politique de sanctions à l'égard d'États dont le comportement menaçait la paix et la sécurité internationales[1367].

Par ailleurs, préalablement à l'entrée en vigueur du traité de Lisbonne,

---

[1365] Philippe BAUMARD, David HOTTE, Didier MORLET, Stéphane SAUTERET, Vincent SOULIGNAC, *Les sanctions financières internationales*, *op. cit.*, p. 27.

[1366] V. Sous la direction de Myriam BENLOLO-CARABOT, Ulaş CANDAS, Eglantine CUJO, *Union européenne et droit international, en l'honneur de Patrick DAILLIER*, Pedone, 2012.

[1367] *Idem*.

l'Union n'était pas non plus dotée d'une base juridique autorisant expressément l'adoption de mesures restrictives à l'encontre des personnes privées. Il est donc intéressant de s'interroger sur les fondements juridiques des mesures restrictives adoptées préalablement à l'entrée en vigueur du traité de Lisbonne (a) avant d'étudier les fondements juridiques contenus dans le traité de Lisbonne relatifs à l'adoption de mesures restrictives (b).

a- Les fondements des mesures restrictives préalablement à l'adoption du traité de Lisbonne

Préalablement à l'entrée en vigueur du traité de Lisbonne, l'Union européenne était compétente pour adopter des mesures restrictives au titre du deuxième et du troisième pilier, « *la lutte contre le terrorisme constituant à la fois un objectif de sécurité internationale et un objectif de la coopération policière et judiciaire en matière pénale* »[1368]. Ainsi, dans le pilier communautaire, les règlements ordonnant le gel des fonds et avoirs étaient fondés sur trois dispositions combinant les articles 60 CE, 301 CE et 308 CE[1369], dispositions qui définissent les mesures que la Communauté peut prendre à l'égard des pays tiers dans le cadre de ses relations économiques. L'utilisation de ces trois fondements juridiques avait également pour mission de justifier la contrariété au principe de liberté de circulation des capitaux tel que consacré par les articles 56 et suivants du Traité instituant la Communauté européenne.

La jurisprudence, de manière constante, a admis le bien-fondé de ce choix tout en soulignant les lacunes du traité CE en matière de sanctions ciblées[1370]. En d'autres termes, l'usage de ces trois articles pour justifier l'usage de sanctions ciblées au sein de l'Union européenne relève davantage du *rafistolage* juridique. Il convient en effet de noter que les articles 60 et 301 TCE autorisent certes la Communauté à interrompre ou à réduire les relations économiques avec des pays tiers mais non à geler les avoirs financiers de particuliers. C'est à l'occasion de l'examen de la légalité du

---

[1368] V. Catherine FLAESCH-MOUGIN, Lucia SERENA ROSSI, *La dimension extérieure de l'espace de liberté, de sécurité et de justice de l'Union européenne après le Traité de Lisbonne*, *op. cit.*

[1369] L'arrêt « Kadi I » de la CJUE du 3 septembre 2008 a affirmé que « *afin de mettre en œuvre ces résolutions, le Conseil a adopté une position commune dans le cadre de la PESC concernant des mesures restrictives à l'encontre des personnes concernées et ensuite, sur la base des articles 60, 301 et 308 CE le règlement 881/2002 qui prévoit, inter alia, le gel des fonds et autres avoirs économiques* ».

[1370] V. Catherine FLAESCH-MOUGIN, Lucia SERENA ROSSI, *La dimension extérieure de l'espace de liberté, de sécurité et de justice de l'Union européenne après le Traité de Lisbonne*, *op. cit.*

règlement (CE) n° 881/2002 dans le cadre de l'arrêt Kadi de 2008 que la CJCE a entendu mettre un terme à la controverse en considérant qu' :

> « *aucune disposition du traité CE ne prévoit l'adoption de mesures comparables à celles édictées par le règlement litigieux visant à lutter contre le terrorisme et, plus particulièrement, à l'imposition de sanctions économiques et financières, telles que le gel de fonds, à l'encontre d'individus et d'entités soupçonnés de contribuer au financement du terrorisme international qui sont dénués de tout lien avec le régime dirigeant d'un pays tiers.* »[1371]

Selon la CJCE, les articles 60 et 301 TCE ne peuvent à eux seuls constituer une base juridique suffisante pour le règlement incriminé. C'est en s'appuyant ensuite sur la combinaison des articles 60, 301 et 308 TCE que la CJCE entend donner à cette réglementation une base juridique adéquate. Selon la CJCE, c'est donc l'article 308 TCE qui constitue la pierre d'angle de l'ensemble de l'édifice construit par les institutions européennes dans le cadre de la mise en place de mesures de gel de fonds à l'encontre de terroristes soupçonnés[1372]. Comme l'a écrit Patrick DAILLIER :

> « *[l]es solutions juridiques, dans des contextes troublés, sont souvent peu conforme à l'orthodoxie théorique. La recherche de l'efficacité dans l'urgence conduit à des montages compliqués, pour ne pas dire des "bricolage" improvisés.* »[1373]

Le traité de Lisbonne entend ici s'adapter à la pratique des mesures restrictives telles que décidées dans les règlements européens en consacrant de véritables fondements juridiques aux mesures restrictives adoptées à l'égard des particuliers ou entités juridiques.

b- La consécration de deux fondements juridiques : les articles 75 TFUE et 215 TFUE

Prenant en considération ces lacunes, le traité de Lisbonne a créé deux fondements juridiques distincts pour permettre l'adoption de mesures restrictives à l'encontre de personnes physiques ou morales ou d'entités non

---

[1371] CJCE, 3 sept. 2008, *op. cit.*, § 180.

[1372] Yves MOINY, Aperçu de la jurisprudence communautaire développée dans le cadre de la lutte contre le financement du terrorisme international.

[1373] Patrick DAILLER, « Les opérations multinationales consécutives à des conflits armés en vue du rétablissement de la paix », *RCADI*, vol. 314, 2005, p. 263.

étatiques : l'article 215 du TFUE[1374] et l'article 75 TFUE[1375]. Les mesures ciblées à l'encontre d'individus sont ainsi désormais consacrées dans le droit primaire de l'Union européenne.

L'article 215 TFUE permet l'adoption de mesures restrictives dans le cadre de la poursuite des objectifs de la PESC alors que l'article 75 TFUE contribue à la réalisation des objectifs de l'espace de liberté, de sécurité et de justice (« ELSJ »).

À noter que l'article 215 du TFUE détaille les deux catégories de mesures restrictives possibles : des mesures de sanctions économiques et financières à l'encontre d'États tiers à l'Union et des mesures restrictives à l'encontre d'individus ou de personnes morales.

À noter toutefois que la délimitation entre les deux fondements juridiques adoptés par le traité de Lisbonne n'est pas clairement définie par ce dernier (i), or les incidences institutionnelles diffèrent suivant l'utilisation de l'article 75 TFUE ou 215 TFUE (ii). En pratique, depuis l'entrée en vigueur du traité de Lisbonne, l'article 75 TFUE n'a presque jamais utilisé comme fondement aux mesures restrictives adoptées par l'Union européenne, consacrant indirectement la primauté de l'article 215 TFUE sur l'article 75 TFUE (iii).

[1374] Article 215 TFUE : « *1. Lorsqu'une décision, adoptée conformément au chapitre 2 du titre V du traité sur l'Union européenne, prévoit l'interruption ou la réduction, en tout ou en partie, des relations économiques et financières avec un ou plusieurs pays tiers, le Conseil, statuant à la majorité qualifiée, sur proposition conjointe du haut représentant de l'Union pour les affaires étrangères et la politique de sécurité et de la Commission, adopte les mesures nécessaires. Il en informe le Parlement européen.*
2. Lorsqu'une décision, adoptée conformément au chapitre 2 du titre V du traité sur l'Union européenne, le prévoit, le Conseil peut adopter, selon la procédure visée au paragraphe 1, des mesures restrictives à l'encontre de personnes physiques ou morales, de groupes ou d'entités non étatiques.
3. Les actes visés au présent article contiennent les dispositions nécessaires en matière de garanties juridiques ».

[1375] Article 75 TFUE : « *Lorsque la réalisation des objectifs visés à l'article 67 l'exige, en ce qui concerne la prévention du terrorisme et des activités connexes, ainsi que la lutte contre ces phénomènes, le Parlement européen et le Conseil, statuant par voie de règlements conformément à la procédure législative ordinaire, définissent un cadre de mesures administratives concernant les mouvements de capitaux et les paiements, telles que le gel des fonds, des avoirs financiers ou des bénéfices économiques qui appartiennent à des personnes physiques ou morales, à des groupes ou à des entités non étatiques, sont en leur possession ou sont détenus par eux. Le Conseil, sur proposition de la Commission, adopte des mesures afin de mettre en oeuvre le cadre visé au premier alinéa. Les actes visés au présent article contiennent les dispositions nécessaires en matière de garanties juridiques* ».

(i) « *L'incertaine délimitation du champ matériel des articles 75 TFUE et 215 TFUE* »[1376]

Le traité de Lisbonne a certainement mis fin au problème relatif au fondement juridique des mesures restrictives adoptées au sein de l'Union européenne mais a toutefois omis de préciser avec clarté la délimitation du champ matériel des articles 75 TFUE et 215§2 TFUE ce qui est source de contentieux auprès de la Cour de justice de l'Union européenne. L'arrêt rendu en Grande Chambre le 19 juillet 2012 sous l'affaire *Parlement c/ Conseil* illustre cette difficulté. En l'espèce, le Parlement demandait à la Cour d'annuler le règlement (UE) n° 1286/2009 du Conseil du 22 décembre 2009 modifiant le règlement (CE) n° 881/2002. Le contenu du règlement ne posait pas de difficultés, en revanche le litige portait sur la base juridique utilisée pour fonder le règlement. Le Parlement contestait ici le choix opéré de s'appuyer sur l'article 215 TFUE. Pour la première fois depuis l'adoption du traité de Lisbonne, un rapport de force s'établit entre la PESC et le *corps commun* du traité[1377].

La Cour devait alors établir une correspondance entre la base juridique utilisée pour fonder le règlement de 2009 et celle utilisée pour le règlement de 2002. Adopté sous l'empire du traité d'Amsterdam, le règlement (CE) n° 881/2002 se fondait sur les anciens articles 60, 301 et 308 TCE. Pour la Cour, l'article 215 TFUE correspond au contenu des anciens articles 60 TCE, relatif aux mesures restrictives concernant les mouvements de capitaux et les paiements, et 301 TCE, concernant l'interruption ou la réduction en tout ou partie des relations économiques avec un ou plusieurs États tiers[1378]. Le premier paragraphe de l'article 215 TFUE fonde effectivement l'action extérieure de l'Union en visant l'interruption ou la réduction des relations économiques avec les pays tiers et le deuxième paragraphe du même article permet au Conseil d'adopter des mesures restrictives à l'encontre de personnes, organisations ou entités non étatiques. L'article 75 TFUE, mis en avant par le Parlement, ne permet pas, selon la Cour, « *l'interruption ou la réduction, en tout ou en partie, des relations économiques et financières avec un ou plusieurs États tiers* »[1379]. Ce dernier :

[1376] Catherine FLAESCH-MOUGIN, Lucia SERENA ROSSI, *La dimension extérieure de l'espace de liberté, de sécurité et de justice de l'Union européenne après le Traité de Lisbonne*, *op. cit.*
[1377] Géraldine BACHOUÉ PEDROUZO, « Rattacher la lutte contre le terrorisme à la PESC ? Dilemme pour la CJUE », en ligne : http://www.gdr-elsj.eu/2012/04/23/cooperation-judiciaire-penale/rattacher-la-lutte-contre-le-terrorisme-a-la-pesc-dilemme-pour-la-cjue/
[1378] *Idem.*
[1379] Point 54.

« *vise uniquement la définition, en vue de la prévention du terrorisme et des activités connexes ainsi que de la lutte contre ces phénomènes, lorsque la réalisation des objectifs visés à l'article 67 TFUE l'exige, d'un cadre de mesures administratives concernant les mouvements de capitaux et les paiements.* »[1380]

Toutefois, la Cour relève une certaine difficulté à rattacher la lutte contre le terrorisme à la PESC plutôt qu'à l'ELSJ, car l'article 215 TFUE ne mentionne pas expressément cette lutte, contrairement à l'article 75 TFUE[1381]. La Cour a néanmoins considéré qu'en matière de mesures restrictives le rattachement à la PESC est nécessaire dès lors qu'une « *décision relevant de la PESC prévoit l'adoption de mesures restrictives à l'encontre de personnes physiques ou morales, de groupes ou d'entités non étatiques* »[1382]. En bref, le terrorisme étant défini comme une menace à la paix et à la sécurité au niveau international, la lutte contre ce phénomène relève de l'action externe de l'Union, et donc de la PESC[1383]. Le fait que la liste du Conseil de sécurité relative à Al-Qaïda et à Daech contribue à un objectif de sécurité internationale représente un lien incontestable avec la politique étrangère, car il s'agit pour l'Union d'œuvrer à la mise en œuvre de décisions de la communauté internationale prise en vertu du Chapitre VII de la Charte des Nations unies.

La Cour a ainsi estimé que les articles 75 et 215 TFUE ont bien des objectifs complémentaires mais qu'ils relèvent de politiques différentes de l'Union et qu'ils ne couvrent pas le même champ d'application. C'est l'article 215 TFUE qui constitue le fondement approprié des mesures restrictives à l'encontre de personnes, organisations ou entités non étatiques dès lors que la décision d'adopter ces mesures restrictives relève d'une action PESC. Or la Cour constate que ces mesures semblent relever quasiment automatiquement de la PESC lorsqu'elles visent à préserver la paix et la sécurité internationale[1384]. Dès lors, les contestations du Parlement au regard du défaut d'une décision PESC pour mettre en œuvre l'article 215 TFUE n'étaient pas fondées.

Ce débat jurisprudentiel n'est pas sans pertinence dans la mesure où le recours à l'article 75 TFUE ou 215 TFUE comporte des incidences institutionnelles non négligeables.

1380 Point 54.
1381 Point 61.
1382 Point 58.
1383 Point 63.
1384 Point 78.

(ii) Les incidences institutionnelles du recours à l'article 75 TFUE ou 215 TFUE

La décision de recourir à l'article 75 TFUE ou à l'article 215 TFUE pour l'adoption de mesures restrictives « *n'est pas dépourvue d'enjeux institutionnels* »[1385]. En effet, dans les deux cas, l'adoption de mesures restrictives nécessite le recours à deux actes successifs, le deuxième sera adopté soit par le Conseil sur proposition de la Commission (article 75 TFUE), soit par le Conseil sur proposition conjointe du haut représentant et de la Commission (article 215§2 TFUE). Si les mesures s'inscrivent dans le cadre de la PESC, elles échappent à toute procédure législative. Si la mesure est prise dans le cadre de l'ELSJ, le Parlement retrouve son rôle de colégislateur. Le tableau ci-dessous résume les différences institutionnelles de ces deux fondements juridiques.

	Article 75 TFUE – ELSJ	Article 215 TFUE – PESC
Adoption du principe des mesures restrictives	Par un acte législatif	Par une décision PESC
	« *le Parlement européen et le Conseil statuant par voie de règlement conformément à la procédure législative ordinaire, définissent un cadre de mesures administratives* »	« *Lorsqu'une décision, adoptée conformément au chapitre 2 du titre V du traité sur l'Union européenne le prévoit* »
Mise en place de la mesure à l'encontre de la personne	Par un acte d'exécution	Par un acte d'exécution
	« *le conseil sur proposition de la Commission adopte des mesures afin de mettre en œuvre le cadre visé au premier alinéa* »	« *le conseil statuant à la majorité qualifiée sur proposition conjointe du haut représentant de l'Union pour les affaires étrangères et la politique de sécurité et la Commission adopte des mesures. Le Parlement européen*

[1385] Catherine FLAESCH-MOUGIN, Lucia SERENA ROSSI, *La dimension extérieure de l'espace de liberté, de sécurité et de justice de l'Union européenne après le Traité de Lisbonne*, *op. cit.*

		est informé ».

Source : Catherine FLAESCH-MOUGIN, Lucia SERENA ROSSI, *La dimension extérieure de l'espace de liberté, de sécurité et de justice de l'Union européenne après le Traité de Lisbonne,* Bruylant, 2013.

Ainsi, la décision de rattacher la lutte contre le terrorisme à l'article 215 TFUE, et donc à la PESC implique une mise à l'écart du Parlement européen du processus décisionnel. Pour la Cour, dans le cadre de l'arrêt précité, cette incidence ne doit pas contribuer à déterminer le choix de la base juridique[1386] même si « *la participation du Parlement au processus législatif est le reflet, au niveau de l'Union, d'un principe démocratique fondamental selon lequel les peuples participent à l'exercice du pouvoir par l'intermédiaire d'une assemblée représentative* »[1387]. Dès lors, en matière de mesures restrictives, la Cour de justice apparaît comme la seule gardienne des valeurs de l'Union, le Parlement n'ayant pas son mot à dire[1388].

(iii) L'article 215 TFUE comme seul fondement des mesures restrictives au sein de l'UE ?

Nous l'aurons compris, la disparition des piliers qui a accompagné l'adoption du traité de Lisbonne n'a pas complètement effacé les difficultés associées à l'identification d'un fondement juridique approprié en vue de l'adoption de mesures restrictives. Toutefois, pour le moment, la pratique a consacré la primauté de l'article 215 comme fondement des mesures restrictives au sein de l'Union européenne. Le terme de *mesures restrictives* est lui-même spécifique à la politique étrangère et de sécurité commune de l'Union européenne, bien qu'il ne soit pas expressément défini dans le droit

[1386] Point 79 : « *S'il est vrai que le choix entre les articles 75 TFUE et 215 TFUE en tant que base juridique du règlement attaqué a une incidence sur les prérogatives du Parlement dans la mesure où le premier prévoit le recours à la procédure législative ordinaire, tandis que, en application du second, le Parlement est seulement informé, cette circonstance ne saurait cependant déterminer le choix de la base juridique* ».

[1387] Point 81 qui reprend les arrêts du 29 octobre 1980, *Roquette Frères/Conseil*, 138/79, Rec. p. 3333, point 33, et Dioxyde de titane, précité, point 20.

[1388] Géraldine BACHOUÉ PEDROUZO, « Rattacher la lutte contre le terrorisme à la PESC ? Dilemme pour la CJUE », *op. cit.*

européen. L'article 215 TFUE évoque simplement des mesures « *d'interruption ou de réduction* » des relations de l'Union à l'égard d'un ou plusieurs individus, d'une organisation, ou d'un État tiers[1389].

En définitive, qu'elles soient prises en application d'une décision du Chapitre VII de la Charte des Nations unies ou qu'elles constituent des mesures autonomes, les sanctions de l'Union sont toujours adoptées en deux temps, conformément au schéma tracé par l'article 215 TFUE : dans un premier temps, le Conseil, dans le cadre de la PESC, adopte conformément au Chapitre II du titre V du Traité sur l'Union européenne une décision prévoyant l'interruption ou la réduction, en tout ou en partie, des relations économiques et financières avec un ou plusieurs pays tiers, puis, dans le cadre communautaire cette fois, « *le Conseil, statuant à la majorité qualifiée, sur proposition conjointe du haut représentant de l'Union pour les affaires étrangères et la politique de sécurité et de la Commission, adopte les mesures nécessaires* » et en informe le Parlement européen. L'impulsion politique d'abord, relève nécessairement de la PESC ; l'exécution ensuite, se traduit par des mesures qui relèvent des politiques intégrées[1390].

La pratique à cet égard a été codifiée par les lignes directrices concernant la mise en œuvre et l'évaluation de mesures restrictives (sanctions) dans le cadre de la politique étrangère et de sécurité commune de l'UE, qui précisent que

> « *[l]es mesures prévues dans [la] position commune sont mises en œuvre soit au niveau de la Communauté européenne (CE), soit au niveau national. Les mesures telles que les embargos sur les armes ou les restrictions en matière d'admission sont directement mises en œuvre par les États membres, qui sont juridiquement tenus d'agir en conformité avec les positions communes de l'UE. D'autres mesures visant à interrompre ou à limiter, partiellement ou en totalité, les relations économiques avec un pays tiers, notamment les mesures de gel de fonds et de ressources économiques, sont mises en œuvre au moyen d'un règlement de la CE, adopté par le Conseil sur proposition de la Commission et sur la base des dispositions du traité instituant la*

1389 Sylvain DUHAMEL, « L'usage des mesures restrictives autonomes de l'Union européenne : deux poids deux mesures ou des mesures de poids ? », *Collège de l'Europe, Department of EU international relations and diplomacy studies, EU Diplomacy Paper*, sept. 2012.

1390 Patrick DAILLIER, « Les opérations multinationales consécutives à des conflits armés en vue du rétablissement de la paix », *RCADI*, vol. 314, 2005, p. 263.

Communauté européenne (TCE). »[1391]

Les mesures de gel des avoirs terroristes reposent donc sur l'adoption de règlements par les autorités européennes, comme en témoignent les régimes issus des règlements (CE) n° 881/2002 et (CE) n° 2580/2001.

3- Le régime issu du règlement (CE) n° 881/2002

Le tableau ci-dessous recense les principales résolutions du Conseil de sécurité en matière de gel des avoirs et les mesures de transposition adoptées à l'échelle du droit de l'UE.

Principales résolutions du Conseil de sécurité sur le financement du terrorisme et leur transposition en droit de l'UE			
résolu-tion	**Date**	**Contenu**	**Transposition dans le droit de l'UE**
1267	15/10/1999	Gel des fonds et autres ressources financières des Talibans.	La position commune 1999/727/PESC du 15 novembre 1999 et le règlement (CE) n° 337/2000 du 14 février 2000.
1333	19/12/2000	Gel des fonds et autres avoirs financiers d'Oussama Ben Laden et de l'organisation Al-Qaïda.	La position commune 2001/154/PESC du 26 février 2001 et le règlement n° 467/2001 du 6 mars 2001.
1373	28/09/2011	Met en place un régime de gel général.	La position commune 2001/931/PESC et le règlement (CE) n° 2580/2001 du 27 décembre 2001.
1390	16/01/2002	Consolide les mesures de gel des fonds contenues dans les résolutions 1267 et 1333.	La position commune 2002/402/PESC et le règlement (CE) n° 881/2002 du 27 mai 2002.
1452	20/12/2002	Autorise certaines exclusions aux règles relatives au gel des fonds des résolutions	La position commune 2003/140/PESC du 27 février 2003 et le règlement (CE) n° 561/2003 du 27 mars

[1391] Conseil, doc. 6749/05 PESC 159 FIN 80, 2 déc. 2005, § 7.

		1267 et 1333.	2003.
1988	17/06/ 2011	Création d'un nouveau comité des sanctions pour les Talibans, détaché du « Comité 1267 ».	La décision 2011/486/PESC et le règlement (UE) n° 753/2011 du 1er août 2011.
2253	17/12/ 2015	Élargit les critères d'inscription sur la Liste afin d'y inclure les personnes et les entités soutenant l'État islamique.	La décision 2016/1693/PESC et le règlement (UE) 2016/1686 du 20 septembre 2016 mettent en œuvre la résolution 2253.

Ainsi, la Commission transpose la liste des Nations unies relevant du régime Al-Qaïda et Daech dans le droit de l'Union en modifiant la liste établie dans le règlement (CE) n° 881/2002 du Conseil du 27 mai 2002[1392]. Conformément à l'article 7 de ce règlement, la Commission se charge, au moyen d'un règlement d'exécution, de la mise à jour des listes figurant en annexe de ce dernier. Concrètement, à partir du moment où la Commission est informée des nouvelles inscriptions sur la liste décidées par le *Comité 1267*, elle procède aux contrôles préliminaires nécessaires pour s'assurer du respect de certaines garanties procédurales essentielles, passe par les étapes obligatoires de rédaction, de consultation interne et de traduction dans toutes les langues officielles de l'Union européenne avant que les mesures puissent être adoptées et publiées au Journal officiel[1393].

Par la suite, ces mesures deviennent directement applicables aux personnes, aux établissements financiers et aux opérateurs économiques de l'UE au regard du droit de l'Union. Cette mise à jour n'intervient qu'à partir du moment où le *Comité 1267* modifie sa propre liste. La position commune 2002/402/PESC, aujourd'hui remplacée par la décision 2011/487/PESC,

---

1392 Règlement (CE) n° 881/2002 du Conseil du 27 mai 2002 instituant certaines mesures restrictives spécifiques à l'encontre de certaines personnes et entités liées à Oussama Ben Laden, au réseau Al-Qaïda et aux Talibans, et abrogeant le règlement (CE) n° 467/2001 du Conseil interdisant l'exportation de certaines marchandises et de certains services vers l'Afghanistan, renforçant l'interdiction des vols et étendant le gel des fonds et autres ressources financières décidées à l'encontre des Talibans d'Afghanistan (JO L 139, 29 mai 2002, p. 9).

1393 Commission européenne, Communication de la commission au parlement européen et au conseil relative à un plan d'action destiné à renforcer la lutte contre le financement du terrorisme, COM (2016) 50 final, 2 févr. 2016.

procède par renvoie à la liste du Conseil, ce qui n'impose pas une modification de cette dernière à chaque actualisation de la liste du *comité 1267*. Ainsi, il n'existe qu'une liste en vigueur dans l'ordre juridique européen : celle qui figure en annexe du règlement (CE) n° 881/2002.

Selon une communication de la commission de février 2016[1394], le processus décrit prend environ cinq jours ouvrables, ce qui suscite les critiques du GAFI qui conformément à sa recommandation 6 demande aux États d'appliquer « *sans délai* » ces mesures de gel. Ainsi, selon cette communication :

> « *de nouvelles mesures, au niveau de l'UE et des Nations unies, comprenant une meilleure coordination et le partage préalable d'informations, permettront à la Commission d'être prête à lancer immédiatement les procédures lorsque de nouvelles inscriptions seront décidées, et contribueront à accélérer le processus de transposition.* »

Toujours selon la communication, l'idéal serait que « *les établissements financiers et les opérateurs économiques de l'UE aient accès aux nouvelles inscriptions sur les listes des Nations unies immédiatement après leur publication* », préalablement à leur transposition en droit de l'Union. La Commission ambitionne donc de développer la base de données des sanctions financières de l'Union européenne de manière à intégrer dans cette base les nouvelles inscriptions sur les listes des Nations unies afin de permettre aux institutions financières et aux opérateurs économiques de l'Union d'accéder directement aux listes actualisées des Nations unies. L'objectif étant de limiter la fuite de capitaux liés au terrorisme entre la publication de la liste actualisée de l'UE et la transposition de celle-ci dans le droit de l'Union.

4- Le régime du règlement (CE) n° 2580/2001

Comme évoqué plus haut, la résolution 1373 (2001) du Conseil de sécurité, contrairement aux résolutions 1267 (1999) et 1333 (2000) qui instaurent un régime *autonome* de gel des avoirs financiers, instaure un régime *général* de gel des avoirs. Cette résolution a été transposée dans le droit de l'Union européenne par la position commune 931/2011/PESC et par le règlement (CE) n° 2580/2001. Ce règlement a donc mis en place un autre régime de gel des avoirs, distincts du régime issu du règlement (CE) n° 881/2002, qui obéit par conséquent à des règles procédurales différentes.

[1394] *Idem.*

Ce régime *autonome* donne la possibilité à l'Union d'étendre une mesure nationale de gel à l'ensemble de l'Union. La liste, qui figure en annexe de la position commune 931/2001/PESC, comprend des personnes et groupes « *agissant à la fois à l'intérieur et à l'extérieur de l'UE* »[1395] et fait régulièrement l'objet d'une révision, au minimum tous les six mois[1396].

Nous reviendrons, dans un premier temps, sur la création de la liste antiterroriste européenne (a) avant d'étudier la procédure d'inscription sur cette liste (b). Enfin nous étudierons les débats jurisprudentiels animant cette même procédure d'inscription à travers l'étude du cas de l'Organisation des moudjahidines du peuple iranien (c).

a- La création de la liste antiterroriste européenne

La déclaration des ministres des Affaires étrangères de l'UE du 12 septembre 2001 exprimant la solidarité du Conseil de l'Union européenne envers les États-Unis[1397] après les attentats commis la veille marque le début de la séquence politique menant à la création de la liste antiterroriste européenne. Le 20 septembre se tient la session du Conseil « *Justice et affaires intérieures* » réunissant les ministres de l'Intérieur et de la Justice des États membres[1398] ; c'est à cette occasion et en réaction aux attentats du 11 septembre 2001 que les premières mesures de sécurité sont adoptées. Dans les conclusions de cette session spéciale, tout un développement est consacré au financement du terrorisme dans lequel les acteurs de la réunion appellent à ratifier la convention des Nations unies de 1999 et prennent position pour disposer rapidement de moyens permettant de surveiller et geler les fonds terroristes[1399]. Le même jour, une déclaration commune UE/États-Unis sur le terrorisme est publiée et invite également à stopper le financement du terrorisme, y compris par le biais de sanctions financières[1400]. Le lendemain, réunis en session spéciale, les chefs d'État et de gouvernement s'accordent sur des conclusions et un plan d'action confirmant les propositions de la veille sur le *volet décisif* que constitue

---

1395 En ligne : http://www.consilium.europa.eu/fr/policies/fight-against-terrorism/terrorist-list/

1396 Article 1§6 de la position commune 931/2001/PESC.

1397 Conseil de l'UE, Formation affaires générales, communication à la presse, session spéciale du Conseil, Doc. nº 11795/01 (Presse 318) du 12 septembre 2001.

1398 Conseil de l'UE, Lutte contre le terrorisme – Conclusions session spéciale du Conseil – Justice, affaires intérieures et protection civile, 12019/01 (Presse 327) du 20 septembre 2001.

1399 Anthony AMICELLE, « Enjeux et usages de la liste « antiterroriste » européenne », *op. cit.*

1400 Joint EU-US Ministerial Statement on Combating Terrorism. Communiqué de presse n° 43 du 20 septembre 2001.

selon eux la lutte contre le financement du terrorisme[1401]. Ce plan d'action sera voté par les parlementaires européens deux semaines plus tard. Le 17 octobre, les ministres des Affaires étrangères réunis au nom du Conseil affaires générales annoncent être en mesure de noter les premiers effets résultant du Conseil européen qui s'est tenu le 21 septembre. Dans les conclusions de cette réunion, mention est faite des actions menées dans le cadre de :

> « *La résolution 1373 du Conseil de sécurité des Nations unies, contre les sources de financement du terrorisme, telles aue l'accord politique sur les directives contre le blanchiment d'argent, l'application intégrale des mesures du GAFI, et le gel des avoirs de personnes et d'organisations liées aux Taliban ; les travaux en cours pour établir une liste d'organisations terroristes, et la contribution précieuse que les services de renseignement y apportent.* »[1402]

Partant de leur plan d'action, les dirigeants européens listent quatre priorités, dont trois se réfèrent au volet financier de la lutte contre le terrorisme avec l'ambition d'élaborer une liste d' « *organisations terroristes* » d'ici le 31 décembre 2001[1403].

Ainsi, quatre jours avant cette date limite, le Conseil de l'Union européenne a adopté la position commune 2001/930 qui incrimine le financement du terrorisme et confirme le principe de geler les fonds des personnes associées à des « *actes de terrorisme* ». La position commune 2001/931 adoptée le même jour définit ces « *actes de terrorisme* » et comprend en annexe une « *première liste de personnes, groupes ou entités* » suspectés d'être impliqués dans de tels actes. Le règlement (CE) n° 2580/2001 également adopté le 27 décembre, vient intégrer le tout dans le premier pilier communautaire de l'architecture institutionnelle européenne de l'époque[1404].

Ainsi, même si l'idée de cette liste européenne est née en réaction aux attentats du 11 septembre 2001, il est à noter qu'elle ne vise pas

---

[1401] Commission européenne, Conclusions et plan d'action du Conseil européen extraordinaire du 21 septembre 2001, SI (2001) 990.

[1402] Conseil de l'UE, Formation Affaires générales, Action du 17 octobre 2001 de l'UE suite aux attentats aux États-Unis d'Amérique – Conclusions du Conseil, session extraordinaire –, doc n° 12859/01 (Presse 368).

[1403] Declaration by the heads of State or Government of the European Union and the President of the Commission – Follow-up to the September 11 attacks and the fight against terrorism. Bruxelles, SN 4296/2/01, 19 october 2001.

[1404] Anthony AMICELLE, « Enjeux et usages de la liste « antiterroriste » européenne », *op. cit.*

particulièrement le réseau Al-Qaïda à qui est attribuée la responsabilité de ces attaques. Cette dernière peut couvrir tout groupe et individu supposé lié à des activités terroristes, à l'exception de ceux soupçonnés d'être associés à Al-Qaïda et aux Talibans, couverts par le régime initié par la résolution 1267 (1999). En outre, bien que les deux positions communes et le règlement précités soient présentés comme étant l'application obligatoire de la résolution 1373 (2001), il est à noter que cette dernière appelle certes à geler les fonds des terroristes mais n'impose pas la création de listes. Par ailleurs, la chronologie des réunions européennes évoquée ci-dessus met en évidence l'antériorité de l'idée de création de la liste antiterroriste européenne sur la résolution 1373 du 28 septembre 2001.

b- La procédure d'inscription sur la liste antiterroriste

Le premier paragraphe de l'article premier de la position commune 931/2001/PESC affirme que les mesures restrictives s'appliquent « *aux personnes, groupes et entités impliqués dans des actes de terrorisme* ». Le deuxième paragraphe de ce même article précise le premier en affirmant qu'il s'agit de personnes « *qui commettent, ou tentent de commettre, des actes de terrorisme, les facilitent ou y participent* » ou de groupes et entités qui appartiennent à ces personnes ou sont contrôlés par elles.

Par ailleurs, ce *régime européen* de gel des avoirs terroristes requiert une décision préalable des États membres, soit sous la forme d'une ouverture d'enquête, soit sous la forme d'une condamnation. Sans cette décision préalable, une personne, un groupe ou une entité ne peut être inscrit sur la liste européenne de gel des avoirs[1405].

En outre, les personnes, groupes et entités identifiés par le Conseil de sécurité des Nations unies comme étant liés au terrorisme, et à l'encontre desquels il a ordonné des sanctions, peuvent également être inclus dans la liste[1406]. Des personnes, groupes et entités peuvent ainsi être inscrits sur la liste sur la base de propositions soumises par des États membres ou des États tiers[1407]. Une demande de radiation peut être formulée par les personnes, groupes ou entités figurant sur la liste, par un État membre ou par l'État tiers qui avait initialement proposé l'inscription[1408].

[1405] Article 1§4 de la position commune 931/2001/PESC.
[1406] *Idem.*
[1407] En ligne : http://www.consilium.europa.eu/fr/policies/fight-against-terrorism/terrorist-list/
[1408] *Idem.*

Sur le plan institutionnel, dès sa création en décembre 2001, la gestion de la liste de l'Union européenne a principalement dépendu des recommandations provenant de la « *clearing house* », ou chambre de compensation, une instance informelle liée à la position commune 931/2001[1409]. Cette instance n'apparaît dans aucun organigramme officiel jusqu'en 2007. La position commune 931/2001 évoque simplement le fait que la :

> « *la liste est établie sur la base d'informations précises ou d'éléments de dossier qui montrent qu'une décision a été prise par une autorité compétente à l'égard des personnes, groupes et entités visés, (...) on entend par "autorité compétente", une autorité judiciaire, ou, si les autorités judiciaires n'ont aucune compétence dans le domaine couvert par le présent paragraphe, une autorité compétente équivalente dans ce domaine.* »

En pratique, « *la clearing house va faire office de mécanisme de consultation des demandes d'États membres et de pays tiers proposant des noms à enregistrer* »[1410]. C'est donc la chambre qui examine les informations en vue d'une inscription ou d'une radiation.

Dès le 7 décembre 2001, le Comité des représentants permanents (« COREPER ») a décidé que l'élaboration puis la révision semestrielle de la liste de l'UE seraient effectuées sur la base de travaux préparatoires menés sous l'égide d'un forum *ad hoc* appelé *clearing house*[1411]. Composée des représentants des États membres, de la Commission et du secrétariat général du Conseil[1412], la chambre de compensation va représenter le centre de gravité autour duquel va s'organiser la préparation de la liste antiterroriste de l'Union européenne[1413]. L'importance de son pouvoir décisionnel résulte du degré d'expertise et de connaissance que les représentants de la chambre sont censés détenir. Par la suite, la chambre de compensation fait des recommandations au COREPER qui « *les adopte quasi automatiquement avant qu'elles ne soient entérinées par le Conseil* »[1414].

1409 Anthony AMICELLE, « Enjeux et usages de la liste « antiterroriste » européenne », *op. cit.*

1410 *Idem.*

1411 Le mandat de la clearing house a été confirmé en 2002. Conseil, Fight against the financing of terrorism – follow up of EU measures implementing UNSCR 1373 (2001), 11693/1/02, 3 septembre 2002 (document déclassifié le 18 juillet 2007).

1412 *Idem.*

1413 Anthony AMICELLE, « Enjeux et usages de la liste "antiterroriste" européenne », *op. cit.*

1414 *Idem.*

Une fois que le nom d'un individu ou d'une organisation est inscrit sur la liste, ce dernier ou cette dernière se verra appliquer des mesures restrictives qui sont de deux ordres : les mesures concernant le gel des fonds et des avoirs financiers[1415], les mesures concernant la coopération policière et judiciaire[1416]. Ainsi, les personnes, groupes et entités qui figurent sur la liste en annexe de la position commune font l'objet de ces mesures restrictives.

En outre, la liste antiterroriste de l'Union européenne doit, contrairement au régime découlant du règlement (CE) n° 881/2002, faire l'objet d'une double actualisation puisqu'elle figure en annexe de la position commune et du règlement la mettant en œuvre. Cette actualisation simultanée nécessite l'adoption d'une décision PESC et d'un règlement d'exécution du Conseil adoptés le même jour. Jusqu'à l'entrée en vigueur du traité de Lisbonne, les requérants ne pouvaient pas attaquer la liste figurant en annexe de la position commune, mais uniquement celle annexée au règlement. Depuis l'entrée en vigueur du traité de Lisbonne, les décisions PESC sont susceptibles de recours à partir du moment où elles produisent des effets juridiques à l'encontre des personnes physiques ou morales[1417].

De manière générale, le schéma décisionnel conduisant à l'inscription d'un individu ou d'une organisation sur la liste antiterroriste de l'Union européenne présente une nature très politique et échappe à tout contrôle parlementaire. De plus, jusqu'en 2007, les individus et groupes retenus sur la liste ne se voyaient pas communiquer leur inscription ni les raisons justifiant cette décision. Cette liste souffre donc d'un *déficit démocratique* et présente un caractère arbitraire qui cristallise de nombreuses critiques[1418].

c- Le cas de l'Organisation des moudjahidines du peuple iranien

Le cas de l'inscription de l'Organisation des moudjahidines du peuple iranien (« OMPI ») sur la liste antiterroriste de l'Union européenne illustre les tensions entourant cette liste au sein de l'Union européenne. Afin de faciliter la compréhension de ce feuilleton à rebondissements, il convient préalablement d'en établir la chronologie :

1415 Articles 2 et 3 de la position commune 931/2001/PESC.

1416 Article 4 de la position commune 931/2001/PESC.

1417 Catherine Flaesch-Mougin, Lucia Serena Rossi, *La dimension extérieure de l'espace de liberté, de sécurité et de justice de l'Union européenne après le Traité de Lisbonne*, *op. cit.*

1418 Elspeth Guild, « The Uses and Abuses of Counter-Terrorism Policies in Europe: The Case of the "Terrorist Lists" », *Journal of Common Market Studies*, 2008.

- Décembre 2006 : le TPICE annule la décision du Conseil ordonnant le gel des fonds de l'OMPI ;
- Juin 2007 : lors de la révision semestrielle de la liste, le Conseil décide de maintenir les sanctions contre l'OMPI ;
- Juillet 2007 : l'OMPI introduit un recours contre la décision du Conseil ;
- Novembre 2007 : selon l'autorité judiciaire britannique (Proscribed Organizations Commission Appeal (« POAC »), à l'origine de l'inscription de l'OMPI sur la liste de l'UE, l'OMPI ne répond plus aux critères nécessaires pour être qualifiée de terroriste ;
- Décembre 2007 : lors de la révision semestrielle de la liste, le Conseil décide de maintenir les sanctions contre l'OMPI au motif que le ministère de l'Intérieur britannique a interjeté appel de la décision de la POAC ;
- Décembre 2007 – janvier 2008 : l'OMPI introduit un nouveau recours contre la décision du Conseil ;
- Juin 2008 : l'OMPI est officiellement retirée de la liste noire du Royaume-Uni par le Parlement ;
- Juin 2008 : lors de la révision semestrielle de la liste, le Conseil décide de maintenir les sanctions contre l'OMPI sur la base de l'ouverture d'une enquête, en avril 2001, par le parquet antiterroriste de Paris ainsi que deux réquisitoires supplétifs de 2007 visant des membres présumés de l'OMPI ;
- 21 juillet 2008 : l'OMPI introduit un recours contre la décision du Conseil ;
- 23 octobre 2008 : les juges du TPICE statuent sur les deux recours introduits par l'OMPI :
    - les juges reconnaissent la légalité de la procédure de révision de juin 2007 aboutissant au maintien du groupe sur la liste dans la mesure où l'ordonnance britannique était alors encore valide ;
    - les juges annulent la décision du Conseil de décembre 2007 en considérant que ce dernier devait tenir compte du jugement de la POAC rendu en novembre de la même année. Les juges considèrent alors l'entêtement du ministère de l'Intérieur britannique de « *déraisonnable* » et de « *pervers* » ;
    - ainsi, par son jugement, le TPICE pousse le Conseil à retirer le nom de l'OMPI de la liste mais ce dernier ne prend pas cette décision au motif que la révision de juin 2008 ayant conduit à la décision de maintenir l'OMPI sur la liste a été prise sur de « *nouveaux éléments* ».

- 4 décembre 2008 : les juges du TPICE estiment que « *Le Conseil a violé les droits de la défense de la PMOI en ne lui communiquant pas les nouvelles informations qui, selon lui, justifiaient son maintien dans la liste européenne des organisations terroristes ; en refusant de communiquer au Tribunal certaines informations relatives à l'affaire, le Conseil a également porté atteinte au droit fondamental de la PMOI à un contrôle juridictionnel effectif* »[1419].
- 21 décembre 2011 : le pourvoi formé par la France devant la CJUE contre la décision du TPICE du 4 décembre est rejeté.

À l'issue de cette *bataille homérique* qui aura conduit à l'annulation de trois décisions du Conseil relatives à l'inscription d'une organisation sur la liste antiterroriste de l'Union européenne, plusieurs enseignements doivent être retirés.

À la suite du premier arrêt du TPI en 2006, les procédures d'inscription sur les listes ont été sensiblement modifiées afin de tenir compte des griefs énoncés par le Tribunal[1420]. C'est en effet suite à l'arrêt OMPI que l'existence et les fonctions de la chambre de compensation évoquée plus haut ont été formalisées : celle-ci s'intitule désormais « *Groupe PC 931* ». Toutefois, ses travaux ainsi que sa composition restent confidentiels. De plus, à compter de 2007, la rédaction d'un exposé des motifs justifiant l'inscription sur la liste est rendue nécessaire. Le Conseil est également obligé d'envoyer une lettre de notification aux intéressés les informant des mesures prises à leur égard, de l'exposé des motifs et de leur droit de recours. Enfin, semestriellement, le Conseil doit vérifier le bien-fondé de chaque inscription à partir d'éléments actualisés.

En outre, cette saga jurisprudentielle met en évidence les luttes « *entre professionnels de la sécurité et professionnels de la justice* »[1421] et le fait que, au sein de l'espace de la PESC, *a priori* à l'abri d'une supervision judiciaire, « *nous sommes aujourd'hui arrivés à une situation où les États membres doivent rendre compte des actes du Conseil affectant des individus et des organisations* »[1422]. Comme évoqué à l'occasion de l'affaire Kadi, cette exception à la mise à l'écart de la Cour de justice de l'Union européenne vis-à-vis des dispositions et actes pris au nom de la PESC a été

[1419] Communiqué de presse n° 84/04, 4 décembre 2008 sur TPICE, aff. T-284/08, *People's Mojahedin Organization of Iran c. Council*.
[1420] Conseil, Fight against the financing of terrorism – Implementation of Common Position 2001/931/CFSP, 10826/1/07, 28 juin 2007.
[1421] Anthony AMICELLE, « Enjeux et usages de la liste « antiterroriste » européenne », *op. cit.*
[1422] *Idem.*

institutionnalisée par le traité de Lisbonne dans son article 275 qui précise que la Cour est compétente « *concernant le contrôle de la légalité des décisions prévoyant des mesures restrictives à l'encontre de personnes physiques ou morales adoptées par le Conseil* ».

Enfin, l'affaire OMPI met en lumière que le processus de décision traditionnel, présenté plus haut en trois temps (Groupe PC 931 – COREPER – Conseil) inclut de plus en plus une quatrième étape avec la Cour de justice. Comme le résume Anthony AMICELLE[1423], cette affaire aura marqué une opposition nette entre « *la logique sécurité / renseignement / administratif / préventif* » et « *la logique justice / judiciaire / pénal / enquête criminelle* ». Ainsi :

> « *le rapport de force entre les représentants des États membres du Conseil de l'Union européenne d'un côté, et les juges de la Cour européenne de justice de l'autre, a particulièrement bien montré l'importance des dissensions voire le degré d'incompatibilité entre ces deux logiques ; l'une ayant tout bonnement pour raison d'être de contourner l'autre.* »[1424]

En bref, l'affaire OMPI, à l'instar de l'affaire Kadi relativement à la liste externe de l'Union européenne met en lumière les tensions autour de la relation justice, sécurité, liberté. Ces deux affaires contribuent à renforcer la protection des droits fondamentaux au sein de l'Union européenne, mais ce renforcement se réalise au détriment de l'efficacité des listes internes et externes en annihilant notamment leur utilité politique, ce qui interroge sur leur avenir.

5- L'avenir des listes de l'UE

Devant la vague d'attentats qui touche l'Union européenne depuis 2015, plusieurs propositions de modifications de ces deux régimes ont été proposées. La Commission européenne, dans sa communication[1425] du 2 février 2016 « *relative à un plan d'action destiné à renforcer la lutte contre le financement du terrorisme* » propose notamment de pallier les problèmes associés aux délais d'actualisation de la liste issue du régime du règlement

---

[1423] *Idem.*

[1424] *Idem.*

[1425] Commission européenne, « Communication de la commission au parlement européen et au conseil relative à un plan d'action destiné à renforcer la lutte contre le financement du terrorisme », *op. cit.*

(CE) n° 881/2002. La note des autorités françaises[1426] de novembre 2015 souligne l'obstacle posé par la nécessité d'une décision des États membres avant l'inscription d'une personne, groupe ou entité sur la liste « autonome » de l'Union. La note préconise donc d'étudier « *la possibilité d'étendre une mesure nationale de gel à l'ensemble de l'Union européenne* »[1427] en mettant en place « *une plateforme indicative des gels nationaux* ». La communication de la Commission est plus précise encore en proposant de faire de l'article 75 TFUE la base juridique d'une liste plus ambitieuse que celle actuellement en vigueur au sein de l'Union. D'une manière générale, comme l'affirme Bastien NIVET :

> « *Les sanctions internationales sont donc un signal, parmi d'autres, d'un élargissement et d'un approfondissement de l'action extérieure d'une Union s'affirmant comme un acteur global, et cherchant à démontrer qu'elle met en pratique les valeurs et principes qu'elle affiche comme fondement de son existence et de sa politique étrangère.* »[1428]

À côté des deux régimes de mesures restrictives adoptés en application de la PESC, le TFUE prévoit également, à son article 75, la possibilité de prendre des mesures administratives pour atteindre les objectifs visés à son article 67. Ce dernier, en vertu duquel « *l'Union constitue un espace de liberté, de sécurité et de justice* », même s'il n'évoque pas directement la notion de terrorisme, évoque néanmoins la nécessité pour l'Union d' « *assurer un niveau élevé de sécurité par des mesures de prévention de la criminalité* ». L'article 75 TFUE prévoit de son côté que, pour atteindre les objectifs portés par l'article 67 TFUE :

> « *le Parlement européen et le Conseil, statuant par voie de règlements conformément (...) définissent un cadre de mesures administratives concernant les mouvements de capitaux et les paiements, telles que le gel des fonds, des avoirs financiers ou des bénéfices économiques qui appartiennent à des personnes physiques ou morales, à des groupes ou à des entités non étatiques* » qui sont en lien avec le terrorisme.

[1426] Note des autorités françaises, « Vers de nouveaux travaux au niveau européen sur la lutte contre le financement du terrorisme », nov. 2015.

[1427] *Ibid.*, p. 5.

[1428] Bastien NIVET, « Les sanctions internationales de l'Union européenne : *soft power*, *hard power* ou puissance symbolique ? », *Revue internationale et stratégique*, vol. 97, n° 1, 2015, pp. 129-138.

L'article prévoit donc un dispositif en deux temps. D'une part le Parlement et le Conseil, par le biais d'un règlement, définissent un cadre général de mesures administratives concernant les mouvements de capitaux et les paiements. Le traité de Lisbonne a ici prévu des mesures concrètes telles que le gel de fonds, des avoirs financiers ou des bénéficiaires économiques. De plus, alors que l'article 60 CE ne mentionnait que les pays tiers, l'article 75 TFUE vise indifféremment les personnes physiques ou morales, les groupes ou les entités non étatiques. La portée trop restrictive de l'article 60 CE avait contraint le Conseil à lui adjoindre l'article 308 CE et 301 CE pour donner une base juridique aux actes dérivés mettant en place des mesures restrictives[1429]. D'autre part, le Conseil adopte, sur proposition de la Commission, des mesures de mise en œuvre du cadre préalablement défini.

Ces mesures administratives ont pour objectif de faire obstacle au financement du terrorisme au moyen de mesures adoptées à l'échelle de l'Union. Selon la communication de la Commission européenne précitée, l'article 75 du TFUE constitue ainsi « *une base juridique qui s'appliquerait également aux personnes ayant des liens avec le terrorisme qui ne font pas partie des groupes internationaux figurant sur les listes des Nations unies* »[1430]. L'utilisation du conditionnel dans la communication de la commission met en lumière le fait qu'à ce jour, les modalités d'utilisation de l'article 75 n'ont pas été arrêtées. Plusieurs options ont ainsi été envisagées dans le cadre des premiers travaux d'analyse d'impact effectués en 2013 au sujet de cet article :

> « *un régime d'inscription sur des listes et de gel des avoirs au niveau de l'UE en complément des régimes nationaux, la possibilité d'obliger les États membres à établir des régimes nationaux de gel des avoirs, ainsi que différentes manières de garantir la reconnaissance mutuelle des décisions d'inscription et de gel.* »[1431]

Cet article pourrait en effet servir de base à la mise en place d'une liste européenne plus souple que celle prévue par la position commune 931/2001/PESC et qui ne dépend pas d'une organisation internationale tierce.

[1429] V. Philippe-Emmanuel PARTSCH, *Droit bancaire et financier européen*, Larcier, 2017.

[1430] Commission européenne, « Communication de la commission au parlement européen et au conseil relative à un plan d'action destiné à renforcer la lutte contre le financement du terrorisme », *op. cit.*

[1431] *Idem.*

III- L'application de ces mesures restrictives au sein des États membres : l'exemple du droit français des mesures restrictives

Suivant le phénomène des vases communicants, la France applique quatre régimes de gel : le régime issu de la résolution 1989 (2011) relatif à Al-Qaïda, le régime issu de la résolution 1988 (2011) relatif aux Talibans, le régime autonome de l'Union européenne issu de la résolution 1373 (2001) et le gel national qui est codifié aux articles L. 562-1 à L. 562-11, et R. 562-1 à R. 562-5 du Code monétaire et financier.

La France dispose, en effet, d'un dispositif propre de gel national. Bien entendu, ce dispositif national fait écho à une politique internationale et européenne de gel des avoirs terroristes[1432]. Comme l'affirme Delphine BURRIEZ :

> « *La résolution 1373 du Conseil de sécurité constitue la pierre angulaire de la lutte internationale contre le terrorisme. C'est dans cette résolution que le dispositif national de gel des avoirs peut trouver une légitimation tant juridique que politique.* »[1433]

Cette législation française telle que codifiée dans le Code monétaire et financier repose sur deux fondements : la lutte contre le financement du terrorisme et la mise en œuvre des mesures de sanctions financières internationales de gel des avoirs. L'ensemble des problématiques relatives aux embargos et autres restrictions n'est pas couvert par cette législation.

À noter également, en guise d'introduction, que les mesures de gel des avoirs prévues par les dispositions du Code monétaire et financier sont des actes juridiques administratifs visant à empêcher tout usage de fonds ou de ressources économiques par une personne physique ou morale. Le gel administratif se distingue ainsi du gel judiciaire, mesure préparatoire à la peine de confiscation et faisant partie d'une procédure pénale[1434].

Préalablement à l'étude des mécanismes mis en place par les articles L. 562-2 (C) et L. 562-3 du Code monétaire et financier (D), nous

---

[1432] Delphine BURRIEZ, « Le dispositif national de gel des avoirs : discrète mais contestable mesure de police administrative en matière de lutte contre le terrorisme », *RFDA,* 2017, p. 139.
[1433] *Idem.*
[1434] Philippe BAUMARD, David HOTTE, Didier MORLET, Stéphane SAUTERET, Vincent SOULIGNAC, *Les sanctions financières internationales*, *op. cit.*, p. 93.

introduirons quelques définitions (A) essentielles à la compréhension des paragraphes qui suivent, ainsi que les acteurs responsables de la mise en œuvre du gel des avoirs en France (B).

A- Définitions

Pour l'application des articles L. 562-2 et suivants du Code monétaire et financier, l'article L. 562-1 donne les définitions suivantes :

> « *"Acte de terrorisme" : les actes définis au 4° de l'article 1er du règlement (UE) n° 2580/2001 du Conseil du 27 décembre 2001 concernant l'adoption de mesures restrictives spécifiques à l'encontre de certaines personnes et entités dans le cadre de la lutte contre le terrorisme ;*
>
> *"Fonds" : les actifs financiers et les avantages économiques de toute nature, notamment : Le numéraire, les créances en numéraire, les traites, les ordres de paiement et autres instruments ou moyens de paiement ; Les dépôts de fonds (...) tels que les fonds remboursables du public détenus ou versés sur des comptes de dépôts, les fonds versés sur un compte de paiement, les fonds investis dans des produits d'épargne (...), les fonds versés dans le cadre de contrat individuel ou collectif de gestion d'actifs, les soldes de ces comptes ou contrats ; Les fonds versés sur des contrats d'assurance (...) ainsi que la valeur de rachat de ces contrats ; Les créances ; Les instruments financiers (...) et leur équivalent en droit étranger, notamment les titres de créances, les titres de propriété et d'emprunt, tels que les actions, les certificats représentatifs de valeurs mobilières, les obligations, les billets à ordre, les warrants, les obligations non garanties et les contrats financiers ; Les intérêts, les dividendes ou autres revenus d'actifs ou plus-values perçus sur des actifs ; Les opérations de crédit (...) ou leur équivalent en droit étranger notamment les prêts, les avals, les cautionnements, les garanties, les garanties de bonne exécution ou tout autre engagement financier ; Les lettres de crédit, les connaissements, les contrats de vente ; Le droit à compensation ; Tout document attestant la détention de parts d'un fonds ou de ressources financières ; Tout instrument de financement à l'exportation ;*
>
> *"Ressources économiques" : les avoirs de toute nature, corporels ou incorporels, mobiliers ou immobiliers, qui ne sont pas des fonds mais qui peuvent être utilisés pour obtenir des fonds, des biens ou des services. Sont également considérées comme des ressources économiques (...) les opérations d'assurance ne portant pas sur les*

branches vie-décès ou nuptialité-natalité, n'étant pas liées à des fonds d'investissement, ne relevant pas des opérations comportant la constitution d'associations réunissant des adhérents en vue de capitaliser en commun leurs cotisations et de répartir l'avoir ainsi constitué soit entre les survivants, soit entre les ayants droit des décédés, ou ne relevant pas des branches de capitalisation ou de gestion de fonds collectifs ou de toute opération à caractère collectif (...) ;

"Détention et contrôle" : la détention et le contrôle au sens des 5° et 6° de l'article 1er du règlement (CE) n° 2580/2001 du Conseil du 27 décembre 2001 concernant l'adoption de mesures restrictives spécifiques à l'encontre de certaines personnes et entités dans le cadre de la lutte contre le terrorisme ;

"Gel des fonds" : toute action tendant à empêcher un changement de leur volume, montant, localisation, propriété, possession, nature, destination ou toute autre modification qui pourrait permettre leur utilisation, notamment la gestion de portefeuille ;

"Gel des ressources économiques" : toute action tendant à empêcher leur utilisation afin d'obtenir des fonds, des biens ou des services de quelque manière que ce soit, notamment leur vente, leur location ou leur mise sous hypothèque ».

Nous constatons les références explicites aux textes européens dans les définitions nationales.

B- Les acteurs de la mise en œuvre du gel des avoirs en France

La réglementation européenne reste très générale sur les personnes, physiques ou morales, soumises aux obligations de gel des avoirs. La législation nationale quant à elle est plus précise et ne vise que certaines catégories de personnes. Il s'agit, en l'espèce, des personnes et professions assujetties à la prévention du blanchiment de capitaux et du financement du terrorisme désignées à l'article L. 561-2 du Code monétaire et financier[1435].

[1435] Suivant l'article L. 561-2 du C. mon. fin., les personnes assujetties à la prévention du blanchiment des capitaux, au financement du terrorisme et aux mesures de gel des avoirs en droit français sont les suivantes : les établissements du secteur bancaire ; les établissements de paiement ; Les entreprises d'assurance et intermédiaires ; les institutions de prévoyance ; les mutuelles et unions ; la Banque de France, l'Institut d'émission des départements d'outre-mer et l'Institut d'émission d'outre-mer ; les entreprises d'investissement, les activités de

Par conséquent, toute personne ne figurant pas parmi les catégories définies dans cet article n'est pas tenue de mettre en œuvre une mesure de gel d'avoirs décidée par le ministre chargé de l'Économie.

En effet, en vertu des dispositions de l'article L. 562-4 du Code monétaire et financier[1436], le gel s'applique à tout ou partie des fonds, instruments financiers et ressources économiques détenus auprès de ces organismes. Afin de garantir la mise en œuvre pratique de la décision de gel, l'article L. 562-12 prévoit que :

> « *Le secret bancaire ou professionnel ne fait pas obstacle à l'échange d'informations entre les personnes et organismes mentionnés à l'article L. 562-4 et les services de l'État chargés de préparer ou de mettre en œuvre toute mesure de gel (...) lorsque ces informations permettent de vérifier l'identité des personnes concernées directement ou indirectement par cette mesure.* »

L'ensemble de ces organismes doit mettre en place un système de veille juridique leur permettant de suivre la publication de nouveaux arrêtés au

---

compensation d'instruments financiers, les entreprises de marché, les conseillers en investissement financier, les intermédiaires habilités, les sociétés de gestion de portefeuille au titre des services d'investissement, les sociétés de gestion de portefeuille, les sociétés de gestion au titre de la commercialisation des parts ou actions d'organismes de placement collectif ; les changeurs manuels ; les intermédiaires immobiliers ; les responsables de casinos et responsables des groupements, cercles et sociétés organisant des jeux de hasard, des loteries, des paris, des pronostics sportifs ou hippiques ; les responsables d'opérateurs de jeux et paris en ligne ; les personnes se livrant habituellement au commerce ou organisant la vente de pierres précieuses, de matériaux précieux, d'antiquité et d'œuvre d'art ; les entreprises fournissant des services bancaires de paiement, pour l'acquisition de biens ou de services dans les locaux de cette entreprise ou dans le cadre d'un accord commercial avec elle dans un réseau limité de personnes acceptant ces moyens de paiement ou pour un éventail limité de biens ou de services ; les experts-comptables, les salariés autorisés à exercer la profession d'expert-comptable ; les avocats au Conseil d'État et à la Cour de cassation, les avocats, les avoués près les cours d'appel, les notaires, les huissiers de justice, les administrateurs judiciaires, les mandataires judiciaires, les commissaires-priseurs judiciaires ; les sociétés de ventes volontaires de meubles aux enchères publiques ; les sociétés de domiciliation ; les agents sportifs.

[1436] C. mon. fin., art. L. 562-4 : « *I. – Toute personne mentionnée à l'article L. 561-2, qui détient ou reçoit des fonds ou des ressources économiques pour le compte d'un client, est tenue d'appliquer sans délai les mesures de gel et les interdictions de mise à disposition ou d'utilisation prévues au présent chapitre et d'en informer immédiatement le ministre chargé de l'économie.*
II. – Les personnes morales de droit public, les organismes chargés de la gestion d'un service public ainsi que les caisses et les organismes chargés de la gestion d'un régime de protection sociale non mentionnés à l'article L. 561-2 sont tenus d'appliquer les interdictions de mise à disposition ou d'utilisation prévues au présent chapitre ».

Journal officiel de la République française (« JORF ») ainsi que les modifications apportées aux arrêtés[1437].

Afin d'épauler ces entités dans la mise en œuvre des mesures de gel des avoirs, la Direction générale du Trésor joue le rôle d'interlocuteur des établissements du secteur financier et des opérateurs économiques impactés par des mesures de sanctions. Un arrêté du 21 avril 2009 modifié, portant organisation de la Direction générale du Trésor, détermine au sein du service des affaires multilatérales et du développement, sous-direction de la politique commerciale et investissement, les missions du Bureau des investissements, de la lutte contre la criminalité financière et des sanctions (dit « MULTICOM 3 »)[1438]. Selon l'article 5 de cet arrêté, ce Bureau est notamment chargé de suivre :

> « *La politique internationale et européenne de lutte contre le crime dans ses aspects financiers, en particulier la lutte contre le blanchiment de capitaux, le financement du terrorisme, et le financement de la prolifération des armes de destruction massive. Il prépare la législation et la réglementation relatives à ces questions. Il siège et représente la France au Groupe d'Action Financière. Il met en œuvre les sanctions financières internationales.* »

La Direction générale du Trésor est donc, en vertu des différents règlements européens de mesures restrictives, l'autorité compétente française chargée de mettre en œuvre les mesures de sanctions. Cette direction est ainsi compétente pour délivrer des dérogations aux mesures restrictives, pour instruire les demandes qui lui sont adressées pas les organismes financiers et les opérateurs économiques, pour procéder aux recherches d'homonymies relatives aux mesures de gel des avoirs françaises et européennes, pour donner instruction sur la conduite à tenir aux personnes qui la saisissent, pour recueillir et transmettre des informations utiles à la bonne mise en œuvre et à l'efficacité des mesures restrictives.

À côté de la Direction générale du Trésor, différentes autorités de contrôle des établissements financiers, comme l'Autorité de contrôle prudentiel et de résolution et l'Autorité des marchés financiers, sont chargées de vérifier la correcte mise en œuvre des mesures de sanctions par les

---

1437 ACPR, Direction du Trésor, « Lignes directrices conjointes de la Direction Générale du Trésor et de l'Autorité de contrôle prudentiel et de résolution sur la mise en œuvre des mesures de gel des avoirs », juin 2016.

1438 Direction générale du Trésor, « Rapport annuel 2010 de la Direction Générale du Trésor », annexe I, p. 55.

professionnels assujettis listés à l'article L. 561-2, notamment celles relatives au gel des avoirs prévues par le Code monétaire et financier.

La Direction générale du Trésor peut, à ce titre, contacter un établissement financier afin de permettre la vérification de l'identité d'une personne visée par une mesure de gel et les informations alors fournies ou échangées ne peuvent être utilisées qu'à ces fins.

C- L'article L. 562-2 du C. mon. fin. : les mesures de gel des avoirs adoptés dans le cadre de la lutte contre le financement du terrorisme

Il est intéressant de revenir sur la genèse du gel d'avoirs en droit français (1) afin de comprendre les racines juridiques de ces mesures, avant d'étudier plus en détail le dispositif de l'article L. 562-2 du Code monétaire et financier (2).

1- Genèse du gel d'avoirs en droit français : historique de l'article L. 562-2 du C. mon. fin.

L'article L. 562-2 du Code monétaire et financier vise à prendre en considération la dimension financière du terrorisme et vise à pallier le « *caractère lacunaire des instruments existants* »[1439].

Selon les lignes directrices conjointes de la Direction générale du Trésor et de l'Autorité de contrôle prudentiel et de résolution sur la mise en œuvre des mesures de gel des avoirs « *l'introduction en droit français d'un dispositif autonome aux fins de lutte contre le financement du terrorisme répond aux exigences du CSNU 24 et du GAFI (Recommandation 6)* ».

Nous évoquerons ici de manière descriptive les différents textes juridiques à l'origine des mesures restrictives en droit français, à savoir la loi n° 2006-64 du 23 janvier 2006 (a), l'ordonnance n° 2012-1432 du 21 décembre 2012 (b), la loi n° 2014-1353 du 13 novembre 2014 (c) et l'ordonnance n° 2016-1575 du 24 novembre 2016 (d).

[1439] Christian ESTROSI, *in* compte – rendu intégral des débats de l'Assemblée nationale, 2e séance du jeudi 24 novembre 2005.

a- La loi n° 2006-64 du 23 janvier 2006 : la prise en considération du gel d'avoirs comme instrument de lutte contre le financement du terrorisme

Dans son rapport sur le projet de loi relatif à la lutte contre le terrorisme et portant dispositions diverses relatives à la sécurité et aux contrôles frontaliers déposé sur le bureau de l'Assemblée nationale en octobre 2005, Alain MARSAUD rappelait que :

> « *la dimension financière du terrorisme doit être prise en considération et c'est pourquoi, à la suite des attentats du 11 septembre 2001, la communauté internationale a adopté différents instruments juridiques tendant, notamment, à geler les avoirs de personnes morales ou physiques nommément désignées. (...) Conformément à ses engagements internationaux, l'Union européenne a adopté (plusieurs) instruments juridiques tendant à renforcer la lutte contre le terrorisme et ses moyens de financement.* »

Toujours selon Alain MARSAUD, les dispositions du règlement n° 2580/2001 du Conseil :

> « *et en particulier celles concernant les mesures de gel des avoirs, (n'étant) pas conçues pour s'appliquer aux résidents communautaires, (...) c'est pourquoi le législateur a entendu introduire dans le code monétaire et financier un dispositif autonome permettant à l'autorité administrative de geler les avoirs des résidents communautaires qui est, bien évidemment, sans préjudice des dispositions prévues par le Règlement du Conseil de l'Union européenne.* »[1440]

Ainsi, la loi n° 2006-64 du 23 janvier 2006 relative à la lutte contre le terrorisme et portant dispositions diverses relatives à la sécurité et aux contrôles frontaliers a eu pour objet de :

> « *permettre une meilleure sécurité juridique du dispositif global en dotant la France d'un dispositif* ad hoc *de gel des avoirs de personnes*

[1440] Rapport n° 2681 fait par M. Alain MARSAUD au nom de la commission des lois constitutionnelles, de la législation et de l'administration générale de la République sur le projet de loi, après déclaration d'urgence, relatif à la lutte contre le terrorisme et portant dispositions diverses relatives à la sécurité et aux contrôles frontaliers, enregistré à la présidence de l'Assemblée nationale le 16 novembre 2005.

physiques ou morales dans le cadre de la lutte contre le financement du terrorisme. »[1441]

L'article 23 de la loi de 2006 a donc inséré dans le Code monétaire et financier un article. L564-2 rédigé de la manière suivante :

> « *Sans préjudice des mesures restrictives spécifiques prises en application de règlements du Conseil de l'Union européenne et des mesures prononcées par l'autorité judiciaire, le ministre chargé de l'économie peut décider le gel, pour une durée de six mois, renouvelable, de tout ou partie des fonds, instruments financiers et ressources économiques détenus auprès des organismes et personnes mentionnés à l'article L. 564-1 qui appartiennent à des personnes physiques ou morales qui commettent, ou tentent de commettre, des actes de terrorisme, définis comme il est dit au 4 de l'article 1er du règlement (CE) n° 2580/2001 du Conseil, du 27 décembre 2001, concernant l'adoption de mesures restrictives spécifiques à l'encontre de certaines personnes et entités dans le cadre de la lutte contre le terrorisme, les facilitent ou y participent et à des personnes morales détenues par ces personnes physiques ou contrôlées, directement ou indirectement, par elles au sens des 5 et 6 de l'article 1er du règlement (CE) n° 2580/2001 du Conseil, du 27 décembre 2001, précité. Les fruits produits par les fonds, instruments et ressources précités sont également gelés.*
>
> *Le gel des fonds, instruments financiers et ressources économiques détenus auprès des organismes et personnes mentionnés à l'article L. 564-1 s'entend comme toute action visant à empêcher tout mouvement, transfert ou utilisation de fonds, instruments financiers et ressources économiques qui auraient pour conséquence un changement de leur montant, de leur localisation, de leur propriété, de leur nature ou toute autre modification qui pourrait en permettre l'utilisation par les personnes faisant l'objet de la mesure de gel (...)* »

Nous constatons ici encore, les références explicites aux textes européens relatifs aux mesures restrictives.

[1441] Exposé des motifs du projet de loi n° 2615 relatif à la lutte contre le terrorisme et portant dispositions diverses relatives à la sécurité et aux contrôles frontaliers, enregistré à la présidence de l'Assemblée nationale le 26 octobre 2005.

b- L'ordonnance n° 2012-1432 du 21 décembre 2012 : l'adaptation aux mutations du terrorisme international

Quelques années plus tard, l'article 6 de la loi n° 2012-1432 du 21 décembre 2012 relative à la sécurité et à la lutte contre le terrorisme a modifié l'article L562-1 du Code monétaire et financier. « *Afin de lever toute ambiguïté* », le législateur a en effet entendu « *préciser que ces mesures* [prévues par l'article L. 562-1 du Code monétaire et financier] *s'appliquent notamment aux personnes qui incitent à la commission d'actes terroristes. Il semble (...) cohérent avec l'ensemble du dispositif de gel des avoirs d'inclure explicitement l'action d'une personne qui, notamment par ses propos, incite activement de tels actes et par suite les facilite* »[1442]. Cette extension vise, sans les nommer explicitement les prêcheurs islamistes qui, par leurs propos, poussent des jeunes radicalisés à commettre des actes de terrorisme.

c- La loi n° 2014-1353 du 13 novembre 2014 : améliorer l'effectivité du mécanisme d'adoption des mesures restrictives

Préalablement à la loi du 13 novembre 2014, c'est au seul ministre chargé de l'Économie qu'il appartient de décider du gel des avoirs. Il ressort néanmoins des travaux parlementaires sur la loi du 23 janvier 2006 que :

> « *dans les faits, et selon les informations communiquées (...) par les services du ministère de l'Économie, le ministre devrait être saisi de demandes émanant des services spécialisés dans la lutte contre le terrorisme et relevant, en particulier du ministère de l'Intérieur à l'instar de l'unité centrale de la lutte antiterroriste.* »[1443]

Par ailleurs, une étude d'impact du 8 juillet 2014 sur le projet de loi renforçant les dispositions relatives à la lutte contre le terrorisme est venue confirmer qu' :

[1442] Exposé des motifs de l'amendement CL 10, présenté par le Gouvernement : rapport n° 409 de Marie-Françoise BECHTEL fait au nom de la commission des lois constitutionnelles, de la législation et de l'administration générale de la République sur le projet de loi, adopté par le Sénat après engagement de la procédure accélérée, relatif à la sécurité et à la lutte contre le terrorisme, enregistré à la présidence de l'Assemblée nationale le 14 novembre 2012.
[1443] Rapport n° 2681 fait par Alain MARSAUD au nom de la commission des lois constitutionnelles, *op. cit.*

« en pratique, les propositions de gel des avoirs émanent du ministère de l'Intérieur sur la base des éléments recueillis par les services de renseignement. La direction générale de la police nationale (unité de coordination de la lutte antiterroriste – UCLAT) procède à la saisine du ministère des Finances (direction générale du Trésor). »[1444]

Ainsi, l'article 11 de la loi n° 2014-1353 du 13 novembre 2014 renforçant les dispositions relatives à la lutte contre le terrorisme a modifié l'article L. 562-1 du Code monétaire et financier pour prévoir que le gel des avoirs peut être décidé conjointement par le ministre chargé de l'Économie et le ministre de l'Intérieur[1445]. Cette modification législative, qui :

« rend le ministre de l'Intérieur co-décisionnaire, avec le ministre chargé de l'économie, des décisions de gel des avoirs, (...) est justifiée par les missions de sécurité nationale et de lutte contre le terrorisme dont a la charge le ministère de l'Intérieur. Elle permettra par ailleurs au ministère de pouvoir être représenté en cas de contentieux et d'apporter les éléments au soutien de la mesure. »[1446]

En pratique :

« les propositions de gels sont communiquées à la direction générale du Trésor du ministère chargé de l'Économie dans un délai habituellement inférieur à dix jours, le temps de procéder aux consultations nécessaires. Les notes de renseignement sont transmises à la fois à la direction générale du Trésor et à la direction des libertés publiques et des affaires juridiques. »[1447]

Ces mofidications procédurales visent à améliorer l'effectivité du mécanisme français d'adoption des mesures restrictives.

[1444] Étude d'impact du 8 juillet 2014 sur le projet de loi renforçant les dispositions relatives à la lutte contre le terrorisme

[1445] Abdel MANANE M.K., Commentaire de la décision n° 2015-524 QPC du 2 mars 2016.

[1446] Exposé des motifs du projet de loi n° 2110 renforçant les dispositions relatives à la lutte contre le terrorisme, enregistré à la présidence de l'Assemblée nationale le 9 juillet 2014.

[1447] Rapport n° 9 de Jean-Jacques HYEST et Alain RICHARD, fait au nom de la commission des lois constitutionnelles, de législation, du suffrage universel, du règlement et d' administration générale sur le projet de loi, adopté par l'Assemblée nationale après engagement de la procédure accélérée, renforçant les dispositions relatives à la lutte contre le terrorisme, enregistré à la présidence du Sénat le 9 octobre 2014.

d- L'ordonnance n° 2016-1575 du 24 novembre 2016 : renforcer le dispositif des mesures restrictives

Deux ans plus tard, le 5° du I de l'article 118 de la loi n° 2016-731 du 3 juin 2016 renforçant la lutte contre le crime organisé, le terrorisme et leur financement a autorisé le gouvernement à prendre, par ordonnance, les mesures législatives visant à renforcer la cohérence et l'efficacité du dispositif national de gel des avoirs que ce soit dans le cadre de la lutte contre le financement du terrorisme ou dans le cadre de la mise en œuvre des mesures de gel des avoirs décidées par le Conseil de sécurité des Nations unies ou le Conseil de l'Union européenne.

L'ordonnance n° 2016-1575 du 24 novembre 2016 portant réforme du dispositif de gel des avoirs adopté suite à la loi de 2016 a ainsi pour objet d'étendre le champ des avoirs susceptibles d'être gelés et la définition des personnes assujetties au respect des mesures de gel et d'interdiction de mise à disposition des fonds au bénéfice des personnes visées par une mesure de gel des avoirs, ainsi que d'étendre le champ des échanges d'informations nécessaires à la préparation et à la mise en œuvre des mesures de gel et enfin, de préciser les modalités de déblocage des avoirs gelés.

L'article 1er de l'ordonnance rénove le dispositif prévu par les articles L. 562-1 à L. 562-11 du Code monétaire et financier et réécrit le chapitre II du titre VI du livre V du même code. L'ordonnance distingue en particulier les fondements sur lesquels le ministre chargé de l'Économie et le ministre de l'Intérieur peuvent décider de geler les avoirs de certaines personnes, au titre de la lutte contre le financement du terrorisme (article L. 562-2), ou dans le cadre de la mise en œuvre des mesures de gel décidées par le Conseil de sécurité des Nations unies ou par le Conseil de l'Union européenne (article L. 562-3).

***

La procédure nationale de gel des avoirs financiers ne se présente pas explicitement comme une mesure d'exécution d'une résolution du Conseil de sécurité : l'article L. 562-2, contrairement à l'article suivant du Code monétaire et financier, ne renvoie pas aux résolutions adoptées par le Conseil de sécurité des Nations unies.

Pour autant, rappelons que la résolution 1373 (2001), après avoir rappelé que tout acte de terrorisme international constitue « *une menace à la paix et à la sécurité internationales* », décide que tous les États doivent :

> « *geler sans attendre les fonds et autres avoirs financiers ou ressources économiques des personnes qui commettent, ou tentent de commettre, des actes de terrorisme, les facilitent ou y participent, des entités appartenant à ces personnes ou contrôlées, directement ou indirectement, par elles, et des personnes et entités agissant au nom, ou sur instruction, de ces personnes et entités, y compris les fonds provenant de biens appartements à ces personnes, et aux personnes et entités qui leur sont associées, ou contrôlés, directement ou indirectement, par elles.* »

La résolution entend ainsi formuler une obligation à l'égard des États membres des Nations unies en leur imposant de mettre en place un dispositif de gel des avoirs des « *personnes qui commettent, ou tentent de commettre, des actes de terrorisme, les facilitent où y participent.* ». Cette formulation générale vise toute personne en lien avec une activité terroriste et ne vise pas particulièrement Al-Qaïda et Daech qui font l'objet de résolutions particulières.

Ainsi, l'article L. 562-2 du Code monétaire et financier, en mettant en place un régime national de gel des avoirs à l'encontre de personnes en lien avec des actes de terrorisme, sans viser nommément Daech et Al-Qaïda, se rattache directement à l'exécution de la résolution 1373 (2001). Toutefois, l'article L. 562-2 va plus loin que les obligations imposées dans la résolution 1373 (2001) en imposant le gel des avoirs des personnes « *incitant* » à la commission d'actes de terrorisme[1448]. Cet amendement à la loi de 2006 vise essentiellement les prêcheurs jugés radicaux. Or cette possibilité ne semble pas prévue par la résolution 1373 (2001). Par conséquent, si le dispositif national de gel des avoirs s'inscrit dans l'esprit de la résolution 1373 (2001), il est néanmoins nécessaire de souligner que ce dernier va plus loin que ce qui est prescrit par la résolution. Comme l'écrit Delphine BURRIEZ :

> « *si l'édiction d'obligations par le Conseil de sécurité n'empêche pas les États d'adopter des mesures complémentaires, dès lors que celles-*

[1448] Comme évoqué plus haut, ce motif a été introduit dans la loi du 21 décembre 2012.

ci ne vont pas à l'encontre des objectifs poursuivis, encore faut-il que celles-ci puissent trouver un fondement en droit international. »[1449]

Or la difficulté réside dans le fait que l'article L. 562-2 prévoit le gel des avoirs de ressortissants étrangers. En droit international, une telle mesure s'apparente à une contre-mesure, ou mesure de rétorsion. Or en l'état actuel du droit international, une contre-mesure ne peut intervenir qu'à l'encontre d'un État et pour un fait qui lui est imputable. Le gel des avoirs s'applique, lui, exclusivement à l'encontre d'individus et ne vise aucun État reconnu comme tel par le droit international. De même, ces sanctions financières ne répondent pas à un fait internationalement illicite dès lors que seul un État peut contrevenir au droit international. Ainsi, comme l'écrit Delphine BURRIEZ : « *sauf à considérer une évolution du droit international en la matière, (...), la théorie des contre-mesures ne permet pas de fonder en droit les sanctions économiques prises par les États à l'encontre d'individus terroristes.* »[1450]

En pratique, en se heurtant à la problématique du terrorisme international à partir du 11 septembre 2001, le droit international semble avoir évolué. En effet, le droit international a été contraint de s'adapter à cette nouvelle forme de menace, et a ainsi été contraint de sortir de la logique interétatique qui prévalait alors, afin d'apporter une réponse juridique à la menace, « *à la paix et à la sécurité internationales* » émanant de groupes privés. Comme évoqué, la tonalité générale et quasi législative de la résolution 1373 (2001) semble marquer l'avènement d'un droit transnational et non plus exclusivement interétatique, comme en témoigne l'article L. 562-2 dont la légitimité juridique et politique repose sur cette résolution.

2- Étude du dispositif de l'article L. 562-2 du C. mon. fin.

En vertu des dispositions de l'article L. 562-2 du Code monétaire et financier[1451], tel que rédigé par l'ordonnance n° 2016-1575 du 24 novembre

---

1449 Delphine BURRIEZ, « Le dispositif national de gel des avoirs : discrète mais contestable mesure de police administrative en matière de lutte contre le terrorisme », *op. cit.*

1450 *Idem.*

1451 Article L. 562-2 : « *Le ministre chargé de l'économie et le ministre de l'Intérieur peuvent décider, conjointement, pour une durée de six mois, renouvelable, le gel des fonds et ressources économiques :*
1° Qui appartiennent à, sont possédés, détenus ou contrôlés par des personnes physiques ou morales, ou toute autre entité qui commettent, tentent de commettre, facilitent ou financent des actes de terrorisme, y incitent ou y participent ;

2016, le ministre de l'Économie peut ordonner aux personnes assujetties au dispositif de prévention du blanchiment et du financement du terrorisme de geler pour six mois renouvelables les avoirs qui appartiennent à des personnes physiques ou morales qui commettent ou tentent de commettre, participent ou facilitent des actes de terrorisme.

Il convient ici de revenir sur la nature juridique des mesures de gel (a) avant d'étudier les personnes susceptibles de faire l'objet des mesures de gel (b). Enfin, nous évoquerons succinctement la durée de ces mesures (c).

a- Nature juridique de la mesure de gel adoptée

L'article L. 562-1 définit en effet le gel des fonds comme :

> « *toute action tendant à empêcher un changement de leur volume, montant, localisation, propriété, possession, nature, destination ou toute autre modification qui pourrait permettre leur utilisation, notamment la gestion de portefeuille.* »

La même définition s'applique pour le gel des ressources économiques. Une telle définition fait écho à celle portée dans le (2) de l'article 1er du règlement (CE) n° 2580/2001 du Conseil du 27 décembre 2001 qui est rédigé en des termes très proches.

Dans un discours daté du 19 février 2015 relatif à la « *lutte contre le terrorisme – mesures relevant du ministère de l'Intérieur* », le ministre de l'Intérieur a affirmé que :

> « *Le gel des avoirs terroristes est une mesure de police administrative destinée à prévenir la commission d'acte de terrorisme par le contrôle, par l'administration, des ressources d'une personne qui commet ou tente de commettre des actes de terrorisme.* »

Dans le même sens, Chantal CUTAJAR rapporte que :

> « *le Conseil d'État a considéré, dans le cadre de son avis, qu'une mesure de gel ou d'interdiction qui prive temporairement, à des fins d'ordre public précisément identifiées, un titulaire de comptes du*

2° Qui appartiennent à, sont possédés, détenus ou contrôlés par des personnes morales ou toute autre entité elles-mêmes détenues ou contrôlées par les personnes mentionnées au 1° ou agissant sciemment pour le compte ou sur instructions de celles-ci ».

droit de disposer des fonds qui lui appartiennent n'équivaut pas à une dépossession. »[1452]

Par conséquent, c'est la raison pour laquelle le ministre de l'Intérieur évoque la notion de « *contrôle* » et non de « *dépossession* » ou de « *saisie* ». Comme évoqué au sujet de la nature juridique des sanctions, dans le cadre d'une mesure de gel d'avoirs, le propriétaire des fonds ou ressources économiques n'est pas dépossédé de ces derniers, mais ne peut simplement plus en disposer comme il le souhaite.

Enfin, l'article L. 562-9 du Code monétaire et financier prévoit que les « *décisions des ministres arrêtées en application des articles L. 562-2 et L. 562-3 sont publiées par extrait au Journal officiel et sont exécutoires à compter de leur date de publication* ». Cette publication s'explique par l'importance :

> « *des conséquences juridiques [de ces mesures] pour la personne concernée qui ne sera plus en mesure de disposer de ses avoirs financiers, il importe, au premier chef, qu'elle en soit pleinement informée. Or, les formalités habituelles de la notification des décisions administratives peuvent se révéler inadaptées aux mesures de gel des avoirs. En effet, dans nombre de cas, l'adresse, voire la véritable identité de la personne dont les avoirs sont gelés, sont inconnues, ce qui rend inopérante la procédure de droit commun de notification écrite.* »[1453]

La sévérité des mesures administratives de gel soulève par ailleurs des débats relatifs au respect des droits fondamentaux que nous évoquerons dans les propos qui suivront.

b- Les personnes susceptibles de faire l'objet d'une mesure de gel

Comme évoqué plus haut, Alain MARSAUD, rapporteur à l'Assemblée nationale de la loi du 23 janvier 2006, présentait le dispositif prévu par l'article L. 562-1 du Code monétaire et financier comme permettant de

---

[1452] Chantal CUTAJAR, « Le gel des avoirs terroristes, nouvel outil de lutte contre le financement du terrorisme, *Bulletin Joly Boursier*, 1er mai 2006, n° 3, p. 352.

[1453] Rapport n° 2681 fait par Alain MARSAUD au nom de la commission des lois constitutionnelles, *op. cit.*

« *geler les avoirs des résidents communautaires* »[1454]. Ainsi, selon les dispositions de l'article L. 562-2, les mesures de gel s'appliquent aux :

> « *fonds et ressources économiques qui appartiennent à, sont possédés, détenus ou contrôlés par des personnes physiques ou morales, ou toute autre entité qui commettent, tentent de commettre, facilitent ou financent des actes de terrorisme, y incitent ou y participant (ou) qui appartiennent à, sont possédés, détenus ou contrôlés par des personnes physiques ou morales, ou toute autre entité qui commettent, tentent de commettre, facilitent ou financent des actes de terrorisme, y incitent ou y participant.* »

Rappelons que l'article L. 562-1 définit la notion d'acte de terrorisme par renvoi au quatrième paragraphe du règlement n° 2580/2001 du 27 décembre 2001 qui renvoie lui-même au paragraphe 3 de l'article 1er de la position commune n° 2001/931 du Conseil du 27 décembre 2001 relative à l'application de mesures spécifiques en vue de lutter contre le terrorisme, qui réalise « *la transcription du cadre général onusien de la lutte contre le terrorisme* »[1455], et définit l'acte de terrorisme comme :

> « *l'un des actes intentionnels suivants, qui, par sa nature ou son contexte, peut gravement nuire à un pays ou à une organisation internationale, correspondant à la définition d'infraction dans le droit national, lorsqu'il est commis dans le but de :*
>
> *i) gravement intimider une population, ou*
>
> *ii) contraindre indûment des pouvoirs publics ou une organisation internationale à accomplir ou à s'abstenir d'accomplir un acte quelconque, ou*
>
> *iii) gravement déstabiliser ou détruire les structures fondamentales politiques, constitutionnelles, économiques ou sociales d'un pays ou d'une organisation internationale :*
>
> *a) les atteintes à la vie d'une personne, pouvant entraîner la mort ;*
>
> *b) les atteintes graves à l'intégrité physique d'une personne ;*
>
> *c) l'enlèvement ou la prise d'otage ;*
>
> *d) le fait de causer des destructions massives à une installation gouvernementale ou publique, à un système de transport, à une infrastructure, y compris un système informatique, à une plateforme fixe située sur le plateau continental, à un lieu public ou une propriété*

[1454] *Idem.*

[1455] Émilie ROBERT, *L'État de droit et la lutte contre le terrorisme dans l'Union européenne. Mesures européennes de lutte contre le terrorisme suite aux attentats du 11 septembre 2001*, thèse pour le doctorat, Université de Lille, 2012, p. 222.

privée susceptible de mettre en danger des vies humaines ou de produire des pertes économiques considérables ;

e) la capture d'aéronefs, de navires ou d'autres moyens de transport collectif ou de marchandises ;

f) la fabrication, la possession, l'acquisition, le transport, la fourniture ou l'utilisation d'armes à feu, d'explosifs, d'armes nucléaires, biologiques ou chimiques ainsi que, pour les armes biologiques ou chimiques, la recherche et le développement ;

g) la libération de substances dangereuses, ou la provocation d'incendies, d'inondations ou d'explosions, ayant pour effet de mettre en danger des vies humaines ;

h) la perturbation ou l'interruption de l'approvisionnement en eau, en électricité ou toute autre ressource naturelle fondamentale ayant pour effet de mettre en danger des vies humaines ;

i) la menace de réaliser un des comportements énumérés aux points a) à h) ;

j) la direction d'un groupe terroriste ;

k) la participation aux activités d'un groupe terroriste, y compris en lui fournissant des informations ou des moyens matériels, ou toute forme de financement de ses activités, en ayant connaissance que cette participation contribuera aux activités criminelles du groupe ».

À noter que « *le gel des avoirs (...) est une mesure conservatoire qui s'impose indépendamment de la réalisation de l'infraction* »[1456].

Par ailleurs, ces mesures de gel ou d'interdiction s'imposent à toute personne copropriétaire des fonds, instruments financiers et ressources économiques, ainsi qu'à toute personne titulaire d'un compte joint dont l'autre titulaire est une personne propriétaire, nu-propriétaire ou usufruitière. Ces mesures sont opposables à tout créancier et à tout tiers pouvant invoquer des droits sur les fonds, instruments financiers et ressources économiques considérés, même si l'origine de ces créances ou autres droits est antérieure à la publication de l'arrêté de gel[1457].

Les articles L. 562-2 et suivants du Code monétaire et financier ne prévoient aucune voie de recours spécifiques susceptibles d'être exercés à l'encontre d'une décision prononçant le gel des avoirs. Selon les travaux parlementaires sur la loi du 23 janvier 2006 :

[1456] Alain BAUER, Christophe SOULLEZ, *Terrorismes*, Paris, Dalloz, juin 2015, p. 183.

[1457] C. mon. fin., art. L. 562-10.

« les dispositions générales du droit administratif relatives aux décisions individuelles s'appliqueront de plein droit aux décisions de gel prises par le ministre de l'Économie. Ainsi, outre le recours gracieux, la personne concernée par le gel de ses avoirs aura la possibilité de saisir la juridiction administrative aux fins de la mainlevée de la mesure. Dans ce cadre, elle pourra, notamment, faire appel aux différentes procédures d'urgence et de référé prévues par le code de justice administrative ainsi qu'au recours pour excès de pouvoir. »[1458]

c- La durée du gel des avoirs

L'article L. 562-2 du Code monétaire et financier prévoit que le gel des avoirs est décidé pour une durée de six mois, renouvelable sans limitation dans le temps. Selon le rapporteur de la commission des lois de l'Assemblée nationale, ce dispositif :

« est davantage protecteur que celui prévu au niveau communautaire puisque ce dernier ne fixe aucune périodicité de réexamen des décisions de gel. Seule la position commune 2001/931 du 27 décembre, à la portée juridique moindre en droit national, dispose que le nom des personnes et entités dont les avoirs doivent être gelés « feront l'objet d'un réexamen à intervalles réguliers, au moins une fois par semestre, afin de s'assurer que leur maintien sur la liste reste justifié. »[1459]

Toutefois, le rapporteur rajoute que :

« si cette limitation à six mois de la durée de la décision de gel et, par voie de conséquence, l'obligation de réexamen périodique de son opportunité constitue une garantie de la proportionnalité de la mesure avec son objet, il n'en demeure pas moins que son caractère renouvelable sans limites soulève quelques interrogations juridiques. »[1460]

En effet, à titre d'exemple, par arrêté du 19 octobre 2015, le ministre des Finances et des Comptes publics et le ministre de l'Intérieur ont décidé de renouveler pour la septième fois et pour une durée de six mois la mesure de

---

[1458] Rapport n° 2681 fait par Alain MARSAUD au nom de la commission des lois constitutionnelles, *op. cit.*

[1459] *Idem.*

[1460] *Idem.*

gel des avoirs de « *Monsieur Salma O., né le 30 octobre 1981 à Nice (Alpes-Maritimes), de nationalité française, (qui) continue de promouvoir le terrorisme notamment en combattant en Syrie auprès de terroristes* »[1461].

Il est ici nécessaire de préciser que « *la fin d'une mesure de gel national ne signifie pas nécessairement qu'il convient de libérer les avoirs. En effet, le gel a pu être repris soit par mesure judiciaire soit par une mesure internationale* »[1462]. La doctrine est venue préciser qu' :

> « *un dispositif plus approprié aurait consisté en un régime bien connu du droit administratif, celui de la succession d'une mesure provisoire et d'une mesure définitive. La première permettant, en urgence, de prononcer le gel des avoirs, la seconde, ex post, de vérifier son bien-fondé au terme d'une procédure garantissant le respect des droits de la défense. L'efficacité n'y aurait pas perdu, la garantie des droits y aurait gagné.* »

***

Ainsi, un établissement financier établi en France devra, au nom de la lutte contre le financement du terrorisme, appliquer trois types de mesures de gel des avoirs : les mesures prises en application du règlement (CE) n°2580/2001 du Conseil de l'Union européenne du 27 décembre 2001 concernant l'adoption de mesures restrictives à l'encontre de certaines personnes et entités dans le cadre de la lutte contre le terrorisme, les mesures prises en vertu du règlement (CE) n° 881/2002 modifié du Conseil de l'Union européenne du 27 mai 2002 instituant certaines mesures restrictives spécifiques à l'encontre de certaines personnes et entités liées au réseau Al-Qaïda et les mesures nationales arrêtées par le ministre chargé de l'Économie sur le fondement de l'article L562-2 du Code monétaire et financier.

[1461] Arrêté du 19 octobre 2015 portant application des articles L. 562-1 et suivants du Code monétaire et financier.

[1462] Dispositif national de gel terroriste, en ligne : www.tresor.economie.gouv.fr/4248_dispositif-national-de-gel-terroriste.

D- L’article L. 562-3 du C. mon. fin. : les mesures de gel des avoirs dans le cadre des sanctions financières internationales

L’article 3 de l’ordonnance n° 2009-104 du 30 janvier 2009 a introduit à l’article L. 562-2 du Code monétaire et financier (recodifié à l’article L. 562-3 du même code par l’ordonnance n° 2016-1575 du 24 novembre 2016) un dispositif de gel des avoirs applicable dans le cadre des sanctions financières internationales, conçu comme un complément du dispositif prévu par l’article L. 562-2[1463].

L’article L. 562-2[1464] prévoit ainsi que le ministre de l’Économie peut également ordonner de geler pour une durée de six mois renouvelable les avoirs qui appartiennent à des personnes physiques ou morales, organismes en entités qui ont commis, commettent, ou sont susceptibles de commettre de par leur fonction, qui facilitent ou participent à des actes sanctionnés ou prohibés par des résolutions du Conseil de sécurité ou des positions communes du Conseil de l’Union européenne.

Cet article du Code monétaire et financier vise à permettre une éventuelle mise en œuvre de mesures nationales, compte tenu des délais parfois longs pour qu’un règlement européen de mesures restrictives soit adopté et publié. À noter que les arrêtés de gel décidés sur ce fondement sont automatiquement abrogés lorsque le règlement européen mettant en œuvre la mesure de gel entre en vigueur.

Cet article permet également d’appliquer sur tout le territoire français les règlements européens qui ne s’appliquent pas à certains territoires français ultramarins. Ainsi, par exemple, à la suite de la résolution 1988 (2011) du Conseil de sécurité du 17 juin 2011 qui établit une liste des mesures de gel des avoirs à l’encontre de terroristes liées aux Talibans, le Conseil de

---

[1463] Monsieur Abdel MANANE M.K., commentaire de la décision n° 2015-524 QPC du 2 mars 2016, *op. cit.* p. 14.

[1464] C. mon. fin., art. L. 562-3 : « *Le ministre chargé de l'économie peut décider, pour une durée de six mois, renouvelable, le gel des fonds et ressources économiques :*
1° Qui appartiennent à, sont possédés, détenus ou contrôlés par des personnes physiques ou morales, ou toute autre entité qui commettent, tentent de commettre, facilitent ou financent des actions sanctionnées ou prohibées par les résolutions adoptées dans le cadre du chapitre VII de la charte des Nations unies ou les actes pris en application de l'article 29 du traité sur l'Union européenne, y participent ou qui sont désignées par ces résolutions ou ces actes ;
2° Qui appartiennent à, sont possédés, détenus ou contrôlés par des personnes morales ou toute autre entité elles-mêmes détenues ou contrôlées par les personnes mentionnées au 1° ou agissant sciemment pour le compte ou sur instructions de celles-ci ».

l'Union européenne a adopté le règlement (UE) n°753/2011 du 1er août 2011 concernant des mesures restrictives instituées à l'encontre de certains groupes et de certaines personnes, entreprises ou entités au regard de la situation en Afghanistan. Or ce règlement n'est pas directement applicable dans certains territoires ultramarins qui ne font pas partie de l'UE. Le ministre chargé de l'Économie a donc en application de l'article L. 562-3, un arrêté de gel portant extension du règlement (UE) n° 753/2001 à ces territoires.

L'article L. 562-3 permet également de geler les avoirs de personnes qui, sans être nommément désignées par des résolutions du Conseil de sécurité des Nations unies ou par les textes de l'Union européenne, « *portent atteinte aux objectifs et à la mise en œuvre de ces résolutions ou de ces textes* »[1465].

***

Ainsi, un établissement financier établi en France devra, au titre des sanctions financières internationales, mettre en œuvre deux types de mesures de gel des avoirs : les mesures de gel des avoirs imposées par les règlements européens imposant des mesures restrictives à l'encontre de certains pays ou personnes et les mesures nationales arrêtées par le ministre chargé de l'Économie sur le fondement de l'article L. 562-3 du Code monétaire et financier.

À noter que les mesures de gel des avoirs ne peuvent, contrairement aux mesures s'appliquant en matière de lutte contre le blanchiment de capitaux, subir aucune modulation : l'approche par les risques n'est pas applicable à ces obligations[1466].

E- Gel des avoirs et droits fondamentaux

La décision n° 2015-524 QPC rendue par le Conseil constitutionnel le 2 mars 2016 est particulièrement intéressante au regard des interactions existantes entre les ordres juridiques national, européen et international ainsi que sur le plan des garanties qui doivent entourer les mesures de gel des avoirs[1467].

[1465] Observations produites par le Premier ministre, enregistrées le 4 janvier 2016.

[1466] Philippe BAUMARD, David HOTTE, Didier MORLET, Stéphane SAUTERET, Vincent SOULIGNAC, *Les sanctions financières internationales*, *op. cit.*, p. 98.

[1467] Cristina MAURO, « Le gel d'avoirs n'est pas une sanction… mais un peu quand même », *La semaine juridique Édition Générale*, n°*20-21*, 16 mai 2016.

En l'espèce, le requérant avait fait l'objet de mesures de gel par arrêté ministériel du 29 octobre 2014 ; il considérait que les articles L. 562-1 et L. 562-2 du Code monétaire et financier (aujourd'hui respectivement articles L. 562-2 et L. 562-3) sur le fondement desquels ces mesures avaient été prises n'étaient pas conformes au principe de la séparation des pouvoirs, au principe des droits de la défense, ainsi qu'au principe de la présomption d'innocence. Ces articles, selon le requérant, étaient également de nature à porter atteinte au droit de propriété tel que protégé par l'article 2 de la Déclaration des droits de l'homme de 1789. Seules les dispositions françaises de gel étaient ici en cause, et non les dispositions européennes et internationales.

La question de la conformité des mesures de gel aux droits fondamentaux avait déjà été soulevée par les juridictions européennes dans le cadre de l'affaire Kadi, et pas la CEDH dans l'affaire Al Dulimi et Montana Management Inc contre Suisse. La décision du Conseil constitutionnel semble ici reprendre l'argumentation européenne sur l'ensemble des griefs. Le Conseil écarte en effet la nature pénale des gels pour s'intéresser aux questions relatives au contrôle juridictionnel de ces mesures et au respect de la présomption d'innocence et ensuite à la question de l'atteinte au droit de propriété qui en découlerait[1468].

Le Conseil écarte en effet la nature pénale des gels en rappelant que les dispositifs de gel mis en place par le Code monétaire et financier sont des mesures administratives, et qu'elles n'impliquent donc pas l'intervention de l'autorité judiciaire. Or cette qualification n'est pas sans soulever quelques problématiques relatives à la protection des droits fondamentaux des individus faisant l'objet de mesures de gel. En effet, suite à l'arrêt *Kadi* de la CJUE de 2008, le TPIUE a souligné, en 2010, suite à l'arrêt du CJUE que, si les mesures de gel dont en principe des mesures préventives, et non de sanctions pénales, elles méritent un « *contrôle juridictionnel complet et rigoureux* »[1469] et que la personne concernée par une mesure de gel doit pouvoir faire entendre son point de vue quant aux éléments de preuve à charge[1470], et ceci notamment en raison de la durée de la mesure (en l'espèce dix ans), ce qui est considéré comme « *trop long à l'échelle d'une vie* »[1471]. Cette décision du TPIUE est fondée sur le constat, partagé par le Haut-Commissaire des Nations unies aux droits de l'Homme ; que des mesures

[1468] *Idem.*
[1469] Considérant 151.
[1470] Considérant 186.
[1471] Considérant 150.

ayant un caractère préventif peuvent être l'équivalent d'une peine en raison de leur sévérité et de leur durée[1472].

Une analyse équivalente aurait pu être suivie par le Conseil constitutionnel. Ce dernier met en avant, au sujet du grief tiré de l'atteinte au droit de propriété que, si leur nature est temporaire, ces mesures sont renouvelables sur la seule décision du ministre sans limites de renouvellement possible. Le Conseil ne met pas en avant ici les réserves exprimées par le Haut-Commissaire des Nations unies aux droits de l'homme et par le TPIUE au sujet de la durée des mesures de gel. Les dispositifs de gel en droit français sont donc potentiellement perpétuels, ce qui donne à la mesure une coloration pénale, sans pour autant prévoir les garanties attachées aux sanctions pénales.

En effet, contrairement à ce qui est prévu pour beaucoup de mesures prévues par le Code de procédure pénale dans la phase avant jugement, le contrôle du juge administratif des mesures de gel n'interviendra que sur recours et donc après la mise en œuvre de la mesure elle-même. En outre, même si ces mesures n'emportent aucune conséquence en cas de poursuite pénale, il est à craindre que l'existence d'une telle mesure de gel, prononcée à l'encontre de personnes « *qui commettent, ou tentent de commettre, des actes de terrorisme* », ne soit utilisée pour étayer la culpabilité d'une personne. Au final, le Conseil constitutionnel réaffirme avec force le caractère administratif des mesures de gel en réfutant leur coloration potentiellement pénale. En suivant un tel raisonnement, une personne peut voir son nom inscrit sur une liste de manière continue, et ainsi être privée de ses biens pour une durée illimitée sans qu'aucun juge répressif français n'ait jamais été saisi en vue d'établir sa culpabilité, du moins l'existence et la réalité des soupçons qui existent à son égard[1473].

En pratique, la qualification de mesures administratives retenue par le Conseil constitutionnel au sujet des mesures de gel a pour effet de déplacer l'analyse sur la protection du droit de propriété et de substituer les garanties liées à la sanction pénale par celles, moins effectives, prévues en matière de propriété.

En matière de droit de propriété, le Conseil considère que le gel des avoirs appartenant à des terroristes est justifié ; pour autant le gel des avoirs

---

[1472] ONU, « Rapport à l'Assemblée générale des Nations unies », A/HR/12/22, 2 sept. 2009, point 42.

[1473] Cristina MAURO, « Le gel d'avoirs n'est pas une sanction… mais un peu quand même », *op. cit.*

appartenant à des personnes, qui de par leur fonction, sont susceptibles de commettre des actes de terrorisme, sans qu'il soit nécessaire d'établir que celles-ci les ont bel et bien commis, porte à l'exercice du droit de propriété une atteinte manifestement disproportionnée à l'objectif poursuivi par le législateur[1474]. Le Conseil recherche donc ici un juste équilibre entre les exigences de l'intérêt général et la protection des droits fondamentaux de l'individu.

***

KANT, en son temps, rêvait d'une fédération des peuples de la terre, seule garante selon lui de la « *paix perpétuelle* », et ainsi de la sortie de l'état de nature qui représente l'état de guerre larvée caractéristique des rapports entres les puissances nationales, toujours virtuellement en conflit[1475]. Il convient de noter que, depuis la fin de la Seconde Guerre mondiale, ce projet a reçu un début de consécration juridique : des droits fondamentaux sont reconnus aux individus sur une base universelle, et la guerre d'agression est désormais mise hors la loi dans la Charte des Nations unies. La justice pénale internationale permet désormais de poursuivre les incitateurs de guerre criminelle ainsi que les auteurs de crimes contre l'humanité[1476]. Grâce à ces innovations, « *les États, sujets de droit international, ont, pour la première fois, perdu la présomption d'innocence dont ils bénéficiaient dans ce qui était considéré comme leur état de nature.* »[1477]. Or la guerre est un mal très insidieux qui a su s'adapter à ces évolutions juridiques pour se transformer et se déployer sur la scène internationale sous un autre visage que les instruments du droit international classique ne permettent plus d'appréhender. Comme le résume Pierre SERVENT :

> « *Cela fait désormais plusieurs décennies que les guerres n'en font plus qu'à leur tête. Elles obéissent plus aux partitions classiques d'hier : État contre État, armée contre armée, étendard contre étendard. Elles sont baroques, dodécaphoniques et en perpétuelle transformation.*
>
> *Ce phénomène guerre concerne désormais, à travers le terrorisme, cinq des six continents. Il se déploie aussi bien sur le terrain militaire*

1474 *Idem.*

1475 V. Jürgen HABERMAS, *La paix perpétuelle. Le bicentenaire d'une idée kantienne*, Éditions du Cerf, 1996.

1476 François OST, Michel VAN DE KERCHOVE, *De la pyramide au réseau ? Pour une théorie dialectique du droit*, *op. cit.*, p. 180.

1477 Jürgen HABERMAS, *La paix perpétuelle. Le bicentenaire d'une idée kantienne, op. cit.*, p. 50.

que sur la Toile, enrôle dans le même camp des fous de Dieu et des laïcs. »[1478]

Le phénomène de mondialisation a en effet fait émerger de nouveaux acteurs sur la scène internationale entraînant de nouvelles préoccupations que le juriste internationaliste ne peut ignorer, et encore moins exclure de son champ d'analyse[1479]. La dérégulation financière internationale couplée à la mondialisation de la menace terroriste au lendemain de la guerre froide illustre avec virtuosité ce phénomène.

Il est dès lors évident que des interventions étatiques au seul niveau national ne peuvent pas, à elles seules, résoudre le problème global que représente le financement du terrorisme contemporain en période de mondialisation et d'interdépendance planétaire. Comme l'écrit Kimon VALASKAKIS :

> « *Il faut donner des dents à la régulation mondiale. Cela passe par une cession partielle de la souveraineté du niveau national au niveau supranational. Ce processus doit être graduel, car il faut que les institutions réceptrices soient perçues comme étant légitimes et donc démocratiques. Aujourd'hui il n'y a pas de démocratie au niveau mondial. Il faudra la construire.* »[1480]

Or, même aujourd'hui, la plupart des organisations internationales restent westphaliennes, c'est-à-dire qu'elles reposent sur l'égalité de leurs membres et n'impliquent pas de délégation de souveraineté de la part de ces derniers. Toutefois, comme nous l'avons étudié, il existe deux exceptions : il s'agit du Conseil de sécurité des Nations unies et de l'Union européenne. Les deux institutions se distinguent néanmoins dans la mesure où l'UE a choisi, par une succession de traités, d'opter pour un mouvement progressif vers la supranationalité[1481], tandis que le Conseil de sécurité s'est adapté aux mutations de la conflictualité internationale pour s'arroger des pouvoirs non prévus par la Charte des Nations unies.

En effet, le passage de résolutions à caractère ponctuel et provisoire à des résolutions de plus en plus larges et prospectives rend compte de la nouvelle dimension de l'organe politique onusien dans la construction d'un ordre

---

1478 Pierre SERVENT, *Extension du domaine de la guerre*, Robert Laffont, 2016, p. 9.
1479 Albane GESLIN, « Le droit international », *op. cit.*
1480 Kimon VALASKAKIS, « La souveraineté supranationale : un impératif contemporain ? », *op. cit.*
1481 *Idem.*

mondial nouveau[1482]. En principe dépourvu du pouvoir d'édicter des règles de portée générale, le Conseil adopte des normes qui comportent un volet prévention pour les actes terroristes à venir. Il agit donc comme un *législateur mondial* en imposant des obligations qui pénètrent la matière conventionnelle[1483]. Même si les nouveaux pouvoirs quasi législatifs du Conseil de sécurité ont entraîné une levée de boucliers chez de nombreux juristes internationalistes, il est évident que la diplomatie multilatérale telle que pensée au lendemain de la Seconde Guerre mondiale n'était plus en mesure d'assumer les conséquences négatives de la mondialisation[1484].

L'étude de la lutte contre le financement du terrorisme met ainsi en lumière un changement de paradigme, le droit international nouveau rejetant le modèle westphalien et faisant fi des souverainetés au profit d'une *global community*[1485]. À noter que dès 1953, Robert SCHUMAN évoquait lui-même cette idée de supranationalité et proposait de recourir à ce nouveau concept, lorsqu'il écrivait que :

> « *le supranational se situe à égale distance entre, d'une part, l'individualisme international, qui considère comme intangible la souveraineté nationale et n'accepte comme limitations de la souveraineté que des obligations contractuelles, occasionnelles et révocables ; d'autre part, le fédéralisme d'États qui se subordonnent à super- État doté d'une souveraineté territoriale propre. L'institution supranationale, telle que notre Communauté, (...) ne possède pas les caractéristiques d'un État ; mais elle détient et exerce certains pouvoirs souverains. Elle est indépendante à l'égard des Gouvernements nationaux, dans les limites du Traité ; cette indépendance est irrévocable comme l'est le transfert de compétence qui en est la source. Le Traité confère à la communauté une fonction propre ; elle ne l'exerce pas au titre d'une délégation pour le compte des États adhérents. La Haute Autorité n'est pas responsable devant les Gouvernements, mais devant les institutions de la Communauté.* »

[1482] Alain PELLET, « La formation du droit international dans le cadre des Nations unies », *op. cit.*

[1483] Sidi Alpha NDIAYE, « Réflexion sur la densification normative en droit international public : l'exemple des décisions coercitives de l'ONU », *op. cit.*

[1484] V. Claude ROOSENS, Valérie-Barbara ROSOUX, Tanguy DE WILDE D'ESTMAEL, *La politique étrangère : le modèle classique à l'épreuve*, P.I.E-Peter Lang S.A., Éditions Scientifiques Internationales, 2004.

[1485] Rafael DOMINGO, « A Global Law for a Global Community », 26 avril 2018, *in* Maciej DYBOWSKI, Rafael GARCÍA PÉREZ *Globalization of Law. The Role of Human Dignity*, Thomson Reuters Aranzadi, 2018.

Aujourd'hui, les problèmes majeurs issus de la mondialisation placent les organes supranationaux dans une position privilégiée pour lutter contre ces derniers. C'est la raison pour laquelle le Conseil de sécurité des Nations unies et l'Union européenne sont des acteurs de premier plan dans la lutte contre le financement du terrorisme. Leur positionnement supraétatique leur confère l'autorité, et la hauteur de vue nécessaire pour lutter contre cette menace éminemment transnationale[1486].

Or, à étudier les modalités contemporaines de financement du terrorisme, il semblerait qu'il manque, non seulement aux États, mais aussi aux organisations internationales à caractère supranational un atout essentiel : l'expertise. Nous avons pu le constater, les mesures de lutte contre le financement du terrorisme adoptées par le Conseil de sécurité et les mesures restrictives mises en place par l'Union européenne ne se caractérisent pas par une sophistication particulière ni par un niveau de détail très avancé. Les mesures adoptées sont générales et insuffisantes dans l'apport d'une réponse satisfaisante aux problèmes posés par le financement du terrorisme. La complexification, la technicisation et la mondialisation des échanges économiques et financiers ont en effet rendu l'encadrement juridique des échanges économiques remarquablement complexe.

Cette impuissance étatique a entraîné une participation accrue d'acteurs nouveaux et jusqu'ici négligés ou marginalisés dans la réglementation financière internationale. Toujours suivant la logique en vertu de laquelle aucun problème majeur n'est aujourd'hui purement national et ne peut recevoir de solution elle-même purement nationale, ces acteurs *transnationaux*, infra-étatiques, à l'instar des acteurs de la criminalité financière qu'ils entendent combattre, se détachent des frontières étatiques et cherchent à réglementer leur domaine de compétence ayant pour seules limites leur champ d'expertise sectoriel.

L'État ne serait, dès lors, plus la seule source de droit dans l'ordre interne. À noter que ce positivisme juridique a commencé à être contesté à partir des années 1950, notamment avec Philip JESSUP et ses théories sur le *Transnational Law*. Aujourd'hui, il est évident que le droit international n'a pas pour unique origine la volonté des États. Le positivisme juridique ne

[1486] On notera tout de même que le transfert de compétence aux institutions supranationales entraîne fatalement un pouvoir croissant des experts et une réduction corrélative de l'espace de décision démocratique.

constitue plus, aujourd'hui « *la clef permettant d'expliquer la création des normes juridiques internationales* »[1487].

La lutte contre le financement du terrorisme en est une illustration probante.

[1487] Dominique CARREAU, « La régulation de la globalisation par les acteurs privés », *op. cit.*

Bibliographie détaillée

Ouvrages

Ouvrages juridiques

- Georges ABI-SAAB, « De la sanction en droit international. Essai de clarification », *in* Jerzy MAKARCZYK (dir.), *Theory of International Law at the Threshold of the 21st Century: Essays in honour of Krzytof Skubiszewski,* Kluwer Law, 1996.
- Ronny ABRAHAM, *Droit international, droit communautaire et droit français*, Hachette, 1989.
- Denis ALLAND, *Droit international public*, PUF, 2000.
- Denis ALLAND, *Manuel de droit international public*, PUF, 2018.
- Anthony AMICELLE, « Enjeux et usages de la liste "antiterroriste" européenne », *in* Emmanuelle SAULNIER-CASSIA (dir.), *La lutte contre le terrorisme dans le droit et la jurisprudence de l'Union européenne*, LGDJ, 2014.
- André-Jean ARNAUD, *Critique de la raison juridique, tome 2 : Gouvernants sans frontières, entre mondialisation et post-mondialisation*, LGDJLGDJ / Montchrestien, 2003.
- André-Jean ARNAUD, *Entre modernité et mondialisation : Leçons d'histoire de la philosophie du droit et de l'État*, LGDJ, 2004.
- Hervé ASCENSIO, « Les fins de la sanction externe », *in* Isabelle PINGEL (dir.), *Les sanctions contre les États en droit communautaire*, Pedone, 2006.
- Jean-Bernard AUBY, *La globalisation, le droit et l'État*, LGDJ, 2010.
- Josiane AUVRET-FINCK, « Le cadre juridique de référence de la lutte contre le terrorisme », *in* J. AUVRET-FINCK (dir.), *L'Union européenne et la lutte contre le terrorisme, État des lieux et perspectives*, Larcier, 2010.
- Sous la direction de Philippe BAUMARD, David HOTTE, Didier MORLET, Stéphane SAUTERET, Vincent SOULIGNAC, *Les sanctions financières internationales*, RB Édition, 2012.
- Mohammed BEDJAOUI, *Droit international, Bilan et perspectives*, Tome 1, Pedone, 1991.
- Myriam BENLOLO-CARABOT, Ulaş CANDAS, Eglantine CUJO (dir.), *Union européenne et droit international, en l'honneur de Patrick DAILLIER*, Pedone, 2012.

- Mario BETTATI, *Le terrorisme : Les voies de la coopération internationale*, Odile Jacob, 2013.
- Pierre BODEAU-LIVINEC, Laurence DUBIN, « Chronique de droit administratif global de 2009-2010 », *Droit administratif*, 2012.
- Thierry BONNEAU, *Droit bancaire*, Montchrestien, 2013.
- Thierry BONNEAU, *Régulation bancaire et financière européenne et internationale*, Bruylant, 2017.
- Marco BORRACCETTI, « La collaboration entre Europol et Interpol : un parcours vers l'intégration ? », *in* Catherine FLAESCH-MOUGIN, Lucia SERENA ROSSI, *La dimension extérieure de l'espace de liberté, de sécurité et de justice de l'Union européenne après le Traité de Lisbonne*, Bruylant, coll. « Rencontres européennes », 2013.
- Chris BRUMMER, *Soft Law and the Global Financial System: Rule Making in the 21st Century*, Cambridge University Press, 2012.
- Raymond CARRE DE MALBERG, *Contribution à la théorie générale de l'État*, t. 2, Sirey, 1922 (rééd. 2003, Dalloz).
- Dominique CARREAU, Fabrizio MARRELLA, *Droit international*, 11e éd., Pedone, 2012.
- Dominique CARREAU, Fabrizio MARELLA, *Droit international*, Pedone, 11e éd., 2012.
- Jean COMBACAU, *Le pouvoir de sanction de l'ONU, Étude théorique de la coercition non militaire*, Pedone, 1974.
- Kevin CONSTANT KATOUYA, *Réflexions sur les instruments de droit pénal international et européen de lutte contre le terrorisme,* Publibook, 1970.
- Gérard CORNU, « Les définitions dans la loi », in *Mélanges dédiés à J. Vincent*, Dalloz, 1981.
- David CORTRIGHT, George A. LOPEZ, *The Sanctions Decade. Assessing UN Strategies in the 1990s*, Boulder, Lynne Rienner, 2000.
- Jean-Pierre COT et Alain PELLET, *La Charte des Nations Unies*, Economica, 1985.
- Jean-Pierre COT, Alain PELLET, Mathias FORTEAU, *La Charte des Nations Unies, Commentaire article par article*, t. 1, Economica, 2005.
- Chantal CUTAJAR-RIVIERE, *La société-écran, Essai sur sa notion et son régime juridique*, LGDJ, 1998.
- Patrick DAILLIER, Alain PELLET, *Droit international public*, LGDJ, 5e éd., 1994.

- Mireille DELMAS-MARTY, *Le relatif et l'universel : les forces imaginantes du droit*, Seuil, 2004.
- Mireille DELMAS-MARTY, *Critique de l'intégration normative. L'apport du droit comparé à l'harmonisation des droits,* Presses Universitaires de France, 2004.
- Mireille DELMAS-MARTY, *Les forces imaginantes du droit (II) : Le pluralisme ordonné,* Éditions du Seuil, 2006.
- Mireille DELMAS-MARTY, *Les forces imaginantes du droit (IV) : Vers une communauté de valeurs*, Éditions du Seuil, 2011.
- Geert DELRUE, *Le blanchiment de capitaux et le financement du terrorisme*, Maklu Pub, 2012.
- Guillaume DEVIN, Marie-Claude SMOUTS, « Les transformations du multilatéralisme », *in* Guillaume DEVIN, Marie-Claude SMOUTS, *Les organisations internationales*, Armand Colin, 2011.
- Pierre DUMAS, « L'hypothèse de la circulation des normes engendrées par la lutte contre le terrorisme dans l' "espace" de l'Union européenne », *in* Charlotte GIRARD, *La lutte contre le terrorisme : l'hypothèse de la circulation des normes*, Bruylant, 2012.
- Lisa DUMOULIN, « Droits fondamentaux et mesures antiterroristes : l'exemple du gel des avoirs des présumés terroristes », Institut Universitaire Varenne, *in* François COLLART DUTILLEUL, Fabrice RIEM (dir.), *Droits fondamentaux, ordre public et libertés économiques*, LGDJ, 2013.
- Pierre-Marie DUPUY, *Grands textes de droit international public,* Dalloz, 1996.
- Pierre-Marie DUPUY, Yann KERBRAT, *Droit international public*, Dalloz, 2012.
- Pierre-Marie DUPUY, Yann KERBRAT, *Droit international* public, Dalloz, 2018.
- Ludovic FRANÇOIS, Pascal CHAIGNEAU, Marc CHESNEY, *Blanchiment et financement du terrorisme*, Ellipses, 2004.
- Wolfgang FRIEDMANN, *The Changing Structure of International Law*, Columbia University Press, 1978.
- Julien GAFNER, *L'incrimination du financement du terrorisme*, Schulthess, 2006.
- Gilbert GUILLAUME, *Le Droit international face au terrorisme*, CEDIN, 2002.
- Gilbert GUILLAUME (dir.), *La vie internationale et le droit*, Hermann, 2017.

- Andrew T. GUZMAN, *Against Consent, 52 Va. J. Int'l L. 747, 789*, 2012.
- Ludovic HENNEBEL et Gregory LEWKOWICZ, « Le problème de la définition du terrorisme », *in* Ludovic HENNEBEL, Damien VANDERMEERSCH, *Juger le terrorisme dans l'État de droit*, Bruylant, 2009.
- Rosalyn HIGGINS, Maurice FLORY, *Terrorism and international Law,* Routledge, 1997.
- Philip JESSUP, *Transnational Law*, New Haven, Yale University Press, 1956.
- Hans KELSEN, *Théorie pure du droit*, Dalloz, 1963, p. 235 et *Théorie générale du droit et de l'État*, Bruylant/ LGDJ, 1997.
- Evelyne LAGRANGE, *Les opérations de maintien de la paix et le chapitre VII de la Charte des Nations Unies*, Monchrestien, 1999.
- Evelyne LAGRANGE, *La représentation institutionnelle dans l'ordre international*, Études de Droit International, 2002.
- Franck LATTY, *La Lex Sportiva : Recherche Sur Le Droit Transnational*, Brill, 2007.
- Guillaume LE FLOCH, « L'influence des jurisprudences Kadi sur le régime des sanctions instauré par la résolution 1267 (1999) », *in* Emmanuelle SAULNIER-CASSIA (dir.), *La lutte contre le terrorisme dans le droit et la jurisprudence de l'Union européenne*, LGDJ, 2014.
- Michèle LENOBLE-PINSON, « Liberticide : néologisme révolutionnaire », *in* Hugues DUMONT, Patrick MANDOUX, Alain STROWEL et Françoise TULKENS (dir.), *Pas de liberté pour les ennemis de la liberté ? Groupements liberticides et droit*, Bruylant, 2000.
- Gilles LHUILLIER, *Le droit transnational*, Dalloz, 2016.
- Jean MAILLARD, *Un monde sans loi. : La criminalité financière en images*, Stock, 2003.
- Jean-Christophe MARTIN, *Les règles internationales relatives à la lutte contre le terrorisme*, Bruylant, 2006.
- Eninam MASSIA CHRISTIAN TRIMUA, *Le gel des avoirs monétaires et financiers en droit international : contribution à l'étude des contre-mesures*, ANRT, 2004.
- Ch.-A. MORAND, « La sanction », *Archives de philosophie du droit,* t. 35, 1990.
- Marie-Agnès NICOLET, *Gouvernance et fonctions clés – De risque de conformité et contrôle dans les établissements financiers*, RB éditions, 2017.

- Philippe-Emmanuel PARTSCH, *Droit bancaire et financier européen*, Larcier, 2017.
- Pierre PESCATORE, *Le droit de l'intégration*, Bruylant, Bruxelles, 2005.
- Fatma RAACH, « La compétence externe du Conseil de sécurité ou les forces nouvelles du droit international », *Annuaire mexicain de Droit international*, vol. XI, 2011.
- Emmanuelle SAULNIER-CASSIA (dir.), *La lutte contre le terrorisme dans le droit et la jurisprudence de l'Union européenne*, LGDJ, 2014.
- Georges SCELLE, *Précis du droit des gens*, Dalloz, 2008.
- Lucien SIORAT, *Les problèmes des lacunes en Droit international, contribution à l'étude des sources du Droit et de la fonction judiciaire,* LGDJ, 1958.
- Brigitte STERN, « Le contexte juridique de l'après 11 septembre 2001 », *in* Karine BENNELIER, Olivier CORTEN, Théodore CHRISTAKIS et Barbara DELCOURT (dir.), *Le Droit international face au terrorisme,* Pedone, 2002.
- Serge SUR, *Le Conseil de sécurité après le 11 septembre*, LGDJ, 2005.
- Serge SUR, Jean COMBACAU, *Droit international public*, 11e éd., LGDJ, 2014.
- Djacoba Liva TEHINDRAZANARIVELO, *Les sanctions des Nations Unies et leurs effets secondaires : Assistance aux victimes et voies juridiques de prévention*, Coédition Graduate Institute Geneva, 2005.
- Éric VERNIER, *Techniques de blanchiment et moyens de lutte*, Dunod, 2013.
- Michel VIRALLY, *La pensée juridique*, LGDJ, 1960.
- Michel VIRALLY, *L'Organisation mondiale*, collection U, A. Colin, 1972.

Ouvrages de science politique

- Anthnoy AMICELLE, « La lutte contre le financement du terrorisme », in Didier BIGO et al., *Au nom du 11 septembre...*, La découverte, 2008.
- Raymond ARON, *Paix et guerre entre les nations,* Calman-Levy, 1962.
- Mikaïl BARAH, *La Politique américaine au Moyen-Orient*, Dalloz, 2006.

- Dario BATTISTELLA, Franck PETITEVILLE, Marie-Claude SMOUTS, Pascal VENNESSON, *Dictionnaire des relations internationales*, Dalloz, 3e éd., août 2012.
- Alain BAUER, François-Bernard HUYGHE, *Les Terroristes disent toujours ce qu'ils vont faire,* PUF, Paris, 2010.
- Alain BAUER, Christophe SOULLEZ, *Terrorismes*, Dalloz, 2015.
- Alain BAUER, Jean-Louis BRUGUIERE, *Les 100 mots du terrorisme*, PUF, 2016.
- André BEAUFRE, *Introduction à la stratégie*, Hachette, coll. « Pluriel », 1998.
- Tony BUNYAN, « Trevi, Europol and the European state », in *Statewatching the new Europe*, Statewatch, 1993.
- Jacques CHEVALIER, L'État, Dalloz, 1999.
- Jean-Marc DE LA SABLIÈRE, *Le Conseil de sécurité des Nations Unies : Ambitions et limites*, Larcier, 2018.
- Alexandre DEL VALLE, *Les vrais ennemis de l'Occident : du rejet de la Russie à l'islamisation des sociétés ouvertes*, L'artilleur, 2016.
- René-Jean DUPUY, *La communauté internationale entre le mythe et l'histoire,* Economica, 1986.
- Francis FUKUYAMA, *The End of History and The Last Man*, Penguin Books, Londres, 1992.
- Jean-François GAYRAUD, David SÉNAT, *Le terrorisme*, Presses Universitaires de France, 2006.
- François GERE, *Dictionnaire de la pensée stratégique*, Larousse, 2000.
- Anthony GIDDENS, *The Nation-State and violence*, Cambridge, Polity Press, 1985.
- Stephen D. KRASNER, *International Regimes*, Cornell, University Press, 1983.
- Walter LAQUEUR, *Le terrorisme,* PUF, 1979.
- Walter LAQUEUR, *The Age of Terrorism*, Little Brown and Company, 1987.
- Loretta NAPOLÉONI, *Qui finance le terrorisme international*, Autrement, 2005.
- Jenny RAFLIK, *Terrorisme et mondialisation : approches historiques*, Bibliothèque des Sciences Humaines, 2016.
- Robert RENWICK, *Economic sanctions*, Harvard Univ. Center for International Affairs, 1981, coll. « Relations internationales et stratégiques », Dossier « Les embargos », n° 24, 1996.

- Claude ROOSENS, Valérie-Barbara ROSOUX, Tanguy DE WILDE D'ESTMAEL, *La politique étrangère : le modèle classique à l'épreuve*, PIE-P. Lang, 2004.
- James ROSENEAU, *Turbulence in world politics*, Harvester, 1990.
- Olivier ROY, *L'islam mondialisé*, Paris, Le Seuil, 2002.
- Julie SAADA, Marie GOUPY, Laurent SERMET, Edgardo MANERO, *Les acteurs non étatiques dans les conflits armés*, Édition des archives contemporaines, 2010.
- Alex Peter SCHMID et Albert J. JONGMAN, *Political Terrorism: A New Guide to Actors, Authors, Concepts, Data Bases, Theories and Literature*, North-Holland Publishing Company, 1988.
- Louise I. SHELLEY, *Dirty Entanglements: Corruption, Crime, and Terrorism*, Cambridge University Press, 2014.
- Isabelle SOMMIER, *Le Terrorisme*, Flammarion, 2000.
- Charles TILLY, *Coercion, Capital and European State AD 990-1992*, Blackwell, Cambridge, 1992.
- Clément TONON, *La lutte contre le financement du terrorisme à l'ère de Daech*, Omn.Univ.Europ, 2016.
- Éric WEIL, *Philosophie politique*, Vrin, 3e éd., 1971.
- Michel WIEWORKA, *Sociétés et terrorisme*, Fayard, 1990.

Ouvrages de philosophie

- Laurent BOVE, *La stratégie du conatus : affirmation et résistance chez Spinoza*, Vrin, 1997.
- Manuel Castells, *Le pouvoir de l'identité*, Fayard, 1999.
- Emmanuel KANT, *Projet de paix perpétuelle : esquisse philosophique*, Librairie Philosophique Vrin, 1795.
- Jürgen HABERMAS, *La paix perpétuelle. Le bicentenaire d'une idée kantienne*, Éditions du Cerf, 1996.
- André TOSEL, *Kant révolutionnaire*, PUF, 1988.

Ouvrages de sciences économiques

- Kenneth W. ABBOTT, Duncan SNIDAL, « Governance Triangle », *in* Walter MATTLI and Ngair WOODS, *The Politics of Global Regulation*, Princeton, 2009.
- Gary CLYDE HUFBAUER, Jeffrey J. SCHOTT, Kimberly ANN ELLIOT, *Economic Sanctions Reconsidered: History and Current Policy*, Petersen Institute for International Economics, 1985.

- Jean-François GAYRAUD, *Le Nouveau Capitalisme criminel : Crises financières, narcobanques, trading de haute fréquence*, Odile Jacob, 2014.
- Donald MARKWELL, *John Maynard Keynes and International Relations. Economic Paths to War and Peace*, Oxford University Press, 2006.
- René PASSET, *Mondialisation financière et terrorisme : la donne a-t-elle changé depuis le 11 septembre ?*, Éditions de l'Atelier, 2002.

Ouvrages d'Histoire

- Gérard CHALIAND, Arnaud BLIN (dir), *Histoire du terrorisme, de l'Antiquité à Al-Qaïda,* Fayard, 2006.
- Gérard CHALIAND, Arnaud BLIN, *Histoire du terrorisme*, Fayard, 2015.
- Birte WASSENBERG, *Histoire du Conseil de l'Europe*, Conseil de l'Europe, 2013.

Ouvrages biographiques / autobiographiques

- Thomas R. MOCKAITIS, *Osama Ben Laden : À Biography*, Greenwood Biographies, 29 janvier 2010.
- Boris SAVINKO, *Souvenirs d'un terroriste*, Ivrea, 1982.

Essais

- Nafeez Mosaddeq AHMED, *La guerre contre la vérité : 11 septembre, désinformation et anatomie du terrorisme,* Éditions Demi-Lune, 2006.
- Mathieu AUZANNEAU, *Or Noir*, La Découverte, 2015.
- Jacques BENOIST-MECHIN, *Ibn Séoud ou la naissance d'un royaume*, Albin Michel, 1955.
- Christan CHESNOT, Georges MALBRUNOT, *Nos très chers émirs*, Fayard, 2016.
- Abou DAOUD, *Palestine. De Jérusalem à Munich*, Anne Carrère, 1999.
- Olivier DELORME, *La Grèce et les Balkans*, Folio, 2013.
- Éric DENECE (dir.), *Al-Qaïda, les nouveaux réseaux de la terreur,* Ellipses Marketing, 2004.
- Franz FANON, *Les damnés de la terre*, Éditions La Découverte/ Poche, 2002.

- Bruce HOFFMAN, *La mécanique terroriste*, Calmann-Lévy, 1999.
- François-Bernard HUYGUE, *La route de la soie ou les empires du mirage*, Payot & Rivages, 2006.
- Roland JACQUARD, *Les dossiers secrets du terrorisme : tueurs sans frontières*, Albin Michel, 1985.
- Gilles KEPEL, *Terreur dans l'hexagone,* Gallimard, 2015.
- Alain LABROUSSE, *La drogue, l'argent et les armes*, Fayard, 1991.
- Michael LEDEEN, *The War against the Terror Masters : Why It happened. Where we are now. How we'll win*, St. Martin's Griffin, New York, 2003.
- Stéphane MARCHAND, *Arabie Saoudite, la menace*, Fayard, 2003.
- Claude MONIQUET, *Djihad : d'Al-Qaïda à l'État islamique, combattre et comprendre*, Jourdan PIXL, 2015.
- MONTAIGNE, *Essais*, I, chap. XXX – Des cannibales, La Pléiade.
- Georges MOREAS, *Dans les coulisses de la lutte antiterroriste*, First, 2016.
- Fabien PILIU, Denis BOULARD, *L'argent de la terreur*, First Document, 2016.
- Xavier RAUFER et Alain BAUER, *La guerre ne fait que commencer* JC Lattes, 2002.
- Pierre SERVENT, *Extension du domaine de la guerre*, Robert Laffont, 2016.
- Michel TERESTCHENKO, *L'Ère des ténèbres*, Le Bord de l'eau, 2015.
- Joseba ZULAIKA et William A. DOUGLASS, *Terror and Taboo: The Follies, Fables and Faces of Terrorism,* New York, Routledge, 1996.

Divers

- Hugh LAURIE, *Tout est sous contrôle*, Points, 2010.
- Chris RYAN, *Greed*, Arrow Books, Londres, 2004.

Articles spécialisés

Articles juridiques

Théorie générale du Droit

- Albane GESLIN, « Le droit international », *in* Thierry BALZACQ, *Traité de relations internationales,* Presses de Sciences Po, 2013, pp. 607-630.
- François OST, Michel VAN DE KERCHOVE, *De la pyramide au réseau ? Pour une théorie dialectique du droi*t, Facultés Universitaires Saint-Louis Bruxelles, 2010, p. 126.
- Jean-Claude PAYE, *« l'état d'exception, forme de gouvernement de l'empire », 2004,* en ligne : http://multitudes.samizdat.net/L-etat-d-exception-forme-de.
- Gunther TEUBNER, « Les multiples corps du roi : l'auto-destruction de la hiérarchie du droit », *in* Marie-Jeanne CAMPANA et *al.*, *Philosophie du droit et droit économique, quel dialogue ?,* Éditions Frison-Roche, 1999, p. 313.

Droit international

- Georges ABI-SAAB, « La notion d'organisation internationale : essai de synthèse », *in* Georges ABI-SAAB, Le concept d'organisation internationale, Graduate Institute Publications, 2013.
- Sidi ALPHA NDIAYE, « Réflexion sur la densification normative en droit international public : l'exemple des décisions coercitives de l'ONU », *Revue CAMES/SJP*, n° 001/2016, p. 153-177.
- Frederico ANDREU-GUZMAN, « Terrorisme et droits de l'homme », *International Commission of Jurists*, 2002-2003, pp. 21-22.
- Gaetano ARANGIO-Ruiz, « On the Security Council's "Law-Making" » (2000), *Rivista di diritto internazionale*, 2000, pp. 609-725.
- Sean P. ASHLEY, « The Future of Terrorist Financing: Fighting Terrorist Financing in the Digital Age », *Penn State University Journal of International Affairs*, vol. 1, n° 2, 2016.
- Jean D'ASPREMONT, « La déformalisation en droit international et l'abandon de la théorie des sources dans la doctrine contemporaine », *L'Observateur des Nations Unies*, 2011, p. 41.
- Lider BAL, « Le mythe de la souveraineté en droit international : la souveraineté des États à l'épreuve des mutations de l'ordre juridique international », *Université de Strasbourg*, 2012, p. 351.
- Yas BANIFATEMI, « La lutte contre le financement du terrorisme international », *AFDI*, vol. 48, 2002. pp. 103-128.
- Oriane BEN ATTAR, « Contribution à l'analyse de l'émergence d'un droit dérivé onusien dans le cadre du système de sécurité collective », *Civitas Europa*, n° 30, 2013, pp. 99-115.

- R.C. BINDSCHELLER, « La délimitation des compétences des Nations Unies », *RCADI*, vol. 108, 1963, p. 312.
- Mark BURGESS, « Terrorisme : problèmes de définition », 2003, en ligne : *http://www.cdi.org/program/document.cfm?documentid=1729&programID=39.*
- Dominique CARREAU, « La régulation de la globalisation par les acteurs privés », *Forces du Droit*, 2011, en ligne : https://forcesdudroit.wordpress.com/2011/01/31/la-regulation-de-la-globalisation-par-les-acteurs-prives/
- Juan Antonio CARRILLO-SALCEDO, « Droit international et souveraineté des états : cours général de droit international public », *Collected Courses of the Hague Academy of International Law*, 2008, p. 130.
- Jean CHAPPEZ, « La lutte internationale contre le blanchiment des capitaux d'origine illicite et le financement du terrorisme », *AFDI*, vol. 49, 2003. pp. 542-562.
- Luigi CONDORELLI, « Les attentats du 11 septembre et leurs suites : où va le droit international ? », *RGDIP*, 2001, n° 104, p. 829 et s.
- Patrick DAILLIER, « L'action de l'ONU : élargissement et diversification de l'action des Nations Unies », in : SFDI, *Le Chapitre VII de la Charte des Nations Unies*, Colloque de Rennes, Paris, 1995, p. 121 à 160.
- Patrick DAILLER, « Les opérations multinationales consécutives à des conflits armés en vue du rétablissement de la paix », *RCADI*, vol. 314, 2005, p. 263.
- Émile DERLIN KEMFOUET, « États et acteurs non étatiques en droit international humanitaire », *Revue québécoise de droit international,* volume 21-2, 2008. pp. 57-97.
- Rafael DOMINGO, « A Global Law for a Global Community », 26 avril 2018, *in* Maciej DYBOWSKI, Rafael GARCÍA PÉREZ *Globalization of Law. The Role of Human Dignity*, Thomson Reuters Aranzadi, 2018.
- Denis DUEZ, « De la définition à la labellisation : le terrorisme comme construction sociale », *Colloque sur le droit international face au terrorisme*, janvier 2002, p. 41.
- Geneviève DUFOUR, Olivier BARSALOU, Pierre MACKAY, « La mondialisation de l'État de droit entre dislocation et recomposition : le cas du Codex Alimentarius et du droit transnational », *Les Cahiers de droit*, 2006, pp. 475-514.

- Pierre-Marie DUPUY, « Sécurité collective et organisation de la paix », *RGDIP*, 1993, p. 617.
- Joan J. FITZPATRICK, « Jurisdiction of Military Commissions and the Ambiguons War on Terrorism », *AJIL*, 2002, p. 349.
- Maurice FLORY, « Organisation des Nations unies (ONU). – Maintien de la paix », *JurisClasseur Droit international*, 31 janvier 2009.
- Walter GEHR, « Le comité contre le terrorisme et la résolution 1373 (2001) du Conseil de sécurité », *Actualité et Droit international*, janvier 2003.
- Louis HENKIN, « International Law: Politics, Values and Function: General Course of Public International Law », *in Collected Courses of the Hague Academy of International Law*, The Hague Academy of International Law, vol. 216, n° 4, 1989, p. 125.
- Philip Caryl JESSUP, « Changements dans l'ordre juridique international », *AFDI*, vol. 27, 1981. pp. 9-17.
- Hans KELSEN, « Théorie du droit international public », *RCADI,* t. 84, 1953-111, p. 17.
- Philippe KIRSCH, « L'impact des événements actuels sur le droit de la paix et la sécurité internationale », *Revue québécoise de droit international,* volume 7-2, 1991. pp. 248-250.
- Alexandre-Charles KISS, Daniel-Henri VIGNES, « Le Conseil de l'Europe », *AFDI*, vol. 1, 1955. pp. 425-454.
- Pierre KLEIN, « Le Conseil de sécurité et la lutte contre le terrorisme : dans l'exercice de pouvoirs toujours plus grands ? », in : « Le droit international à l'épreuve du terrorisme », *R.C.A.D.I.*, 2006, pp. 203-484.
- Henri LABAYLE, « Droit international et lutte contre le terrorisme », *AFDI*, vol. 32, 1986. pp. 105-138.
- Henri LABAYLE, « La réaction de l'Union européenne aux attentats terroristes de janvier 2015. - Faux-semblants et réelles interrogations », *JCP éd G*, n° 22, 1er juin 2015.
- Marie-Pierre LANFRANCHI, « La valeur juridique en France des résolutions du Conseil de sécurité », *in AFDI*, vol. 43, 1997. pp. 31-57.
- Geoffrey LEVITT, « Is Terrorism Worth Defining?", *Ohio Northern University Law Review,* 1986, vol 13, p. 97.
- Noam LUBELL, « Individuals or groups who are not acting on behalf of a state, are non-state actors », Extraterritorial Use of Force Against Non-State Actors, Oxford University Press, 2010, p. 16.

- Marcel MERLE, « Le contrôle exercé par les organisations internationales sur les activités des États membres », *AFDI*, 1959, p. 413.
- Nanette NEUWAHL, « L'Union européenne et les résolutions du Conseil de sécurité des Nations Unies – contrôle de la légalité en vertu des droits de l'homme et autonomie de l'Organisation des Nations unies », *Revue québécoise de droit international*, vol. 20-2, 2007. pp. 159-172.
- Jordan J. PAUST, « There is no need to revise the laws of war in the light of September 11th », *ASIL*, novembre 2002, p. 3.
- Alain PELLET, « La formation du droit international dans le cadre des Nations Unies », *E.J.I.L.*, 1995, pp. 1-25.
- Alain PELLET, « Les fondements juridiques internationaux du droit communautaire », Académie de droit européen, Florence, *Recueil des cours*, Kluwer Law International, 1997, vol. V, t. 2, p. 256.
- Bertrand PERRIN, « L'incrimination du financement du terrorisme en droits canadien et suisse », *Revue générale de droit,* 2012.
- Michèle POULAIN, « Les attentats du 11 septembre et leurs suites : quelques points de repère », *AFDI*, vol. 48, 2002. pp. 27-48.
- Thierry S. RENOUX, « Lutte contre le terrorisme et protection des droits fondamentaux », Table ronde, *Annuaire international de justice constitutionnelle*, XVIII-2002, pp. 195-244.
- Denys SIMON, Anne RIGAUX, « Le jugement des pourvois dans les affaires Kadi et Al Barakaat : smart sanctions pour le Tribunal de première instance ? », *Revue Europe*, n°11, 2008.
- Jean-Marc SOREL, « Le caractère discrétionnaire des pouvoirs du Conseil de sécurité : Remarques sur quelques incertitudes partielles », *R.B.D.I.,* 2004, p. 465.
- Serge SUR, « Le Conseil de sécurité : blocage, renouveau et avenir », *Pouvoirs,* vol. 109, n° 2, 2004, pp. 61-74.
- Serge SUR, « Éloge du Conseil de sécurité, Annuaire français des relations internationales », Bruylant, vol. 6, 2005, pp. 76-88.
- Sandra SZUREK, « La lutte internationale contre le terrorisme sous l'empire du chapitre VII : Un laboratoire normatif », *Revue Générale De Droit International Public (RGDIP)*, Tome CIX, A. Pedone, 2005, pp. 12-13.
- Pascal TEIXEIRA, « Un nouveau défi pour le Conseil de sécurité : comment traiter les États déliquescents ou déchirés par des conflits internes », *AFRI*, vol. VI, 2005.
- Hélène TIGROUDJA, « Quel(s) droit(s) applicable(s) à la “guerre au terrorisme” », *AFDI*, vol. 48, 2002. pp. 81-102.

- Kimon VALASKAKIS, « La souveraineté supranationale : un impératif contemporain ? », *Prospective et stratégie*, vol. 1, n° 1, 2010, pp. 157-171.
- Alexandre VANDEPOORTER, « L'application communautaire des décisions du Conseil de sécurité », *AFDI,* vol. 52, 2006. pp. 102-136.
- Joe VERHOEVEN, « l'État et l'ordre juridique international », *RGDIP*, 1978, p. 759.
- Michel VIRALLY, « Les relations entre organisations régionales et organisations universelles », *Régionalisme et universalisme dans le droit international contemporain*, SFDI, Pedone, 1977, p. 154.
- Michel VIRALLY, « Panorama du droit international contemporain. Cours général de droit international public », *RCADI,* t. 183, 1983-V, p. 221.
- Philippe WECKEL, « Le chapitre VII de la Charte et son application par le Conseil de sécurité », *AFDI*, vol. 37, 1991. pp. 165-202.
- Prosper WEIL, « Le droit international en quête de son identité : cours général de droit international public (Volume 237) », Coll*ected Courses of the Hague Academy of International Law*, 1992, p. 104.
- « Les travaux de la VIe commission de la 27e Assemblée générale des Nations Unies », *AFDI*, année 1972, vol. 18, n° 1, pp. 544-583.

Droit pénal international

- Emmanuelle ALLAIN, « L'écran de fumée », *AJ Pénal,* 2013, p. 183.
- Louise AMOORE, Marieke DE GOEDE, « Governance, risk and dataveillance in the war on terror », *Crime, Law and Social Change*, n° 43, 2005, p. 152.
- Lisa DUMOULIN, « Black lists et gel des avoirs. Bilan et perspectives du Médiateur du Comité 1267 des Nations Unies », *Revue de science criminelle et de droit pénal comparé*, n° 1, 2013, pp. 23-50.
- Gilles FAVAREL-GARRIGUES, « Le renouvellement des listes noires de la lutte contre l'argent sale », *Criminologie,* 2005.
- George P. FLETCHER, «The Indefinahle Concept of Terrorism», *Journal of International Criminal Justice,* vol. 4, no 5, nov. 2006. pp. 894-912.
- Marie-Hélène GOZZI, « Sécurité et lutte contre le terrorisme : l'arsenal juridique encore renforcé », *Recueil Dalloz*, 2013, p. 194.

- Mahmoud HMOUD, « Negotiating the Draft Comprehensive Convention on International Terrorism », *Journal of International Criminal Justice,* vol. 4, no 5. 2006, pp. 1031-1043.
- Jean-Paul LABORDE, « Une nouvelle convention internationale contre le terrorisme : la convention internationale pour la répression des actes de terrorisme nucléaire texte intégral en français, anglais et espagnol. Introduction des éléments principaux de la convention », *RIDP*, vol. 76, 2005, pp. 447-452.
- Nikos PASSAS, « Le financement du terrorisme rapport général », *RIDP*, vol. 79, n° 3, 2008, pp. 303-323.
- Charlotte SAUMAGNE, « La lutte contre le financement du terrorisme : la justification du renforcement de la politique pénale européenne », en ligne : http://www.gdr-elsj.eu/2017/01/16/cooperation-policiere/lutte-contre-financement-terrorisme-justification-renforcement-de-politique-penale-europeenne/, 16 janvier 2017.

Droit bancaire et financier

- Chantal CUTAJAR, « Le gel des avoirs terroristes, nouvel outil de lutte contre le financement du terrorisme, *Bulletin Joly Boursier*, 1er mai 2006, n°3, p. 352.
- Christian PERCIE DU SERT, « Banque et Conformité », *La semaine juridique des entreprises et affaires*, 2012.
- Hubert DE VAUPLANE, « Les banques et les biens mal acquis », *Revue Banque*, n° 738, juillet-août 2011, p. 83.

Articles de science politique

- Alia AL JIBOURY, « La relation entre les États-Unis et l'Arabie saoudite », nov. 2006, en ligne : http://www.irenees.net/bdf_fiche-analyse-955_fr.html.
- David AMBROSETTI, Yves BUCHET DE NEUILLY, « Les organisations internationales au cœur des crises : Configurations empiriques et jeux d'acteurs », *Cultures et Conflits*, vol. 75, n° 3, hiver 2009, pp. 7-14.
- Anthony AMICELLE, « État des lieux de la lutte contre le financement du terrorisme : entre critiques et recommandations », *Cultures & Conflits*, automne 2008.
- Bertrand BADIE, « De la souveraineté à la capacité de l'État », *in* Marie-Claude SMOUTS, *Les nouvelles relations*

internationales. Pratiques et théorie, Presses de Sciences Po, 1998, p. 23.

- Jean-Marc BALENCIE, « Les mille et un visages du terrorisme contemporain », dans « Les terrorismes », *Questions internationales* n° 8, La documentation française, juillet-août 2004.
- Alain BAUER, « Les mutations du terrorisme », *Pouvoirs*, *Le Seuil*, vol. 158, n° 3, 2016, pp. 97 à 113.
- Daniel BENJAMIN, Sabine FRANCO et Marc HECKER, « Le terrorisme en perspective », *Politique étrangère*, vol. Hiver, n° 4, 2006, pp. 887-900.
- p. Myriam BENRAAD, « Défaire Daech : une guerre tant financière que militaire », *Politique étrangère*, vol. Été, n° 2, 2015, pp. 125-135.
- Pierre BERTHELET, « L'impact des événements du 11 septembre sur la création de l'espace de liberté, de sécurité, et de justice. Partie 1 », *Cultures & Conflits* (46), 2002.
- Didier BIGO, « Les attentats de 1986 en France : un cas de violence transnationale et ses implications (Partie 1) », *Cultures & Conflits*, vol. 4, hiver 1991.
- Didier BIGO, « L'impossible cartographie du terrorisme », *Cultures et Conflits*, 2008.
- Arnaud BLIN, « Le terrorisme », *Économie et Société*, 2005, p.23.
- Roberto BONFATTI, Kevin H. O'ROURKE, « Growth, Import Dependence and War », *Discussion Papers in Economic and Social History*, n° 132, University of Oxford, juillet 2014.
- Jakkie CILLIERS, « L'Afrique et le terrorisme », *Afrique contemporaine,* vol. 209, n° 1, 2004, p. 81.
- Ariel COLONOMOS, « Les mutations des sanctions après la guerre froide. La guerre entre le local et le global : sociétés, États, systèmes », *CERI*, mai 2000.
- Thierry COOSEMANS, « Le renforcement de la sécurité intérieure de l'Union européenne », *Courrier hebdomadaire du CRISP,* (1773), 2002, pp. 5-52.
- Jean-François DAGUZAN, « La lutte contre le financement du terrorisme : Beaucoup de bruit pour rien ? », *Défense*, n° 132, hiver 2007-2008.
- Franklin DEHOUSSE, « Les résultats de la Conférence intergouvernementale », *Courrier hebdomadaire du CRISP*, 1997/20 (n° 1565-1566), pp. 1-53.

- Juan Miguel DEL CID GOMEZ, « A Financial Profile of the Terrorism of Al-Qaeda and its Affiliates », *Perspectives on Terrorism*, vol. 4, M°4, 2010.
- Philippe DELIVET, « L'Union européenne et la lutte contre le terrorisme », *Question d'Europe,* (372), *Fondation Robert Schuman*, 23 nov. 2015.
- Sylvain DUHAMEL, « L'usage des mesures restrictives autonomes de l'Union européenne : deux poids deux mesures ou des mesures de poids ? », *Collège de l'Europe, Department of EU international relations and diplomacy studies, EU Diplomacy Paper*, septembre 2012.
- Bernard FERRAND, « Quels fondements juridiques aux embargos et blocus aux confins des XXe et XXIe siècles », *Guerres mondiales et conflits contemporains*, n° 214, Presses universitaires de France, 2004.
- Marieke F DE GOEDE, « Beyond Risk : Premediation and the Post-9/11 Security Imagination », *Security Dialogue*, vol. 39, n° 2, 2008, pp. 155-176.
- Carole GOMEZ, « Les sanctions internationales, ou la délicate mesure de l'efficacité », *Revue internationale et stratégique* (n° 103), 2016, p. 163-168.
- Patrice GUENIFFEY, « Généalogie du terrorisme contemporain », *Le Débat*, vol. 126, n° 4, 2003, pp. 157-173.
- Elspeth GUILD, « The Uses and Abuses of Counter-Terrorism Policies in Europe: The Case of the "Terrorist Lists" », *Journal of Common Market Studies*, 2008.
- Richard HAASS, « The Unraveling, How to Respond to a Disordered World », *Foreign Affairs*, novembre/décembre 2014.
- Pierre-André HUDON, « L'émergence et la formation d'institutions supranationales fédéralisées : une analyse depuis la perspective de l'administration publique », *Revue Gouvernance*, vol. 4, n° 2, 2017.
- Fabien JAKOB, « L'Union européenne et la lutte contre le financement du terrorisme », Études internationales 373, 2006, p. 423-437.
- Yves JEANCLOS, « Terrorisme et sécurité internationale », *Collection Études Stratégiques Internationales*, n° 2, 2004, pp. 13-45.
- Pascale JOANNIN, « L'Union européenne et la lutte contre le terrorisme », *Question d'Europe n°386*, 29 mars 2016, en ligne : https://www.robert-schuman.eu/fr/questions-d-europe/0386-l-union-europeenne-et-la-lutte-contre-le-terrorisme.

- Gilles KEPEL, « Le terrorisme islamiste est né en Afghanistan », *L'Histoire*, mensuel 293, décembre 2004.
- Guillaume LE FOYER DE COSTIL, « Le terrorisme du XXIe siècle ou la privatisation de la violence collective », *Le Journal des psychologues*, vol. 257, n° 4, 2008, p. 44-47.
- Agnès LEJBOWICZ, « Spectres du terrorisme : autour du concept de guerre civile mondialisée », *Cités*, vol. 24, n° 4, 2005, pp. 17-31.
- Raphaël MATHIEU, « La défense européenne contre le terrorisme », *Courrier hebdomadaire du CRISP* (n° 1886), 2005, pp. 5-42.
- Philippe MOREAU-DEFARGES, « Le multilatéralisme et la fin de l'Histoire », *Politique étrangère*, n° 3, 2004, pp. 575-585.
- Bastien NIVET, « Les sanctions internationales de l'Union européenne : *soft power*, *hard power* ou puissance symbolique ? », *Revue internationale et stratégique*, vol. 97, n° 1, 2015, pp. 129-138.
- p. Ian ROBERGE, « La lutte contre le blanchiment d'argent et le financement du terrorisme aux États-Unis », *Politique américaine*, vol. 10, n° 1, 2008, pp. 59-69.
- Ahmed SALLAM, « Oussama Ben Laden : le banquier du terrorisme international », *Renseignement et opérations spéciales*, n° 5, juill. 2000, pp. 131-136.
- Amandine SCHERRER, Antoine MÉGIE, Valsamis MITSILEGAS, « La stratégie de l'Union européenne contre la criminalité organisée : entre lacunes et inquiétudes », *Cultures & Conflits*, 2009.
- Jean-François THONY, « De l'argent de la drogue au financement du terrorisme : relations internationales et finance criminelle », *Gaz. Pal.*, 19 au 23 mai 2002, pp. 10-15, p. 12.
- Anne-Sophie TRAVERSAC, « L'Union européenne et la lutte contre le terrorisme », *Riseo*, n° 2015-2.
- Sabine VAN HAECKE-LEPIC, « La pratique contemporaine des sanctions internationales », *Orients Stratégiques*, 2015, p. 81.
- William VLECK, « Acts to combat the financing of terrorism : Common Foreign Security Policy at the European Court of Justice », *European Foreign Affairs Review*, vol. 11, n° 4, 2006, pp. 491-507.

Articles économiques et financiers

- Jean-François DAGUZAN (dir.), « Financement du terrorisme », *Géoéconomie*, automne 2004, n° 31, p. 91.
- Pierre LACHAIER, « Roger Ballard et le système informel de transfert de valeurs dénommé “Hawala” », in : *Bulletin de l'École française d'Extrême-Orient*, Tome 93, 2006, pp. 495-499.

- Patrick MOULETTE, « Blanchiment et circuits financiers du terrorisme », *Revue d'économie financière*, 2003, pp. 75-88.
- Mohammed EL-QORCHI, « Hawala, Comment fonctionne ce système informel de transfert de fonds et faut-il le réglementer ? », *Finance et Développement*, 2002.

Articles de presse

1976

- « Une lettre du directeur des services juridiques du Conseil de l'Europe sur la convention contre le terrorisme », *Le Monde*, 02 déc. 1976.

1980

- Bertrand LE GENDRE, « À la veille de la réunion des ministres de la communauté les Néerlandais s'opposent à la signature du projet français d'espace judiciaire européen », *Le Monde*, 18 juin 1980.

1981

- Robert SOLE, « Le général Haig accuse l'URSS d'aider le terrorisme international », *Le monde*, 30 janv. 1981.

1984

- Maurice DUVERGER, « Violence et démocratie », *Le Monde*, 30 juillet 1981 ; Maurice DUVERGER, « Ce que prévoit la Constitution », *Le Monde*, 18 oct. 1984.

1993

- Jean LESIEUR, « Quand la CIA aidait les fous de Dieu », *L'express*, 25 nov. 1993.

1996

- Alain JOXE, « *Le terrorisme, un concept fourre-tout* », *Le Monde diplomatique*, avr. 1996.

1998

- Douglas FARAH, « Money cleaned, Colombian style: contraband used to convert drug dollars », *Washington Post*, 30 août 1998.
- Olivier ROY, « Les Moudjahidines de la CIA », *Les Crises*, 15 janv. 1998.

2001

- Annette LÉVY-WILLARD, « World Trade Center. 6 morts en 1993 », *Libération*, 12 sept. 2001.
- Judith MILLER « The Money Track: The 27 Whose Assets Will Be Frozen Are Just the First of Many, a U.S. Official Says », *New York Times,* 25 sept. 2001.
- Judith MILLER et Jeff GERTH, « Honey Trade to Provide Funds and Cover to bin Laden », *The New York Times*, 11 oct. 2001.
- David PALLISTER, « Head of suspect charity denies link to bin Laden », *The Guardian*, 16 oct. 2001.
- Marc ROCHE, « La technique de l'"hawala", méthode de financement de l'internationale terroriste », *Le Monde*, 24 sept. 2001.
- David E. SANGER, Kurt EICHENWALD, « A nation challenged: Money trail; U.S. moves to cut 2 financial links for terror group », *New York Times*, 8 nov. 2001.
- Evan THOMAS, « The Road to September 11 », *Newsweek.* 1er oct. 2001.
- Claire TREAN, « Terrorisme, guerre, les armes du droit international », *Le Monde,* 18-19 nov. 2001.
- « A banking system built for terrorism », *Time Magazine*, 05 oct. 2001.
- « Assault on charities is risky front for the US », *Wall Street Journal,* 16 oct. 2001.

2002

- John BROWN, « Les périlleuses tentatives pour définir le terrorisme », *Le Monde diplomatique*, févr. 2002.
- Patrick JARREAU, « Un expert détaille le financement des réseaux Ben Laden », *Le Monde*, 20 déc.2002.
- Ahmed RASHID, « They're only sleeping: why militant Islamists in Central Asia aren't going to go away », *New Yorker*, 14 janv.2002.
- « Follow the Money », *The Economist*, 30 mai 2002.

2003

- Érich INCIYAN, « La mystérieuse "chaîne en or" des financiers saoudiens d'Al-Qaïda », *Le monde*, 18 mars 2003.

2005

- Jean-François GUILHAUDIS, « Terrorisme et relations internationales après le 11 septembre », *Libération*, août 2005.
- Martine ROYO, « L'empire financier d'Al-Qaïda », *Les Echos*, 14 mars 2005.

2006

- Éric LICHTBLAU and James RISEN, « Bank Data Is Sifted by U.S. in Secret to Block Terror », *New York Times*, 23 juin 2006.
- « Chronologie : dix ans d'attentats en Égypte », *Le Figaro*, 24 avr. 2006.

2007

- Ibrahim WARDE, « Contes et légendes de l'argent du terrorisme », *Le Monde diplomatique*, sept. 2007.

2011

- Mathilde GOLLA, « Ben Laden, une fortune floue au service du terrorisme », *Le Figaro*, 02 mai 2011.

2012

- Abdelkader ABDERRAHMANE, « Terrorisme et trafic de drogues au Sahel », *Le Monde*, 19 juill.2012.
- « Tuerie de Toulouse : retour sur les événements », *Le Monde.fr*, 23 mars 2012.

2013

- Frédéric COUDERC, « Mandela met Thatcher KO », *Libération*, 11 avr. 2013.
- « YUNG dirige la lutte anti-contrefaçon », *Le Figaro*, 18 juill. 2013.

2014

- Rukmini CALLIMACHI, « Paying ransoms, Europe bankrolls Qaeda terror », *New York Times,* 29 juillet 2014.
- Ellen KNICKMEYER, « Les groupes liés à Al-Qaïda de plus en plus financés par les rançons », *Wall Street Journal*, 29 juill. 2014.
- Soren SEELOW, « Une association humanitaire accusée de financer le djihad », *Le Monde*, 23 nov. 2014.
- Jean-Pierre STROOBANTS, « L'État islamique menace la France de représailles après les frappes en Irak », *Le Monde*, 22 sept. 2014.
- Lawrence WRIGHT, « The Twenty-Eight Pages », *The New Yorker*, 09 sept. 2014.
- Micah ZENKO, « The Myth of the Indispensable Nation », *Foreign Policy*, 06 nov. 2014.
- « Comment l'Europe, dont la France, finance Al-Qaïda », *Challenges*, 30 mars 2014.
- « Paying Ransoms, Europe Bankrolls Qaeda Terror », *New York Times*, 29 juill. 2014.

- « Comment l'Europe, dont la France, finance Al-Qaïda », *Challenges*, 30 juill. 2014.
- « Ces rançons européennes qui financent Al-Qaïda », *Tribune de Genève*, 31 juill. 2014.
- J. H.R, « Fraude à la TVA en Italie sur le marché du carbone », *Les Echos*, 25 sept. 2014.

2015

- Nafeez AHMED, « Salman d'Arabie saoudite, le nouveau roi du terrorisme », *Middle East Eye*, 11 févr. 2015.
- François CLEMENCEAU, « L'ambassadeur du Qatar en France : "Les musulmans sont les premières victimes de Daech" », *JDD,* 29 nov. 2015.
- Michel COLLON, « De l'opération Cyclon à la création de Daech : la création d'un « véritable Frankenstein » par l'Occident », *RT France*, 23 nov. 2015.
- Elsa CONESA, « Dans le grand manège de la fraude à la TVA », *Les Echos*, 05 janv. 2015.
- Mathieu DELAHOUSSE, Violette Lazard, « Terrorisme : la chasse au cash », *L'Obs*, 18 mars 2015.
- Mélanie DELATTRE, Christophe LABBÉ, Marc LEPLONGEON (avec Olivier PÉROU et Gwendoline DOS SANTOS), « Sur la piste des réseaux invisibles », *Le Point*, 16 janv. 2015.
- Mélanie DELATTRE, Christophe LABBE, « Les douanes étaient aux trousses de Saïd Kouachi », *Le Point*, 04 févr. 2015.
- Roland GAURON, « Abou Moussab AL-SOURI, l'inspirateur des attentats de Paris », *Le Figaro*, 25 nov. 2015.
- Guillaume GENDRON, « Le crédit à la consommation, bon plan des djihadistes », *Libération*, 16 janv. 2015.
- Jean-Marc LECLERC, « Les terroristes versent dans la contrefaçon », *Le Figaro*, 22 février 2015.
- Marc LEPLONGEON, Marc VIGNAUD, « Lutte contre le terrorisme : Michel Sapin veut mobiliser l'Europe », *Le Point*, 08 déc. 2015.
- Alexandre LÉVY, « Attentats de Paris. Des kalachnikovs "made in Bulgaria" », *Courrier international*, 20 nov. 2015.
- Céline LUSSATO, « Daech a une diversité de revenus plus grande que certains pays ! », *L'Obs*, 15 mars 2015.
- Laure MANDEVILLE, « 11 septembre : ces 28 pages qui menacent l'axe Washington-Riyad », *Le Figaro*, 02 févr. 2015.
- « Amedy COULIBALY avait contracté un prêt de 6000 € qui aurait pu financer ses attentats », *La Voix du Nord*, 14 janv. 2015.

- « HSBC abritait (aussi) des financiers d'Al-Qaïda », *Le Monde*, 10 févr. 2015.
- « Attentats de Paris : récit détaillé des trois jours qui ont changé la France », *Le Monde*, 20 févr. 2015.
- « Comment Hayat BOUMEDDIENE, la compagne de COULIBALY, a fui la France », *Le Monde*, 24 févr. 2015.
- « *Douane : des résultats records contre la fraude* » entretien, *Le Figaro*, 17 mars 2015.
- « Le crédit conso, nouvelle arme des terroristes », *Le Parisien*, 01 juill. 2015.
- « 17 milliards d'euros de fraudes à la TVA par an : la note secrète de Bercy », *Le Parisien*, 22 déc. 2015.
- « La fraude à la TVA beaucoup plus lourde qu'on ne le pensait ? », *Challenges*, 22 déc. 2015.
- « France : les principaux événements en 2015 », *Le Point.fr*, 30 déc. 2015.

2016

- Louis CHARBONNEAU, « Daech tirerait 200 millions de dollars de la vente d'antiquités », *Reuters*, 06 avr. 2016.
- Baudouin ESCHAPASSE, « Révélations sur le financement des attentats », *Le Point*, 16 oct. 2016.
- Constance JAMET, « Pourquoi il est si difficile de définir le terrorisme ? », *Le Figaro*, 19 juill. 2016.
- René NABA, « La résurrection de la Golden Chain List, quinze ans après », Huffpostmaghreb, 01 mars 2016.
- Gilles PARIS, « Les familles des victimes du 11-septembre peuvent désormais poursuivre l'Arabie saoudite », *Le Monde*, 28 sept. 2016.
- Aline ROBERT, « Les données bouleversent la lutte contre le terrorisme », *Euractiv*, 22 juin 2016.
- Louis SAN, « BarakaCity, l'ONG islamique soupçonnée de tout et poursuivie pour rien », *France Télévision*, 04 févr. 2016.
- Anastasia VECRIN, Noémie ROUSSEAU, « "Terrorisme", mot à mues », *Libération*, 22 juin 2016.
- « C'est quoi une société offshore ? », *Capital*, 05 avr. 2016.
- « 11-septembre : pas de liens entre l'Arabie saoudite et les attentats », *Le Monde*, 16 juill. 2016.

2017

- Liv AUDIGANE, « G20 : Macron fait de la lutte contre le financement du terrorisme une priorité », BFMTV, 08 juill. 2017.

- Hamza HIZZIR, « Attaque à la voiture bélier et au couteau à Londres : l'impossible lutte contre le terrorisme "low cost" », *LCI*, 04 juin 2017.
- Věra JOUROVÁ, « Ce que fait l'UE pour lutter contre le financement du terrorisme et le crime organisé », *Huffingtonpost*, 30 juin 2017.
- Laurent RIBADEAU DUMAS, « L'attaque au camion bélier, du terrorisme "low cost" de "loups solitaires" », *France Info*, 23 mars 2017.
- Sharon WAJSBROT, « Fintech : Lemon Way sanctionnée pour des failles dans sa lutte contre le financement du terrorisme », *Les Echos*, 18 avr. 2017.
- « Pour le premier juge d'instruction près le Tribunal de première instance de Tunis, contrebande et terrorisme se nourrissent mutuellement », *Huffpostmaghreb*, 31 janv. 2017.
- « Paris: Perquisitions dans les locaux de Baraka City, l'ONG musulmane controversée », *20 minutes*, 31 mai 2017.
- « Trois pays du Golfe, le Yémen et l'Égypte rompent leurs relations avec le Qatar », *Les Echos*, 05 juin 2017.
- « L'Arabie saoudite et ses alliés chargent encore le Qatar », *Les Echos*, 09 juin 2017.
- « L'UE s'attaque au trafic d'œuvres d'art », *Challenges*, 13 juill. 2017.
- « L'UE cible le trafic d'œuvres d'art pour enrayer le financement du terrorisme », *RFI*, 15 juill. 2017.

2018

- Bruno TREVIDIC, « Vol MH17 abattu en Ukraine : l'enquête met en cause une unité de l'armée russe », *Les Echos*, 24 mai 2018.

<u>Documents / Rapports / Communiqués</u>

ONU

- Doc. A/57/150, annexe concernant le Rapport du Groupe de réflexion sur les implications du terrorisme pour les politiques de l'ONU, p. 9, paragraphe 32.
- ONU, « Rapport du Groupe de personnalités de haut niveau sur "*les menaces, les défis et le changement*" » et dont Kofi ANNAN avait invité les 16 membres à faire des propositions tendant à un renforcement du système de sécurité collective des Nations Unies, Voir A/59/565, §164 (d).
- ONU, « Mesures visant à prévenir le terrorisme international qui met en danger ou anéantit d'innocentes vies humaines, ou compromet les

libertés fondamentales, et étude des causes sous-jacentes des formes de terrorisme et d'actes de violence qui ont leur origine dans la misère, les déceptions, les griefs et le désespoir et qui poussent certaines personnes à sacrifier des vies humaines, y compris la leur, pour tenter d'apporter des changements radicaux », A/RES/31/102, 99e séance plénière, 15 déc. 1976.

- ONU, « Mesures visant à éliminer le terrorisme international », A/RES/49/60, 49e session, 9 déc. 1994.
- ONU, « Mesures visant à éliminer le terrorisme international », A/RES/51/210, 88e séance plénière, 17 déc. 1996.
- ONU, « Convention internationale pour la répression du financement du terrorisme », A/RES/54/109, 51e séance plénière, 9 déc. 1999.
- ONU, « Mesures visant à éliminer le terrorisme international », A/RES/54/110, 54e session, 2 févr. 2000, Point 160 de l'ordre du jour.
- ONU, Commission des droits de l'homme, sous-commission de la promotion et de la protection des droits de l'homme cinquante-troisième session, point 6 de l'ordre du jour provisoire terrorisme et droits de l'homme, rapport intérimaire établi par Mme KALLIOPI k. KOUFA, rapporteuse spéciale, doc. ONU, E/CN.4/SUB.2/2001/31, 27 juin 2001, § 24.
- ONU, Assemblée Générale, Conseil de sécurité, « Lettres identiques datées du 1er août 2002, adressées au Président de l'Assemblée générale et au Président du Conseil de sécurité par le Secrétaire général », A/57/273-S/2002/875, 57e session, 6 août 2002, annexe.
- Lettre de Jeremy WAINRIGHT au président du Comité contre le terrorisme (12 nov. 2002), approuvée par le Comité contre le terrorisme le 24 novembre 2002.
- Lettre datée du 23 août 2004, adressée au Président du Conseil de sécurité par le Président du Comité du Conseil de sécurité créé par la résolution 1267 (1999) concernant Al-Qaïda, les Taliban et les personnes et entités qui leur sont associées, S/2004/679, Heraldo MUÑOZ, §45.
- AGNU, « Note du Secrétaire général », 2 déc. 2004, 59e session, A/59/565, point 55 de l'ordre du jour, § 159, p. 51.
- Richard H. WARD, « Les aspects économiques du terrorisme », *Office des Nations Unies contre la drogue et le crime forum sur le crime et la société volume 4*, numéros 1 et 2, déc. 2004 avec la collaboration spéciale d'Alex P. SCHMID, p. 30.

- L'Office contre la drogue et le crime des Nations Unies, *Convention des Nations Unies contre la corruption*, 2004.
- ONU, « Deuxième rapport de l'Équipe de surveillance », S/2005/83, 15 févr. 2005, §50.
- ONU, Communiqué de presse, « Le comité spécial chargé d'élaborer une convention générale sur le terrorisme international fait le point sur les progrès accomplis dans le processus de négociation », *Comité spécial créé par la résolution 51/210 de l'Assemblée générale du 17 décembre 1996*, L/3084, 31 mars 2005.
- ONU, « Projet de document proposé par le Président de l'Assemblée générale à la 59e session », A/59/HLPM/CRP.1/Rev.2, 10 août 2005, p. 21.
- ONU, « La Stratégie antiterroriste mondiale de l'Organisation des Nations unies », A/RES/60/288, 60e session, 8 septe. 2006.
- ONU, « Rapport à l'Assemblée Générale des Nations Unies », A/HR/12/22, 2 sept. 2009, point 42.
- ONU, « Rapport du Comité spécial de la Charte des Nations Unies et du raffermissement du rôle de l'Organisation », A/RES/64/115, 64e session, Point 82 de l'ordre du jour, 16 décembre 2009.
- Conseil de sécurité des Nations Unies, « Rapport du Secrétaire général sur la situation au Mali », S/2013/189, 26 mars 2013, §61.
- « Déclaration du Président du Conseil de sécurité », S/PRST/2014/14, 28 juill. 2014.
- Conseil de sécurité des Nations Unies, « Faire face à la menace que constitue le terrorisme associé à la criminalité transnationale organisée », *Rapport du Secrétaire général*, S/2015/366, 2 mai 2015, §40.
- Note explicative sur la terminologie de l'interdiction de voyager approuvée par le Comité des sanctions contre Al-Qaïda le 24 févr. 2015.
- Rapport du Secrétaire général des Nations Unies, « Capacité du système des Nations Unies d'aider les États membres à appliquer la Stratégie antiterroriste mondiale des Nations Unies », A/71/858, 03 avr. 2017, p. 2.

G8

- G8, « Conclusions des ministres des Affaires étrangères du G-8, mai 1998 », § 28, en ligne : http://www.dfait-maeci.gc.ca/g8fmm-g8rmae/bir_g8concl-fr.asp.

FMI

- FMI, « La répression du financement du terrorisme », *Manuel d'aide à la rédaction des instruments législatifs*, Département juridique, 04 août 2003.
- FMI, « Fiche Technique, Le FMI et la lutte contre le blanchiment des capitaux et le financement du terrorisme », 22 sept. 2014, en ligne : https://www.imf.org/external/np/exr/facts/fre/amlf.htm.

Commission nationale des sanctions (France)

- Commission nationale des sanctions, Rapport d'activité 2015, en ligne : https://www.economie.gouv.fr/files/files/ESPACE-EVENEMENTIEL/commission-nationale-sanctions/CNS-rapport_d'activite_160108.pdf.
- Rapport d'information déposé par la délégation de l'assemblée nationale pour l'Union européenne sur les mesures prises par l'Union européenne à la suite des attentats terroristes aux États-Unis et présenté par M. Alain BARRAU, 15 oct. 2001.

Conseil de l'Europe

- Document établi par l'expert du Conseil de l'Europe, « Méthodologie d'évaluation des risques de blanchiment d'argent et de financement du terrorisme concernant le secteur des organisations à but non lucratif », Grahame BARKER, SNAC TP9/2014, p. 11.
- Conseil de l'Europe, Comité des ministres, déclaration sur le terrorisme adoptée par le comité des ministres le 23 novembre 1978, lors de sa 63e session.
- Conseil de l'Europe, Démocraties européennes face au terrorisme, Rapport, Commission des questions juridiques et des droits de l'homme, Doc. 8507, 8 sept. 1999, III-A-8.
- Conseil de l'Europe, Rapport de la Commission des questions politiques du 24 septembre 2001, Doc. 9228.
- MONEYVAL, « Rapport annuel 2016 ».

Assemblée nationale (France)

- Rapport fait au nom de la commission des lois constitutionnelles, de législation, du suffrage universel, du règlement et d'administration générale, sur le projet de loi adopté par l'Assemblée nationale après déclaration d'urgence relatif à la lutte contre le terrorisme et aux atteintes à la sûreté de l'État, par Paul MASSON, Sénateur.
- Rapport fait au nom de la commission des lois constitutionnelles, de la législation et de l'administration générale de la république sur le

projet de loi (n° 2110), *renforçant les dispositions relatives à la* lutte *contre le* terrorisme, par Sébastien PIETRASANTA, p. 11.

- André ROUVIÈRE, « Rapport fait *au nom de la commission des Affaires étrangères, de la défense et des forces armées* (1) *sur le projet de loi autorisant la* ratification *de la* Convention internationale *pour la* répression *du* financement *du* terrorisme », 06 juin 2001.
- Alain BARRAU, Rapport d'information n° 3332, « sur les mesures prises par l'Union européenne à la suite des attentats terroristes aux États-Unis », Délégation de l'Assemblée nationale pour l'Union européenne, Assemblée nationale, 15 oct. 2001.
- Exposé des motifs du projet de loi n° 2615 relatif à la lutte contre le terrorisme et portant dispositions diverses relatives à la sécurité et aux contrôles frontaliers, enregistré à la présidence de l'Assemblée nationale le 26 octobre 2005.
- Rapport n° 2681 fait par M. Alain MARSAUD au nom de la commission des lois constitutionnelles, de la législation et de l'administration générale de la République sur le projet de loi, après déclaration d'urgence, relatif à la lutte contre le terrorisme et portant dispositions diverses relatives à la sécurité et aux contrôles frontaliers, enregistré à la présidence de l'Assemblée nationale le 16 novembre 2005.
- Rapport fait *au nom de la commission des lois sur le projet de loi, adopté par l'Assemblée nationale, après déclaration d'urgence, relatif à la* lutte *contre le* terrorisme *et portant dispositions diverses relatives à la* sécurité *et aux* contrôles frontaliers, par Jean-Patrick COURTOIS, 6 déc. 2005.
- Exposé des motifs de l'amendement CL 10, présenté par le Gouvernement : rapport n° 409 de Marie-Françoise BECHTEL fait au nom de la commission des lois constitutionnelles, de la législation et de l'administration générale de la République sur le projet de loi, adopté par le Sénat après engagement de la procédure accélérée, relatif à la sécurité et à la lutte contre le terrorisme, enregistré à la présidence de l'Assemblée nationale le 14 novembre 2012.
- Exposé des motifs du projet de loi n° 2110 renforçant les dispositions relatives à la lutte contre le terrorisme, enregistré à la présidence de l'Assemblée nationale le 9 juillet 2014.
- Rapport n° 9 de Jean-Jacques HYEST et Alain RICHARD, fait au nom de la commission des lois constitutionnelles, de législation, du suffrage universel, du règlement et d' administration générale sur le projet de loi, adopté par l'Assemblée nationale après engagement de la procédure accélérée, renforçant les dispositions relatives à la lutte

contre le terrorisme, enregistré à la présidence du Sénat le 9 octobre 2014.

- « Rapport sur l'action de la Douane dans la lutte contre les fraudes et trafics », Rapport communiqué au Président de l'Assemblée nationale pour le Comité d'évaluation et de contrôle des politiques publiques, janvier 2015, p. 27.
- Nathalie GOULET, Rapporteur Sous-commission sur les relations économiques transatlantiques, « Le financement du terrorisme », *Commission de l'économie et de la sécurité*, 01 avr. 2015.
- Rapport fait au nom de la commission des lois constitutionnelles, de la législation et de l'administration générale de la république, sur le projet de loi (n° 3473) *renforçant la* lutte contre *le* crime organisé*, le* terrorisme *et leur* financement*, et améliorant l'efficacité et les* garanties *de la* procédure pénale*,* par Colette CAPDEVIELLE et Pascal POPELIN, 18 févr. 2016, p. 15.

Sénat (France)

- Rapp. Sénat n° 355, 2000-2001*, ann. sur le projet de loi autorisant la ratification de la convention internationale pour la répression du financement du terrorisme.*
- Jacques MÉZARD, « Rapport sur le projet de loi relatif à la sécurité et la lutte contre le terrorisme », Sénat, 10 oct. 2012, p. 7.
- Sénat, « présentation de la proposition de loi tendant à renforcer la lutte contre la contrefaçon », 2013.
- Propos lors d'une séance publique du Sénat du 20 novembre 2013, rapporté par UNIFAB, « Contrefaçon et terrorisme », Rapport 2016, p. 5.

Union européenne

- Conseil de l'UE, Formation affaires générales, Communication à la presse, session spéciale du Conseil, Doc. N°11795/01 (Presse 318) du 12 septembre 2001.
- Conseil de l'UE, Lutte contre le terrorisme – Conclusions session spéciale du Conseil – Justice, affaires intérieures et protection civile, 12019/01 (Presse 327) du 20 septembre 2001.
- Commission européenne, Conclusions et plan d'action du Conseil européen extraordinaire du 21 septembre 2001, SI (2001) 990.
- Conseil de l'UE, Formation Affaires générales, Action du 17 octobre 2001 de l'UE suite aux attentats aux États-Unis d'Amérique – Conclusions du Conseil, session extraordinaire, doc n° 12859/01 (Presse 368).

- Declaration by the heads of State or Government of the European Union and the President of the Commission – Follow-up to the September 11 attacks and the fight against terrorism. Bruxelles, SN 4296/2/01, 19 october 2001.
- « Déclaration de Paris contre le blanchiment », adoptée le 8 février 2002 par des parlementaires des pays de l'Union européenne.
- Council, Note from the Secretary General/High Representative and the Commission to European Council, « Subject: The fight against terrorist financing », 16089/04, 14 december 2004, p. 4.
- Conseil de l'Union européenne, « Stratégie révisée de lutte contre le financement du terrorisme », 11778/1/08, 17 juillet 2008.
- Rapport 2015 sur « La situation de la contrefaçon au sein de l'Union européenne », Europol et OHMI, en ligne : https://oami.europa.eu/ohimportal/documents/11370/80606/2015+Situation+Report+on+Counterfeiting+in+the+EU.
- Conseil de l'UE, Secrétariat général, déclaration sur la lutte contre le terrorisme, 7906/04, 29 mars 2004.
- Communication du Conseil de l'Union européenne, « Vivre dans un espace de liberté, sécurité et justice », 1er janv. 2005.
- Conseil, Fight against the financing of terrorism – Implementation of Common Position 2001/931/CFSP, 10826/1/07, 28 juin 2007.
- Dick MARTY'S report for the Committee on Legal Affairs and Human Right of the Parliamentary Assembly of the Council of Europe, AS/jur (2007) 14, 16th November 2007, p. 4.
- Conseil de l'Union européenne, Stratégie révisée du 17 juillet 2008 de lutte contre le financement du terrorisme, doc. 11778/1/08, p. 4.
- Communiqué de presse n°84/04, 4 décembre 2008 sur TPICE, aff. T-284/08, People's Mojahedin Organization of Iran c. Council.
- Europol, Compte rendu d'activité d'Europol, « Rapport général sur les activités d'Europol », 7 mai 2012, p. 78.
- Commission Européenne, « La Commission fait le point sur les accords TFTP et PNR conclus entre l'UE et les États-Unis », 27 novembre 2013.
- Commission européenne, Communiqué de presse : « La Commission prend des mesures pour renforcer la coopération au sein de l'UE contre le terrorisme, la criminalité organisée et la cybercriminalité », IP/15/4865, Strasbourg, 28 avril 2015.
- Communication de la Commission au Parlement européen, au Conseil, au Comité économique et social européen et au Comité des régions, Strasbourg, 28 avril 2015, COM(2015)185.

- Commission européenne, « Communication de la Commission au Parlement et au Conseil relative à un plan d'action destiné à renforcer la lutte contre le financement du terrorisme, COM(2016) 50 Final, 02 février 2016.
- Commission européenne, Communiqué de presse : « Union de la sécurité : La Commission adopte des règles renforcées pour combattre le financement du terrorisme », 21 décembre 2016.

GAFI

- Rapport annuel du GAFI, 2001.
- GAFI, « Rapport sur les typologies du blanchiment de capitaux », 2000-2001, 1er févr. 2001, p. 21.
- GAFI, « Les IX recommandations spéciales du GAFI, Normes du GAFI », oct. 2001.
- GAFI, « Directives à l'attention des institutions financières pour la détection des activités de financement du terrorisme », 24 avr. 2002.
- GAFI, Rapport sur les typologies de blanchiment 2003-2004 : « Utilisations abusive d'un poste au sein d'un organisme à but non lucratif à l'insu des donneurs ».
- GAFI, « Organized Maritime Piracy and related Kidnapping for Ransom », paragraphe 49 (juillet 2011), accessible [en anglais seulement] en ligne : http://www.fatf-gafi.org/dataoecd/40/13/48426561.pdf.
- GAFI, « Normes internationales sur la lutte contre le blanchiment de capitaux et le financement du terrorisme et de la prolifération », févr. 2012, p. 57.
- GAFI, « Financement du terrorisme en Afrique de l'ouest », oct. 2013.
- GAFI, « Emerging Terrorist Financing Risks », oct. 2015.

TRACFIN

- TRACFIN, « Rapport d'activité », 2003, p. 49.
- TRACFIN, « TRACFIN publie son rapport annuel 2010 – Communiqué min. Eco », 1er Aout 2011, *Bulletin Joly Bourse*, n°10, 1er oct. 2011, p. 553.
- TRACFIN, « Tendances et analyse des risques de blanchiment de capitaux et de financement du terrorisme en 2014 ».
- TRACFIN, « Tendance et analyse des risques de blanchiment de capitaux et de financement du terrorisme en 2015 ».
- TRACFIN, « Document de présentation », sept.2016.

Think tanks

- Kjok ÅSHILD, Lia BRYNJAR, « Islamist Insurgencies, Diasporic Support Networks, and their Host States: The Case of the Algerian GIA in Europe 1993-2000 », Rapport du FFI, *Institut norvégien de recherche sur la défense*, 2001, p. 28.
- « Le Financement du Terrorisme : la Contrebande et la Contrefaçon de Cigarettes *», Centre d'Analyse du Terrorisme*, mars 2015.
- CAT, « ISIS financing 2015 », mai 2016.
- Jean-Charles BRISARD, Gabriel POIROT, « Le financement des attentats de Paris » (7-9 janvier et 13 novembre 2015), Centre d'analyse du terrorisme, oct. 2016.
- Laurence BINDNER, « Commerce Illicite et Financement du Terrorisme », *Centre d'analyse du terrorisme*, déc. 2016.

Cour des comptes (France)

- Jérôme DIAN, « La taxe sur la valeur ajoutée, la gestion de l'impôt et la fraude à la TVA », Cour des comptes, *Rapport particulier*, n°5, juin 2015.

OCDE

- OCDE, « Terrorisme, corruption et exploitation criminelle des ressources naturelles », juin 2016.

Transparency International

- Transparency International, « The Big Spin, Corruption and the growth of violent extremism », févr. 2017.

Amnesty International

- Amnesty International, « Syrie : le marché noir des disparitions forcées », 05 nov. 2015.

Banque mondiale

- La Banque Mondiale, « Le FMI, Guide de référence sur la lutte contre le blanchiment de capitaux et contre le financement du terrorisme », Deuxième *édition et* supplément sur la Recommandation Spéciale IX.

Secrétariat d'État (États-Unis)

- US State Department, « CIA's Tenets on Worldwide Threat 2001 », 07 février 2001.

- National Commission on Terrorist Attacks Upon the United States (2004), *Monograph on Terrorist Financing,* Staff Report to the Commission. Washington, DC, p. 19. [http://govinfo.library.untedu/911/staff_statements].
- John ROTH, Douglas GREENBURG, Serena WILLE, « Monograph on Terrorist Financing », *National Commission on Terrorist Attacks Upon the United States, Staff Report to the Commission*, 2004, p. 35.

OTAN

- OTAN, Communiqué de presse 2001/124 du 12 septembre 2001.

IHEDN

- IHEDN, Rapport présenté par le Comité 1, « Les sanctions internationales sont-elles utiles ? », 178e session en région : Clermont-Ferrand-Saint Etienne.

DGRIS

- DGRIS, « Pertinence des sanctions / rétorsions au XXIe siècle : mutations, objectifs et moyens », *Etude Prospective et Stratégique* n° 2014-10, 25 mars 2015.

Direction générale du Trésor

- Direction générale du Trésor, « Rapport annuel 2010 de la Direction Générale du Trésor », annexe I, p. 55.

Divers

- EY et FICCI, « Counterfeiting, piracy and smuggling: growing threat to national security », 2014.
- Etude d'impact du 8 juillet 2014 sur le projet de loi renforçant les dispositions relatives à la lutte contre le terrorisme.
- Note des autorités françaises, « Vers de nouveaux travaux au niveau européen sur la lutte contre le financement du terrorisme », nov. 2015.
- Jean-Luc MARTINEZ, Rapport au Président de la République sur « la protection du patrimoine en situation de conflit armé », nov. 2015.
- Christian ECKERT, « 3e opération nationale de destruction de contrefaçons saisies par la douane », *Douanes*, 5 nov. 2015, en ligne : http://www.douane.gouv.fr/articles/a12607--archive-3e-journee-nationale-de-destruction-de-contrefacons-.
- UNIFAB, « contrefaçon et terrorisme », Rapport 2016, p. 16.

Thèses / Mémoires

- Lucie DEBEAUSSE, *La lutte contre le terrorisme : les réponses du droit,* sous la direction du Professeur Yves MAYAUD, Master II de Droit pénal et Sciences pénales, Université Paris II Panthéon-Assas, Année universitaire 2013-2014.
- Abir GHANEM-LARSON, « Essai sur la notion d'acte terroriste en droit international pénal », Thèse universitaire de droit d'économie et des sciences faculté d'Aix Marseille III, 31 janvier 2011, directeur de thèse : Monsieur Xavier PHILIPPE.
- Giulia PERSOZ, « Légitime défense et acteurs non étatiques : évolution en droit international et impact sur la neutralité suisse ? », Mémoire de Master, sous la direction du Professeur Andreas ZIEGLER, janvier 2016.
- Emilie ROBERT, *L'État de droit et la lutte contre le terrorisme dans l'Union européenne. Mesures européennes de lutte contre le terrorisme suite aux attentats du 11 septembre 2001*, thèse pour le doctorat, Université de Lille, 2012, p. 222.

Documentaires

- Documentaire : *Armée rouge : FPLP déclaration de guerre mondiale*, réalisé par Koji WAKAMATSU et Masao ADACHI, 1971.
- Documentaire réalisé par Charles H. FERGUSON, *Inside Job*, 2010.
- Documentaire, *Une histoire du terrorisme*, écriture et réalisation : Michaël PRAZAN, Coproduction : Doc en Stock/Ina, 2011.
- Documentaire : « De BEN LADEN à Daech : aux origines du djihad », *Un jour une histoire*, réalisateur : Serge KHALFON ; écriture : Yannick Adam DE VILLIERS, 2015.

Jurisprudence

CPIJ / CIJ

- Affaire relative à des questions d'interprétation et d'application de la Convention de Montréal de 1971 résultant de l'incident aérien de Lockerbie (Jamahiriya arabe libyenne c. Royaume-Uni), ordonnance du 14 avril 1992, [1992] CIJ, rec. 3, §39.
- CPJI, avis du 3 mars 1928, affaire de la compétence des tribunaux de Dantzig, Recueil, Série B, n° 15, pp. 17-18.
- CIJ, arrêt du 25 mars 1948, *Détroit de Corfou*, Recueil, 1948, p. 26.
- CIJ, avis consultatif du 11 avril 1949 sur les réparations des dommages subis au service des Nations unies, Recueil 1949, p.178.

- CIJ, avis consultatif du 1962, à propos de Certaines dépenses des Nations Unies, Recueil 1962, p. 167.
- CIJ, avis consultatif du 21 juin 1971, conséquences pour les États de la présence continue de l'Afrique du sud en Namibie (Sud-Ouest africain) nonobstant la résolution 276 (1970) du Conseil de sécurité, Recueil, 1971, p. 53.
- CIJ, arrêt du 24 mai 1980, affaire relative au personnel diplomatique et consulaire des États-Unis à Téhéran, Rec, p. 42, § 91.
- CIJ, ordonnances du 14 avril 1992, Affaire de Lockerbie, Rec., 1992, p.15.

CJCE/ CJUE

- CJCE, 12 déc. 1972, International Fruit (C-21-24/72), Rec, p. 1219.
- CJCE, 14 janv. 1997, Centro-Com (C-124/95), Rec, p. 1/81.
- CJUE, 27 févr. 2007, C-354/04, Gestoras Pro Amnestia c. Conseil de l'UE et C-335/04, Segi c. Conseil de l'UE.
- CJCE, 3 sept. 2008, C-402/05 P Kadi et Al Barakaat International Foundation / Conseil et Commission, Arrêt de la Cour (grande chambre).
- CJUE, 23 déc. 2009, aff. C-45/08, Spector Photo Group NV et Chris Van Raemdonck c. Commissie voor het Bank -, Financie- en Assurentiewezen (CBFA), Rec., 2009, p. 12073.
- CJUE, Communiqué de presse n° 93/13, La Cour rejette les pourvois formés contre l'arrêt « Kadi II » du Tribunal, 18 juillet 2013.
- CJUE, 5e ch., 22 oct. 2015, aff. C-264/14, Hedqvist, *JurisData* n° 2015-023733 ; *Europe* 2015, comm. 516, n°53.

TPI / TPICE

- TPICE, 28 avr. 1998, Dorsch Consult (T-184/95), Rec, p. 11-694.
- TPI, 21 sept. 2005, *Yusuf et Al Barakaat c/ Conseil et Commission*, aff. T-306/01 et *Kadi c/ Conseil et Commission*, T-315/01.
- TPICE, Chambre élargie, 21 sept. 2005, Ahmed Ali Yusuf et Al Barakaat International Foundation (T-306/01) et Yassin Abdullah Kadi (T-315/01) ; 12 juill. 2006, Faraj Hassan (T-49/04) et ChafiqAyadi (T-253/02).
- Trib. UE, 30 sept. 2010, *Kadi c/ Commission*, aff. T-85/09.

Conseil constitutionnel (France)

- Cons. Const., 18 janv. 1995, n° 94-352 DC, *Rec.* p. 170, considérants 2, 8 et 16.
- Abdel MANANE M.K., Commentaire de la décision n°2015-524 QPC du 2 mars 2016.

Cour de cassation (France)

- Cass. crim., 7 mai 1987, *Bull. crim.*, n° 186.

Cour d'Appel de Paris

- CA Paris, 10e ch. corr., 16 fév. 2006, *P.*, *JurisData* n° 2006-306160.

CEDH

- CEDH, 12 sept. 2012, Nada c. Suisse, Recueil des Arrêts et Décisions, 2012, disponible sur le site de la Cour.

Jurisprudence américaine

- Cour permanente d'arbitrage, L'affaire des pêcheries des côtes septentrionales de l'Atlantique, Les États-Unis contre la Grande Bretagne, Sentence arbitrale, La Haye, 7 septembre 1910.
- Pan American Airways Inc. v. Aetna Casualty & Surety Co, 505 F.2d 989, 1013-15 (2nd Circuit 1974).
- US 4th Circuit Court of appeal, Hamdi v. Rumsfeld, July 12, 2002, (ASIL, juillet 2002) et US 4th Circuit Court of appeal, Hamdi v. Rumsfeld, January 8, 2003 (ASIL, janvier 2003).
- Cour d'appel fédérale du District de Columbia, 11 mars 2003, KhaledAF. Odah et al., v. USA et al., p. 9 (ASIL, mars 2003).

Autres

- Comm. D. H. de l'ONU, 22 oct. 2008, Sayadi et Vinck c. Belgique, §10.11.
- *Burnett v. Al Baraka Investment and Development Copr., DDC,* n° 02-1616.

Autres

ONU

- « Action des Nations Unies dans le domaine de la lutte contre le terrorisme », en ligne : http://www.diplomatie.gouv.fr/fr/enjeux-internationaux/defense-et-securite/terrorisme/nation-unies-et-terrorisme/.
- ONUDC, Service de la prévention du terrorisme, « Catalogue des services, Assistance juridique et aide au renforcement des capacités pour prévenir et combattre le terrorisme ».
- Office des Nations Unies contre la drogue et le crime, *Forum sur le crime et la société*, vol. 4, nos 1 et 2, déc. 2004.

- C.B. STROZIER, le directeur du Centre sur le terrorisme au magazine Chroniques ONU de 2005.
- Intervention de Kofi ANNAN devant la Ligue des États arabes réunie à Alger, mars 2005.
- ONU, « Kofi ANNAN salue les engagements pris par le G-8 en faveur de l'Afrique », *Centre d'actualités de l'ONU*, 8 juill. 2005.
- ONU, « Le Secrétaire général réitère son appel à l'adoption d'une convention générale contre le terrorisme », *Centre d'actualités de l'ONU*, 12 juill. 2005.
- ONU, « Kofi ANNAN appelle à l'adoption de la définition du terrorisme proposée par le Président de l'Assemblée générale », *Centre d'actualités de l'ONU*, 25 juill. 2005.
- Intervention de Monsieur KUMALO au Conseil de sécurité le 12 novembre 2008 : S/PV.6015, p. 24.
- Intervention de Monsieur NATALEGAWA au Conseil de sécurité le 12 nov. 2008 : S/PV.6015, p. 23.
- Intervention de Monsieur FROMMELT à l'Assemblée générale : AG/10786, 18 nov. 2008.
- Office des Nations Unies contre la drogue et le crime, Service de la prévention du terrorisme, Programme de formation juridique contre le terrorisme, Module 2, Le cadre juridique universel contre le terrorisme, 2010.
- Présentation de Catherine MARCHI-UHEL, Médiatrice du Comité des sanctions contre l'EIIL (Daech) et Al-Qaïda du Conseil de Sécurité, lors de la 51ème réunion du Comité des conseillers juridiques sur le droit international public (CAHDI) du Conseil de l'Europe (Strasbourg, 4 mars 2016).

Discours

- Discours de Jacques CHIRAC à l'Assemblée nationale, 9 avr. 1986.

Documents américains

- President BUSH, Secretary of the Treasury O'NEILL, and Secretary of State POWELL, « President Freezes Terrorists' Assets », en ligne : https://2001-2009.state.gov/s/ct/rls/rm/2001/5041.
- « *Al Qaeda is to terror what the mafia is to crime* », The White House, « Address to a Joint Session of Congress and the American People », *Office of the Press Secretary*, 20 sept. 2001, en ligne : https://georgewbush-whitehouse.archives.gov/news/releases/2001/09/20010920-8.html.
- Senate Committee on Banking, Housing, and Urban Affairs, *FDCH Political Transcripts*, 25 sept. 2003, p. 5.

- The United States Department of the Treasury, "Terrorist finance tracking program", Questions and Answers, en ligne : https://home.treasury.gov/policy-issues/terrorism-and-illicit-finance/terrorist-finance-tracking-program-tftp.

Documents de l'Union européenne

- Union européenne, *Résolution sur la lutte contre le terrorisme au sein de l'Union européenne du 30 janvier 1997*, JO C 055 du 24 févr. 1997, p. 27, paragraphe A.
- Conclusions de la présidence, conseil européen de Laeken, 14 et 15 décembre 2001, point 17.
- Florence CHALTIEL, « Contribution à la théorie juridique du statut de l'État membre de l'Union européenne : l'exemple français », in Colloque de la C.E.D.E.C.E. à l'Université de Poitiers, *La Documentation française*, 2002, vol. 1, p. 165.

Documents français

- Societe française pour le droit international, Conseiller juridique de la Missions française auprès des Nations Unies, Extrait du Colloque du Mans intitulé : « Le sujet en droit international, les destinataires non étatiques des résolutions du conseil de sécurité », par Jean-Luc FLORENT.
- Jean-Charles BRISARD, « La stratégie d'AQMI des prises d'otages avec rançon : un défi inquiétant pour la lutte contre le financement du terrorisme », Blog JCBrisard, en ligne : https://blog.jean-charles-brisard.com/2011/10/strategie-aqmi-prises-d%E2%80%99otages-avec-rancon-defi-inquietant-pour-la-lutte-contre-le-financement-du-terrorisme/.
- « Lutte contre le financement du terrorisme : Michel Sapin devant le GAFI », 25 févr. 2015, en ligne : http://www.economie.gouv.fr/gafi-michel-sapin-lutte-terrorisme.
- Note des autorités françaises, « Vers de nouveaux travaux au niveau européen sur la lutte contre le financement du terrorisme », 27 nov. 2015.
- Jean-Charles ANTOINE, « Frontières et trafic d'armes », Diploweb.com.
- « Trente ans de législation antiterroriste », en ligne : http://www.vie-publique.fr/chronologie/chronos-thematiques/trente-ans-legislation-antiterroriste.html, 3 août 2016.
- Clarie LO, « La lutte contre le financement du terrorisme », *L'observateur*, disponible en ligne :

http://observateurocde.org/news/archivestory.php/aid/428/La_lutte_contre_le_financement_du_terrorisme_.html#sthash.O0z18T4K.dpuf.

- Propos recueillis lors de l'ouverture du Congrès sur la Lutte contre la contrefaçon et la Piraterie, 2005.
- « Lutte contre le terrorisme : un expert critique le régime créé par le Conseil de sécurité », *Centre régional d'information des Nations Unies pour l'Europe Occidentale*, 28 oct. 2010.

Colloques

- Jean COMBACAU, « Le Chapitre VII de la Charte des Nations Unies : résurrection ou métamorphose ? », *in* Rafâa BEN ACHOUR, Slim Laghmani (dir.), « Les nouveaux aspects du droit international », Colloque de Tunis des 14, 15 et 16 avril 1994, Pedone, 1994, p. 147.
- Benedetto CONFORTI, « Le pouvoir discrétionnaire du Conseil de sécurité en matière de constatation d'une menace contre la paix, d'une rupture de la paix ou d'un acte d'agression », *in* R.-J. Dupuy (dir.), « Le développement du rôle du Conseil de sécurité. Peace-keeping and Peace-building », *Colloque de l'Académie de droit international de La Haye*, Martinus Nijhoff, 1993, p. 53.
- Cécile RAPOPORT, « Les sanctions ciblées dans le droit de l'ONU », *in* « Les sanctions ciblées au carrefour des droits international et européen », Table ronde franco-russe avec l'Université d'État Lobatchevski de Nijni-Novgorod, *Collection les Conférences Publiques du Centre d'Excellence Jean Monnet Université Pierre-Mendès-France - Grenoble (France)*, 10 mai 2011.
- Romain TINIERE, « Le contentieux des sanctions ciblées devant les juridictions de l'Union européenne », *in* « Les sanctions ciblées au carrefour des droits international et européen », Table ronde franco-russe avec l'Université d'État Lobatchevski de Nijni-Novgorod, *Collection les Conférences Publiques du Centre d'Excellence Jean Monnet Université Pierre-Mendès-France - Grenoble (France)*, 10 mai 2011.

Interpol

- INTERPOL, « INTERPOL attire l'attention sur un lien entre la contrefaçon et le terrorisme », 16 juillet 2003, en ligne : ://www.interpol.int/fr/Centre-des-m%C3%A9dias/Nouvelles/2003/PR019.

Index

B

C

D

E

F

G

H

I

J

K

L

M

N

O

P

Q

R

S

T

U

V

W

Y

Z

Table des matières

Structures éditoriales du groupe L'Harmattan

L'Harmattan Italie
Via degli Artisti, 15
10124 Torino
harmattan.italia@gmail.com

L'Harmattan Hongrie
Kossuth l. u. 14-16.
1053 Budapest
harmattan@harmattan.hu

L'Harmattan Sénégal
10 VDN en face Mermoz
BP 45034 Dakar-Fann
senharmattan@gmail.com

L'Harmattan Cameroun
TSINGA/FECAFOOT
BP 11486 Yaoundé
inkoukam@gmail.com

L'Harmattan Burkina Faso
Achille Somé – tengnule@hotmail.fr

L'Harmattan Guinée
Almamya, rue KA 028 OKB Agency
BP 3470 Conakry
harmattanguinee@yahoo.fr

L'Harmattan RDC
185, avenue Nyangwe
Commune de Lingwala – Kinshasa
matangilamusadila@yahoo.fr

L'Harmattan Congo
67, boulevard Denis-Sassou-N'Guesso
BP 2874 Brazzaville
harmattan.congo@yahoo.fr

L'Harmattan Mali
ACI 2000 - Immeuble Mgr Jean Marie Cisse
Bureau 10
BP 145 Bamako-Mali
mali@harmattan.fr

L'Harmattan Togo
Djidjole – Lomé
Maison Amela
face EPP BATOME
ddamela@aol.com

L'Harmattan Côte d'Ivoire
Résidence Karl – Cité des Arts
Abidjan-Cocody
03 BP 1588 Abidjan
espace_harmattan.ci@hotmail.fr

Nos librairies en France

Librairie internationale
16, rue des Écoles
75005 Paris
librairie.internationale@harmattan.fr
01 40 46 79 11
www.librairieharmattan.com

Librairie des savoirs
21, rue des Écoles
75005 Paris
librairie.sh@harmattan.fr
01 46 34 13 71
www.librairieharmattansh.com

Librairie Le Lucernaire
53, rue Notre-Dame-des-Champs
75006 Paris
librairie@lucernaire.fr
01 42 22 67 13

Made in United States
Orlando, FL
04 November 2026

90200621R00302